高等院校工商管理类创新课程体系教材

统计学

Statistics

孙海涛 宋荣兴 主编

东北财经大学出版社
Dongbei University of Finance & Economics Press
大连

图书在版编目（CIP）数据

统计学 / 孙海涛，宋荣兴主编．—大连：东北财经大学出版社，2017.12（2021.1重印）
（高等院校工商管理类创新课程体系教材）
ISBN 978-7-5654-2991-0

Ⅰ．统…　Ⅱ．①孙…②宋…　Ⅲ．统计学-高等学校-教材　Ⅳ．C8

中国版本图书馆CIP数据核字（2017）第291312号

东北财经大学出版社出版
（大连市黑石礁尖山街217号　邮政编码　116025）
网　址：http：//www.dufep.cn
读者信箱：dufep@dufe.edu.cn

大连永盛印业有限公司印刷　　东北财经大学出版社发行

幅面尺寸：185mm×260mm　字数：289千字　印张：12.75　插页：1
2017年12月第1版　　2021年1月第5次印刷

责任编辑：王　莹　王　丽　　责任校对：那　欣　王　娟
封面设计：张智波　　版式设计：钟福建

定价：36.00元

教学支持　售后服务　联系电话：（0411）84710309

如有印装质量问题，请联系营销部：（0411）84710711

“高等院校工商管理类创新课程体系教材”

前　言

统计学是一门搜集、整理、分析和解释数据的方法论科学。无论是国民经济宏观管理还是企业微观管理都会涉及大量复杂多变的数据，运用统计方法搜集、整理、分析及解释这些数据背后蕴藏的规律，能够为做出正确的决策提供科学依据。正因如此，对于将来从事经济管理领域工作的学生，学习并掌握统计分析方法尤为重要。

本书根据非统计学专业本科生的特点，结合经济管理人员对统计分析方法应用的实际需要，在内容体系上进行了较大幅度的改进。本书具有以下特点：

1.根据统计学的教学目标设计内容体系。书中既有通用方法论的一般统计理论与方法及实际应用，也有经济管理领域特有的一些统计方法问题。

2.内容完整、重点突出。本书的内容基本涵盖了描述统计和推断统计的主要方法，整体上加强了有关推断统计的内容，尤其涉及抽样推断的基本原理，力求在理论上介绍清晰、透彻，整个方法体系基本能满足经济管理类专业学生今后工作的需要，为强化定量分析方法奠定坚实基础。

3.突出先进性和实践性。本书所阐述的内容既体现了先进的教学理念，同时也运用了计算机等先进的教学手段。分布于每个章节的例题及课后习题体现了应用统计方法解决实际问题的必要性和重要性，使学生牢固树立统计方法源于实践又服务于实践的基本思想。

4.注重Excel在统计学中的应用，提高学生的学习兴趣。书中许多章节包含了运用Excel进行统计数据处理的操作过程和分析解读内容，这不仅能极大地提高老师的教学效率，也能增强学生学习统计学的兴趣。大量复杂的数据，通过Excel进行分类、汇总、制表及数据模拟，可以清晰、简明地得以表达。

本书由孙海涛、宋荣兴主编，负责总体框架和大纲的确定。各章具体编写分工为：孙海涛编写第1、5、6、7章，宋荣兴编写第4、8、9章，耿淑娟编写第3章，李培培编写第10章，刘绪祚编写第2章。

本书在编写过程中得到了东北财经大学出版社的大力支持，同时参阅了大量的同类书籍，在此一并表示感谢！

尽管编者在编写过程中做了大量的工作，但由于水平有限，书中难免有疏漏和错误之处，恳请各位专家及读者批评指正，以便今后更好地修改与完善。

编　者

2017年10月

目 录

第1章/ 总　论

【学习目标】理解统计一词的3个基本含义及相互关系；明确统计学的研究对象及性质；熟悉统计研究的几种基本方法；掌握统计学研究中涉及的几对基本概念。

1.1 统计学的研究对象、性质及研究方法

1.1.1 统计学的研究对象

1）统计一词的含义

统计作为一个专业术语，不同的人、不同的场合对其含义的理解有所不同，通常有3种理解，即统计工作、统计资料、统计学。

（1）统计工作

统计工作是对社会经济现象和自然现象进行数据搜集和整理分析的实践活动的总称。社会经济统计工作的基本任务是对国民经济和社会发展情况进行统计调查、统计整理和统计分析，提供统计资料，实行统计监督。

（2）统计资料

统计资料是统计工作的成果，是统计工作过程所取得的各种数据以及与其相关的情况说明等资料的总称。其主要表现形式有4种：一是以统计表形式提供的统计资料，包括调查表、综合表、图表及文字说明；二是以统计报告形式提供的统计资料，包括统计报告、统计分析研究材料；三是以电信、磁介质形式提供的统计资料，包括统计表资料和统计报告资料；四是以出版物形式提供的统计资料，包括《中国统计年鉴》及其他各种统计年鉴等。以数据为核心的统计资料所提供的信息是社会经济信息的主体。

（3）统计学

统计学是关于数据的科学，是探索搜集、整理、分析、解释数据并从数据中得出结论的方法论科学。

上述3种含义之间有着密切的关系，统计资料是统计工作的成果，统计学是统计工作实践活动的经验总结和理论概括，统计实践的发展和完善为统计学的发展奠定坚实的基础，而统计学理论的丰富和完善又反过来进一步推动统计工作的提高，三者是辩证统一的关系。

2）统计学的研究对象及其特点

统计学的研究对象是社会经济现象总体的数量方面，即现象总体的数量特征和数量关系。数量特征具体指总体现象的规模、水平、结构、比例等；数量关系是指各种平衡关系、依存关系、质量互变的数量界限等。

统计学的研究对象具有如下几个基本特征：

（1）数量性

统计离不开数字，数字是统计的语言。社会经济统计研究的目的是通过数据认识社会经济发展变化的过程和规律，提高社会经济管理水平。这一点使统计学区别于哲学、经济学、政治学、历史学等学科。

对社会经济现象的认识最终必须把质与量统一起来。社会经济统计对社会经济现象数量方面的研究，要以对社会经济现象的定性认识为基础。例如，要了解和研究国民收入的数量、构成和变化，首先必须了解什么是国民收入，其价值和实物形态是什么，然后才能根据这种认识去确定国民收入的经济内容、统计范围和计算方法。

（2）总体性

统计遵从由个体数量到总体数量的认识逻辑。也就是说，统计的数量研究是要对大量普遍存在的事实进行综合研究，对调查取得的大量资料加以综合汇总，得出反映现象总体的数量特征，说明现象变化的规律。例如，研究居民的消费水平，每个居民的消费水平千差万别，变化情况也复杂多样，但全体居民的消费水平却相对稳定，变化有规律可循。

统计研究的总体性并非排斥对个体单位的研究，以通过大量观察得出的综合数量特征形式来研究社会经济发展过程，必然会出现一般化和抽象化，因此，必要地抽取个别单位来深入细致地分析具体事实和过程，可以帮助我们更好地把握总体现象的规律性。

（3）具体性

统计研究的数量不是抽象的数字，而是社会经济现象在具体时间、地点、条件下所表现的数量。例如，2016年我国GDP总额达到744 127亿元，这个数字特指2016年我国整个国民经济一年内创造的全部最终产品的价值量，有具体经济内容，是一个客观存在的事实。这一点是统计有别于数学的根本特征。

1.1.2 统计学的性质

统计学的研究对象是总体的数量方面，是处理数据的一门科学。因此，综合地说，统计学是搜集、处理、分析解释数据并从数据中得出结论的方法论科学。

数据搜集就是获取数据；数据处理就是根据统计研究目的和分析的需要将数据进行分类、汇总、综合概括，并用图表等形式展示出来；数据分析解释就是选择适当的统计方法研究数据，并从数据中提取有用的信息，以认识客观现象的本质和规律性。

1.1.3 统计学的研究方法

1）大量观察法

大量观察法是指对研究总体的全部或足够多数单位进行调查并进行综合分析。“大量”的标志不在于总体单位的多少，而在于认识总体的准确程度，只要达到一定准确性的要求，就足够多。这种调查可以是全面的，也可以是部分的。之所以采用大量观察法，是因为观察单位本身受诸多因素影响，有必然因素也有偶然因素，有主要因素也有次要因素，错综复杂，只有选择足够多数单位，才能使各种偶然因素有更多的机会相互抵消，从而显示现象的稳定特征，体现其本质和规律性。

2）统计分组法

统计分组法是根据统计研究的需要和现象内在的特点，按一定的标志将总体划分为若干不同的部分或组的一种统计方法。总体内部存在各种差异，有些甚至是本质性的，只有通过分组才能观察各部分的数量特征，深入认识总体内部的结构和数量关系。

3）综合指标法

应用综合指标来反映和研究社会经济总体的数量状况称为综合指标法。对于大量的原始数据，通过计算各种综合指标，以显示现象在具体时间、地点以及各种因素共同作用下所表现的规模、水平、集中趋势和差异程度，从而概括地描述总体的基本特征和变动趋势。在实际中运用的统计指标多种多样，概括起来有总量指标、相对指标和平均指标。

在实际应用中，统计分组和综合指标体现的是质与量的关系，二者相互依存，失去了分组的指标仅仅是个笼统的数量，没有指标的分组，同样不能揭示现象的数量特征。

4）统计推断法

现实中我们所观察的现象往往是部分或有限的单位，而需要判断的总体对象范围却很大，甚至是无限的，这样就会产生根据局部的样本资料对总体数量特征做出判断的问题。通常以一定的置信标准，根据样本数据来判断总体数量特征的推断方法，在统计学上称为统计推断法。统计推断法可以用于总体数量特征的估计，也可用于对总体某些假设的检验。由于我们观察的很多是样本资料，因而统计推断是现代统计学的基本方法。

1.2 统计学的基本概念

1.2.1 总体与样本

1）总体

总体是根据一定的目的所确定的研究事物的全体，它是由客观存在的、具有某种共同性质的单位构成的整体。构成总体的个别单位称为总体单位。

总体有3个基本特点：

（1）同质性

同质性是指构成总体的各个单位必须具有某一个共同的特征和性质。例如，要研究全国工业企业生产经营情况，则总体为由全国所有的工业企业构成的整体，总体单位是每一个工业企业。各个企业虽然存在许多差异，但它们的共同性质就是都从事工业生产经营活动，因此从事农业、建筑业和商业等活动的企业均被排除在外。

（2）大量性

大量性是指总体是由许多单位组成的，仅由个别或少数单位不能构成总体。也就是说，构成总体的单位应该足够多，使偶然因素的影响尽可能抵消，从而在对大量个体的综合分析中发现和寻找现象的规律。

(3) 变异性

变异性是指构成总体的每一个单位在某一特征或属性上具有共同的性质，而在其他性质或特征上则存在着差异。例如，在上面例子中，每个工业企业在所有制性质、行业类型、营业利润、固定资产、上缴税收等方面都存在差异。

同质性是统计研究的基础，变异是统计研究的前提，离开了变异，统计也就失去了存在的意义。

根据所包含的单位数不同，可将总体分为有限总体和无限总体。有限总体是指总体中包含的单位数是有限的。例如，工业企业总数、人口总数、设备总台数等。对有限总体既可以进行全面调查，也可以进行非全面调查，尤其是抽样调查。无限总体是指总体中所包含的单位数无限多或难以确定。例如，连续大量生产的某小件产品，其总产量是无限总体。对于无限总体，只能采用抽样调查，通过对部分单位的数量观察来推断总体的数量特征。

在实际分析中，总体和总体单位具有相对性，当研究目的改变时，原来的总体有可能在新的研究目的下成为总体单位。

2）样本

样本是指从总体中抽取的一部分单位构成的整体，构成样本的单位数目称样本容量。抽样的目的是根据样本的数量特征推断总体的数量特征。例如，有一批10 000瓶的进口红酒，现要对其质量进行检验，随机抽取100瓶进行相关指标测试，这100瓶就构成一个样本。如果我们对一个确定的总体进行抽样，那么总体是唯一确定的，但样本却是随机可变的，即可供选择的样本会有很多个。

1.2.2 标志与统计指标

标志与指标是经济统计中经常用来说明总体单位和总体有关特征的概念。

1）标志

标志是指说明总体单位属性或特征的名称。例如，企业的行业类型、固定资产价值、职工人数，学生的年龄、身高、籍贯、政治面貌等。

标志分为品质标志和数量标志。品质标志说明总体单位质的特征，它不能用数值表示。例如，行业类型、性别、籍贯等。数量标志说明总体单位量的特征，可以用数值表示。例如，企业的固定资产价值、职工人数，学生的年龄、身高等。

标志表现是标志在各单位的具体表现，品质标志的表现是文字形式。例如，企业经济类型表现为国有经济、集体经济、私有经济、港澳台经济等；性别表现为男、女。品质标志的表现，反映的是一种属性的差异。这种差异也有不同的特点，一种差异反映类别的不同，分类之间是平行关系，如企业经济类型的划分、性别的划分。但也有类别的差异是有优劣、大小区别的，即存在顺序或等级的差别，如产品等级的划分、企业规模大小的划分，对某种事情的态度表现为赞同、中立、不赞同等。另外，还有一种标志，其标志表现为截然不同的两种状态，即肯定与否定，通常称为是非标志表现。例如，产品分为合格和不合格等。

数量标志在各单位表现为不同的标志值。例如，企业职工人数为1 000人、2 000人等，学生的年龄表现为19岁、20岁等。

2）统计指标

（1）统计指标的含义

统计指标也称为指标，是说明总体数量特征的。指标的含义有两种解释，从理论和统计指标设计角度看，统计指标是指反映现象总体数量特征的概念，包含3个要素，即指标名称、计量单位、计算方法。例如，国内生产总值、国民总收入、固定资产投资额等。从实际应用角度看，统计指标是指反映现象总体数量特征的概念及其数值。例如，2015年我国国内生产总值689 052.1亿元、国民总收入686 449.6亿元、固定资产投资额561 999.83亿元。

（2）统计指标的特点

统计指标有3个基本特点，即数量性、综合性和具体性。

①数量性。统计指标反映的是社会经济现象的数量特征，以数字表现，这是统计指标的基本特征，没有不能用数字表现的统计指标。

②综合性。统计指标既是对同质总体大量个体单位的总计，又是对个体单位标志值差异的综合。

③具体性。任何统计指标都不是抽象的概念和数字，而是反映社会经济现象在具体时间、地点条件下的规模和水平。

（3）统计指标的分类

①统计指标按其反映总体现象的内容特征不同，分为数量指标和质量指标。数量指标是反映总体规模、水平和工作总量的统计指标，通常以绝对数形式表示。例如，国内生产总值、企业职工人数、工资总额、总成本等。质量指标是反映总体现象相对水平和工作质量的统计指标，通常以相对数或平均数表示。例如，人均国内生产总值、企业劳动生产率、单位成本、平均工资等。

②统计指标按其反映的时间特征不同，分为时期指标和时点指标。时期指标反映现象在一定时期内发展变化的累计结果。例如，产品产量、商品销售额、出生人口数等。时点指标反映现象在某一时刻或瞬间的数量状况。例如，人口数、商品库存额、银行存款余额等。

3）标志与统计指标的区别和联系

（1）标志与统计指标的区别

①说明的对象不同。统计指标是说明总体特征的；而标志是说明总体单位特征的。

②表现形式不同。统计指标都可以量化，即可用数值表示；而标志却有可用数值表示的数量标志和不能用数值表示的品质标志两种表现形式。

（2）标志与统计指标的联系

①统计指标数值是由总体单位特征综合而来的，它是总体单位属性特征的计数总和或某一数量标志值的总和。

②统计指标与数量标志之间存在相互变换的关系，这一点源于总体和总体单位随研究目的的变化而形成的互换性。

1.2.3 变异与变量

1）变异

统计中的标志和指标都是可变的，即标志和指标的具体表现各不相同，这种差别称为变异。可变的品质标志和可变的数量标志也是统计分组和一系列统计分析和计算的基础。

2）变量

变量是指可变的数量标志和指标，可变的数量标志表现和所有的统计指标的取值均称为变量值。例如，工业企业职工的工资分别为3 500元、4 000元、4 500元等，工业企业的职工人数分别为200人、800人、1 000人等，都是变量值。

（1）变量按其数值是否连续，分为离散变量和连续变量

①离散变量。只能取整数的变量称为离散变量，即离散变量的变量值不能表现为小数。例如，企业职工人数、机器设备台数、企业数等，都是离散变量。

②连续变量。可以取小数的变量称为连续变量，即连续变量的取值是连续不断的，相邻两值之间可做无限分割。例如，学生的身高、体重，物体的长度、重量，企业的成本、产值、利润等。

（2）变量按其性质不同，分为确定性变量和随机变量

①确定性变量，是指受确定性因素影响的变量，即影响因素是确定的或可人为控制的，变量变化的方向和程度是可以确定的。例如，企业总成本受单位成本和产量两个因素的影响，它是确定性变量。

②随机变量，是指受随机因素影响的变量，即影响变量值变化的因素是不确定的。例如，农作物产量受土壤、水分、气温、光照、施肥、管理等多种因素的影响，而水分、气温、光照等变化是无法预知和控制的，因而农作物产量是不确定的随机变量。

本章小结

统计有3种不同的含义，即统计工作、统计资料和统计学。统计是一门方法论科学，其研究对象是社会经济现象总体的数量方面，即现象总体的数量特征和数量关系。统计学的基本研究方法主要有大量观察法、统计分组法、综合分析法和统计推断法。

总体是由客观存在的、具有某种共同性质的单位构成的整体，具有同质性、大量性和变异性的特点。其中，同质性是统计研究的基础，变异是统计研究的前提。总体按所包含的单位数不同分为无限总体和有限总体，统计学主要研究有限总体。构成总体的个别单位称为总体单位。总体与总体单位的关系有包含与被包含的关系，两者随着研究目的的不同可以相互转换。

标志是说明总体单位属性或特征的，统计指标是说明总体数量特征的。标志与指标既有区别又有联系。所有统计指标都可以用数值表示，而标志有可用数值表示的数量标志和不能用数值表示的品质标志两种表现形式。

统计中的标志和指标是可变的，这种差别称为变异。变量是指可变的数量标志和指标，可变的数量标志表现和所有的统计指标的取值均称为变量值。变量按其数值是否连续

分为离散变量和连续变量，按其性质分为确定性变量和随机变量。

章末习题

思考题

1.如何理解统计学的研究对象和性质？

2.简述“统计”一词的含义及其相互关系。

3.简述统计指标和标志的区别与联系。

4.举例说明总体与总体单位、标志与统计指标、变异与变量。

5.举例说明变量的分类。

第2章/ 统计调查

【学习目标】通过本章的学习，理解统计调查的基本要求，了解统计调查误差，掌握统计调查方案的设计，掌握普查、抽样调查、重点调查、典型调查、统计报表的特点及应用，能够进行调查问卷设计。

2.1 统计调查概述

2.1.1 统计调查的意义

统计调查是根据统计研究的目的、要求和任务，运用各种科学的调查方式和方法，有目的、有计划、有组织地获取统计资料的工作过程。统计调查所获取的统计资料包括原始资料和次级资料。

1）原始资料

原始资料是向调查单位获取的未经任何加工整理的反映个体单位特征的统计资料，它是统计实践活动所取得的第一手资料，又称初级资料。

原始资料通常是通过调查和实验获取的。通常，调查是对社会现象和经济现象而言的，如进行经济普查，被调查单位工业企业提供该企业的产品产量、职工人数、原材料消耗、利税额等，餐饮企业提供的营业额、利税额等，均是未经任何其他部门加工汇总的资料，是原始资料。实验大多是对自然现象而言的，如新药疗效的临床试验取得的资料，农业科技工作者实验了解水分、温度对农作物产量的影响等。实验作为获取统计资料的方法也被广泛地应用到社会科学研究中，心理学、教育学、经济学、管理学中也大量使用实验的方法获取研究资料。

2）次级资料

次级资料是指已经经过加工整理，由个体过渡到总体，能够在一定程度上说明总体特征的统计资料，又称为间接资料或二手资料。如从统计公报、统计年鉴、信息机构以及报纸杂志上所获得的统计资料。

从获取的渠道看，次级资料可以取自系统内部，也可以取自系统外部。取自系统内部的资料主要包括业务资料，如与业务经营活动有关的各种数据、记录，经营活动过程中的各种报表，财务、会计核算资料等。取自系统外部的资料主要有统计部门和各级政府部门公布的有关资料，如定期发布的统计公报、定期出版的统计年鉴；各类信息机构，如经济信息中心、信息咨询机构、行业协会和联合会提供的市场和行业发展的数据情报；专业期刊、报纸、图书提供的文献资料；各种会议，如专业学术性研讨会、博览会、展销会、交易会等发布的资料；从互联网、图书馆、专业数据库查阅到的相关资料。

相对而言，次级资料的获取比较容易，取得成本较低，因而在实际中得到广泛应用。但次级资料也有很大的局限性，使用时要保持谨慎的态度。因为次级资料都是为原研究问题的目的服务的，不同次级资料的研究角度不同，资料的相关性、统计口径等均会出现较大的差异。因此，在使用次级资料前，必须对其进行合理的评价。

统计调查在统计工作的整个过程中，担负着提供基础资料的任务，所有的统计计算和统计研究都是在统计调查的基础上建立起来的。因此，统计调查是统计工作的基础环节，是统计分析的前提。只有搞好统计调查，才能保证统计工作达到对于客观事物规律性的认识，进而预测未来。统计资料不仅是国家、各部门、各地区、各单位制定政策的依据，同时也是检查和监督政策的贯彻执行情况的依据。

2.1.2 统计调查的基本要求

无论是原始资料，还是次级资料，都必须是对客观实际的真实反映。《中华人民共和国统计法》第七条规定："国家机关、企业事业单位和其他组织以及个体工商户和个人等统计调查对象，必须依照本法和国家有关规定，真实、准确、完整、及时地提供统计调查所需的资料，不得提供不真实或者不完整的统计资料，不得迟报、拒报统计资料。"统计法的制定和实施，为统计资料的准确、及时、完整提供了法律保障。

1）准确性

准确性是指由统计工作收集的统计资料必须真实可靠，如实地反映所研究对象的客观实际，做到既不修饰也不渲染。这是保证统计数据质量的首要环节，是统计工作的使命。

2）及时性

及时性是对统计工作的时间限制，包括完成调查任务和调查资料的及时上报等，即在统计调查所规定的时间内，按时调查、上报规定的各种统计资料。各项调查资料需要及时上报，这是最基本的要求，因为过时的资料落在了形势发展的后面，失去时效性，犹如"雨后送伞"起不到应有的作用。

3）完整性

完整性是指统计调查取得的资料必须全面完整，不重复、不遗漏，将应该调查的单位及其调查项目的数据毫无遗漏地进行搜集。如果搜集的资料不完整，就不能全面、准确地反映被调查对象的情况，会给统计整理和统计分析带来困难，影响到整个统计工作的进度和质量。

2.1.3 统计调查的种类

社会经济现象错综复杂，同时又处于不断变化的过程中。为获取准确、及时、完整的能够满足统计研究需要的统计资料，必须根据调查的目的和调查对象的特点，选择合适的获取统计资料的方式和方法。按照不同的分类标准，统计调查可以分为不同的方式和方法。

1）按调查的组织方式不同，分为统计报表和专门调查

统计报表是国家统计系统和专业部门为了定期取得系统、全面的统计资料而采用的一

种搜集资料的方式。它是按照国家统一规定的调查要求和表格形式，自上而下统一布置、自下而上逐级提供统计资料的一种统计调查方式，目的在于获取反映国家政治、经济、文化等方面的基本统计资料，为进行宏观调控和各相关部门制定政策提供依据。

专门调查是为了了解和研究某一特定现象或专门问题而专门组织的统计调查。如人口普查、经济普查、在校贫困大学生状况调查、高校教育质量调查等。专门调查包括普查、抽样调查、重点调查和典型调查等几种调查方式。

2）按调查对象包括的范围不同，分为全面调查和非全面调查

全面调查是对构成调查对象的全部单位进行无一遗漏的调查登记的一种统计调查方式，包括全面统计报表和普查。如为全面掌握全国人口的基本情况，每隔10年进行一次的人口普查，属于全面调查。

非全面调查是对调查对象中的一部分单位进行调查登记的一种统计调查方式，包括非全面统计报表、抽样调查、重点调查和典型调查。如要了解城市职工的生活情况而对选出的一部分职工家庭进行的调查，要了解市场物价的变动情况而对选出的一部分商品进行的调查。

3）按调查登记的时间是否连续，分为经常性调查和一次性调查

经常性调查又称连续性调查，指随着调查对象情况的变化，随时进行连续不断的登记的一种统计调查方式。如对工业企业增加值、产品产量、原材料消耗量等在观察期内连续登记，这些指标的数值变动很大，必须进行经常登记才能满足需要。经常性调查获取的统计资料，能够反映社会经济现象在一定时期内的总量，它一般适用于对时期现象进行调查。

一次性调查又称不连续调查，是指间隔一定时间，一般是相当长的时期进行的调查登记。如土地面积调查、每隔5年进行一次的经济普查、每隔10年进行一次的人口普查、机器设备台数登记等。这些调查对象的指标数值在一定时期内变动不大，不需要进行连续不断的登记，而只需要间隔一定的时间进行登记即可满足需要。一次性调查所获取的资料反映现象在某一时刻（瞬间）的水平，它一般适用于对时点现象进行调查。

4）按搜集资料的方法不同，分为直接观察法、报告法、采访法、网络法和实验法

（1）直接观察法

直接观察法是由调查人员亲自到现场对调查单位直接查看、测量和计量以取得统计资料的一种调查方法。如进行农作物产量调查，调查人员亲自参加抽选样本、收割、脱粒、称重等工作；为了解生猪存栏头数，调查人员亲临养猪场对生猪头数进行清点。直接观察法可以保证所搜集的资料具有较高的准确性，但这种方法需要花费较多的人力、物力和时间。

（2）报告法

报告法是指由基层单位以各种原始记录、统计台账和核算资料为基础，按有关规定和隶属关系逐级向上提供统计资料的一种调查方法。我国各地区、各部门、各单位所采用的统计报表，就是采用报告法取得资料。

（3）采访法

采访法是由调查人员向被调查者提问，根据被调查者的答复取得调查资料的一种调查

方法。它又分为个别访谈法、开调查会法、邮寄调查法和计算机辅助调查法。

①个别访谈法。个别访谈法就是调查者通过与被调查者直接交谈或逐一询问，从而获取统计资料的调查方法。这种调查方法通过与被调查者接触，能够控制调查过程，获得比较可靠的调查资料。

②开调查会法。开调查会法是调查人员有计划地邀请一部分被调查者集中到调查现场，通过座谈、讨论的方式获得统计资料的调查方法。

③邮寄调查法。邮寄调查是通过邮寄或宣传媒体等方式将调查表或问卷送至被调查者手中，由被调查者填写，然后将填写好的调查表或问卷寄回或投放到指定地点的一种搜集统计资料的调查方法。

④计算机辅助调查法。计算机辅助调查法即计算机辅助电话访问，它是由电话、计算机、访问员3种资源组成的访问系统，使用一份按计算机设计方法设计的问卷，用电话向被调查者进行询问，以获取统计资料的一种调查方法。这种调查方法的优点是资料的准确度高，获取的速度快；缺点是所花费的费用较高，且对访问员的计算机操作技能要求较高。

（4）网络法

网络法是调查人员利用互联网与被调查者进行交流，从而获得统计资料的一种调查方法。网络法可以将调查表或问卷直接放在网站上，在规定的时间内由被调查者填写，也可以通过电子邮件方式将调查表或问卷发给被调查者，被调查者填写完成后再通过电子邮件返回。

（5）实验法

实验法是指设置专门的现实场景，由调查人员在现场通过亲身体验、观察、访问获取统计资料的一种调查方法。在统计调查中，如通过设置一些场景调查职工的态度、行为等来获取有关资料；让消费者免费试用一些新产品，以得到消费者对新产品看法的资料。

2.2 统计调查方案

统计调查涉及面广，工作量大，调查项目往往比较多，为保证统计调查圆满顺利地完成，在统计调查工作正式开始之前，必须事先设计一个切实可行、科学周密的统计资料搜集方案即统计调查方案，以指导整个调查工作。统计调查方案可以保障调查工作有计划、有组织、系统地进行，是指导整个统计调查的纲领性文件，是对整个统计调查工作所作的整体规划和具体安排。

2.2.1 明确调查目的

调查目的是调查所要达到的具体目标，它是任何一个统计调查方案首先要解决的问题。调查目的决定调查对象和调查内容，不同的调查目的需要不同的调查资料，不同的调查资料又有不同的搜集方法。如果调查目的不明确，就无法确定向谁调查、调查什么、怎样调查，结果只能是调查来的资料不能满足需要，而需要了解的情况又得不到充分反映，既浪费人力、物力和时间，又耽误了整个统计工作。调查目的回答的是为什么调查、调查要解决什么样的问题、调查具有什么样的社会经济意义的问题。

对任何社会经济现象都可以从不同的目的出发进行研究。如对工业企业的研究，既可以从产品满足市场需求的角度进行研究，也可以从产品生产成本的角度进行研究，还可以从投资者利益的角度进行研究。可以看出，调查目的不同，调查的项目也就不同。

调查目的应简明扼要，如我国人口普查的目的是“为准确地查清我国在人口数量、地区分布、构成和素质方面的变化，为科学地制定国民经济和社会发展战略与规划，统一安排人民的物质和文化生活，检查人口政策执行情况，提供可靠的资料”。

2.2.2 确定调查对象和调查单位

调查目的确定之后，就要解决向谁调查或由谁来具体提供统计资料的问题，即确定调查对象和调查单位。所谓调查对象，就是需要进行调查的那些社会经济现象的总体，它是由性质上相同的许多调查单位组成的。确定了调查对象，就明确了所研究总体的范围，而划清调查范围能够防止调查工作中产生重复和遗漏。

调查单位是构成调查对象的每一个具体单位，即总体单位，它是在调查过程中需要调查登记的各个标志的承担者或载体。确定了调查单位，就明确了应该从哪里取得有关标志的情况和资料。例如，调查目的在于取得国有大中型工业企业产品产量、产值、成本等资料，那么所有国有大中型工业企业就是调查对象，而构成所有国有大中型工业企业这个总体的每个工业企业则是调查单位。

明确调查单位还需要把它与填报单位相区别。填报单位也称报告单位，是指负责向上级提供调查资料的单位。填报单位一般在行政上、经济上具有一定的独立性；而调查单位可以是人、企事业单位，也可以是物。调查单位与填报单位有时一致，有时不一致。如工业企业普查，每个工业企业既是调查单位又是填报单位，两者是一致的；而工业企业生产设备普查，调查单位是工业企业的每台生产设备，填报单位则是每个工业企业，两者是不一致的。

2.2.3 确定调查项目和设计调查表

1）确定调查项目

统计调查的具体内容叫做调查项目，它是说明调查单位某种属性或特征的名称或概念，在统计上又称标志。确定调查项目，就是要解决向调查单位调查什么的问题。就所要调查的总体而言，确定调查项目应本着“少而精”的原则，把需要和可能相结合，即确定的调查项目应是需要并能够取得实际资料的项目，有些项目虽然需要但在实际中却难以取得资料，这样的项目不应被列入。例如，第六次全国人口普查表短表共有18个项目，按户填报的有6项，按人填报的有12项。项目内容包括姓名、性别、受教育程度等人口基本情况。

2）设计调查表

调查表是将拟定的具体调查项目按一定的结构和顺序排列而形成的表格。调查表是调查方案的核心部分，是统计调查中搜集原始资料的基本工具。调查表的内容一般由表头、表体和表脚3部分组成。

（1）表头

表头用来表明调查表的名称以及调查单位的名称、性质、隶属关系等，它在核实和复查各调查单位时是不可缺少的。

（2）表体

这是调查表的主要部分，包括统计调查所要说明的社会经济现象的项目和这些项目的具体表现亦即数字、计算单位等。

（3）表脚

表脚包括调查者的签名和调查日期等，其目的是明确责任，一旦发现问题，便于查询。

第六次全国人口普查表短表见表2-1。

表2-1　**第六次全国人口普查表短表**

经国务院批准进行第六次全国人口普查
普查登记的标准时间为：2010年11月1日零时
普查的原始资料不向任何单位和个人提供　仅供汇总使用
公民应履行如实申报普查项目的义务

表　　号：　　　　　　　　　　表
国　家　统　计　局
制表机关：国务院第六次全国人口普查办公室
文　　号：国统字（　　）号

本户地址：______县（市、区）______乡（镇、街道）______普查区______普查小区　　建筑物编号________　□□
地址码：□□　□□□　□□□□　□□

H1.户编号	H2.户别	H3.本户应登记人数		H4.2009年11月1日—2010年10月31日 出生人口		H4.2009年11月1日—2010年10月31日 死亡人口		H5.本户住房建筑面积	H6.本户住房间数
___号 □□□	1.家庭户 2.集体户 □	2010年10月31日晚居住户的人数： ___人 □□	户口在本户，2010年10月31日晚来住本户的人数。 ___人 □□	男 ___人 □	女 ___人 □	男 ___人 □	女 ___人 □	______平方米 □□□	（不包括厨房、过道、厅） ___间 □□

每个人都填报									6周岁及以上（2004年10月31日以前出生的人填报）		
R1.姓名	R2.与户主关系	R3.性别	R4.出生年月	R5.民族	R6.普查时点居住地	R7.户口登记地	R8.离开户口登记地时间	R9.离开户口登记地原因	R10.户口性质	R11.是否识字	R12.受教育程度
□□□□	0.户主 1.配偶 2.子女 3.父母 4.岳父母或公婆 5.祖父母 6.媳婿 7.孙子女 8.兄弟姐妹 9.其他 □	1.男 2.女 □	出生于： ___年 ___月 □□□□ □□	族 □□	1.本普查小区 2.本村（居）委会其他普查小区 3.本乡（镇、街道）其他村（居）委会 4.本县（市、区）其他乡（镇、街道） 5.其他县（市、区），请填写下面地址 6.港澳台或国外 □ □□______省（区、市） □□______地（市） □□□______县（市、区）	1.本村（居）委会其他普查小区 2.本乡（镇、街道）其他村（居）委会 3.本县（市、区）其他乡（镇、街道） 4.其他县（市、区），请填写下面地址 5.户口待定→R11 □	1.没有离开户口登记地→R10 2.半年以下 3.半年至一年 4.一年至二年 5.二年至三年 6.三年至四年 7.四年至五年 8.五年至六年 9.六年以上 □	0.务工经商 1.工作调动 2.学习培训 3.随迁家庭 4.投亲靠友 5.出差 6.拆迁搬家 7.寄挂户口 8.婚姻嫁娶 9.其他 □	1.农业 2.非农业 □	1.是 2.否 □	1.未上过学 2.小学 3.初中 4.高中 5.大学专科 6.大学本科 7.研究生 □
□□□□	0.户主 1.配偶 2.子女 3.父母 4.岳父母或公婆 5.祖父母 6.媳婿 7.孙子女 8.兄弟姐妹 9.其他 □	1.男 2.女 □	出生于： ___年 ___月 □□□□ □□	族 □□	1.本普查小区 2.本村（居）委会其他普查小区 3.本乡（镇、街道）其他村（居）委会 4.本县（市、区）其他乡（镇、街道） 5.其他县（市、区），请填写下面地址 6.港澳台或国外 □ □□______省（区、市） □□______地（市） □□□______县（市、区）	1.本村（居）委会其他普查小区 2.本乡（镇、街道）其他村（居）委会 3.本县（市、区）其他乡（镇、街道） 4.其他县（市、区），请填写下面地址 5.户口待定→R11 □	1.没有离开户口登记地→R10 2.半年以下 3.半年至一年 4.一年至二年 5.二年至三年 6.三年至四年 7.四年至五年 8.五年至六年 9.六年以上 □	0.务工经商 1.工作调动 2.学习培训 3.随迁家庭 4.投亲靠友 5.出差 6.拆迁搬家 7.寄挂户口 8.婚姻嫁娶 9.其他 □	1.农业 2.非农业 □	1.是 2.否 □	1.未上过学 2.小学 3.初中 4.高中 5.大学专科 6.大学本科 7.研究生 □

（超过五人的户，从第2张普查表起，户记录只填写“H1.户编号”）

调查表的形式一般有单一表和一览表两种。单一表是每一张表上只登记一个调查单位的调查资料，它可以容纳较多的调查项目，可以得到更丰富、更详细的资料，适宜于较详细的统计调查。一览表是在一张表上登记若干个调查单位的调查资料，它的调查项目不宜过多，这种表的使用节省人力、物力，而且一目了然。我国的人口普查表就是采用一览表的形式，在一张调查表上要填写全家每个成员的情况。

2.2.4　确定调查时间

为保证调查任务的完成，在调查方案中还要确定调查时间。调查时间包括两个方面的含义：

一是调查资料所属的时间。如果所调查的是时期现象，要明确规定调查对象的时间范围（起止时间）；如果所要调查的是时点现象，就要明确规定统一的标准时点。例如，调查工业产品产量，就要明确是一个月还是一个季度或是一年的产品产量；进行人口普查，就要明确人口数具体是哪个时点上的数量。

二是调查时限，即整个调查工作的期限，包括搜集资料及报送资料的整个工作所需要的时间。为了保证资料的及时性，对调查时限的规定要尽可能短。

例如，第六次全国人口普查规定的标准时间是2010年11月1日0时，并要求在2010年11月1日至10日完成普查的登记工作。其中2010年11月1日0时就是调查时间，2010年11月1日至10日就是调查时限。

2.2.5 确定调查的方式和方法

调查的方式方法是指进行调查的组织方式和方法。这主要取决于调查的目的、内容和调查的对象。调查方法是指在调查中所采用的具体调查技术或技巧。

2.2.6 制订调查的组织实施计划

为了保证整个统计调查工作顺利进行，在调查方案中还应该有一个考虑周密的组织实施计划。其主要内容应包括：

（1）调查工作的组织领导机构和调查人员的组织；

（2）调查前的准备工作，包括宣传教育、干部培训、调查文件的准备等；

（3）调查资料的提供办法；

（4）调查经费的预算和开支办法；

（5）提供或公布调查成果的时间；

（6）调查方案的传达布置、试点及其他工作等。

2.3 统计调查方式

统计调查方式是指组织统计调查、搜集统计资料的方式和方法。主要的统计调查方式有统计报表、普查、抽样调查、重点调查和典型调查。

2.3.1 统计报表

1）统计报表的含义和任务

统计报表是按照国家统一规定的调查要求和表格形式，自上而下统一布置、自下而上逐级提供统计资料的一种统计调查方式。统计报表要以一定的原始记录为基础，按照统一的表式、指标、报送时间和报送程序进行填报，因而具有统一性、时效性、周期性、可靠性等特点。

在市场经济条件下，国家对国民经济仍然起着宏观调控的作用，经济政策的制定需要依靠统计报表来提供资料。因此，统计报表是国民经济管理的重要工具，是我国定期取得统计资料的主要调查方法。

统计报表的任务是经常地、定期地提供反映国民经济和社会发展基本情况的资料，为各级政府和有关部门制定国民经济和社会发展计划、方针政策以及检查计划执行情况服务。

2）统计报表的种类

（1）按报表内容和实施范围不同，分为国家统计报表、部门统计报表和地方统计报表

①国家统计报表。国家统计报表也称国民经济基本统计报表，是根据国家统计调查项目和调查计划制定的统计报表，用于搜集全国性的经济和社会发展基本情况的统计资料。

国家统计报表由国家统计局制发，在全国范围内实施。

②部门统计报表。部门统计报表也称专业统计报表，是根据有关部门统计调查项目和调查计划制定的统计报表，用于搜集本部门所需的统计资料。部门统计报表由各主管部门制发，为本部门本系统的经营管理服务。

③地方统计报表。地方统计报表是根据有关地方统计调查项目制定的统计报表，主要是为本地区的管理服务。地方统计报表是由各地方编制，在本地区范围内使用。

（2）按报送的周期长短不同，分为定期报表和年报

①定期报表。定期报表是定期反映阶段生产和经营情况的报表，以指导生产工作和积累有关统计资料。定期报表包括日报、旬报、月报、季报和半年报。一般来说，报送的周期越短，对资料时效性的要求就越强，填报的项目就越少；报送的周期越长，对资料时效性的要求就越弱，填报的项目就越多。

②年报。年报具有年末总结的性质，要求内容更全面。内容包括各单位、各部门年度计划执行情况及全年经济活动的完整资料，通过它可以对各单位、各部门全年生产经营活动进行综合分析。

（3）按填报单位不同，分为基层统计报表和综合统计报表

①基层统计报表。基层统计报表是由基层企事业单位填报，反映基层企事业单位经营活动情况的报表。

②综合统计报表。综合统计报表是由主管部门或统计部门根据基层统计报表逐级汇总填报的统计报表。综合统计报表以基层统计报表为基础，广泛利用各业务部门的资料。

3）统计报表的内容

（1）报表目录

它是说明应报送的报表名称、填报单位、调查对象、报送时间和报送程序等事项的一览表。它对各种统计报表的编制和报送办法等进行了具体规定，有利于填报单位了解在什么时间、采用什么方式、向谁报送以及报送什么报表等。

（2）报表表式

报表表式是指报表的具体格式，主要分为基本报表和专业报表。不同的调查任务有不同的报表格式，但基本都由表头、表体和表脚3部分组成。例如，劳动工资统计报表制度中从业人员及工资总额表表式见表2-2。

（3）填表说明

填表说明是在填报统计报表时应注意的有关事项，内容包括：

①统计范围，即报表的实施范围；

②统计目录，指应在有关报表的主栏目中填报的有关项目的一览表；

③指标解释，对报表中统计指标的概念、计算方法、范围及有关事项的具体说明。

4）统计报表的特点

①统计报表采用统一的表式、填报项目、报送时间和报送程序，既保证了统计资料的一致性，又便于统计资料的综合汇总。

②统计报表以各单位的原始记录为依据填写，保证了统计资料的可靠性。

表2-2　　**从业人员及工资总额表**

表　号：1303表
制定机关：国家统计局
文号：国统字（2016）125号
有效期至：2017年6月

各省、自治区、直辖市统计机构名称：　　2016年

指标名称	代码	调查单位数（个）	从业人员		从业人员工资总额（千元）	从业人员平均工资（元）
			期末人数（人）	平均人数（人）		
甲	乙	1	2	3	4	5
总计 按国民经济行业门类分组	01 –					

单位负责人：　　填表人：　　报出日期：　　20　年　月　日

说明：1.统计范围：辖区内全部私营法人单位。
2.报送日期及方式：省级统计机构次年3月31日24时前网上填报。
3.调查单位数：指实际调查的样本数量。
4.其他各项指标均为推算后的总体数据。

③统计报表按照一定的周期进行填报，可以连续地、系统地积累统计资料，保证了统计资料的动态性。

2.3.2　专门调查

1）普查

普查是为某一特定目的而专门组织的一次性全面调查，主要用于调查一定时点上（瞬间）社会经济现象的总量，搜集那些不能够或者不适宜用定期全面报表搜集的统计资料。如人口普查、第三产业普查、经济普查、农业普查、基本单位普查等。

（1）普查的特点

普查作为一种特殊的数据搜集方式，具有以下几个特点：

①普查通常是一次性的或周期性的。由于普查涉及面广、调查单位多，需要耗费大量的人力、物力和财力，通常需要间隔较长的时间，一般每隔5年或10年进行一次。如我国的人口普查从1953年至2010年共进行了6次。目前，我国普查趋向规范化和制度化，每逢末尾数字为“0”的年份进行人口普查，每逢“3”的年份进行第三产业普查，每逢“5”的年份进行工业普查，每逢“7”的年份进行农业普查，每逢“1”或“6”的年份进行统计基本单位普查。

②普查要规定统一的标准时点。标准时点是指对被调查对象登记时所依据的统一时点。调查资料必须反映调查对象这一时点上的状况，避免调查时因情况变动而产生重复登记或遗漏现象。例如，我国前4次人口普查确定的标准时间为普查年份7月1日零时，第五次、第六次人口普查的标准时点为普查年份11月1日零时，就是要反映这一时点上我国人口的实际状况。

③普查是全面调查，可以获得全面、准确、系统的统计资料。

④普查的适用面较窄。普查需要对全部调查单位进行逐一调查，调查的工作量大、成本高、组织工作复杂，目前仅限于重要的国情国力基础数据的搜集。

（2）普查组织方式

普查的组织方式一般有两种：

①建立专门的普查机构，配备大量的普查人员，对调查单位进行直接登记。例如，人口普查等。这种组织方式适用于内容比较多、涉及范围较大的情况。

②利用调查单位的原始记录和核算资料，发放调查表，由调查单位自行填报。例如，物资库存普查、工业普查等。这种组织方式适用于内容比较单一、涉及范围较小的调查，特别是为了满足某种紧迫需要而进行的“快速普查”，它由调查单位将填报的表格越过中间一些环节直接报送到最高一级机构集中汇总。

2）抽样调查

抽样调查是按照随机原则从总体中选取一部分单位进行观察，用以推算总体数量特征的一种非全面调查。例如，对轮胎使用寿命进行的调查，对灯管合格率进行的调查等，均可采用抽样调查的方式。

（1）抽样调查的特点

抽样调查作为广泛使用的一种非全面调查方法，具有以下几个特点：

①经济性。在满足调查研究目的的前提下，抽样调查中选取的样本单位通常是总体单位中的很小一部分，调查的工作量小，因而可以节省大量的人力、物力和财力。

②时效性。抽样调查由于只对总体中的部分单位进行调查，因而工作量小，调查的准备时间、调查时间、数据处理时间等都大大缩减，从而提高数据的时效性。

③灵活性。抽样调查可以获得更广泛的信息，它适合于各个领域、各种问题的调查。从适用的范围和问题来看，抽样调查可用于调查全面调查能够调查的现象，也能调查全面调查所不能调查的现象，特别适合对一些特殊现象的调查。从调查的项目和指标来看，抽样调查的内容和指标可以更详细、深入，能获得更全面、更广泛的统计资料。

④准确性。抽样调查的数据质量有时比全面调查更高，因为全面调查的工作量大、涉及的范围广、环节多，调查过程中不可避免地产生登记性误差，而抽样调查调查的单位少，可使调查的各项工作做得更细，从而减少登记性误差。当然，用样本特征去推断总体特征时，也会产生推断误差，但这种误差的大小事先可以计算并进行控制，因而推断的结果具有较高的可靠性。

（2）抽样调查的应用范围

抽样调查方法灵活方便，具有较好的调查效果，所以在现代统计调查中得到了广泛的应用。

①用于调查那些不可能或没有必要进行全面调查的社会经济现象。例如，对具有破坏性结果的现象的调查，像显像管耐用时数的检验、玻璃强度的检验等，只能采用抽样调查。再如，对居民个人收入情况的调查，没有必要对所有居民逐一观察、经常登记，通常只需按随机原则选定若干居民进行调查，就能满足分析的需要。

②用于对普查的资料进行验证和修正。由于普查涉及面广、工作量大，容易产生登记性误差。通常，可以在普查结束之后，做一次小规模的抽样调查，将抽样调查的结果同原来的普查资料进行核对，计算出差错率，对普查资料进行必要的修正，从而确保普查工作的质量。

3）重点调查

重点调查是指在调查对象中选择一部分重点单位进行调查，以搜集统计资料的一种非全面调查。重点调查中的这些重点单位在调查对象中只占一小部分，但调查的标志值在总体中却占较大的比重，因而对这部分重点单位进行调查所取得的统计资料能够反映社会经济现象发展变化的基本趋势。例如，要了解全国钢铁生产的增长情况，只要对全国为数不多的大型钢铁企业如鞍钢、武钢、首钢、宝钢等的生产情况进行调查，就可以掌握我国钢铁生产的基本情况。

所谓重点单位，是指在总体中具有举足轻重地位的单位，这些单位虽然数目不多，但就调查的标志值来看，在总体标志总量中占有绝大部分比重。

重点调查的关键在于选择重点单位，重点调查的单位可以是一些企业、行业，也可以是一些地区、城市。选取重点单位时应遵循以下两个原则：

①要根据调查任务的要求和调查对象的基本情况而确定选取的重点单位及数量。一般来讲，要求重点单位应尽可能少，而其标志值在总体中所占的比重应尽可能大，以保证有足够的代表性。

②要注意选取那些管理比较健全、业务能力较强、统计工作基础较好的单位作为重点单位。

重点调查的优点在于只需花费较少的人力、物力和时间就可把握研究对象的基本情况。一般来讲，在调查任务只要求掌握基本情况，而部分单位又能比较集中反映研究项目的指标时，就可以采用重点调查。这种调查方式可以灵活运用，既可用于一次性调查，又可用于经常性调查。

4）典型调查

典型调查是根据调查目的和要求，在对调查对象进行初步分析的基础上，有意识地选取少数具有代表性的典型单位进行深入细致的调查研究，借以认识同类事物的发展变化规律及其本质的一种非全面调查。这种调查方法较为细致，适用于对新情况、新问题的调查研究。

典型调查有以下几个特点：

①典型调查是一种“解剖麻雀”的调查方法。它主要依靠调查者深入基层与调查单位直接接触与剖析，因而可以获得调查单位比较详细、系统的资料。

②典型调查是根据调查者的主观判断，有意识地选择少数具有代表性的单位进行调查，因此，调查者的政治素质、业务素质和判断能力对所选择的典型单位的代表性起着决定性作用。

③典型调查方便、灵活，可以节省时间、人力和经费。典型调查的调查单位少，调查时间快，反映情况准，调查内容系统周密，使用调查工具不多，运用起来灵活方便，可以节省很多的人力和财力。

2.3.3　统计调查误差

准确可靠的统计资料是统计工作的生命，统计能否正确地发挥其信息、咨询和监督的职能，关键在于统计资料的质量。由于影响统计工作的因素较复杂，且影响因素大多是动态的，因而统计工作所获取的数据资料与研究对象的客观实际是存在差异的。

统计调查误差是指调查的数据资料与真实情况之间的差异。通常将统计调查的误差按其产生的原因分为登记性误差和代表性误差。

登记性误差是指在调查过程中，由于主客观原因引起的登记性的差错而造成的误差。具体来讲，它又分为度量性误差、知识性误差、态度性误差和干扰性误差。度量性误差是指因计量工具或者计量手段不合理造成的误差，如由于标尺的偏误造成器具测量长度与实际长度产生的误差；知识性误差是指调查者因统计知识的局限，对调查的时间范围、空间范围、调查项目含义的不理解或错误理解、记忆不清所产生的误差；态度性误差是指调查者主观随意填报统计数据而产生的误差，包括多填、漏填或不按规定的计量单位、计算方法填报等；干扰性误差是指受到外部干扰而有意识地虚报、漏报或者捏造统计数据而产生的误差。无论是全面调查还是非全面调查，都会出现登记性误差。

代表性误差是指在抽样调查过程中，由抽样总体代表全部总体而造成的误差，这种误差仅存在于抽样调查的组织方式中。代表性误差又分为系统性代表误差和偶然性代表误差。系统性代表误差是指在抽样调查过程时，违背随机原则而造成的误差。例如，违背随机原则有意识地多选择较好单位或较坏单位进行的调查，有意识地将偏高或偏低的数据进行剔除等。偶然性代表误差是指在抽样调查过程中，在遵循随机原则的前提下由于样本的结构不足以代表总体的结构而产生的误差。偶然性代表误差是在任何抽样调查中都不可避免的误差，但调查人员可以通过选择适宜的抽样组织方式、扩大样本容量等方式对它进行控制。

2.4　调查问卷设计

在实际工作中，统计调查是取得直接统计资料的重要手段，特别是随着市场经济的发展，统计调查越来越被人们所重视。调查问卷作为一种搜集调查资料的有效工具，其设计则是调查方案设计的核心内容。

2.4.1　调查问卷设计的原则

调查问卷是以调查的目的和要求为依据，按照某种理论假设而设计出的，由一系列问题、调查项目和备选答案及填写说明组成的，向被调查者搜集统计资料的一种表格形式。由于问卷调查通常是由被调查者通过问卷间接地向调查者提供资料，所以调查问卷的设计是否科学合理将直接影响调查资料的真实性、合理性，影响统计调查的质量。

调查问卷设计得好坏很大程度上与设计原则有关，其主要的设计原则有：

1）合理性原则

合理性指的是问卷必须与调查主题紧密相关。问卷要体现调查主题，其实质是在设计问卷时要重点突出，避免可有可无的问题。

2）逻辑性原则

问卷的设计要有整体感，整体感要求设计的问题与问题之间要具有逻辑性。问题设置紧密相关，能够获得比较完整的信息，被调查者也会感到问题集中、提问有章法。相反，如果问题设置是发散的，问卷就会给人以随意性而不是严谨性的感觉。

3）简明性原则

简明性原则主要体现在问卷设计的形式要简洁，调查的内容设计要简明、易懂，调查的时间要简短。在满足调查目的的前提下，简明性的问卷容易给被调查者以赏心悦目的感觉，愿意采取合作的态度接受调查，并能够在很短的时间内完成问卷的填写。

4）非诱导性原则

非诱导性指的是问题要设置在中性位置、不参与提示或主观臆断。如果设置了具有诱导和提示性语言的问题，就会在不自觉中掩盖了事物的真实性。

5）适用性原则

成功的问卷设计除了考虑到紧密结合调查主题与方便调查资料搜集外，还要考虑到调查结果的容易得出和调查结果的说服力，考虑到问卷在调查后的整理与分析工作。

2.4.2 调查问卷的基本结构

不同的调查问卷在具体结构、题型、措辞和版式设计上会有所不同。一般地讲，一份完整的调查问卷是由问卷的开头部分、主体部分和填写说明组成的。

1）开头部分

开头部分的主要内容是问候语。问候语也称问卷说明，它是调查者对调查问卷的意义、调查目的和有关注意事项的解释。其作用是使被调查者了解问卷的意图，引起被调查者的兴趣和重视，消除被调查者的顾虑，激发被调查者的参与意识，以争取他们积极合作。问候语要有亲切感，诚恳礼貌，文字要简洁明了，末尾处要表明对被调查者的参与和合作表示感谢。

2）主体部分

主体部分，也是问卷的核心部分。它包括了所要调查的全部问题，主要由问题和答案组成。设计问题时应注意以下几个方面：

①问卷设计的过程其实就是将研究主题逐步具体化的过程。因此，在设计整个问卷之前，应该有总体上的构想，找出与调查主题相关的要素，把主题分解为一个个具体的询问形式供被调查者回答。

②主体问卷是一个多层次的综合性问卷时，通常将差异较大的问题分块设置，从而保证每个问题相对独立，整体问卷的条理也更加清晰。

③主体问卷设计应简明，内容不宜过多、过繁，可提可不提的问题不提，同一问题的备选答案必须具有互斥性，不能模糊不清，以免被调查者难于选择。

④问卷题目设计要有针对性，明确被调查人群，适合被调查者身份，必须充分考虑受访人群的文化水平、年龄层次等，措辞上也应该进行相应的调整。只有在这样的细节上进行综合考虑，才能够达到调查的预期效果。

⑤注意选择合适的调查方式、时间、地点。向处于不同环境条件下的被调查者提出问题并要求回答，必须考虑被调查者配合的可能性，尽可能选择合适的调查方式、时间、地

点，最大可能地争取被调查者的合作。

3）填写说明

填写说明是调查者与被调查者填写问卷的指南，包括调查项目的解释、问卷填写方法、填写要求、寄送方式等。

2.4.3　调查问卷的类型

1）按搜集资料的方式不同，分为访问问卷和邮寄问卷

（1）访问问卷

访问问卷是根据统计调查的目的和要求，将所要调查的内容拟成问题，向被调查者提问，由被调查者回答问题以获取资料的问卷。

访问问卷的填写，可以通过面谈访问完成，也可通过电话访问完成。其过程是调查人员向被调查者提问并记录对问题的回答，然后根据记录填写问卷。调查中是采用面谈访问还是采用电话访问，可根据调查对象的特点和调查项目的多少及难易程度确定。

（2）邮寄问卷

邮寄问卷是指先将设计好的问卷邮寄给被调查者，然后由被调查者填写并将填写完成的问卷再寄回。邮寄问卷的送交和回收方式很多，如通过邮件递送、通过电子邮件传递、由调查人员登门送收等。在实践中具体采用哪种方式，要根据被调查者的分布情况、调查经费的多少以及被调查者的条件而定。

2）按调查问卷问题的提问方式不同，分为封闭型问卷、开放型问卷和混合型问卷

（1）封闭型问卷

封闭型问卷是在问卷上同时列出问题和各种备选答案，由被调查者在备选答案中选出一项或几项作答。封闭型问卷的答案是标准化的，有利于被调查者对问题的理解和回答，也便于调查数据的汇总与整理。但封闭型问卷对标准化答案的要求高，如果调查的问题较复杂，标准化答案的设计就很困难。若设计存在缺陷，被调查者作答的准确性就存在问题，从而影响所采集数据的质量。

（2）开放型问卷

开放型问卷是指问卷上仅给出问题，问题后不给出备选答案，而是由被调查者根据问题的内容自由表达自己的意见。开放型问卷的优点是拟定问题比较容易，对被调查者不限制回答方式、范围，能听取一些好的意见，得到一些新的启发，获取一些调查者易忽略的调查资料。但这种方式也存在一些问题，如调查结果随意性大，所获取的数据大多数是非标准化的，分类困难，数据处理和分析费时费力，难免受整理者自己的偏见影响，若要保证调查数据的质量，则要对被调查者的文化水平有较高的要求，因而调查对象的选择受到一定的局限，调查资料的代表性和广泛性不足；由于回答问题比较复杂，被调查者需要花费一定的时间和精力回答问题，因而问卷的回收率可能较低。

（3）混合型问卷

混合型问卷是封闭型问卷和开放型问卷的结合，这类问卷吸收了上述两种问卷的优点，在实际调查中应用得比较广泛。

2.4.4 问卷设计的程序

1）准备阶段

（1）明确研究的主题和调查项目

问卷设计的第一步是要确定研究的主题，并根据研究的主题确定所需要调查的项目，以取得满足研究需要的信息资料。

（2）分析调查对象的各种特征

即分析各被调查者的社会特征、文化特征、心理特征，以此作为拟定问卷的基础。

这一阶段应充分征求各类有关人员的意见，以了解问卷中应包含的问题，力求使问卷切合实际，能够充分满足统计调查、统计分析的需要。

2）初步设计

（1）确定调查方式和问卷类型

在明确研究的主题、需要调查的项目和研究对象特征的基础上，就要确定调查方式和问卷类型。不同的调查方式所采用的问卷类型是不同的，研究者应充分考虑各种因素，确定问卷的类型。

（2）确定问题的内容

问题的内容是将调查的项目以问题的形式进行表达，即确定问卷中具体包括哪些问题，这些问题应询问些什么内容。在确定所包含的问题及问题的内容时，要确保能将所要调查的问题明确地传达给被调查者，并获得真实、准确的答案。

（3）确定问题的形式

问题的形式主要有直接性问答题、间接性问答题和假设性问答题，封闭型问题和开放型问题，事实性问答题、行为性问答题、动机性问答题和态度性问答题。调查者应根据研究的主题和调查的项目来确定。

（4）确定问题的顺序

问卷问题的排列顺序即问卷的问题结构是否科学合理，直接影响调查资料的质量。因此，对问题的次序必须仔细斟酌，使问卷具有顺序性及逻辑的连续性。从内容上讲，问卷问题的排列顺序应先易后难、先一般后特殊；从时间或空间上讲，应先近后远，由近及远。除此之外，还应考虑有利于调查资料的整理与分析。具体来讲，问卷问题的排列规则如下：

①先易后难，先熟悉后生疏。

②先封闭性问题后开放性问题。

③先一般性问题后敏感性问题。

④专业性强的具体细致问题应尽量放在后面。

⑤对相关联的内容应进行系统的整理，使被调查者不断增加兴趣。

3）问卷的试答和修改

一般来说，所有设计出来的问卷都难免存在这样或那样的问题。在问卷设计完成正式调查展开之前，应在小范围内对问卷内容进行测试，以检验问卷有无矛盾或不妥之处。问卷测试的内容包括所有的问卷问题、问卷构思、问题顺序、问题难度和问卷指导等。

4）问卷定稿

对经过预测试后的问卷，需要根据测试的结果对出现的问题进行修改、调整，修改后便可将问卷定稿、印刷，以用于正式问卷调查。

本章小结

统计调查是根据统计研究的目的、要求和任务，运用各种科学的调查方式和方法，有目的、有计划、有组织地获取统计资料的工作过程。统计调查是统计工作的基础，是统计整理和统计分析的前提，是确保统计工作质量的重要环节。准确性、及时性、完整性是统计调查的基本要求。统计调查的组织方式包括统计报表和专门调查，专门调查有普查、抽样调查、重点调查和典型调查。无论采用哪一种调查的组织方式，都要运用具体的方法以获取所需要的统计资料。搜集资料的方法分为直接观察法、报告法、采访法、网络法和实验法。

统计调查方案设计成功与否直接关系到统计调查工作的效率，其内容包括确定调查目的，确定调查对象和调查单位，确定调查项目和设计调查表，确定调查时间，确定调查方式和方法，制订调查的组织实施计划。

统计报表是按照国家统一规定的调查要求和表格形式，以一定的原始记录为基础，按照统一的表式、指标、报送时间和报送程序进行填报，因而具有统一性、时效性、周期性、可靠性等特点。统计报表按报表内容和实施范围不同，分为国家统计报表、部门统计报表和地方统计报表；按报送的周期长短不同，分为定期报表和年报；按填报单位不同，分为基层统计报表和综合统计报表。

普查是为某一特定目的而专门组织的一次性全面调查，主要用于调查一定时点（瞬间）上社会经济现象的总量。普查的特点包括：普查是一次性的或周期性的；普查要规定统一的标准时点；普查是全面调查，可以获得全面、准确、系统的统计资料；普查的适用面较窄。普查的组织方式一般有两种，即建立专门的普查机构，配备大量的普查人员，对调查单位进行直接登记；利用调查单位的原始记录和核算资料，发放调查表，由调查单位自行填报。

抽样调查是按随机原则从总体中选取一部分单位进行观察，用以推算总体数量特征的一种非全面调查。抽样调查具有经济性、时效性、灵活性和准确性的特点。

重点调查是指在调查对象中选择一部分重点单位进行调查，以搜集统计资料的一种非全面调查。重点调查的关键在于选择重点单位，选择重点单位应遵循的两个原则包括：一是要根据调查任务的要求和调查对象的基本情况而确定选取的重点单位及数量；二是要注意选取那些管理比较健全、业务力量较强、统计工作基础较好的单位作为重点单位。这种调查方式可以灵活运用，既可用于一次性调查，又可用于经常性调查。

典型调查是根据调查目的和要求，在对调查对象进行初步分析的基础上，有意识地选取少数具有代表性的典型单位进行深入细致的调查研究，借以认识同类事物的发展变化规律及其本质的一种非全面调查。这种调查较为细致，适用于对新情况、新问题的调查研究。典型调查的特点包括：典型调查是一种“解剖麻雀”的调查方法；典型调查是根据调查者的主观判断，有意识地选择少数具有代表性的单位进行调查；典型调查方便、灵活，可以节省时间、人力和经费。

统计调查误差是指调查的数据资料与真实情况之间的差异。通常将统计调查的误差按其产生的原因分为登记性误差和代表性误差。登记性误差是指在调查过程中，由于主客观原因而引起的登记性的差错而造成的误差。具体来讲，它又分为度量性误差、知识性误差、态度性误差和干扰性误差。无论是全面调查还是非全面调查，都会出现登记性误差。代表性误差是指在抽样调查过程中，由抽样总体代表全部总体而造成的误差，这种误差仅存在于抽样调查的组织方式。代表性误差又分为系统性代表误差和偶然性代表误差。偶然性代表误差是抽样调查所固有的，而且是无法避免的。

在统计调查中，调查的内容主要通过问卷来体现，问卷设计的好坏直接关系到调查数据的质量。问卷设计应遵循合理性原则、逻辑性原则、简明性原则、非诱导性原则和适用性原则。一般来说，问卷在结构上包括开头部分、主体部分和填写说明。问卷设计的关键是问题及问题答案的设计。问卷按搜集资料的方式不同，分为访问问卷和邮寄问卷；按问题的提问方式不同，分为封闭型问卷、开放型问卷和混合型问卷。

章末习题

思考题

1.什么是统计调查？简述统计调查的基本要求。

2.统计调查的组织方式有哪些？

3.简述各种统计调查方式的特点及应用场合。

4.统计调查的方法有哪些？各有什么特点？

5.统计调查方案包括哪些内容？

6.举例说明调查对象、调查单位、填报单位之间的关系。

7.调查问卷有哪几种？调查问卷包括哪些内容？

8.什么是调查误差？如何控制调查误差？

第3章/
统计资料的整理与显示

【学习目标】了解数据预处理的内容和目的，掌握统计分组和频数分布，掌握数据的图表显示，合理使用图表，能用Excel制作频数分布表和图形。

3.1 统计数据的预处理

数据的预处理是在对数据分类或分组之前所做的必要处理，内容包括数据的审核、筛选、排序等。

3.1.1 数据审核

数据审核就是检查数据中是否有错误。对于通过调查取得的原始数据，主要从完整性和准确性两个方面去审核。完整性审核主要是检查应调查的单位是否有遗漏，所有的调查项目是否填写齐全等。准确性审核主要是检查数据是否有错误，是否存在异常值等。对于异常值要仔细进行鉴别，如果异常值属于登记时产生的错误，应在分析之前予以纠正；如果异常值是一个正确的值，则应予以保留。

审核资料的准确性常用的方法包括：

1）逻辑检查

首先，从理论上或常识上检查资料是否有悖常理、有无不切实际或不符合逻辑的地方。例如，一张调查表中，年龄是9岁，职业是教师，其中必有一个是错误的。再如，若在某劳动密集型行业的报表中，企业规模为大型，而职工人数是100人，这其中也必有一项是错误的。

其次，检查各项目之间有无相互矛盾的地方。例如，企业的净产值大于同期总产值就是明显的逻辑错误；人口普查时，性别填女，与户主关系填父子，这也显然不合逻辑。

2）计算检查

即检查各项指标的计算口径、计量单位是否符合规定，并通过各种计算方法来检查各指标间的数字是否相互衔接，子项之和是否等于母项。

对于通过各种渠道取得的次级资料，应着重审核数据的适用性和时效性。次级资料可以来自多种渠道，有些数据可能是为特定目的通过专门调查而取得的，或者是已经按特定目的的需要做了加工汇总的。对于使用者来说，首先应弄清楚数据的来源、数据的口径以及有关的背景材料，以便确定这些数据是否符合分析研究的需要，不能盲目地生搬硬套。此外，还要对数据的时效性进行审核，对于时效性较强的问题，如果所取得的数据过于滞后，就可能失去研究的意义。

3.1.2 数据筛选

数据筛选是根据需要找出符合特定条件的某类数据。例如，找出销售额在1 000万元以上的企业，找出考试成绩在90分以上的学生等。数据筛选可借助计算机自动完成。

【例3-1】某校4名学生的语文、英语、数学3门课程考试成绩数据见表3-1，试用Excel进行数据筛选。

表3-1　**4名学生语文、英语、数学3门课程考试成绩**

姓名	语文	英语	数学
甲	65	82	76
乙	86	81	57
丙	75	75	60
丁	90	78	89

解：用Excel进行数据筛选的步骤如下：

第一步：选择"数据→筛选"命令。如果要筛选出满足给定条件的数据，可使用"自动筛选"命令。这时会在第一行出现下拉箭头，用鼠标点击箭头会出现如图3-1所示的结果。

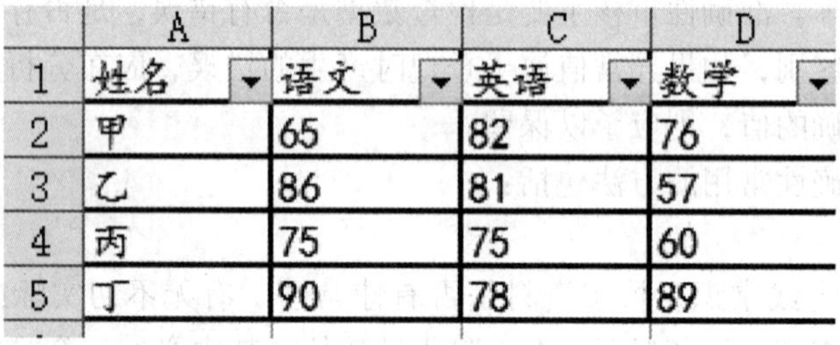

	A	B	C	D
1	姓名	语文	英语	数学
2	甲	65	82	76
3	乙	86	81	57
4	丙	75	75	60
5	丁	90	78	89

图3-1　自动筛选过程

第二步：在下拉箭头方框内选择要筛选出的数据。

①若要筛选出语文成绩为75分的学生，则在"语文"的下拉箭头处选择75，得到如图3-2所示的结果。

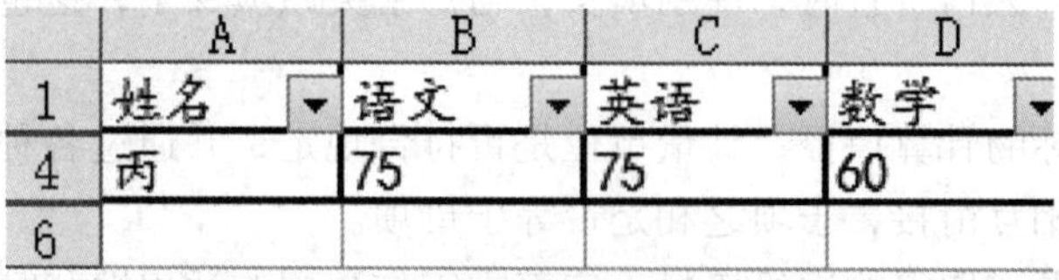

	A	B	C	D
1	姓名	语文	英语	数学
4	丙	75	75	60
6				

图3-2　自动筛选结果

②若要筛选出语文成绩最高的前2名学生，则需在"语文"下拉箭头处的"数字筛选"中"10个最大的值"对话框中输入"2"，结果如图3-3所示。

	A	B	C	D
1	姓名	语文	英语	数学
3	乙	86	81	57
5	丁	90	78	89

图3-3　指定条件自动筛选结果

③若要筛选出3门课程考试成绩都大于70分的学生，由于设定的条件比较多，需要使用“高级筛选”命令。

使用高级筛选时，必须建立条件区域。这时需要在数据清单上面至少留出3行作为条件区域，如图3-4所示。然后在“列表区域”中选中要筛选的数据清单，在“条件区域”中选择匹配的条件。例如，要筛选出3门课程考试成绩均大于70分的学生。

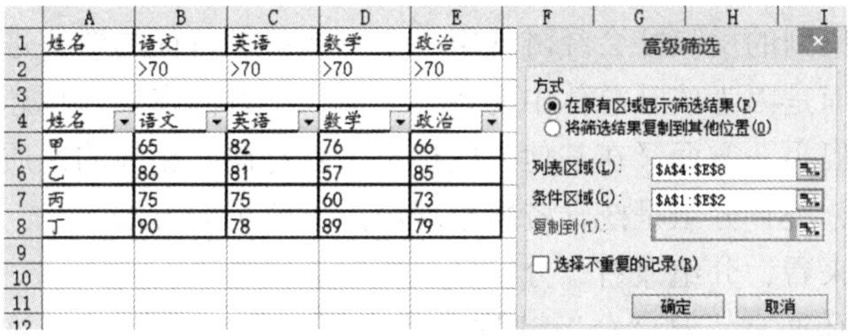

图3-4　高级筛选过程

单击“确定”按钮，得出如图3-5所示的结果。

	A	B	C	D
1	姓名	语文	英语	数学
2		>70	>70	>70
3				
4	姓名	语文	英语	数学
8	丁	90	78	89

图3-5　高级筛选结果

3.1.3　数据排序

数据排序是指按一定顺序将数据排列，以便研究者通过浏览数据发现一些明显的特征或趋势，找到解决问题的线索。除此之外，排序还有助于对数据进行检查纠错，以及为重新归类或分组等提供方便。在某些场合，排序本身就是分析的目的之一。例如，要了解究竟谁是中国汽车生产的三大巨头，对于汽车生产厂商而言不论它是伙伴还是竞争者，都是很有用的信息。

对于分类数据，如果是字母型数据，排序则有升序、降序之分，但习惯上升序用得更多，因为升序与字母的自然排列顺序相同；如果是汉字型数据，排序方式则很多，如按汉字的首位拼音字母排列，这与字母型数据的排序完全一样，也可按姓氏笔画排序，其中也有笔画多少的升序、降序之分。交替运用不同方式排序，在汉字型数据的检查纠错过程中十分有用。

对于数值型数据，排序只有两种，即递增和递减。设一组数据为x_1，x_2，…，x_n，递增排序后可表示为：x（1）<x（2）<…<x（n）。递减排序可表示为：x（1）>x（2）>…>x（n），排序后的数据也称为顺序统计量。无论是分类数据还是数值型数据，排序均可借助于Excel中的“排序”命令完成。

3.2 统计分组与频数分布

3.2.1 统计分组的意义和作用

1）统计分组的意义

统计分组是根据统计研究任务的要求和研究现象总体的内在特点，将通过统计调查搜集到的数据资料按照一定的标志划分为若干部分（组）的一种统计方法。分组标志是划分各组的标准或依据，它由统计研究目的而定。例如，如果研究的目的是分析某市家庭户的收入水平，这时，可将某市所有家庭户按全年人均收入分组。再如，如果研究的目的是分析农业生产单位的生产方向，这时可将农业生产单位按其主要生产方向划分为主要生产粮食、棉花、蔬菜、畜牧、林业、果树、茶叶、渔业等不同的组。

之所以要将搜集到的反映社会经济现象各个总体单位特征的资料进行分组，这并不是人们的主观意愿，而是因为统计总体中的各个个体，一方面在某一标志或某些标志上具有彼此相同的性质，但另一方面又在其他一些标志上具有彼此相异的性质，需区分为性质不同的若干组。可见，统计分组是统计资料整理中不可缺少的方法。

从分组的性质来看，分组兼有“分”和“合”双重含义。

①对于现象总体而言，是“分”，即把总体分为性质相异的若干部分；对于总体单位而言，则是“合”，即把性质相同的许多总体单位合为一组。

②对于分组标志而言，是“分”，即按分组标志将不同的标志表现分为若干组；对于其他标志而言，则是“合”，即在一个组内的各单位即使其他标志表现不相同也只能结合在一组。

由此可见，选择一种分组方法，突出了一种差异，显示了一种矛盾，必然同时掩盖了其他差异，忽略了其他矛盾。不同的分组方法，可能得出不同的结论。缺乏科学根据的分组，不但无法显示事物的本质特征，甚至会把不同性质的事物混淆在一起，歪曲社会经济现象的本质。因此，在进行统计分组时必须先对所研究现象的本质作全面、深刻的分析，确定所研究现象类型的属性及其内部差别，然后才能选择出反映事物本质的正确的分组标志。

2）统计分组的作用

（1）划分社会经济现象的类型

社会经济现象是错综复杂的，即使在同一总体内，也存在不同的类型。例如，同样是工业企业，就从事工业生产活动而言，它们是同质的，但在经济类型、规模、经济效益等方面则存在差异，需要把它们分成不同的类型，才能研究各种类型的特点和发展变化规律。统计分组是确定社会经济现象同质总体、研究社会经济现象各种类型的基础。

（2）研究现象总体的内部结构及其特征

通过分组，将现象总体划分为不同性质的组，计算出总体内各组成部分的比重，以反映现象总体的内部结构（或构成）。例如，要研究某农场某种农作物播种面积的土地自然条件的内部构成，可以将该农作物的播种面积按土地自然条件分组为山地、丘陵地、平原地，然后分别计算出各自的播种面积占总播种面积的比重，进而反映该农场土地自然条件的特征。再如，要了解我国城镇居民在衣、食、住、用等方面的开支及其变化情况，可对我国城镇居民家庭平均每人全年消费性支出进行结构分组。

（3）分析现象之间的依存关系

社会经济现象不是孤立存在的，而是相互联系、相互依存的。通过统计分组，可以观察现象之间的相互依存关系。

3.2.2 统计分组的原则

1）科学性原则

统计分组首先应强调的是科学性原则，即统计分组要根据统计研究的目的，突出反映客观现象在各组间的差异，使组间差异大，组内差异小。

2）完整性原则

完整性原则又称穷尽原则，是指分组的结果使总体中的每一个单位都应有组可归，或者说各分组的空间足以容纳总体的所有单位。例如，人口普查中按受教育程度分组，如果分为小学、初中、高中、大学专科和大学本科5个组，则那些未上过学以及研究生学历者则无组可归。如果将分组调整为未上过学、小学、初中、高中、大学专科、大学本科和研究生，则这样的分组就可以包括全部人口的各种不同层次的受教育程度，符合分组的穷尽原则。

3）互斥性原则

互斥性原则是指在特定的分组标志下，总体中的任何一个单位只能归属于某一组，而不能同时或可能归属于某几个组。例如，某商场把服装分为男装、女装、童装3类，不符合互斥原则，因为童装也有男装、女装之分。若先把服装分为成年与儿童两类，然后每类再分为男装、女装两组，就符合互斥性原则。

3.2.3 分组标志的选择

能否正确地选择分组标志，将直接影响到统计分组的效果，关系到统计分析能否取得正确的结论。选择分组标志时需考虑以下3点：

1）根据研究的具体目的选择分组标志

分组标志是将研究对象划分为若干个性质不同组的标准或依据，对于同一研究对象，研究目的不同，选择的分组标志也不同。例如，对同一总体的企业职工而言，如果研究目的是分析职工文化素质的高低，应选择职工的文化程度作为分组标志；如果研究的目的是分析职工的技术能力，应选择技术等级作为分组标志；如果研究目的是分析职工的收入水平，应选择职工的工资作为分组标志。

2）选择与研究目的最有关系、最能反映现象本质特征的分组标志

任何一个研究对象，都存在许多说明其特征的标志，分组时应在诸多标志中选择最能说明现象本质特征的标志进行分组。例如，要研究企业的规模，职工人数、资产总额、生产能力、占地面积、销售额等均能反映企业的规模，但要选择其中最能反映企业规模本质特征的标志作为分组的依据。

3）要考虑到现象所处的具体历史条件或经济条件

随着社会经济环境的发展变化，被研究对象的特征也在不断变化。因而分组标志应该适应这种变化。例如，在生产力水平较低的情况下，研究企业规模时一般以职工人数作为分组标志，随着机械化、自动化水平的提高，职工人数已不能准确说明企业规模的大小，

因此，在生产力水平较高的情况下，一般使用企业生产能力和固定资产作为分组标志。然而，在研究劳动密集型企业时，生产的产品不固定，生产能力很难计算，因此仍以职工人数作为企业规模的分组标志。

3.2.4 统计分组的种类

1）按分组标志的性质不同，分为按品质标志分组和按数量标志分组

（1）按品质标志分组

按品质标志分组是以反映现象的属性、性质的标志进行的分组，分组结果是将总体划分为若干个性质不同的类型，目的在于揭示总体内部的性质和属性差异。例如，人口按性别、民族分组，播种面积按土地自然条件分组，商品按类别分组，农业生产单位按生产方向分组等，都称为按品质标志分组。

按品质标志分组有的比较简单，容易划分，分组标志确定后，组与组之间的界限和组数也就确定了。例如，人口按性别就只能分为男、女两组。但是，有的分组比较复杂，组与组之间的界限难以确定。例如，从业人员的职业、农机具的种类、工业产品的种类等，这类标志分组的详细程度往往要根据分析任务的要求，经过事先研究，规定统一的划分标准，编制统一的分类目录作为分组的统一依据。

（2）按数量标志分组

按数量标志分组是把研究总体按标志值的多少进行分组。例如，人口按年龄进行分组，工业企业按职工人数分组、生产能力分组，商业企业按销售额分组等。

按数量标志分组的目的在于通过总体内部的数量差异揭示现象的质变，因此，如何决定现象质与量的数量界限则是按数量标志分组的关键。

2）按分组标志的多少不同，分为简单分组和复合分组

（1）简单分组

对总体只按一个标志进行的分组，称为简单分组。如学生按性别进行分组，企业按销售额进行分组等。这种分组只能从一个方面反映社会经济现象的分布状况和内部结构。在统计研究中，可以从不同的角度选择不同的标志对总体进行简单分组，从而构成一个平行分组体系。

（2）复合分组

对同一个总体选择两个或两个以上的标志层叠起来进行的分组，称为复合分组。如高校教师先按“性别”分组，然后按“职称”分组，就是复合分组，如图3-6所示。多个复合分组形成的体系，称为复合分组体系。

- 按性别分组
  - 男
    - 助教
    - 讲师
    - 副教授
    - 教授
  - 女
    - 助教
    - 讲师
    - 副教授
    - 教授

图3-6 复合分组示例

3.2.5 频数分布

1）频数分布的概念和种类

（1）频数分布的含义

在统计分组的基础上，将总体中的所有单位按组归类整理，形成总体中各个单位在各组间的分布，称为频数分布或次数分布。频数分布是统计资料整理的一种重要形式，通过对凌乱的、分散的原始资料进行有序的整理，形成一系列反映总体各组之间单位分布状况的数列，即分布数列。

频数分布由各组名称（组别）和各组频数或频率两个要素构成。分布在各个组中的总体单位数称为频数，也称次数；各组频数与总频数之比称为频率，也称为比率或比重，它说明总体各部分的构成情况。

（2）频数分布的种类

按分组标志的性质不同，频数分布可分为品质数列和变量数列。

①品质数列。按品质标志进行分组所形成的分布数列称为品质分布数列，简称品质数列。表3-2就是一个品质数列，它反映了某地区2015年末三次产业从业人员的分布状况。

表3-2 **某地区2015年末三次产业从业人员的分布状况**

按产业分组	从业人数（万人）	比率（%）
第一产业	1 963.2	29.6
第二产业	2 338.0	35.3
第三产业	2 331.3	35.1
合计	6 632.5	100.0
各组名称	频数	频率

②变量数列。按数量标志进行分组所形成的分布数列称为变量分布数列，简称变量数列。变量数列的组别是变量值分组的结果，表现为数值或数值域。由此，按各组变量值的表现形式不同分为单项式变量数列和组距式变量数列。

单项式变量数列是指变量数列中每一个变量值代表一组。它适用于变量值不多、变动幅度不大的离散变量。表3-3就是一个单项式变量数列，它反映了某城市有子女家庭情况的分布。

表3-3 **某城市有子女家庭情况分布表**

家庭按子女数分组（个）	家庭数（万户）	比率（%）
1	140	14
2	470	47
3	280	28
3个以上	110	11
合计	1 000	100

组距式变量数列是指变量数列中用变量值的一定范围代表一组。它适用于变量值较多、变动幅度较大的离散变量，也适用于连续变量。组距式变量数列按各组组距是否相等，分为等距数列和异距数列。等距数列是指各组组距相等的数列，见表3-4，该表反映了某地区50个乡镇财政总收入的分布状况。

表3-4 **某地区50个乡镇财政总收入分布表**

按年财政总收入分组（万元）	乡镇数（个）	比率（%）
800~900	1	2
900~1 000	5	10
1 000~1 100	8	16
1 100~1 200	11	22
1 200~1 300	11	22
1 300~1 400	7	14
1 400~1 500	4	8
1 500~1 600	3	6
合计	50	100

异距数列是指各组组距不相等的数列，见表3-5，该表反映了某地区人口年龄的分布状况。

表3-5 **某地区人口年龄分布表**

按年龄分组（岁）	人口数（万人）	比率（%）
0~14	151	17
15~64	648	71
65岁以上	111	12
合计	910	100

（3）累计频数

为了更清楚地反映数据分布的特点，实际中常常计算累计频数，包括向上累计频数和向下累计频数。向上累计频数是由变量值小的一组向变量值大的一组依次累计，又称为较大制累计；向下累计频数是由变量值大的一组向变量值小的一组依次累计，又称为较小制累计。具体见表3-6。

2）变量数列的编制

当掌握的资料是离散变量且变量值的变动幅度不大时，应编制单项式变量数列；当掌握的资料是连续变量或虽是离散变量但变量值的变动幅度较大时，必须采用组距式变量数列来反映总体单位数的分布情况。由于受到组数、组距、组限等因素的影响，组距式变量数列的编制比较复杂。现重点讨论组距式变量数列的编制方法。

表3-6　　某地区50个乡镇年财政总收入分布表

按年财政总收入分组（万元）	乡镇数（个）	累计频数	
		向上累计	向下累计
800~900	1	1	50
900~1 000	5	6	49
1 000~1 100	8	14	44
1 100~1 200	11	25	36
1 200~1 300	11	36	25
1 300~1 400	7	43	14
1 400~1 500	4	47	7
1 500~1 600	3	50	3
合计	50	—	—

【例3-2】某生产车间50名工人日加工零件数（个）见表3-7，试编制组距式变量数列。

表3-7　　50名工人日加工零件数　　单位：个

117	122	124	129	139	107	117	130	122	125
108	131	125	117	122	133	126	122	118	108
110	118	123	126	133	134	127	123	118	112
112	134	127	123	119	113	120	123	127	135
137	114	120	128	124	115	139	128	124	121

利用该资料编制组距式变量数列的方法如下：

（1）将原始数据进行排序并计算全距

将凌乱、分散的原始数据，按照由小到大的顺序进行排序，确定最大变量值和最小变量值，二者之差就是全距。全距表明全部变量值的变化范围，它是确定组数与组距的依据。计算公式为：

全距=最大变量值-最小变量值

将表3-7的数据按照由小到大的顺序进行排序的结果见表3-8。

表3-8　　50名工人日加工零件数排序表　　单位：个

107	108	108	110	112	112	113	114	115	117
117	117	118	118	118	119	120	120	121	122
122	122	122	123	123	123	123	124	124	124
125	125	126	126	127	127	127	128	128	129
130	131	133	133	134	134	135	137	139	139

全距=139-107=32

（2）确定组数

确定组数，就是确定把总体分为多少组。组数与频数分布存在密切的联系，对一个现象总体而言，组数太少，频数分布太笼统，会掩盖总体分布在组之间性质上的差异；组数太多，频数分布太分散，则会难以反映总体分布的本质特征。一般而言，确定的组数应能反映出总体分布的本质特征和组间性质上的差异。

①根据对现象的定性分析确定组数。有些现象总体，其数值的变化带有明显的规律性，此时应根据现象的规律性确定组数。如对学生成绩的分组，实行5级分制时有不及格、及格、中等、良好、优秀，此时可以将5级分制转换为传统上的百分制。再如，对工人按技术等级进行分组，可以按照我国对工人的技术等级划分确定组数。

②采用经验公式确定组数。在实际分组时，可借助美国学者斯特杰斯（H.A.Sturges）提出的经验公式确定组数。经验公式为：

$$k = 1 + 3.322\lg n$$

式中：k为组数，n为变量值个数。根据某生产车间50名工人日加工零件数资料，确定的组数为：

$$k = 1 + 3.322\lg 50 = 6.64$$

取整数为7组。

（3）确定组距

组距是各组最大变量值与最小变量值之差。组距与组数存在密切联系，二者之间成反比关系。用公式表示为：

$$组距=\frac{全距}{组数}$$

根据某生产车间50名工人日加工零件数，确定的组距为：

$$组距=\frac{32}{7} = 4.57$$

取整数为5组。在实际工作中，为方便分析研究，组距一般取整数，通常是5或10的倍数。

（4）确定组限

组距式变量数列中各组的最大变量值与最小变量值分别称为组上限和组下限。组限的确定应遵循“既不重复，也不遗漏”的原则，即一个变量值不能同时归入两个组内，或某个变量值无组可归。

为保证“既不重复，也不遗漏”，离散型变量一般采用间断分组，即前一组的组上限与后一组的组下限不相等；连续型变量必须采取重叠分组，即前一组的组上限与后一组的组下限相等，为同一个变量值。当某一个变量值恰好等于某组的组上限时，一般规定“上组限不在内”，即该变量值不归在本组内。

当组距式变量数列的第一组采用“××以下”时，称该组为下开口组；当组距式变量数列的最后一组采用“××以上”时，称该组为上开口组。

根据表3-7的资料，使用Excel中的Frequency函数编制间断组距数列。

①建立如图3-7所式的数据。

A列为原始数据，放在A2：A51单元格内；B列为分组上限。

②选定D2：D8，输入公式“=Frequency（A2：A51，B2：B8）”，然后按“CTRL+SHIFT+ENTER”组合键，即可计算出各组的频数。

	A	B	C	D
1	零件数	组上限	分组	频数
2	117	109	105~109	3
3	122	114	110~114	5
4	124	119	115~119	8
5	129	124	120~124	14
6	139	129	125~129	10
7	107	134	130~134	6
8	117	139	135~139	4
9	130		合计	

图3-7　编制分布数列

注意：Excel中的Frequency函数使用的是“上组限在内”的统计原则。

根据表3-7的资料，进行重叠分组的结果见表3-9。

表3-9　某车间50名工人日加工零件数分组表（重叠分组）

按零件数分组（个）	频数（人）	频率（%）
105~110	3	6
110~115	5	10
115~120	8	16
120~125	14	28
125~130	10	20
130~135	6	12
135~140	4	8
合计	50	100

（5）计算组中值

组距掩盖了分布在各组内总体单位的实际数值，为反映分布在各组内总体单位变量值的一般水平，需要计算组中值。组中值是各组上限和下限的中点数值，通常根据组上限、组下限进行简单平均，即：

$$\text{组中值} = \frac{\text{组下限} + \text{组上限}}{2}$$

用组中值代表组内变量值的一般水平有一个前提，即假定组内变量值的分布是均匀的。需要注意的是，对于间断分组的组距式变量数列，组上限包含在本组内，计算组中值时，组上限的数值应转换为后一组的下限。开口组组中值的计算公式为：

$$\text{缺下限开口组的组中值}=\text{该组上限} - \frac{\text{邻组组距}}{2}$$

$$\text{缺上限开口组的组中值}=\text{该组下限} + \frac{\text{邻组组距}}{2}$$

3.3 频数分布的图示

3.3.1　统计图

统计图是用几何图形或具体形象来表述统计资料的一种方式。它给人的感觉是直观形象、鲜明醒目、见图知意，特别在大量数据不那么令人容易理解时，统计图更有其独特的作用。

1）条形图

条形图是用宽度相同的条形的高度或长短来表示数据变动的图形，主要用于反映品质数列的频数分布，比较不同组之间的差异，以及变量取值在不同时间或不同空间上的差异或变化趋势。

（1）按放置的方向不同，分为柱形图和条形图

①柱形图。图形纵置时，称为柱形图，主要用于显示项目之间的比较结果，或一段时间内的数据变化。根据某地区2015年末三次产业从业人员分布状况绘制的柱形图如图3-8所示。

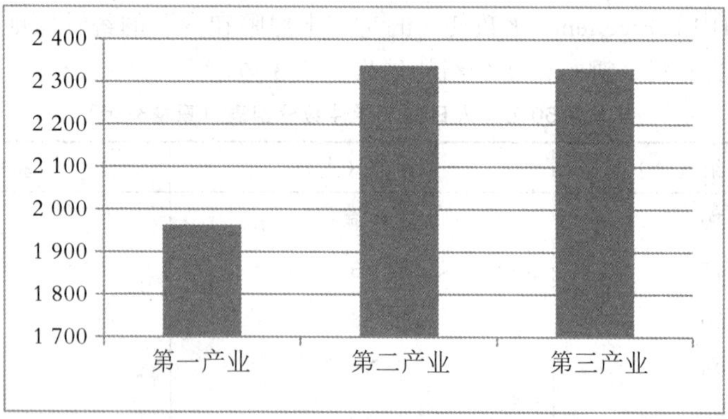

图3-8　某地区2015年末三次产业从业人员分布状况柱形图

②条形图。图形横置时，称为条形图，用于显示各项目之间的比较状况。纵轴表示分类，横轴表示频数或数值。根据某地区2015年末三次产业从业人员分布状况绘制的条形图如图3-9所示。

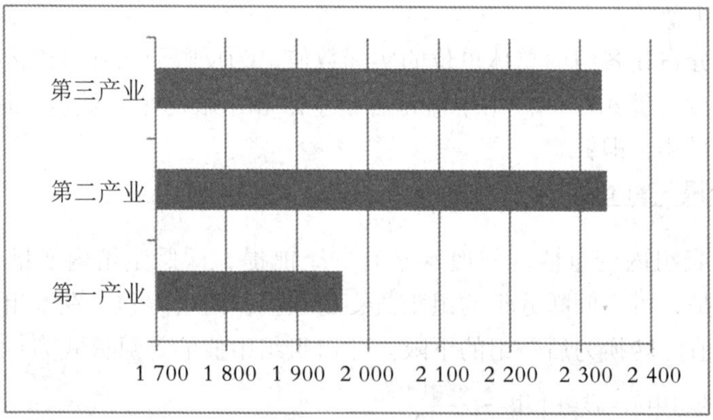

图3-9　某地区2015年末三次产业从业人员分布状况条形图

（2）按比较现象的数量不同，分为单式条形图和复式条形图

①单式条形图。由一组表述同一现象数据的条形构成，图中的条形排列可以是纵向的，也可以是横向的，如图3-8或图3-9所示。

②复式条形图。由两个或两个以上单式条形图组成，互相形成不同现象数据之间的对比，各对应条形需用不同的阴影线或色彩加以区别。

【例3-3】某超市随机抽取50名顾客购买饮料情况的数据见表3-10。

表3-10 **50名顾客购买饮料分布表**

饮料类型	男	女	合计
果汁	1	5	6
矿泉水	6	4	10
绿茶	7	4	11
碳酸饮料	6	9	15
其他	2	6	8
合计	22	28	50

解：若要反映男女之间购买饮料的差异，可绘制复式条形图，如图3-10所示。

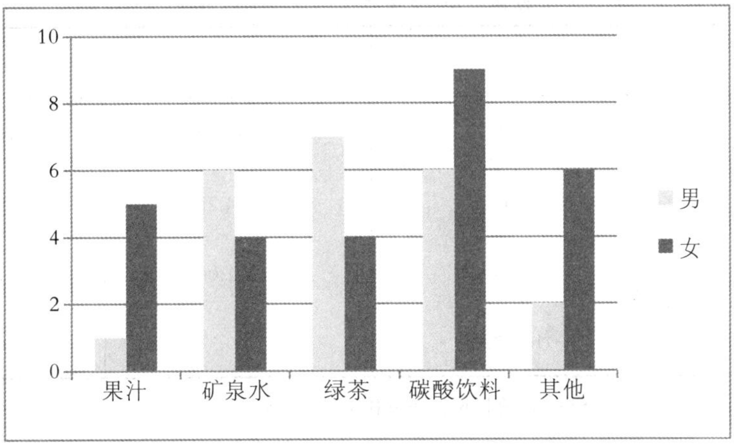

图3-10 不同性别消费者购买饮料对比图

2）饼图

饼图又称扇形图，是以圆形及圆内扇形的面积大小来表示统计资料的一种图形。它主要用于表示总体内各组成部分所占的比重，反映总体内部构成情况。绘制扇形图时，总体中各部分所占百分比用圆内的各个扇形面积表示，扇形的中心角度，是按各部分百分比占360度的相应比例确定的。计算公式为：

$$\frac{x}{360^{\circ}}=\frac{\text{某部分数值}}{\text{全部数值}}$$

求出了扇形夹角的度数以后，用量角器画出扇形的度数点，然后从圆心点起，对准度数点画出两条从圆心通到圆弧的直线，构成一个扇形。

根据某地区2015年末三次产业从业人员分布状况绘制的饼图如图3-11所示。

3）环形图

饼图只能展示一个现象的内部结构状况，如果要比较多个现象的内部结构状况，则需要绘制环形图。环形图类似于饼图，但又有区别。环形图中间有一个“空洞”，外边绘制多个现象的圆环，每一个圆环反映一个现象的数据结构。

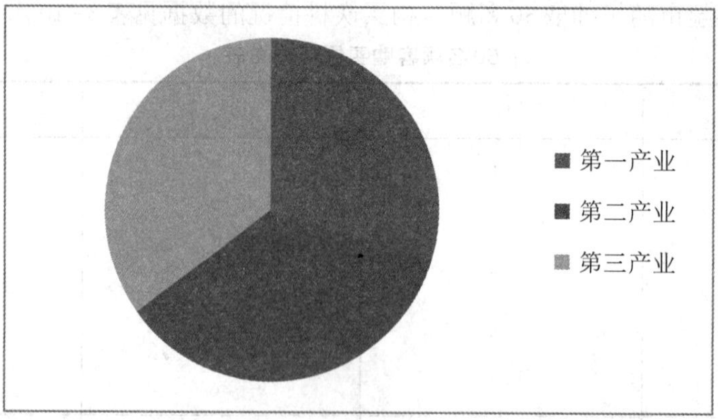

图3-11　某地区2015年末三次产业从业人员分布饼图

【例3-4】4个直辖市2015年三次产业增加值（亿元）数据见表3-11。

表3-11　　4个直辖市2015年三次产业增加值数据　　单位：亿元

直辖市	第一产业	第二产业	第三产业
北京	140.21	4 542.64	18 331.74
天津	208.82	7 704.22	8 625.15
上海	109.82	7 991.00	17 022.63
重庆	1 150.15	7 069.37	7 497.75

解：根据表3-11的资料绘制的环形图如图3-12所示。

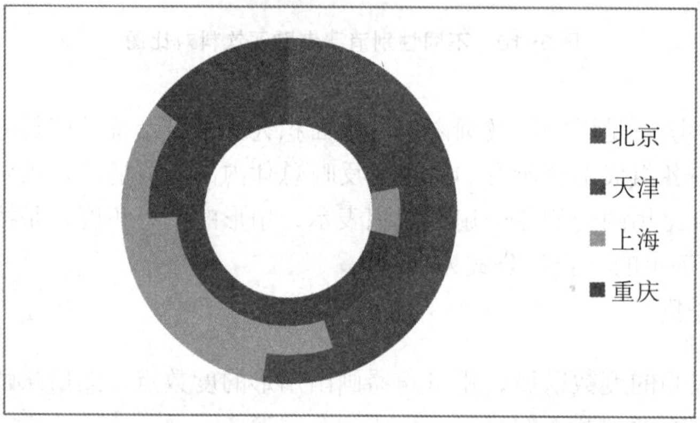

图3-12　4个直辖市2015年三次产业增加值环形图

4）折线图

折线图是应用比较广泛的一种图形，它是用折线或曲线的连续升降来表示统计数值大小变动及其趋势的一种统计图。折线图主要用于显示时间数列数据的变动特征。在绘制动态折线图时，可用横轴表示时间，纵轴表示数量。

【例3-5】4个直辖市2011—2015年地方财政一般预算收入数据见表3-12。

表3-12　　**4个直辖市2011—2015年财政一般预算收入**　　单位：亿元

直辖市	2011年	2012年	2013年	2014年	2015年
北京	3 006.29	3 314.93	3 661.11	4 027.16	4 723.86
天津	1 455.13	1 760.02	2 079.07	2 390.35	2 667.11
上海	3 429.83	3 743.71	4 109.51	4 585.55	5 519.5
重庆	1 488.33	1 703.49	1 693.24	1 922.02	2 154.83

解：根据表3-12的资料绘制的折线图如图3-13所示。

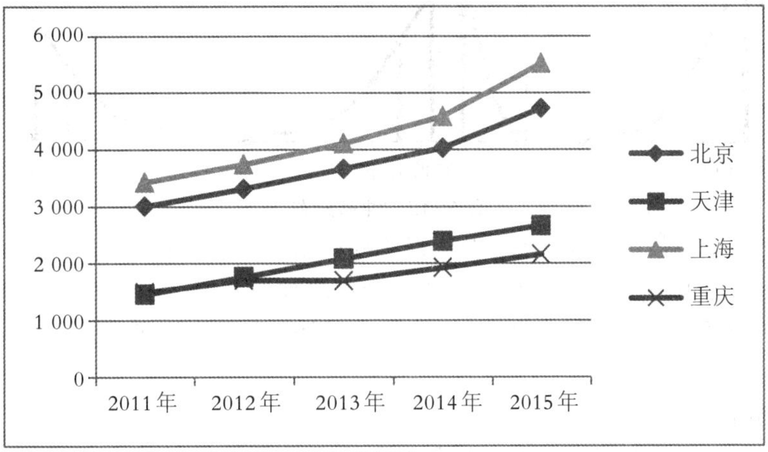

图3-13　4个直辖市2011—2015年财政一般预算收入折线图

5）直方图

对于分组数据，用直方图来展示数据的分布会更形象、更直观，它是用矩形的宽度和高度（即面积）来表示频数分布的。绘制该图时，在平面直角坐标中，用横轴表示数据分组，纵轴表示频数或频率。这样，各组与相应的频数就形成了一个矩形，即直方图。

根据表3-9某车间50名工人日加工零件数分组数据，绘制直方图如图3-14所示。

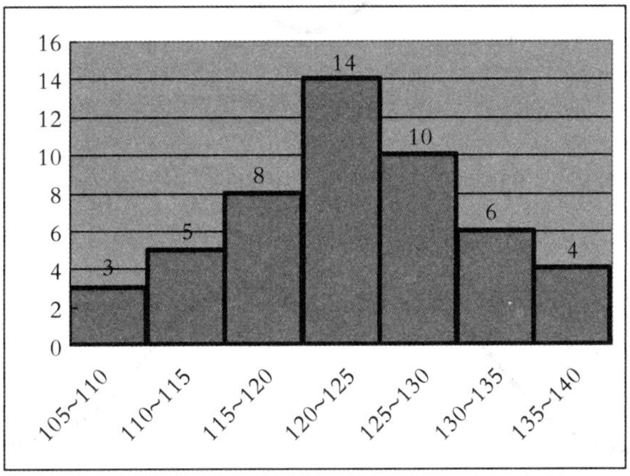

图3-14　50名工人日加工零件数分布直方图

直方图与条形图不同。首先，条形图是用条形的长度（横置时）表示各类别频数的多少，其宽度（表示类别）则是固定的；直方图是用面积表示各组频数的多少，矩形的高度表示每一组的频数或频率，宽度则表示各组的组距，因此其高度与宽度均有意义。其次，由于分组数据具有连续性，直方图的各矩形通常是连续排列的，而条形图则是分开排列的。最后，条形图主要用于展示分类数据，而直方图则主要用于展示数值型数据。

3.3.2 频数分布的类型

1）钟形分布

钟形分布的特征是“两头小，中间大”，即中间的变量值分布的次数较多，靠近两边的变量值次数分布较少，其曲线宛如一个古钟，如图3-15所示。

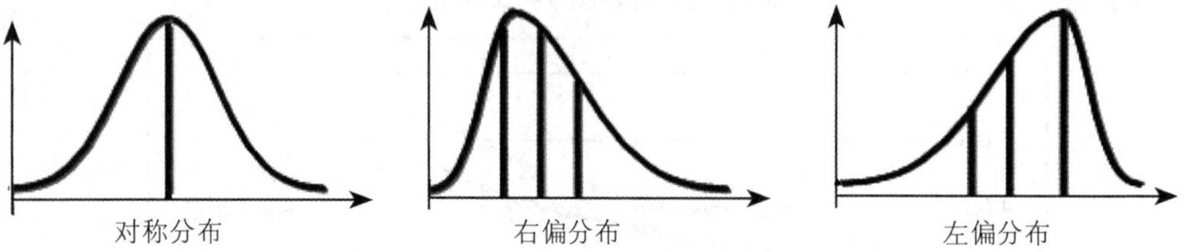

图3-15 钟形分布

钟形分布按变量值分布的形态，分为对称分布和偏态分布。对称分布是以变量的平均数为对称轴，左右两侧对称，两侧变量值的分布次数随着与平均数距离的增大而逐渐减少。偏态分布包括右偏分布和左偏分布。在社会经济现象中，许多现象的变量值呈现钟形分布。

2）U形分布

U形分布与钟形分布正好相反，靠近中间的变量值分布次数较少，靠近两边的变量值次数分布较多，形成“两头大，中间小”的U形分布。如人口死亡率的分布属于U形分布。U形分布如图3-16所示。

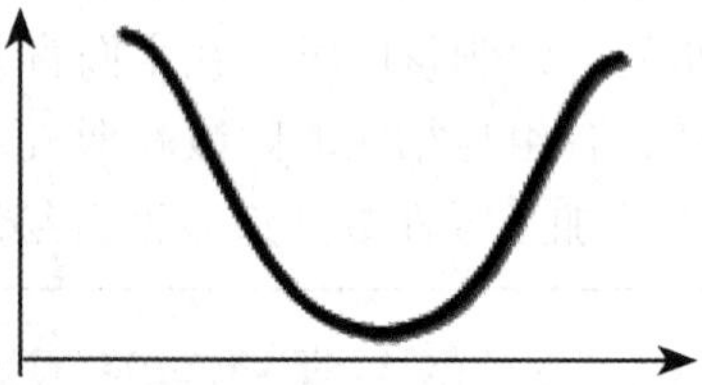

图3-16 U形分布

3）J形分布

J形分布有两种类型：一种是随着变量值的增大，分布的次数也增大，呈正J形分布；另一种是随着变量值的增大，分布的次数减少，呈反J形分布。J形分布如图3-17所示。

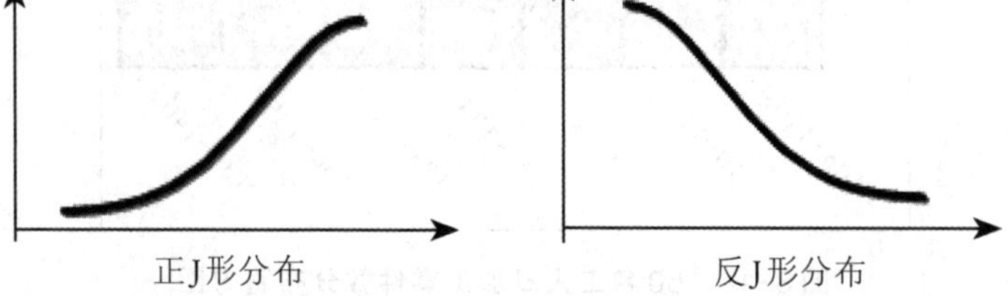

图3-17 J形分布

3.4 统计表

统计表是用于展示数据的另一个基本工具。在数据的收集、整理、描述和分析过程中，都要使用统计表。许多杂乱的数据，既不便于阅读，也不便于理解和分析，一旦整理在一张统计表内，就会使这些数据变得一目了然、清晰易懂。

3.4.1 统计表的结构

对统计调查所获得的原始数据进行整理，可得到说明社会经济现象及其发展过程的数据，把这些数据按一定的顺序排列在表格上，就形成了统计表。利用统计表可以清楚地、有条理地显示统计资料，直观地反映统计分布特征。

1）从形式上看，统计表由总标题、横行标题、纵栏标题和指标数值4部分组成

（1）总标题

总标题是统计表的名称，位于表的上端中部，简要说明统计表中全部统计资料的内容。

（2）横行标题

横行标题是横行的名称，一般在表的左方，表示各组的名称。它表示统计表所要说明的总体或各个分组。

（3）纵栏标题

纵栏标题是纵栏的名称，一般在表的右上方，用来表示统计指标的名称和计量单位。

（4）指标数值

指标数值列在各横行标题与各纵栏标题的交叉处。统计表中任何一个数字的内容均由横行标题和纵栏标题所限定。

统计表的总标题、横行标题、纵栏标题和指标数值见表3-13。

表3-13 **某地区2015年末三次产业从业人员分布状况** ←—— 总标题

按产业分组	从业人数（万人）	比率（%） ←—— 纵栏标题
横行标题 { 第一产业	1 963.2	29.6 } 指标数值
第二产业	2 338.0	35.3
第三产业	2 331.3	35.1
合计	6 632.5	100.0

2）从内容上看，统计表由主词和宾词两部分组成

（1）主词

主词一般为统计表所要表明的总体及其分组，主词栏一般列在表的左方。

（2）宾词

宾词是统计表用来说明总体数量特征的各个统计指标，宾词栏一般列在表的右方。

统计表的主词和宾词见表3-14。

表3-14　　某地区2015年末三次产业从业人员分布状况

按产业分组	从业人数（万人）	比率（%）
第一产业	1 963.2	29.6
第二产业	2 338.0	35.3
第三产业	2 331.3	35.1
合计	6 632.5	100.0
←主词→	←宾词→	

3.4.2　统计表的设计

统计表设计的总要求是简练、明确、实用、美观、便于比较。设计统计表应注意以下方面：

①要合理安排统计表的结构。

②总标题内容应满足“3W”要求。表头一般应包括表号、总标题和表中数据的单位等内容。总标题应简明确切地概括出统计表的内容，一般需要说明统计数据的时间（When）、地点（Where）以及何种数据（What）。

③如果表中的全部数据都是同一计量单位，可在表的右上角标明。如果各变量的计量单位不同，则应放在每个变量后或单独列出一列标明。

④表中的上下两条横线称为上基线和下基线，一般用粗线；其他线用细线。

⑤通常情况下，统计表的左右两边不封口。

⑥表中的数据一般是右对齐，有小数点时应以小数点对齐，而且小数点的位数应统一。

⑦必要时可在表的下方加上注释或资料来源。

3.4.3　用Excel制作数据透视表

数据透视表是交互式报表，可以快速合并和比较大量数据。可旋转其行和列以看到源数据的不同汇总，而且可以显示感兴趣区域的明细数据。如果要分析相关数据的汇总值，尤其要合计较大的列表并对每个数字进行多种比较时，可以使用数据透视表。

【例3-6】在某大学随机抽取30名大学生，调查他们的性别、家庭所在地、平均月生活费支出，得到表3-15，试建立一个主词栏按性别分组、宾词栏按家庭所在地分组的数据透视表。

解：数据透视表的生成步骤如下：

第一步：在Excel的第一行自A列依次输入：编号、性别、家庭所在地区、平均月生活费（元），对应各列输入数据。

第二步：选择“插入→数据透视表”，即弹出“创建数据透视表”对话框。

第三步：在“创建数据透视表”对话框中输入分析数据的区域，输入“B1：D31”。

第四步：将“性别”字段拖入“将行字段拖至此处”，将“家庭所在地区”字段拖入“将列字段拖至此处”，将“月平均生活费”字段拖入“请将数据项拖至此处”，结果如图3-18所示。

表3-15　　某大学30名大学生调查数据

编号	性别	家庭所在地区	平均月生活费（元）	编号	性别	家庭所在地区	平均月生活费（元）
1	男	大型城市	800	16	女	大型城市	800
2	女	中小城市	600	17	男	中小城市	500
3	男	大型城市	1 000	18	男	乡镇地区	1 000
4	男	中小城市	400	19	女	中小城市	800
5	女	中小城市	500	20	男	乡镇地区	800
6	女	乡镇地区	800	21	女	大型城市	500
7	男	中小城市	600	22	女	大型城市	300
8	女	乡镇地区	400	23	男	大型城市	500
9	男	中小城市	1 000	24	女	中小城市	500
10	女	大型城市	600	25	男	大型城市	300
11	女	中小城市	500	26	女	大型城市	400
12	男	乡镇地区	300	27	男	中小城市	1 000
13	男	乡镇地区	500	28	男	中小城市	500
14	女	中小城市	300	29	女	大型城市	700
15	男	中小城市	1 000	30	女	中小城市	500

	A	B	C	D	E
1	求和项:平均月生活费(元)	家庭所在地[			
2	性别	大型城市	乡镇地区	中小城市	总计
3	男	2600	2600	5000	10200
4	女	3300	1200	3700	8200
5	总计	5900	3800	8700	18400

图3-18　生成的数据透视表

本章小结

统计整理是统计调查的继续，是统计分析的前提和基础。统计整理是指根据统计研究的任务要求，对统计调查所搜集到的原始资料进行分组、汇总，使之条理化、系统化的工作过程。统计整理的基本程序为：审核、分组、编制统计表、绘制统计图。

统计分组是统计整理的中心工作。统计分组是根据统计研究任务的要求和研究现象总体的内在特点，将通过统计调查搜集到的数据资料按照一定的标志划分为若干部分（组）

的一种统计方法。统计分组的作用在于划分社会经济现象的类型，研究现象总体的内部结构及其特征，分析现象之间的依存关系。

统计分组按分组标志的性质不同，分为按品质标志分组和按数量标志分组；按分组标志的多少不同，分为简单分组和复合分组。在统计分组的基础上，形成频数分布，来描述现象总体的分布特征。

频数分布是将总体中的所有单位按组归类整理，形成总体中各个单位在各组间的分布。频数分布由各组名称（组别）和各组频数或频率两个要素构成。根据分组标志不同，频数分布或分布数列可分为按品质标志分组形成的品质数列和按数量标志分组形成的变量数列。变量数列又有单项式变量数列和组距式变量数列两种。组距式变量数列又分为等距数列和异距数列。编制组距式变量数列需要合理确定组数、组距、组限。

统计图是用几何图形或具体形象来表述统计资料的一种方式。常用的统计图有条形图、饼图、环形图、折线图、直方图，这些图都能较好地说明统计数据的分布特征，并且在Excel里面能基本完成。

由于社会经济现象的性质各不相同，因而有不同的频数分布形成不同类型的分布特征。常见的频数分布有钟形分布、U形分布、J形分布。

对统计调查所获得的原始数据进行整理，可得到说明社会经济现象及其发展过程的数据，把这些数据按一定的顺序排列在表格上，就形成了统计表。从形式上看，统计表由总标题、横行标题、纵栏标题和指标数值4部分组成；从内容上看，统计表由主词和宾词两部分组成。统计表设计的总要求是简练、明确、实用、美观、便于比较。

章末习题

一、思考题

1.数据的预处理包括哪些内容？

2.什么是统计分组？统计分组有什么作用？

3.统计分组的原则是什么？如何选择分组标志？

4.统计分组有哪些类型？

5.什么是频数分布？其构成要素有哪些？

6.频数分布有哪些种类？

7.如何编制变量数列？

8.什么是频数？累计频数有哪些？它们有什么作用？

9.直方图与条形图有何区别？

10.什么是统计表？制作统计表应注意哪几个问题？

二、练习题

1.某班级一次高等数学考试成绩见表3-16。

表3-16　　**某班级高等数学考试成绩**

51	69	85	23	56	97	86	81	92	62
75	82	41	92	96	86	85	74	63	58
57	68	62	59	85	84	78	79	89	93
54	66	85	96	79	84	36	99	87	68

要求：根据上表数据进行适当的分组，编制频数分布表，并绘制直方图。

2.为评价某电子产品的售后服务质量，随机抽取了由100个家庭构成的一个样本。服务质量的等级分别表示为：A.好；B.较好；C.一般；D.较差；E.差。调查结果见表3-17。

表3-17　　**100个家庭的调查资料**

A	D	C	B	A	D	C	B	A	E
D	A	C	A	C	D	E	C	E	E
C	B	C	E	D	B	C	C	B	C
A	D	B	C	C	A	E	D	C	B
B	A	C	D	E	A	B	D	D	C
B	E	C	C	A	D	C	B	A	E
D	A	C	B	C	D	E	C	E	B
C	B	C	E	D	B	C	C	B	C
B	A	C	D	E	A	B	D	D	C
A	D	B	C	C	A	E	D	C	B

要求：

（1）指出上面的数据属于什么类型。

（2）用Excel制作频数分布表。

（3）用Excel绘制条形图、饼形图。

（4）根据统计分布表，对评价结果进行简单的分析说明。

第4章/
数据的概括性度量

【学习目标】理解总量指标、相对指标、集中趋势指标及离散趋势指标的概念、计算方法、应用条件；掌握各种概括性数据的综合应用与分析解释；学会运用Excel工具进行数据处理，能熟练运用该工具辅助计算各种总量数据、平均数及离散数据。

4.1 总量指标

4.1.1 总量指标的含义

总量指标是用来说明社会经济现象在一定条件下的总规模、总水平或工作总量的统计指标，通常以绝对数表示。例如，2016年国民经济和社会发展统计公报显示：国内生产总值744 127亿元，全年粮食产量61 624万吨，年末国家外汇储备30 105亿美元。

4.1.2 总量指标的作用

1）总量指标是认识社会经济现象的起点

无论是大到一个国家、一个地区，还是小到一个单位，我们对其认识的入手点都是从了解其总量方面的数据开始的。例如，对中国和日本两个大的经济体进行分析比较，我们首先要了解其各自的经济总量、国土面积、人口总数、资源总量、对外贸易量等基本情况。通过对总量的认识，我们可以把握认识对象的概貌。

2）总量指标是实施计划管理、进行宏观调控的重要依据

为保证国民经济的正常运行，需要及时了解宏观、微观经济运行的各种数量，其中总量指标是最基础的数据。我国国民经济和各部门、各企业的计划管理目标多数是以总量形式下达的，总量指标是实施计划管理的重要依据。

3）总量指标是计算其他指标的基础

总量指标是我们对现象认识的起点，若达到深入的了解需要进一步计算各种相对指标和平均指标等，而这些指标是通过各种总量的对比派生出来的，总量指标的核算是否科学、合理，将会直接影响到相对指标和平均指标的准确性。

4.1.3 总量指标的分类

1）按反映的内容不同，分为总体单位总量和总体标志总量

总体单位总量是总体内所有单位的合计数，如果总体确定了，其单位数也就确定了，该指标反映了总体规模的大小。

总体标志总量是总体单位某一特定标志值的总计，说明总体各单位某一标志值总量的大小。

总体单位总量和总体标志总量的划分具有相对性，随着研究的目的不同可以相互转化。例如，若研究全国工业企业生产经营状况，则全国工业企业数是总体单位总量，而全国工业企业职工人数则是总体标志总量；若研究目的变为研究全国工业企业职工的工资水平，那么全国工业企业职工人数就是总体单位总量。

2）按反映的时间状况不同，分为时期指标和时点指标

时期指标是反映现象在一定时期内发展变化所达到的规模或水平，如某地区增加值、商品销售额、产品产量等。时点指标是反映现象在某一时刻（瞬间）上达到的规模或水平，如商品库存量、外汇储备等。

时期指标与时点指标的主要区别体现在：

①时期指标数值相加可以表明现象在较长时间内发展的总量，具有一定的实际意义，如年增加值是各月增加值累计的结果；而时点指标除了空间可相加外，不同时点指标数值相加没有实际意义，如各月末职工人数相加不等于年末职工人数。

②时期指标数值的大小除一些特殊指标外一般与时间长短有直接关系，时间越长，数值越大，如某月的增加值肯定小于全年的增加值；时点指标数值与时间长短没有直接关系，如某年末职工人数不一定比该年内某月末职工人数多。

③时期指标数值一般是通过连续登记取得的；时点指标数值是间断登记取得的。时期指标反映现象在一段时间内的总量，因而需要在这一时间范围内进行逐一登记，并进行累计。时点指标反映现象在某一瞬间的数量，只需在各个时点上进行登记，即可获取每个时点上的数值。

时期指标和时点指标有着密切的关系，在经济上二者也被称为流量和存量。

3）按采用的计量单位不同，分为实物量指标、价值量指标和劳动量指标

（1）实物量指标

实物量指标是用实物单位计量的总量指标。实物单位是按照事物的自然属性和特点采用的计量单位。它包括自然单位、度量衡单位、复合单位和标准实物单位。例如，工人以“人”为单位，企业以“个”为单位，汽车以“辆”为单位，都属于自然单位；钢铁以“吨”为单位，建筑面积以“平方米”为单位，棉布以“米”为单位，这些属于度量衡单位；有时为了准确反映某些事物的数量，将两种计量单位结合在一起，如货物周转量用“吨公里”表示，这是复合单位；此外在许多场合，需计算标准实物量指标，即按一定的折合标准，折算为标准规格或标准含量的标准实物量指标，如将不同含量的化肥，用折纯法折合成含量100%后计算其总量。

实物量指标的优点是能直接反映现象的具体内容和使用价值的大小，在实际中被广泛使用。其局限性是综合性差异，即不同事物、不同性质、不同计量单位的实物量无法综合汇总。

（2）价值量指标

价值量指标是用货币单位计量的总量指标，如国内生产总值、社会商品零售额、成本等。价值量指标具有广泛的综合性和概括性，它使各种具有不同使用价值的产品或商品过

渡到可以加总，从而反映其总规模或总水平，在国民经济管理和核算中具有重要的应用价值。然而，与实物量指标相比，价值量指标又显得比较抽象，掩盖了事物的具体内容。

（3）劳动量指标

劳动量指标是用劳动时间单位计量的总量指标，如工日、工时等。在实行计件工资制的企业中，经常用到劳动量指标。由于各个单位的工时定额不同，因此劳动量指标不适合企业间汇总，主要限于企业内部的业务核算。

4.1.4 总量指标的计算方法

1）直接计算法

直接计算法就是直接对构成总体的全部单位进行计数或将总体单位的某一标志值加以汇总获得总体总量指标。如全国工业增加值就是采用直接计算法将每个工业企业的增加值汇总得到的。

2）间接计算法

间接计算法是根据事物之间的相互关系，采用一定的数学方法间接推算总体总量指标。在实际中，间接推算总体总量的方法很多，常用的推算方法有：平衡关系、比例关系、因果关系。另外，借助样本数据，根据抽样分布原理对总体总量进行科学的推断也是一种重要的推断方法。

4.1.5 计算和应用总量指标应注意的问题

总量指标的计算并非是简单的汇总，在应用时需注意以下问题：

1）明确各个指标的含义和计算范围

计算总量指标必须从定性分析入手，明确每个指标的含义和计算范围，如统计第三产业增加值时，首先要明确什么是该产业的增加值，包括哪些核算内容，同时，在该产业内统计哪些单位，统计到什么层次，这些也称为统计口径。

2）注意计量单位的统一性

为了保证核算的准确性，无论是同类还是不同类的事物，在汇总时必须保证单位统一，做到在同质基础上进行综合汇总。

4.2 相对指标

4.2.1 相对指标的含义

相对指标是两个有联系的指标对比的结果，它是用来反映社会经济现象之间数量对比关系的综合指标。通过比较进一步说明现象的结构、比例、强度、密度等，相对指标可以帮助我们对现象做深入的了解和认识。

相对指标的表现形式有两种，即有名数和无名数。有名数是由对比的分子和分母指标的计量单位构成，表明现象的密度、强度和普遍程度。如人口密度用“人/平方公里”表示，每万人医疗机构床位数用“张/万人”表示，人均粮食产量用“千克/人”表示等。无名数是一种抽象化的数值，常用系数、倍数、成数、百分数、千分数等形式表示。

系数和倍数是将对比的基础抽象化为1而计算的相对数。两个指标对比时，分子数值小于分母数值时用系数表示；分子数值大于分母数值时用倍数表示。

成数是将对比的基础抽象化为10而计算的相对数。例如，某地区粮食产量比上年增长一成，即增长10%。

百分数是将对比的基础抽象化为100而计算的相对数，通常用“%”表示，它是相对指标中最常用的一种表现形式。

千分数是将对比的基础抽象化为1 000而计算的相对数，通常用“‰”表示，适用于对比的分子数值比分母数值小得多的情况。如人口出生率、人口死亡率等多用千分数表示。

4.2.2　相对指标的种类

研究目的不同，对比基数不同，从而形成不同的相对指标。相对指标一般有6种形式，即结构相对指标、比例相对指标、计划完成程度相对指标、比较相对指标、强度相对指标和动态相对指标。

1）结构相对指标

结构相对指标是在总体进行分组的情况下，将总体中某部分数值与总体全部数值进行对比的结果，它揭示各组在总体中的比重及作用程度。每一部分的比重大小不仅说明该部分的特殊性质，同时也代表了其在总体中所处的地位，一般用百分数表示。其计算公式为：

$$结构相对指标 = \frac{总体中某部分数值}{总体全部数值} \times 100\%$$

【例4-1】以2010年11月1日零时为标准时点的第六次全国人口普查及2015年全国人口抽查资料见表4-1。

表4-1　**全国人口按年龄的分布结构**

人口按年龄分组	2010年	2015年	
	比重（%）	人口数（人）	比重（%）
0～14岁	16.60	3 521 811	16.52
15～64岁	74.53	15 559 965	73.01
65岁及以上	8.87	2 230 465	10.47
合计	100	21 312 241	100

由表4-1可以看出，我国65岁以上人口所占比重已经超过了联合国规定老龄化7%的界限，而且具有继续加重的趋势。

结构相对指标还可以反映企业人、财、物的利用情况，以及产品的质量水平，如国内生产总值中第三产业所占比重，人口总体中女性人口所占比重，设备利用率等。

2）比例相对指标

比例相对指标是总体中某一部分数值与另一部分数值对比的结果，表明总体范围内各个局部之间的比例关系和协调平衡状况。一般用百分数几比几的形式表示。其计算公式为：

$$比例相对指标 = \frac{总体某一部分数值}{总体中另一部分数值}$$

【例4-2】2010年，我国第六次人口普查资料显示，男性人口数为686 852 572人，女性人口数为652 872 280人，试计算人口性别比例。

解：以女性人口为对比基础的性别比例为：

$$比例相对指标 = \frac{686\,852\,572}{652\,872\,280} = 105.20\%$$

这一比例基本符合人口学中102%～107%的正常范围。计算比例相对指标，对于分析国民经济各部门、各产业的协调发展有着重要意义。

结构相对指标和比例相对指标都反映总体内部的结构比例状况，但二者有一定区别：一是对比基数选择不同；二是说明的目的侧重点不同，结构相对指标注重各部分在总体中的地位和作用，比例相对指标更倾向于反映总体内部各部分的协调均衡状态。

3）计划完成程度相对指标

计划完成程度相对指标是指某种社会经济现象在一定时期内实际完成数与计划任务数对比的结果，用以说明计划完成程度。一般用百分数表示。其计算公式为：

$$计划完成程度相对指标 = \frac{实际完成数}{计划任务数} \times 100\%$$

由于计划任务数的制定，既可以用绝对数，也可以用相对数或平均数，因而计算计划完成程度的方法也不尽相同。

（1）计划数为绝对数或平均数

当制订的计划任务用绝对数或平均数表示时，可直接采用上述公式计算计划完成程度。

【例4-3】某商店第一季度计划零售额为2 750万元，实际零售额为2 900万元，试计算该商店第一季零售额计划完成程度。

解：该商店第一季零售额计划完成程度为：

$$计划完成程度相对指标 = \frac{2\,900}{2\,750} \times 100\% = 105.45\%$$

计算结果表明，该商店第一季度零售额超额5.45%完成计划。

（2）计划数为相对数

在实际工作中，许多计划任务的制定是用相对数表示的，如劳动生产率提高百分比、成本降低百分比等。对于此种形式的计划完成程度的计算，需要采用下列公式：

$$计划完成程度相对指标 = \frac{实际完成百分比}{计划完成百分比} \times 100\%$$

【例4-4】某企业计划规定劳动生产率比上年提高10%，实际提高15%，试检查该企业劳动生产率提高计划完成程度。

解：该企业劳动生产率计划完成程度为：

$$计划完成程度相对指标 = \frac{100\% + 15\%}{100\% + 10\%} \times 100\% = 104.55\%$$

计算结果表明，该企业劳动生产率计划超额4.55%完成。

【例4-5】某企业某产品单位成本本年计划降低率为6%，实际降低率为7%，试检查该企业单位成本降低率计划完成程度。

解：该企业单位成本降低率计划完成程度为：

$$计划完成程度相对指标 = \frac{100\% - 7\%}{100\% - 6\%} \times 100\% = 98.94\%$$

计算结果表明，该企业单位成本实际比计划降低1.06%。

4）比较相对指标

比较相对指标是指同一时间内不同总体的同类指标对比的结果，反映现象在不同总体之间发展的不平衡状况，通常用倍数或百分数表示。用来对比的指标可以是总量指标，也可以是相对指标或平均指标。其计算公式为：

$$比较相对指标 = \frac{某一总体的某类指标的间距}{另一总体的同类指标的间距}$$

【例4-6】2016年，我国城镇居民人均可支配收入为33 616元，农村居民人均可支配收入为12 363元，试计算城镇居民与农村居民的收入比。

解：城镇居民与农村居民收入对比为：

$$比较相对指标 = \frac{33\,616}{12\,363} = 2.72（倍）$$

计算结果表明，2016年我国城镇居民人均可支配收入是农村居民人均可支配收入的2.72倍。

正确运用比较相对指标，选择国家、地区、单位同类指标进行比较，或者各单位的技术经济指标与行业标准、先进单位进行比较，从中找出差距，以便更好地制定政策，提高管理水平。

5）强度相对指标

强度相对指标是由两个性质不同但又有联系的总量指标对比的结果，反映现象发展的强度、密度和普遍程度。强度相对指标的表现形式可以是有名数，也可以是无名数，如倍数、系数、百分数或千分数。其计算公式为：

$$强度相对指标 = \frac{某一总量指标数值}{另一性质不同但有联系的总量指标数值}$$

【例4-7】我国国土面积为960万平方公里，第六次人口普查人口总数为1 339 724 852人，试计算我国的人口密度。

解：我国的人口密度为：

$$人口密度 = \frac{1\,339\,724\,852}{9\,600\,000} = 139.55（人/平方公里）$$

再如，2016年我国人均国内生产总值为53 980元，人口出生率为12.95‰，人口死亡率为7.09‰，2016年农村居民平均每百户汽车拥有量为17辆，这些均为强度相对指标。

6）动态相对指标

动态相对指标是某一指标在不同时间上对比的结果，反映现象在时间上发展变化的程度，一般用百分数表示，也称为发展速度。其计算公式为：

$$动态相对指标 = \frac{报告期水平}{基期水平} \times 100\%$$

【例4-8】我国2015年国内生产总值为676 708亿元，2016年为744 127亿元，试计算国内生产总值的发展速度。

解：2016年与2015年国内生产总值对比为：

$$发展速度 = \frac{744\,127}{676\,708} \times 100\% = 109.96\%$$

计算结果表明，2016年国内生产总值比2015年增长9.96%。

4.2.3 计算和运用相对指标应注意的问题

1）注意指标的可比性

相对指标是两个有联系的指标数值对比的结果，是否具有可比性非常重要。可比性体现在要保证对比的两个指标在含义、内容、时间、空间和计算方法等口径上的协调一致，相互适应。例如，我国第三产业的增加值与西方国家该产业的增加值在核算内容上有很大差别，直接对比就会产生错误的结论。

2）相对指标和总量指标结合运用

相对指标可以有效地反映事物的联系和对比关系，但却表现为一个抽象化的数值，掩盖了现象间绝对量的差别。为此，需将相对指标和总量指标结合使用。例如，甲、乙两个企业，甲企业基期、报告期的产量分别是20万吨、30万吨，乙企业基期、报告期的产量分别是200万吨、300万吨，二者的发展速度均为150%，增长速度为50%，可是甲企业增长量是10万吨，而乙企业却高达100万吨。

3）注意将各种相对指标结合使用

每个相对指标都是反映现象某个方面的特征，单个指标有很大的片面性，只有各种相对指标结合使用才能更深入地揭示现象的总体特征。例如，通过GDP反映山东省经济发展水平，2015年，山东省GDP总额为63 002亿元，占全国的9.3%，为经济大省；将GDP总额与人口对比得人均GDP为64 168元，是全国人均水平49 351元的1.30倍，有一定的经济实力；从GDP的产业结构看，第三产业占比45.3%，高于2014年，动态来看比2014年增长8%。

4.3 集中趋势指标

4.3.1 集中趋势指标的概念

集中趋势指标也称集中趋势值，是指一组数据所趋向的中心数值，反映同质总体各单位在一定的时间、地点条件下某一数量标志值一般水平的综合指标，它是总体的水平值也是代表值，通常称为平均数。

在实际应用中根据总体各单位标志值计算的平均数称为数值平均数，主要有算术平均数、调和平均数、几何平均数；根据总体单位标志值所处位置确定的平均数称为位置平均数，主要有众数、中位数等。

4.3.2 集中趋势指标的测度

1）算术平均数

算术平均数是实际中应用最广泛的一种平均数形式，它等于同质总体各单位标志值之和除以相应的总体单位数。其基本计算公式为：

$$算术平均数 = \frac{总体标志总量}{总体单位总量}$$

在实际工作中，根据所掌握资料的不同，算术平均数分为简单算术平均数和加权算术平均数。

（1）简单算术平均数

简单算术平均数就是直接将总体各单位某一数量标志值相加除以相应的总体单位数，通常适用于未分组的资料。

设一组数据为$x_1, x_2, \cdots, x_n$，则简单算术平均数的计算公式为：

$$\bar{x} = \frac{x_1 + x_2 + \cdots + x_n}{n} = \frac{\sum x}{n}$$

【例4-9】某销售团队的8名销售员，国庆节一天的销售额（元）分别为：420、460、480、500、540、560、570、620，计算该日平均销售额。

解：根据简单算术平均数的计算公式得：

$$\bar{x} = \frac{420 + 460 + 480 + 500 + 540 + 560 + 570 + 620}{8} = \frac{4\,150}{8} = 518.75(元)$$

（2）加权算术平均数

加权算术平均数是根据分组整理后的数据计算的算术平均数。设将原始数据分为k组，各组的组中值分别为$x_1, x_2, \cdots, x_k$，各组变量值出现的次数分别为$f_1, f_2, \cdots, f_k$，则加权算术平均数的计算公式为：

$$\bar{x} = \frac{x_1 f_1 + x_2 f_2 + \cdots + x_k f_k}{f_1 + f_2 + \cdots + f_k} = \frac{\sum xf}{\sum f}$$

利用分组资料计算加权算术平均数时，又分为单项式变量数列和组距式变量数列两种形式。

①利用单项式变量数列计算加权算术平均数。

【例4-10】某车间20名工人某月奖金额分配情况见表4-2。

表4-2　**20名工人某月奖金额分配表**

按奖金分组（元）x	工人数（人）f	奖金总额（元）xf
1 000	2	2 000
1 300	5	6 500
1 500	8	12 000
1 700	4	6 800
2 000	1	2 000
合计	20	29 300

解：将表4-2的数据代入加权算术平均数的计算公式得：

$$\bar{x} = \frac{\sum xf}{\sum f} = \frac{29\,300}{20} = 1465(元)$$

加权算术平均数的计算可以借助Excel中SUMPRODUCT（x，f）和SUM（f）函数完成，在Excel的单元格中输入“=SUMPRODUCT（x，f）/SUM（f）”，其中x为变量值的区域，f为权数的区域。

②利用组距式变量数列计算加权算术平均数。

【例4-11】某地区所属生产同一种产品的企业，按工人日劳动生产率分组的资料见表4-3，试计算平均劳动生产率。

表4-3 **工人日劳动生产率分组资料**

按劳动生产率分组（件/人）	企业数（个）	工人数（人）f	组中值（件/人）x	各组产量（件）xf
50～60	4	300	55	16 500
60～70	6	520	65	33 800
70～80	7	800	75	60 000
80～90	5	410	85	34 850
90～100	4	250	95	23 750
合计	26	2 280	—	168 900

解：该地区工人平均日劳动生产率为：

$$\bar{x}=\frac{\sum xf}{\sum f}=\frac{168\,900}{2\,280}=74.08(件/人)$$

利用组距式变量数列计算加权算术平均数是建立在假定各变量值在组内是均匀变化的基础之上，但实际并非如此，因而根据组距式变量数列计算的算术平均数是个近似值。尽管如此，对于复杂的数据，我们仍选择分组处理，这样可以更好地发现总体的分布规律和特点，当数据分布较均匀时，加权算术平均数同样具有较强的代表性。

2）调和平均数

实际应用中当已知各组标志值和标志总量而未知单位数（次数）资料时，直接用加权算术平均数无法实现，需要对算术平均数进行变形，即通过调和平均数计算平均数。调和平均数是根据标志值的倒数计算的，它是标志值倒数的算术平均数的倒数，也称倒数平均数。

（1）简单调和平均数

简单调和平均数是各单位标志值倒数的简单算术平均数的倒数。其计算公式为：

$$H=\frac{n}{\frac{1}{x_1}+\frac{1}{x_2}+\cdots+\frac{1}{x_n}}=\frac{n}{\sum\frac{1}{x}}$$

【例4-12】某蔬菜市场某天某种蔬菜早、中、晚的价格（元/千克）分别是：2.5、2.2、2.0，假如早、中、晚分别购买1元的该蔬菜，试计算购买该蔬菜的平均价格。

解：该市场该蔬菜的平均价格为：

$$H=\frac{n}{\frac{1}{x_1}+\frac{1}{x_2}+\cdots+\frac{1}{x_n}}=\frac{1+1+1}{\frac{1}{2.5}+\frac{1}{2.2}+\frac{1}{2.0}}=2.22(元)$$

（2）加权调和平均数

加权调和平均数是标志值倒数的加权算术平均数的倒数。其计算公式为：

$$H = \frac{m_1 + m_2 + \cdots + m_k}{\frac{m_1}{x_1} + \frac{m_2}{x_2} + \cdots + \frac{m_k}{x_k}} = \frac{\sum m}{\sum \frac{m}{x}}$$

【例4-13】某商场某种商品分不同等级，其一定时期内的销售价格和销售额资料见表4-4，试计算该商品的平均价格。

表4-4　**某种商品销售资料**

商品等级	价格（元/件）	销售额（万元）	销售量计算值（件）
	x	m	f=m/x
一级品	120	1 200	10
二级品	150	3 000	20
三级品	180	1 800	10
合计	—	6 000	40

解：该商品的平均价格为：

$$H = \frac{\sum m}{\sum \frac{m}{x}} = \frac{6\,000}{40} = 150(\text{元})$$

由以上计算可以看出，调和平均数是作为算术平均数的变形使用的，两者没有本质区别。

3）几何平均数

几何平均数是n个标志值连乘积后开n次方根，主要适用于对比率和速度求平均数。当所掌握的资料是比率的形式，而且各比率连乘等于总比率时，应采用几何平均数。几何平均数也分为简单几何平均数和加权几何平均数。

（1）简单几何平均数

$$G = \sqrt[n]{x_1 x_2 \cdots x_n} = \sqrt[n]{\prod_{i=1}^{n} x_i}$$

【例4-14】山东省“十二五”期间全省各年GDP发展速度分别为111%、108%、107%、105%、104%，试计算山东省“十二五”期间GDP年平均发展速度。

解：由于各年发展速度连乘积等于总的发展速度，所以适用几何平均数。

$$\text{平均发展速度} = \sqrt[5]{1.11 \times 1.08 \times 1.07 \times 1.05 \times 1.04} = 106.97\%$$

计算结果表明，山东省“十二五”期间GDP平均每年递增率为6.97%。

（2）加权几何平均数

$$G = \sum f\sqrt{x_1^{f_1} x_2^{f_2} \cdots x_k^{f_k}} = \sum f\sqrt{\prod_{i=1}^{k} x_i^{f_i}}$$

【例4-15】某投资银行进行一笔投资，每年按复利计息，现将10年内各年利率整理成表4-5，试计算10年的平均利息率。

表4-5　　**某投资银行投资10年收益情况**

按年收益率分组（%）	年本利率（%）x	年数f
12	112	2
11	111	3
9	109	4
8	108	1
合计	—	10

解：该投资银行10年的平均本利率为：

$$G=\sqrt[10]{1.12^2\times1.11^3\times1.09^4\times1.08^1}=\sqrt[10]{2.61538}=110.09\%$$

计算结果表明，该银行10年投资的平均利息率是10.09%。

4）众数

众数是一组数据中出现次数最多的变量值，用M_o表示。它由次数的多少决定，是一种位置平均数，不受极端变量值的影响，主要用于测度分类数据的集中趋势。对于其他类型的数据，当数据明显集中于某个变量值时，也可使用众数表示平均水平。

（1）根据未分组资料确定众数

【例4-16】某生产小组有10个工人，日生产零件数（件）分别为：12、13、14、15、15、15、17、19、21、23。

解：变量值15出现的次数最多，则该小组日生产零件数的众数值为M_o=15件。

（2）根据变量数列确定众数

①根据单项式变量数列确定众数。

根据单项式变量数列确定众数，只需找出次数出现最多的变量值，即为众数。

【例4-17】某企业某日加工零件数分组资料见表4-6，试确定日加工零件数的众数。

表4-6　　**某企业某日加工零件数资料**

日加工零件数（件）	人数（人）	向上累计	向下累计
15	8	8	90
16	11	19	82
17	15	34	71
18	26	60	56
19	18	78	30
20	12	90	12
合计	90	—	—

解：在表4-6中，日加工零件数18件出现的次数最多，则18为众数，故M_o=18件。

②根据组距式变量数列确定众数。

首先，找出次数最多的组，即为众数组。

然后，按比例插值法公式确定众数的近似值。

下限公式：$M_o = L + \frac{\Delta_1}{\Delta_1 + \Delta_2} \cdot d$

上限公式：$M_o = U - \frac{\Delta_2}{\Delta_1 + \Delta_2} \cdot d$

式中：L表示众数所在组的下限；U表示众数所在组的上限；Δ_1表示众数组次数与前一组次数之差；Δ_2表示众数组次数与后一组次数之差；d表示众数组的组距。

【例4-18】某地区调查300户家庭的消费水平，有关数据见表4-7，试确定消费水平的众数。

表4-7　**某地区300户家庭消费水平资料**

按月消费水平分组（元）	家庭（户）	向上累计	向下累计
600以下	20	20	300
600～800	70	90	280
800～1 000	100	190	210
1 000～1 200	60	250	110
1 200～1 400	50	300	50
合计	300	—	—

解：在表4-7中，次数最多是100，确定该组为众数组，相应的变量值是800～1 000，则按比例插值法公式确定众数的近似值为：

$$M_o = 800 + \frac{100 - 70}{(100 - 70) + (100 - 60)} \times 200 = 885.71\text{（元）}$$

$$M_o = 1000 - \frac{100 - 60}{(100 - 70) + (100 - 60)} \times 200 = 885.71\text{（元）}$$

计算结果表明，根据下限公式、上限公式确定的该地区300户家庭消费水平的众数为885.71元。

5）中位数

将一组数据按由小到大的顺序排列，位于中间位置的数据即为中位数，用M_e表示，该数据之前之后的数据个数均占总体个数的一半，是一种位置平均数，主要用于顺序或数值型数据集中趋势的测度。中位数不受极端值的影响，在数据分布较偏斜的情况下使用更有效。

（1）根据未分组资料计算中位数

首先，将数据按由小到大的顺序排序。

其次，确定中位数的位置，其公式为：

$$中位数的位置 = \frac{n + 1}{2}$$

最后，根据中位数的位置找出对应的数据，即为中位数。

【例 4-19】某城市随机抽查 9 个家庭，调查每个家庭的月人均收入（元）数据为：850、860、890、950、1 060、1 080、1 360、1 600、3 000。

解：9 户家庭月人均收入的中位数位置：

$$\frac{n+1}{2}=\frac{9+1}{2}=5$$

即中位数 M_e 为 1 060 元。

若 n 为偶数，则对应中位数位置左右相邻数据的简单算术平均数为中位数。

【例 4-20】依例 4-19，假定我们抽取了 10 个家庭，调查每个家庭的月人均收入（元）数据为：770、850、860、890、950、1 060、1 080、1 360、1 600、3 000。

解：10 户家庭月人均收入的中位数位置：

$$\frac{n+1}{2}=\frac{10+1}{2}=5.5$$

中位数相邻左右两个位置上的变量值为 950、1 060，则中位数为：

$$M_e=\frac{950+1060}{2}=1005\text{（元）}$$

（2）根据变量数列计算中位数

根据变量数列计算中位数，需先在变量数列中确定中位数的位置，其公式为：

$$\text{中位数的位置}=\frac{\sum f}{2}$$

①根据单项式变量数列计算中位数。

在确定中位数位置的基础上，找出中位数所在的组，其对应的变量值即为中位数。

【例 4-21】根据某企业某日加工零件数分组资料，见表 4-6，计算该企业某日加工零件数的中位数。

解：日加工零件数的中位数位置：

$$\frac{\sum f}{2}=\frac{90}{2}=45$$

根据表 4-6 向上累计次数和向下累计次数，45 包含在变量值 18 所在的组，相应地 18 就是该企业某日加工零件数的中位数。

②根据组距式变量数列计算中位数。

首先，确定中位数所在组，然后按比例插值法公式近似计算中位数，计算公式为：

$$M_e=L+\frac{\frac{\sum f}{2}-S_{m-1}}{f_m}\times d$$

$$M_e=U-\frac{\frac{\sum f}{2}-S_{m+1}}{f_m}\times d$$

式中：L 表示中位数所在组的下限；U 表示中位数所在组的上限；S_{m-1} 表示中位数所在组以下组的向上累计次数；S_{m+1} 表示中位数所在组以上组的向下累计次数；f_m 表示中位数所在组的次数；d 表示中位数所在组的组距。

【例 4-22】根据某地区 300 户家庭的消费水平资料，见表 4-7，计算消费水平的中位数。

解：该地区300户家庭消费水平的中位数位置：

$$\frac{\sum f}{2}=\frac{300}{2}=150$$

根据表4-7中的向上累计次数和向下累计次数，150包含在800~1 000这一组内，则按比例插值法公式计算中位数的近似值为：

$$M_e=800+\frac{\frac{300}{2}-90}{100}\times 200=920\text{（元）}$$

$$M_e=1000-\frac{\frac{300}{2}-110}{100}\times 200=920\text{（元）}$$

计算结果表明，根据下限公式、上限公式确定的该地区300户家庭消费水平的中位数为920元。

4.3.3　众数、中位数与算术平均数的比较

①当次数分布对称时，众数、中位数、算术平均数相等，即$\bar{x}=M_e=M_o$；

②当次数分布左偏时，存在极小值，拉动算术平均数偏向左方，此时$\bar{x}<M_e<M_o$；

③当次数分布右偏时，存在极大值，拉动算术平均数偏向右方，此时$\bar{x}>M_e>M_o$。

通过比较三者的关系可以看出，当次数分布呈对称分布时，算术平均数作为集中趋势值，代表平均水平更有效；而偏斜分布，尤其偏斜程度严重时，众数、中位数不受极端值影响，其作为集中趋势值，代表平均水平更理想。

4.4　离散趋势指标

4.4.1　离散趋势指标的概念和作用

1）离散趋势指标的概念

集中趋势指标是将总体各单位的差异抽象化，用一个具有代表性的数值反映现象的一般水平，但总体各单位标志值之间的差异是客观存在的，考察这种差异程度的指标被称为离散趋势指标，它是数据分布需要认识的另一个重要特征。

2）离散趋势指标的作用

（1）可以衡量平均数的代表性

平均数作为总体某一数量标志的代表水平，其代表性的大小取决于总体中各变量值的差异程度，离散趋势指标越大，差异程度越大，平均数代表性越低；反之，平均数代表性越高。

（2）可以说明客观事物发展过程的均衡性、稳定性

离散趋势指标反映事物内部各单位变量值的差异情况，体现了它们各自发展的不平衡，差异越大越不平衡，差异越小则越平衡、稳定。

4.4.2　离散趋势指标的种类和计算方法

测定离散趋势的指标有很多，常用的有：全距、平均差、方差和标准差、离散系数。

1）全距

全距也称极差，是一组数据的最大值和最小值之差，用R表示，其计算公式为：

$$R=X_{max}-X_{min}$$

若为组距式变量数列，计算全距用最大组上限值减去最小组下限值。

全距是一个较笼统的差异指标，主要反映数列中变量值的变动幅度和范围，计算简单，易于理解，但全距只用两个变量值参与计算，容易受极端值的影响，同时不能反映中间数据的差异情况，所以很难全面、准确地描述数据的离散程度。

2）平均差

平均差是总体各单位标志值与其算术平均数的离差绝对值的算术平均数。用A·D表示。平均差考虑了总体中各标志值的变动影响，其实质反映的是以平均数为中心，各单位标志值距平均数的平均距离，作为测定离散趋势的指标，具有较强的代表性。根据所掌握资料的情况，平均差的计算有简单式和加权式两种。

简单式：$$A \cdot D=\frac{\sum|x-\bar{x}|}{n}$$

加权式：$$A \cdot D=\frac{\sum|x-\bar{x}|f}{\sum f}$$

【例4-23】某车间工人日加工零件数分组资料见表4-8，试计算日加工零件数的平均差。

表4-8　**工人日加工零件数分组资料**

按日加工零件数分组（件）	工人数（人）f	计算栏		
		组中值x	$x-\bar{x}$	$\|x-\bar{x}\|f$
10～20	10	15	−19.8	198.0
20～30	24	25	−9.8	235.2
30～40	36	35	0.2	7.2
40～50	18	45	10.2	183.6
50～60	12	55	20.2	242.4
合计	100	—	—	866.4

解：该车间工人日加工零件数的平均差为：

$$A \cdot D=\frac{\sum|x-\bar{x}|f}{\sum f}=\frac{866.4}{100}=8.664\text{（件）}$$

计算结果表明，该车间平均每个工人日加工零件数相差8.664件。

由于平均差是取绝对值计算的，不利于数学处理，因此在实际中应用较少。

3）方差与标准差

（1）方差

方差是总体各单位标志值与其算术平均数离差平方的算术平均数。方差的计算有简单式和加权式两种。

简单式：$$\sigma^2=\frac{\sum(x-\bar{x})^2}{n}$$

加权式：$$\sigma^2=\frac{\sum(x-\bar{x})^2 f}{\sum f}$$

（2）标准差

标准差是总体各单位标志值与其算术平均数离差平方的算术平均数的平方根，是方差的平方根形式。标准差的计算有简单式和加权式两种。

简单式：$\sigma = \sqrt{\dfrac{\sum(x-\bar{x})^2}{n}}$

加权式：$\sigma = \sqrt{\dfrac{\sum(x-\bar{x})^2 f}{\sum f}}$

加权式标准差的计算，可以借助Excel中SUMPRODUCT（x，f）、SUM（f）和SQRT（）函数完成，在Excel的单元格中输入“=SQRT（SUMPRODUCT（（x−平均数）^2，f）/SUM（f））”，其中x为变量值的区域，f为权数的区域。

【例4−24】仍以某车间工人日加工零件数资料为例（见表4−8），来说明标准差的计算（见表4−9）。

表4−9　**加权标准差计算表**

按日加工零件数分组（件）	工人数（人）f	计算栏		
		组中值x	$(x-\bar{x})^2$	$(x-\bar{x})^2 f$
10～20	10	15	392.04	3 920.40
20～30	24	25	96.04	2 304.96
30～40	36	35	0.04	1.44
40～50	18	45	104.04	1 872.72
50～60	12	55	408.04	4 896.48
合计	100	—	—	12 996.00

解：该车间工人日加工零件数的标准差为：

$$\sigma = \sqrt{\frac{\sum(x-\bar{x})^2 f}{\sum f}} = \sqrt{\frac{12\,996}{100}} = 11.40\text{（件）}$$

计算结果表明，平均每个工人日加工零件数相差11.40件。

可以看出，平均差和标准差的数学处理方法不同，结果存在差异，标准差略大，但二者表达的意思是一致的，标准差由于其优良的数学性质在实际中得到广泛应用。

4）离散系数

全距、平均差、方差及标准差都是反映变量值离散程度的绝对指标，其数值大小一方面取决于变量值差异的程度，另一方面还受变量值平均水平高低的影响，同时对于不同事物，计量单位不同使其缺乏可比性。因此上述离散趋势指标对不同水平、不同计量单位的现象进行比较需做无量纲处理，即通过计算离散系数，转化成相对差异指标。

离散系数是反映一组数据相对差异的指标，是各离散绝对指标与其算术平均数的比值。离散系数越大，说明离散程度越大；反之，离散程度越小。这里重点介绍标准差系数。

标准差系数是标准差与其相应的算术平均数的比值，用V表示，其计算公式为：

$$V = \frac{\sigma}{\bar{x}} \times 100\%$$

【例4-25】对10名成年人和10名幼儿的身高进行调查，结果见表4-10。

表4-10 **成人组和幼儿组平均身高及差异数据** 单位：cm

人群分组	平均身高 $\bar{x}$	身高标准差 σ	标准差系数V（%）
成人组	173.5	13.25	7.64
幼儿组	71.4	6.24	8.74

从表4-10中的数据看，成人组平均身高和标准差的绝对值均高于幼儿组，但由于两组身高平均水平的差异，需计算标准差系数进行比较，结果幼儿组的相对差异高于成人组，也就是说，幼儿组差异大于成人组。

4.5 分布的偏态和峰度及其测定

4.5.1 偏态及其测定

偏态是用来测定数列分布偏斜方向及程度的指标。事实上，根据众数、中位数、算术平均数的关系已经能够判断数列的偏斜方向了，如果要进一步说明偏斜的程度，则需要计算偏态系数。

根据资料是否分组，偏态系数有简单偏态系数和加权偏态系数两种。

1）简单偏态系数

$$SK = \frac{\sum (x-\bar{x})^3}{n\sigma^3}$$

2）加权偏态系数

$$SK = \frac{\sum (x-\bar{x})^3 f}{\sigma^3 \sum f}$$

由计算公式可以看出，偏态系数的取值可正可负，取值在-3~3之间。当呈对称分布时，正负偏差可以相互抵消，偏态系数SK=0；当呈右偏分布时，正偏差值较大，偏态系数SK>0；当呈左偏分布时，负偏差值较大，偏态系数SK<0。

【例4-26】某班统计学考试成绩见表4-11，试计算偏态系数。

表4-11 **学生统计学成绩加权偏态系数计算表**

按成绩分组（分）	学生数（人）f	计算栏			
		组中值x	$(x-\bar{x})$	$(x-\bar{x})^3 f$	$(x-\bar{x})^4 f$
50～60	5	55	−18.5	−31 658.125	585 675.313
60～70	10	65	−8.5	−6 141.250	52 200.625
70～80	14	75	1.5	47.250	70.875
80～90	8	85	11.5	12 167.000	139 920.500
90～100	3	95	21.5	29 815.125	641 025.188
合计	40	—	—	4 230.000	1 418 892.501

解：根据表中数据，依据公式计算该班学生统计学成绩的偏态系数为：

$$SK = \frac{\sum(x-\bar{x})^3 f}{\sigma^3 \sum f} = \frac{4\,230}{11.08^3 \times 40} = 0.078$$

计算结果表明，该班学生统计学成绩呈现略右偏分布。

4.5.2　峰度及其测定

峰度是测度数据分布曲线扁平或尖峰程度的指标。峰度通常以正态分布为标准，用比正态分布顶部形态扁或尖来说明其分布的形态。

测度峰度的统计量是峰度系数，根据所掌握资料分为简单峰度系数和加权峰度系数两种。

1）简单峰度系数

$$K = \frac{\sum(x-\bar{x})^4}{n\sigma^4}$$

2）加权峰度系数

$$K = \frac{\sum(x-\bar{x})^4 f}{\sigma^4 \sum f}$$

用峰度系数说明分布的扁平或尖峰程度，是通过与正态分布的峰度系数进行比较进行的。由于正态分布的峰度系数为3，因此与正态分布比较K>3时为尖峰分布，K<3时为扁平分布。

【例4-27】根据表4-11的数据，计算该班学生统计学成绩的峰度系数。

解：峰度系数为：

$$K = \frac{\sum(x-\bar{x})^4 f}{\sigma^4 \sum f} = \frac{1\,418\,892.501}{11.084 \times 40} = 2.354$$

计算结果表明，峰度系数K<3，因此该班学生统计学成绩分布为略扁平分布。

本章小结

总量指标是用来说明社会经济现象在一定条件下的总规模、总水平或工作总量的统计指标，通常以绝对数形式表示。总量指标按其说明的内容不同，分为总体单位总量和总体标志总量；按反映的时间状况不同，分为时期指标和时点指标；按计量单位不同分为实物量指标、价值量指标和劳动量指标。

相对指标是两个有联系的指标对比而成的，通过比较进一步说明现象的结构、比例、强度、密度等，相对数用无名数和有名数表示。相对指标一般有6种形式，即结构相对指标、比例相对指标、比较相对指标、计划完成程度相对指标、强度相对指标和动态相对指标。

集中趋势指标也称集中趋势值，是指一组数据所趋向的中心数值，反映同质总体各单位在一定的时间、地点条件下某一数量标志一般水平的综合指标，通常称为平均数。在实际应用中根据总体各单位标志值计算的平均数称为数值平均数，主要有算术平均数、调和平均数、几何平均数；根据总体单位标志值所处位置确定的平均数称为位置平均数，主要有众数、中位数等。数值平均数容易受极端变量值的影响，而位置平均数则不受极端变量值的影响。

集中趋势指标是将总体各单位的差异抽象化，用一个具有代表性的数值反映现象的一般水平，但客观上总体各单位标志值之间的差异是存在的，考察这种差异程度的指标被称为离散趋势指标，它是数据分布需要认识的另一个重要特征。测定离散的指标有很多，常用的有全距、平均差、方差和标准差、离散系数。

数据分布的偏态和峰度的测定，是通过判定偏态系数和峰度系数实现的。

对于原始数据，计算集中趋势、离散趋势、偏态系数和峰度系数等指标可借Excel中的描述统计完成，方法是点击“数据→数据分析”，在数据分析窗口中选择“描述统计”，并在相应区域中做出选择。

章末习题

一、思考题

1.什么是总量指标？总量指标有哪些种类？

2.时期指标和时点指标有什么区别？

3.什么是相对指标？相对指标的表现形式有哪些？

4.结构相对指标和比例相对指标有什么区别？

5.简述计算和应用相对指标的原则。

6什么是集中趋势指标？有哪些种类？

7.简述各集中趋势指标的特点和应用场合。

8.简述算术平均数、众数和中位数的关系。

9.什么是离散趋势指标？有哪些种类？

10.简述各离散趋势指标的特点和应用场合。

11.如何测定数列分布的偏态？

12.如何测定数列分布的峰度？

二、练习题

1.某公司下属3个子公司2015年商品销售额资料见表4-12。

表4-12　**3个子公司2015年商品销售额资料**

子公司	2015年销售额					2016年实际销售额（万元）	2016年比2015年增长（%）
	计划		实际		计划完成（%）		
	销售额（万元）	比重（%）	销售额（万元）	比重（%）			
甲					102		
乙		30			95		15
丙	4 000		4 370			9 000	
合计	20 000					18 400	

要求：填写表中空缺数字。

2.某企业2016年计划产值为1 080万元，计划完成程度为110%，2016年产值比2015年增长8%。

要求：计算2016年实际产值为2015年的百分比。

3.某企业生产某种产品，计划规定2016年产品单位成本比上年降低6%，实际较上年降低了8%。

要求：计算该企业2016年产品单位成本降低计划完成程度。

4.甲、乙两地区GDP资料见表4-13。

表4-13　**甲、乙两地区GDP资料**　单位：亿元

产业	甲地区		乙地区	
	2015年	2016年	2015年	2016年
第一产业	5 978	6 657	3 619	4 114
第二产业	36 397	28 992	16 097	18 048
第三产业	24 028	26 628	14 573	16 650
合计	66 403	62 277	34 289	38 812

另外，已知2016年甲、乙两地区人口分别为21 453万人和13 861万人。

要求：计算结构相对指标、动态相对指标、强度相对指标、比较相对指标。

5.已知某地区120个企业利润资料见表4-14。

表4-14　**120个企业利润资料**

利润额（万元）	企业数（个）
200～300	26
300～400	51
400～500	60
500～600	45
600以上	18
合计	200

要求：

（1）确定200个企业利润的众数、中位数、算术平均数；

（2）计算偏态系数和峰度系数。

6.某企业某月生产情况资料见表4-15。

表4-15　**某企业某月生产情况资料**

车间	计划完成程度（%）	实际产量（件）	单位产品成本（元）
第一车间	90	198	15
第二车间	105	315	10
第三车间	110	220	8

要求：

（1）计算该企业产量平均计划完成程度；

（2）计算该企业产品平均单位成本。

7.某商店50名售货员月工资分组资料见表4-16。

表4-16　**50名售货员月工资分组资料**

月工资额（元）	人数（人）
3 000以下	5
3 000～3 500	12
3 500～4 000	15
4 000～4 500	9
4 500～5 000	6
5 000以上	3
合计	50

要求：计算该商店售货员月工资的全距、平均差、标准差和标准差系数。

8.两个班高等数学考试成绩见表4-17。

表4-17　**两个班高等数学考试成绩**

考试成绩（分）	学生数（人）	
	A班	B班
50以下	4	3
50～60	6	7
60～70	24	13
70～80	12	21
80～90	3	4
90以上	1	2
合计	50	50

要求：

（1）分别计算两个班的平均成绩；

（2）比较两个班平均成绩的代表性，说明哪个班平均成绩的代表性大。为什么？

第5章/
抽样推断

【学习目标】理解抽样估计的基本原理及数理依据；明确抽样估计涉及的主要概念、特点；掌握对总体均值、比例进行区间估计及样本量设计；能够运用Excel进行数据处理及辅助随机抽样。

5.1 抽样推断概述

5.1.1 抽样推断的概念和特点

抽样推断是统计研究中的一种重要的方法，它是按照随机原则抽选总体中的部分单位进行调查，并在此基础上进一步运用数理统计的原理，对研究对象的整体做出具有一定可靠程度的估计和判断的统计方法。例如，根据部分产品的合格率去推断全部产品的合格率，根据部分职工家庭的收支状况来推算全部职工家庭的收支状况等。事实上，抽样推断作为一种科学的调查方法，已经在实际中被广泛使用。抽样推断具有以下几个特点：

1）随机性

在抽样推断中，调查单位的确定不受调查者主观愿望的影响，哪个单位入选完全是随机事件，这一点使其区别于其他非全面调查。其随机性体现在，要保证每个单位有同等的中选和不中选的机会。

2）根据样本统计量对总体参数做出估计

统计研究的目的是要认识总体的数量特征，但很多情况下不可能或没必要对总体各个单位一一调查来实现对总体的认识，只需抽取部分单位进行推断和估计就能达到研究目的，而抽样推断科学地诠释了样本统计量与总体参数的内在关系，提供了根据部分数据去推断总体数据的系统方法。

3）抽样推断的误差可以事先计算，并加以控制

抽样推断以部分资料推算总体特征，必然存在一定的误差，但这种误差可以事先通过一定的方法计算出来，并通过合理组织，可以将误差控制在一定的范围内，以保证抽样推断的结果达到一定的精确程度。

5.1.2 抽样推断中的几个基本概念

1）总体和样本

总体是指所要调查研究对象的全部单位构成的整体。样本是指从总体中按随机原则抽取的部分单位构成的总体。抽样推断就是通过对样本单位的调查，获得样本数据，并在此基础上推断总体数量。例如，从10 000名职工总体中，随机抽取500名，调查其消费情况。10 000名职工为总体，500名职工为样本总体。通常总体单位数用N表示，样本总体单位数用n表示，一般当n<30时为小样本，n≥30时为大样本。

2）参数与统计量

参数与统计量是与总体和样本对应的两个概念，常常在抽样推断中分别反映总体和样本的数量特征。

（1）参数

用来描述总体特征的概括性数字度量。参数是进行统计活动所要了解的关于研究对象特征的综合数值，通常有总体总值、总体均值、总体标准差、总体比例、总体相关系数、总体回归系数等。

当研究的总体确定时，反映总体特征量的参数一般为待定的未知常数。通常，在实际工作中，参数值可以通过全面调查如普查获得，但大部分参数值都是通过抽样推断得到的。所以，后面介绍的抽样推断的区间估计也被称为参数估计。

（2）统计量

统计量是描述样本特征的概括性数字度量，它是根据样本计算出来的用以推断总体参数的数值。由于抽样是随机的，所以不同的样本对应不同的样本特征值，即统计量是随机变量，是样本的函数。与总体参数的取值类似，统计量有样本总值、样本均值、样本标准差、样本比例、样本相关系数、样本回归系数等。常用的参数和统计量见表5-1。

表5-1　**常用的参数和统计量**

项目	参数	统计量
平均数	$\mu = \frac{\sum X}{N}$	$\bar{x} = \frac{\sum x}{n}$
成数	$P = \frac{N_1}{N}$	$p = \frac{n_1}{n}$
方差	$\sigma^2 = \frac{\sum (X-\mu)^2}{N}$	$s^2 = \frac{\sum (x-\bar{x})^2}{n-1}$
标准差	$\sigma = \sqrt{\frac{\sum (X-\mu)^2}{N}}$	$s = \sqrt{\frac{\sum (x-\bar{x})^2}{n-1}}$

3）抽样方法和样本可能数目

（1）重复抽样和不重复抽样

重复抽样也称放回抽样，是指从总体中随机抽取一个单位，观察、记录之后将其放回总体，继续下一次抽取。在重复抽样条件下，样本是由n次相互独立的连续试验所组成的。每次试验都是在完全相同的条件下进行的，每个单位被抽中的机会在各次抽样中也完全相同。

不重复抽样又称无放回抽样，是指从总体中抽取一个单位，观察、记录之后不再将其放回，然后从剩下的N−1个单位中抽取第二个单位，依次类推。不重复抽样实质上是由n次连续抽选的结果组成的，这n次抽选的结果不是相互独立的，每一次的抽选都会影响下一次。

（2）样本可能数目

样本可能数目就是样本个数，是指从总体N个单位中可能抽取的样本个数。样本可能数目多少与样本容量、抽样方法、对样本的要求等因素有关。

①重复抽样考虑顺序。

从总体N个不同单位每次抽取n个允许重复的排列。形成的样本可能数目为：

$$B_N^n = N^n$$

②重复抽样不考虑顺序。

从总体N个不同单位每次抽取n个允许重复的组合，它等于N+n−1个不同单位每次抽取n个不重复的组合。形成的样本可能数目为：

$$D_N^n = C_{N+n-1}^n = \frac{(N+n-1)(N+n-2)\cdots[(N+n-1)-(n-1)]}{n!}$$

③不重复抽样考虑顺序。

从总体N个不同单位每次抽取n个不重复的排列。形成的样本可能数目为：

$$A_N^n = N(N-1)(N-2)\cdots(N-n+1) = \frac{N!}{(N-n)!}$$

④不重复抽样不考虑顺序。

从总体N个不同单位每次抽取n个不重复的组合。形成的样本可能数目为：

$$C_N^n = \frac{N(N-1)(N-2)\cdots(N-n+1)}{n!} = \frac{N!}{n!(N-n)!}$$

由上述不同方式抽样所形成的样本可能数目的计算可以看出，不重复抽样的可能样本数目比重复抽样少。

5.2 抽样误差

5.2.1 抽样误差的概念

如第2章所述，在抽样过程中有可能产生两种误差：一是登记性误差，它是指调查过程中由于测量、记录、计算、抄写等失误，或者调查者主观虚报、瞒报等原因形成的误差；二是代表性误差，代表性误差分系统性代表误差和偶然性代表误差。系统性代表误差是由于抽样过程中违反随机原则，有意识选取单位，使得样本值偏高或偏低而形成的误差；偶然性代表误差是在遵循随机原则的基础上，由于样本的结构与总体结构不一致而必然产生的误差。本章所讲的抽样误差，专指这种偶然性代表误差。

抽样误差是抽样调查这种调查方式所固有的，无法避免，但可以依据一定的数理公式加以计算，确定其具体的数量界限，并通过合理的抽样设计加以控制，因此这种误差也称为可控制误差。

影响抽样误差的主要因素有：

1）样本容量

在其他条件不变的情况下，增加样本的单位数，会减少抽样误差，二者成反比关系。可以想象，当样本单位数扩大到接近总体单位数时，抽样调查几乎等同全面调查，抽样误差必然趋近于零。

2）总体标志值的离散程度

在其他条件不变的情况下，总体标志值的离散程度愈小则抽样误差也愈小，二者成正比关系。如果总体各单位标志值完全相等，离散指标等于零，样本统计量完全等于总体参数，二者之间就不存在误差。

3）抽样方法和组织形式

一般来讲，在同等条件下，重复抽样的误差要稍大于不重复抽样的误差。另外，对于总体而言，根据已知的信息进行不同的抽样组织，如类型抽样、整群抽样、阶段抽样等，也会产生不同的抽样误差。

抽样误差分为实际误差和抽样平均误差。实际误差是每次抽样获得的样本统计量与总体参数之间的真实的离差。例如，样本平均数与总体平均数的离差（$\bar{x}-\mu$），样本成数与总体成数的离差（p−P）。因为总体参数是未知待估计的，所以无法计算实际误差，而可以提前计算的是抽样平均误差，下面重点介绍这一误差。

5.2.2 抽样平均误差

1）抽样平均误差的概念

抽样平均误差是所有可能样本指标的标准差，它反映抽样平均数（或成数）与总体平均数（或成数）的平均离散程度。由于所有抽样平均数（或成数）的平均数等于总体平均数（或成数），因此样本标准差实际上说明的是抽样平均数（或成数）与总体平均数（或成数）的平均差异程度。

2）抽样平均误差的计算

（1）抽样平均数的平均误差

由于抽样方法存在重复抽样和不重复抽样，现对这两种方法分别进行说明。

①在重复抽样条件下：

若用符号$\mu_{\bar{x}}$表示抽样平均数的平均误差，根据抽样平均误差的定义有：

$$\mu_{\bar{x}} = \sqrt{\frac{\sum[\bar{x} - E(\bar{x})]^2}{M}}$$

该公式被称为抽样平均误差的理论公式，式中M表示样本可能数目。在重复抽样条件下，样本各变量值x_1，x_2，…，x_n相互独立，样本变量x与总体X同分布。因此，抽样平均数的平均误差为：

$$\mu_{\bar{x}} = \frac{\sigma}{\sqrt{n}}$$

该公式被称为抽样平均误差的数理公式。该公式表明，简单随机重复抽样的抽样平均误差与总体标准差成正比，与样本容量的平方根成反比。也就是说，当总体各单位标志值差异较小时，适合运用简单随机抽样，同时总体差异一定时，增大样本容量可以降低抽样误差，提高估计精度。另外，公式的结果表明，样本平均数的方差仅为总体方差的$\frac{1}{n}$，说明以样本平均数作为估计量更为有效。

【例5-1】假定某生产小组有4名工人，月加工零件数分别为30、40、50、60件，随机抽取2名工人月加工零件组成样本，重复抽样条件下抽样误差的计算见表5-2。

表5-2　**重复抽样的样本及离差计算表**

样本序号	样本变量x	样本平均数$\bar{x}$	$x-E(\bar{x})$	$[x-E(\bar{x})]^2$
1	30,30	30	−15	225
2	30,40	35	−10	100
3	30,50	40	−5	25
4	30,60	45	0	0
5	40,30	35	−10	100
6	40,40	40	−5	25
7	40,50	45	0	0
8	40,60	50	5	25
9	50,30	40	−5	25
10	50,40	45	0	0
11	50,50	50	5	25
12	50,60	55	10	100
13	60,30	45	0	0
14	60,40	50	5	25
15	60,50	55	10	100
16	60,60	60	15	225
合计	—	720	—	1 000

解：由表5-2可知，采用重复抽样可产生16个不同的样本。

$$\mu=\frac{\sum X}{N}=\frac{30+40+50+60}{4}=45$$

$$\sigma^2=\frac{\sum(X-\mu)^2}{N}=\frac{500}{4}=125$$

$$E(\bar{x})=\frac{\sum\bar{x}}{M}=\frac{720}{16}=45$$

根据抽样平均误差的理论公式，有：

$$\mu_{\bar{x}}=\sqrt{\frac{\sum[\bar{x}-E(\bar{x})]^2}{M}}=\sqrt{\frac{1000}{16}}=7.91$$

根据抽样平均误差的数理公式，有：

$$\mu_{\bar{x}}=\sqrt{\frac{\sigma^2}{n}}=\sqrt{\frac{125}{2}}=7.91$$

在重复抽样条件下，同一资料计算结果表明：样本平均数的平均数等于总体平均数；抽样平均误差的理论公式和数理公式的计算结果是相同的。

在实际应用中，由于总体单位数很大，全部的样本不可能得到，总体平均数是未知的，因而只能利用数理公式计算抽样平均误差。抽样平均误差数理公式中的总体标准差通常是未知的，数理统计证明$E(s^2)=\sigma^2$，即样本方差是总体方差的无偏估计量。所以可以用样本标准差s代替总体标准差σ。

②在不重复抽样条件下：

在不重复抽样条件下，样本各变量值x_1，x_2，…，x_n彼此不独立，根据数理统计证明可知，抽样平均数的平均误差为：

$$\mu_{\bar{x}}=\sqrt{\frac{\sigma^2}{n}\left(\frac{N-n}{N-1}\right)}$$

式中：$\frac{N-n}{N-1}$为修正系数，其值总是小于1。因而，同一资料采用不同的抽样方法的结果是不同的，即不重复抽样的平均误差总是小于重复抽样的平均误差。当总体单位数N很大时，公式可近似表示为：

$$\mu_{\bar{x}}=\sqrt{\frac{\sigma^2}{n}\left(1-\frac{n}{N}\right)}$$

【例5-2】使用例5-1中的4名工人月加工零件数资料，在不重复抽样条件下抽样误差的计算见表5-3。

表5-3　**不重复抽样的样本及离差计算表**

样本序号	样本变量x	样本平均数$\bar{x}$	$x-E(\bar{x})$	$[x-E(\bar{x})]^2$
1	30，40	35	−10	100
2	30，50	40	−5	25
3	30，60	45	0	0
4	40，30	35	−10	100
5	40，50	45	0	0
6	40，60	50	5	25
7	50，30	40	−5	25
8	50，40	45	0	0
9	50，60	55	10	100
10	60，30	45	0	0
11	60，40	50	5	25
12	60，50	55	10	100
合计	—	540	—	500

解：由表5-3可知，采用不重复抽样只产生12个不同的样本，则：

$$E(\bar{x})=\frac{\sum\bar{x}}{M}=\frac{540}{12}=45$$

根据抽样平均误差的理论公式，有：

$$\mu_{\bar{x}}=\sqrt{\frac{\sum[\bar{x}-E(\bar{x})]^2}{M}}=\sqrt{\frac{500}{12}}=6.45$$

根据抽样平均误差的数理公式，有：

$$\mu_{\bar{x}}=\sqrt{\frac{\sigma^2}{n}\left(\frac{N-n}{N-1}\right)}=\sqrt{\frac{125}{2}\times\left(\frac{4-2}{4-1}\right)}=6.45$$

在不重复抽样条件下，同一资料计算结果表明：样本平均数的平均数也等于总体平均数；抽样平均误差的理论公式和数理公式的计算结果也是相同的。

在N很大时，重复抽样误差接近不重复抽样误差，因此在实际应用中，经常用重复抽样误差代替不重复抽样误差。

（2）抽样成数的平均误差

在抽样推断中，通常会遇到大量的是非标志的统计资料。总体成数表现为是非标志的平均数，即$E(X)=P$，总体成数的方差为$\sigma^2=P(1-P)$。根据抽样平均误差与总体标准差的关系，可确定抽样成数平均误差的数理公式。

①在重复抽样条件下：

$$\mu_p=\frac{\sigma}{\sqrt{n}}=\sqrt{\frac{P(1-P)}{n}}$$

②在不重复抽样条件下：

$$\mu_p=\sqrt{\frac{\sigma^2}{n}\left(\frac{N-n}{N-1}\right)}=\sqrt{\frac{P(1-P)}{n}\left(\frac{N-n}{N-1}\right)}$$

5.2.3　抽样极限误差

样本统计量总是围绕总体参数上下波动，它与总体参数的离差或正或负，这种离差本身也是随机变量，我们不希望这个误差太大，误差太大会失去抽样推断的意义，但也不能绝对要求误差太小，误差太小付出的调查费用也很难承受。因此，根据实际情况，究竟允许其在多大的范围内变化，这就提出了抽样极限误差的问题。

抽样极限误差也称抽样允许误差，是指样本统计量与待估计参数之间被允许的最大可能误差范围。具体计算时，以样本统计量与总体参数离差的绝对值表示。即：

$$\Delta_{\bar{x}}=|\bar{x}-\mu|$$

$$\Delta_p=|p-P|$$

式中：$\Delta_{\bar{x}}$代表平均数的抽样极限误差；Δ_p代表成数的抽样极限误差。

抽样误差是一个随机变量，在任何抽样中都会存在，但可以将其控制在一定范围内。因而，可以将上式转化成下列等价形式的不等式：

$$\mu-\Delta_{\bar{x}}\leqslant\bar{x}\leqslant\mu+\Delta_{\bar{x}}$$

$$P-\Delta_p\leqslant p\leqslant P+\Delta_p$$

公式表明：样本平均数$\bar{x}$落在以总体平均数μ为中心$\pm\Delta_{\bar{x}}$的范围内，变化的下限为$\mu-\Delta_{\bar{x}}$，变化的上限为$\mu+\Delta_{\bar{x}}$；同理，样本成数p落在以总体成数P为中心$\pm\Delta_p$的范围内，变化的下限为$P-\Delta_p$，变化的上限为$P+\Delta_p$。

抽样估计时，由于总体参数是未知的，因而抽样极限误差的实际意义是希望总体平均数μ落在$\bar{x}\pm\Delta_{\bar{x}}$的范围内，总体成数P落在$p\pm\Delta_p$的范围内，则上述不等式转化为：

$$\bar{x}-\Delta_{\bar{x}}\leqslant\mu\leqslant\bar{x}+\Delta_{\bar{x}}$$

$$P-\Delta_p\leqslant P\leqslant p+\Delta_p$$

【例5-3】某公司有3 000名职工，现从中随机抽取200名调查其工资情况，得其平均工资为4 500元，样本标准差为750元，本科以上学历的职工占20%，若要求职工月平均工资允许误差不超过70元，本科以上学历占比的允许误差不超过4%，试估计μ与P的变化范围。

解：已知$\bar{x}=4\,500$，$p=20\%$，$\Delta_{\bar{x}}=70$，$\Delta_p=4\%$，根据上述不等式有：

$$4\,500-70\leqslant\mu\leqslant4\,500+70$$

$$20\%-4\%\leqslant P\leqslant20\%+4\%$$

结果表明：该公司3 000名职工的月平均工资在（4 500−70，4 500+70）即4 430~4 570元之间；本科以上学历占比在（20%−4%，20%+4%）即16%~24%之间。

5.2.4 抽样估计的可靠程度

抽样极限误差只是一个允许的可能范围，而不是必然的，那么可能性有多大，也就是总体参数落入这一范围的概率是多少，前者是估计的精确度，后者是估计的可靠程度。

基于推断的需要，抽样极限误差通常以抽样平均误差为标准，用极限误差除以抽样平均误差，得到相对值t，表明抽样极限误差是抽样平均误差的若干倍，t被称为概率度，用公式表示为：

$$t=\frac{\Delta_{\bar{x}}}{\mu_{\bar{x}}}\text{或}t=\frac{\Delta_p}{\mu_p}$$

由公式可以看出，抽样极限误差与概率度t成正比关系，抽样极限误差增大，概率度t也增大。

抽样估计的可靠程度又称置信水平或概率，用P表示，它是概率度t的函数，即P=F（t）。确定抽样估计的可靠程度就是要确定总体参数落在$\bar{x}\pm\Delta_{\bar{x}}$或$p\pm\Delta_p$范围内的概率，因而，概率的函数形式表示为：

$$F(t)=P\left\{\left|\bar{x}-\mu\right|\leqslant t\mu_{\bar{x}}\right\}$$

$$F(t)=P\left\{\left|p-P\right|\leqslant t\mu_p\right\}$$

公式表明：在抽样平均误差一定的情况下，不同的t值对应不同的概率，t值越大，总体参数落入$\bar{x}\pm\Delta_{\bar{x}}$或$p\pm\Delta_p$范围内的可能性就越大。

【例5-4】根据表5-2，在重复抽样条件下，样本平均数的分布见表5-4。

表5-4　**重复抽样的样本平均数分布**

样本平均数	30	35	40	45	50	55	60
概率P	1/16	2/16	3/16	4/16	3/16	2/16	1/16

解：根据表5-4的分布，可求出各区间抽样平均数的概率。

$$P(\bar{x}=45)=\frac{4}{16}=0.25$$

$$P(40\leqslant\bar{x}\leqslant50)=\frac{10}{16}=0.625$$

$P(35 \leqslant \bar{x} \leqslant 55) = \frac{14}{16} = 0.875$

$P(30 \leqslant \bar{x} \leqslant 60) = \frac{16}{16} = 1$

将以上各式变换成如下形式：

$P(|\bar{x} - \mu| = 0) = 0.25$

$P(|\bar{x} - \mu| \leqslant 5) = 0.625$

$P(|\bar{x} - \mu| \leqslant 10) = 0.875$

$P(|\bar{x} - \mu| \leqslant 15) = 1$

以上式子说明，抽样极限误差为5、10、15的概率分别为0.625、0.875、1。将极限误差除以抽样平均误差（$\mu_{\bar{x}} = 7.91$）可求得t值，则上式进一步表示为：

$P(|\bar{x} - \mu| \leqslant 5) = P(|\bar{x} - \mu| \leqslant 0.63\mu_{\bar{x}}) = 0.625$

$P(|\bar{x} - \mu| \leqslant 10) = P(|\bar{x} - \mu| \leqslant 1.26\mu_{\bar{x}}) = 0.875$

$P(|\bar{x} - \mu| \leqslant 15) = P(|\bar{x} - \mu| \leqslant 1.90\mu_{\bar{x}}) = 1$

这个例子告诉我们，任何一个抽样极限误差都与一定的概率联系在一起，这对推断至关重要，它可以表明推断的可靠程度。

上面的例子有一定的特殊性，对于我们所面临的具体抽样问题，如何确定抽样平均数（或成数）落在一定区间的概率，需要了解抽样平均数（成数）的分布规律。

5.3 抽样估计

5.3.1 抽样估计的方法

对总体参数的抽样估计一般有两种，即点估计和区间估计。

1）点估计

点估计就是以实际抽样获得的样本统计量的某个取值直接作为总体参数的估计值。例如，要对某地区职工家庭的年可支配收入情况调查，从该地区10 000户家庭中随机抽取500户，计算样本家庭年平均可支配收入为94 000元，将该数值直接作为该地区家庭年可支配收入的水平值，这就是点估计，点估计不能给出推断的可靠性。

从一次抽样的结果来判断一个统计量的优劣是不确切的，必须从抽样分布出发，才能判断这个统计量是否是理想的估计量。统计量作为优良估计量有3个标准，即无偏性、有效性和一致性。

（1）无偏性

用θ表示总体的待估计参数，$\hat{\theta}$是估计θ的样本统计量，无偏性满足：

$E(\hat{\theta}) = \theta$

根据样本均值的抽样分布可知，$E(\bar{x}) = \mu$，因此$\bar{x}$是μ的无偏估计量。

（2）有效性

具备无偏性的估计量不是唯一的，除了无偏性，还希望所确定的估计量与总体待估计参数更接近，即它必须与总体参数的离散程度相对较小。有效性是指对同一总体参数的两个无偏估计量，有更小标准差的估计量更有效。

（3）一致性

一致性是指随着样本容量的增大，估计量的值越来越接近被估计的总体参数。因为随着样本量的增大，样本估计量的标准差就会变小，抽样误差同样降低，样本值与总体参数值更趋于一致。

2）区间估计

区间估计是在点估计的基础上，构造一个以样本统计量为中心的总体参数可能存在的区间范围，该区间称为置信区间。区间估计的基本步骤为：

第一步：计算抽样平均误差。随机抽取样本，计算样本统计量，作为总体参数的估计值，并根据样本信息计算抽样平均误差。

第二步：确定极限误差。分两种情况，一是根据给定的抽样极限误差范围，求出概率度t，查表获得相应的概率保证程度F（t）；二是根据给定的概率保证程度F（t），查正态分布表求出概率度t，计算极限误差。

第三步：确定置信区间。根据估计值、极限误差、概率保证程度，确定总体参数可能落入区间的上限和下限。

5.3.2 单个总体参数的区间估计

对于单个总体，其参数的区间估计主要涉及总体均值、总体比例和总体方差的估计。

1）总体均值的区间估计

（1）正态总体且方差已知

当总体服从正态分布且方差σ^2已知时，或总体虽不是正态分布但为大样本时，由样本计算出的均值服从正态分布；而在小样本的情况下，需要假定总体服从正态分布。根据抽样分布理论，样本均值标准化后服从标准正态分布，即：

$$z=\frac{\bar{x}-\mu}{\sigma/\sqrt{n}}\sim N(0,1)$$

根据正态分布的性质，总体均值μ在$(1-\alpha)$置信水平下的置信区间为：

$$\bar{x}\pm z_{\alpha/2}\frac{\sigma}{\sqrt{n}}$$

如果总体方差σ^2未知，但为大样本，此时总体方差σ^2可用样本方差s^2代替。则$(1-\alpha)$水平下的置信区间为：

$$\bar{x}\pm z_{\alpha/2}\frac{s}{\sqrt{n}}$$

【例5-5】某茶叶加工企业生产袋装茶叶，每袋重量要求为50克，现由质检部门从某天生产的一批产品中随机抽检25袋，测试结果见表5-5。

表5-5 **25袋茶叶实测重量** 单位：克

50.4	50.0	50.3	50.2	49.2
50.6	50.4	48.8	50.5	50.5
50.1	50.5	50.2	50.3	50.3
50.5	49.8	48.5	50.1	50.1
50.7	50.7	50.1	50.6	49.5

已知袋装茶叶重量服从正态分布，且标准差为6克。试在95%的置信水平下，估计该企业全部袋装茶叶平均重量的置信区间。

解：已知$\sigma = 6$，$n = 25$，置信水平$1-\alpha = 95\%$，根据样本资料计算得：

$$\bar{x} = \frac{\sum x}{n} = \frac{1\,252.9}{25} = 50.116$$

$$\mu_{\bar{x}} = \frac{\sigma}{\sqrt{n}} = \frac{6}{\sqrt{25}} = 1.2$$

查标准正态分布概率表得$z_{\alpha/2} = 1.96$，则全部袋装茶叶平均重量的95%置信区间为：

$$\bar{x} \pm z_{\alpha/2}\frac{\sigma}{\sqrt{n}} = 50.116 \pm 1.96 \times \frac{6}{\sqrt{25}} = 50.116 \pm 2.352$$

计算结果表明：该企业全部袋装茶叶平均重量的95%的置信区间为（47.764，52.468）。

（2）正态总体，方差未知，小样本

对于正态总体，如果抽取的是小样本，则在总体方差未知时可以用样本方差代替，代替后形成的标准化随机变量服从自由度为（n−1）的t分布。即：

$$t = \frac{\bar{x} - \mu}{s/\sqrt{n}} \sim t(n-1)$$

根据t分布建立总体均值μ的$(1-\alpha)$置信区间为：

$$\bar{x} \pm t_{\alpha/2}\frac{s}{\sqrt{n}}$$

【例5-6】已知某电子产品的寿命服从正态分布，现从这批产品中随机抽取16件，测得其使用寿命（单位：小时）见表5-6。试确定该批电子产品平均寿命的95%置信区间。

表5-6　**16件电子产品寿命测试数据**　单位：小时

610	560	560	620	580	640	590	560
590	630	570	600	640	650	620	580

解：由抽样资料计算得：

$$\bar{x} = \frac{\sum x}{n} = \frac{9\,600}{16} = 600$$

$$s = \sqrt{\frac{\sum(x-\bar{x})^2}{n-1}} = \sqrt{\frac{14\,200}{16-1}} = 30.77$$

$$\mu_{\bar{x}} = \frac{s}{\sqrt{n}} = \frac{30.77}{\sqrt{16}} = 7.69$$

显著性水平$\alpha = 5\%$，查t分布表得$t_{\alpha/2}(n-1) = t_{0.025}(16-1) = 2.132$，则该电子产品平均使用寿命的95%置信区间为：

$$\bar{x} \pm t_{\alpha/2}\frac{s}{\sqrt{n}} = 600 \pm 2.132 \times 7.69$$

$$= 600 \pm 16.395$$

计算结果表明：这批电子产品使用寿命的95%置信区间为（600−16.395，600+16.395），即583.605～616.395小时。

2）总体比例的区间估计

在实际工作中，经常会遇到有关比例的抽样推断问题，如企业产品合格率、电视收视率、顾客满意率、人口残疾率等。当样本足够大时，样本比例近似服从均值为P、方差为$\sigma_p^2=\frac{P(1-P)}{n}$的正态分布，其标准化后服从标准正态分布，即：

$$z=\frac{p-P}{\sqrt{\frac{P(1-P)}{n}}}\sim N(0,1)$$

总体比例P的1-α置信区间为：

$$p\pm z_{\alpha/2}\sqrt{\frac{P(1-P)}{n}}$$

【例5-7】某企业面临搬迁选择，初步制定了具体实施方案，为了征求职工意见，随机抽选400名职工对方案的总体满意率进行调查，其中有360名职工表示满意。试对该企业关于厂址方案满意率构造95%的置信区间。

解：根据已知条件，可得：

$$p=\frac{360}{400}=0.9$$

$$p(1-p)=0.9\times0.1=0.09$$

显著性水平α=5%，查正态分布概率表得$z_{\alpha/2}=z_{0.05/2}=1.96$。因此，厂址方案满意率的95%置信区间为：

$$p\pm z_{\alpha/2}\sqrt{\frac{P(1-P)}{n}}=0.9\pm1.96\times\sqrt{\frac{0.09}{400}}=0.9\pm0.0294$$

计算结果表明：有95%的把握推断该企业职工对厂址选择方案的满意率的置信区间为（90%-2.94%，90%+2.94%），即87.06%~92.94%。

3）总体方差的区间估计

当总体服从正态分布时，从该总体中随机抽取容量为n的样本，根据样本方差的抽样分布可知，样本方差服从自由度为n-1的χ^2分布，即：

$$\chi^2=\frac{(n-1)s^2}{\sigma^2}\sim\chi^2(n-1)$$

给定显著性水平α，用χ^2分布构造总体方差σ^2的1-α置信区间为：

$$\chi_{1-\alpha/2}^2\leqslant\frac{(n-1)s^2}{\sigma^2}\leqslant\chi_{\alpha/2}^2$$

$$\frac{(n-1)s^2}{\chi_{\alpha/2}^2}\leqslant\sigma^2\leqslant\frac{(n-1)s^2}{\chi_{1-\alpha/2}^2}$$

【例5-8】引用例5-5的数据，以95%的置信水平建立袋装茶叶平均重量标准差的置信区间。

解：根据样本数据计算样本方差为：

$$s^2=\frac{\sum(x-\bar{x})^2}{n-1}=\frac{7.69}{25-1}=0.3204$$

根据显著性水平α=5%和自由度n-1=25-1=24，查χ^2分布表得：

$$\chi_{\alpha/2}^2(n-1)=\chi_{0.025}^2(25-1)=39.3641$$

$$\chi_{1-\alpha/2}^2(n-1)=\chi_{0.975}^2(25-1)=12.4012$$

因此，总体方差σ^2的1−α置信区间为：

$$\frac{(25-1)\times 0.3204}{39.3641}\leqslant\sigma^2\leqslant\frac{(25-1)\times 0.3204}{12.4012}$$

即$0.1953\leqslant\sigma^2\leqslant 0.6200$，相应地，总体标准差的95%置信区间为：

$$0.4419\leqslant\sigma\leqslant 0.7874$$

则该企业生产的袋装茶叶平均重量标准差的95%置信区间为（0.4419，0.7874）。

5.3.3 两个总体参数的区间估计

1）两个总体均值之差的区间估计：独立样本

如果两个样本是从两个总体中独立抽取的，即一个样本中的元素与另一个样本中的元素相互独立，则称为独立样本。

（1）大样本的估计

假定两个总体都为正态总体，或虽不服从正态分布但均为大样本。

①两个总体方差已知。

数理统计证明，两个样本均值之差服从均值为（$\mu_1-\mu_2$）、方差为$\left(\frac{\sigma_1^2}{n_1}+\frac{\sigma_2^2}{n_2}\right)$的正态分布，样本均值之差标准化后服从标准正态分布，即：

$$z=\frac{(\bar{x}_1-\bar{x}_2)-(\mu_1-\mu_2)}{\sqrt{\frac{\sigma_1^2}{n_1}+\frac{\sigma_2^2}{n_2}}}\sim N(0,1)$$

则两个总体均值之差的1−α置信区间为：

$$(\bar{x}_1-\bar{x}_2)\pm z_{\alpha/2}\sqrt{\frac{\sigma_1^2}{n_1}+\frac{\sigma_2^2}{n_2}}$$

②两个总体方差未知。

当两个总体方差未知且为大样本时，可以用样本方差代替总体方差，则两个总体均值之差的（1−α）置信区间为：

$$(\bar{x}_1-\bar{x}_2)\pm z_{\alpha/2}\sqrt{\frac{s_1^2}{n_1}+\frac{s_2^2}{n_2}}$$

【例5-9】为测试A、B两所中学英语水平的差距，现从每所学校中各随机抽取部分学生组成样本，通过观察样本获得如下数据：$\bar{x}_A=88.5$，$\bar{x}_B=74.8$，$n_A=85$，$n_B=90$，$s_A=8.5$，$s_B=7.2$。试构造两所中学英语水平差距95%的置信区间。

解：根据已知资料，α=5%，查正态分布概率表得$z_{0.05/2}=1.96$。两所中学英语水平差距的95%置信区间为：

$$(\bar{x}_1-\bar{x}_2)\pm z_{\alpha/2}\sqrt{\frac{s_1^2}{n_1}+\frac{s_2^2}{n_2}}=(88.5-74.8)\pm 1.96\times\sqrt{\frac{8.5^2}{85}+\frac{7.2^2}{90}}$$

$$=(88.5-74.8)\pm 1.96\times 1.19=13.7\pm 2.33$$

结果表明：有95%的把握推断两所中学英语考试成绩差值的置信区间为（13.7−2.33，13.7+2.33），即差值在11.37～16.03分之间。

（2）小样本的估计

小样本的估计假定两个总体都为正态总体，两个随机样本独立地分别抽自两个正态总体。

①方差未知但相等$\sigma_1^2=\sigma_2^2$。

当两个总体方差未知时，可分别用各自的样本方差代替，并根据样本方差计算合并方差作为总体方差的估计值：

$$s_p^2=\frac{(n_1-1)s_1^2+(n_2-1)s_2^2}{n_1+n_2-2}$$

此时两个样本均值之差标准化后服从自由度为（n_1+n_2-2）的t分布，即：

$$t=\frac{(\bar{x}_1-\bar{x}_2)-(\mu_1-\mu_2)}{\sqrt{s_p^2\left(\frac{1}{n_1}+\frac{1}{n_2}\right)}}\sim t(n_1+n_2-2)$$

两个总体均值之差的（1−α）置信区间为：

$$(\bar{x}_1-\bar{x}_2)\pm t_{\alpha/2}(n_1+n_2-2)\sqrt{s_p^2\left(\frac{1}{n_1}+\frac{1}{n_2}\right)}$$

【例5−10】两台机器加工某种袋装食品，现欲调查所加工袋装食品的重量，随机从每台机器加工的食品中各抽取12袋进行调查，测试结果见表5−7。根据表中数据构建两台机器加工包装食品重量均值之差的95%置信区间。

表5−7　**两台机器加工食品重量**　单位：克

机器1		机器2	
4.54	4.23	4.22	4.28
4.30	3.96	4.38	4.19
4.33	4.86	4.30	4.20
4.60	4.75	4.40	4.29
4.05	4.45	4.34	4.35
4.40	4.48	4.28	4.16

解：根据已知资料计算得：

$\bar{x}_1=4.4125$，$s_1^2=0.0691$

$\bar{x}_2=4.2825$，$s_2^2=0.0060$

总体方差合并估计量为：

$$s_p^2=\frac{(n_1-1)s_1^2+(n_2-1)s_2^2}{n_1+n_2-2}$$

$$=\frac{(12-1)\times0.0691+(12-1)\times0.0060}{12+12-2}=0.0376$$

显著性水平α=5%，自由度（n_1+n_2-2）=22，查t分布概率表得$t_{0.05/2}(22)=2.0739$。两个总体均值之差$(\mu_1-\mu_2)$的95%置信区间为：

$$(\bar{x}_1-\bar{x}_2)\pm t_{\alpha/2}(n_1+n_2-2)\sqrt{s_p^2\left(\frac{1}{n_1}+\frac{1}{n_2}\right)}$$

$$=(4.4125-4.2825)\pm2.0739\times\sqrt{0.0376\times\left(\frac{1}{12}+\frac{1}{12}\right)}$$

$$=0.13\pm2.0739\times0.0792$$

$$=0.13\pm0.16$$

结果表明：两台机器加工食品的重量总体均值之差的95%置信区间是（0.13−0.16，0.13+0.16），即在−0.03克～0.29克之间。

②方差未知但不相等$\sigma_1^2 \neq \sigma_2^2$。

当两个总体方差未知且不等时，样本均值之差标准化后服从自由度为ν的t分布，自由度的计算公式为：

$$\nu = \frac{\left(\frac{s_1^2}{n_1} + \frac{s_2^2}{n_2}\right)^2}{\frac{(s_1^2/n_1)^2}{n_1 - 1} + \frac{(s_2^2/n_2)^2}{n_2 - 1}}$$

两个总体均值之差的（1−α）置信区间为：

$$(\bar{x}_1 - \bar{x}_2) \pm t_{\alpha/2}(\nu)\sqrt{\frac{s_1^2}{n_1} + \frac{s_2^2}{n_2}}$$

【例5−11】仍以例5−10数据为例说明，计算得出自由度为：

$$\nu = \frac{\left(\frac{s_1^2}{n_1} + \frac{s_2^2}{n_2}\right)^2}{\frac{(s_1^2/n_1)^2}{n_1 - 1} + \frac{(s_2^2/n_2)^2}{n_2 - 1}}$$

$$= \frac{\left(\frac{0.0691}{12} + \frac{0.0060}{12}\right)^2}{\frac{(0.0691/12)^2}{12 - 1} + \frac{(0.0060/12)^2}{12 - 1}}$$

$$\approx 13$$

显著性水平$\alpha=5\%$，自由度$\nu=13$，查t分布概率表得$t_{0.05/2}(13) = 2.1604$。两个总体均值之差$(\mu_1 - \mu_2)$的95%置信区间为：

$$(\bar{x}_1 - \bar{x}_2) \pm t_{\alpha/2}(\nu)\sqrt{\frac{s_1^2}{n_1} + \frac{s_2^2}{n_2}} = (4.4125 - 4.2825) \pm 2.1604 \times \sqrt{\frac{0.0691}{12} + \frac{0.0060}{12}}$$

$$= (4.4125 - 4.2825) \pm 2.1604 \times 0.0791$$

$$= 0.13 \pm 0.17$$

结果表明：两台机器加工食品重量总体均值之差的95%置信区间是（0.13−0.17，0.13+0.17），即−0.04克～0.30克。

2）两个总体均值之差的区间估计：匹配样本

在独立样本尤其是小样本的情况下，会由于样本本身差异而影响测试数据，这样可以采用匹配样本获得观测数据。匹配样本是指一个样本中的数据与另一个样本中的数据相对应。

运用匹配样本估计时，两个总体均值之差（$\mu_1 - \mu_2$）的（1−α）置信区间为：

$$\bar{d} \pm z_{\alpha/2}\frac{\sigma_d}{\sqrt{n}}$$

式中：d为对应样本数据之差；$\bar{d}$为各对差值的均值；σ_d为各差值的总体标准差，总体标准差σ_d未知可用样本标准差s_d代替；n为成对样本个数。

【例5−12】一家企业欲对新入职的大学生进行综合素质测试，随机抽取10名大学生，采用两种不同方法，测得分数见表5−8。若两种方法测试分数之差服从正态分布，试建立两种方法测试平均分数之差的95%置信区间。

表5-8　　**10名大学生综合测试分数表**

人员编号	方法1	方法2	d
1	88	82	6
2	74	65	9
3	73	62	11
4	90	85	5
5	92	85	7
6	60	62	−2
7	70	63	7
8	87	71	16
9	86	82	4
10	66	58	8

解：根据表中数据计算得：

$$\bar{d}=\frac{\sum d}{n}=\frac{71}{10}=7.1$$

$$s_d=\sqrt{\frac{\sum(d-\bar{d})^2}{n-1}}=\sqrt{\frac{196.9}{9}}=4.68$$

显著性水平α=5%，查t分布得$t_{0.05/2}(9)=2.2622$。两种方法测试平均分之差的95%置信区间为：

$$\bar{d}\pm t_{\alpha/2}(n-1)\frac{s_d}{\sqrt{n}}=7.1\pm 2.2622\times\frac{4.68}{\sqrt{10}}=7.1\pm 3.35$$

结果表明：两种方法测试平均分之差的95%的置信区间为（3.75，10.45）。

3）两个总体比例之差的区间估计

设两个总体的比例分别为P_1和P_2，从每个总体中随机抽取容量为n_1和n_2的两个相互独立的简单随机样本，样本比例为p_1和p_2，在大样本条件下，两个样本比例之差(p_1-p_2)的抽样分布近似服从正态分布，标准化后近似服从标准正态分布，即：

$$z=\frac{(p_1-p_2)-(P_1-P_2)}{\sqrt{\frac{P_1(1-P_1)}{n_1}+\frac{P_2(1-P_2)}{n_2}}}\sim N(0,1)$$

在总体比率未知时，用样本比例p_1、p_2代替。根据正态分布原理，两个总体比例之差P_1-P_2的（1−α）置信区间为：

$$(p_1-p_2)\pm z_{\alpha/2}\sqrt{\frac{P_1(1-P_1)}{n_1}+\frac{P_2(1-P_2)}{n_2}}$$

【例5-13】对某个电视广告的收视率进行调查，在甲地区调查了300人，有228人收看过该广告；在乙地区调查了320人，有200人收看过该广告。试以95%的概率保证程度对该广告在两地收视率的差别做出区间估计。

解：由已知条件得：

$p_1=\frac{228}{300}=0.76$，$p_2=\frac{200}{320}=0.625$，$z_{0.05/2}=1.96$

依据公式，两地收视率之差的95%置信区间为：

$$(p_1-p_2)\pm z_{\alpha/2}\sqrt{\frac{P_1(1-P_1)}{n_1}+\frac{P_2(1-P_2)}{n_2}}$$

$$=(0.76-0.625)\pm 1.96\times\sqrt{\frac{0.76\times(1-0.76)}{300}+\frac{0.625\times(1-0.625)}{320}}$$

$$=(0.76-0.625)\pm 1.96\times 0.0366$$

$$=0.135\pm 0.0717$$

结果表明：甲、乙两地区广告收视率之差的95%置信区间为（6.33%，20.67%）。

4）两个总体方差之比的区间估计

在实际工作中，除了推断两个总体均值、比率的差异区间外，经常会遇到比较两个总体方差的问题，比如在选择产品时，既要求其具备较高的性能指标，同时希望其方差较小，更具有稳定性。

若有两个正态总体，方差分别为σ_1^2和σ_2^2，从两个总体中独立地抽取容量分别为n_1和n_2的样本，数理统计证明：

$$\frac{s_1^2/\sigma_1^2}{s_2^2/\sigma_2^2}\sim F(n_1-1,n_2-1)$$

因此，对于给定置信水平（1−α）下的置信区间为：

$$F_{1-\alpha/2}\leqslant\frac{s_1^2/\sigma_1^2}{s_2^2/\sigma_2^2}\leqslant F_{\alpha/2}$$

根据这一公式推导出两个总体方差比σ_1^2/σ_2^2的（1−α）置信区间为：

$$\frac{s_1^2/s_2^2}{F_{\alpha/2}}\leqslant\frac{\sigma_1^2}{\sigma_2^2}\leqslant\frac{s_1^2/s_2^2}{F_{1-\alpha/2}}$$

【例5−14】为了比较两种方法生产的电子产品的寿命问题，随机从一种方法生产的产品中抽取20件，测得其方差为1 300。从另一种方法中随机抽取25件，测得其方差为900。试以95%的可靠程度估计σ_1^2/σ_2^2的置信区间。

解：已知$n_1=20$，$n_2=25$，$s_1^2=1300$，$s_2^2=900$

查F分布表得$F_{0.025}(19,24)=2.35$，$F_{0.975}(19,24)=0.41$

则方差比的95%置信区间为：

$$\frac{1300/900}{2.35}\leqslant\frac{\sigma_1^2}{\sigma_2^2}\leqslant\frac{1300/900}{0.41}$$

$$0.61\leqslant\frac{\sigma_1^2}{\sigma_2^2}\leqslant 3.52$$

结果表明：两种方法生产的电子产品寿命方差比的95%置信区间为（0.61，3.52）。

5.4 样本容量的确定

在进行抽样推断方案设计时，一个很重要的问题就是确定样本容量。容量太小，样本缺乏一定的代表性，抽样误差增大，失去抽样推断的实际价值；容量太大，调查过程中人力、物力、财力及时间的消耗会增大，不能很好体现抽样推断的优势。确定样本容量就是确定不超过给定允许误差范围的必要样本单位数目。这里重点说明简单随机抽样情况下样本容量的计算。

5.4.1 估计总体平均数时样本容量的确定

在重复抽样情况下，抽样允许误差为$z_{\alpha/2}\frac{\sigma}{\sqrt{n}}$，一旦（1-α）给定，$z_{\alpha/2}$的值也就确定。在总体标准差也确定的情况下，可以计算出任何一个允许的估计误差所需的样本量。

由公式$\Delta_{\bar{x}} = z_{\alpha/2}\frac{\sigma}{\sqrt{n}}$，得：

$$n = \frac{\sigma^2 z_{\alpha/2}^2}{\Delta^2_{\bar{x}}}$$

【例5-15】某批零件平均尺寸$\bar{x}$ = 80cm，总体标准差σ=6cm，现进行质量检验，从该批零件中重复随机抽样，要求可靠程度达到95%，允许误差不超过0.9cm，问需要抽取多大容量的样本？

解：已知σ=6，$\Delta_{\bar{x}} = 0.9$，$z_{\alpha/2} = 1.96$，依据重复抽样计算公式得：

$$n = \frac{6^2 \times 1.96^2}{0.9^2} = 170.74 \approx 171(件)$$

5.4.2 估计总体比例时样本容量的确定

与估计总体平均数时样本容量的确定方法相似，在重复抽样情况下，样本容量计算公式为：

$$n = \frac{P(1-P)z_{\alpha/2}^2}{\Delta^2_{p}}$$

【例5-16】某企业欲对一批产品进行质量检测，根据过去历次调查的情况估算的总体合格率为95%，如果合格率的允许误差控制在3%以内，试计算在95%的可靠程度下应抽多少单位。

解：已知P=95%，$\Delta_p = 3\%$，$z_{\alpha/2} = 1.96$，依据重复抽样计算公式得：

$$n = \frac{P(1-P)z_{\alpha/2}^2}{\Delta^2_{p}} = \frac{0.95\times(1-0.95)\times 1.96^2}{0.03^2} = 202.75 \approx 203（件）$$

本章小结

抽样推断是按随机原则从总体中抽取部分单位，并根据样本估计量对总体的数量特征进行科学估计的方法。

抽样平均误差是抽样推断中一个重要的概念，是指所有可能的样本统计量和总体参数的平均离差，体现用样本推断总体的代表性大小，是衡量抽样推断精确程度的重要依据。影响抽样平均误差的主要因素有总体标志值的离散程度、样本容量、抽样方法、抽样的组织形式。

本章介绍的抽样推断主要是参数估计，即根据样本统计量对总体参数进行估计，分为点估计和区间估计。点估计是直接用样本统计量值作为待估计的参数值，区间估计是以一定的概率保证程度推断总体参数可能的区间范围。

总体参数的估计区间由样本统计量和允许误差两部分组成。

估计一个总体的置信区间，需考虑两种情况：一是正态总体、方差已知，或非正态总体，大样本，在这种情况下，可用正态分布构造总体均值的置信区间；二是正态总体，方差未知，小样本，在这种情况下，需用t分布构造置信区间。估计一个总体比例的置信区间，通常在大样本情况下，由正态分布构造置信区间。估计一个总体方差的置信区间，由χ^2分布构造置信区间。

估计两个总体均值之差的置信区间，需考虑两种情况：一是独立样本，在大样本条件下构造正态分布置信区间，在小样本条件下构造t分布置信区间；二是匹配样本，在大样本条件下构造正态分布置信区间，在小样本条件下构造t分布置信区间。估计总体比率之差的置信区间，在大样本条件下构造正态分布置信区间。两个方差比的置信区间由F分布给出。

在进行抽样方案设计时，首先要考虑确定抽样的样本容量。所谓样本容量是指为了使抽样误差不超过允许的误差范围至少应抽取的样本单位数目。关于样本容量的计算，可以通过抽样极限误差公式来推算。影响必要样本容量的因素有总体方差、允许误差范围、置信水平、抽样方法和抽样组织形式。

章末习题

一、思考题

1.简述估计量评价的优良标准。

2.什么是抽样平均误差？什么是抽样极限误差？它们之间有何关系？

3.抽样平均误差受哪些因素影响？如果进行简单重复随机抽样，抽样单位数增加4倍，则平均数的抽样平均误差将如何变化？如果要求抽样误差范围减少20%，则其调查的样本容量应如何调整？

4.什么是概率度？什么是置信水平？两者有什么关系？

5.解释独立样本和匹配样本的含义。

6.如何理解抽样推断中精度与可靠性二者之间的矛盾？在实际中如何处理这对矛盾？

二、练习题

1.某地区粮食播种面积共5 000公顷，按不重复抽样方法随机抽取了100公顷进行实测，调查结果显示，平均每公顷产量为450千克，每公顷产量的标准差为52千克。

要求：试以95%的置信水平估计该地区粮食平均每公顷产量和总产量的置信区间。

2.某地区对上年栽种的5 000株树苗进行了抽样调查，随机抽查的200株树苗中有170株成活。

要求：试以95.45%的概率估计该批树苗成活率的置信区间和成活总数的置信区间。

3.某车间生产的螺杆直径服从正态分布，现随机抽取5只，测得直径（单位：mm）

为22.3、21.5、22.0、21.8、21.4。

要求：试推断全部螺杆直径的95%置信区间。

4.某电子产品使用寿命在3 000小时以下为次品，现在用简单随机抽样方法，从5 000件产品中随机抽取100件对其寿命进行测试，其结果见表5-9。

表5-9 **电子产品使用寿命测试数据**

使用寿命（小时）	产品数（件）
3 000以下	4
3 000～4 000	28
4 000～5 000	48
5 000以上	20
合计	100

要求：

（1）按重复和不重复抽样计算该产品平均寿命的抽样平均误差；

（2）按重复和不重复抽样计算该产品次品率的抽样平均误差；

（3）以95%的概率保证程度，对该产品的平均使用寿命和次品率进行区间估计。

5.为了解两种组装方法耗用时间的差异，分别对两种不同组装方法各随机抽取10名工人，每名工人组装一件产品所需的时间（单位：分）见表5-10。

表5-10 **两种方法组装产品所需时间**

人员编号	方法1	方法2
1	27.3	26.6
2	29.1	23.3
3	28.0	32.0
4	38.6	34.6
5	33.1	22.0
6	35.0	31.2
7	38.2	32.7
8	39.5	27.0
9	34.4	33.0
10	28.0	32.2

要求：假定两种方法组装产品的时间服从正态分布，试以95%的置信水平建立等方差和不等方差，两种方法组装产品所需平均时间之差的置信区间。

6.一个企业的人事部门对新招聘的大学生进行心理素质测试，随机抽取10名刚录用的大学生，选用两种方法进行测试，得到的测试分数见表5-11。

表5-11　**新招聘大学生心理素质测试分数**

人员编号	方法1	方法2
1	77	72
2	62	45
3	71	62
4	88	85
5	90	75
6	50	52
7	69	56
8	77	62
9	86	78
10	56	40

要求：试构建两种方法得分之差的95%置信区间。

7.两部机器生产的袋装茶叶重量的数据见表5-12。

表5-12　**两部机器生产的袋装茶叶重量数据**

机器1			机器2		
3.45	3.22	3.90	3.22	3.28	3.35
3.20	2.98	3.70	3.38	3.19	3.30
3.22	3.75	3.28	3.30	3.20	3.05
3.50	3.38	3.35	3.30	3.29	3.33
2.95	3.45	3.20	3.34	3.35	3.27
3.16	3.48	3.12	3.28	3.16	3.28
3.20	3.18	3.25	3.30	3.34	3.25

要求：根据表中数据，构造两个总体方差比σ_1^2/σ_2^2的95%置信区间。

8.某地区刚毕业的研究生年薪的标准差为1 500元，假定想要估计年薪95%的置信区间，允许误差为300元，应抽取多少人？

9.某企业根据以往的统计，某产品的合格率为95%，假如允许误差为4%，在95.45%的置信水平下，应抽取多少产品作为样本？

第6章/假设检验

【学习目标】假设检验是通过对研究总体的参数做出某种假设，然后通过样本的观察来决定假设是否成立的统计推断方法。通过本章的学习，理解假设检验的基本原理，掌握均值、比例、方差检验的基本方法，熟悉运用Excel进行假设检验的操作过程，并能根据所学基本理论对输出结果做出合理分析与评价。

6.1 假设检验的一般问题

6.1.1 假设检验的概念

假设检验是统计推断中的一项重要内容，它是先对总体的参数做出某种假设，然后通过对样本的观察来决定假设是否成立。

例如，某钢筋生产线原来生产的钢筋平均抗拉强度为2 000千克，标准差为300千克，研发团队对生产线进行了改进，调整了参数，希望抗拉强度有所提高，为了验证该项目实施的提高效果，随机抽取了25根钢筋，测得平均抗拉强度为2 150千克，根据样本的结果，能否断言钢筋的抗拉强度的确有所提高呢？

以μ代表总体的均值，假设$\mu \leqslant 2\,000$，代表抗拉强度均值没有提高；$\mu > 2\,000$，则说明抗拉强度均值有所提高。上述两个假设命题是否成立，要通过抽取样本来验证，即对总体的假设$H_0:\mu \leqslant 2\,000$，$H_1:\mu > 2\,000$进行检验。

尽管例子中抽到的一个样本大于2 000千克，但我们不能直接得出结论认为总体均值大于2 000千克，这有可能是抽样的一个偶然结果。所以依据抽样推断的基本理论，借助总体和样本的相关信息，做出具有统计意义的科学推断，这就是假设检验所涉及的问题。

6.1.2 假设检验的基本思想

假设检验的基本思想是应用小概率原理。所谓小概率原理是指发生概率很小的随机事件在一次实验中是几乎不可能发生的。根据这一原理来做出是否接受原假设的决定。例如，某产品生产商声称其产品的次品率在1‰以下，即平均1 000件产品里面只有不到一件次品，为验证该生产商的说法，从这批产品中随机抽出1件，如果抽出的产品发现是次品，则有理由认为生产商的说法值得怀疑。原因在于，1‰是非常小的概率事件，抽取一次发生次品这个极小概率事件几乎是不可能的，但如果发生，这说明我们否定生产商关于其产品的次品率小于1‰是有充分证据的。

在实际工作中，根据小概率原理，对假设检验的原假设做出肯定或否定的选择。当然小概率的具体数值要根据被检验问题的实际情况而定，一般视问题的要求给出一个参考值α，然后依据检验时实际发生的概率p与α的比较加以判断，如果p<α，可以确定为小概率事件已经发生，选择否定原假设。著名的英国统计学家费舍尔把小概率的标准定为5%，后人沿用了这个标准，把比5%更小的概率看成小概率。

6.1.3　假设的建立

在假设检验中首先要提出两种假设，即原假设和备择假设。

原假设通常是研究者想收集证据予以反对的假设，也称零假设，用H_0表示；备择假设通常是研究者想收集证据予以支持的假设，也称为研究假设，用H_1表示。

例如，某公司开发了一项新技术可以使某种电子产品的使用寿命比原来大大提高，那么，很显然该公司支持有显著提高这样的想法，这样该公司就应该把想要支持的说法作为备择假设。

【例6-1】一种零件的标准直径为10cm，为了对生产过程进行质量监控，研究人员定期对一台机床生产的零件进行抽检，确定是否符合标准，零件大于或小于10cm均属不正常，陈述用来检验生产过程是否正常的原假设和备择假设。

解：根据该问题陈述，可以看出研究者想收集证据予以证明的假设应该是“生产过程不正常”，否则就没必要进行检测，所以建立的假设应该是：

$H_0:\mu = 10$（生产过程正常）

$H_1:\mu \neq 10$（生产过程不正常）

【例6-2】某品牌洗涤剂，厂家在它的说明书中声称，平均净含量不少于500克。从消费者利益出发，有关人员要通过抽检一批产品，来验证该产品制造商的说法是否属实。

解：在这个例子中，研究者的意图更倾向于维护消费者的利益，对产品说明存有质疑，试图证实这种洗涤剂的平均净含量不符合说明书中的陈述，所以建立的假设应该是：

$H_0:\mu \geq 500$（净含量符合说明书）

$H_1:\mu < 500$（净含量不符合说明书）

【例6-3】一家汽车研究机构估计某城市中家庭拥有汽车的比例超过30%。为了验证这一估计是否正确，该研究机构抽取了一个样本进行检验。

解：在这个例子中，显然研究者想收集证据予以支持的假设是“该城市中家庭拥有汽车的比例超过30%”，因此建立的假设应该是：

$H_0:P \leq 30\%$（家庭拥有汽车的比例不超过30%）

$H_1:P > 30\%$（家庭拥有汽车的比例超过30%）

6.1.4　假设检验的基本形式

假设检验有两种基本形式，即双侧检验和单侧检验。

1）双侧检验

双侧检验的目的是观察在给定的显著性水平下所抽取的样本统计量是否显著高于或低

于假设的总体参数。当给定了α之后，也就确定了接受域和拒绝域的分界线。在正态分布的情况下，拒绝域就是标准正态分布曲线下的两个尾部面积，左右各占α/2，如图6-1所示。如果样本统计量落入这两个区域内，说明小概率事件发生，拒绝原假设。例6-1属于双侧检验。

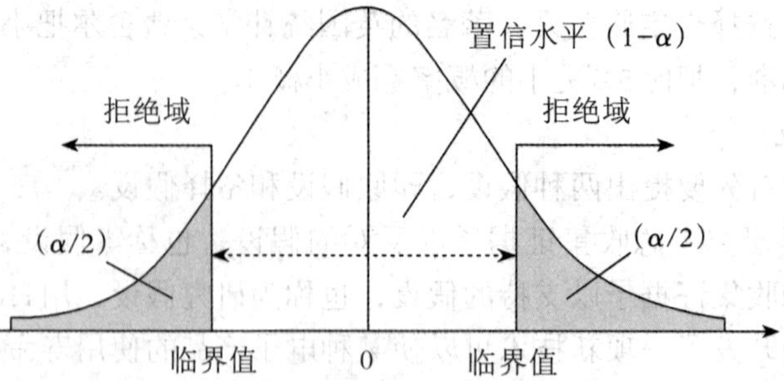

图6-1　双侧检验

2）单侧检验

（1）左侧检验

当样本平均数显著地低于假设的总体参数，就拒绝原假设H_0，接受备择假设H_1，其拒绝域在样本平均数分布的左端，所以称之为左侧检验，如图6-2所示。该检验是被检验的数值越大越好，因此左侧检验也被称为下限检验。例6-2属于左侧检验。

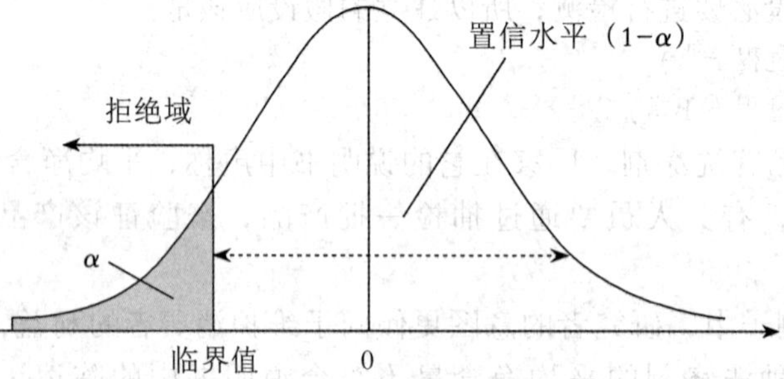

图6-2　左侧检验

（2）右侧检验

当样本平均数显著地超过假设的总体参数，就拒绝原假设H_0，接受备择假设H_1，其拒绝域在样本平均数分布的右端，所以称之为右侧检验，如图6-3所示。右侧检验是被检验的数值越小越好，因此右侧检验也被称为上限检验。例6-3属于右侧检验。

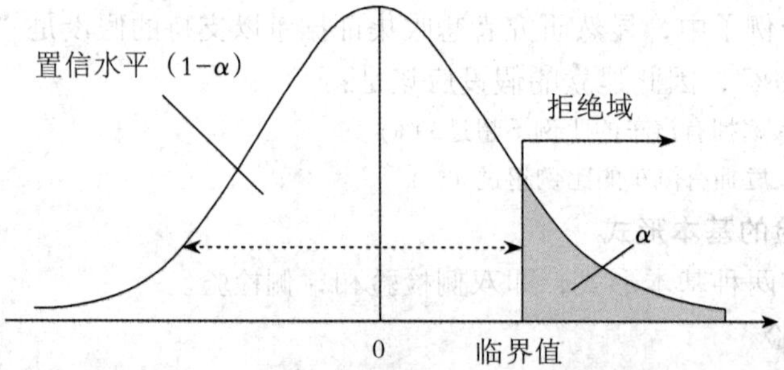

图6-3　右侧检验

6.1.5　假设检验的步骤

1）提出假设

根据所研究的问题，提出检验的原假设和备择假设。假设检验有双侧检验、左侧检验和右侧检验3种形式，以总体均值检验为例，其提法见表6-1。

表6-1　**假设的形式**

假设	研究的问题		
	双侧检验	左侧检验	右侧检验
原假设 H_0	$\mu=\mu_0$	$\mu\geqslant\mu_0$	$\mu\leqslant\mu_0$
备择假设 H_1	$\mu\neq\mu_0$	$\mu<\mu_0$	$\mu>\mu_0$

2）确定适当的统计量，并计算其值

如同参数估计一样，选择什么统计量，要根据总体分布情况、样本容量大小、样本方差是否已知来确定。例如，在总体平均数的假设检验中，如果总体近似服从正态分布，而且方差已知，则应采用 $z=\dfrac{\bar{x}-\mu}{\sigma/\sqrt{n}}$ 统计量；如果总体方差未知而且是小样本，则要采用 $t=\dfrac{\bar{x}-\mu}{s/\sqrt{n}}$ 统计量。

3）选择显著性水平 α，确定检验统计量的临界值

显著性水平应根据研究问题所需的精确度和可靠程度而定，常用的是1%、5%。一般来讲，显著性水平是事先给定的。根据显著性水平，查对应的概率分布表得到检验统计量的临界值，即确定接受域与拒绝域的分界点。

4）将计算的检验统计量与临界值比较，做出决策

将利用样本数据计算的检验统计量值与临界值相比较，做出接受或者拒绝原假设的判断。如果检验统计量的绝对值大于等于临界值，则拒绝原假设；反之，则接受原假设。

6.2　单个总体参数的假设检验

6.2.1　单个总体均值的假设检验

1）总体方差已知

大样本情况下，无论总体是否为正态分布，由样本计算出的均值均服从正态分布；而小样本情况下，则需要假定总体服从正态分布。因而，在总体方差已知、大样本或小样本的情况下，根据抽样分布理论，样本均值标准化后服从标准正态分布，检验统计量为：

$$z=\frac{\bar{x}-\mu}{\sigma/\sqrt{n}}\sim N(0,1)$$

【例6-4】某食品厂生产一种罐装食品，每罐的标准净重为300克，根据以往的经验，标准差是3.5克。目前企业生产一批这样的产品准备出口，为了检验产品净重的质量水平，从该批产品中随机抽取25罐进行净重检验，测得其平均净重为302克，假定罐装食品的净重服从正态分布，在 α=5%的显著性水平下，分析该批产品净重是否符合标准要求。

解：根据给定资料，从供需双方利益来看，高于或低于标准都不符合要求，显然这是一个双侧假设检验问题，因此应提出假设：

$H_0:\mu = 300; H_1:\mu \neq 300$

根据已知资料计算的检验统计量为：

$$z = \frac{\bar{x} - \mu}{\sigma/\sqrt{n}} = \frac{302 - 300}{3.5/\sqrt{25}} = 2.8571$$

显著性水平α=5%，查标准正态分布概率表得 $z_{\alpha/2} = z_{0.05/2} = 1.96$。

因为 $z > z_{\alpha/2}$，说明一次抽样就发生了比2.5%概率还小的事件，该样本落在了右侧的拒绝域，所以拒绝原假设，接受备择假设。即该批罐装食品净重不符合标准要求，比标准显著地高。

2）总体方差未知，大样本

在总体方差未知、大样本的情况下，可以用样本方差代替总体方差。根据抽样分布理论，样本均值标准化后服从标准正态分布，检验统计量为：

$$z = \frac{\bar{x} - \mu}{s/\sqrt{n}} \sim N(0,1)$$

【例6-5】某批发商购进一批灯泡，根据双方合同规定，灯泡的使用寿命平均不能低于1 100小时。在该批灯泡中随机抽取100个，测得样本均值为980小时，标准差为250小时，批发商是否应该购买这批灯泡？

解：批发商能接受的灯泡寿命是1 100小时，超过越多越好，低于不能容忍。但即使总体均值是1 100小时，由于抽样的随机性，样本均值也可能低于1 100小时，批发商更为关注可以容忍的下限，所以这是一个左侧检验问题，应提出假设：

$H_0:\mu \geq 1\,100; H_1:\mu < 1\,100$

根据已知资料计算的检验统计量为：

$$z = \frac{\bar{x} - \mu}{s/\sqrt{n}} = \frac{980 - 1\,100}{250/\sqrt{100}} = -4.8$$

显著性水平α=5%，对于单侧检验，查标准正态分布概率表得 $z_{\alpha} = z_{0.05} = 1.65$。

因为 $|z| > z_{\alpha}$，该样本落在了左侧的拒绝域，所以拒绝原假设，接受备择假设。即批发商不应购买这批产品。

3）正态总体，方差未知，小样本

在正态总体、方差未知、小样本的情况下，可以用样本方差代替总体方差。根据抽样分布理论，样本均值标准化后不再服从标准正态分布，而是服从t分布，检验统计量为：

$$t = \frac{\bar{x} - \mu}{s/\sqrt{n}} \sim t(n-1)$$

【例6-6】在某种染料中加入一种试剂，按规定其含量不能超过0.5%。现欲调查该试剂是否超过标准，随机抽查了5份样品，得到的数据为0.530%、0.542%、0.520%、0.496%、0.525%。若染料中该试剂含量符合正态分布，试在α=5%的显著性水平下，说明染料中该试剂含量是否符合规定。

解：根据已知资料得：

$$\bar{x}=\frac{\sum x}{n}=\frac{0.530\%+0.542\%+0.520\%+0.496\%+0.525\%}{5}=0.005226$$

$$s=\sqrt{\frac{\sum(x-\bar{x})^2}{n-1}}=0.0001696$$

根据要求，0.5%是该试剂含量的最高限，只能低于，越低越好，但不能超过，现在样本值超过了0.5%，这一结果是属于偶然事件还是具有统计意义？显然这是一个检验样本是否超过某一个规定界限的右侧检验，因此应提出假设：

$H_0:\mu\leqslant 0.5\%$; $H_1:\mu>0.5\%$

根据已知数据计算的检验统计量为：

$$t=\frac{\bar{x}-\mu}{s/\sqrt{n}}=\frac{0.005226-0.005}{0.0001696/\sqrt{5}}=2.9797$$

对于右侧检验，根据显著性水平α=5%，查t分布概率表得$t_\alpha(n-1)=t_{0.05}(4)=2.1319$。

因为$t>t_\alpha$，该样本落在了右侧的拒绝域，所以拒绝原假设，即染料中该试剂的含量超过规定的标准。

6.2.2　单个总体的比例检验

在二项分布中，当n充分大时，样本成数p近似服从正态分布，因此成数的假设检验可运用z检验统计量：

$$z=\frac{p-P}{\sqrt{\frac{P(1-P)}{n}}}\sim N(0,1)$$

【例6-7】某地环保部门声称，该地符合废气排放标准的工业企业至少达到70%，但某环境保护组织对此表示怀疑，于是从该地工业企业中随机抽取60家进行调查，发现有36家企业符合废气排放标准。试在α=5%的显著性水平下检验环保部门的结论是否属实。

解：依题意，环境保护组织怀疑该地环保部门的说法，力图搜集证据证实符合废气排放标准的工业企业没有达到如此高的比例，所以这是一个左侧检验问题，应建立假设：

$H_0:P\geqslant 70\%$; $H_1:P<70\%$

已知n=60，$n_1=36$，得p=36÷60×100%=60%。

根据已知资料计算的检验统计量为：

$$z=\frac{p-P}{\sqrt{\frac{P(1-P)}{n}}}=\frac{0.6-0.7}{\sqrt{\frac{0.7\times(1-0.7)}{60}}}=-1.6903$$

显著性水平α=5%，查表确定左侧检验的临界值$z_\alpha=z_{0.05}=-1.65$。

因为$|z|>|z_\alpha|$，拒绝原假设，接受备择假设，可以认为环保部门所说的该地符合废气排放标准的工业企业至少达到70%是不可信的。

6.2.3　单个总体的方差检验

对总体指标的检验，除了均值、比例的检验外，还有方差的检验，这关系到产品的稳定性问题。与均值、比例不同的是，方差检验使用χ^2检验，统计量为：

$$\chi^2=\frac{(n-1)s^2}{\sigma^2}\sim\chi^2(n-1)$$

【例6-8】根据正常生产资料可知，某厂生产的维尼纶的纤度服从正态分布，其方差为0.0026，现从某日生产的产品中随机抽取20件，测得样本方差为0.0046，试判断该日纤度的波动与平时的正常情况有无差异（α=5%）。

解：根据已知资料建立假设：

$H_0:\sigma^2 = 0.0026; H_1:\sigma^2 \neq 0.0026$

检验统计量为：

$$\chi^2 = \frac{(n-1)s^2}{\sigma^2} = \frac{(20-1)\times 0.0046}{0.0026} = 33.6154$$

显著性水平α=5%，查表得$\chi^2_{\alpha/2}(n-1) = \chi^2_{0.025}(19) = 32.8523$。

因$\chi^2 > \chi^2_{\alpha/2}$，所以拒绝原假设，接受备择假设，即该日生产的维尼纶的纤度的波动与平时的正常波动情况相比有显著差异。

6.3 两个总体参数的假设检验

与参数估计相似，两个总体的假设检验主要包括两个总体均值之差、比率之差、方差之比的假设检验。

6.3.1 两个总体均值之差的假设检验

在实际工作中，经常会涉及对两个总体均值差异的比较，如比较两种生产工艺方法生产的产品其平均产量的差异，比较两种不同饲养方法下生猪体重平均值的差异等，这些都属于两个总体均值之差$(\mu_1 - \mu_2)$的检验问题。

1）两个总体均值之差的假设检验：独立样本

两个总体均值之差的假设检验是以两个样本均值之差$(\bar{x}_1 - \bar{x}_2)$的抽样分布为基础构造出来的。由于总体分布、样本容量、总体方差是否已知等情况的差异，检验统计量也有所不同。

（1）两个总体方差已知

大样本情况下，无论两个总体是否服从正态分布，由两个独立样本计算出的均值之差$(\bar{x}_1 - \bar{x}_2)$服从正态分布；而小样本情况下，则需要假定两个总体都服从正态分布。因而，在方差已知、大样本或小样本的情况下，两个样本均值之差标准化后服从标准正态分布，检验统计量为：

$$z = \frac{(\bar{x}_1 - \bar{x}_2) - (\mu_1 - \mu_2)}{\sqrt{\frac{\sigma_1^2}{n_1} + \frac{\sigma_2^2}{n_2}}} \sim N(0,1)$$

（2）两个总体方差未知，大样本

如果两个总体方差σ_1^2、σ_2^2未知，则可用样本方差s_1^2、s_2^2代替。两个样本均值之差标准化后服从标准正态分布，检验统计量为：

$$z = \frac{(\bar{x}_1 - \bar{x}_2) - (\mu_1 - \mu_2)}{\sqrt{\frac{s_1^2}{n_1} + \frac{s_2^2}{n_2}}} \sim N(0,1)$$

【例6-9】某种产品的抗拉强度是其重要的特征值，现在用两种不同的方法进行生产，为检测两种方法下抗拉强度的差异，从两种方法生产的产品中各抽取一个随机样本，测得样本数据（单位：千克）见表6-2。试在α=5%的显著性水平下，检验两种方法生产出来的产品的平均抗拉强度是否有显著差异。

表6-2 **两个独立样本相关数据**

方法1	方法2
$n_1 = 46$	$n_2 = 34$
$\bar{x}_1 = 50$	$\bar{x}_2 = 45$
$s_1^2 = 100$	$s_2^2 = 121$

解：根据已知资料，建立假设 $H_0:\mu_1 - \mu_2 = 0, H_1:\mu_1 - \mu_2 \neq 0$。

检验统计量为：

$$z = \frac{(\bar{x}_1 - \bar{x}_2) - (\mu_1 - \mu_2)}{\sqrt{\frac{s_1^2}{n_1} + \frac{s_2^2}{n_2}}} = \frac{(50 - 45) - 0}{\sqrt{\frac{100}{46} + \frac{121}{34}}} = 2.0883$$

显著性水平 α=5%，查正态分布概率表得临界值 $z_\alpha = z_{0.025} = 1.96$。

由于 $z > z_{\alpha/2}$，所以拒绝原假设，接受备择假设，认为两种方法生产的产品的平均抗拉强度有显著的差异。

为简化计算，可以使用Excel中的“z检验：双样本平均差检验”功能完成两个独立样本均值之差的假设检验。其方法是：

第一步：选择“数据→数据分析”。

第二步：在出现的“数据分析”对话框中，选择“z检验：双样本平均差检验”。

第三步：在出现的检验对话框中输入：

①变量1的数据区域；

②变量2的数据区域；

③假设平均差的数据；

④变量1的方差（已知）；

⑤变量2的方差（已知）；

⑥显著性水平 α。

第四步：单击“确定”，输出分析结果。

（3）两个总体方差未知，小样本

①两个总体方差未知，方差相等。

当两个总体方差未知且相等（$\sigma_1^2 = \sigma_2^2$）时，需要利用样本资料计算出样本合并方差 s_p^2，作为总体方差的估计值。样本合并方差为：

$$s_p^2 = \frac{(n_1 - 1)s_1^2 + (n_2 - 1)s_2^2}{n_1 + n_2 - 2}$$

两个样本均值之差标准化后服从自由度为（$n_1 + n_2 - 2$）的t分布，检验统计量为：

$$t = \frac{(\bar{x}_1 - \bar{x}_2) - (\mu_1 - \mu_2)}{\sqrt{s_p^2\left(\frac{1}{n_1} + \frac{1}{n_2}\right)}} \sim t(n_1 + n_2 - 2)$$

【例6-10】甲、乙两台机床同时加工某种同类型零件，已知两台机床加工的零件直径服从正态分布，并且方差相等。为比较两台机床加工零件的平均直径有无显著差异，分别从各机床加工的零件中随机抽取8个，通过测量获得的数据见表6-3。试在5%的显著性水平下，检验两台机床加工的零件直径是否一致。

表6-3 **机床加工的零件直径** 单位：mm

甲机床	30.6	29.9	29.8	30.5	30.2	30.0	29.0	30.0
乙机床	30.8	29.9	29.6	30.9	30.5	29.7	30.3	30.6

解：建立假设：

$H_0:\mu_1-\mu_2=0;H_1:\mu_1-\mu_2\neq0$

根据表6-3的样本数据计算得：

甲机床：$\bar{x}_1=30$，$s_1^2=0.2429$

乙机床：$\bar{x}_2=30.2875$，$s_2^2=0.2498$

样本合并方差为：

$$s_p^2=\frac{(n_1-1)s_1^2+(n_2-1)s_2^2}{n_1+n_2-2}=\frac{(8-1)\times0.2429+(8-1)\times0.2498}{8+8-2}=0.2464$$

检验统计量为：

$$t=\frac{(\bar{x}_1-\bar{x}_2)-(\mu_1-\mu_2)}{\sqrt{s_p^2\left(\frac{1}{n_1}+\frac{1}{n_2}\right)}}=\frac{(30-30.2875)-0}{\sqrt{0.2464\times\left(\frac{1}{8}+\frac{1}{8}\right)}}=-1.1585$$

显著性水平α=5%，查t分布概率表得临界值$t_{\alpha/2}(n_1+n_2-2)=t_{0.025}(14)=2.1448$。

由于$|t|<t_{\alpha/2}$，所以不能拒绝原假设，即两台机床生产的产品平均直径没有显著差异。

为简化计算，可以使用Excel中“t检验：双样本等方差假设”功能，完成等方差的两个独立小样本均值之差的假设检验。

②两个总体方差未知，方差不相等。

当两个总体方差未知且不相等（$\sigma_1^2\neq\sigma_2^2$）时，两个样本均值之差标准化后服从自由度为v的t分布，统计量为：

$$t=\frac{(\bar{x}_1-\bar{x}_2)-(\mu_1-\mu_2)}{\sqrt{\frac{s_1^2}{n_1}+\frac{s_2^2}{n_2}}}\sim t(\nu)$$

式中：自由度ν的计算公式为：

$$\nu=\frac{\left(\frac{s_1^2}{n_1}+\frac{s_2^2}{n_2}\right)^2}{\frac{(s_1^2/n_1)^2}{n_1-1}+\frac{(s_2^2/n_2)^2}{n_2-1}}$$

【例6-11】为估计两种不同方法组装产品所需时间的差异，分别对两种产品组装方法各随机安排10名工人进行操作，每名工人组装一件产品所需的时间见表6-4。

表6-4 两种方法下每名工人组装一件产品所需时间 单位：分钟

方法1	39.4	41.2	30.1	47.6	42.1	39.9	47.1	48.5	44.5	38.0
方法2	38.7	33.3	42.0	43.8	34.0	40.2	37.0	42.0	43.4	37.5

假定两种方法组装产品的时间服从正态分布，方差未知且不相等。试在α=5%的条件下，检验方法1所需时间的平均值是否显著高于方法2。

解：建立假设：

$H_0:\mu_1-\mu_2\leqslant 0$; $H_1:\mu_1-\mu_2>0$

根据表6-4中的样本数据计算得：

$\bar{x}_1=41.84, \bar{x}_2=39.19$，$s_1^2=30.56, s_2^2=13.923$

检验统计量为：

$$t=\frac{(\bar{x}_1-\bar{x}_2)-(\mu_1-\mu_2)}{\sqrt{\frac{s_1^2}{n_1}+\frac{s_2^2}{n_2}}}=\frac{(41.84-39.19)-0}{\sqrt{\frac{30.56}{10}+\frac{13.923}{10}}}=1.2565$$

$$\nu=\frac{\left(\frac{s_1^2}{n_1}+\frac{s_2^2}{n_2}\right)^2}{\frac{(s_1^2/n_1)^2}{n_1-1}+\frac{(s_2^2/n_2)^2}{n_2-1}}\approx 16$$

根据显著性水平α=5%，查t分布概率表得临界值$t_\alpha(\nu)=t_{0.05}(16)=1.7459$。

由于$t<t_\alpha$，所以不能拒绝原假设，即方法1组装产品的平均时间没有显著地高于方法2。

为简化计算，可以使用Excel中“t检验：双样本异方差假设”功能，完成不等方差的两个独立小样本均值之差的假设检验。

2）两个总体均值之差的假设检验：匹配样本

独立样本提供的数据可能会因为样本个体在其他方面的“不同质”而对它们所提供的有关总体均值的信息产生影响，为有效消除由于个体差异带来的干扰，考虑选择匹配样本。

检验时，需假定两个总体成对差值构成的总体服从正态分布，而且样本的成对差值是从总体差值中随机抽选出来的。对于小样本的情形，成对差值标准化后服从自由度为（n−1）的t分布。因此，其统计量为：

$$t=\frac{\bar{d}-(\mu_1-\mu_2)}{s_d/\sqrt{n}}\sim t(n-1)$$

【例6-12】某饮料公司研制一种新品种，为比较消费者对新旧两种饮料口感的认可度，该公司随机抽取8名消费者进行调查，根据对两种饮料的品尝结果进行打分（评分0～10分），评分结果见表6-5。

表6-5 两种饮料品尝结果打分

编号	1	2	3	4	5	6	7	8
旧饮料	6	5	8	4	6	9	6	7
新饮料	7	7	8	5	4	9	8	7

试在α=5%的显著性水平下，检验消费者对两种饮料的评价是否存在显著差异。

解：依据题意建立假设：

$H_0:\mu_1-\mu_2=0;H_1:\mu_1-\mu_2\neq 0$

根据样本数据计算得：

$$\bar{d}=\frac{\sum d}{n}=-0.5$$

$$s_d=\sqrt{\frac{\sum(d-\bar{d})^2}{n-1}}=1.3093$$

检验统计量为：

$$t=\frac{\bar{d}-(\mu_1-\mu_2)}{s_d/\sqrt{n}}=\frac{-0.5}{1.3093/\sqrt{8}}=-1.0801$$

显著性水平α=5%，查t分布概率表得临界值$t_{\alpha/2}(n-1)=t_{0.025}(7)=2.3646$。

由于$|t|<t_{\alpha/2}$，所以不能拒绝原假设，即消费者对两种饮料的评价没有显著差异。

为简化计算，可以使用Excel中"t检验：平均值的成对二样本分析"功能，完成两个匹配小样本均值之差的假设检验。

6.3.2 两个总体比例之差的假设检验

两个总体比例之差的检验与单个总体比例检验的原理相似，但形式上相对复杂。由单个总体比例检验知道，在大样本情况下，样本比例近似服从正态分布。对于两个独立总体的样本比例之差(p_1-p_2)标准化后服从标准正态分布，检验统计量为：

$$z=\frac{(p_1-p_2)-(P_1-P_2)}{\sqrt{\frac{P_1(1-P_1)}{n_1}+\frac{P_2(1-P_2)}{n_2}}}\sim N(0,1)$$

【例6-13】某制造商认为广告可使对产品了解和喜欢的人增加10%。广告前调查500人，其中20%的人喜欢该产品；广告后调查400人，其中28%的人喜欢该产品。在α=5%的显著性水平下，该制造商的说法是否可信？

解：根据给定资料可知，广告后调查人数$n_1=400$，样本比例$p_1=28\%$；广告前调查人数$n_2=500$，样本比例$p_2=20\%$。

依题建立假设：

$H_0:\mu_1-\mu_2\geq 10\%;H_1:\mu_1-\mu_2<10\%$

由于总体比例P_1和P_2未知，用样本比例p_1和p_2代替。检验统计量为：

$$z=\frac{(p_1-p_2)-(P_1-P_2)}{\sqrt{\frac{p_1(1-p_1)}{n_1}+\frac{p_2(1-p_2)}{n_2}}}=\frac{(0.28-0.2)-0.1}{\sqrt{\frac{0.28\times(1-0.28)}{400}+\frac{0.2\times(1-0.2)}{500}}}=-0.6967$$

根据显著性水平α=5%，查正态分布概率表得临界值$z_\alpha=z_{0.05}=1.645$。

由于$|z|<z_\alpha$，所以接受原假设，即同意制造商的说法，也就是说广告后与广告前相比，对产品了解和喜欢的人增加了10%以上。

6.3.3 两个总体方差比的假设检验

在实际应用中，经常要对两个总体的方差进行比较。从两个正态总体中分别随机、独立抽取两个样本，样本方差比s_1^2/s_2^2是总体方差比σ_1^2/σ_2^2的理想估计量。因此，比较两个总体方差是否一致，实际变成对两个方差比是否接近1的问题。

当两个容量为n_1和n_2的样本分别独立地抽自两个正态总体时，两个方差比的统计量服从自由度为(n_1-1,n_2-1)的F分布，即：

$$F=\frac{s_1^2/\sigma_1^2}{s_2^2/\sigma_2^2}\sim F(n_1-1,n_2-1)$$

在原假设$\sigma_1^2=\sigma_2^2$下，检验用的F统计量简化为：

$$F=\frac{s_1^2}{s_2^2}$$

两个总体方差比的3种基本假设检验形式为：

双侧检验：$H_0:\frac{\sigma_1^2}{\sigma_2^2}=1;\ H_1:\frac{\sigma_1^2}{\sigma_2^2}\neq 1$

左侧检验：$H_0:\frac{\sigma_1^2}{\sigma_2^2}\geqslant 1;\ H_1:\frac{\sigma_1^2}{\sigma_2^2}<1$

右侧检验：$H_0:\frac{\sigma_1^2}{\sigma_2^2}\leqslant 1;\ H_1:\frac{\sigma_1^2}{\sigma_2^2}>1$

【例6-14】某公司准备购进一批电子产品，有两个供货商可以选择，两个供货商的产品价格和平均使用寿命很接近，现主要考虑两种产品的稳定性，即方差的大小。为此公司管理人员对两个供货商的产品进行了随机抽检，得到的数据见表6-6。

表6-6　**供货商电子产品使用寿命**　单位：小时

供货商1	550	460	522	530	496
	537	528	606	517	524
	483	480	611	380	586
	623	551	489	609	532
供货商2	468	581	536	507	455
	396	440	439	429	462
	489	546	498	517	484

试在α=95%的显著性水平下，检验两个供货商的电子产品使用寿命是否有显著差异。

解：依题建立假设：

$$H_0:\frac{\sigma_1^2}{\sigma_2^2}=1;\ H_1:\frac{\sigma_1^2}{\sigma_2^2}\neq 1$$

根据样本资料计算得：

$s_1^2=3\,498.2211$，$s_2^2=2\,435.4095$

检验统计量为：

$$F=\frac{s_1^2}{s_2^2}=\frac{3\,498.2211}{2\,435.4095}=1.4364$$

根据显著性水平$\alpha=5\%$，查F分布概率表得临界值$F_{\alpha/2}(n_1-1,n_2-1)=F_{0.025}(19,14)=2.861$。

由于$F<F_{\alpha/2}$，所以不能拒绝原假设，即不能认为这两个供货商所生产电子产品的使用寿命的方差有显著差异。

为简化计算，可以使用Excel中“F-检验：双样本方差”功能，完成两个样本方差比的假设检验。

本章小结

假设检验是统计推断的重要内容，在统计学中占有重要的位置。假设检验的主要原理是应用小概率原理。所谓小概率原理，是指发生概率很小的随机事件在一次实验中几乎是不可能发生的。根据这一原理，可以做出是否接受原假设的决定。假设检验的基本形式分双侧检验（双尾检验）和单侧检验（单尾检验），单侧检验又分左侧检验和右侧检验。假设检验的基本步骤为：提出假设、构造检验统计量并计算其具体数值、判断决策。

双侧检验、单侧检验，根据总体的个数分单个总体的检验和两个总体的检验。同时被检验的参数又根据其性质不同分总体均值、总体比例、总体方差3种情况。

进行单个总体均值检验时，需要考虑的情况分大样本和小样本。大样本时，无论总体是否服从正态分布，总体方差是已知还是未知，检验统计量标准化后均近似服从标准正态分布。小样本时，在总体方差未知时，需用样本方差代替，在假定总体服从正态分布的条件下，检验统计量服从t分布。对于单个总体比率的假设检验，通常是在大样本条件下进行的，检验统计量标准化后服从标准正态分布。单个总体方差的假设检验，则是以总体服从正态分布为基本前提，以检验统计量χ^2分布为基础的。

进行两个总体均值的假设检验，需区分独立样本和匹配样本两种情况。独立样本时，大样本条件下，依据正态分布建立拒绝域。小样本条件下，依据t分布建立拒绝域（方差未知时，需假定两个总体服从正态分布）。匹配样本时，在大样本条件下，检验统计量近似服从正态分布建立拒绝域；小样本条件下建立t分布为基础的检验统计量（方差未知时需假定两个总体差值的总体服从正态分布）。两个总体比率之差的假设检验，也是在大样本条件下，检验统计量近似服从正态分布建立拒绝域。两个总体方差比的假设检验，依据F分布的理论来进行。

章末习题

一、思考题

1.假设检验的基本思想是什么？基本步骤有哪些？

2.阐述假设检验和参数估计的异同点。

3.在假设检验中，如何决定原假设和备择假设的陈述？

4.在单侧检验中原假设和备择假设的方向应该如何确定？

5.什么是显著性水平和检验临界值，试举例说明。

6.简述在假设检验中出现t检验的条件。

二、练习题

1.已知某厂生产的一种钢管，其直径服从均值为60mm、标准差为0.6mm的正态分布。从某日生产的钢管中随机抽取10根，测得其直径分别为61.2mm、60.1mm、60.2mm、60.3mm、61.1mm、60.4mm、60.3mm、61.2mm、60.5mm、60.7mm。

要求：试在5%的显著性水平下检验该日钢管的均值及方差或标准差是否正常。

2.某品牌电子产品规定使用寿命为1 200小时，厂家采取工艺改进措施，现在从批量生产的新产品中随机抽取100个，测得平均使用寿命为1 500小时，标准差为300小时，能否据此判断批量生产的新产品的平均使用寿命有显著增加（$\alpha=5\%$）？

3.某档电视节目平常收视率为40%，最近发现有下降迹象，为此随机抽取200户家庭进行调查，有76户收看，问该档节目的收视率是否显著降低（$\alpha=5\%$）？

4.装配一个部件可以采取两种不同的方法，要证实哪种方法效率更高，现从不同的装配方法中各抽取10件产品，记录的装配时间见表6-7。

表6-7 **两种装配方法所需时间** 单位：分钟

甲方法	31	34	29	32	35	38	34	30	29	32
乙方法	26	24	28	29	30	29	32	26	31	29

假定两个总体均为正态总体，且方差相同，问这两种方法的装配时间有无显著差别（$\alpha=5\%$）？

5.有关人士从两个不同的居民区Ⅰ、Ⅱ中分别随机抽取80、60名居民，调查每周看电视的时间。得到的数据（单位：小时）为$\bar{x}_{I}=20.5$，$\bar{x}_{II}=24.8$，$s_{I}=11$，$s_{II}=15$。根据调查数据，能否做出居民区Ⅰ的每周看电视平均小时数低于居民区Ⅱ的结论（$\alpha=5\%$）？

6.调查426名50岁以上的人发现，在265名吸烟者中有39人患慢性气管炎，在161名不吸烟者中有16人患慢性气管炎。调查数据能否支持"吸烟者容易患慢性气管炎"这种观点呢（$\alpha=5\%$）？

7.一个以减肥为主要目标的健身俱乐部声称，参加他们的训练至少可以使肥胖者平均体重减轻16斤。为了验证他们的说法，现随机抽取10名参加者进行调查，得到他们的体重数据见表6-8。

表6-8 **被调查者训练前后的体重** 单位：千克

训练前	79.5	86	90	86.5	82	73.5	81.5	86	89	101.5
训练后	70	74.5	86.5	81	71	65.5	71	78.5	78	87

在显著性水平为5%的情况下，调查结果是否支持俱乐部的说法？

8.对某种材料分别在100℃和200℃的条件下各做8次实验，测得断裂力的数据见表6-9。

表6-9 **某种材料断裂力实验数据** 单位：千克

100℃	19.6	17.9	18.8	19.8	20.4	20.6	20.0	20.2
200℃	16.8	19.2	19.0	19.0	19.5	20.1	19.1	20.2

要求：设断裂力服从正态分布，在$\alpha=5\%$的显著性水平下，检验两种温度下的断裂力方差是否相等。

第7章/ 方差分析

【学习目标】方差分析通过检验多个总体均值是否相等，进而研究分类型自变量对数值型因变量的影响是否显著。通过本章的学习，了解方差分析的基本原理，掌握单因素方差分析及多因素方差分析的方法，能够利用Excel进行方差分析。

7.1 方差分析的基本原理

7.1.1 方差分析问题的提出

方差分析是20世纪20年代发展起来的一种统计方法，是由英国统计学家费舍尔在进行试验设计时为解释试验数据而首先引入的。下面通过一个例子提出方差分析问题。

【例7-1】某连锁商店在一个城市的不同地点开了3家规模大致相同的分店，从这3家分店随机抽取8天的日营业额资料，见表7-1。

表7-1　**3家分店日营业额**　单位：万元

序号	第一家分店	第二家分店	第三家分店
1	12	8	15
2	14	10	17
3	10	9	13
4	13	12	14
5	11	7	18
6	9	9	14
7	8	6	16
8	15	8	19

试分析这3家分店的日均营业额是否相同，从而确定营业地点这个位置因素是否对营业额有显著影响（α=5%）。

如果把每个分店看成一个总体，则这个问题就是回答3个总体的日均营业额是否一致的问题。转化成一个假设检验问题，就是需要检验这3个总体的均值是否相同，相应的假设为：

$H_0:\mu_1=\mu_2=\mu_3$；$H_1:\mu_1,\mu_2,\mu_3$三者不完全相等

如果原假设成立，意味着营业位置对销售没有显著影响；如果原假设不成立，说明至少有两个地点的营业额是有显著差异的，即承认营业位置对销售存在显著影响。解决3个及3个以上总体均值是否存在显著差异需要借助方差分析的方法来解决。

7.1.2　方差分析的基本概念

1）因素

因素又称因子，是方差分析要检验的对象。例如，例7-1中分店所处的位置就是一个因素。

2）水平

水平是指因子在实验中所处的不同状态。例如，例7-1中3个分店处于3个不同的位置，每个位置被看作一种水平。

3）观察值

观察值是指在具体的因素水平下，实验样本的观察数据。例如，例7-1中每个分店在8个观察日的营业额。

4）交互影响

当方差分析的影响因素不唯一时，需要关注各因素之间是否独立。如果因素之间存在相互作用，我们称之为“交互影响”。在实际中，这个交互影响可以看成是试验结果产生作用的一个新因素，需要单独分离出来进行分析。如某种材料的硬度不仅受温度和压力两种因素的单独影响，同时在实验过程中，不同温度和压力的组合也会对硬度产生影响，那么温度和压力的不同组合就是一种交互影响因素。

7.1.3　方差分析的基本假定

1）每个总体服从正态分布

每个总体服从正态分布，也就是说，对于因素的每个水平下的观察值，假定均来自一个具有正态分布的总体。例如，例7-1中每个分店的日营业额总体服从正态分布。

2）各个总体的方差σ^2相等

各组观察值是从具有相同方差的正态总体中抽取的，也就是说，各组观察值可能总体水平存在差异，但变异假定是相同的。例如，例7-1中3个分店各自日营业额总体方差相等，即：$\sigma_1^2=\sigma_2^2=\sigma_3^2$。

3）观察值是独立的

每一个观察值都是来自具有正态分布且等方差的独立同分布的总体。例如，例7-1中各个分店之间被抽中的日营业额相互独立。

7.1.4　方差分析原理

1）方差分解

对于例7-1来讲，假如位置因素对3个分店的日均营业额不产生影响，那么从3个分店抽出的样本数据的波动，都是由随机因素引起的。如果位置因素对日均营业额有显著影响，则样本波动有两个来源：一是位置因素，二是随机因素。利用方差可分解性这一特点，可将总离差平方和分解为组间离差平方和与组内离差平方和两部分。组间离差平方和

既包括系统性差异也包括随机性差异，组内离差平方和仅包括随机性差异。这两部分的占比可以为我们了解因素变化的影响程度提供重要信息。

考虑到数据个数对离差平方和绝对值的影响，引入自由度，将方差平均化处理，得到总体均方差和组间（因素）均方差及组内（随机）均方差。如果因素取不同水平，对结果没有影响，如例7-1中，处于不同位置对分店的营业额没有影响，那么反映水平之间的方差中就只有随机性差异，而没有水平变化带来的系统性差异，这样组间均方差与组内均方差的比值就会接近1；反之，如果存在系统性差异，这个比值就会大于1。究竟大到何种程度，我们就可以做出因素不同水平之间均值存在显著差异的结论，需进一步探讨该比值的数学性质。

2）构造F检验统计量

将分解的两个均方差对比构造F统计量，即：

$$F=\frac{\text{组间均方差}}{\text{组内均方差}}$$

在基本假定成立的情况下，二者比值趋于1。F统计量越大，说明组间均方差越大，因子影响越显著；反之，越不显著。

同样，在基本假定成立时，数理统计证明，F统计量服从F分布，这样就可以根据给定的显著性水平，确定临界点，从而做出接受或拒绝原假设的决定。

7.2 单因素方差分析

根据所分析的分类自变量的多少，方差分析可分为单因素方差分析、双因素方差分析和多因素方差分析，本章只探讨前两种。

7.2.1 单因素方差分析数据结构

单因素方差分析（one way analysis of variance）研究一个分类型自变量对一个数值型因变量的影响。单因素方差分析的数据结构见表7-2。

表7-2　**单因素方差分析的数据结构**

样本数据 因素水平	各种水平下的观察值				均值 $\bar{x}_i$
	1	2	…	r	
A_1	x_{11}	x_{12}	…	x_{1r}	$\bar{x}_1$
A_2	x_{21}	x_{22}	…	x_{2r}	$\bar{x}_2$
⋮	⋮	⋮		⋮	⋮
A_k	x_{k1}	x_{k2}	…	x_{kr}	$\bar{x}_k$
合计					$\bar{x}$

表7-2中 x_{ij} 是在 A_i 水平上第j个样本单位的观察值，均值的计算公式为：

$$\bar{x}_i=\frac{\sum_{j=1}^{r}x_{ij}}{r},\ \bar{x}=\frac{\sum_{i=1}^{k}\sum_{j=1}^{r}x_{ij}}{kr}$$

7.2.2 单因素方差分析的步骤

1）提出假设

方差分析的第一步是建立假设，针对所检验的对象提出原假设和备择假设。根据表7-2的数据结构，因素A有k个水平A_1，A_2，…，A_k，此时需提出如下假设：

$H_0:\mu_1=\mu_2=\cdots=\mu_k$

$H_1:\mu_1,\mu_2,\cdots,\mu_k$不全相等

2）构造检验统计量

（1）计算离差平方和

①总离差平方和。总离差平方和是指全部观察值与总平均值的离差平方和，反映全部观察值差异的总规模，用SST表示。

$$SST=\sum_{i=1}^{k}\sum_{j=1}^{r}(x_{ij}-\bar{x})^2$$

②组间离差平方和。组间离差平方和是因素在不同水平下的均值与总平均值之间的离差平方和，反映各样本均值之间的差异程度，用SSA表示。

$$SSA=\sum_{i=1}^{k}\sum_{j=1}^{r}(\bar{x}_i-\bar{x})^2$$

③组内离差平方和。组内离差平方和是某水平下的样本观察值与该水平下的样本均值之间的离差平方和，反映随机因素影响造成的差异，用SSE表示。

$$SSE=\sum_{i=1}^{k}\sum_{j=1}^{r}(x_{ij}-\bar{x}_i)^2$$

上述3个离差平方和具有一定的内在关系，即：

$SST=SSA+SSE$

按照前面对离差总平方和分解的思路，有：

$$\begin{aligned}SST&=\sum_{i=1}^{k}\sum_{j=1}^{r}(x_{ij}-\bar{x})^2\\&=\sum_{i=1}^{k}\sum_{j=1}^{r}[(x_{ij}-\bar{x}_i)+(\bar{x}_i-\bar{x})]^2\\&=\sum_{i=1}^{k}\sum_{j=1}^{r}(x_{ij}-\bar{x}_i)^2+2\sum_{i=1}^{k}\sum_{j=1}^{r}(x_{ij}-\bar{x}_i)(\bar{x}_i-\bar{x})+\sum_{i=1}^{k}\sum_{j=1}^{r}(\bar{x}_i-\bar{x})^2\end{aligned}$$

由于各样本是相互独立的，可以证明上式交叉项为零，即：

$$\sum_{i=1}^{k}\sum_{j=1}^{r}(x_{ij}-\bar{x}_i)(\bar{x}_i-\bar{x})=\sum_{i=1}^{k}(\bar{x}_i-\bar{x})\sum_{j=1}^{r}(x_{ij}-\bar{x}_i)=\sum_{i=1}^{k}(\bar{x}_i-\bar{x})\times 0=0$$

所以，$SST=SSA+SSE$。

（2）计算均方差

均方差是离差平方和与其自由度的比值。计算均方差可以消除观察值个数不同产生的差异，它是一个平均化的离差平方和。均方差为构造F统计量奠定基础。

①总均方差。

总离差平方和的自由度为n-1，则其均方误差为：

$$MST=\frac{SST}{n-1}$$

②组间均方差。

组间离差平方和的自由度是k−1，其均方误差为：

$$MSA=\frac{SSA}{k-1}$$

③组内均方差。

组内离差平方和的自由度为n−k，其均方误差为：

$$MSE=\frac{SSE}{n-k}$$

（3）构造统计量

将计算得到的组间均方差MSA与组内均方差MSE进行对比，构造出检验所需要的F统计量。

$$F=\frac{MSA}{MSE}\sim F(k-1,n-k)$$

F值越大，越说明在总方差的变动中组间均方差是主要的差异来源，越有利于拒绝原假设；反之，F值越小，越说明随机误差是主要的差异来源，越有利于接受原假设。

为了使方差分析的结果更加直观地表现出来，一般将计算结果反映在一张表上，这就是方差分析表，见表7−3。

表7−3　**单因素方差分析表**

误差来源	SS	df	MS	F值	P值	F临界值
组间	SSA	k−1	MSA	F		F_α
组内	SSE	n−k	MSE			
总计	SST	n−1				

3）决策

在给定显著性水平α的情况下，查F分布表得到相应的临界值，将F值与临界值F_α比较。若$F<F_\alpha$，则接受原假设，即认为因素各水平下均值没有显著差异，分类型自变量对数值型因变量没有显著影响；若$F\geqslant F_\alpha$，则拒绝原假设，即认为因素各水平下均值有显著差异，分类型自变量对数值型因变量有显著影响。

【例7−2】根据表7−1的数据，在5%的显著性水平下判定营业地点这个位置因素对营业额是否有显著影响。

解：提出假设：

$H_0:\mu_1=\mu_2=\mu_3$

$H_1:\mu_1,\mu_2,\mu_3$不全相等

根据表7−1数据，构造F统计量：

$$SST=\sum_{i=1}^{k}\sum_{j=1}^{r}(x_{ij}-\bar{x})^2=302.9583$$

$$SSA=\sum_{i=1}^{k}\sum_{j=1}^{r}(\bar{x}_i-\bar{x})^2=205.5833$$

$$SSE=\sum_{i=1}^{k}\sum_{j=1}^{r}(x_{ij}-\bar{x}_i)^2=97.375$$

$$MSA=\frac{SSA}{k-1}=\frac{205.5833}{3-1}=102.7917$$

$$MSE=\frac{SSE}{n-k}=\frac{97.375}{24-3}=4.6369$$

$$F=\frac{MSA}{MSE}=\frac{102.7917}{4.6369}=22.1682$$

根据给定的显著性水平 $\alpha=5\%$，查F分布表得临界值 $F_{\alpha}(k-1,n-k)=F_{0.05}(2,21)=3.467$。

由于 $F>F_{\alpha}$，拒绝原假设，接受备择假设。即不同位置的营业地点，其日均营业额有显著差异，也就是说，位置因素对营业额有显著影响。

从上述计算过程可以看出，检验过程计算繁琐，为简化计算，可以使用Excel中的“方差分析：单因素方差分析”功能。对于本例，使用Excel分析的具体方法是：

第一步：选择“数据→数据分析”。

第二步：在“数据分析”对话框中，选择“方差分析：单因素方差分析”。

第三步：当出现对话框时，进行如图7-1所示的操作。

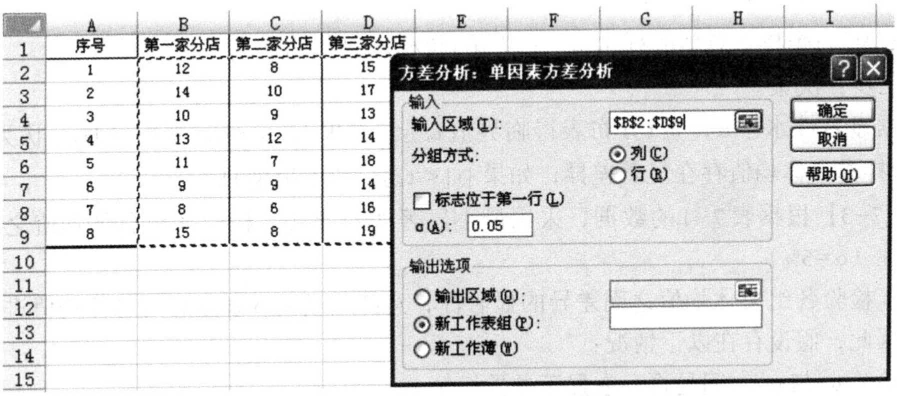

图7-1　Excel单因素方差分析

第四步：单击“确定”，得到表7-4的分析结果。

表7-4　例7-1方差分析表

	A	B	C	D	E	F	G
1	方差分析：单因素方差分析						
2							
3	SUMMARY						
4	组	观测数	求和	平均	方差		
5	列 1	8	92	11.5	6		
6	列 2	8	69	8.625	3.410714		
7	列 3	8	126	15.75	4.5		
8							
9							
10	方差分析						
11	差异源	SS	df	MS	F	P-value	F crit
12	组间	205.5833	2	102.7917	22.16816	6.67E-06	3.4668
13	组内	97.375	21	4.636905			
14							
15	总计	302.9583	23				

7.2.3　方差分析中的多重比较

拒绝 H_0 或接受 H_1 只是说明在所分析的因素各个水平中至少有一对均值是存在显著差

异的，但不能由此推断各因素水平两两之间都存在显著差异。在实际应用中，往往需要进一步分析哪些总体均值之间存在显著差异，哪些没有，解决这类问题的方法被称为方差分析的多重比较。

多重比较是指通过不同水平均值之间的两两成对比较，来检验各个总体均值之间是否存在显著差异的假设检验方法。多重比较方法有很多种，常用的是最小显著性差异法。

最小显著性差异法（least significant difference，LSD）是指应用t统计量对因素各水平下的均值是否存在显著差异做逐一的两两假设检验的方法。其检验过程：

第一步：提出假设。

$H_0:\mu_i=\mu_j$；$H_1:\mu_i\neq\mu_j$

第二步：计算检验统计量。

$$t=\frac{\bar{x}_i-\bar{x}_j}{\sqrt{MSE\left(\frac{1}{n_i}+\frac{1}{n_j}\right)}}\sim t(n-k)$$

式中：n_i为第i个样本总体的样本量；n_j为第j个样本总体的样本量。

第三步：决策。

根据显著性水平α，查t分布表得临界值$t_{\alpha/2}$。如果$|t|\geqslant t_{\alpha/2}$，则拒绝$H_0$，认为第i个与第j个样本总体均值存在显著差异；如果$|t|<t_{\alpha/2}$，则不拒绝H_0。

【例7-3】根据表7-1的数据，采用最小显著性差异法，检验各组总体均值之间差异的显著性（α=5%）。

解：检验各组总体均值之间差异的显著性，意味着要对3家分店的总体均值进行两两比较。因此，假设存在以下情况：

①检验μ_1与μ_2之间是否存在显著差异。

计算样本均值：$\bar{x}_1=11.5$，$\bar{x}_2=8.625$

提出假设：

$H_0:\mu_1=\mu_2$；$H_1:\mu_1\neq\mu_2$

$$t=\frac{\bar{x}_1-\bar{x}_2}{\sqrt{MSE\left(\frac{1}{n_1}+\frac{1}{n_2}\right)}}=\frac{11.5-8.625}{\sqrt{4.6369\times\left(\frac{1}{8}+\frac{1}{8}\right)}}=2.6703$$

根据显著性水平α=5%，查t分布表得临界值$t_{\alpha/2}(n-k)=t_{0.05/2}(21)=2.086$。由于$t>t_{\alpha/2}$，拒绝原假设，说明第一家分店与第二家分店的日均营业额存在显著差异。

②检验μ_1与μ_3之间是否存在显著差异。

计算样本均值：$\bar{x}_3=15.75$

提出假设：

$H_0:\mu_1=\mu_3$；$H_1:\mu_1\neq\mu_3$

$$t=\frac{\bar{x}_1-\bar{x}_3}{\sqrt{MSE\left(\frac{1}{n_1}+\frac{1}{n_3}\right)}}=\frac{11.5-15.75}{\sqrt{4.6369\times\left(\frac{1}{8}+\frac{1}{8}\right)}}=-3.9473$$

由于$|t|>t_{\alpha/2}$，拒绝原假设，说明第一家分店与第三家分店的日均营业额存在显著

差异。

③检验μ_2与μ_3之间是否存在显著差异。

提出假设：

$H_0:\mu_2=\mu_3$；$H_1:\mu_2\neq\mu_3$

$$t=\frac{\bar{x}_2-\bar{x}_3}{\sqrt{MSE\left(\frac{1}{n_2}+\frac{1}{n_3}\right)}}=\frac{8.625-15.75}{\sqrt{4.6369\times\left(\frac{1}{8}+\frac{1}{8}\right)}}=-6.6176$$

由于$|t|>t_{\alpha/2}$，拒绝原假设，说明第二家分店与第三家分店的日均营业额存在显著差异。

7.3 双因素方差分析

双因素方差分析（two-way analysis of variance）是指涉及两个自变量影响的方差分析。根据两个因素之间是否独立，双因素方差分析分为无交互作用双因素方差分析和有交互作用双因素方差分析。

7.3.1 无交互作用双因素方差分析

无交互作用双因素方差分析也称无重复的双因素方差分析，它假定因素A和因素B的效应是相互独立的，不存在相互关系。所谓无交互是指因素A与因素B交互构成的任一组合，只做一次实验，仅包含一项观察值。这样由于没有重复实验，所以无法将随机因素的影响从交互作用的影响中分离出来，因此也就不能对因素A与因素B交互影响因子单独提取分析。

1）数据结构

在无交互作用双因素方差分析中，一般将两个因素A、B分别置于数据表的行和列。因素A的某行记为A_i（i=1，2，…，k），因素B的某列记为B_j（j=1，2，…，r），行与列每一个水平的组合A_iB_j只做一次实验，获得一个观察值，共得到kr个观察值，其数据结构见表7-5。

表7-5　**无交互作用双因素方差分析数据结构**

		列因素B				
		B_1	B_2	…	B_r	
行因素A	A_1	x_{11}	x_{12}	…	x_{1r}	$\bar{x}_{1.}$
	A_2	x_{21}	x_{22}	…	x_{2r}	$\bar{x}_{2.}$
	⋮	⋮	⋮		⋮	⋮
	A_k	x_{k1}	x_{k2}	…	x_{kr}	$\bar{x}_{k.}$
$\bar{x}_{.j}$		$\bar{x}_{.1}$	$\bar{x}_{.2}$	…	$\bar{x}_{.r}$	$\bar{x}$

在表7-5中，x_{ij}是在行因素水平A_i和列因素水平B_j上的观察值，各均值计算公式为：

$$\bar{x}_{i.}=\frac{\sum_{j=1}^{r}x_{ij}}{r}，\bar{x}_{.j}=\frac{\sum_{i=1}^{k}x_{ij}}{k}，\bar{x}=\frac{\sum_{i=1}^{k}\sum_{j=1}^{r}x_{ij}}{kr}$$

2）方差分析步骤

（1）提出假设

行因素假设：

$H_0:\mu_1=\mu_2=\cdots=\mu_k$,表示因素A对实验结果没有显著影响。

$H_1:\mu_1,\mu_2,\cdots,\mu_k$不全相等，表示因素A对实验结果有显著影响。

列因素假设：

$H_0:\mu_1=\mu_2=\cdots=\mu_r$,表示因素B对实验结果没有显著影响。

$H_1:\mu_1,\mu_2,\cdots,\mu_r$不全相等，表示因素B对实验结果有显著影响。

（2）计算离差平方和

①总离差平方和。

在双因素无交互作用的情况下，总的样本均值的离差平方和记为*SST*，它是全部样本观察值与总的样本均值的离差平方和。

$$SST=\sum_{i=1}^{k}\sum_{j=1}^{r}(x_{ij}-\bar{x})^2$$

$$=\sum_{i=1}^{k}\sum_{j=1}^{r}(\bar{x}_{i.}-\bar{x})^2+\sum_{i=1}^{k}\sum_{j=1}^{r}(\bar{x}_{.j}-\bar{x})^2+\sum_{i=1}^{k}\sum_{j=1}^{r}(x_{ij}-\bar{x}_{i.}-\bar{x}_{.j}+\bar{x})^2$$

②行因素的组间离差平方和。

$$SSA=\sum_{i=1}^{k}\sum_{j=1}^{r}(\bar{x}_{i.}-\bar{x})^2$$

③列因素的组间离差平方和。

$$SSB=\sum_{i=1}^{k}\sum_{j=1}^{r}(\bar{x}_{.j}-\bar{x})^2$$

④随机误差平方和。

由于除行因素与列因素之外的剩余因素的影响产生的离差平方和，称为随机误差平方和，记为SSE，即：

$$SSE=\sum_{i=1}^{k}\sum_{j=1}^{r}(x_{ij}-\bar{x}_{i.}-\bar{x}_{.j}+\bar{x})^2$$

（3）计算均方差

将各离差平方和除以它们相应的自由度的比值，称为均方差。SST的自由度为$kr-1$，SSA的自由度为$k-1$，SSB的自由度为$r-1$，SSE的自由度为$(k-1)(r-1)$。则：

$$MSA=\frac{SSA}{k-1}$$

$$MSB=\frac{SSB}{r-1}$$

$$MSE=\frac{SSE}{(k-1)(r-1)}$$

（4）构造检验统计量

检验行因素是否具有显著影响的统计量为：

$$F_A=\frac{MSA}{MSE}\sim F[k-1,(k-1)(r-1)]$$

检验列因素是否具有显著影响的统计量为：

$F_B=\frac{MSB}{MSE}\sim F[r-1,(k-1)(r-1)]$

同样，将无交互作用双因素方差分析计算的结果反映在一张表上，见表7-6。

表7-6 无交互作用双因素方差分析表

误差来源	SS	df	MS	F值	P值	F临界值
行因素	SSA	k-1	MSA	F_A		F_α [k-1,(k-1)(r-1)]
列因素	SSB	r-1	MSB	F_B		F_α [r-1,(k-1)(r-1)]
剩余因素	SSE	(k-1)(r-1)	MSE			
总计	SST	kr-1				

（5）决策

根据给定的显著性水平α，查F分布表得到相应的临界值F_α，将F与F_α比较后做出决策。

如果$F_A\geqslant F_\alpha[k-1,(k-1)(r-1)]$，则拒绝行因素的原假设，接受备择假设，即认定因素A对实验结果产生显著影响。

如果$F_B\geqslant F_\alpha[r-1,(k-1)(r-1)]$，则拒绝列因素的原假设，接受备择假设，即认定因素B对实验结果产生显著影响。

【例7-4】某公司在5个地区建立了自己的产品销售点，为研究产品的销售地区和销售时间对产品销售量的影响，在5个不同的时间对5个地区分别进行观察，得到表7-7所示的资料。

表7-7 某公司产品销售量数据 单位：件

		销售时间B				
		B_1	B_2	B_3	B_4	B_5
销售地区A	A_1	8	3	5	3	9
	A_2	16	9	12	10	14
	A_3	15	11	9	10	8
	A_4	4	3	3	4	4
	A_5	8	6	6	6	7

试在α=5%的显著性水平下，检验销售地区和销售时间对销售量的影响。

解：这是一个无交互作用的双因素方差分析问题。

第一步：提出假设。

行因素（销售地区）假设：

$H_0:\mu_{A1}=\mu_{A2}=\mu_{A3}=\mu_{A4}=\mu_{A5}$，表示销售地区对销售结果没有显著影响。

$H_1:\mu_{A1},\mu_{A2},\mu_{A3},\mu_{A4},\mu_{A5}$不全相等，表示销售地区对销售结果有显著影响。

列因素（销售时间）假设：

$H_0:\mu_{B1}=\mu_{B2}=\mu_{B3}=\mu_{B4}=\mu_{B5}$，表示销售时间对销售结果没有显著影响。

$H_1:\mu_{B1},\mu_{B2},\mu_{B3},\mu_{B4},\mu_{B5}$不全相等，表示销售时间对销售结果有显著影响。

第二步：构造检验统计量。

①计算各离差平方和。

$$SST=\sum_{i=1}^{k}\sum_{j=1}^{r}(x_{ij}-\bar{x})^2$$

$$=\sum_{i=1}^{k}\sum_{j=1}^{r}x_{ij}^2-\frac{1}{kr}\left(\sum_{i=1}^{k}\sum_{j=1}^{r}x_{ij}\right)^2$$

$$=1\,843-\frac{1}{25}\times 37\,249=353.04$$

$$SSA=\sum_{i=1}^{k}\sum_{j=1}^{r}(\bar{x}_{i.}-\bar{x})^2=r\sum_{i=1}^{k}(\bar{x}_{i.}-\bar{x})^2$$

$$=\frac{1}{r}\sum_{i=1}^{k}\left(\sum_{j=1}^{r}x_{ij}\right)^2-\frac{1}{kr}\left(\sum_{i=1}^{k}\sum_{j=1}^{r}x_{ij}\right)^2$$

$$=\frac{1}{5}\times 8\,727-\frac{1}{25}\times 37\,249=255.44$$

$$SSB=\sum_{i=1}^{k}\sum_{j=1}^{r}(\bar{x}_{.j}-\bar{x})^2=k\sum_{j=1}^{r}(\bar{x}_{.j}-\bar{x})^2$$

$$=\frac{1}{k}\sum_{j=1}^{r}\left(\sum_{i=1}^{k}x_{ij}\right)^2-\frac{1}{kr}\left(\sum_{i=1}^{k}\sum_{j=1}^{r}x_{ij}\right)^2$$

$$=\frac{1}{5}\times 7\,703-\frac{1}{25}\times 37\,249=50.64$$

$$SSE=SST-SSA-SSB=353.04-255.44-50.64=46.96$$

②计算均方差。

$$MSA=\frac{SSA}{k-1}=\frac{255.44}{5-1}=63.86$$

$$MSB=\frac{SSB}{r-1}=\frac{50.64}{5-1}=12.66$$

$$MSE=\frac{SSE}{(k-1)(r-1)}=\frac{46.96}{4\times 4}=2.935$$

③计算检验统计量。

$$F_A=\frac{MSA}{MSE}=\frac{63.86}{2.935}=21.76$$

$$F_B=\frac{MSB}{MSE}=\frac{12.66}{2.935}=4.313$$

第三步：决策。

在$\alpha=5\%$的显著性水平下，查F分布表得临界值为：

$$F_\alpha[k-1,(k-1)(r-1)]=F_{0.05}(4,16)=3.007$$

$$F_\alpha[r-1,(k-1)(r-1)]=F_{0.05}(4,16)=3.007$$

由于$F_A>F_\alpha$，所以拒绝原假设H_0，表明销售地区对产品的销售量产生显著影响。

由于$F_B>F_\alpha$，所以拒绝原假设H_0，表明销售时间对产品的销售量产生显著影响。

为简化计算，可以使用Excel中的“方差分析：无重复双因素分析”功能。具体方法是：

第一步：选择“数据→数据分析”。

第二步：在“数据分析”对话框中，选择“方差分析：无重复双因素分析”。

第三步：当出现对话框时，进行如图7-2所示的操作。

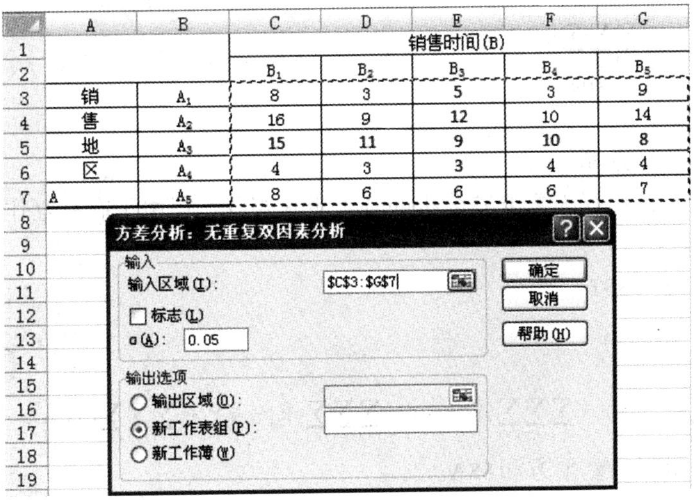

图7-2　Excel无交互作用双因素方差分析

第四步：单击“确定”，得到分析结果。

7.3.2　有交互作用双因素方差分析

有交互作用双因素方差分析也称有重复的双因素方差分析，这里探讨重复次数相同的情况。有交互作用是指因素A与因素B交互构成的任一组合，都做相同次数的重复实验，包含相同数量的一系列观察值。由于有重复实验，所以可以将随机因素的影响从交互作用的影响中分离出来，因此可以对因素A与因素B交互影响因子单独提取分析。

1）数据结构

在有交互作用双因素方差分析中，一般将两个因素A、B分别置于数据表的行和列。因素A的某行记为A_i（i=1，2，…，k），因素B的某列记为B_j（j=1，2，…，r），行与列每一个水平的组合A_iB_j做m次实验，获得m个观察值，共抽取krm个数据，其数据结构见表7-8。

表7-8　　有交互作用双因素方差分析数据结构

		列因素B			
		B_1	B_2	…	B_r
行因素A	A_1	$x_{111}, x_{112}, \cdots, x_{11m}$	$x_{121}, x_{122}, \cdots, x_{12m}$	…	$x_{1r1}, x_{1r2}, \cdots, x_{1rm}$
	A_2	$x_{211}, x_{212}, \cdots, x_{21m}$	$x_{221}, x_{222}, \cdots, x_{22m}$	…	$x_{2r1}, x_{2r2}, \cdots, x_{2rm}$
	⋮	⋮	⋮		⋮
	A_k	$x_{k11}, x_{k12}, \cdots, x_{k1m}$	$x_{k21}, x_{k22}, \cdots, x_{k2m}$	…	$x_{kr1}, x_{kr2}, \cdots, x_{krm}$

表中行列均值水平的计算公式为：

$$\bar{x}_{i.} = \frac{\sum_{j=1}^{r}\sum_{l=1}^{m} x_{ijl}}{rm},\quad \bar{x}_{.j} = \frac{\sum_{i=1}^{k}\sum_{l=1}^{m} x_{ijl}}{km}$$

$$\bar{x}_{ij} = \frac{\sum_{l=1}^{m} x_{ijl}}{m} \qquad \bar{x} = \frac{\sum_{i=1}^{k}\sum_{j=1}^{r}\sum_{l=1}^{m} x_{ijl}}{krm}$$

2）方差分解

（1）计算离差平方和

与前面无交互作用双因素方差分析的基本步骤相同，但由于有交互作用，所以其方差分解有所不同。

①总离差平方和SST。

$$SST = \sum_{i=1}^{k}\sum_{j=1}^{r}\sum_{l=1}^{m}(x_{ijl} - \bar{x})^2$$

$$= \sum_{i=1}^{k}\sum_{j=1}^{r}\sum_{l=1}^{m}(\bar{x}_{i.} - \bar{x})^2 + \sum_{i=1}^{k}\sum_{j=1}^{r}\sum_{l=1}^{m}(\bar{x}_{.j} - \bar{x})^2 + \sum_{i=1}^{k}\sum_{j=1}^{r}\sum_{l=1}^{m}(x_{ijl} - \bar{x}_{ij})^2 + \sum_{i=1}^{k}\sum_{j=1}^{r}\sum_{l=1}^{m}(\bar{x}_{ij} - \bar{x}_{i.} - \bar{x}_{.j} + \bar{x})^2$$

②行因素的组间离差平方和SSA。

$$SSA = \sum_{i=1}^{k}\sum_{j=1}^{r}\sum_{l=1}^{m}(\bar{x}_{i.} - \bar{x})^2$$

③列因素的组间离差平方和SSB。

$$SSB = \sum_{i=1}^{k}\sum_{j=1}^{r}\sum_{l=1}^{m}(\bar{x}_{.j} - \bar{x})^2$$

④随机误差平方和。

$$SSE = \sum_{i=1}^{k}\sum_{j=1}^{r}\sum_{l=1}^{m}(x_{ijl} - \bar{x}_{ij})^2$$

⑤交互作用离差平方和。

$$SSAB = \sum_{i=1}^{k}\sum_{j=1}^{r}\sum_{l=1}^{m}(\bar{x}_{ij} - \bar{x}_{i.} - \bar{x}_{.j} + \bar{x})^2$$

（2）计算均方差

各因素的均方误差：

$$MSA = \frac{SSA}{k-1}$$

$$MSB = \frac{SSB}{r-1}$$

$$MSE = \frac{SSE}{kr(m-1)}$$

$$MSAB = \frac{SSAB}{(k-1)(r-1)}$$

（3）计算各因素检验统计量

行因素是否具有显著影响的检验统计量：

$$F_A = \frac{MSA}{MSE} \sim F[k-1, kr(m-1)]$$

列因素是否具有显著影响的检验统计量：

$$F_B = \frac{MSB}{MSE} \sim F[r-1, kr(m-1)]$$

因素交互作用是否具有显著影响的检验统计量：

$$F_{AB}=\frac{MSAB}{MSE}\sim F[(k-1)(r-1),kr(m-1)]$$

同样，将有交互作用双因素方差分析计算的结果反映在一张表上，见表7-9。

表7-9 **有交互作用双因素方差分析表**

误差来源	SS	df	MS	F值	P值	F临界值
行因素	SSA	k-1	MSA	F_A		$F_\alpha[k-1,kr(m-1)]$
列因素	SSB	r-1	MSB	F_B		$F_\alpha[r-1,kr(m-1)]$
交互作用	SSAB	(k-1)（r-1)	MSAB	F_{AB}		$F_\alpha[(k-1)(r-1),kr(m-1)]$
剩余因素	SSE	kr（m-1)	MSE			
总计	SST	krm-1				

（4）决策

与无交互作用双因素方差分析实验一样，在给定显著性水平α后，查F分布表确定临界值F_α，根据F统计量与临界值的比较结果做出统计决策。

【例7-5】某企业为了提高产品质量，增加收率，决定对其生产工艺进行改进，在现有配方中加入A与B两种新料，若每种新料都设定高、中、低3个水平，对其水平的每一种搭配进行3次测试，测试结果见表7-10。

表7-10 **A、B两种新料及对应收率数据**

		原料B		
		高	中	低
原料A	高	48.2	46.2	55.3
		42.6	31.2	50.8
		54.4	39.2	53.4
	中	30.1	41.1	44.1
		32.8	40.5	38.4
		31.5	40.8	43.1
	低	50.1	60.9	29.2
		48.3	63.2	30.7
		39.6	61.8	29.6

试在α=5%的显著性水平下判断原料A、B及A与B的交互作用对该产品的收率是否有显著影响。

解：这是一个有交互作用的双因素方差分析问题。

第一步：提出原假设。

$H_0:\mu_{11}=\mu_{12}=\cdots=\mu_{kr}$，表示原料A、B及A与B的交互作用对该产品的收率均没有显著影响。

$H_1:\mu_{11},\mu_{12},\cdots,\mu_{kr}$，不全相等，表示原料A对该产品的收率有显著影响或原料B有显著影响或原料A、B的交互作用有显著影响。

第二步：构造检验统计量。

（1）计算离差平方和：

①计算总离差平方和。

$$SST=\sum_{i=1}^{k}\sum_{j=1}^{r}\sum_{l=1}^{m}(x_{ijl}-\bar{x})^2$$
$$=\sum_{i=1}^{k}\sum_{j=1}^{r}\sum_{l=1}^{m}x_{ijl}^2-\frac{1}{krm}(\sum_{i=1}^{k}\sum_{j=1}^{r}\sum_{l=1}^{m}x_{ijl})^2$$
$$=54\,081.99-\frac{1}{27}\times 138\,5564.41=2\,764.79$$

②计算行因素的组间离差平方和。

$$SSA=\sum_{i=1}^{k}\sum_{j=1}^{r}\sum_{l=1}^{m}(\bar{x}_{i.}-\bar{x})^2=\frac{1}{rm}\sum_{i=1}^{k}(\sum_{j=1}^{r}\sum_{l=1}^{m}x_{ijl})^2-\frac{1}{krm}(\sum_{i=1}^{k}\sum_{j=1}^{r}\sum_{l=1}^{m}x_{ijl})^2$$
$$=\frac{1}{9}\times 46\,5631-\frac{1}{27}\times 1\,385\,564.41=419.58$$

③计算列因素的组间离差平方和。

$$SSB=\sum_{i=1}^{k}\sum_{j=1}^{r}\sum_{l=1}^{m}(\bar{x}_{.j}-\bar{x})^2=\frac{1}{km}\sum_{j=1}^{r}(\sum_{i=1}^{k}\sum_{l=1}^{m}x_{ijl})^2-\frac{1}{krm}(\sum_{i=1}^{k}\sum_{j=1}^{r}\sum_{l=1}^{m}x_{ijl})^2$$
$$=\frac{1}{9}\times 463\,446.9-\frac{1}{27}\times 1\,385\,564.41=176.90$$

④计算随机因素影响产生的误差平方和。

$$SSE=\sum_{i=1}^{k}\sum_{j=1}^{r}\sum_{l=1}^{m}(x_{ijl}-\bar{x}_{ij})^2=\sum_{i=1}^{k}\sum_{j=1}^{r}\sum_{l=1}^{m}x_{ijl}^2-\frac{1}{m}\sum_{i=1}^{k}\sum_{j=1}^{r}(\sum_{l=1}^{m}x_{ijl})^2$$
$$=54\,081.99-\frac{1}{3}\times 161\,400.39=281.86$$

⑤计算行与列交叉影响产生的离差平方和。

$$SSAB=SST-SSA-SSB-SSE=1\,886.45$$

（2）计算均方差：

$$MSA=\frac{SSA}{k-1}=\frac{419.58}{3-1}=209.79$$

$$MSB=\frac{SSB}{r-1}=\frac{176.903}{3-1}=88.45$$

$$MSE=\frac{SSE}{kr(m-1)}=\frac{281.86}{18}=15.66$$

$$MSAB=\frac{SSAB}{(k-1)(r-1)}=\frac{1\,886.45}{4}=471.61$$

（3）计算3个检验统计量：

$$F_A=\frac{MSA}{MSE}=\frac{209.79}{15.66}=13.40$$

$$F_B=\frac{MSB}{MSE}=\frac{88.45}{15.66}=5.65$$

$$F_{AB}=\frac{MSAB}{MSE}=\frac{471.62}{15.66}=30.12$$

第三步：决策。

在5%的显著性水平下，查F分布表得临界值为：

行因素：$F_\alpha[k-1,kr(m-1)]=F_{0.05}(2,18)=3.555$

列因素：$F_\alpha[r-1,kr(m-1)]=F_{0.05}(2,18)=3.555$

交互影响：$F_\alpha[(k-1)(r-1),kr(m-1)]=F_{0.05}(4,18)=2.928$

由于 $F_A>F_\alpha, F_B>F_\alpha, F_{AB}>F_\alpha$，表明因素A和因素B以及二者的交互作用对产品的收率均存在显著影响。

用Excel进行有交互作用双因素方差分析的操作步骤为：

第一步：选择“数据→数据分析”。

第二步：在“数据分析”对话框中，选择“方差分析：可重复双因素分析”。

第三步：当出现对话框时，进行如图7-3所示的操作。

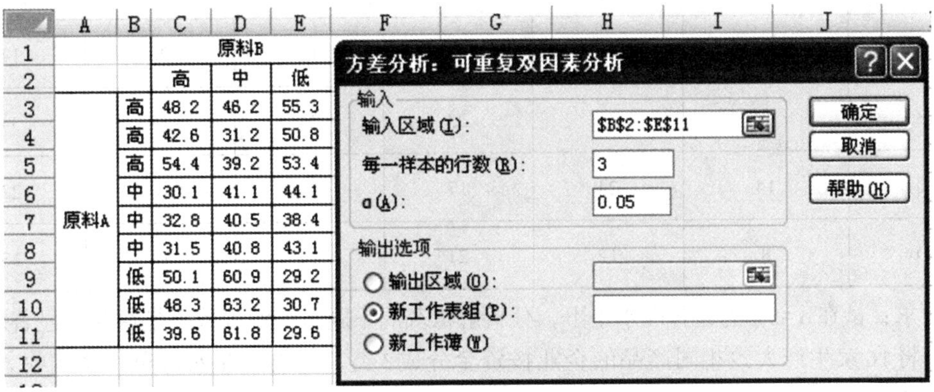

图7-3　Excel有交互作用双因素方差分析

第四步：单击“确定”，得到分析结果。

本章小结

方差分析是检验3个及3个以上总体均值是否相等的一种统计分析方法。根据所涉及分类自变量的多少分单因素方差分析和双因素方差分析及多因素方差分析，本章只阐述前两种。

本章从方差分析的基本问题入手，分析了方差分析的应用场合以及主要解决的问题，提出了方差分析的基本概念和基本思想，并指出了方差分析的3个基本假定。

在单因素方差分析中介绍了方差分析的基本过程，重点阐述了方差的分解及统计量的计算和最后的分析判断，并对方差分析有关主要因素的各个水平之间差异进行了多重比较分析，同时提出了运用Excel辅助计算的基本操作步骤和输出结果。双因素方差分析介绍了有交互作用和无交互作用两种情况，对方差分解和统计量的判断进行了重点阐述。

章末习题

一、思考题

1.什么是方差分析？它主要研究什么问题？

2.如何区分有交互作用和无交互作用的双因素方差分析?

3.如何理解方差分析中的自由度?

4.简述单因素方差分析中SST、SSA、SSE所代表的实际意义,以及三者之间的关系。

5.如何理解方差分析中必须遵循的3个基本假定?

二、练习题

1.以大白鼠为对象测试一种解毒药物的效果,现将测试对象随机配置分为4个组,每组安排6只白鼠,分别在A、B、C、D4种水平下进行血中胆硷脂酶含量(μ/ml)测试,结果见表7-11。

表7-11　**大白鼠血中胆硷脂酶含量数据**　单位:μ/ml

组别	胆硷脂酶含量(Y_{ij})					
A	23	12	18	16	28	14
B	28	31	23	24	28	34
C	14	24	17	19	16	22
D	8	12	21	19	14	15

要求:试在α=5%的显著性水平下,分析解毒药的不同水平解毒效果是否存在显著差异。

2.将16家生产大致相同产品的企业按资金分成3类,每类企业的每百元销售收入的生产成本见表7-12。

表7-12　**3类不同企业的市场生产成本**　单位:元

第一类	第二类	第三类
67	73	75
72	74	78
68	70	73
74	68	84
70	78	72
71	66	84
64	78	78
74	72	82

要求:试在α=5%的显著性水平下,检验3类企业生产成本有无显著差异。

3.在一次职工收入水平的调查中,采集了甲、乙、丙、丁4个城市的A、B、C、D、E5类职业月收入数据,见表7-13。

表7-13 **4个城市的5类职业月收入数据** 单位：元

		城市			
		甲	乙	丙	丁
职业	A	2 640	2 690	2 420	2 760
	B	3 020	2 990	2 920	3 120
	C	2 560	2 520	2 320	2 630
	D	2 510	2 530	2 340	2 410
	E	2 360	2 240	2 420	2 120

要求：试在α=5%的显著性水平下，判断城市及职业类型对职工收入是否有显著影响。

4.一家超市连锁店进行一项研究，确定超市所在的位置和竞争者的数量对销售额是否有显著影响，通过调查取得的销售额资料见表7-14。

表7-14 **处于不同位置和竞争者数量的超市销售额** 单位：万元

超市位置	竞争者数量			
	0	1	2	≥3
位于市内居民小区	40	38	59	47
	29	31	48	40
	44	39	51	39
位于写字楼	24	29	44	43
	29	35	48	42
	21	30	50	53
位于郊区	17	21	29	24
	28	16	28	27
	32	24	26	32

要求：试在α=5%的显著性水平下，判断超市的位置、竞争者的数量以及二者的交互作用对销售额的影响是否显著。

第8章/
时间数列分析

【学习目标】通过本章的学习应掌握以时间数列为基础分析社会经济现象发展变化的特点及其规律性的方法，了解时间数列的概念、种类和编制原则；掌握时间数列的水平指标、速度指标及其使用条件和计算方法；掌握时间数列长期趋势测定的方法，特别是最小平方法的应用，并能够进行趋势预测；了解季节变动和循环变动分析的原理和方法。

社会经济现象的变动，可以表现为同一时间内不同空间上的差异，这种差异属于静态的变动差异；也可以表现为某一个或某些统计指标在某一空间条件下不同时间上的差异，这种差异属于动态的变动差异。相应地，统计分析不仅要对社会经济现象的静态变动差异进行分析，如总量分析（总量指标）、相对关系分析（相对指标）、集中趋势分析（平均指标）、离散趋势分析（标志变异指标），还要对社会经济现象的动态变动差异进行分析。时间数列分析，就是对社会经济现象的动态变动差异进行分析。

8.1 时间数列的意义和种类

8.1.1 时间数列的意义

随着时间的推移，任何社会经济现象都会呈现出数量上的增减变动，表明其在时间上的发展变化和运动的过程。因此，统计需要从动态上分析，研究社会经济现象变动的数量，以把握其发展变化的规律性并预见其未来变化的趋势。

时间数列又称动态数列、时间序列，它是将某种社会经济现象的某个统计指标在不同时间上的各个数值，按时间先后顺序排列而形成的数列。表8-1是我国2010—2015年国民经济和社会发展部分统计指标的时间数列。

表8-1　　**2010—2015年国民经济和社会发展部分统计资料**

指标	2010年	2011年	2012年	2013年	2014年	2015年
国内生产总值（亿元）	413 030	489 301	540 367	595 244	643 974	689 052
年末总人口（万人）	134 091	134 735	135 404	136 072	136 782	137 462
外汇储备（亿美元）	28 473	31 811	33 116	38 213	38 430	33 304
第三产业增加值占GDP比重（%）	44.1	44.2	45.3	46.7	47.8	50.2
居民消费价格指数（上年=100）（%）	103.3	105.4	102.6	102.6	102.0	101.4
城镇单位就业人员平均工资（元）	36 539	41 799	46 769	51 483	56 360	62 029

由表8-1可以看出，时间数列由两个基本要素构成：一个是被研究社会经济现象所属的时间，可以是年份、季度、月份或其他时间形式；另一个是反映社会经济现象的某一个指标在不同时间上的指标数值。构成时间数列的统计指标数值可以是通过全面调查所取得的观察值，也可以是通过非全面调查所取得的观察值。

研究时间数列的主要目的是对时间数列进行分析，掌握社会经济现象过去发展变化的过程和结果，评价当前的状况并对未来进行预测和决策。因此，研究时间数列的主要作用有：

①反映社会经济现象的发展变化过程，描述社会经济现象的发展状态和结果；

②研究社会经济现象的发展趋势和发展速度；

③探索社会经济现象发展变化的规律，对社会经济现象未来的变化趋势进行预测；

④利用不同的时间数列进行对比分析，是对社会经济现象进行统计分析的重要方法之一。

8.1.2　时间数列的种类

时间数列按照统计指标的表现形式不同，可分为绝对数时间数列、相对数时间数列和平均数时间数列。其中，绝对数时间数列是基本数列，其余两种是绝对数时间数列的派生数列。

1）绝对数时间数列

绝对数时间数列又称总量指标时间数列，它是将某一总量指标在不同时间上的数值按时间先后顺序排列而形成的时间数列，反映某一社会经济现象在不同时间上的总规模、总水平及其发展变化过程，如国内生产总值、年末总人口、外汇储备等。绝对数时间数列按其所反映的时间状态不同，分为时期数列和时点数列。

（1）时期数列

时期数列是指数列中的每一个指标值都反映社会经济现象在一定时期内发展过程的总量，或将时期指标在不同时间上的各个指标值按时间先后顺序排列而形成的数列。例如，表8-1中的国内生产总值数列就是时期数列。在时期数列中，每个指标数值所包括的时间长度叫做“时期”，时期数列具有以下特点：

①数列中各个时期的指标数值是可以相加的，相加以后的数值表明社会经济现象在更长一个时期内的总量。

②数列中每一个指标数值的大小与其所属的时期长短有直接联系。一般情况下，所属的时期越长，指标数值越大；所属的时期越短，指标数值越小。如一年的地区生产总值必然大于该年内一个月或一个季度的地区生产总值。

③数列中每个指标的数值通常是通过连续不断的登记而取得的。

（2）时点数列

时点数列是指数列中的每一个指标值都反映社会经济现象在某一时刻（瞬间）所达到的水平，或将时点指标在不同时点上的各个指标值按时间先后顺序排列而构成的数列。例如，表8-1中的年末总人口、外汇储备数列均是时点数列。在时点数列中，相邻两个指标数值在时点上的距离叫做“间隔”。时点数列的主要特点有：

①数列中的指标数值相加没有实际意义。因为时点数列中每个指标数值都是社会经济

现象在某一时点上发展状态的总量，相加以后无法说明是属于哪一时点上的数量，相加后没有实际经济意义。

②数列中每个指标数值的大小与其时点间隔的长短没有直接联系。如年末职工人数不一定比年内某个月末的职工人数多。

③数列中每个指标数值通常是通过间断登记的方法取得的。

2）相对数时间数列

相对数时间数列是指把同一相对指标在不同时间上的数值按时间先后顺序排列而形成的数列，反映社会经济现象之间数量对比关系的发展变化过程及其规律性。例如，表8-1中的第三产业增加值占GDP比重、居民消费价格指数数列，就是相对数时间数列。相对数时间数列是由总量指标派生的指标所构成的时间数列，因而它的各个指标数值也不能相加，相加后没有实际经济意义。

3）平均数时间数列

平均数时间数列是指把同一平均指标在不同时间上的数值按时间先后顺序排列而形成的数列，用来描述社会经济现象的一般水平在一段时间内的变化过程或发展趋势。例如，表8-1中的城镇单位就业人员平均工资数列就是平均数时间数列。平均数时间数列也是由总量指标派生的指标所构成的时间数列，因而它的各个指标值也不能相加，相加后没有实际经济意义。

8.1.3 编制时间数列的原则

编制时间数列的目的是要通过对数列中各个指标数值进行动态分析，研究社会经济现象的发展变化过程及其规律性。因此，保证时间数列各个指标数值的可比性，是编制时间数列应遵循的基本原则。具体包括以下几个方面：

1）指标数值所属的时间长短要一致

在时期数列中，由于指标的各期数值大小与时期长短直接相关，在同一个时期数列中各个指标所属时期长短应该相等，否则很难从时间数列指标数值的变化上直接做出判断和比较。但这个原则也不能绝对化，有时为了特殊的研究目的，也可以编制时期长短不等的时间数列。

在时点数列中，虽然各个指标数值大小与时点间隔长短没有直接联系，但为便于对社会经济现象变化的趋势进行分析和比较，两个时点间的间隔也最好一致，尽量编制时间间隔相等的时点数列。

2）指标数值所属的总体范围要一致

时间数列中各指标数值的总体范围包括地区范围、隶属关系范围、分组范围等，它们应保持前后一致。如果总体范围发生了变动，必须对数列中的指标数值进行相应地调整，然后进行动态分析，才能正确说明所研究社会经济现象的特征和规律。

3）指标的经济内容要一致

时间数列中指标的经济性质与经济内容应该相同，有时即使时间数列的指标名称相同，但前后不同时期指标的经济内容不尽相同也是不可比的，否则就会得出错误结论。

4）指标的计算口径要一致

在指标名称及其经济内容一致的前提下，数列中各个指标数值的计算方法、计量单位、计算价格要保持前后一致。例如，国内生产总值的计算方法有生产法、支出法和收入法，在理论上3种方法的计算结果应该相同，但由于资料获取的渠道不同，3种方法计算的结果往往存在差异。如果各个指标的计量单位不一致，有的用实物单位，有的用价值单位，计算价格有的用现行价格，有的用不变价格计算，则各个指标的数值就不具有可比性，这样放在一起编制的时间数列就不能正确反映社会经济现象的客观实际。

8.2　时间数列的水平指标

为了进一步研究社会经济现象的动态及其发展规律，需要计算一系列分析指标对时间数列进行动态分析。本节所讲的水平指标，是时间数列分析最基本的指标，主要有发展水平、平均发展水平、增长量、年距增长量、平均增长量。

8.2.1　发展水平

发展水平是指时间数列中的各个指标数值，反映社会经济现象在一定时期或时点上达到的规模或水平，是计算其他动态分析指标的基础。发展水平可以是总量指标，也可以是相对指标或平均指标，总量指标发展水平是计算其他各种动态分析指标的基础。

按照发展水平在时间数列中所处的位置不同，可以对时间数列进行区分，时间数列中的第一个指标数值称为期初发展水平，如表8-1中2010年的指标数值为期初发展水平；最后一个指标数值称为期末发展水平，如表8-1中2015年的指标数值为期末发展水平；其余的指标数值称为中间发展水平。按照对时间数列进行动态对比分析的要求区分，作为对比基础时期的发展水平称为基期发展水平，作为研究时期的发展水平称为报告期发展水平。如果用2012年的国内生产总值与2010年的进行对比，则2010年的指标数值为基期发展水平，2012年的指标数值为报告期发展水平；如果用2013年的国内生产总值与2012年的进行对比，则2012年的指标数值为基期发展水平，2013年的指标数值为报告期发展水平。

时间数列中各期发展水平用符号表示为$y_0, y_1, y_2, \cdots, y_{n-1}, y_n$。其中，$y_0$为时间数列的期初发展水平，$y_n$为时间数列的期末发展水平，$y_1, y_2, \cdots, y_{n-1}$为时间数列的中间发展水平。

8.2.2　平均发展水平

平均发展水平是根据时间数列中各个指标数值求得的平均数，也称序时平均数或动态平均数，它从动态上说明社会经济现象在某一段时间内发展过程所达到的一般水平。

序时平均数与一般的静态平均数虽然都是将社会经济现象的各个数值之间的差异抽象化，概括地反映社会经济现象的一般水平，但两者也有明显的区别。两者的不同之处在于：①序时平均数所平均的是社会经济现象在不同时间上的数量差异，而静态平均数平均的是同一时间内总体各单位某一数量标志值的差异；②序时平均数是从动态上说明社会经济现象在某一段时间内发展的一般水平，而静态平均数是从静态上说明总体各单位在同一时间上的一般水平；③序时平均数是根据时间数列计算的，而静态平均数是根据变量数列计算的。

在动态分析中，利用序时平均数可以把时间长短不等的总量指标由不可比变为可比，还可以通过计算序时平均数消除社会经济现象在短时间内波动的影响，便于在各时间段进行比较，观察社会经济现象的发展趋势。

序时平均数可根据绝对数时间数列计算，也可以根据相对数时间数列或平均数时间数列来计算。其中，根据绝对数时间数列计算序时平均数是最基本的。

1）根据绝对数时间数列计算序时平均数

（1）根据时期数列计算序时平均数

由于时期数列中各个指标数值具有可相加性的特点，因而只需采用简单算术平均法，以时期数列中各个指标数值之和除以时期项数求得。其计算公式为：

$$\bar{y}=\frac{y_1+y_2+\cdots+y_n}{n}=\frac{\sum y}{n}$$

式中：$\bar{y}$为序时平均数；$y_1, y_2, \cdots, y_n$为各期发展水平；n为时期项数。

【例8-1】根据表8-1中的数据计算我国2011—2015年的年均国内生产总值。

解：将表8-1中我国2011—2015年国内生产总值的数据代入上述公式得年均国内生产总值为：

$$\bar{y}=\frac{\sum y}{n}=\frac{489\,301+540\,367+595\,244+643\,974+689\,052}{5}=591\,587.6\text{（亿元）}$$

（2）根据时点数列计算序时平均数

时点数列都是瞬间资料，数列中两个相邻时点间始终都有间隔，因此，时点数列一般都是不连续数列。如果时点数列的资料是逐日记录且又是逐日排列的，则该时点数列可视为连续的时点数列。

①根据连续时点数列计算序时平均数。

A.间隔相等的连续时点数列。

如果时点数列是以日为间隔编制的，则该数列为间隔相等的连续时点数列。其序时平均数的计算是将每日的指标数值相加求和除以日历日数，即采用简单算术平均法。其计算公式为：

$$\bar{y}=\frac{y_1+y_2+\cdots+y_n}{n}=\frac{\sum y}{n}$$

【例8-2】某企业某月上旬实有职工人数资料见表8-2，试计算该企业该月上旬平均职工人数。

表8-2　**某企业某月上旬实有职工人数**　单位：人

日期	1	2	3	4	5	6	7	8	9	10
职工人数	300	303	305	305	307	305	305	310	310	310

解：该企业某月上旬平均职工人数：

$$\bar{y}=\frac{\sum y}{n}=\frac{300+303+305+305+307+305+305+310+310+310}{10}=306\text{（人）}$$

B.间隔不等的连续时点数列。

如果掌握的不是被研究社会经济现象逐日变动的资料，则可以依据每次变动的资料，用每次变动持续的间隔长度为权数对各时点水平进行加权，应用加权算术平均法计算序时平均数。其计算公式为：

$$\bar{y}=\frac{y_1f_1+y_2f_2+\cdots+y_nf_n}{f_1+f_2+\cdots+f_n}=\frac{\sum yf}{\sum f}$$

式中：f_i为各指标数值之间的时间间隔长度。

【例8-3】某企业10月份职工人数资料见表8-3，试计算该企业10月份平均职工人数。

表8-3　**某企业10月份职工人数**　单位：人

日期	10月1日	10月6日	10月17日	10月25日
职工人数	405	408	416	410

解：该企业10月份平均职工人数：

$$\bar{y}=\frac{\sum yf}{\sum f}=\frac{405\times5+408\times11+416\times8+410\times7}{5+11+8+7}=410\text{（人）}$$

②根据间断时点数列计算序时平均数。

A.间隔相等的间断时点数列。

间隔相等的间断时点数列是指掌握的资料是间隔相等的各期期末或期初时点数。在实际工作中，对于时点性质的资料，为了简化登记手续，一般每隔一段时间登记一次，如职工人数和商品库存额等只统计月末数字。此时，为了计算序时平均数，需要假定所研究的社会经济现象在两个相邻时点之间的变动是均匀的，因而可以将相邻两个时点指标数值相加后除以2，求得两个时点之间的序时平均数，然后把这些序时平均数相加除以序时平均数个数，求得整个时间内的序时平均数。这种计算序时平均数的方法称为“首末折半法”，其计算公式为：

$$\bar{y}=\frac{\frac{y_1+y_2}{2}+\frac{y_2+y_3}{2}+\cdots+\frac{y_{n-1}+y_n}{2}}{n-1}$$

$$=\frac{\frac{y_1}{2}+y_2+\cdots+y_{n-1}+\frac{y_n}{2}}{n-1}$$

由此可见，根据间隔相等的间断时点数列计算序时平均数可将首项数值的一半加上中间各项数值，再加上末项数值的一半，然后除以时点项数减1，此法也称为简单序时平均法。由于此公式是建立在相邻两个间断时点间的变动是均匀的这一基础之上的，因而其结果是一个近似值。

【例8-4】某商业企业某年9—12月各月末商品库存额见表8-4，试计算该商业企业第四季度月平均商品库存额。

表8-4　**某商业企业某年9—12月各月末商品库存额**　单位：万元

日期	9月30日	10月31日	11月30日	12月31日
商品库存额	150	160	180	175

解：根据上表资料，计算各月和第四季度的平均商品库存额如下：

$$10\text{月份平均库存额}=\frac{150+160}{2}=155\text{（万元）}$$

$$11\text{月份平均库存额}=\frac{160+180}{2}=170\text{（万元）}$$

12月份平均库存额$=\frac{180+175}{2}=177.5$（万元）

第四季度平均库存额$=\frac{155+170+177.5}{3}=167.5$（万元）

将上述计算过程进行合并，直接采用公式计算得：

$$\bar{y}=\frac{\frac{150+160}{2}+\frac{160+180}{2}+\frac{180+175}{2}}{4-1}$$

$$=\frac{\frac{150}{2}+160+180+\frac{175}{2}}{4-1}=167.5\text{（万元）}$$

B.间隔不等的间断时点数列。

如果所掌握的是间隔不等的各期期末或期初的时点资料，这时应采用加权算术平均法计算序时平均数，即用各间隔长度为权数，对各相应时点上的平均水平进行加权计算序时平均数。用公式表示为：

$$\bar{y}=\frac{\frac{y_1+y_2}{2}f_1+\frac{y_2+y_3}{2}f_2+\cdots+\frac{y_{n-1}+y_n}{2}f_{n-1}}{f_1+f_2+\cdots+f_{n-1}}$$

【例8-5】某企业某年钢材库存量资料见表8-5，试计算该企业该钢材年平均库存量。

表8-5　**某企业某年钢材库存量**　单位：吨

时间	1月初	4月初	7月初	12月末
钢材库存量	200	245	360	205

解：根据上表资料计算的钢材年平均库存量如下：

$$\bar{y}=\frac{\frac{200+245}{2}\times3+\frac{245+360}{2}\times3+\frac{360+205}{2}\times6}{3+3+6}=272.5\text{（吨）}$$

2）根据相对数时间数列计算序时平均数

相对数时间数列一般是由两个有联系的绝对数时间数列对比而形成的。由于相对数时间数列中的各个指标数值不能直接相加，所以不能直接计算序时平均数。因此，根据相对数时间数列来计算序时平均数，其基本方法是先计算构成相对数时间数列的分子与分母数列各自的序时平均数，然后再将这两个序时平均数进行对比。其计算公式为：

$$\bar{z}=\frac{\bar{x}}{\bar{y}}$$

式中：$\bar{x}$为分子时间数列的序时平均数；$\bar{y}$为分母时间数列的序时平均数；$\bar{z}$为相对数时间数列的序时平均数。

相对数时间数列可由两个时期数列对比形成，也可由两个时点数列对比形成，或由一个时期数列和一个时点数列对比形成，因此，根据相对数时间数列计算序时平均数时，首先要判定分子数列和分母数列的时间属性，然后根据不同的时间属性选用不同的计算方法。

（1）由两个时期数列对比形成的相对数时间数列

$$\bar{z}=\frac{\bar{x}}{\bar{y}}=\frac{\frac{\sum x}{n}}{\frac{\sum y}{n}}=\frac{\sum x}{\sum y}$$

由$z=\frac{x}{y}$，得$x=zy$，代入上式得：

$$\bar{z}=\frac{\sum zy}{\sum y}$$

该公式从形式上看是一个加权算术平均数的计算公式。

同理，由$z=\frac{x}{y}$，得$y=\frac{x}{z}$，代入上式得：

$$\bar{z}=\frac{\sum x}{\sum \frac{x}{z}}$$

该公式从形式上看是一个加权调和平均数的计算公式。

在实际应用中，应根据所掌握资料的不同选择不同的计算方法。

【例8-6】现有3个企业2015年第三季度产值计划完成情况的资料，见表8-6，分别计算3个企业产值月平均计划完成程度。

表8-6　**3个企业2015年第三季度产值计划完成情况**

企业	指标	7月	8月	9月
甲企业	实际产值（万元）x	1 580	1 640	1 710
	计划产值（万元）y	1 500	1 550	1 600
乙企业	计划产值（万元）y	2 000	2 050	2 100
	计划完成程度（%）z	98	104	102
丙企业	实际产值（万元）x	2 970	3 193	3 360
	计划完成程度（%）z	99	103	105

解：甲企业第三季度产值月平均计划完成程度：

$$\bar{z}=\frac{\sum x}{\sum y}=\frac{1580+1640+1710}{1500+1550+1600}=\frac{4\,930}{4\,650}=106.02\%$$

乙企业第三季度产值月平均计划完成程度：

$$\bar{z}=\frac{\sum zy}{\sum y}=\frac{98\%\times 2\,000+104\%\times 2\,050+102\%\times 2\,100}{2\,000+2\,050+2\,100}=\frac{6\,234}{6\,150}=101.37\%$$

丙企业第三季度产值月平均计划完成程度：

$$\bar{z}=\frac{\sum x}{\sum \frac{x}{z}}=\frac{2\,970+3\,193+3\,360}{\frac{2\,970}{99\%}+\frac{3\,193}{103\%}+\frac{3\,360}{105\%}}=\frac{9\,523}{9\,300}=102.40\%$$

（2）由两个时点数列对比形成的相对数时间数列

如前所述，根据时点数列计算序时平均数，有连续时点和间断时点之分，而每种时点数列又有间隔相等和间隔不等两种情况，实际计算时应视所给的资料而定。一般最常见的是根据间隔相等的间断时点数列形成的相对数时间数列计算序时平均数。其计算公式为：

$$\bar{z}=\frac{\bar{x}}{\bar{y}}=\frac{\dfrac{\frac{x_1}{2}+x_2+\cdots+x_{n-1}+\frac{x_n}{2}}{n-1}}{\dfrac{\frac{y_1}{2}+y_2+\cdots+y_{n-1}+\frac{y_n}{2}}{n-1}}$$

$$= \frac{\frac{x_1}{2} + x_2 + \cdots + x_{n-1} + \frac{x_n}{2}}{\frac{y_1}{2} + y_2 + \cdots + y_{n-1} + \frac{y_n}{2}}$$

该公式也可以将 $x = zy$ 和 $y = \frac{x}{z}$ 分别代入上式得两个变形公式，且3个公式计算的结果也应该完全一样。

【例8-7】某企业2011—2015年末生产工人占职工人数比重资料见表8-7，试计算该企业生产工人占职工人数的平均比重。

表8-7　　**某企业2011—2015年末职工人数构成**

时间	2011年末	2012年末	2013年末	2014年末	2015年末
生产工人数（人）x	420	540	620	660	690
职工人数（人）y	500	600	700	760	800
生产工人占职工人数比重（%）z	84.00	90.00	88.57	86.84	86.27

解：该企业2012—2015年生产工人占职工人数的平均比重：

$$\bar{z} = \frac{\frac{x_1}{2} + x_2 + \cdots + x_{n-1} + \frac{x_n}{2}}{\frac{y_1}{2} + y_2 + \cdots + y_{n-1} + \frac{y_n}{2}} = \frac{\frac{420}{2} + 540 + 620 + 660 + \frac{690}{2}}{\frac{500}{2} + 600 + 700 + 760 + \frac{800}{2}} = \frac{2\,375}{2\,710} = 87.64\%$$

（3）由一个时期数列和一个时点数列对比形成的相对数时间数列

【例8-8】某商业企业某年第三季度商品流转资料见表8-8，试计算该商业企业该年第三季度月平均商品流转次数。

表8-8　　**某商业企业某年第三季度商品流转资料**

月份	6月	7月	8月	9月
商品销售额（万元）x	150	143	200	300
月末商品库存额（万元）y	60	65	100	120
商品流转次数（次）z	—	2.29	2.42	2.73

解：该企业第三季度月平均商品流转次数：

$$\bar{z} = \frac{\bar{x}}{\bar{y}} = \frac{143 + 200 + 300}{\frac{60}{2} + 65 + 100 + \frac{120}{2}} = \frac{643}{255} = 2.52\text{（次）}$$

3）根据平均数时间数列计算序时平均数

（1）根据一般平均数构成的时间数列求序时平均数

平均数时间数列也是由两个绝对数时间数列对比形成的，通常平均数时间数列的分子数列是标志总量，属于时期数列，其分母数列是总体单位总量，属于时点数列。因此要计算这种平均数时间数列的序时平均数，其方法和根据相对数时间数列计算序时平均数的方法一样，也是先计算分子、分母两数列的序时平均数，然后再进行对比计算。

（2）根据序时平均数时间数列计算序时平均数

在时期相等的情况下，可直接根据各序时平均数采用简单算术平均方法来计算平均数；在时期不相等的情况下，则要以时期为权数，采用加权算术平均数方法来计算。

8.2.3 增长量

增长量是报告期发展水平与基期发展水平之差，用来反映某种社会经济现象在一定时期内增加或减少的绝对数量。用公式表示为：

增长量=报告期发展水平-基期发展水平

增长量的取值可正可负，所以也称为“增减量”。当发展水平为增加时，该指标为正值，表示增长的绝对数量；反之，当发展水平下降时，该指标为负值，表示减少的绝对数量。

由于采用的基期不同，增长量可分为逐期增长量和累计增长量。

1）逐期增长量

逐期增长量是指报告期发展水平与前一时期发展水平之差，说明社会经济现象报告期比前一时期增长的绝对数量。其计算公式为：

逐期增长量=报告期发展水平-前一期发展水平

$= y_i - y_{i-1} \quad (i = 1,2,\cdots,n)$

2）累计增长量

累计增长量是报告期发展水平与某一固定时期发展水平（通常为期初发展水平）之差，用来说明社会经济现象在某一较长时期内累计增长的绝对数量。其计算公式为：

累计增长量=报告期发展水平-固定时期发展水平

$= y_i - y_0 \quad (i = 1,2,\cdots,n)$

可以看出，逐期增长量与累计增长量之间存在以下数量关系：

①各逐期增长量之和等于相应时期的累计增长量，即：

$(y_1 - y_0)+(y_2 - y_1)+\cdots+(y_n - y_{n-1})= y_n - y_0$

②两个相邻时期累计增长量之差等于相应时期的逐期增长量，即：

$(y_n - y_0)-(y_{n-1} - y_0)= y_n - y_{n-1}$

【例8-9】根据表8-1中的国内生产总值，计算2011—2015年间我国国内生产总值的逐期增长量和累计增长量，结果见表8-9。

表8-9　**2011—2015年间我国国内生产总值的逐期增长量和累计增长量**　单位：亿元

指标		2010年	2011年	2012年	2013年	2014年	2015年
国内生产总值		413 030	489 301	540 367	595 244	643 974	689 052
增长量	逐期	—	76 271	51 066	54 877	48 730	45 078
	累计	—	76 271	127 337	182 214	230 944	276 022

8.2.4 年距增长量

在实际工作中，对于按月（季）编制的时间数列，为了消除季节变动的影响，还可以计算年距增长量，它等于报告期某月（季）发展水平与上年同月（季）发展水平之差，表明本期发展水平比上年同期发展水平的增减数量。用公式表示为：

年距增长量=报告期某月（季）发展水平-上年同月（季）发展水平

8.2.5 平均增长量

为了说明社会经济现象在一个较长时期内增长量的平均变化情况，需要计算平均增长量。平均增长量是时间数列各逐期增长量的序时平均数，用来说明某社会经济现象在一定时期内平均每期增长的绝对数量。其计算公式为：

$$平均增长量=\frac{逐期增长量之和}{逐期增长量个数}=\frac{\sum_{i=1}^{n}(y_i-y_{i-1})}{n}$$

$$=\frac{累计增长量}{时间数列项数-1}=\frac{y_n-y_0}{N-1}$$

【例8-10】根据表8-9的资料，计算2011—2015年间我国国内生产总值的平均增长量。

解：我国2011—2015年间国内生产总值的平均增长量为：

$$平均增长量=\frac{y_n-y_0}{N-1}=\frac{689\,052-413\,030}{6-1}=55\,204.4（亿元）$$

8.3 时间数列的速度指标

时间数列的速度指标是对时间数列进行分析的另一类动态分析指标，它反映社会经济现象速度的变化，有发展速度、增长速度、平均发展速度和平均增长速度，它们之间有着密切的联系。其中，发展速度是最基本的速度指标。

8.3.1 发展速度

发展速度是报告期发展水平与基期发展水平之比，说明报告期发展水平已发展到基期发展水平的若干倍（或百分之几）。其计算公式为：

$$发展速度=\frac{报告期发展水平}{基期发展水平}$$

由于采用的基期不同，发展速度可分为环比发展速度和定基发展速度。

1）环比发展速度

环比发展速度是指通过报告期发展水平与前一时期发展水平相比计算的发展速度，表明社会经济现象逐期发展变化的程度。其计算公式为：

$$环比发展速度=\frac{报告期发展水平}{前一时期发展水平}=\frac{y_i}{y_{i-1}}\quad(i=1,2,\cdots,n)$$

2）定基发展速度

定基发展速度是指通过报告期发展水平与某一固定时期发展水平（通常为期初发展水平）相比计算的发展速度，说明社会经济现象在一个较长时期内总的发展变化程度。其计算公式为：

$$定基发展速度=\frac{报告期发展水平}{固定时期发展水平}=\frac{y_i}{y_0}\quad(i=1,2,\cdots,n)$$

定基发展速度与环比发展速度是有区别的，但它们之间也存在着一定的数量关系。

①各期环比发展速度的连乘积等于相应时期的定基发展速度，即：

$$\frac{y_1}{y_0}\times\frac{y_2}{y_1}\times\cdots\times\frac{y_n}{y_{n-1}}=\frac{y_n}{y_0}$$

②相邻两个时期的定基发展速度之比等于相应时期的环比发展速度，即：

$$\frac{y_n}{y_0}\div\frac{y_{n-1}}{y_0}=\frac{y_n}{y_{n-1}}$$

在实际应用中，可以根据以上换算关系进行相互推算。

【例8-11】根据表8-1中的国内生产总值数据，计算2011—2015年间我国国内生产总值的环比发展速度和定基发展速度，结果见表8-10。

表8-10 **2011—2015年间我国国内生产总值的环比发展速度和定基发展速度**

指标		2010年	2011年	2012年	2013年	2014年	2015年
国内生产总值（亿元）		413 030	489 301	540 367	595 244	643 974	689 052
发展速度（%）	环比	—	118.47	110.44	110.16	108.19	107.00
	定基	100	118.47	130.83	144.12	155.91	166.83

此外，为了避免季节变动的影响，在实际工作中还可以计算年距发展速度，用来说明社会经济现象报告期某月（季）发展水平与上年同月（季）发展水平对比达到的相对发展程度。其计算公式为：

$$年距发展速度=\frac{报告期某月(季)发展水平}{上年同月(季)发展水平}$$

8.3.2 增长速度

增长速度是报告期增长量与基期发展水平对比的结果，表明在一定时期内社会经济现象增长变化的相对程度，通常用百分数或倍数表示。其计算公式为：

$$增长速度=\frac{增长量}{基期发展水平}$$

增长速度与发展速度在含义上有严格区别，但两者之间有密切关系，增长速度与发展速度之间只相差一个基数，即：

$$增长速度=\frac{报告期发展水平-基期发展水平}{基期发展水平}$$
$$=发展速度-1（或100\%）$$

当发展速度大于1（或100%）时，增长速度为正值，表示社会经济现象增长的程度；当发展速度小于1（或100%）时，增长速度为负值，表示社会经济现象降低程度，即“降低速度”。

与发展速度类似，由于采用的基期不同，增长速度也有环比增长速度和定基增长速度之分。

1）环比增长速度

环比增长速度是指报告期的逐期增长量与前一时期发展水平之比，表明社会经济现象报告期比前一时期逐期增长的程度。其计算公式为：

$$环比增长速度=\frac{逐期增长量}{前一时期发展水平}$$
$$=环比发展速度-1（或100\%）$$

2）定基增长速度

定基增长速度是指报告期累计增长量与某一固定时期发展水平（期初发展水平）之比，表明社会经济现象在较长时期内总的增长程度。其计算公式为：

$$定基增长速度=\frac{累计增长量}{固定时期发展水平}$$
$$=定基发展速度-1（或100\%）$$

【例8-12】根据表8-1中的国内生产总值数据，计算2011—2015年间我国国内生产总值的环比增长速度和定基增长速度，结果见表8-11。

表8-11　**2011—2015年间我国国内生产总值的环比增长速度和定基增长速度**

指标		2010年	2011年	2012年	2013年	2014年	2015年
国内生产总值（亿元）		413 030	489 301	540 367	595 244	643 974	689 052
增长速度（%）	环比	—	18.47	10.44	10.16	8.19	7.00
	定基	—	18.47	30.83	44.12	55.91	66.83

同样，在实际统计工作中，为了消除季节性变动的影响，可计算年距增长速度，用来说明年距增长量与上年同期发展水平对比达到的相对增长程度。其计算公式为：

$$年距增长速度=\frac{年距增长量}{上年同月(季)发展水平}$$
$$=年距发展速度-1（或100\%）$$

8.3.3　增长1%的绝对值

发展速度与增长速度所说明的是社会经济现象发展和增长的相对程度，是对社会经济现象发展和增长情况的抽象概括，有时会出现高速度后面掩盖低指标或低速度后面掩盖着高指标的情况。为了对社会经济现象的发展有一个完整的认识，在运用发展速度和增长速度时，还要根据相对数与绝对数结合运用的原则，把它们和发展水平与增长量相结合加以研究，即计算增长1%的绝对值。增长1%的绝对值是逐期增长量与环比增长速度之比的1%，反映每增长1%的绝对量。其计算公式为：

$$增长1\%的绝对值=\frac{环比增长量}{环比增长速度}\times 1\%$$
$$=\frac{逐期增长量}{\dfrac{逐期增长量}{前一时期发展水平}\times 100}$$
$$=\frac{前一时期发展水平}{100}$$

8.3.4　平均发展速度与平均增长速度

1）平均速度指标的意义

由于社会经济现象在一个较长时期内逐年发展或增长程度快慢不尽相同，为了研究在一个较长时期内逐年平均发展或平均增长的程度，需要将各个环比发展速度之间的差异抽象化，计算环比发展速度的序时平均数，该序时平均数即为平均速度指标。

平均速度指标有平均发展速度和平均增长速度两种。平均发展速度是环比发展速度的序时平均数，用来说明社会经济现象在一个较长时期内逐年平均发展变化的程度；平均增长速度则是环比增长速度的代表值，说明社会经济现象逐期递增的平均程度。

由于各个环比增长速度之间不存在连乘关系，所以不能根据各个环比增长速度指标直接求得定基增长速度。而平均增长速度与平均发展速度之间有密切关系，两者只相差一个基数，因此平均增长速度可由平均发展速度减1（或100%）求得。

2）平均发展速度的计算

在实际统计工作中，常用的计算平均发展速度的方法有两种，即几何平均法和方程法。

（1）几何平均法

几何平均法又称水平法，它的数理依据是：从最初发展水平y_0出发，以平均发展速度代替各个环比发展速度，在n期后，正好达到期末发展水平y_n。由于社会经济现象发展的总速度等于各期环比发展速度的连乘积，因而求环比发展速度的平均数，不能用算术平均法，而只能用几何平均法。

应用几何平均法计算平均发展速度，其计算公式为：

$$\bar{x}=\sqrt[n]{x_1x_2\cdots x_n}=\sqrt[n]{\frac{y_1}{y_0}\times\frac{y_2}{y_1}\times\cdots\times\frac{y_n}{y_{n-1}}}=\sqrt[n]{\frac{y_n}{y_0}}$$

式中：$\bar{x}$为平均发展速度；x_i为第i期环比发展速度。

应用几何平均法计算平均发展速度时，如果不具备开高次方根的条件，可以借用对数表进行计算。

【例8-13】根据表8-10的资料，计算2011—2015年间我国国内生产总值平均发展速度。

解：利用几何平均法计算的平均发展速度为：

$$\bar{x}=\sqrt[5]{118.47\%\times110.44\%\times110.16\%\times108.19\%\times107.00\%}$$

两边取对数：

$$\lg\bar{x}=\frac{1}{5}(\lg1.1847+\lg1.1044+\lg1.1016+\lg1.0819+\lg1.0700)$$

$$=\frac{1}{5}\times0.2223=0.0445$$

查反对数得：$\bar{x}$=110.78%

根据平均发展速度可计算平均增长速度：

平均增长速度=110.78%−100%=10.78%

（2）方程法

方程法也叫累计法，该方法求平均发展速度的数理依据是：从时间数列的期初发展水平y_0出发，每期按固定的平均发展速度发展，计算的各期理论发展水平的总和应等于各期实际发展水平的总和。

设$\bar{x}$为平均发展速度，各期发展水平可表述如下：

第1期的理论发展水平：$y_0\bar{x}$

第2期的理论发展水平：$y_0\bar{x}^2$

…

第n期的理论发展水平：$y_0\bar{x}^n$

时间数列各期发展水平的总和为：

$$y_1+y_2+\cdots+y_n=y_0\bar{x}+y_0\bar{x}^2+\cdots+y_0\bar{x}^n$$

$$\sum y=y_0(\bar{x}+\bar{x}^2+\cdots+\bar{x}^n)$$

即：$\bar{x}+\bar{x}^2+\cdots+\bar{x}^n=\frac{\sum y}{y_0}$

解这个高次方程，求出的正根就是方程法所求得的平均发展速度。但是求解这个方程式是比较复杂的，因此在实际工作中是通过查“平均增长速度查对表”来求出方程法下的平均增长速度和平均发展速度。查表方法如下：

①计算各年定基发展速度之和$\frac{\sum y}{y_0}$，作为查表依据。

②判断是递增速度还是递减速度。

若$\frac{\sum y}{y_0} > n \times 100\%$时，则所求结果为递增速度。查表时，要在递增速度部分查找$\frac{\sum y}{y_0}$的数值，与这个数值相对应的左边栏内的百分比，即为所求的平均递增速度。当$\frac{\sum y}{y_0} < n \times 100\%$时，则所求结果为递减速度，应在递减部分查找。

③查表。查n年的平均增长速度查对表。

【例8-14】某企业2011—2015年间的固定资产投资额为3 905万元，2010年固定资产投资额为550万元，试计算该企业5年间固定资产投资额的平均发展速度。

解：由已知资料可得：

$$\frac{\sum y}{y_0} = \frac{3\,905}{550} \times 100 = 710\% > 500\%$$

根据计算结果，需在增长部分查找平均增长速度，见表8-12。

表8-12 **平均增长速度查对表**

平均年增长（%）	5年发展水平总和为基期的%	平均年增长（%）	5年发展水平总和为基期的%	平均年增长（%）	5年发展水平总和为基期的%
1	515.2	11	691.3	21	918.3
2	530.8	12	711.5	22	944.2
3	546.8	13	732.3	23	970.8
4	563.3	14	753.5	24	998.0
5	580.2	15	775.4	25	1 025.9
6	597.5	16	797.7	26	1 054.4
7	615.3	17	820.7	27	1 083.7
8	633.6	18	844.2	28	1 113.6
9	652.3	19	868.3	29	1 144.2
10	671.6	20	893.0	30	1 175.6

查表得710%位于691.3%~711.5%之间，则平均增长速度介于11%~12%之间。可运用比例插值法确定平均增长速度的位置。比例插值法计算如下：

$$\begin{aligned}\text{平均增长速度} &= 11\% + \frac{710\% - 691.3\%}{711.5\% - 691.3\%} \times (12\% - 11\%) \\ &= 11\% + \frac{18.7\%}{20.2\%} \\ &= 11\% + 0.93\% \\ &= 11.93\%\end{aligned}$$

结果表明：该企业2011—2015年间固定资产投资额的年平均发展速度为111.93%。

3）几何平均法和方程法的应用

从前述计算分析可以看出，计算平均速度指标的两种方法存在明显的差别，具体表现在：

①几何平均法和方程法各有特点和侧重。几何平均法侧重于考察最末一期的发展水平，方程法侧重于考察整个时期各期发展水平的总和。

②几何平均法和方程法的数理依据不同，影响因素也不同。几何平均法只受最初发展水平与最末发展水平的影响，不反映中间水平的变动；方程法则受各期发展水平的影响。

③几何平均法和方程法应该根据研究对象的不同特点分别采用。几何平均法适用于水平计划的编制与检查；而方程法适用于总额计划的编制与检查。

8.4　时间数列趋势分析

8.4.1　时间数列的影响因素分解与因素分析模型

对时间数列进行动态分析，不仅要计算水平和速度等分析指标，而且还要研究社会经济现象变动的规律性。社会经济现象随着时间的推移而不断地发展变化，这种变化是多种因素共同影响的结果。这些因素所起的作用不同：有些是基本因素，它对社会经济现象的各期发展水平起着普遍的、持续的、决定性的作用，决定着社会经济现象的发展方向；有些是偶然因素，它只起局部的、非持续的、非决定性的作用，规律不明显，难以把握。但是我们可以对这些因素进行归类分析，以便更好地揭示时间数列变动的规律性。

1）时间数列的影响因素分解

时间数列的影响因素按其作用和影响效果可以归纳为4类，即长期趋势、季节变动、循环变动和不规则变动。

（1）长期趋势（T）

长期趋势是指社会经济现象在一个相当长的时期内所表现出来的持续发展变化的趋势，由于它的作用，各期发展水平沿着上升或下降的趋势持续变动。如国内生产总值反映一个国家（或地区）所有常住单位在一定时期内生产活动的最终成果，从长期变化的趋势看属于持续上升，但在上升的过程中也呈现出一定的波动。

测定长期趋势可以正确反映社会经济现象发展变化的方向和趋势，研究和掌握社会经济现象发展变化的规律性，为进行经济管理、指导生产提供依据；利用社会经济现象发展的长期趋势，进行统计预测，预测未来可能达到的发展水平；消除长期趋势的影响，更好地反映季节变动。

（2）季节变动（S）

季节变动是指社会经济现象在一年内，由于受到自然条件或社会条件的影响而形成的以一定时间为周期（通常指一个月或季或年）的有规律的重复变动。季节变动主要是由自然气象季节因素所致，如饮料的销售量在一年内随着季节的更替而出现有规律的变化，随着收获季节的来临农产品的运输和仓储压力大幅度增加等。除了自然气象季节因素所致之外，社会制度、人们的各种习惯、行政及法律的约束也会使社会经济现象发生季节性变动，如我国许多商品的生产和交易在春节、中秋节等时段特别旺盛。

（3）循环变动（C）

循环变动又称周期变动，是指社会经济现象在一年以上时间内出现的周而复始的起伏波动。循环变动的原因通常是社会经济现象的某种内在规律，如家禽的价格存在循环变动，一段时间上涨后，紧接着一段时间下降，其循环变动的原因来自于市场的供求关系。

（4）不规则变动（I）

从时间数列中分离出长期趋势、季节变动、循环变动后的剩余因素，即为不规则变动。不规则变动是指社会经济现象因临时的、偶然的因素而引起的随机变动，其变动无规律可循，如地震、水灾、战争等所引起的变动。从长期来看，全部偶然性意外变动数值将趋于零。

2）时间数列的因素分析模型

时间数列分析是把时间数列视为长期趋势、季节变动、循环变动和不规则变动效应的合成体，然后用一定的方法分别揭示各类因素的影响水平。而时间数列与其各个影响因素之间的关系可以用一定的数学关系式表示出来，这种关系式即构成时间数列的因素分析模型。

（1）加法模型

加法模型假定4种变动因素是相互独立地发挥作用的，时间数列是各因素相加的和，即：

$$Y = T + S + C + I$$

（2）乘法模型

乘法模型假定4种变动因素是相互影响的关系，时间数列便是各因素的乘积，即：

$$Y = T \times S \times C \times I$$

在时间数列分析中，如果认为季节变动、循环变动和不规则变动的作用都以与长期趋势无关的相同影响起作用，则适合采用加法模型；如果认为它们依照时间数列的均值而按比例发挥作用，则适合采用乘法模型。

8.4.2 长期趋势分析的方法

长期趋势分析的方法有很多，既有数学模型法，也有非数学模型法。数学模型法有趋势线配合法，包括线性模型和非线性模型；非数学模型法包括时距扩大法、移动平均法和指数平滑法等。

1）时距扩大法

时距扩大法是把原数列中较小时距单位的几项数据合并，扩大为较大时距单位的数据，从而对原数列进行修匀，构成新的时间数列的一种方法。时距扩大法通过适当扩大数列的时距单位，消除偶然因素的影响，使原数列中不太明显的趋势呈现出来，能够更突出地表现社会经济现象变动的总趋势。

【例8-15】某企业2015年各月工业增加值见表8-13。

表8-13　**某企业2015年各月工业增加值**　单位：万元

月份	1	2	3	4	5	6	7	8	9	10	11	12
工业增加值	506	473	542	546	585	547	570	576	569	610	583	615

从表8-13可以看出，该数列中某些月份的工业增加值是增加的，而某些月份则下降，

工业增加值变化的趋势不甚明显，如果用时距扩大法，把时距扩大为季度，则可编制新的时间数列，见表8-14。

表8-14　**某企业2015年各季度工业增加值**　单位：万元

季度	一	二	三	四
工业增加值	1 521	1 678	1 715	1 808

表8-14所示的时间数列可以明显地反映出工业增加值的变化趋势，即随着时间的推移，工业增加值是不断增加的。

采用时距扩大法修匀时间数列，简便易懂，但要注意，时距单位扩大多少为宜，则要根据研究目的和社会经济现象的特点来定，而且要求所扩大的各时距长短应相等，以便相互比较，反映出社会经济现象的发展趋势。

2）移动平均法

所谓移动平均法，是将原时间数列的时距扩大，采用逐项移动平均的方法，计算扩大时距的序时平均数，从而得到一个移动序时平均数时间数列。它考虑了社会经济现象动态发展的连续性，把原数列中某些偶然因素引起的不规则变动加以修匀，使变动更为平滑，把隐藏在原数列中的基本趋势表现出来。

设k为移动的时间间隔长度，k可以取奇数，也可以取偶数。当采用奇数项移动平均时，移动平均一次即得到趋势值，该趋势值对应所平均时期的中间时期，成为新数列的各项。假定采用三项移动平均，则新数列的各项移动平均值为：

$$\bar{y}_2 = \frac{y_1 + y_2 + y_3}{3}$$

$$\bar{y}_3 = \frac{y_2 + y_3 + y_4}{3}$$

$$\vdots$$

以此类推，可以得到新数列的其他各三项移动平均值。

当采用偶数项移动平均时，需进行两次移动平均。第一次移动平均所得到的各项数值对准移动平均中间相邻两个时期的中点位置，该移动平均值不能直接作为趋势值；第二次移动平均是进行两项移正平均，即中心化。假定采用四项移动平均，则第一次移动平均得到的各项移动平均值为：

$$\bar{y}_{\frac{2+3}{2}} = \frac{y_1 + y_2 + y_3 + y_4}{4}$$

$$\bar{y}_{\frac{3+4}{2}} = \frac{y_2 + y_3 + y_4 + y_5}{4}$$

$$\vdots$$

以此类推，可以得到其他各四项移动平均值。在此基础上，再进行两项移正平均：

$$\bar{y}_3 = \frac{\bar{y}_{\frac{2+3}{2}} + \bar{y}_{\frac{3+4}{2}}}{2}$$

$$\bar{y}_4 = \frac{\bar{y}_{\frac{3+4}{2}} + \bar{y}_{\frac{4+5}{2}}}{2}$$

$$\vdots$$

以此类推，可以得到新数列的其他各两项移动平均值，该移动平均值即为趋势值。

由上述移动平均数的计算可知，移动平均法有以下特点：

①移动平均的间隔k越大，对时间数列的修匀效果越好，但所得的移动平均数项数越少；反之，移动的时间间隔越小，修匀的作用也就越小。

②当采用奇数项移动平均时，一次移动平均即得趋势值，且该趋势值直接对准移动平均项数的中点位置的时间项；当采用偶数项移动平均时，移动平均后的数值对应中间两个时间项的中点位置，需要再进行一次两项移正平均。

③移动平均间隔长度k的选取要考虑周期性波动的周期长短。一般来说，移动平均间隔长度k应当与周期长度一致。如果数列中存在着自然周期，则应以自然周期长度作为移动平均的项数。如果没有自然周期可供选择，则应根据掌握资料的时间属性确定移动平均的项数。当掌握的是月度资料时，应采用十二项移动平均；当掌握的是季度资料时，应采用四项移动平均。

④修匀后的新数列较原数列项数要少。当原数列的项数为奇数项时，采用k项移动平均，则移动平均后的修匀数列的项数比原数列项数少（k-1）项；当原数列的项数为偶数项时，采用k项移动平均，则移动平均后的修匀数列的项数比原数列项数少k项。

⑤移动平均数的计算，可通过Excel中的“数据→移动平均”完成。

【例8-16】某地区2001—2015年地区生产总值资料见表8-15，以此资料说明移动平均数的计算方法。

解：分别采用三项移动平均和四项移动平均，计算结果见表8-15。

表8-15 **移动平均数计算表**

年份	GDP（亿元）	三项移动平均	四项移动平均	移正平均
2001	1 316.08	—		—
2002	1 518.17	1 538.22	1 694.62	—
2003	1 780.42	1 820.80	2 039.55	1 867.09
2004	2 163.80	2 213.35	2 461.66	2 250.60
2005	2 695.82	2 688.73	2 963.18	2 712.42
2006	3 206.58	3 229.64	3 531.28	3 247.23
2007	3 786.52	3 809.76	4 070.82	3 801.05
2008	4 436.18	4 358.90	4 685.73	4 378.27
2009	4 854.00	4 985.46	5 393.00	5 039.36
2010	5 666.20	5 711.93	6 109.48	5 751.24
2011	6 615.60	6 527.97	6 897.63	6 503.55
2012	7 302.10	7 308.10	7 654.10	7 275.86
2013	8 006.60	8 000.27	8 325.22	7 989.66
2014	8 692.10	8 666.26		—
2015	9 300.07	—		—

移动平均法是对时间数列进行分析的一种较为简单而且广泛使用的重要方法，既可以用于对时间数列进行修匀，也可以用于对时间数列进行趋势预测。当它用于对时间数列进行趋势预测时，只能进行逐期预测。预测公式为：

$$\hat{y}_{t+1}=\frac{y_t+y_{t-1}+\cdots+y_{t-n+1}}{n}$$

3）指数平滑法

指数平滑法是统计预测中广泛使用的一种预测方法，它来源于移动平均法，是移动平均法的改进。这种方法既可作为预测公式使用直接进行预测，也可以作为预测方法估计预测模型的参数。本节仅讨论作为预测公式使用的指数平滑法。

我们知道，移动平均法的预测公式为：

t+1期：$\hat{y}_{t+1}=\dfrac{y_t+y_{t-1}+\cdots+y_{t-n+1}}{n}$

t期：$\hat{y}_t=\dfrac{y_{t-1}+y_{t-2}+\cdots+y_{t-n}}{n}$

从上述两个公式可以看出，利用移动平均法进行预测时，各期的权数是相等的，均为1/n，即认为各期的观察值在预测中的作用是相同的。

将t+1期的预测公式作如下变换：

$$\begin{aligned}\hat{y}_{t+1}&=\frac{y_t+y_{t-1}+\cdots+y_{t-n+1}}{n}\\&=\frac{y_t+(y_{t-1}+\cdots+y_{t-n+1}+y_{t-n})-y_{t-n}}{n}\\&=\frac{y_t}{n}+\hat{y}_t-\frac{y_{t-n}}{n}\end{aligned}$$

即：$\hat{y}_{t+1}=\dfrac{y_t}{n}+\hat{y}_t-\dfrac{y_{t-n}}{n}$

利用此公式进行预测时，在历史资料储存不完备的情况下，远期的实际观察值y_{t-n}是未知的，此时可以用$\hat{y}_t$作为y_{t-n}的最佳估计值，则t+1期的预测公式可以改写为：

$$\begin{aligned}\hat{y}_{t+1}&=\frac{y_t}{n}+\hat{y}_t-\frac{\hat{y}_t}{n}\\&=\frac{y_t}{n}+\left(1-\frac{1}{n}\right)\hat{y}_t\end{aligned}$$

设$\alpha=\dfrac{1}{n}$，可得：

$$\hat{y}_{t+1}=\alpha y_t+(1-\alpha)\hat{y}_t$$

该公式是指数平滑法中常用的基本公式，其中α为平滑系数，也叫预测参数，而y_t为t期的观察值，$\hat{y}_t$为t期的预测值。

由上述分析可以看出，指数平滑法具有以下特点：

①指数平滑法具有加权平均的性质。由公式可以看出，新预测值是新观察值与旧预测值的加权算术平均数，其权数分别是α和（$1-\alpha$），α小于1而大于0。进行平滑预测时，可以赋予平滑系数以不同的数值，这要根据所研究数列的波动情况来决定。当所研究的数列波动不大时，α应取较小的值，以加重旧预测值的权数；当所研究的数列波动较大时，新观察值对新预测值的影响则较大，此时α应取较大的数值，以加重原数列观察值的权数。因此，通过对平滑系数α的控制，可以控制预测结果的准确性。

在预测过程中，一般是在考虑到所研究数列波动情况的基础上，根据经验确定平滑系数α的值，以使所确定的预测值比较接近于现象实际的发展变化趋势。在不能做出较好的判断时，可以分别使α取不同的数值，进行平滑预测并比较预测结果，以便使预测的误差达到最小。

在预测过程中，还必须确定初始预测值。如果资料总项数n在50个以上，则数列经过长期平滑链推测后，初始值对新预测值的影响变得很小，为简化计算，通常将第一期的实际观察值作为初始值；如果资料的总项数少到15或20个，则初始值的影响比较大，可以根据所研究数列前几期观察值的平均数来确定。

②指数平滑法能够进行外推预测，并且这种外推具有递延的性质。指数平滑法中的新预测值是新观察值与旧预测值的加权算术平均数，即利用t期的观察值和预测值，只能预测t+1期的结果，这种预测只能一期一期地进行，而不能做时间间断的预测。

③指数平滑法来源于移动平均法，而又不同于移动平均法。这种方法根据所研究数列的波动情况，赋予平滑系数以不同的数值，对新观察值和旧预测值进行了合理的加权，并且权数之和等于1。由于这种方法来源于移动平均法，与移动平均法相似，并且t+1期的预测值是t期观察值和预测值加权平均的结果，常常造成预测值落后于观察值的情形。因此，这种方法只适合于没有明显趋势变动的预测。

【例8-17】根据表8-16中的某地区1998—2015年居民消费价格指数资料，选择平滑系数分别为$\alpha=0.1$和$\alpha=0.3$进行指数平滑，并计算预测误差。

解：利用Excel进行指数平滑的操作步骤：

第一步：选择“数据→数据分析”。

第二步：选择“指数平滑”。

第三步：当出现对话框时：

在“输入区域”中输入观察值所在的区域；

在“阻尼系数”中输入$1-\alpha$的值；

在“输出区域”中输入预测值的输出位置（通常选择与第1期观察值对应的单元格）。

第四步：单击“确定”。

按上述操作步骤可得到指数平滑法的预测值，并计算出预测误差，结果见表8-16。

表8-16 **某地区1998—2015年居民消费价格指数**

年份	CPI（%）	α=0.1			α=0.3		
		预测值	预测误差	误差平方	预测值	预测误差	误差平方
1998	99.4						
1999	99.3	99.40	−0.10	0.01	99.40	−0.10	0.01
2000	100.2	99.39	0.81	0.66	99.37	0.83	0.69
2001	101.8	99.47	2.33	5.42	99.62	2.18	4.76
2002	99.3	99.70	−0.40	0.16	100.27	−0.97	0.95
2003	101.1	99.66	1.44	2.06	99.98	1.12	1.25
2004	103.6	99.81	3.79	14.39	100.32	3.28	10.78
2005	101.7	100.19	1.51	2.29	101.30	0.40	0.16
2006	101.0	100.34	0.66	0.44	101.42	−0.42	0.18
2007	104.4	100.40	4.00	15.97	101.29	3.11	9.64
2008	105.3	100.80	4.50	20.22	102.23	3.07	9.45
2009	100.0	101.25	−1.25	1.57	103.15	−3.15	9.91
2010	102.9	101.13	1.77	3.14	102.20	0.70	0.48
2011	105.0	101.31	3.72	13.80	102.41	2.61	6.80
2012	102.1	101.68	0.42	0.18	103.19	−1.09	1.20
2013	102.2	101.72	0.48	0.23	102.87	−0.67	0.44
2014	101.9	101.77	0.13	0.02	102.67	−0.77	0.59
2015	101.2	101.78	−0.58	0.34	102.44	−1.24	1.53
合计		101.72		80.89	102.07		58.81

从表8-16可以看出，数列波动不大，经过预测误差比较，平滑系数α=0.3时预测效果较好。根据表8-16中的数据绘制折线图如图8-1所示。

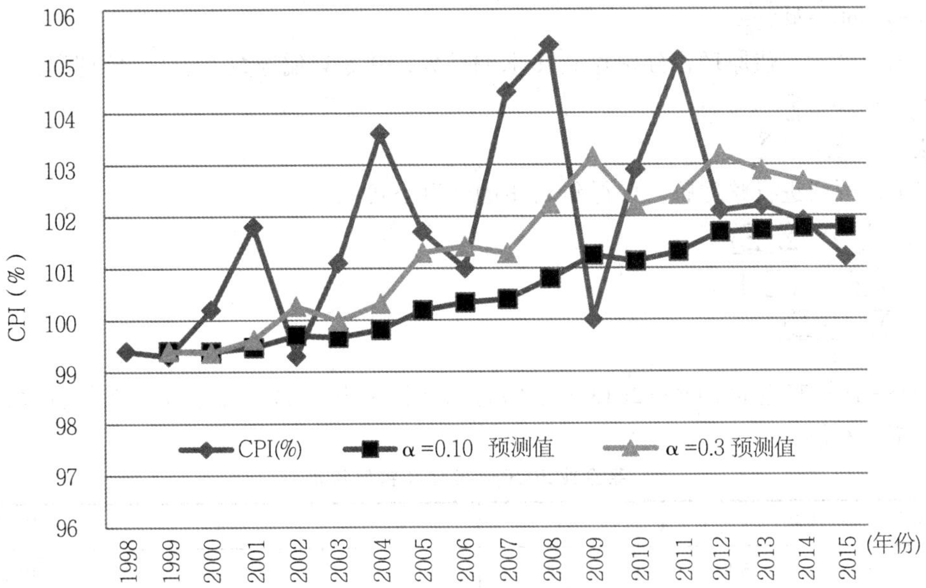

图8-1　CPI折线图

4）趋势模型法

趋势模型法是通过对时间数列进行变动分析，建立一定的数学模型，配合一条较为理想的趋势线来测定时间数列变化的趋势。趋势模型法所依据的是最小平方原理，即数列的观察值与趋势值的离差平方和为最小。

若以$\hat{y}$代表长期趋势值，y代表时间数列的观察值，则利用最小平方法配合趋势线必须满足下列两点要求：

①数列的观察值与趋势值的离差平方和为最小，即$\sum(y-\hat{y})^2$=最小值；

②数列的观察值与趋势值的离差之和等于零，即$\sum(y-\hat{y})=0$。

从对时间数列的分析可以看出，社会经济现象发展变化的趋势可能是直线，也可能是曲线，因此，在确定趋势线之前首先应绘制散点图以确定社会经济现象的趋势形态。如果社会经济现象变化的趋势是直线型，则应配合直线；如果是曲线型，则应配合曲线。

（1）直线趋势

直线趋势是指社会经济现象随着时间的推移而呈现出稳定上升或下降的线性变化趋势。根据所掌握的资料，如果时间数列的各逐期增长量大体相同，则可以用直线趋势来描述社会经济现象的趋势变化，并据以进行分析和预测。直线趋势方程的一般形式为：

$$\hat{y}=a+bt$$

式中：$\hat{y}$表示社会经济现象的趋势值；t表示时间；a为截距，表示t=0时$\hat{y}$的值；b为斜率，表示t每变动一个单位时$\hat{y}$变动的数量。

利用最小平方法配合趋势直线，要求数列的观察值与趋势值的离差平方和为最小，即：

$$\sum(y-\hat{y})^2=\text{最小值}$$

或$\sum(y-a-bt)^2$=最小值

根据微分求极值原理，分别对a、b求偏导数，并令其偏导数等于0，整理得：

$$\begin{cases}\sum y=na+b\sum t\\ \sum ty=a\sum t+b\sum t^2\end{cases}$$

将上述两式进行整理后，可得到a、b的计算公式：

$$\begin{cases}b=\dfrac{n\sum ty-\sum t\sum y}{n\sum t^2-\left(\sum t\right)^2}\\ a=\dfrac{\sum y-b\sum t}{n}\end{cases}$$

【例8-18】某企业2006—2015年销售利润资料见表8-17，要求配合趋势直线并预测2017年销售利润。

表8-17　**某企业2006—2015年销售利润**

年份	销售利润（万元）y	t	t^2	ty	趋势值
2006	150	1	1	150	149.22
2007	156	2	4	312	155.06
2008	161	3	9	483	160.90
2009	166	4	16	664	166.74
2010	172	5	25	860	172.58
2011	177	6	36	1 062	178.42
2012	182	7	49	1 274	184.26
2013	192	8	64	1 536	190.10
2014	197	9	81	1 773	195.94
2015	202	10	100	2 020	201.78
合计	1 755	55	385	10 134	1 755.00

解：将表8-17中的数据代入a、b的计算公式，得：

$$\begin{cases}b=\dfrac{n\sum ty-\sum t\sum y}{n\sum t^2-\left(\sum t\right)^2}=\dfrac{10\times 10\,134-55\times 1755}{10\times 385-55^2}=5.84\\ a=\dfrac{\sum y-b\sum t}{n}=\dfrac{1755-5.84\times 55}{10}=143.38\end{cases}$$

将a、b值代入直线趋势方程，得：

$\hat{y}=143.38+5.84t$

将t的各个取值代入直线趋势方程即可得到各年的趋势值，见表8-17。预测2017年的销售利润为：

$\hat{y}=143.38+5.84\times 12=213.46$（万元）

为简化计算，可将t的原点定在时间数列的中点位置上，从而使$\sum t=0$，则a、b的简捷法计算公式为：

$$\begin{cases} b=\dfrac{\sum ty}{\sum t^2} \\ a=\dfrac{\sum y}{n} \end{cases}$$

该公式将时间原点由原来时间数列的第一项调整到时间数列的中点位置上，因而拟合出来的直线趋势方程要使用新的时间序号。当时间数列的项数n为奇数时，中点只有一项，为保证$\sum t=0$，t在中点位置上的取值为0，中点以前的各项为负值，中点以后的各项为正值，新的时间序号为…、−3、−2、−1、0、1、2、3、…。若时间数列的项数n为偶数，则中点有两项，这两项的取值分别为−1、1，形成新的时间序号为…、−5、−3、−1、1、3、5、…。

仍以某企业2006—2015年销售利润的资料来说明简捷法计算公式配合直线趋势方程，计算结果见表8−18。

表8−18　**2006—2015年销售利润简捷法计算表**

年份	销售利润（万元）y	t	t^2	ty	$\hat{y}$
2006	150	−9	81	−1 350	149.22
2007	156	−7	49	−1 092	155.06
2008	161	−5	25	−805	160.90
2009	166	−3	9	−498	166.74
2010	172	−1	1	−172	172.58
2011	177	1	1	177	178.42
2012	182	3	9	546	184.26
2013	192	5	25	960	190.10
2014	197	7	49	1 379	195.94
2015	202	9	81	1 818	201.78
合计	1 755	0	330	963	1 755.00

将表8−18中的相关数据代入简捷法计算公式得：

$$\begin{cases} b=\dfrac{\sum ty}{\sum t^2}=\dfrac{963}{330}=2.92 \\ a=\dfrac{\sum y}{n}=\dfrac{1\,755}{10}=175.50 \end{cases}$$

由此而确定的直线趋势方程为：

$$\hat{y}=175.50+2.92t$$

将t的各项取值代入所确定的直线趋势方程便可求得各年的趋势值，见表8-18。

（2）指数曲线趋势

根据所掌握的资料，如果时间数列的环比发展速度相对稳定，即现象满足各期环比发展速度大体相同的条件，则可以用指数曲线趋势来描述社会经济现象的趋势变化，并据以进行分析和预测。指数曲线趋势的一般形式为：

$$\hat{y} = ab^t$$

求解指数曲线方程中a、b的数值，通常先将指数曲线化为直线，然后再利用最小平方法。将指数曲线趋势方程两边分别求自然对数得：

$$\ln\hat{y} = \ln a + t\ln b$$

设$y' = \ln\hat{y}$，$A=\ln a$，$B=\ln b$，则上述对数方程变化为如下直线趋势方程：

$$y' = A + Bt$$

根据最小平方法原理，建立如下标准方程组：

$$\begin{cases} \sum y' = nA + B\sum t \\ \sum ty' = A\sum t + B\sum t^2 \end{cases}$$

将上述两式进行整理后，得到A、B的计算公式：

$$\begin{cases} B = \dfrac{n\sum ty' - \sum t\sum y'}{n\sum t^2 - \left(\sum t\right)^2} \\ A = \dfrac{\sum y' - B\sum t}{n} \end{cases}$$

上述标准方程组的确立是以时间数列的首项为原点的，若使$\sum t=0$，则简化后A、B的计算公式为：

$$\begin{cases} B = \dfrac{\sum ty'}{\sum t^2} \\ A = \dfrac{\sum y'}{n} \end{cases}$$

（3）抛物线趋势

根据所掌握的资料，如果时间数列的二级增长量大体相同，则可以用抛物线趋势来描述社会经济现象的趋势变化，并据以进行分析和预测。抛物线趋势的一般形式为：

$$\hat{y} = a + bt + ct^2$$

采用最小平方法，建立如下标准方程组：

$$\begin{cases} \sum y = na + b\sum t + c\sum t^2 \\ \sum ty = a\sum t + b\sum t^2 + c\sum t^3 \\ \sum t^2y = a\sum t^2 + b\sum t^3 + c\sum t^4 \end{cases}$$

这3个标准方程的确立是以时间数列的首项为原点的，为简化计算，确定a、b、c的数值，仍以时间数列的中点位置为原点，使$\sum t=0$，则上述标准方程组可简化为如下标准方程组：

$$\begin{cases}\sum y = na + c\sum t^2\\ \sum ty = b\sum t^2\\ \sum t^2 y = a\sum t^2 + c\sum t^4\end{cases}$$

8.5 季节变动和循环变动的测定

8.5.1 季节变动的概念与测定

1）季节变动的概念

季节变动是指社会经济现象在一定时间长度内由于受自然与社会因素的影响而发生的具有周期性、规律性的重复变动。季节变动的周期通常为一年，也可以是一个月、一周或一日。例如，由于季节对农作物生产的影响而导致的一年内农产品运输、仓储、加工等方面的周期性变化；由于季节变动而引起的服装、燃料、冷饮等商品的季节性消费周期变动，一天内城市公共交通客流量在上下班时间出现高峰的规律性变动，如此等等均称为季节变动。

2）季节变动的测定

测定季节变动的方法有很多，本节主要介绍两种常用的方法：一种是按月（季）平均法；另一种是移动平均趋势剔除法。在进行测定时，无论采用哪种方法，都需要具备连续若干年的各月（季）发展水平的资料，才能比较准确地观察社会经济现象受季节变动影响的情况。

（1）按月（季）平均法

按月（季）平均法是测定季节变动最简单的方法，它不考虑长期趋势的影响，对原时间数列不作趋势剔除，直接根据历年的周期数据加以平均，并与总平均数对比，求出各月（季）的季节比率即季节指数，借以反映社会经济现象在各期的变动程度。按月（季）平均法计算季节指数的步骤如下：

①将各年同月（季）观察值加总，求若干年内同月（季）的平均数。

$$\text{若干年内同月（季）平均数}=\frac{\text{若干年内同月(季)观察值之和}}{\text{年度数}}$$

②计算若干年内每月（季）的观察值的总和，求总的月（季）平均数。

$$\text{总平均数}=\frac{\text{若干年内各月(季)观察值之和}}{\text{若干年内月(季)总数}}$$

③将若干年内同月（季）平均数与总的月（季）平均数相比，求各月（季）的季节指数。

$$\text{季节指数}=\frac{\text{同月(季)平均数}}{\text{总平均数}}\times 100\%$$

④调整季节指数。计算季节指数时，若依据的是月度资料，各季节指数之和应等于1 200%；若依据的是季度资料，则各季节指数之和应等于400%。否则，需要对季节指数进行调整。

首先，计算调整系数。

$$\text{月份季节指数调整系数}=\frac{1\,200\%}{\text{调整前各月季节指数之和}}$$

$$季度季节指数调整系数=\frac{400\%}{调整前各季季节指数之和}$$

其次，计算调整后的季节指数。

调整后的季节指数=调整前的月（季）季节指数×调整系数

按月（季）平均法的优点是计算简便，容易理解。其缺点是所得的季节指数有时不够精确，因为这种方法没有考虑存在于现象中的长期趋势的影响，在变化趋势上升或下降较剧烈时，会使某些月（季）的平均数偏高或偏低，从而影响季节指数的准确性。

【例8-19】某商业企业2006—2015年各季度销售资料见表8-19，试利用该资料计算季节指数。

表8-19　**某商业企业2006—2015年各季度销售资料**

季度 年份	一	二	三	四	平均数
2006	99.3	97.1	226.4	194.3	154.28
2007	167.4	193.2	392.8	308.0	265.35
2008	234.2	255.3	374.8	447.3	327.90
2009	325.4	424.5	595.1	637.3	495.58
2010	390.4	510.6	725.3	863.1	622.35
2011	548.3	599.7	877.6	872.1	724.43
2012	512.4	605.1	959.2	834.1	727.70
2013	494.2	682.6	890.0	872.3	734.78
2014	501.0	625.8	801.7	786.6	678.78
2015	605.9	582.0	775.9	812.8	694.15
合计	3 878.5	4 575.9	6 618.8	6 627.9	5 425.28
平均数	387.85	457.59	661.88	662.79	542.53
季节指数（%）	71.49	84.34	122.00	122.17	400.00

解：根据季节指数的计算步骤，表8-19中各数值的计算方法为：

首先，按行计算出各年的平均数。

其次，按列根据10年的季度资料计算出同季度的合计数、平均数。

再次，根据10年中40个季度资料计算出总平均数。

最后，将表中各个季度的平均数与总平均数对比，计算出各季度的季节指数。由于各季度的季节指数之和恰好等于400%，因此本例不需要对季节指数进行调整。

从表8-19中的季节指数可以看出，该商业企业销售的变化规律为三、四季度为销售高峰季节，一、二季度进入销售淡季。因此，商业企业应根据商品销售的变化规律，对商品的购进和储存进行合理安排。

（2）移动平均趋势剔除法

移动平均趋势剔除法是先对时间数列计算移动平均数剔除长期趋势的影响，再测定季节变动。其计算步骤如下：

①根据各年的月（季）资料（y）采用移动平均法求趋势值（T）。

②将时间数列的观察值y与趋势值T对比，计算修匀比率y/T。

③将修匀比率y/T按月（季）进行排列，计算出各年同月（季）的平均数，即季节指数。

④调整季节指数。加总季节指数，其总和应为1 200%或400%。如果不等，则需要利用调整系数进行调整，得到最终的季节指数。

【例8-20】仍以某商业企业2006—2015年各季度销售资料（见表8-19）为例，说明采用移动平均趋势剔除法测定季节变动的方法。

解：由于掌握的是季度资料，需采用四项移动平均进行趋势剔除，计算结果见表8-20。

表8-20　**移动平均趋势剔除计算表**

年份	季度	销售额（万元）y	四项移动平均数	移正平均T	修匀比率y/T（%）
2006	一	99.3		—	—
	二	97.1	154.3	—	—
	三	226.4	171.3	162.8	139.08
	四	194.3	195.3	183.3	105.99
2007	一	167.4	236.9	216.1	77.46
	二	193.2	265.4	251.1	76.93
	三	392.8	282.1	273.7	143.51
	四	308.0	297.6	289.8	106.28
2008	一	234.2	293.1	295.3	79.30
	二	255.3	327.9	310.5	82.23
	三	374.8	350.7	339.3	110.46
	四	447.3	393.0	371.9	120.29
2009	一	325.4	448.1	420.5	77.38
	二	424.5	495.6	471.8	89.97
	三	595.1	511.8	503.7	118.15
	四	637.3	533.4	522.6	121.95
2010	一	390.4	565.9	549.6	71.03
	二	510.6	622.4	594.1	85.94
	三	725.3	661.8	642.1	112.96
	四	863.1	684.1	673.0	128.25
2011	一	548.3	722.2	703.1	77.98
	二	599.7	724.4	723.3	82.91
	三	877.6	715.5	719.9	121.90
	四	872.1	716.8	716.1	121.78
2012	一	512.4	737.2	727.0	70.48
	二	605.1	727.7	732.5	82.61
	三	959.2	723.2	725.4	132.23
	四	834.1	742.5	732.8	113.82
2013	一	494.2	725.2	733.9	67.34
	二	682.6	734.8	730.0	93.51
	三	890.0	736.5	735.6	120.99
	四	872.3	722.3	729.4	119.60
2014	一	501.0	700.2	711.2	70.44
	二	625.8	678.8	689.5	90.76
	三	801.7	705.0	691.9	115.87
	四	786.6	694.1	699.5	112.45
2015	一	605.9	687.6	690.8	87.71
	二	582.0	694.2	690.9	84.24
	三	775.9		—	
	四	812.8		—	—

将表8-20中各修匀比率按季度重新整理见表8-21。

表8-21 **季节指数计算表**

季度／年份	一	二	三	四	合计
2006			139.08	105.99	
2007	77.46	76.93	143.51	106.28	
2008	79.30	82.23	110.46	120.29	
2009	77.38	89.97	118.15	121.95	
2010	71.03	85.94	112.96	128.25	
2011	77.98	82.91	121.90	121.78	
2012	70.48	82.61	132.23	113.82	
2013	67.34	93.51	120.99	119.60	
2014	70.44	90.76	115.87	112.45	
2015	87.71	84.24			
合计	679.12	769.1	1 115.15	1 050.41	3 613.78
平均数	75.46	85.46	123.91	116.71	100.38
季节指数（%）	75.17	85.13	123.43	116.27	400.00

根据计算的季节指数绘制折线图，如图8-2所示。

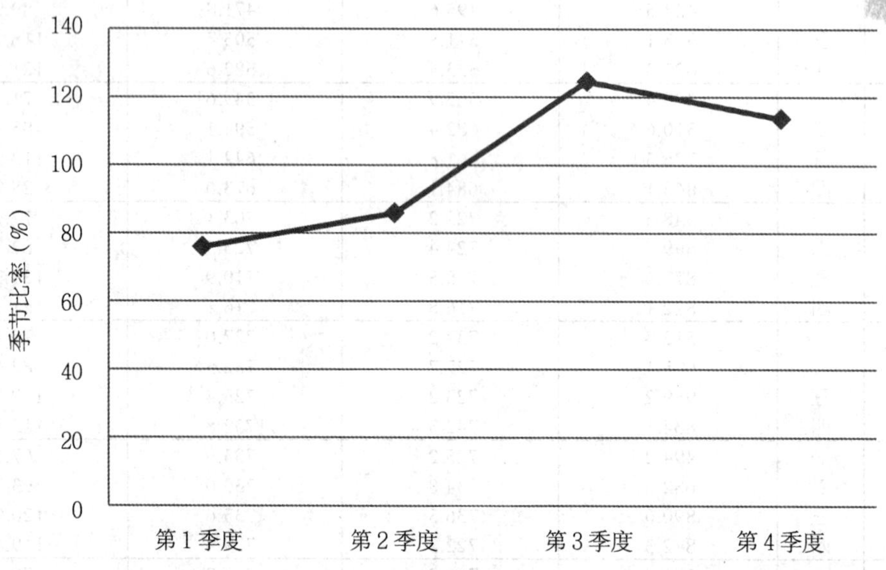

图8-2 季节指数折线图

根据计算得到的季节指数，可以进行预测。根据某商业企业2006—2015年各季度销售资料，预测2016年各季度的销售额如下：

首先，根据2006—2015年各季度销售资料建立趋势方程：

$\hat{y} = 197.02 + 16.85t$

其次，计算2016年各季度的趋势值。

第一季度趋势值 $\hat{y} = 197.02 + 16.85 \times 41 = 887.87$（万元）

第二季度趋势值 $\hat{y} = 197.02 + 16.85 \times 42 = 904.72$（万元）

第三季度趋势值 $\hat{y} = 197.02 + 16.85 \times 43 = 921.57$（万元）

第四季度趋势值 $\hat{y} = 197.02 + 16.85 \times 44 = 938.42$（万元）

再次，利用季节指数对趋势值进行调整，计算预测值。

第一季度预测值 = 887.87 × 75.17% = 667.41（万元）

第二季度预测值 = 904.72 × 85.13% = 770.19（万元）

第三季度预测值 = 921.57 × 123.43% = 1 137.49（万元）

第四季度预测值 = 938.42 × 116.27% = 1 091.10（万元）

比较表8-21和表8-19中的季节指数可以发现，考虑与不考虑趋势计算的季节指数存在一定的差别。按月（季）平均法和移动平均趋势剔除法的差别不在于最终结果的精确度，而在于它们的应用条件。如果掌握的资料没有长期趋势，应采用按月（季）平均法测定季节变动；如果掌握的资料存在长期趋势，应采用移动平均趋势剔除法测定。

8.5.2　循环变动的测定

循环变动在各个时期有不同的原因，变动的程度也有自己的特点。它与季节变动基于大体相同的原因和相对稳定的周期不同，因而不能使用测定季节变动的方法来测定循环变动。测定循环变动的方法有多种，如剩余法、直接法和循环平均法等，最常用的是剩余法。剩余法的基本原理是：通过分解法对时间数列逐步消除长期趋势和季节变动，然后用移动平均法消除不规则变动，剩余部分大体能呈现出循环变动。剩余法分为3种情形：

1）先消除季节变动，后消除长期趋势

①计算季节指数S，用观察值y除以季节指数S，得到无季节变动的数据T×C×I；

②确定长期趋势值T；

③用T×C×I除以长期趋势值T，得到无长期趋势的数据C×I；

④利用移动平均法消除I，得到循环变动C。

2）先消除长期趋势，后消除季节变动

①确定长期趋势值T，用观察值y除以长期趋势值T，得到无长期趋势的数据S×C×I；

②计算季节指数S；

③用S×C×I除以季节指数S，得到无季节影响的数据C×I；

④利用移动平均法消除I，得到循环变动C。

3）同时消除长期趋势和季节变动

①计算季节指数S和长期趋势值T；

②用观察值y除以长期趋势值T和季节指数S，得到无长期趋势和季节变动的数据C×I；

③利用移动平均法消除I，得到循环变动C。

【例8-21】某地区1990—2015年总人口资料见表8-22，试测定该地区总人口变化的循环变动。

解：由于掌握的资料是年度资料，不存在季节变动的影响，因而只要剔除长期趋势和不规则变动就能得到循环变动的效果。依据年末总人口资料，建立直线趋势方程：

$\hat{y} = 482.69 + 6.81t$

利用直线趋势方程，计算得到各年的趋势值；进行趋势剔除后，采用五项移动平均得到循环变动的数据，见表8-22。

表8-22 **某地区1990—2015年总人口资料**

年份	年末总人口（万人）y	趋势值T	趋势剔除y/T	五项移动平均
1990	501.82	489.50	1.0252	
1991	506.44	496.31	1.0204	
1992	510.05	503.12	1.0138	1.0136
1993	512.74	509.93	1.0055	1.0078
1994	518.28	516.74	1.0030	1.0019
1995	521.72	523.55	0.9965	0.9964
1996	525.43	530.36	0.9907	0.9910
1997	529.82	537.17	0.9863	0.9856
1998	532.31	543.98	0.9785	0.9817
1999	537.44	550.79	0.9758	0.9795
2000	544.89	557.6	0.9772	0.9795
2001	553.04	564.41	0.9799	0.9818
2002	563.28	571.22	0.9861	0.9862
2003	572.23	578.03	0.9900	0.9922
2004	583.60	584.84	0.9979	0.9991
2005	595.80	591.65	1.0070	1.0058
2006	607.23	598.46	1.0147	1.0119
2007	617.17	605.27	1.0197	1.0158
2008	624.46	612.08	1.0202	1.0166
2009	629.77	618.89	1.0176	1.0149
2010	632.42	625.70	1.0107	1.0107
2011	636.36	632.51	1.0061	1.0057
2012	638.48	639.32	0.9987	1.0009
2013	643.09	646.13	0.9953	0.9968
2014	648.72	652.94	0.9935	
2015	653.40	659.75	0.9904	

根据表8-22的资料绘制该地区总人口循环变动图，如图8-3所示。

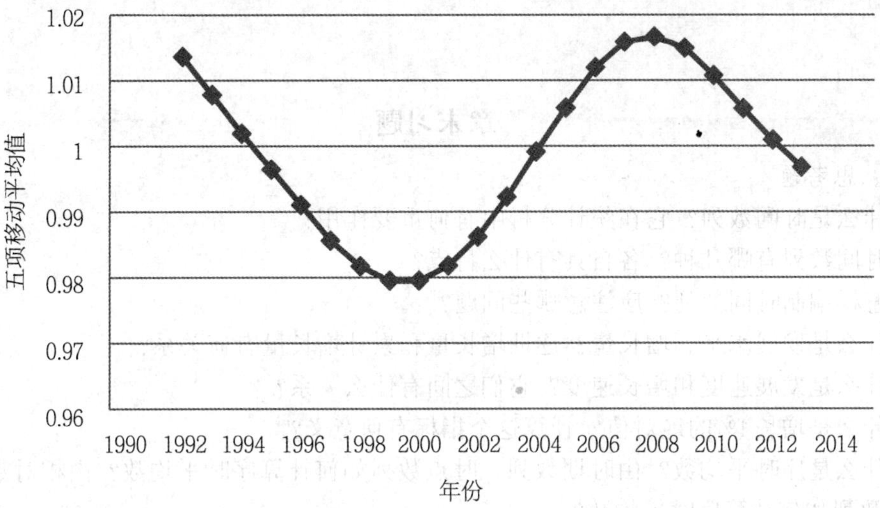

图8-3　总人口循环变动图

本章小结

时间数列是将某种社会经济现象的某个统计指标在不同时间上的各个数值按时间先后顺序排列而形成的数列。它由两个基本要素组成：一个是被研究社会经济现象所属的时间；另一个是反映社会经济现象的某一指标在不同时间上的指标数值。

时间数列有绝对数时间数列（时期数列、时点数列）、相对数时间数列和平均数时间数列3种类型。

编制时间数列的原则有：①指标数值所属的时间长短要一致；②指标数值所属的总体范围要一致；③指标的经济内容要一致；④指标的计算口径要一致。

时间数列常用的分析方法有时间数列指标分析法和时间数列影响因素分析法。

时间数列的分析指标主要有水平指标和速度指标。水平指标包括发展水平与平均发展水平、增长量和平均增长量；速度指标包括发展速度与增长速度、平均发展速度与平均增长速度。

定基发展速度与环比发展速度的数量关系为：各时期内环比发展速度的连乘积等于相应时期的定基发展速度，两个相邻时期定基发展速度的比率等于相应时期的环比发展速度。

用环比增长速度推算定基增长速度时，可先将各期环比增长速度加1后连乘，再将结果减1，即得相应时期定基增长速度。

时间数列的影响因素分析主要有时间数列的趋势分析、季节变动和循环变动的测定。趋势分析包括时距扩大法、移动平均法、指数平滑法和趋势模型法（包括直线趋势模型、指数曲线趋势模型和抛物线趋势模型）。季节变动的测定有按月（季）平均法和移动平均趋势剔除法。测定循环变动的方法有多种，如剩余法、直接法和循环平均法等，最常用的是剩余法。

章末习题

一、思考题

1.什么是时间数列？它在统计分析中有何重要作用？

2.时间数列有哪几种？各自具有什么特点？

3.怎样编制时间数列？应注意哪些问题？

4.什么是发展水平、增长量？逐期增长量和累计增长量有何关系？

5.什么是发展速度和增长速度？它们之间有什么关系？

6.什么是增长1%的绝对值？计算这个指标有何意义？

7.什么是序时平均数？由时期数列、时点数列如何计算序时平均数？由相对数或平均数时间数列如何计算序时平均数？

8.序时平均数和一般平均数有哪些异同？

9.计算平均发展速度和平均增长速度有哪些方法？其特点是什么？

10.常用的揭示社会经济现象发展趋势的方法有哪几种？

11.简述移动平均法的含义，并说明其特点。

12.时间数列的季节变动与循环变动的区别是什么？

13.利用模型法测定时间数列的趋势变动，评价不同趋势线拟合是否可靠的方法和依据是什么？

14.什么是季节变动？为什么要研究季节变动？怎样测定季节变动？

15.如何测定循环变动和不规则变动？

二、练习题

1.某企业某年5月份职工人数资料见表8-23。

表8-23　**某企业某年5月份职工人数**　单位：人

日期	1日	9日	14日	20日	29日	31日
职工人数（人）	850	870	890	910	900	920

要求：计算该企业5月份平均职工人数。

2.某企业2016年各月末材料库存额情况见表8-24。

表8-24　**某企业2016年各月末材料库存额**　单位：万元

时间	上年12月	1月	2月	3月	4月	5月	6月	7月	8月	9月	10月	11月	12月
月末库存额	5.2	4.8	4.4	3.6	3.2	3.0	4.0	3.6	3.4	4.2	4.6	5.0	5.6

要求：计算该企业全年材料平均库存额。

3.某农场2016年生猪存栏头数资料见表8-25。

表8-25　**某农场2016年生猪存栏头数**　单位：头

时间	1月1日	4月1日	8月1日	12月末
生猪存栏数	1 000	600	800	1 200

要求：计算该农场全年平均生猪存栏头数。

4.某卷烟厂第三季度各月产量及一等品率资料见表8-26。

表8-26　**某卷烟厂第三季度各月产量及一等品率**

项目	计量单位	7月	8月	9月
卷烟产量	万箱	2.5	2	3
一等品率	%	70	75	80

要求：计算该卷烟厂第三季度卷烟平均一等品率。

5.某企业3—6月有关数据见表8-27。

表8-27　**某企业3—6月有关数据**

月份	3月	4月	5月	6月
工业增加值（万元）	1 100	1 260	1 460	1 630
月末职工人数（人）	2 000	2 000	2 200	2 200

要求：

（1）计算该企业第二季度各月劳动生产率；

（2）计算该企业第二季度月平均劳动生产率。

6.某企业第十二个五年计划期间（2011—2015年）增加值资料见表8-28。

表8-28　**某企业第十二个五年计划期间增加值**

年份		2010	2011	2012	2013	2014	2015
增加值（万元）		210	260	280	320	380	460
增长量（万元）	逐期						
	累计						
发展速度（%）	环比						
	定基						
增长速度（%）	环比						
	定基						
增长1%的绝对值							
平均发展速度（%）							

要求：计算表内各项指标数值。

7.某市5年计划规定总产值提高50%，第一年实际比上年提高5%，第二年实际比上年提高10%。

要求：计算后3年平均每年应提高多少才能完成5年计划规定的任务。

8.某煤矿2010年原煤产量为220万吨，计划在“十二五”期间年产量平均递增12%。

要求：计算“十二五”规划末年（2015年）原煤可达到的产量。

9.我国1996—2015年粮食产量数据见表8-29。

表 8-29　**我国 1996—2015 年粮食产量**

年份	粮食产量（万吨）	年份	粮食产量（万吨）
1996	50 454	2006	49 804
1997	49 417	2007	50 160
1998	51 230	2008	52 871
1999	50 839	2009	53 082
2000	46 218	2010	54 648
2001	45 264	2011	57 121
2002	45 706	2012	58 958
2003	43 070	2013	60 194
2004	46 947	2014	60 703
2005	48 402	2015	62 144

要求：

（1）分别用三项移动平均法和指数平滑法（$\alpha=0.3$）预测 2016 年的粮食产量；

（2）绘制观察值、预测值的变动趋势图；

（3）计算预测误差，说明哪种预测方法更合适。

10. 某商业企业过去 18 个月的营业额数据见表 8-30。

表 8-30　**某商业企业过去 18 个月的营业额**

时间	营业额（万元）	时间	营业额（万元）
第 1 个月	295	第 10 个月	473
第 2 个月	283	第 11 个月	470
第 3 个月	322	第 12 个月	481
第 4 个月	355	第 13 个月	449
第 5 个月	286	第 14 个月	544
第 6 个月	379	第 15 个月	601
第 7 个月	381	第 16 个月	587
第 8 个月	431	第 17 个月	644
第 9 个月	424	第 18 个月	660

要求：

（1）绘制时间数列趋势图描述营业额的变动趋势；

（2）分别用三项移动平均法和四项移动平均法预测第 19 个月的营业额；

（3）采用指数平滑法，分别用平滑系数 $\alpha=0.3$、$\alpha=0.4$ 和 $\alpha=0.5$ 进行平滑预测，预测该企业第 19 个月的营业额，并选择最适宜的平滑系数。

11. 某公司 2010—2015 年销售额资料见表 8-31。

表 8-31　**某公司 2010—2015 年销售额**　单位：万元

年份	2010	2011	2012	2013	2014	2015
销售额	100	112	125	140	154	168

要求：

（1）判断该公司销售额的发展趋势；

（2）建立合适的趋势模型，并预测该公司2017年的销售额。

12.某企业2009—2015年工业增加值资料见表8-32。

表8-32　**某企业2009—2015年工业增加值**　单位：万元

年份	2009	2010	2011	2012	2013	2014	2015
工业增加值	395	416	462	520	601	702	823

要求：

（1）分析确定该数列的曲线特征；

（2）建立合适的趋势模型，并预测该企业2017年的工业增加值。

13.某乳制品厂的产值资料见表8-33。

表8-33　**某乳制品厂的产值**　单位：百万元

年份＼季度	一	二	三	四
2011	14	19	6	13
2012	16	23	9	14
2013	18	27	15	18
2014	20	28	18	21
2015	21	30	18	22

要求：试用按季平均法计算各季度的季节指数。

第9章/统计指数

【学习目标】本章主要讲述统计指数的理论与方法。通过本章的学习，了解统计指数的基本概念和统计指数的种类；掌握综合指数和平均数指数的编制方法；熟练掌握指数体系在因素分析中的应用；了解几种常用的经济指数。

9.1 统计指数概述

9.1.1 统计指数的概念

通常，统计指数的概念有广义与狭义之分。广义上来讲，凡是说明现象数量变动的相对数都称为指数，包括前面所学过的比较相对数、动态相对数、计划完成程度相对数等；对狭义指数的分析与研究，最早可追溯到1650年英国人沃汉（R.Voughan）所编制的物价指数。最初的物价指数只是反映一种商品现行价格与过去价格对比的变化，随着指数应用的不断发展，其逐渐演变成一种特殊的相对数，即反映不能直接相加和对比的多因素组成的复杂现象综合变动的相对数。例如，反映工业产品的数量变动时，各种产品的使用价值不同、计量单位不同无法相加汇总；反映社会零售商品价格变动时，各种商品需求量不同，对总体价格变化的影响作用不同，因而直接相加对比不科学也不合理，对于此类复杂现象数量综合变动的反映需借助本章所介绍的狭义指数方法解决。

9.1.2 统计指数的分类和作用

1）统计指数的分类

（1）按说明社会经济现象范围的不同，分为个体指数和总指数

个体指数是反映个别现象变动的相对数。例如，单个商品的销售量指数、个别商品的价格指数、单个产品的成本指数等。

总指数是说明多种现象综合变动的相对数。例如，工业产品产量指数、居民消费价格指数等。

（2）按所反映现象的数量特征不同，分为数量指标指数和质量指标指数

数量指标指数是用来反映现象总体规模变动程度的相对数。例如，产品产量指数、商品销售量指数等。

质量指标指数是反映现象质量、内涵变动程度的相对数。例如，商品价格指数、劳动

生产率指数、单位成本指数等。

（3）按反映的时间状况不同，分为动态指数和静态指数

动态指数又称时间指数，是反映事物在时间上数量变动的相对数。该指数根据所选用的基期不同，分为定基指数和环比指数。

静态指数主要包括空间指数和计划完成程度指数两种。空间指数指不同空间的同类现象水平在同一时间对比的相对数，反映现象在不同区域的差异程度。例如，地区经济综合评价指数等。

2）统计指数的作用

统计指数的作用主要体现在以下几个方面：

（1）运用统计指数可以分析复杂现象总体的变动方向和变动程度

通过指数编制的独特方法，可以将复杂总体中各个不能直接相加或不能直接对比的量过渡到可以相加、可以对比，从而综合反映现象总体的变动方向和变动程度。

（2）运用统计指数可以测定复杂现象总体中各因素对总量变动的影响方向和影响程度

许多社会经济现象的数量变动是由多种因素共同作用的结果，利用指数体系理论可以测定复杂现象总变动中，各构成因素的变动对现象总变动的影响方向和影响程度。

（3）利用统计指数可以研究复杂现象总体的长期变动趋势

通过编制一系列反映同类现象变动情况的指数数列，可以反映被研究现象的变动趋势。例如，根据2000—2015年16年间的零售价格指数资料，可以揭示价格的变动趋势。

（4）运用统计指数可以对社会经济现象进行综合评价和测定

许多社会经济现象都可以运用统计指数进行综合评价，以便对某种经济现象的水平做出综合的数量测评。例如，对企业综合经济效益、地区及国家综合经济实力等方面的评价。

9.2　统计指数的编制

总指数的编制基本分为两类：一是综合指数；二是平均数指数。

9.2.1　综合指数

综合指数是总指数编制的基本形式，它反映的是复杂现象总体的综合变动。复杂现象总体的特点在于各种事物的度量单位不同，不能直接加总以综合反映它们的变动。例如，工业产品种类繁多，各自的使用价值、计量单位不同，因而要综合反映其产品产量的变动，就不能将不同种类的工业产品产量直接相加，来计算报告期或基期的产品总量指标，从而测定工业产品总量报告期比基期变化的总动态。同样道理，对于不同的产品，由于需求量存在差异，也不能将其价格进行简单相加对比。

运用综合指数形式编制总指数，对这一问题的解决，是通过引入一个同度量因素，使不能直接加总的现象过渡到能够加总的总量指标。例如，在不同种类工业产品组成的总体中，引入价格这一因素，即将不同种类产品产量乘以各自的价格，计算出总产值指标，这是可以相加的。同理，要编制价格总指数，可以引入产品产量作为同度量因素。

运用综合指数形式编制总指数的另一个特点是，在两个不同时期经过加总综合后的价值指标进行对比时，通常将同度量因素固定在同一时期的水平上，以消除同度量因素的影响，从而单纯测定所研究现象的变动方向和变动程度。

综合指数有两种，分别为数量指标综合指数和质量指标综合指数。

1）数量指标综合指数

如果编制综合指数的指数化因素是数量指标，就是数量指标综合指数。常见的数量指标综合指数有商品销售量指数、工业产品产量指数、农副产品产量指数等。

【例9-1】某商店3种商品销售资料见表9-1，试根据该资料编制销售量综合指数。

表9-1 **某商店3种商品销售资料**

商品名称	计量单位	销售量			销售价格（元）		
		基期q_0	报告期q_1	个体指数k_q（%）	基期p_0	报告期p_1	个体指数k_p（%）
甲	件	300	360	120.0	5.2	5.0	96.2
乙	瓶	650	700	107.7	4.5	4.0	88.9
丙	台	40	36	90.0	9.5	12.0	126.3

表中：个体销售量指数$k_q = q_1/q_0$，个体销售价格指数$k_p = p_1/p_0$。

从表9-1可以看出，每种商品销售量的个体指数非常简单明确，甲、乙、丙3种商品各自的销售量指数分别为120.0%、107.7%、90.0%，甲上升20%、乙上升7.7%、丙下降10%，有升有降。但是如果要综合说明该商店3种商品销售量总体的变化情况，就需要编制销售量总指数。编制方法如下：

第一步，引进同度量因素，把不能直接加总的销售量过渡到可以加总的销售额指标。因为3种商品的性质、用途、计量单位不同，无法直接汇总得出总数量，根据社会经济现象的内在联系，引进价格因素，将其转化成价值量即销售额指标。而销售额具有可比性，是可以直接加总的。因此，价格作为一个同度量因素，实现了对不同种类商品的综合汇总，此时引入的价格除了起同度量作用外，还有加权的作用。

第二步，固定同度量因素，对比反映数量的综合变动。为了单纯反映商品销售量的变动，需将报告期和基期销售额中的价格因素固定在同一时期，同度量因素究竟固定在哪个时期较好呢？统计学中有不同的看法，于是产生了不同的指数计算形式。

（1）以基期价格（p_0）为同度量因素的销售量指数

$$K_q = \frac{\sum q_1 p_0}{\sum q_0 p_0}$$

该公式由德国统计学家拉斯贝尔（Laspeyres）提出，称为拉氏数量指数。

（2）以报告期价格（p_1）为同度量因素的销售量指数

$$K_q = \frac{\sum q_1 p_1}{\sum q_0 p_1}$$

该公式由德国统计学家派许（Paashe）首先提出，称为派氏数量指数。

（3）以特定时期价格（p_n）为同度量因素的销售量指数

$$K_q=\frac{\sum q_1p_n}{\sum q_0p_n}$$

解：根据以上指数公式，对表9-1中的数据进行计算汇总，结果见表9-2。

表9-2　**某商店3种商品销售量指数计算表**

商品名称	计量单位	销售量		销售价格（元）		销售额（元）			
		基期q_0	报告期q_1	基期p_0	报告期p_1	q_0p_0	q_1p_1	q_1p_0	q_0p_1
甲	件	300	360	5.2	5.0	1 560	1 800	1 872	1 500
乙	瓶	650	700	4.5	4.0	2 925	2 800	3 150	2 600
丙	台	40	36	9.5	12.0	380	432	342	480
合计	—	—	—	—	—	4 865	5 032	5 364	4 580

①按拉氏数量指数公式计算，销售量总指数为：

$$K_q=\frac{\sum q_1p_0}{\sum q_0p_0}=\frac{360\times5.2+700\times4.5+36\times9.5}{300\times5.2+650\times4.5+40\times9.5}=\frac{5\,364}{4\,865}=110.26\%$$

$\sum q_1p_0-\sum q_0p_0=5\,364-4\,865=499$（元）

计算结果表明：3种商品的销售量报告期为基期的110.26%，比基期增长了10.26%；由于销售量的增加，使销售额报告期比基期增加499元。

②按派氏数量指数公式计算，销售量总指数为：

$$K_q=\frac{\sum q_1p_1}{\sum q_0p_1}=\frac{360\times5.0+700\times4.0+36\times12.0}{300\times5.0+650\times4.0+40\times12.0}=\frac{5\,032}{4\,580}=109.87\%$$

$\sum q_1p_1-\sum q_0p_1=5\,032-4\,580=452$（元）

计算结果表明：3种商品的销售量报告期为基期的109.87%，比基期增长了9.87%；由于销售量的增加，使销售额报告期比基期增加452元。

由以上计算结果可以看出，用不同的价格作为同度量因素计算的结果不同，拉氏数量指数以基期销售价格作同度量因素，计算的总指数不包含价格变动影响；而派氏数量指数以报告期销售价格作为同度量因素，是在变化了的价格的基础上反映销售量的变动，包含价格的部分影响，因此拉氏数量指数更能准确地反映销售量的实际变动。

在实际运用中，对数量指标指数我们更注重其实际的变动水平，因此原则上采用拉氏数量指数编制，即反映数量的综合变动以质量指标为同度量因素，并将其固定在基期。

2）质量指标综合指数

如果编制综合指数的指数化因素是质量指标时，就是质量指标综合指数。常见的质量指标综合指数有商品价格指数、产品单位成本指数等。下面仍以例9-1为例说明。

甲、乙、丙3种商品各自的销售价格指数分别为96.2%、88.9%、126.3%，甲下降3.8%、乙下降11.1%、丙上升26.3%，有升有降。但是如果要综合说明该商店3种商品销售价格总体的变化情况，就需要编制价格总指数。编制方法如下：

第一步，引进销售量同度量因素获得销售额总量指标。不同种类的商品，其在市场上的需求量有很大不同，简单相加对比不合理，需引进销售量作为同度量因素，将其转化成销售额指标，然后进行加总。这里销售量既起综合作用，又是决定每种商品价格作用大小的权数。

第二步，固定同度量因素，对比反映质量指标的综合变动。为了单纯反映商品销售价格的变动，需将报告期和基期销售额中的销售量因素固定在同一时期。销售量因素所固定的时期不同，就会产生不同的质量指标综合指数。

（1）以基期销售量（q_0）为同度量因素的价格指数

$$K_p=\frac{\sum q_0p_1}{\sum q_0p_0}$$

该公式由德国统计学家拉斯贝尔（Laspeyres）提出，称为拉氏质量指数。

（2）以报告期销售量（q_1）为同度量因素的价格指数

$$K_p=\frac{\sum q_1p_1}{\sum q_1p_0}$$

该公式由德国统计学家派许（Passche）首先提出，称为派氏质量指数。

仍以表9-2的资料为例，说明质量指标综合指数的编制。

①按拉氏质量指数公式计算，销售价格总指数为：

$$K_p=\frac{\sum q_0p_1}{\sum q_0p_0}=\frac{300\times5.0+650\times4.0+40\times12.0}{300\times5.2+650\times4.5+40\times9.5}=\frac{4\,580}{4\,865}=94.14\%$$

$\sum q_0p_1-\sum q_0p_0$=4 580−4 865=−285（元）

计算结果表明：3种商品的销售价格报告期为基期的94.14%，比基期平均下降5.86 %。由于销售价格的下降，使销售额报告期比基期减少285元。

②按派氏质量指数公式计算，销售价格总指数为：

$$K_p=\frac{\sum q_1p_1}{\sum q_1p_0}=\frac{360\times5.0+700\times4.0+36\times12.0}{360\times5.2+700\times4.5+36\times9.5}=\frac{5\,032}{5\,364}=93.81\%$$

$\sum q_1p_1-\sum q_1p_0$=5 032−5 364=−332（元）

计算结果表明：3种商品的销售价格报告期为基期的93.81%，比基期综合下降6.19%。由于销售价格的下降，使销售额报告期比基期减少332元。

由以上计算可以看出，采用不同时期的销售量作同度量因素计算的结果不同。对于编制价格指数，我们重点关注价格变化及其带来的实际经济后果。所以使用派氏质量指数比较符合这一目的，因此原则上将销售量固定在报告期，即用派氏质量指数更具有现实意义。

9.2.2 平均数指数

平均数指数是总指数的另一种计算形式，是通过对个体指数加权计算的一种总指数，分为加权算术平均数指数和加权调和平均数指数两种形式。

平均数指数计算比较简便，不需要掌握全面的资料。

1）加权算术平均数指数

加权算数平均数指数，是以个体指数为变量值，以一定时期的总值指标为权数，对个体指数加权算术平均以计算总指数的一种方法。

加权算术平均数的权数一般用q_0p_0，基本公式如下：

$$K_p=\frac{\sum k_p q_0 p_0}{\sum q_0 p_0}=\frac{\sum \frac{p_1}{p_0} q_0 p_0}{\sum q_0 p_0}=\frac{\sum q_0 p_1}{\sum q_0 p_0}$$

$$K_q=\frac{\sum k_q q_0 p_0}{\sum q_0 p_0}=\frac{\sum \frac{q_1}{q_0} q_0 p_0}{\sum q_0 p_0}=\frac{\sum q_1 p_0}{\sum q_0 p_0}$$

可以看出，以基期总值作权数的算术平均数指数是拉氏指数的变形，当个体指数与总值指标之间存在严格的一一对应关系时，加权算术平均数指数等同于拉氏综合指数，二者只存在计算形式上的差别。

【例9-2】某商店3种商品个体指数与销售额计算表见表9-3，试根据该资料编制销售量平均数指数。

表9-3　**某商店3种商品个体指数与销售额计算表**

商品名称	计量单位	销售量			销售价格（元）			销售额（元）	
		基期q_0	报告期q_1	个体指数 k_q（%）	基期p_0	报告期p_1	个体指数 k_p（%）	q_0p_0	q_1p_1
甲	件	300	360	120.0	5.2	5	96.2	1 560	1 800
乙	瓶	650	700	107.7	4.5	4	88.9	2 925	2 800
丙	台	40	36	90.0	9.5	12	126.3	380	432
合计	—	—	—	—	—	—	—	4 865	5 032

解：根据表9-3的资料，采用加权算术平均数指数计算销售量总指数为：

$$K_q=\frac{\sum k_q q_0 p_0}{\sum q_0 p_0}=\frac{\sum \frac{q_1}{q_0} q_0 p_0}{\sum q_0 p_0}$$

$$=\frac{1.200\times 1\,560+1.077\times 2\,925+0.900\times 380}{1\,560+2\,925+380}=\frac{5\,364}{4\,865}=110.26\%$$

可以看出，当编制数量指标指数时，如果只掌握个体数量指数和基期的总值资料，则以个体数量指数为变量、以基期总值为权数应用加权算术平均数进行计算。

2）加权调和平均数指数

加权调和平均数指数，是以个体指数为变量值，以一定时期的总值指标为权数，对个体指数加权调和平均以计算总指数的一种方法。

加权调和平均数指数一般用q_1p_1加权，基本公式为：

$$K_p=\frac{\sum q_1 p_1}{\sum \frac{1}{k_p} q_1 p_1}=\frac{\sum q_1 p_1}{\sum \frac{1}{p_1/p_0} q_1 p_1}=\frac{\sum q_1 p_1}{\sum q_1 p_0}$$

$$K_q=\frac{\sum q_1 p_1}{\sum \frac{1}{k_q} q_1 p_1}=\frac{\sum q_1 p_1}{\sum \frac{1}{q_1/q_0} q_1 p_1}=\frac{\sum q_1 p_1}{\sum q_0 p_1}$$

可以看出，当个体指数与总值指数之间存在严格的一一对应关系时，加权调和平均数指数等同于派氏综合指数，二者只存在计算形式的差别。

仍以例9-2的资料为例说明如何采用加权调和平均数指数计算销售价格总指数。

$$K_p=\frac{\sum q_1p_1}{\sum\frac{1}{k_p}q_1p_1}=\frac{\sum q_1p_1}{\sum\frac{1}{p_1/p_0}q_1p_1}$$

$$=\frac{1\ 800+2\ 800+432}{\frac{1\ 800}{0.962}+\frac{2\ 800}{0.889}+\frac{432}{1.263}}=\frac{5\ 032}{5\ 363}=93.83\%$$

所以当编制质量指数时，如果只掌握个体质量指数和报告期的总值资料，则以个体质量指数为变量、以报告期总值为权数应用加权调和平均数进行计算。

9.2.3 固定权数平均数指数

固定权数平均数指数是以指数化因素的个体指数为基础，使用固定权数对个体指数进行加权平均计算的总指数。比较常见的是加权算术平均数指数，其计算公式为：

$$K=\frac{\sum kw}{\sum w}$$

式中：k为个体指数；w为固定权数。w是经过调整计算的不变权数，一般用比重表示，它与加权算术平均数指数的权数q_0p_0的口径与范围不同。因此，固定权重的平均数指数是一种独立形式指数，而不是综合指数的变形。

我国编制的零售物价指数和居民消费价格指数都采用这种方式。

下面以居民消费价格指数为例，说明固定权数平均数指数的应用。

消费价格指数（consumer price index，CPI）是世界许多国家都编制的一种指数，我国称之为居民消费价格指数。它是用来衡量居民日常消费商品和服务价格变动程度的指标，反映居民所消费商品及服务价格变动的总体趋势及程度。其计算公式为：

$$K_p=\frac{\sum k_pw}{\sum w}$$

式中：k_p表示商品价格的个体指数。

【例9-3】某市居民消费价格指数计算表见表9-4，试计算该市居民消费价格总指数。

表9-4 **居民消费价格指数计算表**

商品类别	类指数k_p（%）	固定权数w（%）	k_pw（%）
一、食品类	104.15	42	43.743
二、衣着类	95.46	15	14.319
三、家庭设备用品及服务类	102.70	11	11.297
四、医疗保健及个人用品类	110.43	3	3.313
五、交通和通信工具类	98.53	4	3.941
六、娱乐教育用品及服务类	101.26	5	5.063
七、烟酒及用品类	103.50	14	14.490
八、居住类	108.75	6	6.525
合　计	—	100	102.69

解：根据表9-4的资料，采用固定加权平均计算的居民消费价格总指数为：

$$K_p = \frac{\sum k_p w}{\sum w} = \frac{102.69}{100} = 102.69\%$$

计算结果表明：该市居民消费价格报告期比基期平均上涨了2.69%。

9.3 指数体系和因素分析

9.3.1 指数体系的概念

某些现象数量的变动往往是由两个或两个以上因素的共同作用而形成的，其数量关系可以用指标体系的形式表现出来，例如：

销售额=销售量×销售价格

产品总成本=产品产量×单位产品成本

原材料总费用=产品产量×原材料单耗×原材料价格

这种总量指标与其因素指标之间的关系同样可以体现在它们各自的指数之间的联系上，即：

销售额指数=销售量指数×销售价格指数

产品总成本指数=产品产量指数×单位产品成本指数

原材料总费用指数=产品产量指数×原材料单耗指数×原材料价格指数

上述若干个指数形成了指数体系。所谓指数体系，是指经济上具有一定联系，数量上具有对等关系的3个及3个以上指数构成的整体。这种在一定经济联系基础上所形成的严密的数量关系式，是我们进行因素分析的重要基础。

9.3.2 因素分析

1）总量指标因素分析

（1）两因素总量指标因素分析

综合指数（加权平均数指数相同）按一般原则常用的是基期权数的数量指标指数和报告期权数的质量指标指数形成的指数体系。该指数体系可表示为：

$$\frac{\sum q_1 p_1}{\sum q_0 p_0} = \frac{\sum q_1 p_0}{\sum q_0 p_0} \times \frac{\sum q_1 p_1}{\sum q_1 p_0}$$

$$\sum q_1 p_1 - \sum q_0 p_0 = \left(\sum q_1 p_0 - \sum q_0 p_0\right) + \left(\sum q_1 p_1 - \sum q_1 p_0\right)$$

通过该指数体系可以分析总量变动中各因素影响的相对水平及绝对变化，因在前面的综合指数编制方法分析中已经涉及，这里不再介绍。

（2）多因素总量指标因素分析

当影响因素达到3个及3个以上时，就形成了多因素构成的指数体系，由于多因素涉及的因素较多，因而除了两因素分析中要注意的问题外，还要注意下列问题：

①进行多因素分析时，要将各因素指标按其性质进行排列，排列顺序是：数量指标排在前面，质量指标排在后面。

②在测定某一因素的变动影响时，要把其他两个或两个以上因素固定不变。固定因素所属时期的确定仍然要以编制综合指数的一般原则为依据。

【例9-4】某企业生产甲、乙两种产品，其产品产量、单位产品原材料消耗量和原材料价格见表9-5。

表9-5 **某企业产品产量及原材料费用**

产品名称	产量（台）		原材料名称	单耗（千克）		原材料价格（元）		原材料费用（万元）			
	q_0	q_1		m_0	m_1	p_0	p_1	$q_0m_0p_0$	$q_1m_1p_1$	$q_1m_0p_0$	$q_1m_1p_0$
甲	2 000	2 100	A	500	510	80	90	8 000	9 639	8 400	8 568
			B	400	480	30	35	2 400	3 528	2 520	3 024
乙	1 000	1 100	A	800	840	80	90	6 400	8 316	7 040	7 392
			B	600	580	30	35	1 800	2 233	1 980	1 914
合计	—	—	—	—	—	—	—	18 600	23 716	19 940	20 898

解：根据表9-5中的数据计算如下：

（1）原材料总费用指数：

$$\frac{\sum q_1m_1p_1}{\sum q_0m_0p_0}=\frac{23\,716}{18\,600}=127.51\%$$

原材料总费用增加额：

$$\sum q_1m_1p_1-\sum q_0m_0p_0=23\,716-18\,600=5\,116\text{（万元）}$$

（2）产品产量指数：

$$\frac{\sum q_1m_0p_0}{\sum q_0m_0p_0}=\frac{19\,940}{18\,600}=107.2043\%$$

由于产量增加而增加的原材料总费用：

$$\sum q_1m_0p_0-\sum q_0m_0p_0=19\,940-18\,600=1\,340\text{（万元）}$$

（3）单耗指数：

$$\frac{\sum q_1m_1p_0}{\sum q_1m_0p_0}=\frac{20\,898}{19\,940}=104.8044\%$$

由于单耗增加而增加的原材料总费用：

$$\sum q_1m_1p_0-\sum q_1m_0p_0=20\,898-19\,940=958\text{（万元）}$$

（4）原材料价格指数：

$$\frac{\sum q_1m_1p_1}{\sum q_1m_1p_0}=\frac{23\,716}{20\,898}=113.4845\%$$

由于原材料价格上涨而增加的原材料总费用：

$$\sum q_1m_1p_1-\sum q_1m_1p_0=23\,716-20\,898=2\,818\text{（万元）}$$

指数体系为：

$$127.51\%=107.2043\%\times104.8044\%\times113.4845\%$$

$$5\,116=1\,340+958+2\,818$$

从相对数看，该企业原材料总费用增长27.51%，是由工业生产量增长7.20%、单耗上升4.80%、原材料价格上涨13.48%造成的。

从绝对数看，原材料总费用增加5 116万元，其中由于产量增加而增加的原材料总费用为1 340万元，由于单耗增加而增加的原材料总费用为958万元，由于原材料价格上涨而增加的原材料总费用为2 818万元。由此可见，原材料价格上涨是原材料总费用增加的主要因素，其次是产量，单耗排最后。

2）平均指标因素分析

因素分析法不仅可以应用于总量指标的变动分析，也可以应用于平均指标的变动分析。与总量指标相类似，平均指标也可分解成两个因素的乘积：一个是分组后各组的平均水平指标，其作为质量指标对待；另一个是各组次数在总体中所占比重指标，作为数量指标对待。下面以平均工资为例加以说明。

设x为组平均工资，f为各组次数。则：

$$\text{总平均工资} = \frac{\sum xf}{\sum f} = \sum x \cdot \frac{f}{\sum f}$$

考察平均指标的变动，同样需要按照编制指数的一般原理，分别计算相应指数，进行影响因素分析。

（1）可变构成指数

可变构成指数是报告期的总平均数与基期的总平均数的比值，反映总平均数的变动程度。其计算公式为：

$$\text{可变构成指数}=\frac{\sum x_1 \frac{f_1}{\sum f_1}}{\sum x_0 \frac{f_0}{\sum f_0}}$$

（2）固定构成指数

固定构成指数是在总平均数指数中，将结构指标固定在报告期，以反映组平均数变动及影响的相对数。其计算公式为：

$$\text{固定构成指数}=\frac{\sum x_1 \frac{f_1}{\sum f_1}}{\sum x_0 \frac{f_1}{\sum f_1}}$$

（3）结构影响指数

结构影响指数是在总平均数指数中，将各组平均水平固定在基期，以反映结构变动及影响的相对数。其计算公式为：

$$\text{结构影响指数}=\frac{\sum x_0 \frac{f_1}{\sum f_1}}{\sum x_0 \frac{f_0}{\sum f_0}}$$

【例9-5】某机械厂两个分厂工人人数及平均工资资料见表9-6，试分析该机械厂总平均工资变动中受两个分厂平均工资及工人结构变动的影响情况。

解：根据表9-6资料，计算如下：

表9-6 **两个分厂工人人数及平均工资**

工厂类别	工人人数（人）		各组工人比重（%）		日平均工资（元）	
	f_0	f_1	$f_0/\sum f_0$	$f_1/\sum f_1$	x_0	x_1
一厂	300	240	60	40	180	185
二厂	200	360	40	60	140	145
合计	500	600	100	100	164	161

$$\text{可变构成指数}=\frac{\sum x_1\frac{f_1}{\sum f_1}}{\sum x_0\frac{f_0}{\sum f_0}}=\frac{185\times40\%+145\times60\%}{180\times60\%+140\times40\%}=\frac{161}{164}=98.17\%$$

$$\sum x_1\frac{f_1}{\sum f_1}-\sum x_0\frac{f_0}{\sum f_0}=161-164=-3\text{（元）}$$

计算结果表明：该企业总平均工资报告期比基期下降1.83%，相当于每人比基期减少3元。从资料看，每个组的工资都不同程度地提高了，但总平均工资却下降了，其中的原因可以通过对以下因素的影响分析得到。

$$\text{固定构成指数}=\frac{\sum x_1\frac{f_1}{\sum f_1}}{\sum x_0\frac{f_1}{\sum f_1}}=\frac{185\times40\%+145\times60\%}{180\times40\%+140\times60\%}=\frac{161}{156}=103.21\%$$

$$\sum x_1\frac{f_1}{\sum f_1}-\sum x_0\frac{f_1}{\sum f_1}=161-156=5\text{（元）}$$

计算结果表明：各分厂工资水平平均增长3.21%，由于各分厂工资水平的增长而使总平均工资增加5元。

$$\text{结构影响指数}=\frac{\sum x_0\frac{f_1}{\sum f_1}}{\sum x_0\frac{f_0}{\sum f_0}}=\frac{180\times40\%+140\times60\%}{180\times60\%+140\times40\%}=\frac{156}{164}=95.12\%$$

$$\sum x_0\frac{f_1}{\sum f_1}-\sum x_0\frac{f_0}{\sum f_0}=156-164=-8\text{（元）}$$

计算结果表明：由于各组工人结构的影响，总平均工资下降了4.88%，平均每个工人工资减少了8元。

根据上面的计算可得：

98.17%=103.21%×95.12%

−3=5−8

全厂总平均工资报告期比基期下降1.83%，平均每人减少3元。这主要是由各厂工资水平和工人结构变动共同造成的。其中工资水平报告期比基期增长3.21%，使得总平均工资增加5元；另外工人结构变化使总平均工资下降4.88%，平均每人减少8元。

9.4 几种常用的经济指数

9.4.1 居民消费价格指数

居民消费价格指数是反映一定时期内城乡居民所购买的生活消费品和服务项目价格变动趋势和程度的相对数，是对城市居民消费价格指数和农村居民消费价格指数进行综合汇总计算的结果。通过该指数可以观察和分析消费品的零售价格和服务项目价格变动对城乡居民实际生活费支出的影响程度。

该指标对于进行经济分析和决策、监测价格总水平、调控国民经济核算具有重要意义，其变动率在一定程度上也反映了通货膨胀或紧缩的程度，因此世界各国都在编制这种指数。

我国的居民消费价格指数是采用固定加权算术平均数指数方法编制的，编制程序大致为：

第一，居民消费分类。将居民消费总体分为8大类，包括食品、烟酒及用品、衣着、家庭设备用品及维修服务、医疗保健和个人用品、交通和通信、娱乐教育文化用品和服务、居住。在大类下面可再细分为若干中类和小类。

第二，选择代表性商品和规格品。从以上各类中选择260种代表性商品，600～700种代表规格品入编指数。

第三，确定调查点、定期调查。对所辖城市以年平均工资、县以年人均收入、经营网点以人均销售额排序，再将城市、县人口收入以及经营网点营业额进行累计之后，依据抽取的每层样本数量实施等距抽样，最后筛选出调查点。对于调查点的采价，实行定人、定点、定时调查。对于与居民生活关系密切、价格变动频繁的商品，至少每5天调查一次，一般商品每月至少调查2~3次。

第四，确定权数。居民消费价格指数权数是根据近13万户城乡居民家庭消费支出构成确定的，该权数一般5年更换一次。

第五，计算价格指数。按从低到高、由小到大的顺序，以适当的方式依次编制各类别的消费价格指数和消费价格总指数。对于每个代表性商品的基本类别，是将所包含的各种代表规格品的个体价格指数作简单几何平均，得到该代表性商品的消费价格指数，再对上述结果进行加权算术平均，最后分别获得各类别的消费价格指数和消费价格总指数。

9.4.2 工业生产指数

工业生产指数是生产指数中的一种重要形式，是反映工业产品产量变动方向和程度的一种相对数，是西方国家普遍用来计算和反映工业发展速度的指标，也是景气分析的首选指标。工业生产指数是以代表性产品的生产量为基础，用报告期除以基期取得产品产量的个体指数为变量，以工业增加值为权数，加权计算的一种总指数。其编制程序大致为：

第一，确定本级代表性产品目录，计算个体物量指数。这个环节非常重要，它直接关系到工业生产指数结果的准确性。一般选取的原则是，从各个行业分品种和规格来选择代表性产品，尽量考虑那些价值量大、经济寿命周期长、处于上升趋势、在一定时期处于相对稳定的产品，我国一般月度选择500多种代表性产品。对于选定的产品，用其报告期的产量与基期对比，计算个体数量指数。随着经济的发展，科技含量的增加，不同产品个体数量指数代表的意义有很大差别，因而在实际中可以对部分代表性产品的个体数量指数进行必要的修正和优化。

第二，确定权数。权数是对产品的个体产量指数在生产指数形成过程中的重要性进行界定的指标，通常以增加值的比重来表示。一般计算年度指数时，权数的基期固定5年不变。而这样与我国不断优化产业结构、调整加强产业更新换代的现实产生差距。因此在实际中，以基期增加值为基础确定的权数也要随产业的变化和进步进行相应的动态调整和科学的修正。

第三，计算工业生产总指数。依据报告期各种代表性产品产量与基期相比计算出个体指数，然后用衡量各种产品在工业经济中重要性不同的权数，加权平均计算出产品产量的分类指数和总指数。

9.4.3 股票价格指数

在股票市场上每天都有不同的股票在交易，它们的价格不同、变化不同，有升有降，而且升降的幅度也不尽相同。在这种变化多端的市场中，用任何一种股票的价格变化来说明股市的情况都没有说服力。那么如何来衡量股票市场价格的变化水平，反映股市整体的行情变化呢？股票价格指数是一种有效的方法。

股票价格指数就是用来反映整个股票市场上各种股票市场价格的总体水平及其变动情况的指标。它是选取有代表性的一组股票，把它们的价格进行加权平均而计算得到的。

世界上很多著名的股票价格指数都是由专业公司编制的，虽然编制股票价格指数的原理相同，但在具体问题上，不同指数有各自不同的处理方法。

下面以我国上海证券交易所的上证综合指数为例作一简单阐述。

上证综合指数是由上海证券交易所从1991年7月15日起编制并公布的，反映上海证券交易所挂牌股票总体走势的统计指标。它以1990年12月19日为基期，以全部上市股票为样本，以股票发行量为权数，按加权平均法计算。其计算公式为：

$$今日股价指数=\frac{今日市价总值}{基日市价总值}\times 100$$

市价总值为收盘价乘以发行股数，遇发行新股或扩股时，需进行修正。

本章小结

从广义上讲，凡是说明现象数量变动的相对数都是指数。但从狭义上讲，指数是用来表明不能直接加总和不能直接对比的复杂现象数量变动的相对数。

指数按社会经济现象范围的不同分为个体指数和总指数；按所反映现象的数量特征不同分为数量指标指数和质量指标指数；按反映的时间状况不同分为动态指数和静态指数。

总指数的编制方法分综合指数和平均数指数两种形式。综合指数又根据同度量因素固定的时期不同，分为拉氏指数和派氏指数。一般意义上，数量指标指数以质量指标为同度量因素，且固定在基期；而质量指标指数以数量指标为同度量因素，且固定在报告期。平均数指数是以总量指标为权数对个体指数进行加权平均的总指数。通常，加权算术平均数指数用来计算数量指标指数，加权调和平均数指数用来计算质量指标指数。固定权数的加权算术平均数形式主要用来计算各种宏观价格指数。

指数体系是3个及3个以上经济上有联系、数量上存在对等关系的指数构成的整体。利用总量指标指数体系和平均指标指数体系可以进行因素分析。

章末习题

一、思考题

1.广义和狭义指数的含义是什么？

2.统计指数根据选择的依据不同分哪些种类？

3.何为同度量因素，它在综合指数中的意义是什么？

4.如何理解拉氏指数与派氏指数公式的区别？怎么认识这两种指数确定的一般原则？

5.如何编制平均数指数？它们在经济分析中有何应用？

6.简要说明我国居民消费价格指数的编制方法。

7.如何解释平均指标指数计算的结果？

二、练习题

1.某商店3种商品的单价、销售量资料见表9-7。

表9-7　**某商店3种商品的单价、销售量**

商品名称	计量单位	销售量		销售价格（元）	
		基期 q_0	报告期 q_1	基期 p_0	报告期 p_1
甲	件	500	700	125	120
乙	个	600	720	140	156
丙	台	500	280	15	16

要求：

（1）计算3种商品的价格总指数；

（2）计算3种商品的销售量总指数；

（3）从相对数和绝对数两方面分析销售额的变动情况。

2.某商店报告期销售额以及各种商品的销售价格报告期比基期变动幅度资料见表9-8。

表9-8　**某商店报告期销售额及各种商品的销售价格变动幅度**

商品名称	报告期销售额（万元）	销售价格的增减（%）
甲	325	1.50
乙	380	−2.10
丙	284	−7.70

要求：根据表中数据计算3种商品的物价总指数。

3.某超市3种商品的个体销售量指数与基期销售额资料见表9-9。

表9-9 **某超市3种商品个体销售量指数与基期销售额**

商品名称	个体销售量指数（%）	基期销售额（元）
A	135	34 500
B	145	59 000
C	160	1 700

要求：根据表中数据计算3种商品的销售量总指数。

4.某城市3个市场上有关同一种商品的销售资料见表9-10。

表9-10 **某城市3个市场上同一种商品的销售资料**

市场名称	销售价格（元）		销售量（千克）	
	基期 p_0	报告期 p_1	基期 q_0	报告期 q_1
甲	3.5	4	850	670
乙	3.6	3.9	780	820
丙	3.3	3.4	660	930
合计	—	—	2 290	2 420

要求：

（1）编制该商品总平均价格指数；

（2）分析各市场价格和销量对总平均价格的影响；

（3）分析销售量和平均价格变动对该种商品销售总额的影响。

第10章/
相关与回归分析

【学习目标】了解相关关系的概念和种类；熟悉利用散点图测度相关关系的方法，掌握利用相关系数测度相关关系的方法及相关系数的检验；了解回归分析中的基本概念及假定，掌握一元线性回归模型和多元线性回归模型的参数估计及统计检验方法；掌握利用Excel进行相关分析及回归分析的方法。

10.1 相关关系的概念和种类

10.1.1 相关关系的概念

变量之间的关系，一般来说可分为确定性的函数关系与非确定性的统计相关关系两种。

1）函数关系

函数关系研究的是确定现象非随机变量间的数量依存关系。在这种关系中，当某一个变量或几个变量取一定的值时，另一个变量都有确定的值与之对应，并且这种关系可以用一个确定的数学表达式表示出来。

函数关系有两个特点：

①变量之间的数值以确定的关系相对应。

②变量之间的关系可以用一个确定的函数关系式来表达。例如，圆的面积和半径之间的关系，若已知其中一个变量的值，根据圆的面积公式$S=\pi r^2$可以确定地得到另一变量的值。

2）相关关系

相关关系研究的是非确定现象随机变量间的关系。在这种关系中，当某一个变量或几个相互联系的变量取一定的值时，另一个变量有许多个值与之对应，表现出对应的不确定性。例如，人的体重与身高之间的关系，虽然同一身高的人大多数情况下体重是不同的，但这两个变量间仍然存在一定的规律性，一般来说，身高越高，体重越大，这两个变量间的关系就是相关关系。类似这样的关系在实际生活中是大量存在的，如农作物产量与降雨量之间的关系、商品销售量与销售价格的关系、人的年龄与血压的关系、子女身高与父母身高的关系等。

相关关系有如下的特点：

①变量之间确实存在某种数量上的依存关系。这种依存关系表现为一个变量的数量发生变动，另一个变量也会相应地发生数量上的变动。

②变量之间在数量上依存的具体值是不确定的。存在相关关系的两个变量，当一个变量取一定的数值时，另一个变量可能有多个数值，表现出一定的波动性，但它仍按某种规律在一定的范围内变化。

10.1.2 相关关系的种类

现象之间的关系是复杂多变的，因受到不同因素的影响，变量以不同的方向、形式发生变化，相关关系表现出不同的形态，因而可以从不同的角度对相关关系进行不同的分类。

1）按相关程度不同，分为完全相关、不相关和不完全相关

（1）完全相关

完全相关是指两变量的关系是一一对应、完全确定的。此时，一个变量的数量变化完全由另一个变量的数量变化所确定。在这种情况下，相关关系实际上就是函数关系，因此也可以说函数关系是相关关系的一种特殊情况。例如，圆的面积和半径之间的关系。

（2）不相关

不相关是指两个变量间的变化没有任何规律，彼此互不影响，其数量变化各自独立。例如，股票价格和气温之间是不相关的。

（3）不完全相关

不完全相关是指两个变量之间的关系介于完全相关和不相关之间。在社会经济现象中，大量存在的是不完全相关关系，通常相关分析就是要对不完全相关的变量之间的关系进行分析。

2）按相关的方向不同，分为正相关和负相关

（1）正相关

正相关是指两个变量的变动方向一致，即一个变量增大时，另一个变量亦增大；或一个变量减小时，另一个变量亦减小。在正相关的情况下，一个变量随着另一个变量的变化而发生相同方向的变化，如人的体重随身高的增加而增加。

（2）负相关

负相关是指两个现象的变化方向相反，即一个变量随另一个变量的增大（减小）而减小（增大），如利润随单位成本的降低而增加。

需要注意的是，正相关或负相关只是基于大量的统计数据所展现出来的变量间的一种趋势或相互关系，而非具体两个个体之间一定存在这样的同向或反向变化关系。例如，在一次对人体内脂肪含量与年龄关系的研究中，研究人员得出了一组样本数据，见表10-1。

表10-1　**人体内脂肪含量与年龄的关系**

年龄（岁）	23	27	39	41	45	49	50	53	54	56	57	58	60	61
脂肪含量（%）	9.5	17.8	21.2	25.9	27.5	26.3	28.2	29.6	30.2	31.4	30.8	33.5	35.2	34.6

从表中数据可以看出，总的来说人体内脂肪含量与年龄有同向变化趋势，因此两个变量是正相关的，但并不是对每一个样本点脂肪含量都随着年龄的增长而增长，如年龄为57岁的样本，其脂肪含量并没有增大。

3）按相关关系的表现形式不同，分为线性相关和非线性相关

（1）线性相关

线性相关也称直线相关，是指两个变量之间的关系大致呈现为一条直线，如人均消费水平与人均收入水平之间的关系。

（2）非线性相关

非线性相关也称曲线相关，是指两个变量之间的关系并不表现为直线关系，而是近似表现为一条曲线，如工人加班在一定时间内产量增加，但超过一定时间产量反而减少。

4）按相关关系涉及的变量多少不同，分为单相关和复相关

（1）单相关

单相关是指两个变量之间的相关关系，也称一元相关，如广告费支出与产品销售量的关系。

（2）复相关

复相关是指3个或3个以上变量之间的相关关系，如销售额与居民收入、商品价格之间的关系。

10.2　相关关系的测定方法

对于变量间的函数关系，可以通过具体的函数表达式来分析它们之间的确定性关系；而对于变量间相关关系的测度，通常是通过相关分析来完成的。

10.2.1　相关分析的主要内容

1）相关分析与回归分析

相关分析（correlation analysis）主要研究随机变量间的相关形式及相关程度。而回归分析（regression analysis）是研究一个变量关于另一个或者另一些变量的具体依存关系的计算方法和理论，这里的前一个变量表示结果，称为因变量或被解释变量，后一个或几个变量表示原因，称为自变量或解释变量。

需要注意的是，相关分析与回归分析虽然均用于变量间统计相关关系的研究，但两者有明显的区别：

①相关分析对称地对待任何变量，变量都被看作是随机的；回归分析对变量的处理方法存在不对称性，即区分因变量和自变量，因变量是随机变量，而自变量是可以控制或者可以精确观察的变量，因此通常把自变量看作是确定的。

②相关分析只关注变量间关系的密切程度，不关注具体依存关系；而回归分析更加关注变量间的具体依存关系，可以进一步通过自变量的变化来估计或预测因变量的变化，达到深入分析变量间数量关系、掌握其运动规律的目的。

2）相关分析的主要内容

（1）变量之间是否存在相关关系以及相关关系的表现形式

进行相关分析时，首先需要通过定性分析方法，判定变量之间是否存在关系，变量之间只有存在关系，才能进行相关分析；其次利用相关表或相关图通过观察的方法判断这种关系呈现的具体形态和程度。

（2）确定变量之间关系的密切程度

相关表或相关图观察的方法只能粗略地反映变量之间相关关系的密切程度，若要准确地反映变量之间相关关系的密切程度，则可通过计算相关系数来实现。相关系数能够从数量上反映变量之间相关关系的方向和密切程度。

（3）检验变量之间相关关系的显著性

在对变量之间相关关系进行分析时，往往是利用样本数据计算相关系数作为总体相关系数的估计值，由于样本相关系数具有一定的随机性，它能否说明总体的相关程度往往与样本容量有一定关系。当样本容量很小时，计算出的相关系数不一定能反映总体的真实相关关系，而且当总体不相关时，利用样本数据计算出的相关系数也不一定等于零，有时还可能较大，这就会产生虚假相关现象。为判断样本相关系数对总体相关程度的代表性，需要对相关系数进行显著性检验。若在统计上是显著的，说明它可以作为总体相关程度的代表值，否则不能作为总体相关程度的代表值。

10.2.2 散点图

将数据点在平面直角坐标系中表示出来的图形称为散点图。通过绘制散点图，可以直观地判断两个变量之间的相关关系，如图10-1所示。

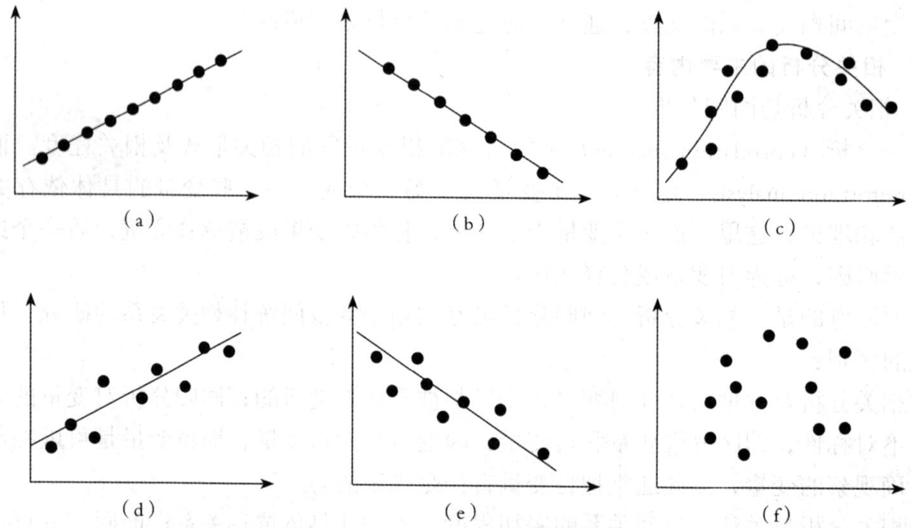

图10-1 散点图

从相关的程度来看，两个变量呈现完全相关关系的是图（a）和图（b），不相关的是图（f），图（c）、图（d）和图（e）呈现的是不完全相关关系；从相关的方向来看，图（a）和图（d）是正相关，图（b）和图（e）是负相关；从相关的形式来看，图（a）、图（b）、图（d）和图（e）是线性相关，图（c）是非线性相关。

【例10-1】某公司记录了最近8周的周总收入y（单位：千美元）和电视广告费用x（单位：千美元）的数据，见表10-2，试绘制散点图，并分析周总收入与电视广告费用之间存在怎样的相关关系。

表10-2　**周总收入与电视广告费用**

周	周总收入（千美元）y	电视广告费用（千美元）x
1	96	5.0
2	90	2.0
3	95	4.0
4	92	2.5
5	95	3.0
6	94	3.5
7	94	2.5
8	94	3.0
合计	750	25.5

解：根据表10-2中的数据绘制的散点图如图10-2所示。

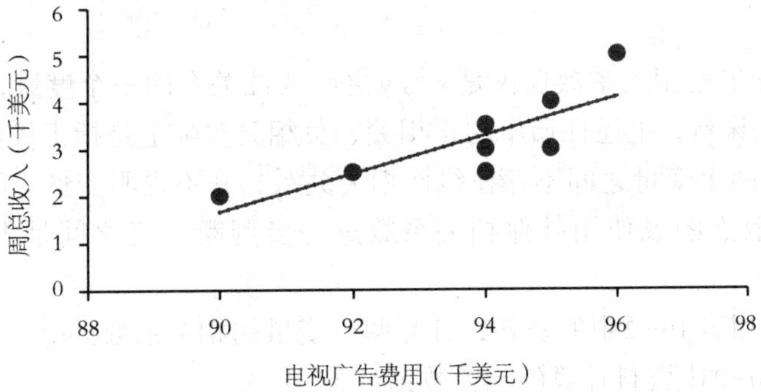

图10-2　周总收入与电视广告费用散点图

由散点图可以看出，随着电视广告费用的增加，周总收入总的来说也在增加，且二者之间大致呈现出线性关系，故可以认为两个变量之间存在正相关关系，且为线性相关。

10.2.3　相关系数

散点图可以帮助我们直观、方便地对变量间的相关关系做出大致判断，但这种判断只是初步的、粗略的，要进一步分析变量间的相关程度还需要借助相关系数。最常用的相关系数是卡尔·皮尔逊（Karl Person）相关系数。

皮尔逊相关系数最早是由统计学家卡尔·皮尔逊设计的，是用于度量两个变量之间线性相关程度的统计量。根据总体全部数据计算的相关系数称为总体相关系数，一般用符号ρ表示。其计算公式为：

$$\rho = \frac{\mathrm{Cov}(x,y)}{\sqrt{|\mathrm{Var}(x)||\mathrm{Var}(y)|}}$$

式中：Var(x)、Var(y)分别表示x和y的方差；Cov(x,y)表示x与y的协方差。

通常情况下，由于所研究总体的规模较大，无法对总体进行全面调查，也就无法得到总体相关系数，因此只能通过样本相关系数去估计总体相关系数。根据样本数据计算的相关系数称为样本相关系数，用符号r表示。其计算公式为：

$$r=\frac{\sum(x-\bar{x})(y-\bar{y})}{\sqrt{\sum(x-\bar{x})^2\sum(y-\bar{y})^2}}=\frac{n\sum xy-\sum x\sum y}{\sqrt{n\sum x^2-(\sum x)^2}\cdot\sqrt{n\sum y^2-(\sum y)^2}}$$

皮尔逊相关系数具有如下性质：

①r的取值范围是［−1，1］。其中，$0<r\leq1$，表明x与y正相关；$-1\leq r<0$，表明x与y负相关；r=0，表明x与y不存在相关关系；|r|=1，表明x与y完全相关，且当r=1时两变量完全正相关，当r=−1时两变量完全负相关。

②|r|越趋于1表示关系越强，|r|越趋于0表示关系越弱：$|r|\geq0.8$时，称两个变量之间高度相关；$0.5\leq|r|<0.8$时，称两变量中度相关；$0.3\leq|r|<0.5$时，称两变量低度相关；$|r|<0.3$时，说明两个变量之间的相关程度极弱，可视为不相关。需要注意的是，上述解释必须建立在对相关系数的显著性检验的基础之上。

③r具有对称性，即x与y之间的相关系数和y与x之间的相关系数相等，即$r_{xy}=r_{yx}$。

④r数值大小与x和y原点及尺度无关，即改变x和y的数据原点及计量尺度，并不改变r数值大小。

⑤r虽然是两个变量之间线性关系的一个度量，却不一定意味着x与y一定有因果关系。

严格地说，皮尔逊相关系数仅仅是x与y之间线性关系的一个度量，它不能用于描述非线性关系。这意味着，上述性质中的正相关、负相关实际上是指正线性相关、负线性相关；而r=0只表示两个变量之间不存在线性相关关系，并不说明变量之间没有任何相关关系，此时可结合散点图或使用其他相关系数进一步判断二者之间是否存在非线性相关关系。

【例10-2】利用表10-2中的资料，计算两个变量的相关系数。

解：根据表10-2中资料计算的相关数据见表10-3。

表10-3　**周总收入与电视广告费用计算表**

周	周总收入（千美元）y	电视广告费用（千美元）x	xy	x^2	y^2
1	96	5.0	480	25.00	9 216
2	90	2.0	180	4.00	8 100
3	95	4.0	380	16.00	9 025
4	92	2.5	230	6.25	8 464
5	95	3.0	285	9.00	9 025
6	94	3.5	329	12.25	8 836
7	94	2.5	235	6.25	8 836
8	94	3.0	282	9.00	8 836
合计	750	25.5	2 401	87.75	70 338

利用表10-3中的数据，计算的周总收入与电视广告费用的相关系数为：

$$r = \frac{n\sum xy - \sum x\sum y}{\sqrt{n\sum x^2 - (\sum x)^2}\cdot\sqrt{n\sum y^2 - (\sum y)^2}}$$

$$= \frac{8\times 2\,401 - 25.5\times 750}{\sqrt{8\times 87.75 - 25.5^2}\cdot\sqrt{8\times 70\,338 - 750^2}}$$

$$= 0.8078$$

计算结果表明：周总收入与电视广告费用之间存在高度的正相关关系。

为简化计算工作量，可利用Excel完成相关系数的计算。下面利用表10-2中的资料说明其操作方法：

第一步：在Excel表中第一行自A列依次输入：周、周总收入（千美元）、电视广告费用（千美元），并在相应列输入数据。

第二步：选择“数据→数据分析”。

第三步：在“数据分析”对话框中选择“相关系数”。

第四步：当出现“相关系数”对话框时，在“输入区域”方框内输入数据区域B2：C9，单击“确定”即得到相关系数矩阵。

10.2.4　相关系数的显著性检验

一般情况下，总体的相关系数ρ是未知的，通常是将样本相关系数r作为ρ的近似估计值。但是因为抽样误差的存在，不能保证样本相关系数一定能很好地代替总体相关系数，因此需要对样本相关系数的可靠性进行显著性检验。

检验样本相关系数的可靠性可采用费舍尔（R.A.Fisher）的t检验法，其检验步骤为：

第一步：提出假设：

$H_0:\rho = 0$；$H_1:\rho \neq 0$

第二步：计算检验统计量。

$$t = |r|\sqrt{\frac{n-2}{1-r^2}} \sim t(n-2)$$

第三步：给定显著性水平α，查t分布表得临界值$t_{\alpha/2}(n-2)$。

第四步：决策。

若$|t| \geq t_{\alpha/2}(n-2)$，则拒绝原假设，认为两个变量之间存在显著的线性相关关系；否则，不能拒绝原假设，认为两个变量之间的线性相关关系不显著。

【例10-3】对例10-2中所得的相关系数进行显著性检验。

解：提出假设：

$H_0:\rho = 0$；$H_1:\rho \neq 0$

计算检验统计量：

$$t = |r|\sqrt{\frac{n-2}{1-r^2}} = 0.8078\times\sqrt{\frac{8-2}{1-0.8078^2}} = 3.3568$$

根据给定的显著性水平α=5%，查t分布表得临界值$t_{0.025}(6) = 2.447$。

因为$|t| = 3.3568 > 2.447$，故拒绝原假设，认为两个变量之间存在显著的线性相关关系，且由样本相关系数$r = 0.8078$可知，两个变量高度正相关，与散点图的判断结果一致。

10.3 一元线性回归分析

根据回归模型中变量间关系的形式，可将回归模型分为线性回归模型和非线性回归模型。线性回归模型中变量间的关系是线性或可以转化为线性的，由于线性回归分析的理论方法比较简单，也是非线性回归分析理论和方法的基础，故本章只介绍线性回归模型的参数估计及模型检验方法。

10.3.1 回归分析的概念、种类和内容

1）回归分析的概念

回归分析是对具有相关关系的多个变量，通过配合一定的数学模型（方程）测定变量之间数量的变化关系，以便由自变量的数值对因变量的可能值进行估计或预测的一种统计分析方法。

如前所述，相关分析能够测定变量之间相关关系的方向和程度，但不能给出变量之间相互关系的具体形式，即无法从一个变量的数量变化去推测另一个变量的变化情况。此外，在相关分析中，不区分自变量和因变量，也不能说明两个变量的主从关系或因果关系。回归分析则将相关的变量进行测定，确定其因果关系，并以一定的数学模型（方程）表示出来，为进行统计估计或预测提供数理依据。

2）回归分析的种类

（1）按自变量的多少不同，分为简单回归分析和多元回归分析

研究一个自变量与一个因变量之间关系的回归分析，称为简单回归分析，又称一元回归分析。研究多个自变量与一个因变量之间关系的回归分析，称为多元回归分析，又称复回归分析。

（2）按相关关系的表现形式不同，分为线性回归和非线性回归

当变量之间变化关系的形态表现为直线时，称为线性回归，从相关图上看，变量之间的散点图接近于一条直线。当变量之间变化关系的形态表现为某种曲线时，称为非线性回归，从相关图上看，变量之间的散点图接近于一条曲线。

3）回归分析的内容

（1）根据研究目的和研究现象之间的关系，确定自变量和因变量

根据研究目的和研究现象之间的关系，从定性方面对变量之间的内在联系进行分析，确定变量之间的主从关系或因果关系。将原因变量确定为自变量，将结果变量确定为因变量。

（2）确定回归模型的数学表达式

依据掌握的样本数据，利用变量之间的散点图，找出最佳的回归分析模型，并通过对模型参数的估计，确定回归模型的数学表达式即回归方程。

（3）对回归模型进行评价

确定回归方程后，需要对其进行检验，以判断回归模型的基本假定是否合理、是否得到满足。常用的回归方程检验有线性显著性的F检验、变量显著性的t检验、拟合优度检验等。

（4）利用回归模型进行估计或预测

回归模型的建立，是对变量之间变化规律的探究，其目的是要用于估计或预测，即根据给定的自变量数值估计或预测因变量的数值或置信区间。

10.3.2　一元线性回归模型的建立

1）一元线性回归模型的形式

在回归模型中，一元线性回归模型是最简单的回归模型，它只包含一个自变量和一个因变量。

（1）总体回归模型

在回归分析中，人们希望通过自变量数值去估计或预测因变量数值，但是由于各种不确定因素的影响，使得在自变量一定的情况下因变量的取值各不相同，因变量与总体均值之间存在一个不确定的误差，即因变量的个别值可以表示为由自变量确定的部分和随机误差项部分。据此，将一元线性回归模型表示为：

$$y = \beta_0 + \beta_1 x + \varepsilon$$

该式称为总体回归模型。式中：β_0为常数项或截距项，表示当自变量为0时y的取值；β_1为斜率，表示当自变量x变动一个单位时y平均变动的数量；ε为随机误差项，反映未列入方程中的其他因素对因变量的影响效应。

随机误差项是一个特殊的随机变量，通常假定：

①随机误差项ε的数学期望为0，即$E(\varepsilon) = 0$；

②随机误差项ε的方差是一个常数，即$Var(\varepsilon) = \sigma^2$；

③随机误差项ε具有不序列相关性，即$Cov(\varepsilon_i, \varepsilon_j) = 0 \quad (i \neq j)$；

④随机误差项ε与自变量x互不相关，即$Cov(x_i, \varepsilon_i) = 0 \quad (i = 1, 2, \cdots, n)$；

⑤随机误差项ε服从零均值、同方差、零协方差的正态分布，即$\varepsilon \sim N(0, \sigma^2)$。

（2）总体回归方程

回归分析的主要目的是通过自变量的已知或设定值，去估计或预测因变量的总体均值。对总体回归模型求数学期望，得：

$$E(y|x) = \beta_0 + \beta_1 x$$

该方程称为总体回归方程，或称回归方程。总体回归方程是由因变量总体均值与自变量间的函数关系建立的方程，它说明因变量的平均状态随自变量变化的规律。

（3）样本回归方程

由于所研究的总体通常规模很大，难以对总体单位进行一一调查，这就使得总体均值通常无法得到，也就无法得到总体回归方程与总体回归模型。只能通过从总体中抽取一个样本的方法，由样本信息去估计总体特征。样本回归线对应的函数称为样本回归方程，一元线性回归的样本回归方程为：

$$\hat{y} = \hat{\beta}_0 + \hat{\beta}_1 x$$

式中：$\hat{y}$称为拟合值，是总体条件均值的估计量；$\hat{\beta}_0$是β_0的估计量，$\hat{\beta}_1$是β_1的估计量。

2）一元线性回归模型的参数估计

对于一组样本观察值（x_1，y_1），（x_2，y_2），…，（x_n，y_n），最小平方法的目的就是求参

数的估计量$\hat{\beta}_0$、$\hat{\beta}_1$，使样本回归方程$\hat{y}=\hat{\beta}_0+\hat{\beta}_1x$尽可能好地拟合观察值，使回归线上的点$\hat{y}_i$与观察点$y_i$的误差尽可能地小，其离差平方和达到最小。即：

$$Q=\sum(y-\hat{y})^2=\sum[y-(\hat{\beta}_0+\hat{\beta}_1x)]^2$$

达到最小。

根据微分求极值原理，分别对$\hat{\beta}_0$、$\hat{\beta}_1$求偏导数，并令其偏导数均等于0，得：

$$\begin{cases}\sum(y-\hat{\beta}_0-\hat{\beta}_1x)=0\\ \sum(y-\hat{\beta}_0-\hat{\beta}_1x)x=0\end{cases}$$

整理得：

$$\begin{cases}\sum y=n\hat{\beta}_0+\hat{\beta}_1\sum x\\ \sum xy=\hat{\beta}_0\sum x+\hat{\beta}_1\sum x^2\end{cases}$$

该方程组称为正规方程组。

解正规方程组，可以得到$\hat{\beta}_0$和$\hat{\beta}_1$：

$$\begin{cases}\hat{\beta}_1=\dfrac{n\sum xy-\sum x\sum y}{n\sum x^2-(\sum x)^2}\\ \hat{\beta}_0=\dfrac{\sum y-\hat{\beta}_1\sum x}{n}\end{cases}$$

由最小平方法得到的$\hat{\beta}_0$、$\hat{\beta}_1$称为最小平方估计量。

【例10-4】根据例10-2的资料，建立周总收入与电视广告费用的一元线性回归模型，并估计模型参数。

解：由前面的分析可知，两个变量之间呈高度线性相关关系，故可建立一元线性回归方程：

$$\hat{y}=\hat{\beta}_0+\hat{\beta}_1x$$

根据表10-3中的数据，有：

$$\hat{\beta}_1=\frac{n\sum xy-\sum x\sum y}{n\sum x^2-(\sum x)^2}=\frac{8\times2\,401-25.5\times750}{8\times87.75-25.5^2}=\frac{83}{51.75}=1.6039$$

$$\hat{\beta}_0=\frac{\sum y-\hat{\beta}_1\sum x}{n}=\frac{750-1.6039\times25.5}{8}=88.6376$$

故以周总收入为因变量、以电视广告费用为自变量的回归方程为：

$$\hat{y}=88.6376+1.6039x$$

该式表明，若不支出电视广告费用，公司的周总收入平均为88.6376千美元；电视广告费用每增加1千美元，公司的周总收入平均可增加1.6039千美元。

10.3.3 总离差平方和分解

在线性回归分析中，实际观察值的大小总是围绕其平均数上下波动的，这种波动称为离差或变差，记为$y-\bar{y}$。离差的产生存在两个方面的原因：一是受自变量的影响，二是受其他因素的影响。因而，对离差可作如下分解：

$$y-\bar{y}=(y-\hat{y})+(\hat{y}-\bar{y})$$

两边同时平方，得：

$$(y-\bar{y})^2=[(y-\hat{y})+(\hat{y}-\bar{y})]^2$$
$$=(y-\hat{y})^2+2(y-\hat{y})(\hat{y}-\bar{y})+(\hat{y}-\bar{y})^2$$

两边同时求和，得：

$$\sum(y-\bar{y})^2=\sum(y-\hat{y})^2+2\sum(y-\hat{y})(\hat{y}-\bar{y})+\sum(\hat{y}-\bar{y})^2$$

可以证明：

$$\sum(y-\hat{y})(\hat{y}-\bar{y})=0$$

得：

$$\sum(y-\bar{y})^2=\sum(\hat{y}-\bar{y})^2+\sum(y-\hat{y})^2$$

式中：$\sum\left(y-\bar{y}\right)^2$为总离差平方和，记为SST；$\sum\left(\hat{y}-\bar{y}\right)^2$为由x变动造成的离差，称为回归离差平方和，记为SSR；$\sum\left(y-\hat{y}\right)^2$为由随机因素影响而产生的离差平方和，称为残差平方和，记为SSE。则有：

SST=SSR+SSE

离差分解图如图10-3所示。

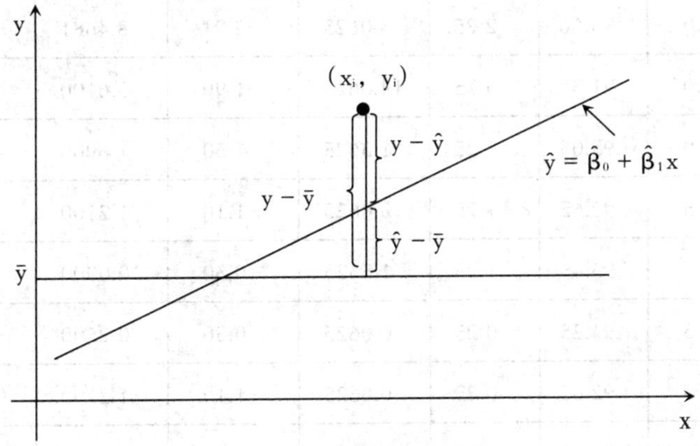

图10-3　离差分解图

10.3.4　回归模型的显著性检验

回归分析是要通过样本所得的统计量来代替总体的真实参数。从统计性质上说，如果有足够多的重复抽样，得到的参数估计值的期望就等于其总体参数真值。但是，在一次抽样中，估计值与真值不一定相等。统计检验就是为了判断在一次抽样中，参数的估计值与真值的差异有多大，又称是否显著。

1）拟合优度检验

（1）可决系数

由总离差分解可以看出，在给定样本的情况下，总离差平方和是不变的，实际观察点离样本回归线越近，即残差平方和越小，则回归平方和在总离差平方和中所占的比例就越大。因此，可以用来自回归线的回归平方和占总离差平方和的比例来判断样本回归线对样本观察值的拟合优度。

回归平方和占总离差平方和的比例称为可决系数，通常用符号R^2表示，其计算公式为：

$$R^2=\frac{\sum(\hat{y}-\bar{y})^2}{\sum(y-\bar{y})^2}=1-\frac{\sum(y-\hat{y})^2}{\sum(y-\bar{y})^2}$$

R^2的取值在0和1之间，它表明能够用自变量解释因变量总变差的比例。在总离差平方和中，回归平方和所占的比重越大，回归直线对样本点拟合得越好。也就是说，R^2越接近1，模型的拟合优度越高。当模型与样本观察值完全拟合时，$R^2=1$。

可决系数的平方根形式，记为简单相关系数，用公式表示为：

$$r=\sqrt{R^2}=\sqrt{\frac{\sum(\hat{y}-\bar{y})^2}{\sum(y-\bar{y})^2}}$$

【例10-5】计算例10-4所建立的一元线性回归模型的可决系数，并进行拟合优度检验。

解：利用表10-2的资料和所建立的回归方程，计算各离差平方和，结果见表10-4。

表10-4　**离差平方和计算表**

周	y	x	$\hat{y}$	$y-\bar{y}$	$(y-\bar{y})^2$	$\hat{y}-\bar{y}$	$(\hat{y}-\bar{y})^2$	$y-\hat{y}$	$(y-\hat{y})^2$
1	96	5.0	96.66	2.25	5.0625	2.91	8.4681	−0.66	0.4356
2	90	2.0	91.85	−3.75	14.0625	−1.90	3.6100	−1.85	3.4225
3	95	4.0	95.05	1.25	1.5625	1.30	1.6900	−0.05	0.0025
4	92	2.5	92.65	−1.75	3.0625	−1.10	1.2100	−0.65	0.4225
5	95	3.0	93.45	1.25	1.5625	−0.30	0.0900	1.55	2.4025
6	94	3.5	94.25	0.25	0.0625	0.50	0.2500	−0.25	0.0625
7	94	2.5	92.65	0.25	0.0625	−1.10	1.2100	1.35	1.8225
8	94	3.0	93.45	0.25	0.0625	−0.30	0.0900	0.55	0.3025
合计	750	25.5	750.01	—	25.5000	—	16.6181	—	8.8731

所建立回归方程的可决系数为：

$$R^2=\frac{\sum(\hat{y}-\bar{y})^2}{\sum(y-\bar{y})^2}=\frac{16.6181}{25.5000}=0.6517$$

可见，电视广告费用解释了公司周总收入的65.17%。

（2）回归估计标准误差

由总离差可分解可以看出，残差平方和越小，回归直线拟合越好；反之，回归直线拟合越差。为度量实际观察值与拟合值离差的一般水平，可计算估计标准误差。

估计标准误差是残差平方和算术平均数的平方根，它是衡量回归直线代表性大小的统计分析指标，通常用符号s_e表示，其计算公式为：

$$s_e=\sqrt{\frac{\sum(y-\hat{y})^2}{n-2}}$$

【例10-6】计算例10-4所建立的一元线性回归方程的估计标准误差。

解：该一元线性回归方程的估计标准误差为：

$$s_e=\sqrt{\frac{\sum(y-\hat{y})^2}{n-2}}=\sqrt{\frac{8.8731}{8-2}}=1.2161$$

2）回归方程的显著性检验

回归方程的显著性检验是要检验自变量和因变量之间的线性关系是否显著，通常是将回归离差平方和与残差平方和进行比较，计算F统计量，因此回归方程的显著性检验使用F检验。其检验步骤如下：

第一步：提出假设。

$H_0:\beta_1=0$；$H_1:\beta_1\neq 0$

第二步：构造F统计量。

$$F=\frac{\sum(\hat{y}-\bar{y})^2}{\sum(y-\hat{y})^2/(n-2)}\sim F(1,n-2)$$

第三步：给定显著性水平α，查F分布表得临界值$F_\alpha(1,n-2)$。

第四步：决策。

如果$F<F_\alpha(1,n-2)$，则接受H_0，称x与y之间线性关系不显著；如果$F\geqslant F_\alpha(1,n-2)$，则拒绝$H_0$，称x与y之间线性关系显著。

【例10-7】对例10-4中周总收入与电视广告费用之间线性回归方程的显著性进行检验。

解：根据所给定的资料，检验如下：

（1）提出假设：

$H_0:\beta_1=0$；$H_1:\beta_1\neq 0$

（2）构造F统计量：

$$F=\frac{\sum(\hat{y}-\bar{y})^2}{\sum(y-\hat{y})^2/(n-2)}=\frac{16.6181}{8.8731/(8-2)}=11.2372$$

（3）给定显著性水平α=5%，查F分布表得临界值$F_{0.05}(1,8-2)=5.99$。

（4）决策。由于$F>F_{0.05}(1,8-2)$，拒绝H_0，表明x与y之间的线性关系显著。

3）变量的显著性检验

变量的显著性检验用来判断自变量x是否对因变量y具有显著的线性影响，在一元线性回归分析中，主要是针对变量的参数真值是否为零来进行显著性检验的，如果变量前的参数真值为零，就说明该变量对因变量的影响不显著，不应作为自变量引入模型中。检验步骤如下：

第一步：提出假设：

$H_0:\beta_1=0$；$H_1:\beta_1\neq 0$

第二步：构造t统计量。

$$t=\frac{\hat{\beta}_1}{\sqrt{\dfrac{s_e^2}{\sum(x-\bar{x})^2}}}\sim t(n-2)$$

第三步：给定显著性水平α，查t分布表得临界值$t_{\alpha/2}(n-2)$。

第四步：决策。

如果$|t|<t_{\alpha/2}(n-2)$，则接受H_0，称x对y没有显著影响；如果$|t|\geq t_{\alpha/2}(n-2)$，则拒绝$H_0$，称x对y有显著影响。

【例10-8】检验自变量电视广告费用的显著性。

解：根据所给定的资料，检验如下：

（1）提出假设：

$H_0:\beta_1=0$；$H_1:\beta_1\neq 0$

（2）构造t统计量：

$$t=\frac{\hat{\beta}_1}{\sqrt{\frac{s_e^2}{\sum(x-\bar{x})^2}}}=\frac{1.6039}{\sqrt{\frac{1.2161^2}{6.4688}}}=\frac{1.6039}{0.4781}=3.3547$$

（3）给定显著性水平α=5%，查t分布表得临界值$t_{0.025}(6)=2.447$。

（4）决策。由于$|t|=3.3547>2.447$，故在5%的显著性水平下拒绝H_0，说明电视广告费用对公司周总收入有显著影响。

10.3.5 使用Excel进行一元线性回归分析

由上述分析可以看出，一元线性回归分析涉及大量复杂的计算，实际上这一系列的计算均可通过Excel实现。具体方法是：

第一步：在Excel表中第一行自A列依次输入：周、周总收入（千美元）、电视广告费用（千美元），并在相应列输入数据。

第二步：选择“数据→数据分析”。

第三步：在“数据分析”对话框中选择“回归”。

第四步：当出现“回归”对话框时：

在“Y值输入区域”方框内输入数据区域B2：B9；

在“X值输入区域”方框内输入数据区域C2：C9。

第四步：单击“确定”，输出结果，见表10-5。

表10-5 **一元线性回归分析结果**

	A	B	C	D	E	F	G	H	I
1	SUMMARY OUTPUT								
2									
3	回归统计								
4	Multiple R	0.8078							
5	R Square	0.6526							
6	Adjusted R Square	0.5964							
7	标准误差	1.2152							

续表

	A	B	C	D	E	F	G	H	I
8	观测值	8							
9									
10	方差分析								
11		df	SS	MS	F	Significance F			
12	回归分析	1	16.6401	16.6401	11.2688	0.0153			
13	残差	6	8.8599	1.4767					
14	总计	7	25.5						
15									
16		Coefficients	标准误差	t Stat	P-value	Lower 95%	Upper 95%	下限95.0%	上限95.0%
17	Intercept	88.6377	1.5824	56.0159	0.0000	84.7658	92.5096	84.7658	92.5096
18	X Variable 1	1.6039	0.4778	3.3569	0.0153	0.4348	2.7730	0.4348	2.7730

10.4　多元线性回归分析

在实际问题中，因变量往往要受到多个自变量的影响，使得回归模型中需要包含多个自变量，从而形成多元线性回归模型。多元线性回归分析的原理与一元线性回归分析基本相同，学习时可以对照一元线性回归分析的相关内容，将一元线性回归分析的方法和结果推广到更一般的多元情形。

10.4.1　多元线性回归模型

多元线性回归是涉及多个自变量和一个因变量的线性回归。设有k个自变量$x_1, x_2, \cdots, x_k$，则k个自变量与因变量y的多元线性回归总体模型可表示为：

$$y = \beta_0 + \beta_1 x_1 + \beta_2 x_2 + \beta + \cdots + \beta_k x_k + \varepsilon$$

式中：β_j（$j = 1, 2, \cdots, k$）是未知参数，即回归系数。由于模型中含有多个自变量，当各自变量相互独立时，β_j表示在其他自变量保持不变的情况下x_j每变化1个单位所引起的y的均值的变化，所以β_j也称为回归方程的偏回归系数。

多元线性回归的总体回归方程为：

$$E(y \mid x_1, x_2, \cdots, x_k) = \beta_0 + \beta_1 x_1 + \beta_2 x_2 + \cdots + \beta_k x_k$$

多元线性回归的样本回归方程可表示为：

$$\hat{y} = \hat{\beta}_0 + \hat{\beta}_1 x_1 + \hat{\beta}_2 x_2 + \cdots + \hat{\beta}_k x_k$$

10.4.2　多元线性回归模型的参数估计

同一元线性回归一样，使用最小平方法对多元线性回归模型的参数进行估计，也要求模型满足前面提到的假定条件，除此之外还要求模型中的各自变量互不相关。

根据最小平方原理，要估计多元线性回归模型的参数，需要寻找使函数

$$Q=\sum(y-\hat{y})^2=\sum[y-(\hat{\beta}_0+\hat{\beta}_1x_1+\hat{\beta}_2x_2+\cdots+\hat{\beta}_kx_k)]^2$$

达到最小的未知参数的估计量 $\hat{\beta}_0,\cdots,\hat{\beta}_k$。

根据微分求极值原理，分别对 $\hat{\beta}_0,\cdots,\hat{\beta}_k$ 求偏导数，并令其偏导数均等于0，得：

$$\begin{cases}\dfrac{\partial Q}{\partial\hat{\beta}_0}=-2\sum(y-\hat{\beta}_0-\hat{\beta}_1x_1-\hat{\beta}_2x_2-\cdots-\hat{\beta}_kx_k)=0\\ \dfrac{\partial Q}{\partial\hat{\beta}_1}=-2\sum(y-\hat{\beta}_0-\hat{\beta}_1x_1-\hat{\beta}_2x_2-\cdots-\hat{\beta}_kx_k)x_1=0\\ \vdots\\ \dfrac{\partial Q}{\partial\hat{\beta}_k}=-2\sum(y-\hat{\beta}_0-\hat{\beta}_1x_1-\hat{\beta}_2x_2-\cdots-\hat{\beta}_kx_k)x_k=0\end{cases}$$

整理得

$$\begin{cases}n\hat{\beta}_0+\hat{\beta}_1\sum x_1+\hat{\beta}_2\sum x_2+\cdots+\hat{\beta}_k\sum x_k=\sum y\\ \hat{\beta}_0\sum x_1+\hat{\beta}_1\sum x_1^2+\hat{\beta}_2\sum x_1x_2+\cdots+\hat{\beta}_k\sum x_1x_k=\sum x_1y\\ \vdots\\ \hat{\beta}_0\sum x_k+\hat{\beta}_1\sum x_1x_k+\hat{\beta}_2\sum x_2x_k+\cdots+\hat{\beta}_k\sum x_k^2=\sum x_ky\end{cases}$$

这个方程组称为多元线性回归模型待估参数的正规方程组。

将正规方程组写为矩阵形式，有：

$$\begin{bmatrix}n & \sum x_1 & \cdots & \sum x_k\\ \sum x_1 & \sum x_1^2 & \cdots & \sum x_1x_k\\ \vdots & \vdots & & \vdots\\ \sum x_k & \sum x_1x_k & \cdots & \sum x_k^2\end{bmatrix}\begin{bmatrix}\hat{\beta}_0\\ \hat{\beta}_1\\ \vdots\\ \hat{\beta}_k\end{bmatrix}=\begin{bmatrix}1 & 1 & \cdots & 1\\ x_{11} & x_{21} & \cdots & x_{n1}\\ \vdots & \vdots & & \vdots\\ x_{1k} & x_{2k} & \cdots & x_{nk}\end{bmatrix}\begin{bmatrix}y_1\\ y_2\\ \vdots\\ y_n\end{bmatrix}$$

用矩阵表示为：

$$(X'X)\hat{\beta}=X'Y$$

其中，

$$X=\begin{pmatrix}1 & x_{11} & \cdots & x_{1k}\\ 1 & x_{21} & \cdots & x_{2k}\\ \vdots & \vdots & & \vdots\\ 1 & x_{n1} & \cdots & x_{nk}\end{pmatrix},\ y=\begin{pmatrix}y_1\\ y_2\\ \vdots\\ y_n\end{pmatrix},\ \hat{\beta}=\begin{pmatrix}\hat{\beta}_0\\ \hat{\beta}_1\\ \vdots\\ \hat{\beta}_k\end{pmatrix}$$

若模型中各自变量相互独立，矩阵X列满秩，则 $X'X$ 非奇异，即存在 $X'X$ 的逆矩阵 $(X'X)^{-1}$。将矩阵公式两边同时左乘 $(X'X)^{-1}$，得：

$$\hat{\beta}=(X'X)^{-1}X'Y$$

该式即为多元线性回归模型的最小平方估计量的矩阵形式。

10.4.3 多元线性回归的统计检验

1）拟合优度检验

与一元线性回归模型的情形一样，多元线性回归模型的总离差平方和也可分解为回归平方和、残差平方和。即：

$$\sum(y-\bar{y})^2=\sum(\hat{y}-\bar{y})^2+\sum(y-\hat{y})^2$$

相应地，可决系数为：

$$R^2=\frac{\sum(\hat{y}-\bar{y})^2}{\sum(y-\bar{y})^2}=1-\frac{\sum(y-\hat{y})^2}{\sum(y-\bar{y})^2}$$

它表明能够用自变量解释因变量总变差的比例。该统计量越接近于1，模型的拟合优度越高。

但是，在应用过程中发现，统计量R^2随自变量个数的增多而增大，这就会给人一种错觉，认为要想使模型拟合得好，只要增加自变量的数量就可以了。因此，R^2不能真实反映回归模型对观察值的拟合优度。可以用平方和的自由度来对可决系数进行调整，以消除R^2对自变量个数的依赖性。

定义调整的可决系数为：

$$\bar{R}^2 = 1 - \frac{\sum(y-\hat{y})^2/(n-k-1)}{\sum(y-\bar{y})^2/(n-1)}$$

这样一来，如果增加的自变量对因变量没有解释能力，那么即使它能够使残差平方和减小，减小得也不会太多，而由于增加了自变量却使残差平方和的自由度减小了，从而使$\sum(y-\hat{y})^2/(n-k-1)$增大了，也就是$\bar{R}^2$减小了，反而降低了调整的可决系数。

由$\bar{R}^2$的定义式可以得到$\bar{R}^2$与R^2间关系的表达式：

$$\bar{R}^2 = 1 - \frac{n-1}{n-k-1} \cdot \frac{\sum(y-\hat{y})^2}{\sum(y-\bar{y})^2} = 1 - \frac{n-1}{n-k-1}(1-R^2)$$

2）回归模型的显著性检验

回归模型的显著性检验，是在一定的显著性水平下，对模型中因变量与自变量之间的线性关系是否显著进行的一种统计检验。多元线性回归模型的显著性检验步骤如下：

第一步：提出假设：

$H_0:\beta_1 = \beta_2 = \cdots = \beta_k = 0$

$H_1:\beta_j$不全为$0(j=1,2,\cdots,k)$

第二步：构造F统计量：

$$F = \frac{SSR/k}{SSE/(n-k-1)} \sim F(k,n-k-1)$$

第三步：给定显著性水平α，查F分布表得临界值$F_\alpha(k,n-k-1)$。

第四步：决策。

如果$F<F_\alpha(k,n-k-1)$，则不拒绝H_0，表明因变量与自变量之间的线性关系不显著；如果$F\geq F_\alpha(k,n-k-1)$，则拒绝H_0，表明因变量与自变量之间的线性关系显著。

拟合优度检验与回归模型的显著性检验是从不同角度出发的两类检验，但它们的统计量之间又具有同向变化的趋势。在实际应用中，有时模型通过了F检验，但可决系数却不大，因此实际工作中不必对可决系数过分苛求。

3）变量的显著性检验

模型通过了显著性检验，并不意味着每个自变量对因变量的影响都是显著的，即$\hat{\beta}_j(j=1,2,\cdots,k)$不全为0，但无法知道哪一个$\beta_j$不为0。因此，有必要对每个自变量进行显著性检验。

对自变量x_j进行显著性检验的方法与一元回归模型的显著性检验一样，步骤为：

第一步：提出假设：

$H_0:\beta_j = 0$

$H_1:\beta_j \neq 0 (j=1,2,\cdots,k)$

第二步：构造检验的t统计量：

$$t_j = \frac{\hat{\beta}_j}{s_{\hat{\beta}_j}} \sim t(n-k-1)$$

式中：$s_{\hat{\beta}_j}$为偏回归系数$\hat{\beta}_j$的标准差。

第三步：给定显著性水平α，查t分布表得临界值$t_{\alpha/2}(n-k-1)$。

第四步：决策。

如果$|t| < t_{\alpha/2}(n-k-1)$，则接受$H_0$，称x对y没有显著影响；如果$|t| \geq t_{\alpha/2}(n-k-1)$，则拒绝$H_0$，称x对y有显著影响。

由上述分析可以看出，多元线性回归分析的过程更加复杂，当自变量个数为3个或3个以上时，手工计算变得几乎不可能，但可通过Excel达到分析的目的。

【例10-9】某公司所有者认为电视广告费用和报纸广告费用都会影响周总收入，并且记录了最近8周的周总收入y（单位：千美元）和电视广告费用x_1（单位：千美元）、报纸广告费用x_2（单位：千美元）的数据，见表10-6。试建立多元线性回归模型，并进行统计检验。

表10-6　**周总收入与广告费用**

	A	B	C	D
1	周	周总收入（千美元）y	电视广告费用（千美元）x_1	报纸广告费用（千美元）X_2
2	1	96	5.0	1.5
3	2	90	2.0	2.0
4	3	95	4.0	1.5
5	4	92	2.5	2.5
6	5	95	3.0	3.3
7	6	94	3.5	2.3
8	7	94	2.5	4.2
9	8	94	3.0	2.5

解：利用Excel进行多元线性回归分析的方法为：

第一步：选择“数据→数据分析”。

第二步：在“数据分析”对话框中选择“回归”。

第三步：当出现“回归”对话框时：

在“Y值输入区域”方框内输入数据区域B2：B9；

在“X值输入区域”方框内输入数据区域C2：D9。

第四步：单击“确定”，输出表10-7所示的结果。

表10-7 **多元线性回归结果**

	A	B	C	D	E	F	G	H	I
1	SUMMARY OUTPUT								
2									
3	回归统计								
4	Multiple R	0.958663							
5	R Square	0.919036							
6	Adjusted R Square	0.886650							
7	标准误差	0.642587							
8	观测值	8							
9									
10	方差分析								
11		df	SS	MS	F	Significance F			
12	回归分析	2	23.435408	11.717704	28.377768	0.001865			
13	残差	5	2.064592	0.412918					
14	总计	7	25.5						
15									
16		Coefficients	标准误差	t Stat	P-value	Lower 95%	Upper 95%	下限 95.0%	上限 95.0%
17	Intercept	83.230092	1.573869	52.882479	0.000000	79.184333	87.275851	79.184333	87.275851
18	X Variable 1	2.290184	0.304065	7.531899	0.000653	1.508561	3.071806	1.508561	3.071806
19	X Variable 2	1.300989	0.320702	4.056697	0.009761	0.476599	2.125379	0.476599	2.125379

根据表10-7进行回归结果分析：

（1）拟合优度检验。在回归统计表中，Multiple R（复相关系数）是R Square（可决系数）的平方根形式，Multiple R=0.958663表明因变量与两个自变量之间存在高度相关关系；Adjusted R Square=0.886650表明两个自变量能够解释因变量88.665%的变差。

（2）回归方程的显著性检验。在方差分析表中，F统计量为28.377768，相应的显著性概率Significance F=0.001865，若给定显著性水平$\alpha=5\%$，Significance F<α，拒绝H_0，表明因变量与自变量之间的线性关系显著。

（3）线性回归方程：$\hat{y} = 83.2301 + 2.2902x_1 + 1.3010x_2$。

（4）变量的显著性检验。在表10-7最下面的表格中，两个变量的t统计量（t Stat）的显著性概率（P-value）均较小，与给定显著性水平$\alpha=5\%$比较，拒绝H_0，表明两个自变量对因变量都有显著影响。

本章小结

变量间的关系可分为确定的函数关系和不确定的统计相关关系两种。本章介绍的两种统计分析方法——相关分析和回归分析，都是用来研究相关变量间的关系的，其中相关分析中变量的地位是对称的，而回归分析区分自变量和因变量，进一步揭示了相关变量间的具体依存关系。

本章介绍了相关关系的概念及分类，讨论了几种相关关系的测度方法，主要包括散点图和相关系数测度。可以由变量间的相关系数判断它们的相关方向及相关程度，但由于相关系数是由一次样本计算而得的，故还应进一步检验其显著性。

根据模型中所含自变量的多少，可以将线性回归模型分为一元线性回归模型和多元线性回归模型。本章的10.3和10.4节则分别讨论了一元和多元线性回归模型的基本概念、参数估计以及统计检验方法。最常用的参数估计方法是最小平方法，当模型满足一系列假定条件时，最小平方估计量具有良好的统计性质。得到模型的参数估计量后还需要对模型进行各种角度的检验，本章我们重点讨论的是模型的统计检验，包括拟合优度检验、回归方程的显著性检验、变量的显著性检验。同时，本章还介绍了利用Excel计算相关系数、进行回归分析的方法。

章末习题

一、思考题

1. 简述相关关系和函数关系的联系和区别。

2. 简述相关分析与回归分析的联系和区别。

3. 简述相关关系的种类。

4. 判断变量之间相关程度强弱的依据是什么?

5. 简述回归分析的种类。

6. 为什么要对相关系数进行显著性检验?

7. 随机误差项ε的基本假定有哪些?

8. 如何利用最小平方法确定参数的估计量?

二、练习题

1. 某企业机床的使用年限和维修费用资料见表10-8。

表10-8　**某企业机床的使用年限和维修费用**

序号	机床使用年限（年）x	维修费用（千元）y
1	2	4.3
2	2	5.4
3	3	5.2
4	4	6.4
5	4	7.4
6	5	6.9
7	5	8.1
8	6	7.2
9	6	7.6
10	6	9.5

要求：

（1）绘制散点图，判断机床使用年限和维修费用的关系形式；

（2）计算相关系数，说明机床使用年限和维修费用之间的相关方向和关系密切程度。

2.某国连续5年的个人消费支出和个人可支配收入数据见表10-9。

表10-9　**某国连续5年的个人消费支出和个人可支配收入**

个人消费支出（千亿美元）y	6.7	7.0	7.4	7.7	7.6
个人可支配收入（千亿美元）x	7.5	7.8	8.1	8.6	8.6

要求：

（1）计算两个变量间的相关系数，并进行显著性检验；

（2）建立个人消费支出（y）关于个人可支配收入（x）的线性回归方程；

（3）计算可决系数R^2，进行拟合优度检验；

（4）对自变量进行显著性检验（α=5%）。

3.某地区2000—2011年农村居民人均消费支出和人均纯收入情况见表10-10。

表10-10　**某地区2000—2011年农村居民人均消费支出和人均纯收入**

年份	人均消费支出（元）	人均纯收入（元）
2000	2 253.4	1 670.1
2001	2 366.4	1 741.1
2002	2 475.6	1 834.3
2003	2 622.2	1 943.3
2004	2 936.4	2 184.7
2005	3 254.9	2 555.4
2006	3 587.0	2 829.0
2007	4 140.4	3 223.9
2008	4 760.6	3 660.7
2009	5 153.2	3 993.5
2010	5 919.0	4 381.8
2011	6 977.3	5 221.1

要求：

（1）计算相关系数；

（2）建立人均消费支出对人均纯收入的线性回归方程，并进行统计检验（α=5%）。

4.对一组样本数据采用Excel进行回归分析，得到表10-11的结果。

表 10-11　　　　多元线性回归分析结果

	A	B	C	D	E	F
1	SUMMARY OUTPUT					
2						
3	回归统计					
4	Multiple R	0.8931				
5	R Square	0.7976				
6	Adjusted R Square	0.7571				
7	标准误差					
8	观测值	25				
9						
10	方差分析					
11		df	SS	MS	F	Significance F
12	回归分析	4		62.3428		1.04E-06
13	残差	20	63.2792	3.164	—	—
14	总计	24	312.6504	—	—	—
15						
16		Coefficients	标准误差	t Stat	P-value	
17	Intercept	-1.02164	0.782372	-1.30582	0.206434	
18	X Variable 1	0.040039	0.010434		0.001028	
19	X Variable 2	0.148034	0.078794	1.878738	0.074935	
20	X Variable 3	0.014529	0.083033	0.174983	0.862853	
21	X Variable 4	-0.029193	0.015073	-1.93677	0.06703	

要求：试填写表中空缺处的数据，并回答以下问题：

（1）在5%的显著性水平下，方程是否通过了总体线性的显著性检验？为什么？

（2）在5%的显著性水平下，变量x_2是否通过了回归系数的显著性检验？为什么？

5.为了研究我国民航客运量变化趋势及其成因，搜集2000—2014年民用航空客运量、国民总收入、居民消费水平、铁路客运量、定期航班航线里程和入境游客人数资料，见表10-12。

要求：在$\alpha=5\%$的显著性水平下：

（1）计算y与各自变量之间的相关系数，是否有证据表明民用航空客运量与其他变量之间存在线性关系？

表10-12　　**民用航空客运量及影响因素资料**

年份	民用航空客运量（万人）y	国民总收入（亿元）x_1	居民消费水平（元）x_2	铁路客运量（万人）x_3	定期航班航线里程（千米）x_4	入境游客人数（万人次）x_5
2000	6 722	99 066	3 721	105 073	1 502 887	1 016
2001	7 524	109 276	3 987	105 155	1 553 596	1 123
2002	8 594	120 480	4 301	105 606	1 637 700	1 344
2003	8 759	136 576	4 606	97 260	1 749 500	1 140
2004	12 123	161 415	5 138	111 764	2 049 394	1 693
2005	13 827	185 999	5 771	115 583	1 998 501	2 026
2006	15 968	219 029	6 416	125 656	2 113 505	2 221
2007	18 576	270 844	7 572	135 670	2 342 961	2 611
2008	19 251	321 501	8 707	146 193	2 461 840	2 433
2009	23 052	348 499	9 514	152 451	2 345 085	2 194
2010	26 769	411 265	10 919	167 609	2 765 147	2 613
2011	29 317	484 753	13 134	186 226	3 490 571	2 711
2012	31 936	539 117	14 699	189 337	3 280 114	2 719
2013	35 397	590 422	16 190	210 597	4 106 000	2 629
2014	39 195	644 791	17 778	235 704	4 637 214	2 636

（2）用Excel进行回归，并检验模型的线性关系是否显著。

（3）对各变量的显著性进行检验。

主要参考文献

［1］钟新联．统计学［M］．北京：中国商业出版社，2016.
［2］王丽萍，高文才．统计学［M］．2版．北京：中国铁道出版社，2016.
［3］田海霞，景刚．统计学——原理与EXCEL应用［M］．北京：机械工业出版社，2015.
［4］刘振学，王力．实验设计与数据处理［M］．2版．北京：化学工业出版社，2015.
［5］刘瑾，葛联迎．统计学［M］．北京：中国财政经济出版社，2014.
［6］曾五一，肖红叶．统计学导论［M］．2版．北京：科学出版社，2013.
［7］李卉妍，王浩．统计学——原理与SPSS应用［M］．北京：机械工业出版社，2013.
［8］程建华，洪文．统计学原理与应用［M］．北京：人民邮电出版社，2013.
［9］耿修林，谢兆茹．统计学［M］．3版．北京：科学出版社，2013.
［10］卢小广，刘元欣，潘海英．统计学［M］．北京：机械工业出版社，2013.
［11］吕洁华，王威．统计学［M］．北京：科学出版社，2012.
［12］曾五一，朱平辉．统计学——在经济管理领域的应用［M］．北京：机械工业出版社，2010.
［13］陈在余，陶应虎．统计学原理与实务［M］．北京：清华大学出版社，2009.
［14］袁卫，庞皓，曾五一，等．统计学［M］．3版．北京：高等教育出版社，2009.
［15］徐国祥．统计学［M］．上海：世纪出版集团，上海人民出版社，2007.
［16］贾俊平，何晓群，金勇进．统计学［M］．6版．北京：中国人民大学出版社，2000.

前　言

为推进《国家职业教育改革实施方案》落地生根，实施“1+X证书”制度，新一轮高等职业教育教学和课程内容的改革已全面展开。教材建设是加快推进职业教育教学改革创新的重要抓手，反映新知识、新技术、新方法和新职业要求的新教材，在此背景下应运而生。

“税务会计”是财务会计类、金融类和财政税务类专业的核心课程，本教材由高等职业院校的一线教师和企业会计实务专家共同编写，以国民经济各行各业的涉税业务为背景，吸收税法改革和企业会计准则改革前沿的最新成果，大量深度地采用制造业、商品流通业、金融业、建筑业及现代服务业的税务核算岗位的实际操作素材，与实际工作岗位和要求接轨，直接对接税务岗位职业教育国家教学标准体系，贯彻工作过程导向的思路，并做到内容的选取科学合理、知识的更新及时准确，体现最新的税收理念和操作规范。本教材既可以作为高职高专、应用型本科学生校内“教、学、做一体化”的实践教学指导教材，也可以作为企业会计人员进行税务核算的工作手册。

本教材的主要特色与创新如下：

（1）突出税务会计核算和涉税风险管控。本教材在吸纳税法基础知识的基础上，尽量避免与“税法”“税务代理”“财务会计”“税费计算与申报”“纳税实务”等课程内容重叠，突出税务会计岗位的会计核算和纳税人的涉税风险管控，总体设计体现理实一体化的编写模式。

（2）以“引例”为启发，体现任务驱动式教学。每个单元创设若干与税务会计岗位实务密切相关的工作任务，每个任务以“引例”为启发，让学生带着任务和思考去学习相关税法和企业会计准则知识，完成系列技能操作。每个单元后均设置了“随堂测试”和“单元实训”，对单元内容进行检测和实战演练。将枯燥的税务会计知识融入实际的账务操作、真实的纳税申报和涉税风险控制的工作中，不仅提高了学习效率，而且学以致用，增加了学生学习乐趣。

（3）教材内容实用，线上线下结合学习。为了方便学习者查阅税法知识和企业会计准则，本教材内容尽量摊薄，但知识容量却做到满足学习者知识拓展的需求。本教材在适当的位置设有“知识链接”和“微课”二维码，扫描二维码可以直接观看学习。为了方便教学，我们还制作了与本教材配套的课程标准、电子课件、电子教案，以及引例思考、做中学、随堂测试和单元实训的答案等数字化教学资源，登录东北财经大学出版社的网站（http：//www.dufep.cn）即可免费下载使用。

本教材由江苏经贸职业技术学院戴桂荣教授和何滔滔副教授（高级会计师、注册会计师、注册税务师，兼任南京弘瑞税务师事务所合伙人）共同担任主编，江苏经贸职业技术学院沈俊伟、周遊、王奕扬和南京畅教畅学软件有限公司的总经理蒋炜担任副主编。具体编写分工如下：何滔滔、戴桂荣编写第一单元；周遊编写第二单元和第三单元；沈俊伟编写第四单元和第五单元；戴桂荣编写第六单元；王奕扬编写第七单元；何滔滔编写第八单元；蒋炜负责提供课程实践素材和网站建设。本教材由戴桂荣教授审稿并进行总纂。

由于编者水平有限，加之财税制度仍在不断改革中，书中难免存在不足之处，需要后续更新，敬请各位读者批评指正。

编 者

2021年1月于南京

目　录

第一单元

增值税会计

【职业能力目标】

通过学习了解增值税一般纳税人、小规模纳税人的区别，能熟练处理增值税一般日常涉税会计业务、特殊涉税会计业务和进出口涉税会计业务，懂得涉税票据管理，能够胜任纳税申报岗位工作、涉税风险预警与管控工作。

【典型工作任务】

增值税会计典型工作任务

- 增值税内销业务核算
- 出口货物退（免）增值税核算
- 增值税票据管理
- 增值税纳税申报
- 增值税涉税风险管控

任务一　增值税内销业务核算

引 例

东方机械厂为增值税一般纳税人，2020年2月发生如下业务：

（1）转让其2014年购入的厂房，不动产购置原值为500万元，转让含税价格为700万元，企业选择简易办法计税。

（2）购入不动产一栋，取得销售方开具的增值税专用发票，注明不含税价格为1 000万元。

（3）新建厂房一栋，为了厂房的局部设计，邀请设计公司提供设计服务，取得增值税专用发票，注明不含税价格30万元。

（4）改建本企业的自有办公楼，购入钢筋一批，取得增值税专用发票，注明金额为400万元，该建筑原值为700万元。

（5）将企业2019年12月购进的原本作为职工食堂的房屋（当月投入使用），改造成存储原材料的仓库，该房产原值220万元（含税），取得了增值税专用发票，企业按照20年计提折旧，无残值。

（已知：上述款项均用银行存款支付）

【思考】上述业务（1）至业务（5）如何进行增值税会计核算？

知识准备

一、增值税的基本规定

增值税是对在我国境内销售货物或者加工、修理修配劳务（以下简称劳务），销售服务、无形资产、不动产以及进口货物的单位和个人，以其销售货物、劳务、服务、无形资产、不动产的增值额和货物进口金额为计税依据而课征的一种流转税。2017年11月19日，《国务院关于废止〈中华人民共和国营业税暂行条例〉和修改〈中华人民共和国增值税暂行条例〉的决定》通过，对《中华人民共和国增值税暂行条例》（以下简称《增值税暂行条例》）进行了第二次修订。

（一）增值税的纳税人

根据2017年修订的《中华人民共和国增值税暂行条例》的规定：在我国境内销售货物或者加工、修理修配劳务（以下简称劳务），销售服务、无形资产、不动产以及进口货物的单位和个人，为增值税的纳税人。

《增值税暂行条例》将增值税纳税人按会计核算水平和经营规模分为一般纳税人和小规模纳税人两类，分别采取不同的登记管理办法。

知识拓展

定量标准和定性标准

（1）定量标准——经营规模

①从事生产货物或提供应税劳务，或以其为主兼营货物批发或零售的纳税人，年应税销售额≥50万元，为一般纳税人；年应税销售额＜50万元（不含税销售额，下同），为小规模纳税人。

②从事货物批发或零售的纳税人，年应税销售额≥80万元，为一般纳税人；应税销售额＜80万元，为小规模纳税人。

③提供应税服务的纳税人，年应税服务销售额≥500万元，为一般纳税人；年应税服务销售额＜500万元，为小规模纳税人。

年应税服务销售额，是指纳税人在连续不超过12个月的经营期内，提供交通运输和现代服务累计应征增值税销售额，含免税、减税销售额。

（2）定性标准——纳税人性质和会计核算程度

①年应税销售额超过小规模纳税人标准的其他个人（自然人）按小规模纳税人纳税；非企业性单位和不经常发生应税行为的企业可自行选择是否按小规模纳税人纳税。

②年应税销售额未超过标准以及新开业的纳税人，有固定的经营场所，会计核算健全，能准确提供销项税额、进项税额的可认定为一般纳税人。

（二）增值税的纳税范围及增值税税率

增值税一般纳税人的纳税范围及适用税率如下：

（1）销售货物、劳务、有形动产租赁服务或者进口货物，除另有规定外，税率为13%。

（2）销售交通运输、邮政、基础电信、建筑、不动产租赁服务，销售不动产，转让土地使用权，销售或者进口下列货物，税率为9%。

①粮食等农产品、食用植物油、食用盐；

②自来水、暖气、冷气、热水、煤气、石油液化气、天然气、二甲醚、沼气、居民用煤炭制品；

③图书、报纸、杂志、音像制品、电子出版物；

④饲料、化肥、农药、农机、农膜；

⑤国务院规定的其他货物。

（3）销售服务、无形资产，除另有规定外，税率为6%。

（4）出口货物，税率为零；国务院另有规定的除外。

（5）小规模纳税人增值税征收率一般为3%，转让不动产的征收率为5%；一般纳税人转让不动产采用简易计税方法的征收率为5%，采用一般计税方法转让不动产预缴增值税的预征率也为5%。

知识链接

中华人民共和国增值税暂行条例

二、增值税的计算

（一）一般计税方法

一般纳税人发生应税行为适用一般计税方法，其计算公式为：

当期应纳增值税税额 = 当期销项税额 − 当期进项税额

当期销项税额小于当期进项税额，不足抵扣时，其不足部分可以结转下期继续抵扣。

1. 销项税额

销项税额指一般纳税人销售货物、劳务、服务、无形资产或不动产应收取的增值税税额。

知识链接

准予从销项税额中抵扣的进项税额

销项税额 = 不含税销售额 × 税率

销售额为纳税人发生应税销售行为收取的全部价款和价外费用，但是不包括收取的销项税额。

2. 进项税额

进项税额指一般纳税人购进货物、劳务、服务、无形资产、不动产应负担的增值税税额。它与销项税额是一个相对应的概念，在开具增值税专用发票时，销售方收取的销项税额就是购买方支付的进项税额。每一个一般纳税人都会有收取的销项税额和支付的进项税额，二者相抵后就是应缴纳的增值税税额。

知识链接

不得从销项税额中抵扣的进项税额

【典型案例 1-1】梅花食品厂为增值税一般纳税人，主要经营各种中式点心。2020年5月发生以下经济业务：

（1）本月销售中式点心共取得不含税销售收入200 000元。

（2）本月收回上月委托加工的一批食品，应支付加工费4 000元（不含税），加工食品已验收入库，并收到委托方开来的增值税专用发票，注明税款420元，款项已支付。

（3）购进面粉一批，取得增值税专用发票，注明价款100 000元，税款9 000元，支付运输费用4 000元，取得运费增值税专用发票。

（4）因仓库管理不善，部分库存面粉霉烂，经盘点损失面粉21 800元（含税）。

要求：请根据上述资料，计算本月应交纳的增值税税额。

解析：本期销项税额 = 200 000 × 13% = 26 000（元）

本期进项税额 = 420 + 9 000 + 4 000 × 9% = 9 780（元）

本期进项税额转出 = 21 800 ÷（1 + 9%）× 9% = 1 800（元）

本期应交增值税 = 26 000 − 9 780 + 1 800 = 18 020（元）

（二）简易计税方法

小规模纳税人发生应税销售行为，实行按照销售额和征收率计算应纳税额的简易办法，并不得抵扣进项税额。一般纳税人发生财政部和国家税务总局规定的特定应税行为，可以选择适用简易计税方法计税，但一经选择，36个月内不得变更。简易计税方法的计算公式如下：

当期应纳增值税税额 = 当期不含税销售额 × 征收率

当期不含税销售额 = 含税销售额 ÷（1 + 3%）

【典型案例 1-2】百佳超市为增值税小规模纳税人，2020年5月销售副食品取得含税销售额66 950元，销售自己使用过的固定资产取得含税销售额17 098元。（注：小规模纳税人销售自己使用过的固定资产，减按2%征收率征收增值税）

要求：计算该超市5月的应纳增值税税额。

解析：应纳增值税 = 66 950 ÷（1 + 3%）× 3% + 17 098 ÷（1 + 3%）× 2%

= 1 950 + 332 = 2 282（元）

（三）进口货物增值税计算

纳税人进口货物，按照组成计税价格和规定的税率计算应纳税额。组成计税价格是指在没有实际销售价格时，按照税法的规定计算出的作为计税依据的价格。

组成计税价格 = 关税完税价格 + 关税 + 消费税

进口货物应纳增值税税额 = 组成计税价格 × 增值税税率

【典型案例 1–3】东方机械厂是增值税一般纳税人。2020 年 3 月从国外进口一批原材料，海关审定的完税价格为 100 万元，该批原材料分别按 10% 和 13% 的税率向海关缴纳了关税和进口环节增值税，并取得了相关完税凭证。该批原材料当月加工成产品后全部在国内销售，取得销售收入 200 万元（不含增值税），同时支付运输费 8 万元（已取得运费增值税专用发票）。已知该企业适用的增值税税率为 13%。

要求：计算该机械厂当月应缴纳的增值税税额。

解析：（1）进口原材料的应纳增值税税额 =（100 + 100 × 10%）× 13% = 14.3（万元）

（2）允许抵扣的增值税进项税额 = 14.3 + 8 × 9% = 15.02（万元）

（3）应纳增值税税额 = 200 × 13% − 15.02 = 10.98（万元）

三、一般纳税人增值税的会计处理

（一）与增值税有关的二级科目设置

一般纳税人应在“应交税费”科目下设置“应交增值税”“未交增值税”等 11 个明细科目分类组织核算，见表 1–1。

表 1–1　“应交税费”与增值税核算有关的二级科目表

应交增值税	未交增值税	预交增值税
待抵扣进项税额	待认证进项税额	待转销项税额
增值税留抵税额	简易计税	转让金融商品应交增值税
代扣代交增值税	增值税检查调整	—

（二）“应交增值税”核算专栏的设置

增值税一般纳税人为了详细核算某一时期的“应交增值税”，为查账征收提供直观的账务依据，应在“应交增值税”二级科目下再设置 10 个专栏进行核算，增值税专用格式的账页见表 1–2。

表 1–2　应交税费——应交增值税明细账

年		凭证号数	摘要	借方							贷方					余额
月	日			合计	进项税额	销项税额抵减	已交税金	减免税款	出口抵减内销产品应纳税额	转出未交增值税	合计	销项税额	出口退税	进项税额转出	转出多交增值税	

（三）“应交增值税”专栏的会计处理

下面以生产企业为例，对“应交增值税”10个专用栏目的运用进行说明。

【典型案例1-4】东方化工有限公司为一家制造业企业，属于增值税一般纳税人。2020年6月份发生如下与增值税有关的购销业务：

（1）6日，购买原材料，不含税价为10 000元、增值税为1 300元，取得专用发票，并通过认证；16日发现20%的材料有问题，退回销售方（已办理红字发票手续，通过银行收款）。

（2）15日，预缴本月增值税100 000元。

（3）20日，销售一批享受国家直接减免增值税优惠的产品，不含税销售收入200 000元，该产品适用的税率为13%。

（4）22日，将5月份外购的一批服装用于职工福利，外购成本10 000元，购进环节的进项税额为1 300元。

（5）24日，出口一批产品，获得出口退税额30 000元。

（6）26日，公司原销售的不含税价格为100 000元，销项税额为13 000元的货物被退回，假设已按税法的规定开具了红字增值税专用发票。

（7）30日，汇总本月增值税明细栏目，计算本月应交（多交）增值税，并进行转出。

要求：逐笔进行增值税相关业务的会计处理。

解析：

业务（1）：6日采购时，支付的增值税直接作为进项税额抵扣。

借：原材料　　10 000

　　应交税费——应交增值税（进项税额）　　1 300

　　贷：银行存款　　11 300

16日退货时，用红字冲销进项税额；

借：银行存款　　2 260

　　应交税费——应交增值税（进项税额）　　[260]

　　贷：原材料　　2 000

注：[　]代表红字，下同。

业务（2）：缴纳当月的增值税用“已交税金”专栏核算。

借：应交税费——应交增值税（已交税金）　　100 000

　　贷：银行存款　　100 000

【思考】“应交增值税（已交税金）”与“应交税费——预交增值税”核算情形上有何不同？如何区别运用？

【提示】一般情况下，一般纳税人一个月内需分次预缴本月增值税，以1日、3日、5日、10日或者15日为1个纳税期的，自期满之日起5日内预缴税款，于次月1日起15日内申报纳税并结清上月应纳税款。“应交税费——预交增值税”在后面会讲到。

业务（3）：享受国家减免增值税用“减免税款”专栏核算。

借：银行存款　　22 600

　　贷：主营业务收入　　20 000

　　　　应交税费——应交增值税（销项税额）　　2 600

借：应交税费——应交增值税（减免税款）　　2 600

　　贷：营业外收入　　2 600

业务（4）：企业购进货物、劳务、服务、无形资产或不动产等改变用途、发生非正常损失以及其他原因而不应从销项税额中抵扣，按规定转出的进项税额用“进项税额转出”专栏核算。

借：应付职工薪酬——非货币性福利　　11 300

　　贷：库存商品　　10 000

　　　　应交税费——应交增值税（进项税额转出）　　1 300

业务（5）：出口货物按规定免除出口环节的销项税额，按一定的退税率退还该货物购进环节的进项税额，用“出口退税”专栏核算。

借：应收出口退税款——增值税　　30 000

　　贷：应交税费——应交增值税（出口退税）　　30 000

业务（6）：退回销售货物应冲减的销项税额在贷方用红字记录。

借：主营业务收入　　100 000

　　贷：银行存款　　113 000

　　　　应交税费——应交增值税（销项税额）　　13 000

同时冲减成本。

业务（7）：本月应交（多交）增值税＝本月销项税额－本月进项税额－本期已交税金

＝（2 600+1 300−13 000+30 000）－（1 300−260+2 600）−100 000＝20 900－3 640−100 000

＝−82 740（元）

本月“应交增值税（已交税金）”若为正数则表现为贷方余额，即本月应交但尚未缴纳的增值税，应从“应交增值税”专栏转出记入“未交增值税”科目的贷方，下月15日前汇算清缴，转出后无余额；若为负数则表现为借方余额，即本月多交增值税或待抵扣的进项税额，应从“应交增值税”专栏转出记入“未交增值税”科目的借方。

东方化工有限公司本月应交增值税为负数82 740元（借方余额）。做转出处理：

借：应交税费——未交增值税　　82 740

　　贷：应交税费——应交增值税（转出多交增值税）　　82 740

（四）与增值税有关的其他二级科目的会计处理

1.“未交增值税”的会计处理

“未交增值税”明细科目核算一般纳税人月份终了从“应交增值税”或“预交增值税”明细科目转入当月的应缴未缴、多缴或预缴的增值税税额，以及当月缴纳以前期间未缴的增值税税额。期末借方余额反映的是企业多缴的增值税税款，贷方余额反映的是期末结转下期应缴的增值税。

【提示】期末留抵税额反映在“应交税费——应交增值税”科目的借方，而非“应交税费——未交增值税”科目。

【典型案例1-5】沿用【典型案例1-4】的资料。

（1）假如东方化工有限公司下月15日前汇算清缴时，收到税务局清退上月多缴的增值税82 740元，会计处理如下：

借：银行存款　　82 740

　　贷：应交税费——未交增值税　　82 740

（2）假如将东方化工有限公司6月份预缴增值税税额改为10 000元，则6月末从“应交增值税”专栏转出的未交增值税为7 260元（17 260－10 000），下月15日前汇算清缴时的会计处理如下：

借：应交税费——未交增值税　　7 260

　　贷：银行存款　　7 260

知识拓展

用留抵税额抵减增值税欠税的问题

（1）纳税人因销项税额小于进项税额而产生期末留抵税额的，可以用期末留抵税额抵减增值税欠税；

（2）按增值税欠税税额与期末留抵税额中较小的数字用红字进行会计处理：借记“应交税费——应交增值税（进项税额）”科目，贷记“应交税费——未交增值税”科目。

【典型案例1-6】东方化工有限公司2020年5月在税务稽查中应补增值税15万元欠税未补，若2020年5月期末留抵税额10万元，6月末留抵税额8万元。

要求：进行5月、6月用留抵税额抵减欠税的会计处理。

解析：5月末用留抵税额10万元抵减欠税额：

借：应交税费——应交增值税（进项税额）　　100 000

　　贷：应交税费——未交增值税　　100 000

6月末欠税额还剩5万元，可以用留抵税额抵减：

借：应交税费——应交增值税（进项税额）　　50 000

　　贷：应交税费——未交增值税　　50 000

【提示】用留抵税额抵减欠税应按增值税欠税税额与期末留抵税额中较小的数字进行账务处理。

2.“预交增值税”的会计处理

“预交增值税”明细科目用来核算一般纳税人转让不动产、提供不动产经营租赁服务、提供建筑服务、采用预收款方式销售自行开发的房地产项目等，以及其他按现行增值税制度的规定应预缴的增值税税额。需用“预交增值税”核算的四种情形见表1-3。

表1-3　　　　　　　“预交增值税”核算的四种情形

核算范围	发生情形
建筑业	提供建筑服务收取预收款
不动产经营租赁	不动产所在地与机构所在地不在同一县（市、区）的，向不动产所在地主管税务机关预缴税款
销售不动产	纳税人转让其取得的不动产，向不动产所在地主管税务机关预缴税款，无论不动产所在地与机构所在地是否在同一县（市、区）
房地产开发企业销售开发产品	收到预收款时

预缴税款时记入“应交税费——预交增值税”科目的借方，月末，一般企业应将“预交增值税”明细科目余额转入“未交增值税”明细科目，但房地产开发企业预缴的税款不能抵减预缴当期的应纳税额，应直至纳税义务发生时方可从“应交税费——预交增值税”科目结转至“应交税费——未交增值税”科目。

【提示】(1) 房地产企业“预交增值税”科目期末余额在纳税义务发生前不能结转至“未交增值税”科目。

(2) 根据财税〔2017〕58号：纳税人提供建筑服务取得预收款，应在收到预收款时，以取得的预收款扣除支付的分包款后的余额，按照规定的预征率预缴增值税。

(3) 预缴的增值税税款，抵减不完的，结转下期继续抵减。

【典型案例1-7】东方化工有限公司2020年5月销售一栋处于外县、自建厂房，价税合计315万元，假如该纳税人先按5%向不动产所在地税务机关预缴增值税。

要求：进行会计处理。

解析：预交增值税＝315÷（1＋5%）×5%＝15（万元）

借：应交税费——预交增值税　　　　150 000

　　贷：银行存款　　　　150 000

3.“待抵扣进项税额”的会计处理

“待抵扣进项税额”明细科目核算实行纳税辅导期管理的一般纳税人取得的尚未交叉稽核比对的增值税扣税凭证上注明或计算的增值税税额。辅导期纳税人取得增值税抵扣凭证，申请交叉稽核比对时，将扣税凭证上注明的增值税记入“应交税费——待抵扣进项税额”科目借方，税务机关通知交叉稽核比对无误后，再将其转入“应交税费——应交增值税（进项税额）”科目，如税务机关核实不得抵扣，应将原记入“应交税费——待抵扣进项税额”科目的增值税用红字冲销。

4.“待认证进项税额”的会计处理

“待认证进项税额”明细科目核算一般纳税人由于未经税务机关认证而不得从当期销项税额中抵扣的进项税额。具体分两种情况处理：

(1) 一般纳税人已取得增值税扣税凭证、按照现行增值税制度的规定准予从销项税额中抵扣，但尚未经税务机关认证的进项税额，先记入“应交税费——待认证进项税额”科目借方，经认证比对准予抵扣时，再将其转入“应交税费——应交增值税（进项税额）”科目核算。

（2）一般纳税人已申请稽核但尚未取得稽核相符结果的海关缴款书进项税额时，比照上述做法处理。

知识拓展

关于增值税发票认证（查询）期、稽核比对期的规定

国家税务总局公告2017年第11号规定，自2017年7月1日起，对增值税扣税凭证或海关进口增值税专用缴款书的认证（查询）期、稽核比对期进行了调整，见表1-4。

表1-4 认证（查询）期、稽核比对期的规定

增值税扣税凭证	2017年6月30日之前开具的，自开票起180日内认证
	2017年7月1日及以后开具的，自开票起360日内认证
海关进口增值税专用缴款书	2017年6月30日之前开具的，自开票起180日内申请稽核比对
	2017年7月1日及以后开具的，自开票起360日内申请稽核比对

【典型案例1-8】东方机械厂为增值税一般纳税人，2020年10月入库一批应税货物，用于生产产品，已经验收入库，但尚未收到增值税扣税凭证并未付款，10月末按货物清单或相关合同协议上的价格200万元暂估入账。2020年11月下旬取得上述一份增值税专用发票，注明金额200万元，税额26万元，并于12月末在增值税发票查询平台对该发票进行勾选确认。

要求：进行会计处理。

解析：

（1）10月末，暂估入账时：

借：原材料　　2 000 000

　　贷：应付账款　　2 000 000

（2）11月初，红冲：

借：原材料　　2 000 000

　　贷：应付账款　　2 000 000

（3）11月末，取得发票：

借：原材料　　2 000 000

　　应交税费——待认证进项税额　　260 000

　　贷：应付账款　　2 260 000

（4）12月末勾选确认后：

借：应交税费——应交增值税（进项税额）　　260 000

　　贷：应交税费——待认证进项税额　　260 000

5.“待转销项税额”的会计处理

“待转销项税额”明细科目核算一般纳税人销售货物、提供加工修理修配劳务、销

售服务、转让无形资产或不动产，已确认相关收入（或利得）但尚未发生增值税纳税义务，而需于以后期间确认为销项税额的增值税税额。账务处理归集见表1-5。

表1-5　“应交税费——待转销项税额”的会计处理

①纳税义务发生时间早于会计上收入确认时间	借：银行存款等 贷：预收账款 应交税费——应交增值税（销项税额）
②会计上收入确认时间早于增值税纳税义务发生时间（比如建筑服务完成后被扣留的质押金、保证金）	借：应收账款 贷：主营业务收入（或工程结算等） 应交税费——待转销项税额
③纳税人提供建筑服务，被工程发包方从应支付的工程款中扣押的质押金、保证金，但未开具发票	借：应收账款等 贷：应交税费——待转销项税额 主营业务收入
④纳税人实际收到质押金、保证金	借：应交税费——待转销项税额 贷：应交税费——应交增值税（销项税额）

【典型案例1-9】远大房地产公司2020年6月对新开发的一项商品房楼盘进行预售，预售项目收款1 090万元，2020年年底竣工交付房屋。

要求：进行增值税相关会计处理。

解析：

（1）预售收款时会计处理如下：

借：银行存款　10 900 000

　贷：预收账款——预收购房款（××项目）　10 000 000

　　应交税费——待转销项税额　900 000

（2）向客户交房时会计处理如下：

借：应交税费——待转销项税额　900 000

　贷：应交税费——应交增值税（销项税额）　900 000

6.“简易计税”的会计处理

“简易计税”明细科目核算一般纳税人对某些特殊业务如销售不动产，采用简易计税方法发生的增值税计提、扣减、预缴、缴纳等业务，小规模纳税人采用简易计征增值税方法不适用该科目。

【典型案例1-10】东方机械公司为南京市江宁区增值税一般纳税人，2020年6月30日转让其2013年自己建造的厂房一间，取得转让收入1 000万元，厂房也在南京市江宁区。如果纳税人对该笔业务选择简易计税方法。

要求：对该笔业务进行增值税相关会计处理。

解析：一般纳税人销售不动产，选择简易计税方法按5%的征收率计算应纳增值税税额。

应纳税款 = 1 000 ÷（1 + 5%）× 5% = 47.62（万元）

借：银行存款等　10 000 000

贷：固定资产清理 9 523 800

应交税费——简易计税 476 200

【思考】一般计税与简易计税的账务处理有何不同？

7.“转让金融商品应交增值税”的会计处理

该明细科目核算增值税纳税人转让金融商品发生的增值税税额。金融商品转让按规定以盈亏相抵后的余额为销售额，即按差额确定销售额。具体会计处理会在后面特殊业务中详细说明。

8.“代扣代交增值税”的会计处理

该明细科目核算纳税人购进在中国境内未设经营机构的境外单位或个人在中国境内的应税行为时代扣代缴的增值税。支付给境外单位和个人款项的中国境内企业负有代扣代缴增值税的义务。其计算公式为：

应扣缴税额 = 购买方支付的价款 ÷（1 + 税率）× 税率

借：资产、费用等

应交税费——应交增值税（进项税额）

贷：应付账款/银行存款

应交税费——代扣代交增值税

9.“增值税检查调整”的会计处理

增值税一般纳税人在税务机关对其增值税纳税情况进行检查后，凡涉及增值税涉税账务调整的，应设置“应交税费——增值税检查调整”科目进行专门的明细核算。凡经税务机关检查后应调减账面进项税额或调增销项税额和进项税额转出的数额，借记有关科目，贷记本科目；全部调账事项入账后，结出“应交税费——增值税检查调整”科目的余额，并将该余额转至“应交税费——未交增值税”科目中。处理之后，本科目无余额。

【典型案例 1-11】2020年4月，经主管税务机关检查，发现上月购进的甲材料用于集体福利，企业仅以账面金额10 000元（不含税价格）结转至“应付职工薪酬”科目核算。另有5 000元的乙材料购入业务取得的增值税专用发票不符合规定，相应税金650元已于上月抵扣。税务机关要求该企业在本月调账并于4月30日前补缴税款入库（不考虑滞纳金和罚款）。

要求：对上述业务进行增值税相关调整的会计处理。

解析：

（1）将用于集体福利购进材料的进项税额调整记入“应付职工薪酬”科目。

借：应付职工薪酬 1 300

贷：应交税费——增值税检查调整 1 300

（2）将不符合抵扣规定的购进材料的进项税额调整计入原材料成本。

借：原材料 650

贷：应交税费——增值税检查调整 650

（3）月末将应补缴的增值税调整额转出记入“未交增值税”科目。

借：应交税费——增值税检查调整 1 950

贷：应交税费——未交增值税 1 950

（4）补缴时。

借：应交税费——未交增值税　　　　1 950

　　贷：银行存款　　　　　　　　　　1 950

四、特殊业务的增值税会计处理

（一）一般纳税人购进农产品增值税抵扣的会计处理

一般纳税人购进农产品，按下列政策进行抵扣：

1. 核定抵扣

该方法适用于试点纳税人。自2012年7月1日起，以购进农产品为原料生产销售液体乳及乳制品、酒及酒精、植物油的增值税一般纳税人，纳入农产品增值税进项税额核定扣除试点范围，其购进农产品无论是否用于生产上述产品，增值税进项税额均按照《农产品增值税进项税额核定扣除试点实施办法》的规定抵扣。

微课

农产品增值税进项税额核定扣除的会计处理

2. 非核定抵扣

根据《增值税暂行条例》的规定，一般纳税人购进农产品除取得增值税专用发票或者海关进口增值税专用缴款书外，按照农产品收购发票或者销售发票上注明的农产品买价和规定的扣除率计算抵扣进项税额。其计算公式如下：

$$进项税额 = 买价 \times 扣除率$$

自2019年4月1日起扣除率一般为9%，纳税人用于生产或者委托加工13%税率货物所购进的农产品可加计扣除1%，即采用10%的扣除率。扣除率的具体运用见表1-6。

表1-6　几种扣除率抵扣进项税额的计算

抵扣凭证	取得发票来源	进项税额		
		用于生产销售或者受托委托加工13%税率的货物	用于生产销售其他货物服务	用于生产销售或者委托受托加工13%税率的货物，又用于生产销售其他货物服务，未分别核算
增值税专用发票、海关进口增值税专用缴款书	一般纳税人开具	买价×10%	买价×9%	买价×9%
	小规模纳税人委托税务机关代开	买价×10%	买价×9%	买价×9%
农产品收购发票或销售发票（仅限农业生产者销售自产农产品）	不区分	买价×10%	买价×9%	买价×9%

具体规定如下：

（1）一般纳税人取得一般纳税人开具的增值税专用发票或海关进口增值税专用缴款书的，以增值税专用发票或海关进口增值税专用缴款书上注明的增值税税额为进项税额。

（2）一般纳税人取得（开具）农产品销售发票或收购发票的，以农产品销售发票或收购发票上注明的农产品买价和9%的扣除率计算进项税额。

（3）一般纳税人购进农产品用于生产销售或委托受托加工13%税率货物的农产品，按照10%的扣除率计算进项税额。

（4）一般纳税人购进的农产品用于生产或者销售其他货物服务的，按照9%的扣除率计算进项税额。

（5）一般纳税人购进农产品既用于生产销售或委托受托加工13%税率货物又用于生产销售其他货物服务的，应当分别核算用于生产销售或委托受托加工13%税率货物和其他货物服务的农产品进项税额。未分别核算的，统一以农产品收购发票或销售发票上注明的农产品买价和9%的扣除率计算进项税额。

（6）一般纳税人从按照简易计税方法依照3%征收率计算缴纳增值税的小规模纳税人取得增值税专用发票的，以增值税专用发票上注明的金额和9%的扣除率计算进项税额。

【典型案例1-12】巨星公司是增值税一般纳税人，2020年9月发生如下农产品收购业务：

（1）5日向农民收购自产牛尾用于生产牛毛（9%税率），开具农产品收购发票，全额98 784元。

（2）7日向某农业合作社收购牛尾生产洗净毛（13%税率），取得农产品销售发票，全额78 789元。

（3）15日向一般纳税人收购牛尾用于生产牛毛（9%税率），取得增值税专用发票，买价10 000元，增值税税率9%，增值税税额900元，价税合计10 900元。

（4）16日向小规模纳税人收购牛尾用于生产牛毛（9%税率），取得其委托税务机关代开的增值税专用发票，票面金额1 000元，征收率3%，价税合计1 030元。

（5）20日向小规模纳税人收购牛尾用于生产洗净毛（13%税率），取得其委托税务机关代开的增值税专用发票，票面金额3 000，征收率3%，价税合计3 090元。

要求：逐笔计算可抵扣增值税进项税额，并编制相关会计分录。

解析：

（1）收购农民自产农产品适用9%的抵扣率。

可以抵扣的进项税额 = 98 784 × 9% = 8 890.56（元）

借：原材料——牛尾	89 893.44	
应交税费——应交增值税（进项税额）	8 890.56	
贷：应付账款		98 784

（2）收购的农产品用于生产增值税税率为13%的货物，适用10%的抵扣率。

可以抵扣的进项税额 = 78 789 × 10% = 7 878.9（元）

借：原材料——牛尾	70 910.10	
应交税费——应交增值税（进项税额）	7 878.90	
贷：应付账款		78 789

（3）向一般纳税人收购农产品，注明的增值税税额即为进项税额。

则可以抵扣的进项税额为900元。

借：原材料——牛尾　10 000
　　应交税费——应交增值税（进项税额）　900
　　贷：应付账款　10 900

（4）从小规模纳税人取得按照简易计税方法征收率为3%的增值税专用发票的，按9%的扣除率计算抵扣进项税额。

可以抵扣的进项税额 = 1 000 × 9% = 90（元）

借：原材料——牛尾　940
　　应交税费——应交增值税（进项税额）　90
　　贷：应付账款　1 030

（5）收购的农产品用于生产增值税税率为13%的货物，适用10%的抵扣率。

可以抵扣的进项税额 = 3 000 × 10% = 300（元）

借：原材料——牛尾　2 790
　　应交税费——应交增值税（进项税额）　300
　　贷：应付账款　3 090

（二）一般纳税人购进客运服务的会计处理

一般纳税人购进国内旅客运输服务，其进项税额允许从销项税额中抵扣。纳税人取得增值税专用发票的，以发票上注明的税额为进项税额。纳税人未取得增值税专用发票的，暂按照以下规定确定进项税额：

（1）取得增值税电子普通发票的，为发票上注明的税额。

（2）取得注明旅客身份信息的航空运输电子客票行程单的，为按照下列公式计算的进项税额：

航空旅客运输服务进项税额 =（票价 + 燃油附加费）÷（1 + 9%）× 9%

（3）取得注明旅客身份信息的铁路车票的，为按照下列公式计算的进项税额：

铁路旅客运输服务进项税额 = 票面金额 ÷（1 + 9%）× 9%

（4）取得注明旅客身份信息的公路、水路等其他客票的，为按照下列公式计算的进项税额：

公路、水路等其他旅客运输服务进项税额 = 票面金额 ÷（1 + 3%）× 3%

【典型案例1-13】2020年10月，东方化工公司取得了多张员工购进客运服务的票据如下：

（1）一张某客运服务公司开具的陆路运输服务的增值税专用发票，注明的税额为240元；

（2）一张某网约车公司开具的出租车费用的增值税电子普通发票，注明的税额为150元；

（3）两张员工乘飞机出差的电子客票行程单，票价3 170元、燃油附加费100元、民航发展基金100元；

（4）两张金额合计1 090元的乘车人为单位员工的高铁车票，两张金额合计700元的乘车人是与公司存在业务合作关系的徐某的高铁车票；

（5）六张金额合计618元的乘船人是单位员工的水路客票。

要求：计算该公司10月份关于购买客运服务可以抵扣的进项税额，并进行相关会计处理。

解析：支付的民航发展基金100元不得计算进项税额用于抵扣；支付的与公司存在业务合作关系的徐某的高铁车票费用700元不得计算进项税额用于抵扣。

10月份购进客运服务可抵扣的进项税额＝240＋150＋（3170＋100）÷（1＋9%）×9%＋1 090÷（1＋9%）×9%＋618÷（1＋3%）×3%＝768（元）

会计分录如下：

借：应交税费——应交增值税（进项税额）　　768

　贷：银行存款（库存现金）　　768

【思考】如果公司取得一张金额为350元的公路客票，票上手工注明的旅客身份信息显示乘车人是单位员工章某等人。请问：这张票能否抵扣增值税进项税额？

（三）一般纳税人非正常损失的增值税会计处理

非正常损失，是指因管理不善造成货物被盗、丢失、霉烂变质，以及因违反法律法规造成货物或者不动产被依法没收、销毁、拆除。非正常损失所涉及的进项税额不允许抵扣增值税销项税额，应做“进项税额转出”处理。其具体包括：

（1）非正常损失的购进货物，以及相关的加工修理修配劳务和交通运输服务。

（2）非正常损失的在产品、产成品所耗用的购进货物（不包括固定资产）、加工修理修配劳务和交通运输服务。

（3）非正常损失的不动产，以及该不动产所耗用的购进货物、设计服务和建筑服务。

（4）非正常损失的不动产在建工程所耗用的购进货物、设计服务和建筑服务。

【典型案例1-14】发展印刷公司为增值税一般纳税人，提供印刷服务，2020年8月购进复印纸张，已取得增值税专用发票，列明的货物金额10万元，运费1万元（已取得增值税专用发票），并于当月认证抵扣。2020年12月，该纳税人由于管理不善造成上述复印纸张全部丢失。

要求：分析计算发生损失不能抵扣的进项税额，并进行增值税进项税额转出的会计处理。

解析：发生“非正常损失”已抵扣的货物及运输服务的进项税额不可从当期销项税额中抵扣，应全额转出。

应转出的进项税额＝10×13%＋1×9%＝1.39（万元）

会计处理如下：

（1）发生损失时：

借：待处理财产损溢——待处理流动资产损溢　　123 900

　贷：原材料　　110 000

　　应交税费——应交增值税（进项税额转出）　　13 900

（2）假如责任人承担2万元的责任损失，剩余损失由企业承担，转销时：

借：管理费用　　103 900

　其他应收款　　20 000

贷：待处理财产损溢——待处理流动资产损溢　　　123 900

【做中学1-1】某食品厂为增值税一般纳税人，2020年发生如下几起非正常损失：

（1）5月由于管理不善，造成电源起火，烧毁一栋办公楼。该办公楼于2018年4月购进投入使用，专用发票注明该楼房1 000万元，增值税税额为110万元已经过认证。假设企业计算折旧使用平均年限法，预计使用寿命20年，无残值。

（2）8月某批次在产品的60%因违反国家法律法规被依法没收，该批次在产品所耗用的购进货物成本为10万元，发生运费1万元，增值税专用发票已于购进当月认证抵扣。

（3）10月食品厂开始新建办公楼，期间购进了水泥113万元用于建设，并由某建筑设计公司提供办公楼设计服务，金额106万元，该项目交由某建筑公司进行建设，金额109万元，上述项目均取得了增值税专用发票，企业已于当期认证。2020年12月，该办公楼被建委认定为违章建筑，被依法拆除。

要求：

（1）请考虑该食品厂发生上述"非正常损失"后增值税会计处理的方法；

（2）逐笔完成上述业务有关增值税的会计处理。

（四）一般纳税人销售不动产的会计处理

一般纳税人转让其取得的不动产，包括直接购买、接受捐赠、接受投资入股、自建以及抵债等各种形式取得的不动产，缴纳的增值税可以选择简易计税和一般计税两种方法。

微课

一般纳税人销售不动产的会计处理

1.选择简易计税方法

前已述及，一般纳税人选择简易计税方法核算的增值税通过"应交税费——简易计税"科目核算，没有增值税进项税额可以抵扣。按照所销售的不动产是来源于自建还是其他方式，分别采取全额计税和差额计税两种方法，征收率为5%。其计算公式如下：

销售非自建不动产应缴纳的增值税 =（取得的全部价款和价外费用 − 不动产购置原价或者取得不动产时的作价）× 5%（差额计税）

销售自建不动产应缴纳的增值税 = 取得的全部价款和价外费用 × 5%（全额计税）

房地产开发企业中的一般纳税人，销售自行开发的房地产老项目，可以选择使用简易计税方法按照5%的征收率计税。

2.选择一般计税方法

一般纳税人销售自建和非自建不动产，按照5%的预征率在不动产所在地预缴税款，然后定期向机构所在地主管税务机关进行纳税申报。预缴税款通过"应交税费——预交增值税"科目核算，纳税申报计提的销项税额通过"应交税费——应交增值税（销项税额）"科目核算。其计算公式如下：

销售非自建不动产应预缴的增值税税额 =（取得的全部价款和价外费用 − 不动产购置原价或者取得不动产时的作价）× 5%（差额计税）

销售自建不动产应预缴的增值税税额 = 取得的全部价款和价外费用 × 5%（全额计税）

销售不动产应计提的销项税额 = 取得的全部价款和价外费用 ÷（1 + 9%）× 9%

$$\text{销售不动产应交未交的增值税}=\text{计提的销项税额}-\text{可以抵扣的进项税额}-\text{预缴增值税税额}$$

为购建不动产发生的增值税进项税额经认证可以从销项税额中抵扣。

【典型案例1-15】东方化工公司为增值税一般纳税人，2020年6月30日转让其2017年购买的写字楼，取得转让含税收入1 000万元。纳税人2017年购买时的价格为700万元，留有合法有效凭证。

要求：进行上述不动产增值税涉税业务的会计处理。

解析：纳税人转让的不动产为2017年外购的，属于非自建，应以取得的全部价款和价外费用扣除不动产购置原价后的余额300万元，换算为不含税价后，按5%的预征率向不动产所在地主管税务机关预缴税款。

假如纳税人选择一般计税方法，会计处理如下：

（1）向不动产所在地主管税务机关预缴税款时：

预缴税款＝（10 000 000－7 000 000）÷（1＋5%）×5%≈142 857.14（元）

借：应交税费——预交增值税	142 857.14	
贷：银行存款		142 857.14

（2）企业向机构所在地主管税务机关纳税申报时：

计提出售不动产的销项税额＝10 000 000÷（1＋9%）×9%≈825 688.07（元）

借：银行存款	10 000 000	
贷：固定资产清理		9 174 311.93
应交税费——应交增值税（销项税额）		825 688.07

（3）月末计算应交未交的增值税，转入“应交税费——未交增值税”科目。

假设当期进项税额合计为70万元，其他销项税额合计为30万元，则：

应交未交的增值税税额＝825 688.07＋300 000－700 000＝425 688.07（元）

月末转出：

借：应交税费——应交增值税（转出未交增值税）	425 688.07	
贷：应交税费——未交增值税		425 688.07

（4）下月15日前缴纳增值税税款。

借：应交税费——未交增值税	142 857.14	
贷：应交税费——预交增值税		142 857.14
借：应交税费——未交增值税（425 688.07－142 857.14）	282 830.93	
贷：银行存款		282 830.93

【思考】上述业务，如果纳税人选择简易计税方法，又该如何处理呢？试比较两种方法的异同（请交流讨论，提交答案）。

【做中学1－2】东方机械公司为南京市江宁区增值税一般纳税人，2020年6月30日转让其2013年自己建造的厂房一间，取得转让收入700万元，厂房也在南京市江宁区。如果纳税人对该笔业务选择一般计税方法。

要求：试对该笔业务进行增值税相关的会计处理。

（五）一般纳税人销售金融商品的会计处理

根据《关于全面推开营业税改征增值税试点的通知》（财税〔2016〕36号）的规定，金融商品转让，按照卖出价扣除买入价后的余额为销售额。转让金融商品出现的正负差，按盈亏相抵后的余额为销售额。若相抵后出现负差，可结转下一纳税期与下期转让金融商品销售额相抵，但年末仍出现负差的，不得转入下一个会计年度。金融商品的买入价，可以选择按照加权平均法或者移动加权平均法进行核算，选择后36个月内不得变更。金融商品转让，不得开具增值税专用发票。

会计处理如下：

（1）金融商品实际转让月份，如产生转让收益，则按应纳税额借记“投资收益”等科目，贷记“应交税费——转让金融商品应交增值税”科目；如产生转让损失，则按可结转下月抵扣税额，借记“应交税费——转让金融商品应交增值税”科目，贷记“投资收益”等科目。

（2）月末和其他销项税额合并后，在抵扣进项税额或留抵后，将余额转入“应交税费——未交增值税”科目；实际缴纳增值税时，应借记“应交税费——未交增值税”科目，贷记“银行存款”科目

【典型案例1-16】发展银行为增值税一般纳税人，2020年6月份提供贷款服务销售额100万元，发生销项税额6万元。发生手续费支出212万元，可抵扣的进项税额为12万元。当月买卖金融商品，取得买卖差价318万元（正差）。

要求：试确认上述金融服务及买卖金融产品应缴纳的增值税，并进行账务处理。

解析：买卖金融商品应交增值税税额＝318÷（1＋6%）×6%＝18（万元）

借：投资收益	180 000	
贷：应交税费——转让金融商品应交增值税		180 000

月末，发展银行应交增值税为12万元（18＋6－12），应将其转入“未交增值税”科目。

借：应交税费——转让金融商品应交增值税	180 000	
贷：应交税费——未交增值税		120 000
——应交增值税（转出多交增值税）		60 000

下月15日前汇算清缴时：

借：应交税费——未交增值税	120 000	
贷：银行存款		120 000

（六）一般纳税人提供现代服务和生活服务的会计处理

现代服务是指围绕制造业、文化产业、现代物流产业等提供技术性、知识性服务的业务活动，包括研发和技术服务、信息技术服务、文化创意服务、物流辅助服务、租赁服务、鉴证咨询服务、广播影视服务、商务辅助服务和其他现代服务。生活服务是指为满足城乡居民日常生活需求提供的各类服务活动，包括文化体育服务、教育医疗服务、旅游娱乐服务、餐饮住宿服务、居民日常服务和其他生活服务。一般纳税人提供上述服务可以选择一般计税方法和简易计税方法。

1.一般计税方法

应纳增值税的计算公式如下：

应纳增值税＝当期销项税额－当期进项税额

增值税税率为6%。这里需特别注意销售额，经纪代理服务，以取得的全部价款和价外费用，扣除向委托方收取并代为支付的政府性基金或者行政事业性费用后的余额为销售额。向委托方收取的政府性基金或者行政事业性费用，不得开具增值税专用发票。

经中国人民银行、银保监会或者商务部批准从事融资租赁业务的试点纳税人，提供融资租赁服务，以取得的全部价款和价外费用，扣除支付的借款利息（包括外汇借款和人民币借款利息）、发行债券利息和车辆购置税后的余额为销售额。经商务部授权的省级商务主管部门和国家经济技术开发区批准的从事融资租赁业务的试点纳税人，2016年5月1日后实收资本达到1.7亿元的，从达到标准的当月起按照差额征税；2016年5月1日后实收资本未达到1.7亿元但注册资本达到1.7亿元的，在2016年7月31日前仍可按照差额征税。

一般纳税人提供客运场站服务，以其取得的全部价款和价外费用，扣除支付给承运方运费后的余额为销售额。

2.简易计税方法

简易计税方法是指按照销售额和增值税征收率计算增值税税额，不得抵扣进项税额。

$$\text{计税销售额}=\left(\text{取得的全部含税价款和价外费用}-\text{支付给其他单位或个人的含税价款}\right)\div(1+\text{征收率})$$

应纳增值税＝不含税销售额×征收率

一般纳税人发生下列应税行为可以选择适用简易计税方法计税：

（1）经认定的动漫企业为开发动漫产品提供的动漫脚本编撰、形象设计、背景设计、动画设计、分镜、动画制作、摄制、描线、上色、画面合成、配音、配乐、音效合成、剪辑、字幕制作、压缩转码（面向网络动漫、手机动漫格式适配）服务，以及在境内转让动漫版权（包括动漫品牌、形象或者内容的授权及再授权）。

动漫企业和自主开发、生产动漫产品的认定标准和认定程序，按照文化部、财政部、国家税务总局《关于印发〈动漫企业认定管理办法（试行）〉的通知》（文市发〔2008〕51号）的规定执行。

（2）电影放映服务、仓储服务、装卸搬运服务、收派服务和文化体育服务。

（3）以纳入“营改增”试点之日前取得的有形动产为标的物提供的经营租赁服务。

（4）在纳入“营改增”试点之日前签订的尚未执行完毕的有形动产租赁合同。

【典型案例1-17】金牛旅游公司为增值税一般纳税人，2020年10月组织旅游团赴云南旅游，收取含税旅游费318 000元，替旅游者支付的住宿费、门票费、餐费等共计212 000元，取得普通发票。上述款项均已支付。

要求：对上述业务进行增值税会计处理。

解析：计税销售额＝（318 000－212 000）÷（1＋6%）＝100 000（元）

会计处理如下：

（1）收取旅游费时：

借：银行存款　　318 000

　　贷：主营业务收入　　300 000

　　　　应交税费——应交增值税（销项税额）　　18 000

（2）支付费用时：

借：主营业务成本　　200 000

　　应交税费——应交增值税（销项税额）　　12 000

　　贷：银行存款　　212 000

【做中学1-3】东方投资公司2020年7月销售作为交易性金融资产管理的债券，获得收入700万元，2016年购入价为600万元。

要求：计算应缴纳的增值税，并进行相应的会计处理。

五、小规模纳税人增值税的会计处理

（一）小规模纳税人增值税核算有关的明细科目设置

小规模纳税人只需在“应交税费”科目下设置“应交增值税”“转让金融商品应交增值税”“代扣代交增值税”明细科目，不需要设置其他明细科目。“应交增值税”不需要设置专栏，借方发生额反映已缴的增值税税额；贷方发生额反映应缴的增值税税额；期末借方余额反映多缴的增值税税额；期末贷方余额反映尚未缴纳的增值税税额。

（二）小规模纳税人应交增值税的计算

由于小规模纳税人不可以使用增值税专用发票，没有进项税额抵扣，收款时一般是按价税合计开出增值税普通发票的。故需要价税分离计算出不含税销售额，然后乘以征收率3%，销售不动产和劳务派遣的征收率为5%。其计算公式为：

$$不含税销售额=\frac{含税销售额}{1+征收率}$$

$$应纳税额=不含税销售额\times征收率$$

【典型案例1-18】胜利食品厂是南京市江宁区一家生产绿色环保小食品的增值税小规模纳税人，2020年发生如下增值税相关业务：

（1）5月份，销售可可豆，含税销售额41 200元。

（2）9月转让其2016年6月购买的写字楼一层，取得转让收入1 000万元。写字楼位于南京市江宁区。纳税人购买时的价格为777万元，取得了增值税普通发票。

（3）10月转让其2013年自己建造的厂房一间，取得转让收入1 000万元。纳税人2013年建造厂房的成本为700万元。

要求：逐笔计算上述业务应缴纳的增值税税额，并编制相关会计分录。

解析：（1）应交增值税额＝41 200÷（1＋3%）×3%＝1 200（元）

借：银行存款　　41 200

　　贷：主营业务收入　　40 000

　　　　应交税费——应交增值税　　1 200

借：应交税费——应交增值税　　1 200

贷：银行存款 1 200

（2）销售的房产属于外购的非自建不动产，按规定，销售时在南京市江宁区主管税务机关预缴税款：

预缴税款 =（1 000 − 777）÷（1 + 5%）× 5% ≈ 10.62（万元）

借：应交税费——应交增值税 106 200

贷：银行存款 106 200

10月纳税申报期内，向南京市江宁区主管税务机关合并申报其应纳税款：

应纳税额 =（1 000 − 777）÷（1 + 5%）× 5% ≈ 10.62（万元）。

借：银行存款 10 000 000

贷：固定资产清理 9 893 800

应交税费——应交增值税 106 200

（3）纳税人转让自建的不动产，应以取得的全部价款和价外费用（1 000万元），换算为不含税价后，按5%的征收率向不动产所在地主管税务机关预缴税款。

预缴税款 = 10 000 000 ÷（1 + 5%）× 5% ≈ 476 190（元）

借：应交税费——应交增值税 476 190

贷：银行存款 476 190

11月纳税申报期内，向南京市江宁区主管税务机关合并申报其应纳税款：

应纳税额 = = 10 000 000 ÷（1 + 5%）× 5% ≈ 476 190

借：银行存款 10 000 000

贷：固定资产清理 9 523 810

应交税费——应交增值税 476 190

引例解析

本任务“引例”解析如下：

（1）一般纳税人销售2016年4月30日前非自建的不动产，选择简易计税办法的，应以取得的全部价款和价外费用扣除不动产购置原值，按照5%的征收率征收增值税。

应缴纳的增值税 =（700 − 500）÷（1 + 5%）× 5% = 9.52（万元）

会计处理如下：

借：银行存款 7 000 000

贷：固定资产清理 6 904 800

应交税费——简易计税 95 200

（2）自2019年4月1日起购入不动产的进项税额可以一次性抵扣，则：

可抵扣的进项税额 = 1 000 × 9% = 90（万元）

会计处理如下：

借：固定资产 10 000 000

应交税费——应交增值税（进项税额） 900 000

贷：银行存款 10 900 000

（3）建筑设计服务取得增值税专用发票可抵扣的进项税额 = 30 × 6% = 1.8（万元）

会计处理如下：

借：在建工程　　300 000

　　应交税费——应交增值税（进项税额）　　18 000

　　贷：银行存款　　318 000

(4) 购买建筑材料可抵扣的进项税额＝400×13%＝52（万元）

会计处理如下：

借：在建工程　　4 000 000

　　应交税费——应交增值税（进项税额）　　520 000

　　贷：银行存款　　4 520 000

(5) 购进的原本作为职工食堂的房屋按照规定不得抵扣进项税额，现在发生用途改变，用于允许抵扣进项税额的仓库，原购进时的进项税额可按规定比例转出可抵扣。

可抵扣的进项税额＝增值税扣税凭证注明或计算的进项税额×不动产净值率

不动产净值率＝［220－220÷（20×12）×2］÷220×100%＝99.17%

可以抵扣的进项税额合计＝220÷（1＋9%）×9%×99.17%≈18.01（万元）

会计处理如下：

借：应交税费——应交增值税（进项税额）　　180 100

　　贷：固定资产　　180 100

工作任务设计1-1

一般纳税人增值税会计业务处理

任务描述：

甲公司为增值税一般纳税人，主要生产、销售冰箱、电视机、洗衣机等家电产品。2019年12月增值税留抵税额为30 000元，2020年1月发生以下业务：

（1）1月3日，采取直接收款方式向某家电商场销售洗衣机500台，本期同类产品不含税售价3 000元/台。由于商场购买的数量多，按照协议的规定，甲公司给予5%的商业折扣，打折后不含税售价2 850元/台，货款全部以银行存款收讫，甲公司将销售额和折扣额开在同一张增值税专用发票上的“金额”栏中。

（2）1月5日，向某百货公司销售洗衣机200台，每台不含税售价3 000元。甲公司为了尽快收回货款，提供的现金折扣条件为“4/10，2/20，N/30”。1月23日，百货公司支付了全部货款，甲公司按规定给予不含税价款2%的折扣。

（3）1月8日，以20台彩电向供货商等价换取原材料，彩电成本价1 800元/台，不含税售价2 000元/台。双方均按规定开具了增值税专用发票。

（4）1月10日，采取以旧换新方式销售电冰箱30台，新冰箱的含税市场价格是2 260元/台，旧冰箱每台含税作价是226元。款项以银行存款收讫，回收的旧冰箱均未取得增值税专用发票。

（5）1月13日，采取直接收款方式销售A型空调10台，不含税售价为50 000元/台，同时每台收取包装物押金2 260元，约定3个月后归还，货款全部以银行存款收讫。

（6）1月15日，公司处置一台仍有使用价值的旧设备，取得含税收入49 519.31元。该设备于2008年购进，原值290 000元，已提折旧250 000元，该公司未放弃减税。

（7）1月18日，企业通过县人民政府向学校捐赠自产电视机100台，每台不含税价格3 000元，每台成本1 500元，已办理完相关捐赠手续。

（8）1月20日，采取预收款方式销售货物，当日收到某大型商场的预收款30 000元，合同规定货物于下月15日发出，发货时再开具增值税专用发票。

（9）1月22日，采用还本销售方式销售B型空调100台，不含税售价为每台1 800元，5年后全额一次性还本。B型空调每台成本1 000元，市场上同类商品不含税售价为每台1 500元。

要求：

（1）就业务（1）~（9）分别作出账务处理。

（2）计算甲公司本月应纳的增值税税额。

操作步骤：

第一步：逐笔编制会计分录。

（1）1月3日：

借：银行存款　1 610 250

　贷：主营业务收入　1 425 000

　　应交税费——应交增值税（销项税额）　185 250

（2）1月5日：

借：应收账款　678 000

　贷：主营业务收入　600 000

　　应交税费——应交增值税（销项税额）　78 000

1月23日：

借：财务费用　12 000

　贷：应收账款　12 000

借：银行存款　666 000

　贷：应收账款　666 000

（3）1月8日：

借：原材料　40 000

　应交税费——应交增值税（进项税额）　5 200

　贷：主营业务收入　40 000

　　应交税费——应交增值税（销项税额）　5 200

借：主营业务成本　36 000

　贷：库存商品——彩电　36 000

（4）1月10日：

借：库存商品或原材料　6 780

银行存款　61 020
贷：主营业务收入　60 000
应交税费——应交增值税（销项税额）　7 800

（5）1月13日：
借：银行存款　587 600
贷：主营业务收入　500 000
应交税费——应交增值税（销项税额）　65 000
其他应付款——存入保证金　22 600

（6）1月15日：
借：固定资产清理　40 000
累计折旧　250 000
贷：固定资产　290 000
借：银行存款　49 519.31
贷：固定资产清理　48 557.77
应交税费——简易计税（49 519.31 ÷（1 + 3%）× 2%）　961.54
借：固定资产清理　8 557.77
贷：资产处置损益　8 557.77

（7）1月18日：
借：营业外支出　189 000
贷：库存商品　150 000
应交税费——应交增值税（销项税额）　39 000

（8）1月20日：
借：银行存款　30 000
贷：预收账款　30 000

（9）1月22日：
借：银行存款　203 400
贷：主营业务收入　180 000
应交税费——应交增值税（销项税额）　23 400
借：主营业务成本　100 000
贷：库存商品——B型空调　100 000

第二步：本月应缴纳的增值税税额。

增值税销项税额 = 185 250 + 78 000 + 5 200 + 7 800 + 65 000 + 39 000 + 23 400
= 403 650（元）

准予抵扣的进项税额 = 5 200元

甲公司本月应缴纳增值税 = 本期销项税额 − 本期准予抵扣的进项税额 − 上月留抵税额 + 简易计税征收税额
= 403 650 − 5 200 − 30 000 + 961.54 = 369 411.54（元）

第三步：将本月应缴未缴的增值税税额转入“未交增值税”明细科目，待下月15

日前纳税申报。

借：应交税费——应交增值税（转出未交增值税） 368 450

——简易计税 961.54

贷：应交税费——未交增值税 369 411.54

任务二 出口货物退（免）增值税核算

引 例

梅花食品厂为增值税一般纳税人，具有自营出口经营权，出口产品的增值税实行“免、抵、退”税管理办法。2020年10月末增值税留抵税额为3 800元。

2020年11月发生如下业务：

（1）从国内采购一批原材料，取得增值税专用发票，价款100 000元，增值税13 000元，款项尚未支付；

（2）国内销售货物取得不含税销售额150 000元，已通过银行收讫；

（3）出口销售货物，离岸价折合人民币82 700元，款项尚未收回。

2020年12月发生如下业务：

（1）以银行存款缴纳11月份应缴未缴的增值税；

（2）将以前月份从农业生产者手中购入的免税农业产品（原用于生产食品，已按9%扣除率抵扣进项税额）作为福利发放给生产工人，税后账面成本79 170元；

（3）从国内采购原材料，取得增值税专用发票，价款583 200元，增值税75 816元；

（4）当月国内销售货物共取得含税收入484 000元，已通过银行收讫；

（5）以银行存款支付销售运费4 000元，取得运输单位（小规模纳税人）开具的增值税普通发票；

（6）当月出口销售货物，离岸价折合人民币140 760元，款项尚未收回。

已知：出口货物的增值税退税率为9%，征税率为13%，企业进行退税申报时，按退税申报数进行会计处理；该企业按规定的时间办理了增值税抵扣凭证的认证手续和出口货物“免、抵、退”税审核手续；当月应纳的增值税和应收的出口退税均应当于次月15日之前缴纳或取得退税款。

【思考】

（1）该企业2020年11月和12月分别应缴纳的增值税或出口退税金额是多少？

（2）该企业2020年11月和12月发生的上述业务，怎么进行账务处理？

（3）你会办理该企业的出口货物退（免）增值税申报工作吗？

知识准备

知识链接

出口货物退（免）税管理办法

一、出口退（免）增值税的基本规定

企业出口货物以不含税价格参与国际市场竞争是国际上的通行做法。按《增值税暂行条例》的规定，我国境内出口货物实行零税率，即货物在出口时增值税整体税负为零，出口货物不但出口环节不必纳税，而且可以退还以前在国内纳税环节已纳税款。这就是我国通常所说的“出口退税”，其基本原则是：征多少、退多少，未征不退，彻底退税。

根据出口企业的不同形式和出口货物的不同种类，我国出口退（免）增值税主要采取了“出口免税并退税、出口免税但不退税、出口不免税也不退税”三种方式。

二、出口退税货物的退税率

我国自1994年实施新的出口退税政策以来，增值税的出口退税率经历了多次调整。目前执行的出口货物增值税退税率为13%、10%、9%、6%、0五档。小规模纳税人出口货物按征收率3%退税。

三、出口货物退（免）增值税的会计核算

（一）出口免税并退税的会计核算

出口免税并退税是指货物在出口环节不征收增值税，且对该货物在出口前实际支付的增值税按规定的退税率计算后予以退还。我国《出口货物退（免）税管理办法》规定了两种退税办法：一是“免、抵、退”税办法，主要适用于自营和委托出口自产货物的生产企业；二是“先征后退”办法，主要适用于收购货物出口的外贸企业。

1.“免、抵、退”税的会计处理

“免”税是指对生产企业自营出口或委托外贸企业代理出口的自产货物，免征本企业生产销售环节的增值税；“抵”税是指生产企业自营出口或委托外贸企业代理出口的自产货物应当免征或者退还的所耗用原材料、零部件、燃料、动力等已纳增值税税款，抵减内销货物应纳的增值税税款；“退”税是指生产企业自营出口或委托外贸企业代理出口的自产货物在当月内应抵减的进项税额大于应纳税额时，对未抵减完的税额部分予以退税。

生产企业实行“免、抵、退”税办法，对其出口货物退（免）税的会计核算，根据现行会计制度的规定，主要设置“应交税费——应交增值税”和“应收出口退税款”两个会计科目。其中：“应收出口退税款”科目的借方反映出口企业销售出口货物后，按规定向税务机关申报应退还的增值税。申报时，借记本科目，贷记“应交税费——应交增值税（出口退税）”科目；贷方反映实际收到的出口货物的应退增值税。收到退税时，借记“银行存款”科目，贷记本科目。期末借方余额，反映尚未收到的应退税额。

为了详细反映出口企业增值税的免、抵、退税情况，应在“应交税费——应交增值税”明细账中设置“出口抵减内销产品应纳税额”“出口退税”“进项税额转出”等专栏，用法如下：

（1）“出口抵减内销产品应纳税额”专栏，反映出口企业按规定的退税率计算的出口货物的进项税额抵减内销产品的应纳税额。

（2）“出口退税”专栏，记录出口企业出口的货物，在向海关办理报关出口手续后，凭出口报关单等有关凭证，向税务机关申报办理出口退税所免抵的税款以及应收的出口退税款。出口货物应收的增值税税额以及免抵税额，用蓝字登记；出口货物因计算错误多提的增值税税额以及免抵税额，用红字登记。

（3）“进项税额转出”专栏，记录出口企业的购进货物、在产品、产成品等发生非正常损失以及其他原因而不应从销项税额中抵扣、按规定转出的进项税额。对按税法的规定不予免征和抵扣的部分，应在作出口成本增加的同时，作“进项税额转出”。

知识拓展

“免、抵、退”税操作步骤

第一步：免税。对生产企业出口的自产货物免征本企业出口环节的销项税额。

第二步：抵税。按规定：生产企业出口自产货物所耗用的原材料、零部件、燃料、动力等应予退还的进项税额首先抵减内销货物的应纳税额，即抵税体现在下列应纳税额的计算中：

$$\text{当期应纳税额}=\text{当期内销货物的销项税额}-\left(\text{当期进项税额}-\text{当期免抵退税不得免征和抵扣税额}\right)-\text{上期期末留抵税额}$$

（1）免抵退税不得免征和抵扣税额实际上就是不予退还的当期进项税额，应作进项税额转出。这是征税率和退税率之差引起的，故予以剔除。其计算公式为：

$$\text{当期免抵退税不得免征和抵扣税额}=\text{当期出口货物离岸价}\times\text{外汇人民币牌价}\times\left(\text{当期出口货物征税率}-\text{出口货物退税率}\right)-\text{当期免抵退税不得免征和抵扣税额抵减额}$$

（2）免抵退税不得免征和抵扣税额抵减额与免税购进原材料有关，会使进项税额转出减少，如果当期没有免税购进原材料，不用计算。如果存在，其计算公式为：

$$\text{当期免抵退税不得免征和抵扣税额抵减额}=\text{当期免税购进原材料价格}\times\left(\text{出口货物征税率}-\text{出口货物退税率}\right)$$

免税购进原材料包括从国内购进免税原材料和进料加工免税进口料件，其中进料加工免税进口料件的价格为组成计税价格。其计算公式为：

进料加工免税进口料件的组成计税价格＝货物到岸价＋关税＋消费税

第三步：判断计算退税额。当期应纳税额计算结果为正数，说明企业从内销货物销项税额中抵减后仍有余额，该余额则为企业应缴纳的增值税，无退税额；若计算结果是负数，则应退税，即为当期期末留抵税额，取当期应纳税额绝对值。

实际应退多少税额，应根据下述三步判断后确定。

(1) $\text{当期免抵退税额}=\text{出口货物离岸价}\times\text{外汇人民币牌价}\times\text{出口货物退税率}-\text{免抵退税额抵减额}$

(2) 免抵退税额抵减额＝免税购进原材料价格×出口货物退税率

如果当期没有免税购进原材料，“免抵退税额抵减额”不用计算。

(3) 比较当期期末留抵税额与当期免抵退税额的大小，确定当期应退税额：

①如当期期末留抵税额≤当期免抵退税额

当期应退税额＝当期期末留抵税额

当期免抵税额＝当期免抵退税额－当期应退税额

借：应交税费——应交增值税（出口抵减内销产品应纳税额）

　　贷：应交税费——应交增值税（出口退税）

②如当期期末留抵税额＞当期免抵退税额

当期应退税额＝当期免抵退税额

当期免抵税额＝0

借：应收出口退税款——增值税

　　贷：应交税费——应交增值税（出口退税）

【提示】对于没有进出口经营权的生产企业委托外贸企业代理出口的货物则一律在委托方退（免）税，采取先征后退的办法计算退税，即生产企业先按照增值税的规定计算缴税，待产品出口退税手续齐全后，再由主管出口退税业务的税务机关按适用的退税率审批退税。应退税额的计算公式为：

应退税额＝当期出口货物的离岸价×人民币外汇牌价×退税率

小规模纳税人自营或委托出口货物，一律免征增值税，其进项税额不予抵扣或退税。

【做中学1－4】红海公司为增值税一般纳税人，征税率13%，出口货物退税率9%，2020年3月份发生下列业务：

(1) 本月收到退税机关审批的上月“生产企业出口货物免抵退税申报汇总表”，确认上月应退税额为91 000元，免抵税额为0。

(2) 本月购入B材料700 000元（增值税税率13%），已验收入库。

(3) 本月发生内销收入400 000元。

(4) 本月发生出口销售收入（离岸价格）500 000元。

(5) 月末，经预审查询，当月500 000元出口销售收入全部有电子信息。

(6) 4月份收到退税机关审批的上月“生产企业出口货物免抵退税申报汇总表”，确认上月应退税额为60 000元，免抵税额为18 000元。

要求：编制上述“免、抵、退”税相关业务的会计分录。

2.“先征后退”的会计处理

“先征后退”是指出口货物在生产（购货）环节按规定缴纳增值税，货物出口后由收购出口的企业向其主管出口退税的税务机关申请办理出口货物退税。外贸企业应依据购进出口货物增值税专用发票上注明的购进金额和退税率计算应退税额。应退税额的计算公式为：

应退税额＝出口货物不含增值税的购进金额×退税率

或　　　　　　＝出口货物的进项税额－出口货物不予退税的税额

出口货物不含增值税的购进金额＝出口货物数量×出口货物购进单价或加权平均单价

$$\text{出口货物不予退税的税额}=\text{出口货物不含增值税的购进金额}\times(\text{增值税法定税率}-\text{适用的退税率})$$

【典型案例1-19】某外贸进出口公司当期收购货物2 000吨，取得的增值税专用发票上注明的价款为640万元，增值税税额为83.2万元。本期出口此种货物1 200吨，出口离岸价折合人民币380万元。出口报关后一个月办妥退税事宜（退税率10%），并收到退税款。

要求：计算出口退税额并编制有关会计分录。

解析：购进货物时：

借：库存商品　6 400 000

　　应交税费——应交增值税（进项税额）　832 000

　　贷：银行存款　7 232 000

货物报关出口时：

借：应收账款　3 800 000

　　贷：主营业务收入　3 800 000

结转销售成本时：

借：主营业务成本　3 840 000

　　贷：库存商品　3 840 000

计算不予抵扣或退税的税额时：

不予抵扣或退税的税额＝6 400 000×1 200÷2 000×（13%－10%）＝115 200（元）

借：主营业务成本　115 200

　　贷：应交税费——应交增值税（进项税额转出）　115 200

计算应退增值税税额时：

应退增值税税额＝6 400 000×1 200÷2 000×10%＝384 000（元）

借：应收出口退税款——增值税　384 000

　　贷：应交税费——应交增值税（出口退税）　384 000

收到退税款时：

借：银行存款　384 000

　　贷：应收出口退税款——增值税　384 000

（二）出口免税但不退税的会计核算

适用这个政策的出口货物因前一道生产、销售或进口环节是免税的，出口时该货物本身是不含税的，也无须退税。适用这一政策的主要有：

（1）属于生产企业的小规模纳税人自营出口或委托外贸企业代理出口的自产货物；

（2）外贸企业直接购进国家规定的免税货物出售的；

（3）来料加工复出口货物；

（4）军品及军队系统企业出口军需工厂生产或军需部门调拨的货物；

（5）避孕药品和用具、古旧图书；

（6）国家出口计划内的卷烟。

这类货物免征出口环节增值税，其耗用的购进货物所负担的进项税额不予退税，因此，在购进该货物时，应将相应的进项税额直接计入购进货物的成本，或在出口后按规定自内销货物进项税额中转出，计入出口货物的销售成本。

【典型案例1-20】2020年1月某外贸企业（增值税一般纳税人）收购免税农产品一批用于出口，购买农产品的买价250 000元，出口离岸价格为45 000美元，当日外汇市场美元对人民币的牌价为1∶6.12。

要求：试说明该外贸企业出口货物免税但增值税为什么不退的原因，并进行会计处理。

解析：该外贸企业收购的农产品是免税的，出口无须退税。

（1）购进免税农产品并验收入库时：

借：库存商品 227 500

应交税费——应交增值税（进项税额） 22 500

贷：银行存款 250 000

（2）出口商品时：

借：银行存款 27 5400

贷：主营业务收入 275 400

（3）将出口农产品的进项税额转出时：

借：主营业务成本 22 500

贷：应交税费——应交增值税（进项税额转出） 22 500

（三）出口不免税也不退税的会计核算

此政策主要针对国家限制或禁止出口的货物，在出口环节视同内销进行账务处理，即购进时反映进项税额，出口时反映实现的销售收入和收取的增值税（销项税额）。适用这一政策的主要有：

（1）税法列举限制或禁止出口的货物，包括天然牛黄、麝香、铜及铜基合金、白金等；

（2）国家计划外出口的原油；

（3）国家规定不征税的出口货物。

【提示】出口企业不能提供出口退（免）税所需单证，或提供的单证有问题的出口货物，不得退（免）税。

引例解析

本任务“引例”解析如下：

（1）该企业2020年11月和12月分别应缴纳的增值税或出口退税金额计算如下：

①11月：

增值税销项税额＝150 000×13%＝19 500（元）

免抵退税不得免征和抵扣税额＝82 700×（13%－9%）＝3 308（元）

增值税应纳税额计算：

当月应纳增值税 = 19 500 −（13 000 + 3 800 − 3 308）= 6 008（元）

当月应纳增值税6 008元。

这里计算时注意不要遗漏3 800元的本期期初留抵税额。

②12月：

增值税销项税额 = 484 000 ÷（1 + 13%）× 13% = 55 681.42（元）

免抵退税不得免征和抵扣税额 = 140 760 ×（13% − 9%）= 5 630.40（元）

增值税应纳税额计算：

当月应纳增值税 = 55 681.42 − [75 816 − 5 630.40 − 79 170 ÷（1 − 9%）× 9%]

= − 6 674.18（元）

当期出口货物免抵退税额 = 140 760 × 9% = 12 668.40（元）

由于期末留抵税额6 674.18元 < 当期出口货物免抵退税额12 668.40元，

则当期应退税额为6 674.18元。

当期免抵税额 = 12 668.40 − 6 674.18 = 5 994.22（元）

（2）该企业2020年11月和12月发生的上述业务的会计处理如下：

①11月：

a.从国内采购原材料：

借：原材料	100 000	
应交税费——应交增值税（进项税额）	13 000	
贷：应付账款		113 000

b.在国内销售货物：

借：银行存款	169 500	
贷：主营业务收入		150 000
应交税费——应交增值税（销项税额）		19 500

c.出口货物：

借：应收账款——外汇	82 700	
贷：主营业务收入——一般贸易出口销售		82 700

d.按出口销售额乘以征退税率之差计算的当期免抵退税不得免征和抵扣税额：

借：主营业务成本——一般贸易出口销售	3 308	
贷：应交税费——应交增值税（进项税额转出）		3 308

e.由于当期应纳税额为正，出口退税全部抵减内销的应纳税额。

当期出口货物免抵退税额 = 82 700 × 9% = 7 443（元）

借：应交税费——应交增值税（出口抵减内销产品应纳税额）	7 443	
贷：应交税费——应交增值税（出口退税）		7 443

f.转出未交增值税：

借：应交税费——应交增值税（转出未交增值税）	6 008	
贷：应交税费——未交增值税		6 008

②12月：

a.缴纳11月份应缴未缴的增值税：

借：应交税费——未交增值税 6 008

贷：银行存款 6 008

b.将免税农产品发给职工作福利：

借：生产成本 87 000

贷：应付职工薪酬——非货币性福利 87 000

借：应付职工薪酬——非货币性福利 87 000

贷：原材料 79 170

应交税费——应交增值税（进项税额转出） 7 830

c.从国内采购原材料：

借：原材料 583 200

应交税费——应交增值税（进项税额） 75 816

贷：银行存款 659 016

d.在国内销售货物：

借：银行存款 484 000

贷：主营业务收入 428 318.58

应交税费——应交增值税（销项税额） 55 681.42

e.以银行存款支付销售运费4 000元：

借：销售费用 4 000

贷：银行存款 4 000

f.出口销售货物：

借：应收账款——外汇 140 760

贷：主营业务收入——一般贸易出口销售 140 760

g.按出口销售额乘以征退税率之差计算的免抵退税不得免征和抵扣税额：

借：主营业务成本——一般贸易出口销售 5 630.40

贷：应交税费——应交增值税（进项税额转出） 5 630.40

h.申报出口退税：

借：应收出口退税款——增值税 6 674.18

应交税费——应交增值税（出口抵减内销产品应纳税额） 5 994.22

贷：应交税费——应交增值税（出口退税） 12 668.40

工作任务设计1-2

出口退（免）增值税的会计处理

任务描述：

红海工贸系自营出口生产企业，2020年1月外购原材料、动能等支付价款600万元，支付进项税额78万元，本月海关核销免税进口料件价格100万元，本月内销货物销售额300万元，自营进料加工复出口货物折合人民币金额600万元（按离岸价计算），该企业内、外销货物适用的增值税税率为13%（非应税消费品），复出口货物的退税率为10%。假设上期无留抵税款，本月未发生其他进项税额。

要求：计算该企业本月应纳或应退增值税税额，并进行相关账务处理。

操作步骤：

第一步：对购销业务进行会计处理。

（1）外购原材料、动能等。

借：原材料等　　6 000 000

　　应交税费——应交增值税（进项税额）　　780 000

　　贷：银行存款　　6 780 000

（2）免税进口料件。

借：原材料　　1 000 000

　　贷：银行存款　　1 000 000

（3）内销产品。

借：银行存款　　3 390 000

　　贷：主营业务收入　　3 000 000

　　　　应交税费——应交增值税（销项税额）　　390 000

（4）自营进料加工复出口货物。

借：应收账款　　6 000 000

　　贷：主营业务收入　　6 000 000

第二步：计算当月出口货物不予抵扣和退税的税额。

不得免征和抵扣税额 = 当期出口货物离岸价 × 人民币外汇牌价 ×（征税率 − 退税率）− 免抵退税不得免征和抵扣税额抵减额 = 当期出口货物离岸价 × 人民币外汇牌价 ×（征税率 − 退税率）− 免税购进原材料价格 ×（出口货物征税率 − 出口货物退税率）= 600 ×（13% − 10%）− 100 ×（13% − 10%）= 15（万元）

借：主营业务成本　　150 000

　　贷：应交税费——应交增值税（进项税额转出）　　150 000

第三步：计算当期应纳税额或当期期末留抵税额。

应纳税额 = 销项税额 − 进项税额 = 39 −（78 − 15）= −24（万元）

由于应纳税额小于零，说明当期“期末留抵税额”为24万元。

第四步：计算应退税额和应免抵税额。

$$\text{免抵退税额抵减额} = \text{免税购进原材料价格} \times \text{出口货物退税率} = 100 \times 10\% = 10\text{（万元）}$$

$$\text{免抵退税额} = \text{出口货物离岸价} \times \text{外汇人民币牌价} \times \text{出口货物退税率} - \text{免抵退税额抵减额} = 600 \times 10\% - 10 = 50\text{（万元）}$$

当期期末留抵税额24万元 < 当期免抵退税额50万元

当期应退税额 = 当期期末留抵税额 = 24万元

当期免抵税额 = 当期免抵退税额 − 当期应退税额 = 50 − 24 = 26（万元）

借：应收出口退税款——增值税　240 000

　　应交税费——应交增值税（出口抵减内销产品应纳税额）　260 000

　　贷：应交税费——应交增值税（出口退税）　500 000

第五步：收到退税款。

借：银行存款　240 000

　　贷：应收出口退税款——增值税　240 000

【提示】进项税额转出后，计算应纳税额和当期期末留抵税额，如果有留抵税额，计算当期应退税额和免抵税额。

任务三　增值税票据管理

引例

青岛市胶南税务机关在发票专项整治过程中，根据举报线索，对取得农产品收购凭证及发票抵扣税款的20多户企业逐一核实和排查，发现某纺织公司利用虚开的农产品发票抵扣税款，自己又领取增值税专用发票大肆虚开。随即，稽查人员对该企业展开内查外调，并及时联合公安部门介入，立案侦查。

通过调查，税务稽查人员发现：该公司2020年5月8日至2020年7月21日期间，共对外开具增值税专用发票225份，涉案金额2 109.66万元，税额358.64万元。该公司基本属于“空壳公司”，所开发票全部是在没有真实业务的情况下，向福建、贵州、厦门、深圳、黑龙江5地的10家企业虚开的增值税专用发票，然后按不同比例收取开票费。目前，该税务机关已经向10家接受虚开增值税专用发票企业的税务机关发出增值税专用发票协查函。

除了虚开发票之外，稽查人员发现该公司还取得虚开的增值税抵扣凭证51份，其中5份为增值税专用发票，金额49.9万元，税额8.5万元，已申报抵扣税款，其余46份全部为伪造的税务机关代开普通发票，金额为3 130.7万元。

全部涉案金额高达5 000多万元。目前，涉案人员已全部抓捕归案，并移交司法机关。

【思考】

（1）什么是虚开增值税发票？

（2）什么是代开增值税发票？

（3）以上行为应该如何处罚？

知识准备

一、发票的种类与适用范围

发票，是指在购销商品、提供或者接受服务以及从事其他经营活动中，开具、收取的一种收付款凭证。为了加强发票管理和财务监督，规范发票的印制、领购、开具、取得、保管、缴销等行为，1993年12月23日经国务院批准发布了《中华人民共和国发票管理办法》，2011年国务院通过修改《中华人民共和国发票管理办法》的决议，自2012年2月1日起施行。2014年12月，国家税务总局颁布了经修改的《中华人民共和国发票管理办法实施细则》，2018年又做了修订并实施。

国务院税务主管部门统一负责全国的发票管理工作，省、自治区、直辖市国家税务局依据各自的职责，做好本行政区域内的发票管理工作，2016年5月1日营改增全面实施后，相应发票都由国家税务总局系统管理，所有的发票可以统称为增值税发票。为便于发票的管理，国家税务总局自2015年1月1日起在全国范围内推行增值税发票系统升级版，即增值税发票管理新系统。我们日常接触的大量各种各样的发票，没有一个统一的划分标准，但从是否属于增值税发票管理新系统开具的，可以将之划分为系统开具的常规发票和非系统开具的特殊行业专业发票两大类。

（一）增值税发票管理新系统开具的常规发票

自2016年5月1日起，纳税人应使用增值税发票管理新系统选择相应的商品和服务编码开具增值税发票。纳入增值税发票管理新系统的纳税人既包括增值税一般纳税人，也包括小规模纳税人；纳入增值税发票管理新系统的发票不局限于增值税专用发票，还包括增值税普通发票（卷式）、印有本单位名称的增值税普通发票（折叠票）、机动车销售统一发票、收费公路通行费电子普通发票、二手车销售统一发票等。下面对每一类型的发票逐一介绍。

1.增值税专用发票

（1）基本联次。发票联（购买方）、抵扣联（购买方）、记账联（销售方）。发票联由付款方或受票方作为付款原始凭证；抵扣联是由购买方提交给税务局用作抵扣销项税额的原始凭证；记账联由销售方或开票方作为记账原始凭证。省以上税务机关可根据发票管理情况以及纳税人经营业务需要，增减除发票联以外的其他联次，并确定其用途。

（2）适用范围。增值税专用发票只限于增值税一般纳税人领用、使用，增值税小规模纳税人（除住宿业，鉴证咨询业，建筑业，工业及信息传输、软件和信息技术服务业外）和非增值税纳税人不得领用、使用。小规模纳税人可以委托税务机关代开增值税专用发票。

（3）一般纳税人不得领用开具增值税专用发票的情形。一般纳税人有下列情形之一的，不得领用开具增值税专用发票：

①会计核算不健全，不能向税务机关准确提供增值税销项税额、进项税额、应纳税

额数据及其他有关增值税税务资料的。

②有《中华人民共和国税收征管法》规定的税收违法行为，拒不接受税务机关处理的。

③有下列行为之一，经税务机关责令限期改正而仍未改正的：

a.虚开增值税专用发票；

b.私自印制增值税专用发票；

c.向税务机关以外的单位和个人买取增值税专用发票；

d.借用他人增值税专用发票；

e.未按规定开具增值税专用发票；

f.未按规定保管增值税专用发票和专用设备；

g.未按规定申请办理防伪税控系统变更发行；

h.未按规定接受税务机关检查。

知识链接

《中华人民共和国发票管理办法》

知识链接

《中华人民共和国发票管理办法实施细则》

（4）小规模纳税人自行开具增值税专用发票试点。

①截止到2018年2月1日，月应税销售额超过3万元（或季应税销售额超过9万元）的住宿业，鉴证咨询业，建筑业，工业以及信息传输、软件和信息技术服务业小规模纳税人可以通过增值税发票管理新系统自行开具增值税专用发票。

②上述小规模纳税人销售其取得的不动产，需要开具专用发票的，仍须向原主管税务机关申请代开。

2.增值税普通发票

（1）增值税普通发票种类。常见的增值税普通发票有：增值税普通发票、机动车销售统一发票、增值税电子普通发票、收费公路通行费增值税电子普通发票、增值税普通发票（卷式）、增值税普通发票（折叠式）、二手车销售统一发票和印有本单位名称的增值税普通发票等。

（2）基本联次。在全国范围内统一式样的发票，由国家税务总局确定；在省、自治区、直辖市范围内统一式样的发票，由省、自治区、直辖市国家税务局确定。普通发票的基本联次包括：存根联、发票联、记账联。存根联由收款方或开票方留存备查；发票联由付款方或受票方作为付款原始凭证；记账联由收款方或开票方作为记账原始凭证。

（3）适用范围。增值税普通发票主要由增值税小规模纳税人使用，增值税一般纳税人发生应税行为在不能开具专用发票的情况下也可使用普通发票。农产品销售发票、通行费发票、通行费电子发票可以作为抵扣增值税进项税额的凭证，除此之外的其他普通发票不能作为抵扣进项税额的凭证。

（二）特殊行业专业发票

（1）常见的行业专业发票：金融企业的存贷、汇兑、转账凭证；公路、铁路和水上运输企业的客运发票；航空运输企业提供的航空运输电子客票行程单等。

（2）行业专业发票仅适用于特殊行业的特殊经营业务，对于特殊行业的常规经营业务，仍应使用常规发票。

二、发票的印制、领用、保管、保存和缴销

（一）发票的印制

发票准印证由国家税务总局统一监制，省税务局核发。全国统一发票监制章是税务机关管理发票的法定标志，其形状、规格、内容、印色由国家税务总局规定。全国统一的发票防伪措施由国家税务总局确定，省税务局可以根据需要增加本地区的发票防伪措施，并向国家税务总局备案。发票防伪专用品应当按照规定专库保管，不得丢失。次品、废品应当在税务机关的监督下集中销毁。

有固定生产经营场所、财务和发票管理制度健全的纳税人，发票使用量较大或统一发票式样不能满足经营活动需要的，可以向省以上税务机关申请印有本单位名称的增值税普通发票。税务机关应当对印制发票企业实施监督管理，对不符合条件的，应当取消其印制发票的资格。

（二）发票的领用

1.领用发票的纳税人范围

（1）依法办理税务登记的单位和个人，属于法定的发票领购对象，在领取税务登记证或领取营业执照到税务机关办理落户手续后，可以申请领用发票。

（2）依法不需要办理税务登记或领取营业执照的单位和个人，可以凭购销商品、提供或接受服务以及从事其他经营活动的书面证明、经办人身份证明，直接向经营地税务机关申请代开发票。

（3）临时到本省、自治区、直辖市以外从事经营活动的单位和个人，向机构所在地的税务机关填报"跨地区涉税事项报告表"，对按规定需要领用经营地发票的，应在按要求提供保证人或交纳保证金的前提下，向经营地税务机关领用。

2.发票领用的相关手续

领用发票的纳税人，应当持税务登记证件、经办人身份证明、按国务院税务主管部门规定式样制作的发票专用章的印模，向主管税务机关办理发票领用手续；未纳入增值税发票管理新系统的纳税人，应出示发票领购簿申领相应的发票；纳入增值税发票管理新系统的纳税人，可以持金税盘或税控盘及相关资料到主管税务机关领取相应的增值税发票。

具体需履行如下手续：

（1）发票领用资格审理。领用普通发票的纳税人办理了税务登记或领取营业执照办理落户手续后，即具有领购普通发票的资格，不需办理行政审批事项；主管税务机关接到纳税人领购普通发票申请后5个工作日内确认纳税人使用发票的种类、联次、版面金额以及购票数量。一般纳税人自身份生效之日起可以按照规定领用增值税专用发票。

（2）申领发票领购簿。需要领购发票的单位和个人，应持税务登记证件、经办人身份证明、按照国务院税务主管部门规定式样制作的发票专用章的印模，向主管税务机关办理发票领购手续，主管税务机关在5个工作日内发给发票领购簿。

（3）发票领用数量的审批。自2016年12月1日起，按照纳税信用等级对增值税发票使用实行分类管理。纳税信用A级的单位和个人，可一次领取不超过3个月的增值税

发票用量，生产经营情况发生变化，需要调整增值税发票用量，手续齐全的，按照规定即时办理；纳税信用B级的单位和个人，可一次领取不超过2个月的增值税发票用量；辅导期的纳税人，增值税专用发票的领用实行按次限量控制，主管税务机关可根据纳税人的经营情况核定每次增值税专用发票的供应数量，但每次发出增值税专用发票数量不得超过25份。辅导期纳税人领用的专用发票未使用完而再次领用的，主管税务机关发出增值税专用发票的份数不得超过核定的每次领购增值税专用发票份数与未使用完的增值税专用发票份数的差额。

（三）发票的保管、保存和缴销

（1）开具发票的单位和个人应当建立发票使用登记制度，设置发票登记簿，并定期向主管税务机关报告发票使用情况。

（2）使用发票的单位和个人应当妥善保管发票。发生发票丢失情形时，应当于发现丢失当日书面报告税务机关，并登报声明作废。

（3）开具发票的单位和个人应当在办理变更或者注销税务登记的同时，办理发票和发票领购簿的变更、缴销手续。使用增值税发票管理新系统的纳税人，发生注销或票种变更的，需在增值税发票管理新系统中对未开具的发票进行退回或作废操作，并携带增值税发票、专用设备及相关资料到主管税务机关办理发票退回或缴销手续。

（4）开具发票的单位和个人应当按规定存放和保管发票，不得擅自损毁；已经开具的发票存根联和发票登记簿，应当保存5年。保存期满，报经税务机关查验后销毁。

三、开具发票的管理

发票是在对外经营业务收取款项时开具的，发票记载的经营业务金额是征收（免征）增值税的销售额。一般情况下，单位和个人在发生经营业务收取款项，确认营业收入时需开具发票，但是收取款项未发生销售行为的不得开具增值税专用发票，只应开具增值税普通发票。特殊情况下，收购单位和扣缴义务人支付个人款项时也可开具普通发票。

（一）增值税专用发票的开具

1.增值税专用发票的开具要求

一般纳税人应按照增值税纳税义务的发生时间开具增值税专用发票，按照号码顺序填开，填写项目齐全，内容真实，字迹清楚，不得压线、错格，全部联次一次打印，内容完全一致，并在发票联和抵扣联加盖发票专用章。若发生应税行为时可汇总开具增值税专用发票，同时使用增值税发票管理新系统开具“销售货物或者提供应税劳务清单”，并加盖发票专用章。任何单位和个人不得有下列虚开发票行为：

（1）为他人、为自己开具与实际经营业务情况不符的发票；

（2）让他人为自己开具与实际经营业务情况不符的发票；

（3）介绍他人开具与实际经营业务情况不符的发票。

不符合上列要求的增值税专用发票，购买方有权拒收。

2.如何在增值税发票管理新系统里开具发票

（1）应在互联网连接状态下在线开具发票。利用增值税发票管理新系统开具发票应在互联网连接状态下在线开具，并自动上传已开具的发票明细数据；若因网络故障等原因无法在线开票的，在税务机关设定的离线开票时限和离线开具发票总金额范围内仍可开票，超限将无法开具发票。纳税人开具发票次月仍未连通网络上传已开具发票明细数据的，也将无法开具发票。无法连通网络的需携带专用设备到税务机关进行征期报税或非征期报税后方可开票。

（2）应选择相应的编码开具增值税发票。自2018年1月1日起，纳税人通过增值税发票管理新系统开具增值税发票（包括增值税专用发票、增值税普通发票、增值税电子普通发票）时，商品和服务税收分类编码对应的简称会自动显示并打印在发票票面“货物或应税劳务、服务名称”或“项目”栏次中。

3. 不得开具增值税专用发票的情形

（1）商业企业一般纳税人零售的烟、酒、食品、服装、鞋帽（不包括劳保专用的部分）、化妆品等不得开具专用发票；

（2）销售免税货物或者提供免征增值税的销售服务、无形资产或者不动产；

（3）向消费者个人销售货物或者提供销售服务、无形资产或者不动产；

（4）金融商品转让；

（5）经纪代理服务，向委托方收取的政府性基金或者行政事业性收费；

（6）2016年4月30日前签订融资性售后回租合同且选择按扣除向承租方收取的价款本金以及对外支付利息方法缴纳增值税的纳税人，向承租方收取的有形动产价款本金；

（7）提供旅游服务选择按扣除向旅游服务购买方收取并支付的住宿费、餐饮费、交通费、签证费、门票费和其他接团旅游企业的旅游费用缴纳增值税的，向旅游服务购买方收取并支付的上述费用；

（8）提供签证代理服务，向服务接受方收取并代为支付的签证费、认证费；

（9）收取款项未发生销售行为的。

知识拓展

开具的增值税发票如何作废或开具红字发票？

纳税人在开具发票当月，发生销货退回、开票有误等情形，收到退回的发票联、抵扣联，符合作废条件的，按作废处理；开具时发现有误的，可即时作废。作废的发票须在增值税发票管理新系统中将相应的数据电文按“作废”处理，在纸质增值税发票各联次上注明“作废”字样，全联次留存。

增值税一般纳税人开具增值税专用发票后，发生销货退回、开票有误、应税服务终止等情形但不符合发票作废条件，或因销货部分退回及发生销售折让，需要开具红字发票的，按以下方法处理：

（1）购买方取得专用发票已用于申报抵扣的，购买方可在增值税发票管理新系统中填开并上传“开具红字增值税专用发票信息表”，在填开信息表时不填写相对应的蓝字专用发票信息，应暂依信息表所列增值税税额从当期进项税额中转出，待取得销售方开具的红字专用发票后，与信息表一并作为记账凭证。

（2）购买方取得专用发票未用于申报抵扣，但发票联或抵扣联无法退回的，购买方填开信息表时应填写相对应的蓝字专用发票信息。

（3）销售方开具专用发票尚未交付购买方，以及购买方未用于申报抵扣并将发票联及抵扣联退回的，销售方可在增值税发票管理新系统中填开并上传信息表。销售方填开信息表时应填写相对应的蓝字专用发票信息。

4. 如何开具差额征税的增值税专用发票

差额征税开具发票可以按全额也可以按差额开具增值税专用发票。差额征税按差额开具专票的方法是：纳税人通过增值税发票管理新系统中差额征税开票功能，录入含税销售额（或含税评估额）和扣除额，系统自动计算税额和不含税金额，备注栏自动打印"差额征税"字样，发票开具不应与其他应税行为混开。在开具差额征税发票时，计算的税额系统自动填写于"税额"栏，全部含税价款与税额的差额系统自动填写于"金额"栏，"税率"显示"***"。

（二）增值税电子普通发票的开具

1. 增值税电子普通发票的法律效力

增值税电子普通发票（简称电子发票）是指通过增值税发票系统升级版开具、上传，通过电子发票服务平台查询、下载的电子增值税普通发票。区别于传统纸质发票，它是在原有加密防伪措施上，使用数字证书进行电子签章后供购买方下载使用的。增值税电子普通发票的开票方和受票方需要纸质发票的，可以自行打印增值税电子普通发票的版式文件，其法律效力、基本用途、基本使用规定等与税务机关监制的增值税普通发票相同。

2. 如何开具电子发票

纳税人通过金税盘或税控盘的单机版或服务器版开具电子发票。电商等用票量大的企业，可选用服务器版税控开票系统以满足企业大量集中开票需求；票量小的企业，可使用单机版税控开票系统完成电子发票开具及电子数据生成。

3. 通行费电子发票开具流程

客户使用ETC卡或用户卡通行收费公路并交纳通行费，可以在实际发生通行费用后第10个自然日（遇法定节假日顺延）起，登录发票服务平台，选择相应通行记录取得通行费电子发票；客户可以在充值后实时登录发票服务平台，选择相应充值记录取得通行费电子发票；发票服务平台应当将通行费电子发票对应的通行明细清单留存备查。通行费电子发票开具流程如图1-1所示。

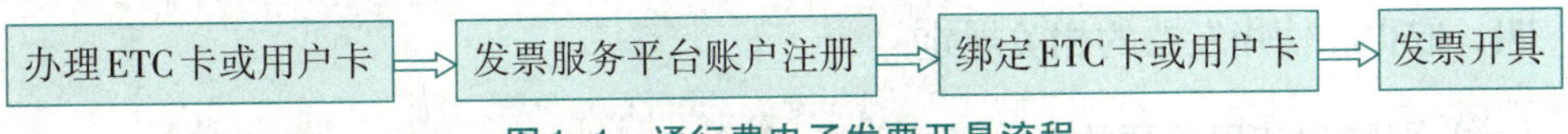

图1-1　通行费电子发票开具流程

（三）机动车销售统一发票的开具

纳税人从事机动车（旧机动车除外）零售业务须开具机动车销售统一发票，如购买方需要抵扣增值税税款，必须填写并打印购买方纳税人识别号；纳税人销售免征增值税的机动车，通过新系统开具机动车销售统一发票时，应在"增值税税率或征收率"栏选填“免税”，系统则会自动打印显示“免税”；纳税人丢失机动车销售统一发票的，如在办理车辆登记和缴纳车辆购置税手续前丢失的，应按程序办理补开机动车销售统一发票的手续，再按已丢失发票存根联的信息开红字发票。

（四）成品油发票的开具

成品油发票是纳税人在销售汽油、柴油、航空煤油、石脑油、溶剂油、润滑油、燃料油等成品油时所开具的增值税发票，自2018年3月1日起，所有成品油发票均须通过增值税发票管理新系统中成品油发票开具模块开具，纳税人需要开具成品油发票的，必须申请主管税务机关开通成品油发票开具模块。纳税人发售加油卡、加油凭证销售成品油时，不可开具增值税专用发票，应按预收账款方法作相关账务处理，不征收增值税。开具成品油专用发票后，若发生销货退回、开票有误以及销售折让等情形，应按规定开具红字成品油专用发票。

（五）税务机关代开增值税发票

1.税务机关代开增值税发票的范围

（1）被税务机关依法收缴发票或者停止发售发票的纳税人，取得经营收入；

（2）正在申请办理税务登记的单位和个人，对其自领取营业执照之日起至取得税务登记证件期间发生的业务收入；

（3）应办理税务登记而未办理的单位和个人，主管税务机关应当依法予以处理，并在补办税务登记手续后，对其自领取营业执照之日起至取得税务登记证件期间发生的业务收入；

（4）依法不需要办理税务登记的单位和个人，临时取得收入。

2.代开发票种类及规范

税务机关使用增值税发票管理新系统，根据用户需求，既可以代开增值税专用发票，又可以代开增值税普通发票，开具时应注意如下规范：

（1）代开增值税专用发票使用六联票，代开增值税普通发票使用五联票；

（2）在代开增值税专用发票的备注栏上，应加盖申请代开单位的发票专用章（为其他个人代开的特殊情况除外）；

（3）在代开增值税普通发票以及为其他个人代开增值税专用发票的备注栏上，加盖税务机关代开发票专用章；

（4）增值税小规模纳税人月应税销售额不超过3万元（按季纳税的不超过9万元）的，当期因代开增值税专用发票已经缴纳的税款，在增值税专用发票全部联次追回或者按规定开具红字增值税专用发票后，可以向主管税务机关申请退还。

四、取得和使用发票的相关规定

（一）取得和使用发票的基本要求

1.取得与经营活动相符的发票

取得发票时，不得要求变更品名和金额。不符合规定的发票，不得作为财务报销凭证，任何单位和个人有权拒收。财务人员对取得的发票是否合法、有效必须进行严格的审核，确保所取得的发票记载业务的真实性、内容的逻辑性和开具的规范性。

2.使用发票时不得发生的行为

任何单位和个人应当按照发票管理规定使用发票，不得有下列行为：

（1）转借、转让、介绍他人转让发票、发票监制章和发票防伪专用品；

（2）知道或者应当知道是私自印制、伪造、变造、非法取得或者废止的发票而受让、开具、存放、携带、邮寄、运输；

（3）扩大发票使用范围；

（4）以其他凭证代替发票使用。

（二）发票的真伪鉴别

税务机关可以提供查询发票真伪的便捷渠道，发票真伪鉴别的渠道包括：

（1）依据发票的防伪措施鉴别，这是最基本的鉴别方法。

（2）通过发票查验平台查验：如“https：//inv－veri.chinatax.gov.cn”，可以对增值税发票管理新系统开具的发票信息进行查验。

（3）申请税务机关进行鉴别。

（三）进项税额用于抵扣或出口退税的发票认证

1.认证方式

纳税人取得的发票可以到税务机关认证，也可以到增值税发票认证平台扫描增值税专用发票上传远程认证，或者登录本省增值税发票选择确认平台，查询、选择用于申报抵扣的增值税专用发票等方式。纳税人取得的收费公路通行费增值税电子普通发票只能通过查询认证方式认证。纳税人只要在当期纳税申报结束前进行查询、认证的增值税专用发票信息，均可在当期增值税纳税申报时抵扣或用于出口退税。

2.认证期限

根据《国家税务总局关于进一步明确营改增有关征管问题的公告》的规定：

（1）自2017年7月1日起，增值税一般纳税人取得的2017年7月1日及以后开具的增值税专用发票和机动车销售统一发票，应自开具之日起360日内认证或登录增值税发票选择确认平台进行确认，并在规定的纳税申报期内，向主管税务机关申报抵扣进项税额。

（2）自2018年1月1日起，增值税一般纳税人取得符合规定的通行费电子发票后，自开具之日起360日查询、认证，并在认证通过的次月申报期内，向主管税务机关申报抵扣进项税额。

【提示】增值税专用发票的认证期限是360个自然日而不是360个工作日，所以节假日不能顺延。应在开具之日起360日内到税务机关办理认证，并在认证通过的次月申报期内，向主管税务机关申报抵扣进项税额。

3.逾期认证

自2018年1月1日起，增值税一般纳税人发生真实交易但由于客观原因，如自然灾害、社会突发事件等不可抗力因素造成增值税扣税凭证未能按规定期限办理认证、确认或稽核比对的，经主管税务机关审核、逐级上报，由国家税务总局认证、稽核比对后，对比对相符的增值税扣税凭证，允许纳税人继续抵扣其进项税额。

4.逾期申报抵扣

增值税一般纳税人取得的增值税扣税凭证已认证或已采集上报信息但未按照规定期限申报抵扣；实行纳税辅导期管理的增值税一般纳税人以及实行海关进口增值税专用缴款书“先比对后抵扣”管理办法的增值税一般纳税人，取得的增值税扣税凭证稽核比对结果相符但未按规定期限申报抵扣，属于发生真实交易且符合所规定的客观原因的，经主管税务机关审核，允许纳税人继续申报抵扣其进项税额。

五、增值税发票违章处理

微课

增值税发票违章处理

根据《中华人民共和国发票管理办法》第六章 罚则第三十五条至第四十一条的规定，纳税人违反发票管理的规定，由税务机关责令改正，没收违法所得，并据不同涉案金额处以不同金额的罚款，构成犯罪的移送司法机关处理判刑。

引例解析

本任务“引例”解析如下：

（1）虚开发票指的是没有实际交易，却虚构实际交易开具发票的一种舞弊行为。某些纳税单位和个人为了达到偷税的目的或者购货单位为了某种需要在商品交易过程中开具发票时，在商品名称、商品数量、商品单价以及金额上采取弄虚作假的手法，甚至利用比较熟悉的关系，虚构交易事项虚开发票。因为虚开的增值税专用发票可以抵扣增值税，进而达到少交税款，从中获利的目的；虚开的普通发票，可以入成本，造成利润减少，少缴企业所得税；将虚开的发票出售，也可以从中获利。

（2）代开发票，是指由税务机关根据收款方（或提供劳务服务方）的申请，依照法规、规章以及其他规范性文件的规定，代为向付款方（或接受劳务服务方）开具发票的行为。向税务机关申请开具发票的单位和个人，均应提供发生购销业务、接受服务或者其他经营活动的书面证明，对税法规定应当缴纳税款的，税务机关应当在开具发票的同时征税。

可见，只有税务机关才有“代开发票”的权利，如果开票人未销售货物或者提供劳务而代索票人开具发票的行为均属于虚开发票，属于违法行为。

（3）根据《中华人民共和国发票管理办法》第三十七条：违反本办法第二十二条第二款的规定虚开发票的，由税务机关没收违法所得；虚开金额在1万元以下的，可以并处5万元以下的罚款；虚开金额超过1万元的，可以并处5万元以上50万元以下的罚款；构成犯罪的，依法追究刑事责任。

本案中的某纺织公司存在的违法行为是：利用虚开的农产品发票抵扣税款，领取增值税专用发票在没有真实业务的情况下对外大肆虚开，伪造税务机关代开普通发票。涉案金额达5 000多万元，金额巨大，已经构成犯罪。税务机关除了没收违法所得外，应将此案依法移送司法机关处理判刑。

工作任务设计1-3

代开发票的会计处理

任务描述：

工程师高某接受某县城设计院委托设计集成电路。高某历时三个月完成所有设计任务，按原约定可向该企业收取设计费50 000元。在向该设计院要求支付报酬时，设计院财务人员告知高某必须提供合法的票据。

要求：针对该项业务，请回答下列问题（考虑地方教育附加）。

（1）高某应如何取得合法的票据?

（2）高某在取得合法票据时应缴纳哪些税费?分别是多少?

操作步骤：

第一步：高某应向当地税务机关申请代开设计费发票，集成电路设计属于信息技术服务中的电路设计及测试服务项目。

根据《中华人民共和国发票管理办法》的规定：依法不需要办理税务登记的单位和个人，临时取得收入，需要开具发票的，主管税务机关可以为其代开发票。

第二步：高某在税务机关为其代开设计费发票时，应当按信息技术服务计算缴纳增值税，此外还需要缴纳城市维护建设税及教育费附加和地方教育附加，并按劳务报酬所得缴纳个人所得税。

应缴纳的增值税 = 50 000 ÷（1 + 3%）× 3% = 1 456.31（元）

应缴纳的城市维护建设税 = 1 456.31 × 5% = 72.82（元）

应缴纳的教育费附加和地方教育附加 = 1 456.31 ×（3% + 2%） = 72.82（元）

应缴纳的个人所得税：

应纳税所得额 = （50 000 ÷ 1.03 − 72.82 − 72.82）×（1 − 20%） = 38 718.44（元）

高某的设计费所得属于个人劳务所得，应按居民个人劳务报酬所得项目由设计院预扣预缴个人所得税。

预扣预缴个人所得税税额 = 38 718.44 × 30% − 2 000 = 9 615.53（元）

任务四 增值税纳税申报

引 例

M金融机构为一家金融信托与管理公司，属于增值税一般纳税人，法人代表：吕新珠；纳税人识别号：410100561089633。2020年7月发生如下经济业务：

（1）出售股票取得收入600万元，结转股票成本800万元；

（2）取得融资融券利息收入1 400万元；

（3）取得同业贷款利息收入1 000万元，线下交易；
（4）取得贴现利息收入1 600万元；
（5）取得金融经纪业务收入3 200万元；
（6）取得金融机构转贴现利息收入800万元；
（7）购入办公设备40万元，其中：10万元的设备专用于金融机构转贴现；
（8）购入办公楼一栋1 400万元，供所有办公人员使用；
（9）支付非贷款服务的综合咨询费80万元；
（10）支付金融机构转贴现利息支出600万元。

上述业务，在无相反规定的情形下，均为不含税价，并都按适用税率取得了或者开具了增值税专用发票，除购入办公楼外，取得20份增值税专用发票，上述取得的专用发票当月均认证通过。

【提示】①纳税人接受贷款服务向贷款方支付的与该笔贷款直接相关的投融资顾问费、手续费、咨询费等费用，其进项税额不得从销项税额中抵扣。②金融机构转贴现利息收入为免税收入。

【思考】

（1）该金融机构7月份应缴纳的增值税税额是多少？
（2）该金融机构应如何填报本期增值税纳税申报表？

知识准备

一、增值税纳税申报的基本规定

（一）纳税期限及申报时间

增值税的纳税期限分别为1日、3日、5日、10日、15日、1个月或者1个季度。其中以1个季度为纳税期限的规定适用于小规模纳税人、银行、财务公司、信托投资公司、信用社，以及财政部和国家税务总局规定的其他纳税人。纳税人的具体纳税期限，由主管税务机关根据纳税人应纳税额的大小分别核定，不能按照固定期限纳税的，可以按次纳税。

纳税人以1个月或者1个季度为1个纳税期的，自期满之日起15日内申报纳税；以1日、3日、5日、10日或者15日为1个纳税期的，自期满之日起5日内预缴税款，于次月1日起15日内申报纳税并结清上月应纳税款。纳税人进口货物，应当自海关填发海关进口增值税专用缴款书之日起15日内缴纳税款。

（二）申报方式和地点

增值税纳税申报的方式有多种，包括上门申报、邮寄申报、网上申报、现场申报等，其中最常见的是网上申报。

1.上门申报

纳税人、扣缴义务人、代征人应当在纳税申报期限内到主管税务机关办理纳税申报、代扣代缴、代收代缴税款或委托代征税款报告。

知识链接

增值税纳税申报的基本规定

2.邮寄申报

纳税人到主管税务机关办理纳税申报有困难的，经主管税务机关批准，也可以采取邮寄申报方式，以邮出地的邮戳日期为实际申报日期。

3.网上申报

实行自核自缴，且有网上专业软件的纳税人，经主管税务机关批准，可以采取网上申报方式。

4.现场申报

对于临时取得应税收入以及在市场内从事经营的纳税个人，经主管税务机关批准，可以在经营现场口头向主管税务机关（人员）申报。

纳税人纳税申报的地点具体可以分为以下几种情况：

（1）固定业户应当向其机构所在地主管税务机关申报纳税。

（2）固定业户到外县（市）销售货物的，应当向其机构所在地主管税务机关申请开具外出经营活动税收管理证明，向其机构所在地主管税务机关申报纳税。

（3）非固定业户销售货物或者应税劳务的，应当向销售地主管税务机关申报纳税；非固定业户到外县（市）销售货物或者应税劳务未向销售地主管税务机关申报纳税的，由其机构所在地或者居住地主管税务机关补征税款。

（4）进口货物，应当由进口人或其代理人向报关地海关申报纳税。

（三）纳税申报资料

增值税纳税申报资料如图1-2所示。

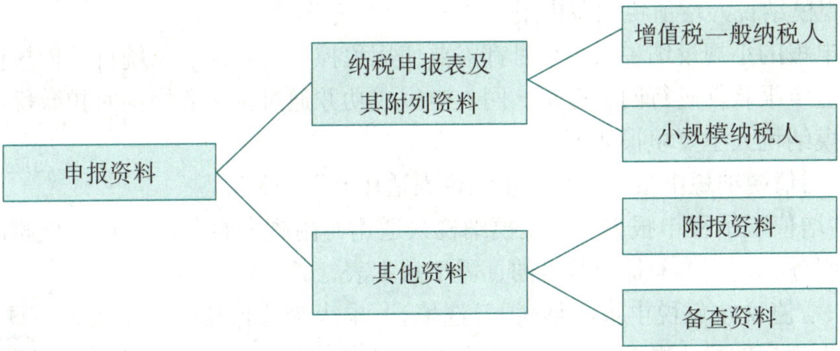

图1-2　增值税纳税申报资料

1.一般纳税人增值税纳税申报资料

一般纳税人进行纳税申报必须实行电子信息采集。使用防伪税控系统开具增值税专用发票的纳税人必须在抄报税成功后，方可进行纳税申报。申报时须向税务机关报备相关纳税资料，包括必报资料和备查资料，见表1-7。

表1-7 一般纳税人增值税纳税申报资料

序号	必报资料	备查资料
1	增值税纳税申报表（主表） （一般纳税人适用）	会计报表
2	增值税纳税申报表附列资料（一） （本期销售情况明细）	增值税专用发票和普通发票存根联
3	增值税纳税申报表附列资料（二） （本期进项税额明细）	在本期申报抵扣的增值税专用发票抵扣联
4	增值税纳税申报表附列资料（三） （应税服务扣除项目明细） 注：一般纳税人提供应税服务适用差额征税政策的需填报	海关进口货物完税凭证、运输发票、购进农产品普通发票的复印件
5	增值税纳税申报表附列资料（四） （税额抵减情况表）	收购凭证的存根联或报查联
6	增值税减免税申报明细表	代扣代缴税款凭证存根联
7	固定资产进项税额抵扣情况表	主管税务机关规定的其他备查资料

【提示】一般纳税人应按月进行纳税申报，申报期为次月1日起至15日止，遇最后一日为法定节假日的，顺延1日；在每月1日至15日内有连续3日以上法定休假日的，按休假日天数顺延。

2.小规模纳税人增值税纳税申报资料

按季申报的小规模纳税人每个月都需要使用税控设备登录后系统自动抄报税，每季度登录网上申报软件进行网上申报。网上申报成功并通过税银联网实时扣缴税款。

小规模纳税人主要填报如下申报表：

（1）“增值税纳税申报表（小规模纳税人适用）”（必填）。

（2）“增值税纳税申报表（小规模纳税人适用）附列资料”（选填）。小规模纳税人提供应税服务，适用差额征税政策的，需填报本表，其他情况不填写。

（3）“增值税减免税申报明细表”（选填），本表为增值税一般纳税人和增值税小规模纳税人共用表。享受增值税减免税优惠的增值税小规模纳税人需填写本表；发生增值税税控系统专用设备费用、技术维护费以及购置税控收款机费用的增值税小规模纳税人也需填报本表；仅享受月应税销售额不超过3万元（按季纳税的不超过9万元）免征增值税政策或未达到起征点的增值税小规模纳税人不需填写本表。

知识链接

关于调整增值税纳税申报有关事项的公告

二、增值税一般纳税人纳税申报操作

【典型案例1-21】东方大酒店（增值税一般纳税人）是一家股份有限公司，注册资金：5 000万元；法人代表：浩然兴。企业地址及电话：金陵市中山西路50号，025-86609090；开户银行及账号：工商银行中山西路分理处，654345635；纳税人识别号：210100001089611。

2020年10月发生下列经济业务：

（1）本月提供住宿服务取得收入31.8万元（含税），其中开具的增值税专用发票上注明的价款合计为20万元（不含税），票面税额合计为1.2万元；开具增值税普通发票取得收入10.6万元（含税）。

（2）本月提供餐饮服务，全部开具增值税普通发票，合计15.9万元（含税）。

（3）酒店客房前台取得商品销售收入4.24万元（含税），未开具增值税普通发票。

（4）本月纳税人购进饮料食品支付价款3.39万元，其中取得专用发票3份，注明价款2万元，税额合计0.26万元，并已经全部认证通过；取得增值税普通发票价税合计1.13万元。

（5）本月酒店从养殖户手中购买鸡、鸭、鱼。开具农产品收购发票5份，收购金额3万元。

（6）酒店免费为住宿酒店客户提供接送机服务，本月往返途中取得高速公路通行费发票150份，共计1.03万元。

（7）该酒店首次购买防伪税控开票器具5套，共支付2 260元，取得航信公司开具的增值税专用发票，该专用发票已认证通过，价税合计2 260元，其中税额260元。

要求：

（1）计算东方大酒店10月份应缴纳的增值税税额；

（2）完成东方大酒店10月份增值税纳税申报。

解析：本案例纳税人发生的业务只需要填写增值税纳税申报表主表及附表一、附表二、附表四。

（1）计算东方大酒店10月份应缴纳的增值税税额。

销项税额＝1.2＋10.6÷（1＋6%）×6%＋15.9÷（1＋6%）×6%＋4.24÷（1＋6%）×6%＝2.94（万元）

进项税额＝0.26＋3×9%＋1.03÷（1＋3%）×3%＝0.56（万元）

抵减税额＝首次购买防伪税控开票器具支付价款2 260元

10月份应纳税额合计＝2.94－0.56－0.226＝2.154（万元）

【提示】从养殖户手中购买鸡、鸭、鱼按买价的9%抵扣进项税额，取得高速公路通行费发票按3%抵扣进项税额。

知识链接

“增值税纳税申报表（一般纳税人适用）”及其附列资料填写说明

（2）填写附表一（销售情况明细）。

填写“增值税纳税申报表附列资料（一）”（本期销售情况明细）第1至11列；纳税人适用一般计税方法的业务，当期取得的收入根据适用不同的税率确定的销售额和销项税额，分别填写到对应的“开具增值专用发票”“开具其他发票”“未开具发票”列中，结果如下（申报表略）：

开具增值税专用发票：销售额20万元，销项（应纳）税额1.2万元；

开具其他发票：销售额25万元，销项（应纳）税额1.5万元；

未开具发票：销售额4万元，销项（应纳）税额0.24万元。

（3）填写附表二（本期进项税额明细）。

填写“增值税纳税申报表附列资料（二）”（本期进项税额明细）和“本期抵扣进项税额结构明细表”。根据购进货物取得不同发票情况分别填写到对应的“认证相符的增值税专用发票”“其他扣税凭证”栏次中。结果如下（申报表略）：

本期认证相符且本期申报抵扣：增值税专用发票3份，金额20 000元，税额2 600元。

其他扣税凭证：农产品收购发票或者销售发票5份，金额30 000元，税额2 700元；其他150份，金额10 000元，税额300元。

（4）填写附表四（税额抵减情况表）。

填写“增值税纳税申报表附列资料（四）”（税额抵减情况表）。根据发生的抵减税额情况填入对应的“增值税税控系统专用设备费及技术维护费”栏次中。结果见表1–8（部分）。

表1–8 增值税纳税申报表附列资料（四）（部分）

（税额抵减情况表）

一、税额抵减情况						
序号	抵减项目	期初余额	本期发生额	本期应抵减税额	本期实际抵减税额	期末余额
		1	2	3 = 1 + 2	4≤3	5 = 3 − 4
1	增值税税控系统专用设备费及技术维护费	0	2 260	2 260	2 260	0

（5）填写“增值税纳税申报表（一般纳税人适用）”。

根据附表数据填写主表，假如东方大酒店2020年11月12日申报，所属时间自2020年10月1日至2020年10月31日，填报结果见表1–9。

表1–9 增值税纳税申报表

（一般纳税人适用）

根据国家税收法律法规及增值税相关规定制定本表。纳税人不论有无销售额，均应按税务机关核定的纳税期限填写本表，并向当地税务机关申报。

税款所属时间：自2020年10月1日至2020年10月31日

填表日期：2020年11月12日　　金额单位：元至角分

纳税人识别号 2 1 0 1 0 0 0 0 0 1 0 8 9 6 1 1　　所属行业：旅游饭店

纳税人名称	东方大酒店股份有限公司（公章）	法定代表人姓名	浩然兴	注册地址	金陵市中山西路50号	生产经营地址	金陵市中山西路50号
开户银行及账号	工商银行中山西路分理处654345635	登记注册类型		服务业		电话号码	025-86609090

续表

项目		栏次	一般项目		即征即退项目	
			本月数	本年累计	本月数	本年累计
销售额	（一）按适用税率计税销售额	1	490 000			
	其中：应税货物销售额	2				
	应税劳务销售额	3	490 000			
	纳税检查调整的销售额	4				
	（二）按简易办法计税销售额	5				
	其中：纳税检查调整的销售额	6				
	（三）免、抵、退办法出口销售额	7			—	—
	（四）免税销售额	8			—	—
	其中：免税货物销售额	9			—	—
	免税劳务销售额	10			—	—
税款计算	销项税额	11	29 400			
	进项税额	12	5 600			
	上期留抵税额	13				—
	进项税额转出	14				
	免、抵、退应退税额	15			—	—
	按适用税率计算的纳税检查应补缴税额	16			—	—
	应抵扣税额合计	17＝12＋13－14－15＋16	5 600	—		—
	实际抵扣税额	18（如17<11，则为17，否则为11）	5 600			
	应纳税额	19＝11－18	23 800			
	期末留抵税额	20＝17－18				—
	简易计税办法计算的应纳税额	21				
	按简易计税办法计算的纳税检查应补缴税额	22			—	—
	应纳税额减征额	23	2 260			
	应纳税额合计	24＝19＋21－23	21 540			

续表

项目		栏次	一般项目		即征即退项目	
			本月数	本年累计	本月数	本年累计
税款缴纳	期初未缴税额（多缴为负数）	25				
	实收出口开具专用缴款书退税额	26			—	—
	本期已缴税额	27 = 28 + 29 + 30 + 31				
	①分次预缴税额	28		—		—
	②出口开具专用缴款书预缴税额	29		—	—	—
	③本期缴纳上期应纳税额	30				
	④本期缴纳欠缴税额	31				
	期末未缴税额（多缴为负数）	32 = 24 + 25 + 26 − 27	21 540			
	其中：欠缴税额（≥0）	33 = 25 + 26 − 27		—		—
	本期应补（退）税额	34 = 24 − 28 − 29	21 540	—		—
	即征即退实际退税额	35	—	—		
	期初未缴查补税额	36			—	—
	本期入库查补税额	37			—	—
	期末未缴查补税额	38 = 16 + 22 + 36 − 37			—	—

授权声明	如果你已委托代理人申报，请填写下列资料： 为代理一切税务事宜，现授权 （地址）为本纳税人的代理申报人，任何与本申报表有关的往来文件，都可寄予此人。 授权人签字：	申报人声明	本纳税申报表是根据国家税收法律法规及相关规定填报的，我确定它是真实的、可靠的、完整的。 声明人签字：

主管税务机关：　　　　　　　　接收人：　　　　　　　　接收日期：

①销项税额的填写。

取得收入根据开具发票类型不同对应填入“增值税纳税申报表附列资料（一）”相应栏次。

第一笔业务本月取得提供住宿服务收入31.8万元（含税）

附表一第5栏第1列“开具增值税专用发票：销售额”填20万元；

第5栏第2列“销项（应纳）税额”填1.2万元；

第5栏第3列“开具其他发票：销售额”填10万元；

第5栏第4列“开具其他发票：销项（应纳）税额”填0.6万元。

第二笔业务餐饮收入，开具增值税普通发票15.9万元（含税）。

第5栏第3列“开具其他发票：销售额”填15万元；

第5栏第4列“开具其他发票：销项（应纳）税额”填0.9万元。

第三笔业务酒店前台销售商品收入4.24万元（含税），未开具增值税普通发票。

第1栏第5列“未开具发票：销售额”填4万元；

第1栏第6列“未开具发票：销项（应纳）税额”填0.24万元。

②进项税额的填写。

进项税额根据取得的发票类型不同对应填入“增值税纳税申报表附列资料（二）”相应栏次。

第四笔业务本月纳税人购进饮料食品支付价款3.39万元，其中取得专用发票3份，金额2万元，税额合计0.26万元；取得增值税普通发票价税合计1.13万元。

外购货物取得的增值税普通发票1.13万元不能进行进项税额抵扣。

认证通过的增值税专用发票上记载的税额0.26万元可以抵扣。

附表二第1栏“认证相符的增值税专用发票”以及第2栏“其中：本期认证相符且本期申报抵扣”填写份数：3份，金额：2万元，税额：0.26万元。

第五笔业务从养殖户手中购买鸡、鸭、鱼。开具农产品收购发票5份，收购金额3万元。

附表二第4栏“（二）其他扣税凭证”以及第6栏“农产品收购发票或者销售发票”填写份数：5份，金额：3万元，税额：0.27万元。

③特殊业务项目的填写。

第六笔业务酒店免费为住宿酒店客户提供接送机服务，本月往返途中取得高速公路通行费发票1.03万元。

填写“本期抵扣进项税额结构明细表”第30栏“通行费的进项”金额1万元，税额300元。

同时，附表二第8栏“其他”填写份数：150份，金额：1万元，税额：0.03万元。

④税额抵减情况的填写。

第七笔业务该酒店购买防伪税控开票器具取得增值税专用发票，价税合计2 260元，税额260元。

填写“增值税纳税申报表附列资料（四）”（税额抵减情况表）。

第1栏“增值税税控系统专用设备费及技术维护费”，第1列“期初余额”填0，“本期发生额”填2 260元，“本期应抵减税额”填2 260元，“本期实际抵减税额”要看主表第24栏“应纳税额合计”是否大于等于2 260元，若大于2 260元，则在本栏填2 260元（填写到主表第23行）。

⑤2020年10月“增值税纳税申报表（一般纳税人适用）”主表处理。

该酒店当期申报数据应全部填列在“一般项目”列下“本月数”的对应栏次，具体填列栏次如下：

第1行“（一）按适用税率计税销售额”490 000元。

第11行“销项税额”29 400元。

第12行“进项税额”5 600元。

第17行“应抵扣税额合计”5 600元。

第18行“实际抵扣税额”5 600元。

第19行“应纳税额”23 800元。

第23行“应纳税额减征额”2 260元。

第24行“应纳税额合计”21 540元。

第32、34行“期末未缴税额”“本期应补（退）税额”21 540元。

三、小规模纳税人纳税申报操作

知识链接

“增值税纳税申报表（小规模纳税人适用）”及其附列资料填写说明

【典型案例1–22】宜家快捷酒店为增值税小规模纳税人，纳税人识别号为31010141089611907520。其主要提供餐饮、住宿业务，按季申报纳税。2020年7月至9月餐厅取得菜品收入10.3万元，烟酒饮料收入10.3万元，住宿收入10.3万元。

要求：计算该酒店10月申报应缴纳的增值税税额并填制增值税纳税申报表。

解析：本案例小规模纳税人发生的业务可以填写“增值税纳税申报表（小规模纳税人适用）”，其他略。

（1）该酒店10月应缴纳的增值税税额。烟酒饮料收入为货物及劳务收入；菜品和住宿收入为服务、不动产和无形资产收入。

货物收入应纳增值税 = 103 000 ÷（1 + 3%）× 3% = 3 000（元）

服务收入应纳增值税 =（103 000 + 103 000）÷（1 + 3%）× 3% = 6 000（元）

合计10月应缴纳的增值税税额 = 3 000 + 6 000 = 9 000（元）

（2）选择小规模纳税人适用的“增值税纳税申报表（小规模纳税人适用）”填制申报表（见表1–10）。

表1–10 增值税纳税申报表

（小规模纳税人适用）

纳税人识别号：3 1 0 1 0 1 4 1 0 8 9 6 1 1 9 0 7 5 2 0

纳税人名称（公章）：

金额单位：元至角分

税款所属期：2020年7月01日至2020年9月30日

填表日期：2020年10月12日

	项目	栏次	本期数	
			货物及劳务	服务、不动产和无形资产
一、计税依据	（一）应征增值税不含税销售额	1	100 000	200 000
	税务机关代开的增值税专用发票不含税销售额	2		
	税控器具开具的普通发票不含税销售额	3	100 000	200 000

续表

	项目	栏次	本期数	
			货物及劳务	服务、不动产和无形资产
一、计税依据	（二）销售、出租不动产不含税销售额	4	—	
	税务机关代开的增值税专用发票不含税销售额	5	—	
	税控器具开具的普通发票不含税销售额	6	—	
	（三）销售使用过的固定资产不含税销售额	7		—
	其中：税控器具开具的普通发票不含税销售额	8		—
	（四）免税销售额	9 = 10 + 11 + 12		
	其中：小微企业免税销售额	10		
	未达起征点销售额	11		
	其他免税销售额	12		
	（五）出口免税销售额	13		
	其中：税控器具开具的普通发票销售额	14		
二、税款计算	本期应纳税额	15	3 000	6 000
	本期应纳税额减征额	16		
	本期免税额	17		
	其中：小微企业免税额	18		
	未达起征点免税额	19		
	应纳税额合计	20 = 15 − 16	3 000	6 000
	本期预缴税额	21		
	本期应补（退）税额	22 = 20 − 21	3 000	6 000

纳税人或代理人声明：本纳税申报表是根据国家税收法律法规及相关规定填报的，我确定它是真实的、可靠的、完整的。	如纳税人填报，由纳税人填写以下各栏： 办税人员：　　财务负责人： 法定代表人：　　联系电话： 如委托代理人填报，由代理人填写以下各栏： 代理人名称（公章）：　　经办人： 联系电话：

主管税务机关：　　接收人：　　接收日期：

四、重点行业及行为的增值税纳税申报

（一）建筑服务业纳税申报

1.建筑服务业纳税申报的特点

建筑服务业一般纳税人提供建筑服务可以选择一般计税方法计算缴纳增值税，但是以清包工方式提供建筑服务、为甲供工程提供建筑服务、为建筑工程老项目提供建筑服务等应税行为，可以选择简易计税方法。

一般纳税人选择简易计税方法预缴和申报的方法是：在建筑服务发生地填报“增值税预缴税款表”预缴税款，然后在机构所在地申报汇算清缴；纳税人在同一地级行政区范围内跨县（市、区）提供建筑服务的，不跨区域预缴税款；总机构和分支机构不在同一县（市、区）的，应当分别向各自所在地的主管税务机关申报纳税，经批准，可以汇总纳税。

2.建筑服务业纳税申报操作

【典型案例1-23】东方建筑公司系增值税一般纳税人，从事建筑安装和设备经营性租赁业务，所有建筑服务业务均由直接管理的项目部施工或分包，根据企业的财务核算、增值税发票管理新系统和其他相关资料，经收集整理，2020年9月发生的与增值税相关的业务如下：

（1）本地A建筑项目，采取一般计税方法，于当月竣工结算。收取工程款5 480万元，开具增值税专用发票；另因提前竣工收取奖励款20万元，开具企业自制的收款收据，款项均已收到。

（2）外省B建筑项目，采取一般计税方法，当月尚未竣工结算，预收工程款3 300万元，开具企业自制收据，支付工程分包支出1 100万元。已向项目所在地税务机关填报“增值税预缴税款表”，见表1-11，并预缴增值税403 669.72万元，取得项目所在地税务机关出具的完税凭证。

表1-11 B项目“增值税预缴税款表”

税款所属时间：2020年9月1日至2020年9月30日					
纳税人识别号：******************				是否适用一般计税方法：是√否×	
项目编号			项目名称	B建筑项目	
预征项目和栏次		销售额	扣除金额	预征率	预征税额
		1	2	3	4
建筑服务	1	33 000 000	11 000 000	2%	403 669.72
销售不动产	2				
出租不动产	3				

（3）外市C市政工程项目，采取简易计税方法，当月竣工结算，收取工程款5 150

万元，开具增值税普通发票，款项尚未收到；发生分包支出1 030万元。已向项目所在地税务机关填报“增值税预缴税款表”，见表1-12，并预缴增值税120万元，取得项目所在地税务机关出具的完税凭证。

表1-12　　C项目“增值税预缴税款表”

税款所属时间：2020年9月1日至2020年9月30日					
纳税人识别号：****************				是否适用一般计税方法：是×否√	
项目编号			项目名称	C市政工程项目	
预征项目和栏次		销售额	扣除金额	预征率	预征税额
		1	2	3	4
建筑服务	1	51 500 000	10 300 000	3%	1 200 000
销售不动产	2				
出租不动产	3				

（4）9月份为相关施工项目采购建筑工程材料（均取得增值税专用发票），相关施工项目领用情况见表1-13。

表1-13　　建筑工程材料相关情况表　　金额单位：万元

工程项目	材料种类	发票份数	发票记载	
			金额	税额
A建筑项目	钢材、板材等	8	1 000	130
	混凝土、砂石等	3	300	9
B建筑项目	钢材、板材等	6	700	91
	混凝土、砂石等	5	500	15
C市政工程项目	混凝土、砂石等	10	800	24

（5）建筑项目A（增加的条件）取得劳务派遣公司以“差额征税开票功能”开具的增值税专用发票1份，记载金额179.25万元，税额0.25万元。

（6）支付B建筑项目和C市政工程项目发生的分包支出，其中B建筑项目取得1份增值税专用发票，记载金额1 100万元，税额99万元；C市政工程项目取得1份增值税普通发票，记载金额1 030万元。

（7）支付B建筑项目建筑设备租赁费，取得增值税专用发票1份，记载金额40万元，税额5.2万元。

（8）支付行政办公楼的水、电、通信费等情况见表1-14。

表1-14　　办公楼的水、电、通信费　　金额单位：万元

费用项目	发票种类	份数	发票记载	
			金额	税额
水费	专用发票	1	2	0.18
电费	专用发票	1	5	0.65
通信费	专用发票	1	3	0.18
	专用发票	1	1	0.09

其他情况：

经核实，企业上期无留抵税额，无待抵扣进项税额，无服务、不动产和无形资产扣除项目期末余额及无税额抵减的期末余额。

当期开具的增值税发票都已按规定进行报税；取得的增值税专用发票都已通过增值税发票查询平台选择用于申报抵扣或通过扫描认证；企业选择简易计税方法和享受税收优惠都向主管税务机关办理备案手续。

要求：(1) 计算东方建筑公司2020年9月申报应缴纳的增值税税额；

(2) 填制增值税纳税申报表及其相关附列资料。

解析：(1) 9月应缴纳的增值税税额计算如下：

①当期销项税额计算。

A建筑项目的销项税额＝（5 480＋20）÷（1＋9%）×9%≈454.13（万元）

B建筑项目的销项税额＝3 300÷（1＋9%）×9%≈272.48（万元）

本期销项税额合计＝454.13＋272.48＝726.61（万元）

②当期进项税额计算。

a.采购建筑工程材料的进项税额。

A建筑项目的进项税额＝130＋9＝139（万元）

B建筑项目的进项税额＝91＋15＝106（万元）

C市政工程项目的进项税额＝24万元

因C市政工程项目选择简易计税方法，进项税额不允许抵扣。

b.A建筑项目的劳务派遣服务费的进项税额＝0.25万元

c.B建筑项目的分包支出的进项税额＝99万元

d.B建筑项目设备租赁费的进项税额＝5.2万元

e.办公楼的水、电、通信费的进项税额。

水费的进项税额＝0.18万元

电费的进项税额＝0.65万元

通信费的进项税额＝0.18＋0.09＝0.27（万元）

上述进项税额合计＝0.18＋0.65＋0.27＝1.1（万元）

这部分进项税额，因无法分清用于哪个项目，应通过计算确定不能抵扣的进项税额作进项税额转出（假定仅就工程收入进行分配，且合理）。在具体处理时，通常先全额

抵减，再作进项税额转出。

C市政工程项目不得抵扣的进项税额＝1.1×5 150÷（5 480＋3 300＋5 150）≈0.41（万元）

当期允许抵扣销项税额的进项税额＝139＋106＋0.25＋99＋5.2＋（1.1－0.41）＝350.14（万元）

③简易计税方法应缴纳的增值税。

C市政工程应缴纳的增值税＝（5 150－1 030）÷（1＋5%）×5%≈196.19（万元）

B建筑项目已预缴的增值税＝40.37万元

C市政工程项目已预缴的增值税＝120万元

可抵减应纳税额的预缴增值税＝40.37＋120＝160.37（万元）

当期应纳增值税税额＝350.14－350.14＋196.19－160.37＝412.29（万元）

（2）填制增值税纳税申报表，简表见表1-15。

表1-15 增值税纳税申报表（销售额） 单位：元

（一）按适用税率计税销售额	1	88 000 000
其中：应税货物销售额	2	
应税劳务销售额	3	88 000 000
纳税检查调整的销售额	4	
（二）按简易办法计税销售额	5	51 500 000
其中：纳税检查调整的销售额	6	
（三）免、抵、退办法出口销售额	7	
（四）免税销售额	8	
其中：免税货物销售额	9	
免税劳务销售额	10	

增值税纳税申报表（税款计算） 单位：元

销项税额	11	7 266 100
进项税额	12	3 501 400
进项税额转出	14	
应抵扣税额合计	17＝12＋13－14－15＋16	3 501 400
实际抵扣税额	18（如17<11，则为17，否则为11）	3 501 400
应纳税额	19＝11－18	3 764 700
期末留抵税额	20＝17－18	0
简易计税办法计算的应纳税额	21	1 961 900
应纳税额减征额	23	
应纳税额合计	24＝19＋21－23	5 726 600

增值税纳税申报表（税款缴纳） 单位：元

本期已缴税额	27 = 28 + 29 + 30 + 31	1 603 700
①分次预缴税额	28	1 603 700
②出口开具专用缴款书预缴税额	29	
③本期缴纳上期应纳税额	30	
④本期缴纳欠缴税额	31	
本期应补（退）税额	34 = 24 − 28 − 29	4 122 900

（二）金融服务业纳税申报

1.金融服务业纳税申报的特点

金融服务业纳税申报的特色在于其特殊的服务范围、计税依据和计税方法。

（1）金融服务的范围：包括贷款服务、直接收费金融服务、保险服务和金融商品转让等。

（2）计税依据：贷款服务按照贷款收取的利息缴纳增值税；金融商品转让按照卖出价扣除买入价后的余额为销售额计算增值税税额，即按差额作为计税依据。

（3）采用差额计税方法，正负差额年内可以相抵，年末负差，不得转入下一年度。但是金融商品买卖不得开具增值税专用发票。

2.金融服务企业的纳税申报操作

一般纳税人填报“增值税纳税申报表（一般纳税人适用）”及其附列资料进行纳税申报；小规模纳税人填报“增值税纳税申报表（小规模纳税人适用）”及其附列资料进行纳税申报。

引例解析

本任务“引例”解析如下：

（1）该金融机构7月份应缴纳的增值税税额。

①业务1金融商品转让销售额 = 600 − 800 = −200（万元）

②业务2、3、4属于贷款服务：

销售额 = 1 400 + 1 000 + 1 600 = 4 000（万元），销项税额 = 4 000 × 6% = 240（万元）

③业务5经纪业务收入 = 3 200万元，销项税额 = 3 200 × 6% = 192（万元）

④业务6收到金融机构转贴现利息收入800万元（免税）。

⑤业务7办公设备进项税额 = 40 × 13% = 5.2（万元），需作进项税额转出 = 10 × 13% = 1.3（万元）

⑥业务8办公楼进项税额 = 1 400 × 9% = 126（万元）

⑦业务9咨询费进项税额 = 80 × 6% = 4.8（万元）

⑧业务10支付金融机构转贴息利息支出，对方收到的贴现利息免税，因此利息支出无进项税额抵扣。

综上，销项税额 = 240 + 192 = 432（万元），可抵扣进项税额 = 5.2 + 126 + 4.8 = 136（万元），进项税额转出 = 1.3万元

应纳税额 = 432 − 136 + 1.3 = 297.3（万元）

（2）填制增值税纳税申报表附列资料（附表略）。

①附表一各栏目填列如下：

第5栏第1列“一般计税方法6%税率”应填写7 200万元。

第5栏第2列“一般计税方法6%税率”应填写432万元。

第5栏第3列“一般计税方法6%税率”应填写600万元。

第5栏第4列“一般计税方法6%税率”应填写36万元。

第5栏第9列“一般计税方法6%税率”应填写7 800万元。

第5栏第10列“一般计税方法6%税率”应填写468万元。

第5栏第11列“一般计税方法6%税率”应填写8 268万元。

第5栏第12列“一般计税方法6%税率”应填写636万元。

第5栏第13列“一般计税方法6%税率”应填写7 632万元。

第5栏第14列“一般计税方法6%税率”应填写432万元。

②附表二各栏目填列如下：

第1栏“认证相符的增值税专用发票”份数填20，金额应填写120万元，税额应填写10万元。

第2栏“本期认证相符且本期申报抵扣”份数填20，金额应填写1 520万元，税额应填写136万元。

第9栏“本期用于购建不动产的扣税凭证”份数填1，金额应填写1 400万元，税额应填写126万元（1 400×9%）。

第12栏“当期申报抵扣进项税额合计”应填写10万元（136 − 126）。

第13栏“本期进项税额转出额”应填写1.3万元（10×13%）。

第14栏“其中免税项目用”1.3万元。

③附表三各栏目填列如下：

第4栏第1列“6%税率的金融商品转让项目”应填写848万元。

第4栏第3列“6%税率的金融商品转让项目”应填写636万元。

第4栏第4列“6%税率的金融商品转让项目”应填写636万元。

第4栏第5列“6%税率的金融商品转让项目”应填写636万元。

第4栏第6列“6%税率的金融商品转让项目”应填写212万元。

④附表四各栏目填列如下：

第10栏第1列“金融机构转贴现利息收入”应填写800万元。

第10栏第3列“金融机构转贴现利息收入”应填写800万元。

第10栏第5列“金融机构转贴现利息收入”应填写48万元。

（3）填制增值税纳税申报表（一般纳税人适用）见表1-16，各栏目填列如下：

第1栏“按适用税率计税销售额”本月数应填写7 800万元。

第8栏“免税销售额”本月数应填写800万元。

第11栏“销项税额”本月数应填写432万元。

第12栏“进项税额”本月数应填写136万元。

第14栏“进项税额转出”本月数应填写1.3万元。

第17栏“应抵扣税额合计”本月数应填写134.7万元。

第18栏“实际抵扣税额”本月数应填写134.7万元。

第19栏“应纳税额”本月数应填写297.3万元。

第24栏“应纳税额合计”本月数应填写297.3万元。

第34栏“本期应补（退）税额”本月数297.3万元。

表1-16

增值税纳税申报表

（一般纳税人适用）

根据国家税收法律法规及增值税相关规定制定本表。纳税人不论有无销售额，均应按税务机关核定的纳税期限填写本表，并向当地税务机关申报。

税款所属时间：自2020年7月1日至2020年7月31日

填表日期：2020年8月10日

金额单位：元至角分

纳税人识别号 4 1 0 1 0 0 5 6 1 0 8 9 6 3 3　　　　所属行业：金融信托

纳税人名称	M金融信托与管理公司（公章）	法定代表人姓名	吕新珠	注册地址	略	生产经营地址	略
开户银行及账号		登记注册类型				电话号码	

项目		栏次	一般项目		即征即退项目	
			本月数	本年累计	本月数	本年累计
销售额	（一）按适用税率计税销售额	1	78 000 000			
	其中：应税货物销售额	2				
	应税劳务销售额	3				
	纳税检查调整的销售额	4				
	（二）按简易办法计税销售额	5				
	其中：纳税检查调整的销售额	6				
	（三）免、抵、退办法出口销售额	7			—	—
	（四）免税销售额	8	8 000 000		—	—
	其中：免税货物销售额	9			—	—
	免税劳务销售额	10			—	—

续表

项目		栏次	一般项目		即征即退项目	
			本月数	本年累计	本月数	本年累计
税款计算	销项税额	11	4 320 000			
	进项税额	12	1 360 000			
	上期留抵税额	13				—
	进项税额转出	14	13 000			
	免、抵、退应退税额	15			—	—
	按适用税率计算的纳税检查应补缴税额	16			—	—
	应抵扣税额合计	17 = 12 + 13 − 14 − 15 + 16	1 347 000	—		—
	实际抵扣税额	18（如17<11，则为17，否则为11）	1 347 000			
	应纳税额	19 = 11 − 18	2 973 000			
	期末留抵税额	20 = 17 − 18				—
	简易计税办法计算的应纳税额	21				
	按简易计税办法计算的纳税检查应补缴税额	22			—	—
	应纳税额减征额	23				
	应纳税额合计	24 = 19 + 21 − 23	2 973 000			
税款缴纳	期初未缴税额（多缴为负数）	25				
	实收出口开具专用缴款书退税额	26			—	—
	本期已缴税额	27 = 28 + 29 + 30 + 31				
	①分次预缴税额	28		—		—
	②出口开具专用缴款书预缴税额	29		—	—	—
	③本期缴纳上期应纳税额	30				
	④本期缴纳欠缴税额	31				
	期末未缴税额（多缴为负数）	32 = 24 + 25 + 26 − 27				

续表

项目		栏次	一般项目		即征即退项目	
			本月数	本年累计	本月数	本年累计
税款缴纳	其中：欠缴税额（≥0）	33 = 25 + 26 − 27		—		—
	本期应补（退）税额	34 = 24 − 28 − 29	2 973 000	—		—
	即征即退实际退税额	35	—	—		
	期初未缴查补税额	36			—	—
	本期入库查补税额	37			—	—
	期末未缴查补税额	38 = 16 + 22 + 36 − 37			—	—

授权声明	如果你已委托代理人申报，请填写下列资料： 为代理一切税务事宜，现授权 （地址）　　　　为本纳税人的代理申报人，任何与本申报表有关的往来文件，都可寄予此人。 授权人签字：	申报人声明	本纳税申报表是根据国家税收法律法规及相关规定填报的，我确定它是真实的、可靠的、完整的。 声明人签字：

主管税务机关：　　　　接收人：　　　　接收日期：

工作任务设计1-4

一般纳税人的增值税纳税申报

任务描述：

东方化妆品公司是增值税一般纳税人，2020年3月发生如下业务：

（1）采取直接收款方式销售生产的A类面霜1 500瓶，每瓶20克，每瓶不含税售价400元，款项678 000元已收存银行。

（2）销售生产的B类护肤液50箱，每箱20瓶，每瓶60毫升，每瓶含税售价61.02元，货物已发，款项61 020元，已收存银行。

（3）销售生产的C类面膜300盒，每盒5片，已开具增值税专用发票，注明价款27 000元，增值税3 510元，款项尚未收到。

（4）将A类面霜、B类护肤液各1瓶和C类面膜2片组成套装，以每套不含税价款490元，委托甲企业代销，已收到代销清单，当期代销100套，款项尚未收到。

（5）将本公司生产的C类面膜120盒作为“三八”妇女节福利发放给本公司女职工。

（6）将3月3日在本地自建的办公楼对外出租，一次性收取3年租金1 050 000元，该公司采用简易计税方法计算增值税。

（7）支付销售化妆品发生的运输费用21 800元，取得的增值税专用发票上载明金额20 000元，税额1 800元，当月已认证通过。

（8）本月材料采购情况见表1-17。

表1-17　本月材料采购情况

采购	数量（千克）	不含税单价（元）
香水精	50	1 000
酒精	100	20
珍珠粉	500	50
面霜	500	600

采购时均取得增值税专用发票，当月除珍珠粉的专用发票未认证外，其他专用发票均已通过认证，以上材料均未领用。

要求：

（1）计算东方化妆品公司本期增值税应纳税额；

（2）填报东方化妆品公司本期“增值税纳税申报表”主表及其附表。

操作步骤：在老师的指导下完成。

任务五　增值税涉税风险管控

引例

东方能源公司是一家成立于2020年12月的其他有限责任公司，注册资本2 000万元，主营煤炭及煤炭制品销售，为商贸企业，增值税一般纳税人，采用查账征收。

目前，国内煤炭市场形势趋好，煤炭商贸企业大多从内蒙古、山西等地煤矿采购煤炭，采取汽运或者铁路方式运到秦皇岛港，装船采取海运方式运往南方下游企业。东方能源公司2020年1月至4月部分财务数据见表1-18、表1-19。

表1-18　财务报表情况　单位：万元

项目	2020年1月	2020年4月
预收款项	0	469.48
存货	0	176.63

表1-19　　2020年1—4月税负情况　　金额单位：万元

项目	东方能源公司	辖区行业平均值	同地区同类型企业（甲企业）
销售收入	2496.32	—	5 797.79
应纳税额	21.49	—	109.34
税负	0.86%	1.3%	1.89%
期末留抵税额	0	—	0

上述财务数据引起了主管税务机关的关注，他们分析产生的疑点如下：

（1）根据税负情况分析存在疑点。该企业新成立，无法与上年同期税负情况对比，但是与辖区煤炭批发企业平均税负1.3%相比明显偏低。选取了一家采购地、港口集散地、销售地均与之相同的甲企业进行税负对比。见表1-19，该企业税负为0.86%，甲企业税负为1.89%，该企业税负过低。疑点：是否存在未及时确认销售收入或违规抵扣进项税额的情况？

（2）根据财务报表情况分析存在疑点。该企业2020年年初尚未开展业务，4月份企业预收款项469.48万元，存货176.63万元。公司解释为煤炭市场近期行情较好，下游企业需要先预付货款才能提货。据了解得知，2019年下半年至年底，除去产能及供暖等多方面因素影响，煤炭市场供不应求，下游企业需要支付预付款才能提货，但是2020年第1季度这种情况得到一定缓解。东方能源公司2020年月平均销售额为624万元，469万元的预收账款比重明显偏高，该企业的解释明显站不住脚。同时该企业实际业务为煤炭销售中间商，一般此类型企业商品流动性较强，库存一般较少，该企业恰恰相反。由此产生疑点：是否存在销售货物未及时确认销售收入的情况呢？

为了弄清真相，降低税务风险，税务机关决定对该企业进行纳税评估。

【思考】

针对以上风险点，税务机关如何进行纳税评估？对本案如何处理？

知识准备

一、企业税务风险相关知识

（一）企业税务风险的概念

企业税务风险是指企业的涉税行为因未能正确有效地遵守税法的规定，而导致企业未来利益的可能损失。主要包括两方面：一方面是少缴税风险。企业的纳税行为不符合税收法律法规的规定，应纳税而未纳税、少纳税，从而面临补税、罚款、加收滞纳金、刑罚处罚以及声誉损害等风险。另一方面是多缴税风险。企业的经营行为适用税法不准确，没有用足有关优惠政策，多缴纳了税款，承担了不必要的税收负担。

微课

增值税几个重要的涉税风险控制

（二）税务风险的主要特点

1.主观性

主观性，即对同一涉税业务，税企双方存在不同理解，直接导致税务风险的产生。同时，纳税业务在相关业务中表现出主观态度，不同于税务机构对税收制度的理解，征纳双方较难做到“沟通中的认同”，企业税务风险由此产生。

2.必然性

在生产经营管理过程中，企业均以税后净利润最大化作为最终目标，这一客观状况却与税收本身具备的强制性存在矛盾。企业追求税务成本最小化的动机，导致企业和政府间的信息不对称，加上国家税收执法环境不断变化，以及企业管理者、财务工作者对相应政策法规理解程度的有限性，更使企业管理者难以完全规避税务风险，使得风险给企业经营带来潜在的持续影响。

3.预先性

预先性即企业税务风险先于税务责任履行行为而存在。从客观上讲，企业的经营过程产生税收，而不是财务核算产生税收；从主观上讲，企业在日常经营活动与财务核算时，税务风险已经存在，原因是企业实施的涉税相关业务经营、成本计算的调整等行为，可能导致其与税收政策、法规等出现矛盾甚至相互背离，因而税务风险产生于企业实际缴纳各项税费之前的相关行为中。

（三）税务风险产生的原因

1.企业外部风险因素

经济环境 、政策和法规环境、执法环境发生变化，以及社会意识、税务执法等都会造成一定的税务风险。一方面，随着我国税收政策、法规等不断调整和更新，在对财务、税收知识进行理解、认知、掌握和运用的过程中，企业财务人员难免因为对新出台的政策理解出现偏差而给企业带来风险；另一方面，不同税务执法机构和人员对同一企业的同一涉税行为的判断和裁定往往存在不同的看法，税务机关在涉税实务中具有的自由裁量权，也会给企业造成一定的税务风险可能性。

2.企业内部风险因素

企业管理者涉税意识有待加强、财务工作者业务水平偏低、内部审计不健全、内部控制制度不完善，以及近年来税务代理服务的出现，尤其是税务代理服务质量，都是企业在微观上所面临税务风险的主要因素。

二、增值税常见主要涉税风险及其防范

增值税一般纳税人主要有三种类型，一是商贸类纳税人，包括商品批发、商品零售及外贸出口三种企业；二是生产企业，包括直营出口企业、修理修配企业及加工企业等；三是应税服务业。下面就增值税相关政策规定，结合纳税评估、税务稽查和日常管理中发现的一些热点问题，找出这三种类型的企业增值税涉税风险点，并提供一些防范

风险的措施。

（一）进项税额的风险及防范

风险点：进项税额准予抵扣的标准。一般地说，准予从当期销项税额中抵扣的进项税额必须同时具备三个条件：一是购进货物、应税劳务或应税服务用于增值税应税项目；二是取得法定的扣税凭证；三是进项税额申报抵扣时间符合规定。在实际生产经营中，不少纳税人由于对税收政策理解不到位，导致少缴税，引起补税、交纳滞纳金和罚款等风险；或者导致进项税额少抵、错抵和漏抵，造成了不必要的损失。

以下是纳税人在办理增值税进项税额抵扣时容易出现的几个风险点：

1.发票勾选认证风险

按照政策的规定，进项税额抵扣凭证需要在增值税平台上勾选后才能进入抵扣程序。对比对异常的发票，税务机关将通过专用系统调查、核实，以确保发票的合法性。纳税人应通过正规渠道，取得开具规范、信息准确的发票，同时还应保证海关完税凭证的数据采集质量，以提高发票比对相符率，避免因比对异常影响正常抵扣。

2.发票抵扣时限风险

（1）当月认证的发票当月必须抵扣，发票从开具之日起在不超过360天的期限内可认证抵扣。当月认证的发票在当月不抵，下月就不准抵扣了。对取得海关进口增值税专用缴款书的，采用“先比对后抵扣”的管理办法。

（2）增值税一般纳税人如果发生真实交易，但由于客观原因造成增值税扣税凭证逾期认证的，经主管税务机关审核、逐级上报，由国家税务总局认证、稽核比对后，对比对相符的增值税扣税凭证，允许纳税人继续抵扣其进项税额。

因此，若逾期未认证抵扣是由客观原因造成的，可向其主管税务机关申请抵扣进项税额。但如果是由于疏忽导致发票逾期未认证，则此发票不得抵扣，企业自行承担此损失，纳税人内部有权向直接责任人追偿。对于税额不能抵扣的，应将税额和金额一起计入所购货物的成本中去。

3.发票专用章风险

纳税人须留意购进货物发票上的发票专用章样式，避免因发票专用章不合格影响正常抵扣。

4.发票丢失处理风险

（1）一般纳税人丢失已开具专用发票的发票联和抵扣联，无论丢失前是否认证，购买方均可凭销售方提供的相应专用发票记账联复印件及销售方所在地主管税务机关出具的“丢失增值税专用发票已报税证明单”，经购买方主管税务机关审核同意后，作为增值税进项税额的抵扣凭证。

（2）一般纳税人丢失已开具专用发票的抵扣联，如果丢失前已认证相符，可使用专用发票发票联复印件留存备查；如果丢失前未认证，可使用专用发票发票联到主管税务机关认证，专用发票发票联复印件留存备查。

（3）一般纳税人丢失已开具专用发票的发票联，可将专用发票抵扣联作为记账凭证，专用发票抵扣联复印件留存备查。

5.价外费用开具专用发票风险

一般纳税人销售货物或应税劳务收取除增值税税额以外的价外费用，按规定应计征增值税。开具增值税专用发票时，如果价格与价外费用需要分别填写，可以在专用发票的“单价”栏填写价、费合计数，另附价外费用项目表，加盖销售方的发票专用章后交与购货方。购货方应索取价外费用项目表一式两份，分别附在发票联和抵扣联之后。

6.平销返利开具发票风险

纳税人销售货物并向购买方开具增值税专用发票后，由于购货方在一定时期内累计购买货物达到一定数量，或者由于市场价格下降等原因，销货方给予购货方相应的价格优惠或补偿等折扣、折让行为，销货方可按现行《增值税专用发票使用规定》的有关规定开具红字增值税专用发票。但是对于商业企业向供货方收取的返还收入，商业企业不出具发票，应由供货方出具红字增值税专用发票，收取方应凭此红字专用发票冲减当期进项税额，同时冲减当期已销成本。

7.货物损失进项税额转出风险

一般纳税人购进货物、劳务、服务、无形资产或不动产等改变用途、发生非正常损失以及其他原因，取得的增值税专用发票可抵扣的进项税额不得从销项税额中抵扣，按规定已经抵扣的进项税额必须转出。转出的进项税额还包括商业企业收到供货企业的平销返利，出口企业按“免、抵、退”税办法计算应计入主营业务成本的不得免征和抵扣税额等。

实务中风险的关键是如何界定“非正常损失”“管理不善的损失”“自然灾害损失”等。纳税人在遇到货物损失时应区别对待，而不是全部作进项税额转出处理，否则会带来进项税额转出不当的风险。

8.视同销售与进项税额转出混淆风险

正确区分增值税视同销售行为和进项税额转出有两个标准：一看交易行为是否增值，二看交易行为是对内还是对外，具体判断如下：

（1）凡自产或委托加工的货物如果交易行为产生增值，无论是对内还是对外，一律视同销售。

（2）凡是外购的货物，只要产生对外交易行为，如用于分配、捐赠、投资等，无论是否产生增值，都视同销售；如果对内用于消费、职工福利和非应税项目，则要作为进项税额转出处理。

（二）销项税额的风险

风险点：销项税额的准确计算。主要要把握以下三点：一是要把握不同销售结算方式的增值税纳税义务发生时间及开票时间。二是要掌握增值税特殊行为征税的规定，包括视同销售行为等。三是计税依据的确定要正确。如果少计销项税额，则少缴税，同样也会带来税务机关处罚的风险；如果多计销项税额，则多缴税，会给企业带来不必要的税收负担，从而增大了经营成本，降低了市场竞争力。

1.出租、出借包装物收取押金风险

《中华人民共和国增值税暂行条例》规定：纳税人为销售货物而出租出借包装物收取的押金，单独记账核算的，不并入销售额征税。但对因逾期（一般1年）未收回包装物不再退还的押金，应按所包装货物的适用税率征收增值税；对销售除啤酒、黄酒外的其他酒类产品而收取的包装物押金，无论是否返还及会计如何核算，均应并入当期销售额征税。

【典型案例1-24】2020年8月，稽查人员对德宝公司2020年1月至2020年6月的纳税情况进行检查，发现该公司销售黏合剂产品，同时有包装物出借业务，并收取押金。稽查人员核对企业包装物账面数量与库存实物数量时，发现存在一定的差异。进一步采用直查法检查企业的有关账证资料，查实2020年1月销售产品并收取包装物押金150 000元，在2020年4月25日将这笔逾期的包装物押金转入了“营业外收入”，但未计提销项税额的违法事实。

要求：指出此案例税务处理的错误，并思考对实际工作有何启示。

解析：按《增值税暂行条例》的规定：没收的包装物押金收入，应视同包装物销售收入，缴纳增值税销项税额。这个案例给我们的启示是：包装物押金暗藏着非常大的税收风险，企业一不小心则会掉进陷阱。

2.视同销售涉税风险

《增值税暂行条例实施细则》第四条规定了八种视同销售缴纳增值税的行为：①将货物交付其他单位或者个人代销；②销售代销货物；③设有两个以上机构并实行统一核算的纳税人，将货物从一个机构移送其他机构用于销售，但相关机构设在同一县（市）的除外；④将自产或者委托加工的货物用于非增值税应税项目；⑤将自产、委托加工的货物用于集体福利或者个人消费；⑥将自产、委托加工或者购进的货物作为投资，提供给其他单位或者个体工商户；⑦将自产、委托加工或者购进的货物分配给股东或者投资者；⑧将自产、委托加工或者购进的货物无偿赠送其他单位或者个人。

上述情形本身存在着如下潜在的纳税风险点：

（1）将自产或委托加工的货物用于非应税项目、集体福利或个人消费，如用于内设的食堂、宾馆、医院、托儿所、学校、俱乐部、家属社区等部门，直接按其生产成本冲减库存商品，不计或少计应税收入。

（2）将自产或委托加工的货物用于投资、分配、无偿赠送等，不做销售直接冲减产品成本，不计或少计应税收入。

（3）将购进的材料、水、电、气等用于对外销售、投资、分配及无偿赠送，购进环节的进项税额仍作为当期抵扣税额，不做转出处理。

这些行为会造成少计销项税额，多计进项税额，招致税务机关处罚的风险。

【做中学1－5】德宝公司生产一种保温材料，而在该产品生产过程中需经过高温炉处理，而高温炉内部也需使用跟自产产品同类型的保温材料，为降低采购成本，该公司直接使用自产保温材料，用于更换高温炉内的保温材料，每3～5个月更换一批。

要求：判断上述业务是否属于“视同销售”业务，并进行相关的涉税会计处理。

【典型案例1-25】A公司向B公司销售W货物，增值税税率为13%，B公司未能及时验货，导致推迟支付货款，按照双方销售合同的约定，B公司需向A公司支付违约金50 000元。A公司对这笔违约金没有计提过增值税。

要求：对A公司取得的违约金收入进行涉税会计处理。

解析：A公司应当就自B公司取得的违约金收入，按照价外费用申报缴纳增值税。

应纳增值税 = 50 000÷1.13 × 13% = 5 752.21（元）

3.价外费用涉税风险

价外费用是指价外向购买方收取的手续费、补贴、基金、集资费、返还利润、奖励费、违约金（延期付款利息）、包装费、包装物租金、储备费、优质费、运输装卸费、代收款项、代垫款项及其他各种性质的价外收费。按税法的规定：随同产品销售时收取的价外费用，应在随同产品销售收入确认时一并确认，计算销项税额。对于当期不确认，需要视以后情况而定的价外费用，应当在实际收到款项或实际纳税义务发生时予以确认，计算销项税额。

会计实务中关于价外费用纳税存在的误区如下：

（1）企业没有准确判断哪些属于价外费用，哪些不属于价外费用。如，将平销行为的返利按价外费用处理，混淆二者在核算上的区别。

（2）企业没有按照价外费用的规定进行操作，使不属于价外费用的做成了价外费用。如，供货方委托承运企业运送一批货物给购货方，承运企业的运输发票开具给供货方做账，供货方再开具代垫运费发票给购货方，这种代垫运费就是价外费用。

（3）企业向购货方收取的价外费用在计税时，没有换算成不含税收入，直接按含税收入计税。税法规定，价外收费计税应换算成不含税收入计税，公式如下：

价外费用销项税额 = 价外费用 ÷（1 + 增值税税率）× 增值税税率

（4）企业将价外费用中的包装费租金、押金等收入，长期挂账，不结转价外收入，不申报纳税。

（5）供货方（应税劳务提供方）自采购方（应税劳务买受方）取得的与购销货物、提供应税劳务相关的违约金没有计提销项税额。违约金是一种价外费用，供货方（或增值税应税劳务提供方）应开具增值税发票按规定缴纳增值税。

【做中学1-6】A公司向B公司销售W货物，增值税税为13%，收取周转使用的包装物租金4 000元。另受对方仓储条件限制，为B公司提供W货物仓位保管2个月，收取仓位费10 000元。A公司对这两笔收入没有计提过增值税。

要求：对A公司收取的租金和仓位费收入进行涉税会计处理。

4.不按纳税义务发生时间开具发票多缴税或早缴税风险

增值税发票是按照增值税纳税义务的发生时间开具的，不能滞后开票。纳税义务发生时间，就是纳税人发生了应税行为，从而决定了开票时间。当前，部分纳税人认为开票时间就是纳税时间，造成了对纳税义务的错误理解而产生缴税风险。

知识拓展

纳税义务发生时间

销售货物或者应税劳务，按销售结算方式的不同，纳税义务发生的时间具体为：

①采取直接收款方式销售货物的，不论货物是否发出，均为收到销售款或者取得索取销售款凭据的当天。②采取托收承付和委托银行收款方式销售货物的，为发出货物并办妥托收手续的当天。③采取赊销和分期收款方式销售货物的，为书面合同约定的收款日期的当天，无书面合同的或者书面合同没有约定收款日期的，为货物发出的当天。④采取预收货款方式销售货物的，为货物发出的当天，但生产销售生产工期超过12个月的大型机械设备、船舶、飞机等货物，为收到预收款或者书面合同约定的收款日期的当天。⑤委托其他纳税人代销货物的，为收到代销单位的代销清单或者收到全部或者部分货款的当天。未收到代销清单及货款的，为发出代销货物满180天的当天。⑥销售应税劳务的，为提供劳务同时收讫销售款或者取得索取销售款的凭据的当天。⑦纳税人发生视同销售货物行为的，为货物移送的当天。

【典型案例1-26】东方通信设备有限公司主营手机批发零售业务，为增值税一般纳税人。在对该公司实施的检查中，稽查人员发现库存商品明细账中三种型号的手机连续两年库存数量不变。经到企业仓库实地盘点，发现上述手机账实不符，账面比实际多1 200台。企业解释1 200台的差额是委托代销发出的手机，因未收到代销清单，故未记账。稽查人员要求企业提供代销协议，经核实，发现代销手机发出已累计236天。

要求：请指出该公司委托代销发出1 200台手机是否产生纳税义务？应何时开票缴税？

解析：依据《增值税暂行条例实施细则》的规定，委托代销货物的，以收到代销单位的代销清单或者收到全部或者部分货款为纳税义务产生的时间；未收到代销清单及货款的，应当以发出代销货物满180天的当天为纳税义务产生的时间。

该设备公司委托代销发出1 200台手机已经产生纳税义务，应该于发出代销货物满180天的当天开出增值税专用发票，计算应缴纳的增值税。该公司不仅要补缴增值税，而且可能要缴纳滞纳金。

5.经营不同税率或征收率的应税风险

纳税人从事不同税率或者征收率的销售货物、提供加工修理修配劳务或者应税服务的行为，应分别核算适用不同税率或征收率的销售额，未分别核算销售额的，按以下方法从高适用税率或征收率：

（1）兼有不同税率的销售货物、提供加工修理修配劳务或者应税服务的，从高适用税率。

（2）兼有不同征收率的销售货物、提供加工修理修配劳务或者应税服务的，从高适用征收率。

（3）兼有不同税率和征收率的销售货物、提供加工修理修配劳务或者应税服务的，从高适用税率。

增值税的适用税率包括13%、9%、6%和零税率，征收率主要包括5%和3%。

由于纳税人兼有上述适用不同税率或征收率的增值税应税事项，如果未能对上述事项分别核算，税务处理则根据其实际经营的应税事项中适用最高一档的税率或征收率进行征税，从而造成多纳税的风险。

（三）虚开增值税发票的风险

根据国家税务总局《关于纳税人善意取得虚开的增值税专用发票处理问题的通知》的规定："购货方与销售方存在真实的交易，销售方使用的是其所在省（自治区、直辖市和计划单列市）的专用发票，专用发票注明的销售方名称、印章、货物数量、金额及税额等全部内容与实际相符，且没有证据表明购货方知道销售方提供的专用发票是以非法手段获得的，对购货方不以偷税或者骗取出口退税论处。但应按有关规定不予抵扣进项税款或者不予出口退税；购货方已经抵扣的进项税款或者取得的出口退税，应依法追缴。"

因此，纳税人即使是善意取得虚开的增值税专用发票，也要补缴有关税款。不仅销售货物或劳务要依照法定的税率计算增值税，而且取得的进项税额也不能抵扣，其税收负担是相当沉重的，给企业造成了巨大的经济、商誉等损失。

三、增值税涉税风险的防范措施

2009年国家税务总局印发了《大企业税务风险管理指引（试行）》，就大企业税务风险管理组织建设、风险识别和评估、风险应对策略和内部控制、信息与沟通、监督和改进等问题作出了规范和阐述。有条件的企业可以参照该指引并结合自身实际情况采取有效措施，对自身的税务风险进行管理。尤其要结合自身实际情况、税务风险的特征和已有的风险管理体系，建立相应的风险管理制度。

（一）建立风险管理制度

风险管理制度包括：成立税务风险管理组织机构，明确岗位和职责；建立税务风险识别及评估机制和方法；提出税务风险控制及应对的机制和措施；建立税务信息管理体系和沟通机制；完善税务风险管理的监督机制。

（二）针对几个重要涉税风险点的应对措施

（1）由于税收规定较烦琐，政策变化更新速度快，企业财务人员往往无法准确地把握其当期规定，造成信息滞后的风险。

应对措施：企业负责税务事项的人员应及时整理最新下发的政策，深入研究，发现对企业的影响点，及时进行相应的会计处理。

（2）企业的一些生产处理流程，导致潜在的税务风险。业务本身是没有问题的，但是涉及一些销售时点等的问题，企业往往不能很好地区分，这些知识是业务处理人员的盲点，会计人员的处理已经存在滞后性，不能挽救已经造成的税务错误。

应对措施：必须从企业的业务处理流程入手，才能从根本上解决此类税务风险。

（3）由于企业决策者在决策时未对税务问题进行研究，造成无意识地少缴或多缴税款。

应对措施：在企业做决策时，提前咨询一下相关人员。

（三）防止取得虚开发票的措施

1.提高防范意识，防止取得虚开发票

纳税人购买货物时，必须关心货物和发票来源，以及货款的去向，提高防范意识，从思想上要重视虚开发票问题，积极主动地采取一些必要措施，有意识地审查取得发票的性质，做到发票、实物、资金流三者保持一致。

2.对供货单位做必要的考察

纳税人购进货物时，应对供货单位进行实地考察，主要考察其经营范围、经营规模、生产能力、企业资质、货物的所有权等，对供货企业进行总体评价。一旦发现供货企业提供的货物有异常情况，就应当引起警惕，有必要进一步追查，要求供货企业提供有关的证明材料，对有重大疑点的货物，尽量不要购进。如果通过考察，发现企业本身是小规模纳税人资格，却能够提供增值税专用发票，或者企业提供的货物不在其经营范围之内，或者供货的数量远远超出其生产经营能力，这些都属于异常情况，有必要进一步调查落实。

3.尽量通过银行账户划拨货款

一些纳税人在购进货物时，经常使用现金进行交易，一手交钱、一手交货。这种付款方式有可能造成开票是A企业，而实际收款却是B企业，即使是虚开发票也很难发现。因此，纳税人在购进货物时，要尽量通过银行账户将货款划拨到供货企业的银行账户内，在这个过程中，纳税人可以再次对购进业务进行监督、审查，如果对方提供的银行账户与发票上注明的信息不符，就应当警惕，暂缓付款，先做进一步的审查。

4.比对开票方相关信息，保证发票内容的一致性和合法性

纳税人要求开票方提供有关资料，将相关信息进行比对：包括将供货企业的税务登记证、一般纳税人的申请认定表、发票领购簿、开具的发票、出库单、提供的收款银行账户、入库的账簿、凭证等资料，综合起来进行比对，查看其中的企业名称是否一致、手续是否齐全、审批是否合法、是不是本单位领购的发票、是不是本单位购进或生产的货物等，确保发票内容的一致性和合法性。

5.有疑点的发票，应及时向税务机关求助、查证

纳税人如果对取得的发票存在疑点，应当暂缓抵扣有关进项税额，首先要通过自己的调查，落实发票的性质；而对有些问题，鉴于纳税人缺乏相应的技术和手段，无法进行深层次的调查，纳税人可以及时向主管税务机关求助、查证，税务机关可以利用金税工程系统中的协查系统，向供货方企业所在地的税务机关发送协查函，请对方税务机关进行调查，落实发票的性质、来源和业务的真实性。

总之，纳税人只要能够在思想上对虚开发票提高防范意识，在具体购进货物的过程中，不怕麻烦，多做一些细致的工作，完全可以杜绝取得虚开发票、规避取得虚开增值税专用发票的风险，减少不必要的经济损失。

引例解析

本任务“引例”解析如下：

(1) 针对以上风险点，税务机关通过前期案头分析及行业调查，按照纳税评估规程，向该企业发出了纳税评估“约谈通知书”，要求该企业财务负责人及相关人员，在规定的时间内，对以上疑点问题，进行举证说明。该企业会计首先向我们介绍了企业的基本情况，企业主要从内蒙古地区一些煤矿直接采购煤炭，销往南方各大电厂或下游煤炭经销商，煤炭由内蒙古运至秦皇岛港后装船。针对预收账款问题，会计解释为，他们与内蒙古地区某煤矿关系较好，能够拿到第一手货源，下游企业必须预付货款后才能排队买到煤炭，因此有较大的预收账款金额。针对税负明显低于其他同类型企业问题，会计解释为，煤炭销售渠道主要有两种：一种为从上游企业购进煤炭后自行委托运输公司进行运输销售，收取运输公司开具9%税率的增值税专用发票进行抵扣，对下游企业销售时开具13%税率的增值税专用发票，税率差造成税负较高；另一种为从上游企业购进煤炭后，由下游企业自行运输，这种方式税负较低，该企业采取第二种销售方式造成税负较低。企业同时向我们提供了购销合同、发票、收付款票据、港口开具的港杂费票据等证明。

通过上述材料确定了该企业业务的真实性，排除虚开或接受虚开增值税专用发票的风险。

(2) 税务机关进一步要求企业提供相应的合同、发票、收付款凭证复印件等相关资料。随后，对这些资料逐一进行细致分析，在查阅港杂费一项的时候，发现该企业1—4月份共取得港口开具的港杂费108 650吨，共计434 600元。通过进一步了解得知，货物进港时港口不收费，待货物出港时港口会根据货物重量及时间收取一定的港杂费用，经核查，企业这段时间销售煤炭吨数与港杂费标注吨数有近4 000吨缺口。

面对新问题，企业负责人及会计显然没有想到税务机关对港杂费等方面的知识了解得如此全面，最后只能说出了实情：虽然下游企业采购煤炭时需向该企业支付预付款，但是该企业在向煤矿采购煤炭时也需支付预付款，由于该企业新成立不久，资金周转紧张，近期有一笔业务合同已履行未及时确认收入。

随后，税务人员查看了该销售合同，合同单价250元/吨，数量4 000吨，合同约定货物于2020年5月31日前发货，经核实已于2020年4月12日发货，以结算单为准，已收讫货款1 014 936.30元，未确认收入，加上这4 000吨货物，与港杂费标注吨数相符。

(3) 处理结果。根据《中华人民共和国增值税暂行条例》第一条、第四条、第十九条第一款第（一）项的规定，补征所属期4月份增值税147 469.40元。根据《中华人民共和国税收征收管理法》第三十二条的规定，从滞纳税款之日起，按日加收滞纳税款万分之五的滞纳金，共计884.82元。

税款补征后，该企业税负为1.4%，符合行业税负特点。

单元小结

增值税是对在我国境内销售货物、劳务、服务、无形资产、不动产以及进口货物的单位和个人，就其销售货物、劳务、服务、无形资产、不动产的增值额和货物进口金额为计税依据而课征的一种流转税。增值税会计涉及一般纳税人和小规模纳税人的一般计税方法和简易计税方法；一般纳税人购进农产品、购进客运服务、发生非正常损失以及销售不动产、销售金融商品、提供现代服务和生活服务等特殊业务的增值税计算及其会计处理；出口货物采取“免、抵、退”和“先征后退”办法退（免）增值税的核算；增值税发票的印制、领用、开具、保管和缴销的相关规定；一般纳税人和小规模纳税人的增值税纳税申报，重点行业及行为的增值税纳税申报；增值税常见主要涉税风险及其防范。

随堂测试

一、单项选择题

1. 下列各项中，应在“应交税费”科目中核算的是（　　）。

A. 生产企业出口货物应退的增值税税款

B. 企业占用耕地从事非农业建设缴纳的耕地占用税

C. 企业签订货物销售合同缴纳的印花税

D. 企业购进小汽车自用缴纳的车辆购置税

2. 下列各项中，不属于“应交增值税”明细科目设置的专栏的是（　　）。

A. 转出多交增值税　　B. 未交增值税

C. 出口抵减内销产品应纳税额　　D. 已交税金

3. 某企业为增值税一般纳税人，2020年2月销售货物取得不含税收入100 000元，当月外购材料取得的增值税专用发票上注明的增值税税额为6 500元，当月预缴的增值税税额为5 000元，则2月末该企业应作的会计处理是（　　）。

A. 借：应交税费——未交增值税　　1 500
　　贷：应交税费——应交增值税（转出未交增值税）　　1 500

B. 借：应交税费——未交增值税　　1 500
　　贷：应交税费——应交增值税（进项税额转出）　　1 500

C. 借：应交税费——应交增值税（转出未交增值税）　　1 500
　　贷：应交税费——未交增值税　　1 500

D. 不需要进行账务处理

4. 某企业为增值税一般纳税人，2020年2月销售货物取得不含税收入100 000元，当月外购材料取得的增值税专用发票上注明的增值税税额为6 500元，当月预缴的增值税税额为10 000元，则2月末该企业应作的会计处理是（ ）。

A.借：应交税费——未交增值税 3 500
　　贷：应交税费——应交增值税（转出多交增值税） 3 500

B.借：应交税费—未交增值税 3 500
　　贷：银行存款 3 500

C.借：应交税费——应交增值税（转出多交增值税） 3 500
　　贷：应交税费——未交增值税 3 500

D.不需要进行账务处理

5.某企业为增值税一般纳税人，2020年2月20日经主管税务机关检查，发现企业将上月购入的甲材料用于管理人员食堂，该企业仅按甲材料的账面价值5 000元结转至“管理费用”科目核算，未作其他涉税处理。已知购入甲材料时取得的增值税专用发票已经通过税务机关认证，并在购入当月作为进项税额抵扣。税务机关要求该企业本月调账并于2月28日前补交税款入库。假设不考虑滞纳金和罚款，下列关于企业调账的会计处理正确的是（ ）。

A.借：管理费用 650
　　贷：应交税费——增值税检查调整 650

B.借：应交税费——增值税检查调整 650
　　贷：应交税费——应交增值税（进项税额转出） 650

C.借：管理费用 650
　　贷：应交税费——应交增值税（进项税额转出） 650

D.借：管理费用 650
　　贷：应交税费——未交增值税 650

6.某生产企业为增值税一般纳税人，2020年2月初次购买增值税税控系统专用设备，取得的增值税专用发票上注明的价款为10 000元、增值税税额为1 300元。则该企业此项业务的正确会计处理为（ ）。

A.借：固定资产 10 000
　　应交税费——应交增值税（进项税额） 1 300
　　贷：银行存款 11 300

B.借：应交税费——应交增值税（减免税款） 11 300
　　贷：管理费用 11 300

C.借：固定资产 11 300
　　贷：银行存款 11 300
借：应交税费——未交增值税 11 300
　　贷：营业外收入 11 300

D.借：固定资产 10 000
　　应交税费——应交增值税（减免税款） 1 300
　　贷：银行存款 1 300
　　　　营业外收入 10 000

7. 某企业为增值税一般纳税人，11月15日通过银行转账上缴10月应纳的增值税税额3 400元，则正确的会计处理为（　　）。

A. 借：应交税费——应交增值税（已交税金）　3 400
　　贷：银行存款　3 400

B. 借：以前年度损益调整　3 400
　　贷：银行存款　3 400

C. 借：应交税费——应交增值税（转出未交增值税）　3 400
　　贷：银行存款　3 400

D. 借：应交税费——未交增值税　3 400
　　贷：银行存款　3 400

8. 某企业为增值税一般纳税人，12月购进货物，发生可抵扣的进项税额100 000元，均取得增值税专用发票，且发票已经通过税务机关认证；销售货物发生增值税销项税额150 000元，月末盘点时发现因管理不善丢失货物一批，发生进项税额转出20 000元。则12月末企业应作的会计处理是（　　）。

A. 借：应交税费——未交增值税　70 000
　　贷：应交税费——应交增值税（转出未交增值税）　70 000

B. 借：应交税费——未交增值税　90 000
　　贷：应交税费——应交增值税（转出未交增值税）　90 000

C. 借：应交税费——应交增值税（转出未交增值税）　70 000
　　贷：应交税费——未交增值税　70 000

D. 借：应交税费——应交增值税（转出未交增值税）　90 000
　　贷：银行存款　90 000

9. 下列各项中，增值税一般纳税人应通过“应交税费——增值税检查调整”科目贷方核算的是（　　）。

A. 税务机关检查发现的应调增的销项税额

B. 税务机关检查发现的应调增的进项税额

C. 税务机关检查发现的应调减的进项税转出额

D. 企业自查发现的应调减的进项税额

10. 某食品加工厂为增值税一般纳税人，2020年2月因管理不善丢失一批作为材料管理的以前月份从农民手中购入的免税农产品（已按照10%扣除率抵扣过进项税额），账面成本为9 135元，尚未经有关部门批准处理。下列关于该食品加工厂会计处理的表述中，正确的是（　　）。

A. 借：待处理财产损溢——待处理流动资产损溢　10 150
　　贷：原材料　9 135
　　　　应交税费——应交增值税（进项税额转出）　1 015

B. 借：待处理财产损溢——待处理流动资产损溢　10 048.5
　　贷：原材料　9 135
　　　　应交税费——应交增值税（进项税额转出）　913.5

C.借：待处理财产损溢——待处理流动资产损溢　　9 135
　　贷：原材料　　9 135

D.借：待处理财产损溢——待处理流动资产损溢　　10 150
　　贷：原材料　　10 150

11.根据增值税法的有关规定，下列表述正确的是（　　）。

A.选择按照小规模纳税人纳税的事业单位，超过一般纳税人登记标准的，应登记为一般纳税人

B.除国家税务总局另有规定外，纳税人一经登记为一般纳税人后，不得转为小规模纳税人

C.自然人年应税销售额超过小规模纳税人标准的，可以申请一般纳税人资格登记

D.辅导期纳税人一个月内多次领购专用发票的，应从当月第二次领购专用发票起，按照上一次已领购并开具的专用发票销售额的5%预缴增值税

12.下列关于增值税纳税申报代理的规定，表述不正确的是（　　）。

A.增值税纳税申报方式分为远程申报和上门申报

B.纳税人以1个季度为1个纳税期的，自期满之日起15日内申报纳税

C.纳税人以1个月为1个纳税期的，自期满之日起5日内预缴税款，于次月1日起15日内申报纳税并结清上月应纳税款

D.纳税人以1日、3日、5日、10日或者15日为1个纳税期的，自期满之日起5日内预缴税款，于次月1日起15日内申报纳税并结清上月应纳税款

13.下列各项中，不属于物流辅助服务的是（　　）。

A.航空服务　　B.港口码头服务

C.货物运输代理服务　　D.装卸搬运服务

14.下列表述不正确的是（　　）。

A.单位或者个体工商户聘用的员工为本单位或者雇主提供取得工资的服务，不征收增值税

B.单位或者个体工商户为员工提供交通运输服务，应按规定征收增值税

C.非企业性单位按规定为履行国家行政管理和公共服务职能收取的政府性基金或者行政事业性收费，不征收增值税

D.以公益活动为目的向其他单位或个人无偿提供服务，不征收增值税

15.采取简易计税办法的增值税一般纳税人的特殊业务，按销售额和征收率计算的增值税税额，在会计核算时应贷记“（　　）”科目。

A.应交税费——应交增值税（销项税额）

B.应交税费——应交增值税

C.应交税费——应交增值税（进项税额转出）

D.应交税费——简易计税

16.增值税一般纳税人取得的2017年7月1日及以后开具的增值税专用发票和机动车销售统一发票，应在开具之日起（　　）内到税务机关办理认证或登录增值税发票选择确认平台进行确认。

A.30日　B.90日　C.180日　D.360日

17. 一般纳税人发生进项税额转出的情况，在会计核算时，下列处理正确的是（　　）。

A. 借记相关科目，贷记“应交税费——应交增值税（进项税额转出）”

B. 借记“应交税费——应交增值税（进项税额转出）”，贷记相关科目

C. 借记“应交税费——应交增值税（销项税额）”，贷记相关科目

D. 借记相关科目，贷记“应交税费——应交增值税（销项税额）”

18. 根据“营改增”的有关规定，下列说法正确的是（　　）。

A. 非企业性单位应税服务年销售额超过规定标准的，一律按照一般纳税人纳税

B. 不经常提供应税服务的非企业性单位可选择按照小规模纳税人纳税

C. 应税服务年销售额超过规定标准的自然人，可以按照一般纳税人纳税

D. 兼有销售货物、提供加工修理修配劳务以及应税服务的纳税人，应税货物及劳务销售额与应税服务销售额合并计算，共同适用增值税一般纳税人资格登记标准

19. 下列关于增值税一般纳税人的说法不正确的是（　　）。

A. 纳税人提供的适用一般计税方法计税的应税服务，因服务中止或者折让而退还给购买方的增值税税额，应当从当期的销项税额中扣减

B. 纳税人提供应税服务，开具增值税专用发票后，发生提供应税服务中止、折让、开票有误等情形的，应当按照规定开具红字增值税专用发票

C. 纳税人接受旅客运输服务支付的增值税，可凭合法、有效的增值税扣税凭证，从销项税额中抵扣进项税额

D. 纳税人发生接受的服务中止、购进货物退回、折让而收回的增值税税额，应当从当期的进项税额中扣减

20. 下列表述不正确的是（　　）。

A. 境内的代理人和接受方为境外单位和个人扣缴增值税的，按照境内的代理人和接受方所适用的税率或征收率扣缴增值税

B. 兼有不同税率的销售货物、提供加工修理修配劳务或者应税服务的，未分别核算销售额的，从高适用税率

C. 兼有不同征收率的销售货物、提供加工修理修配劳务或者应税服务的，未分别核算销售额的，从高适用征收率

D. 对于在销售活动板房、机器设备、钢结构件等自产货物的同时提供建筑、安装服务，未分别核算销售额的，从高适用税率

21. 甲企业为增值税小规模纳税人，2020年2月销售货物开具普通发票取得含税销售额50 000元；购买税控收款机取得的增值税专用发票上注明增值税税额500元，此发票已经主管税务机关审核批准；以前期间购进的货物当月由于管理不善被盗，账面成本为3 000元。甲企业当月应该缴纳增值税（　　）元。

A.1 383.79　B.1 466.31　C.1 456.31　D.956.31

22. 根据“营改增”的有关规定，下列各项中，适用6%税率的是（　　）。

A.基础电信服务　　B.有形动产租赁服务

C.不动产租赁服务　　D.金融服务

23.某生产企业为增值税一般纳税人，2020年12月资产盘点过程中把不需用的部分资产进行处理：销售已经使用10年的机器设备，取得收入9 200元（原值为15 000元）；将自己使用5年的1辆小汽车赠送给某福利学校，该车原值为50 000元，已经计提折旧3 000元，同类小汽车的市场销售价格为34 000元；将库存未使用的钢材销售给某小规模纳税人并开具普通发票，取得收入35 000元，假设该企业当期无其他业务，则该企业当期应缴纳增值税（　　）元。（以上收入均为含税收入，该企业未放弃减税）

A.6 333.71　　B.5 012.17　　C.5 924.30　　D.5 733.71

24.2020年8月，甲公司（一般纳税人）将其在2014年购入的办公楼出售，购置原价为500万元，销售含税价格为800万元，甲公司决定采取简易计税办法计算增值税，则甲公司应纳的增值税为（　　）万元。

A.38.10　　B.14.29　　C.29.73　　D.79.28

25.增值税一般纳税人的下列行为不需要计算销项税额的是（　　）。

A.销售代销货物

B.将自产的茶叶用于招待客户

C.将外购月饼发放给职工作为中秋节福利

D.将委托加工收回的货物对外捐赠

26.新登记为一般纳税人的小型商贸批发企业实行纳税辅导期管理的期限为（　　）。

A.1个月　　B.2个月　　C.3个月　　D.6个月

27.下列各项应计算缴纳增值税的是（　　）。

A.托儿所、幼儿园提供的保育和教育服务

B.残疾人福利机构提供的育养服务

C.残疾人员组织为社会提供的服务

D.学生勤工俭学提供的服务

28.下列各项应计算缴纳增值税的是（　　）。

A.个人转让著作权　　B.医疗机构提供的医疗服务

C.残疾人个人提供应税服务　　D.打捞救助服务

29.下列各项不符合销售额规定的是（　　）。

A.存款利息，以利息收入全额为销售额

B.贷款服务，以提供贷款服务取得的全部利息及利息性质的收入为销售额

C.金融商品转让，按照卖出价扣除买入价后的余额为销售额

D.航空运输企业的销售额，不包括代收的机场建设费和代售其他航空运输企业客票而代收转付的价款

30.甲企业（增值税一般纳税人）用自产原材料换取乙企业（增值税一般纳税人）的实木地板，双方互开了增值税专用发票，假设甲企业将换进的实木地板用于职工食堂的装修，乙企业将换进的原材料用于继续生产增值税应税产品，则下列税务处理不正确的是（　　）。

A.甲企业应计算原材料的销项税额
B.乙企业应计算实木地板的销项税额
C.甲企业可以抵扣实木地板的进项税额
D.乙企业可以抵扣原材料的进项税额

二、多项选择题

1.下列出口货物中，实行增值税“免、抵、退”税办法的有（ ）。
A.属于小规模纳税人的生产企业出口的自产货物
B.具有出口经营权的生产企业（增值税一般纳税人）出口自产的货物
C.来料加工复出口的货物
D.进料加工复出口的货物

2.根据“营改增”的有关规定，纳税人提供的下列服务属于金融服务的有（ ）。
A.贷款服务
B.融资性售后回租
C.航空运输企业的干租业务
D.广告代理服务

3.下列关于增值税一般纳税人进项税额的会计核算的表述中，正确的有（ ）。
A.非纳税辅导期管理的一般纳税人，支付或负担允许抵扣的进项税额，取得增值税专用发票后，借记“应交税费——应交增值税（进项税额）”明细科目
B.纳税辅导期管理的一般纳税人，支付或负担允许抵扣的进项税额，取得增值税专用发票后，借记“应交税费——待抵扣进项税额”明细科目
C.增值税一般纳税人支付或负担允许抵扣的进项税额，取得增值税专用发票后，一律借记“应交税费——待抵扣进项税额”明细科目，贷记相关科目；交叉稽核比对无误后，借记“应交税费——应交增值税（进项税额）”科目，贷记“应交税费——待抵扣进项税额”科目
D.非纳税辅导期管理的一般纳税人，取得海关进口增值税专用缴款书后，借记“应交税费——应交增值税（进项税额）”明细科目

4.增值税一般纳税人的下列行为，暂按简易办法依照3%征收率计算缴纳增值税的有（ ）。
A.销售自产的建筑用和生产建筑材料所用的砂、土、石料
B.寄售商店销售寄售物品
C.典当业销售死当物品
D.销售旧货

5.增值税一般纳税人发生的下列行为，不得抵扣增值税进项税额的有（ ）。
A.外购原材料用于免税项目
B.外购商品用于集体福利
C.外购货物用于对外捐赠
D.外购货物用于对外投资

6.根据增值税相关法规的规定，年应税销售额超过财政部、国家税务总局规定的增值税小规模纳税人标准的，除另有规定外，应当向主管税务机关申请增值税一般纳税人资格登记，这个年应税销售额包括（ ）。
A.稽查查补销售额
B.税务机关代开发票销售额
C.纳税评估调整销售额
D.免税销售额

7.根据有关规定，下列情形不属于在境内提供应税服务的有（　　）。

A.境外单位或个人向境内单位或个人提供完全在境外消费的应税服务

B.境内单位或个人向境内单位或个人提供完全在境外消费的应税服务

C.境内单位或个人向境内单位或个人出租完全在境外使用的有形动产

D.境外单位或个人向境内单位或个人出租完全在境外使用的有形动产

8.一般纳税人提供的下列服务，可以选择按照简易计税方法计算缴纳增值税的有（　　）。

A.轮客渡　　B.公交客运　　C.地铁　　D.出租车

9.企业的下列处理中，正确的有（　　）。

A.企业当期发生进货退回业务，减少当期进项税额10万元，以红字借记“应交税费——应交增值税（进项税额）”科目

B.企业领用上月购进的钢材一批（已抵扣过进项税额）用于职工食堂，贷记“应交税费——应交增值税（进项税额转出）”科目

C.企业因管理不善造成外购的涂料丢失、被盗，贷记“应交税费——应交增值税（进项税额转出）”科目

D.企业用外购货物对外投资，贷记“应交税费——应交增值税（进项税额转出）”科目

10.根据增值税现行政策的规定，下列关于增值税纳税义务发生时间的说法，正确的有（　　）。

A.纳税人采取直接收款方式销售货物的，不论货物是否发出，均为收到销售款或取得索取销售款凭据的当天

B.纳税人采取托收承付和委托银行收款方式销售货物的，为发出货物并办妥托收手续的当天

C.纳税人采取赊销方式销售货物的，为书面合同约定收款日期的当天

D.纳税人采取预收货款方式销售的生产工期为15个月的船舶，为发出货物的当天

三、业务题

1.某生产企业系增值税一般纳税人，2020年2月企业发生的与固定资产相关的业务如下：

（1）销售自有厂房取得不含税收入1 541.3万元。该厂房系2005年购入，购入原价1 380万元，目前已提折旧600万元，企业选择简易办法计税。

（2）销售自己使用过的设备，共取得销售收入258.7万元，其中A设备含税销售收入83.2万元，B设备含税销售收入175.5万元。A设备系2008年购入，购入时取得的普通发票上注明价税合计金额为100万元，目前已提折旧20万元，该企业就该项业务未放弃减税；B设备系2011年购入，购入时取得的增值税专用发票上注明价款200万元，目前已提折旧30万元。

（3）将一辆旧小汽车自2020年2月1日起对外出租，按月收取不含税月租金6万元。

已知：当月可抵扣的进项税额为23.8万元；销售的上述固定资产，均仍有使用

价值。

要求：

（1）计算该企业当月应缴纳的增值税。

（2）根据上述业务，编制相应的会计分录。

2.某贸易公司（增值税一般纳税人）2020年10月25日从外地某钢铁厂（增值税一般纳税人）购进钢材一批，钢铁厂于当日开具增值税专用发票并将发票联和抵扣联交给贸易公司业务人员。2020年11月4日贸易公司业务人员在返程途中将增值税专用发票的发票联和抵扣联一并丢失。因此项购销业务涉及金额巨大，贸易公司当即于2020年11月5日派相关人员去钢铁厂进行沟通，说明情况希望钢铁厂再开一张相同金额的增值税专用发票，钢铁厂财务人员拒绝另行开具增值税专用发票。

要求：回答下列问题。

（1）钢铁厂为什么拒绝另行开具增值税专用发票?

（2）贸易公司在钢铁厂拒绝另行开具增值税专用发票的情况下，怎么样才能抵扣此项业务的增值税进项税额?

3.位于市区的某生产企业（具有出口经营权）为增值税一般纳税人，2020年5月出口自产产品，出口货物离岸价（即FOB价）为1 250万元人民币，内销货物取得不含税收入200万元人民币，当月发生可以抵扣的进项税额100万元，取得增值税专用发票（已经过税务机关认证并允许在当月抵扣）。进料加工免税进口料件一批，组成计税价格为100万元人民币，海关暂免征税予以放行。假设该企业无上期留抵税额，增值税征税率为13%，出口退税率为9%，假设当期免税进口料件有60%用于生产本期出口产品。

要求：计算该企业当期应纳（或应退）的增值税以及城市维护建设税、教育费附加和地方教育附加，并作出相应的账务处理。

4.甲公司为增值税一般纳税人，2020年12月，甲公司销售业务情况如下：

（1）12月1日，收到A公司来函，要求对其2019年11月15日所购商品在不含税价格上给予10%的折让（甲公司在该批商品售出时确认不含税销售收入200万元，已开具发票但尚未收到货款）。经核查，该批商品存在质量问题。甲公司同意了A公司提出的折让要求。

A公司按规定在增值税发票管理新系统中填开并上传“开具红字增值税专用发票信息表”，甲公司按规定开具了红字增值税专用发票。

（2）12月6日，与B公司签订销售合同，销售商品一批，不含税销售价格为100万元。合同约定，B公司应当于12月6日支付全部价款；甲公司应于12月6日按全额开具增值税专用发票。12月6日甲公司按合同规定开具的增值税专用发票上注明：价款100万元，增值税税款13万元，同时将款项存入银行并于当天发出货物。该批商品的账面成本为80万元。

（3）当月以价值180万元（不含税销售价）的自产货物对外投资，该批货物生产成本为116万元。

（4）12月份直接销售商品给消费者个人，收取含税价款56.5万元，已将货款存入银行。该批商品的实际成本为35万元。

（5）12月16日从D公司购入不需要安装的生产用设备一台，取得的增值税专用发票注明价款50万元，增值税6.5万元。委托运输公司将其运往本公司，取得的增值税专用发票上注明不含税运费1万元，款项均通过银行支付。

其他资料：当月期初增值税留抵税额为30万元。

要求：

（1）分别计算甲公司12月份的销项税额、进项税额和应纳增值税税额。

（2）根据上述资料，编制甲公司12月份的会计分录。

5.A企业位于北京市，2020年6月30日转让其2013年购买的写字楼一层，取得转让收入1 000万元（含税）。该企业购买时的价格为700万元，有合法有效凭证。该纳税人为增值税一般纳税人。

要求：

（1）采用一般计税方法应如何在不动产所在地税务机关计算预缴税额?

（2）采用简易计税办法应如何处理?

单元实训

实训一　免抵退税计算及申报

一、实训目的

掌握生产企业免抵退税的计算与申报

二、实训资料

（一）企业概况

企业名称：东海食品有限责任公司

企业性质：公司制企业

经营范围：食品制作与销售

企业法定代表：王明

注册资金：3 000万元

企业地址及电话：南京市江宁区大学城科建路68号，025-2798635

开户银行及账号：招商银行江宁支行，16030058363804567

纳税人识别号：32012158363803366

（二）模拟业务

东海食品有限公司为增值税一般纳税人，具有自营出口经营权，出口产品的增值税实行“免、抵、退”税管理办法。2020年10月末增值税留抵税额为13 800元，2020年11月发生如下业务：

当期内销产品价款1 200 000元，外销货物按报关出口日外汇牌价折合人民币1 500 000元，同期购入货物的进项税额为300 000元。退税率为9%，增值税税率为13%。

三、实训要求

（1）计算该企业2020年11月应缴纳的增值税；

（2）计算当期免抵退税额；

（3）根据上述发生的业务，编制相应的会计分录；

（4）登记增值税明细账。

（5）编制出口货物退税申报表。

四、实训结果评价

实训结果评价见表1-20。

表1-20 实训结果评价

序号	技能项目	得分
1	会计分录	40
2	计算11月应缴纳的增值税和出口退税金额	20
3	登记增值税明细账	10
4	编制出口货物退税申报表	30
合计		100

实训二　建筑企业增值税计算及申报

一、实训目的

掌握建筑安装企业的增值税计算与申报

二、实训资料

（一）企业概况

企业名称：东方建设集团有限公司

企业性质：有限责任公司

经营范围：建筑安装和设备经营性租赁

企业法定代表：马云

注册资金：15 000万元

企业地址及电话：南京市江宁区大学城科宁路88号，025-2795888

开户银行及账号：农业银行江宁支行，16030058363806143

纳税人识别号：32012158363807589

（二）模拟业务

东方建设集团有限公司系增值税一般纳税人，从事建筑安装和设备经营性租赁业务，所有建筑服务业务均由直接管理的项目部施工或分包，所有使用或损失的货物、劳务和服务均在2020年5月1日后购进，新办公大楼于2020年6月开始投建，并尚未完工。

结合企业的财务核算、增值税发票管理新系统和其他相关资料，经公司财务人员收集整理，2020年9月发生的与增值税相关的业务如下：

1.销项税额方面

（1）本地A建筑项目采取一般计税办法，于当月竣工结算。收取工程款5 480万元，开具增值税专用发票；另因提前竣工收取奖励款20万元，开具企业自制的收款收据，款项已收到。

（2）外省B建筑项目采取一般计税办法，当月尚未竣工决算，预收工程款3 300万元，开具企业自制收据；支付该工程的分包支出1 100万元，收到一份增值税专用发票。已向项目所在地税务机关填报“增值税预缴税款表”，并预缴增值税44万元，取得项目所在地税务机关出具的完税凭证。

（3）外市C市政工程项目采取简易计税办法，当月竣工结算，收取工程款5 150万元，开具增值税普通发票，款项尚未收到；发生分包支出1 030万元。已向项目所在地税务机关填报“增值税预缴税款表”，并预缴增值税120万元，取得项目所在地税务机关出具的完税凭证。

（4）将龙门吊等建筑设备出租，取得租金收入11.3万元，开具增值税专用发票，款项已收到。

（5）将营改增前购进的建筑周转材料出租，预收租金5.15万元，开具企业自制的收款收据，款项已收到（企业选择简易计税办法）。

（6）将A建筑项目剩余的螺纹钢等出售，取得销售收入22.6万元，开具增值税专用发票，款项已收到。

（7）6月完工已开具增值税专用发票的D项目（采取一般计税办法），因存在质量问题，经协商退还工程款66万元，凭税务机关系统校验通过的“开具红字增值税专用发票信息表”开具红字专用发票，款项已退还。

（8）将营改增前以200万元购置的本地一间商铺出售，取得收入252.5万元。选择简易计税办法，并以“差额征税开票功能”开具增值税专用发票。

（9）将一批旧的建筑设备（均为营改增前购置）出售，取得收入20.6万元，开具增值税普通发票。

2.进项税额方面

（1）采购建筑工程材料均取得增值税专用发票，并为相关施工项目领用，具体情况见表1-21。

表1-21 建筑工程施工项目材料采购情况 金额单位：万元

工程项目	材料种类	发票份数	发票记载	
			金额	税额
A建筑项目	钢材、板材等	8	1 000	130
	混凝土、砂石等	3	300	9
B建筑项目	钢材、板材等	6	700	91
	混凝土、砂石等	5	500	15
C市政工程项目	混凝土、砂石等	10	800	24
公司新办公楼建造	钢材、板材等	7	600	78
	混凝土、砂石等	3	200	6

（2）取得劳务派遣公司以“差额征税开票功能”开具的增值税专用发票一份，记载金额179.75万元，税额0.25万元。

（3）支付B建筑项目和C市政工程项目发生的分包支出，其中B建筑项目取得一份增值税专用发票，记载金额1 000万元，税额100万元；C市政工程项目取得一份增值税普通发票，记载金额1 030万元。

（4）支付B建筑项目建筑设备租赁费，取得增值税专用发票一份，记载金额40万元，税额5.2万元。

（5）进口建筑专用设备，进口价150万元，报关进口时海关征收关税20万元，增值税22.1万元，分别取得海关完税凭证和海关进口增值税专用缴款书（本月报送电子数据，申请稽核比对）。

（6）向主管税务机关查询海关进口增值税专用缴款书稽核比对结果信息，上月申请比对的一份海关进口增值税专用缴款书已比对相符，为进口建筑设备，金额80万元，税额10.4万元。

（7）在收费公路发票服务平台打印通行费电子发票200份，其中80份为高速公路经营管理公司开具的征税发票，合计记载金额0.5万元，税额0.015万元；100份为一级、二级公路经营管理公司开具的征税发票，合计记载金额1.2万元，税额0.06万元；20份为ETC客户服务机构开具的不征税发票，价税合计金额为0.315万元。

（8）支付办公楼的水、电费和通信费情况汇总见表1-22。

表1-22 办公楼水、电费和通信费情况汇总表 金额单位：万元

费用项目	发票种类	份数	发票记载	
			金额	税额
水费	专用发票	1	3	0.27
电费	专用发票	1	4	0.52
通信费	专用发票	1	2	0.12
	专用发票	1	1	0.09

3.进项税额转出方面

（1）A建筑项目工地一批板材被盗，经盘点确认被盗板材的实际成本为10万元。

（2）公司新办公楼建造项目从A建筑项目的材料仓库领取钢材、板材等，共计成本300万元。

4.其他情况

经核实企业上期无留抵税额，无待抵扣不动产进项税额，无服务、不动产和无形资产扣除项目期末余额及无税额抵减的期末余额。

当期开具的增值税发票都已按规定进行报税；取得的增值税专用发票和通行费电子发票都已登录本省增值税发票选择确认平台，查询、选择、确认用于申报抵扣或者出口退税的增值税发票信息或通过扫描认证；企业选择简易计税办法和享受税收优惠都已向主管税务机关办理备案手续。

三、实训要求

（1）计算该建筑安装企业9月份应缴纳的增值税；

（2）根据上述发生的业务，编制相应的会计分录；

（3）登记增值税明细账；

（4）填报该建筑安装企业9月份增值税纳税申报主表及其附表。

四、实训结果评价

实训结果评价见表1-23。

表1-23 实训结果评价

序号	技能项目	得分
1	会计分录（代记账凭证）	40
2	计算2020年9月该建筑安装企业的应纳增值税税额	10
3	登记增值税明细账	10
4	填报相关纳税申报表单	40
合计		100

实训三 小规模纳税人增值税计算及申报

一、实训目的

掌握小规模纳税人增值税的计算与申报

二、实训资料

（一）企业概况

企业名称：大发装潢公司

企业性质：有限责任公司

经营范围：装潢、装修设计、施工

企业法定代表：孙强

注册资金：10万元

企业地址及电话：南京市江宁区竹山路188号，025-27958888

开户银行及账号：中国银行江宁支行，16030058363806143

纳税人识别号：32012158363807589

（二）模拟业务

大发装潢公司为增值税小规模纳税人。2020年第3季度取得装修收入共计61.8万元。其中，为某增值税一般纳税人装修办公楼取得收入30.9万元，通过税务机关代开增值税专用发票，并在开票时缴纳增值税0.9万元；为某餐饮中心提供装饰装潢取得收入20.6万元，自行开具增值税普通发票；为外单位个人住宅提供装修服务取得收入10.3万元，未开具增值税发票。

该公司将办公楼和餐饮中心装修的水电安装业务分包给专业的水电安装公司，取得水电安装公司开具的安装费发票两张，金额分别为6.18万元和4.12万元。

三、实训要求

请根据上述资料，计算该小规模纳税人本季度应纳增值税税额，并填报小规模纳税人增值税纳税申报表。

四、实训结果评价

实训结果评价见表1-24。

表1-24 实训结果评价

序号	技能项目	得分
1	会计分录（代记账凭证）	20
2	计算2020年第3季度该公司的应纳增值税税额	30
3	填报小规模纳税人增值税纳税申报表	50
合计		100

第二单元

消费税会计

【职业能力目标】

通过本单元学习，熟悉《消费税暂行条例》的基本规定；熟练运用消费税的几种计算方法；熟练进行消费税相关会计处理；会填制消费税纳税申报表，会进行消费税的纳税申报处理；对消费税涉税风险及其控制有一定的认知能力。

【典型工作任务】

- 消费税会计典型工作任务
  - 消费税核算
  - 消费税纳税申报
  - 消费税涉税风险管控

任务一 消费税核算

引 例

某首饰商城为增值税一般纳税人，增值税税率13%，2020年3月发生以下业务：

（1）零售金银首饰与镀金首饰组成的套装礼盒，取得收入28.25万元，其中金银首饰收入20万元，镀金首饰收入8.25万元；

（2）采取“以旧换新”方式向消费者销售金项链2 000条，新项链每条零售价0.25万元，旧项链每条作价0.22万元，每条项链取得差价款0.03万元；

（3）为个人定制加工金银首饰，商城提供原料，含税金额为29.38万元，取得个人支付的含税加工费收入4.52万元（商城无同类首饰价格）；

（4）用300条银基项链抵偿债务，该批项链账面成本为39万元，零售价67.8万元。

其他相关资料：金银首饰零售环节消费税税率为5%；成本利润率为6%。

【思考】

（1）《中华人民共和国消费税暂行条例》关于消费税的纳税环节是如何规定的？

（2）该首饰商城应交消费税税额如何计算？

（3）该首饰商城应如何进行会计处理？

知识准备

一、消费税的基本规定

消费税是在对货物普遍征收增值税的基础上，根据国家宏观产业政策和消费政策的要求，有目的、有重点地选择某些特殊消费品再征收税额的一种税。消费税属于价内税，采取从价定率和从量定额以及从价从量复合计征三种征税方法。

我国现行的《中华人民共和国消费税暂行条例》（以下简称《消费税暂行条例》）于2008年11月修订通过，自2009年1月1日起施行至今。

（一）消费税纳税人

根据《消费税暂行条例》的规定，消费税的纳税人为在中华人民共和国境内生产、委托加工和进口本条例规定的消费品的单位和个人，以及国务院确定的销售《消费税暂行条例》规定的消费品的其他单位和个人。具体说，消费税的纳税人有四种类型：

（1）生产应税消费品的单位和个人，以生产并销售应税消费品的单位和个人为纳税人。

(2) 自产自用应税消费品的单位和个人，以生产并自用应税消费品的单位和个人为纳税人。

(3) 委托加工应税消费品的单位和个人，以受托单位和个人为代收代缴义务人。

(4) 进口应税消费品的单位和个人，以进口应税消费品的报关单位和个人为纳税人。

知识链接

《消费税暂行条例》

(二) 消费税的征税范围

我国实行的是选择性的特种消费税，现有税目15个，很多税目还包括若干子目，主要包括如下五大类：

知识链接

《消费税暂行条例实施细则》

(1) 过度消费会对人类健康、社会秩序和生态环境造成危害的特殊消费品，包括烟、酒、鞭炮与焰火、木制一次性筷子、实木地板等；

(2) 奢侈品、非生活必需品，包括贵重首饰及珠宝玉石、高档化妆品、高尔夫球及球具、高档手表、游艇等；

(3) 高能耗及高档消费品，包括游艇、小汽车、摩托车等；

(4) 使用和消耗不可再生和替代的稀缺资源的消费品，例如成品油等；

(5) 具有特定财政意义的消费品，这类消费品的税基宽广、消费普遍、征税后不影响广大居民基本生活，还可以起到增加财政收入的目的。

(三) 消费税税率

消费税按不同的产品设计不同的税率，同一产品同等纳税，采用比例税率、定额税率，以及比例税率和定额税率复合计税。税目及税率见表2-1。

表2-1 消费税税目与税率

税　目	税　率
一、烟	
1.卷烟	
(1) 甲类（每标准条≥70元）卷烟（生产或进口环节）	56%加0.6元/条（或150元/箱）
(2) 乙类（每标准条<70元）卷烟（生产或进口环节）	36%加0.6元/条（或150元/箱）
(3) 批发环节	11%加0.005元/支
2.雪茄烟	36%
3.烟丝	30%
二、酒	
1.白酒（粮食、薯类）	20%加0.5元/500克（或500ml）
2.黄酒	240元/吨
3.啤酒	
(1) 甲类啤酒（出厂价≥3 000元）	250元/吨
(2) 乙类啤酒（出厂价<3 000元）	220元/吨
4.其他酒	10%
三、高档化妆品（美容、修饰、护肤类和成套化妆品）	15%

续表

税目	税率
四、贵重首饰及珠宝玉石 1.零售环节 2.生产环节、进口环节	 5% 10%
五、鞭炮、焰火	15%
六、成品油 1.汽油 2.柴油 3.航空煤油 4.石脑油 5.溶剂油 6.润滑油 7.燃料油	 1.52元/升 1.2元/升 1.2元/升（暂缓征收） 1.52元/升 1.52元/升 1.52元/升 1.2元/升
七、摩托车 1.气缸容量250毫升的 2.气缸容量在250毫升以上的	 3% 10%
八、小汽车 1.乘用车（生产、进口环节） （1）气缸容量（排气量，下同）在1.0升（含1.0升）以下的 （2）气缸容量在1.0升以上至1.5升（含1.5升）的 （3）气缸容量在1.5升以上至2.0升（含2.0升）的 （4）气缸容量在2.0升以上至2.5升（含2.5升）的 （5）气缸容量在2.5升以上至3.0升（含3.0升）的 （6）气缸容量在3.0升以上至4.0升（含4.0升）的 （7）气缸容量在4.0升以上的 2.中轻型商用客车（生产、进口环节） 3.超豪华小汽车（每辆零售价格130万元及以上乘用车和中轻型商用客车在生产（进口）环节按现行税率征收消费税的基础上，在零售环节加征消费税）	 1% 3% 5% 9% 12% 25% 40% 5% 10%
九、高尔夫球及球具	10%
十、高档手表	20%
十一、游艇	10%
十二、木制一次性筷子	5%
十三、实木地板	5%
十四、电池	4%
十五、涂料	4%

说明：(1) 甲类卷烟，即每标准条（200支，下同）调拨价格在70元（不含增值税）以上（含70元）的卷烟。乙类卷烟，即每标准条调拨价格在70元（不含增值税）以下的卷烟。卷烟的从量定额税率为0.003元/支，即每标准箱（50 000支）150元。

(2) 每吨出厂价（含包装物及包装物押金）在3 000元（含3 000元，不含增值税）以上的是甲类啤酒，每吨出厂价（含包装物及包装物押金）在3 000元以下的是乙类啤酒。

(3) 高档手表是指销售价格（不含增值税）每只在1万元（含）以上的各类手表。

知识拓展

消费税减免退税

消费税的税收减免，主要有以下两种情形：

（1）纳税人出口应税消费品，除法律另有规定外，免征消费税。

（2）纳税人自产自用的应税消费品，用于连续生产应税消费品的，不纳税。

消费税的退税包括以下两种情形：

（1）纳税人销售的应税消费品，如因质量等原因由购买者退回时，经机构所在地或者居住地主管税务机关审核批准后，可退还已缴纳的消费税税款。

（2）纳税人出口按规定可以免税的应税消费品，在货物出口后，可以按照国家有关规定办理退税手续。

消费税的补税包括以下两种情形：

（1）出口的应税消费品办理退税后，发生退关，或者国外退货进口时予以免税的，报关出口者必须及时向其机构所在地或者居住地主管税务机关申报补缴已退的消费税税款。

（2）纳税人直接出口的应税消费品办理免税后，发生退关或者国外退货，进口时已予以免税的，经机构所在地或者居住地主管税务机关批准，可暂不办理补税，待其转为国内销售时，再申报补缴消费税。

二、消费税的计算

（一）从价定率计算方法

对实行从价定率计算方法计算的应税消费品，以其销售额为计税依据，按适用的比例税率计算应纳消费税税额。基本计算公式如下：

应纳税额 = 不含增值税销售额 × 消费税比例税率

式中："销售额"是指纳税人有偿转让应税消费品所取得的全部收入，即纳税人销售应税消费品向购买方收取的全部价款和价外费用，全部价款中包含消费税税额，但不包括增值税税额。纳税人销售的应税消费品，一般以人民币计算销售额，以人民币以外的货币结算销售额的，应当折合成人民币计算。

"价外费用"指纳税人在价款之外收取的基金、集资费、返还利润、补贴、违约金（延期付款利息）、手续费、包装费、储备费、优质费、运输装卸费、代收款项、代垫款项以及其他各种性质的价外收费。

【提示】价外费用不包括承运部门给购货方开具发票，并由纳税人将该项发票交给购货方的运费。除此之外的其他价外费用，无论是否属于纳税人的收入，均应并入销售额计算纳税。

微课

消费税的计算

【典型案例2-1】捷达摩托车公司为增值税一般纳税人，2020年3月将生产的气缸容量250毫升以上的某型号摩托车30辆，以每辆15 820元（含增值税）售给消费者。摩托车适用的消费税税率为10%。

要求：计算该公司3月份应纳消费税税额。

解析：应纳税额 = 不含增值税销售额 × 消费税税率

$= 15\,820 \div (1 + 13\%) \times 30 \times 10\% = 42\,000$（元）

（二）实行从量定额计算方法

对实行从量定额计算方法计算的应税消费品，以其销售数量为计税依据，按适用的单位税额计算应纳消费税税额。其计算公式如下：

应纳税额 = 销售数量 × 单位税额

知识拓展

应纳税消费品的数量含义

应纳税消费品的数量由于纳税人的生产经营方式不同，其含义也有所不同：

（1）销售应税消费品的，为应税消费品的销售数量；

（2）自产自用应税消费品的，为应税消费品的移送使用数量；

（3）委托加工应税消费品的，为纳税人收回的应税消费品的数量；

（4）进口的应税消费品，为海关核定的应税消费品的进口征税数量。

在实行从量定额计算方法的应税消费品中，对黄酒和啤酒是以吨为计税单位，规定单位税额的；对成品油是以升为计税单位，规定单位税额的。在实际生产经营过程中，纳税人所采用的计算单位可能会与规定的计税单位不一致，这就需要在计算应纳税额时将其换算成规定的计税单位。税法规定的换算标准如下：

（1）啤酒1吨 = 988升　（2）黄酒1吨 = 962升

（3）汽油1吨 = 1 388升　（4）柴油1吨 = 1 176升

（5）石脑油1吨=1 385升　（6）溶剂油1吨=1 282升

（7）润滑油1吨=1 126升　（8）燃料油1吨=1 015升

（9）航空煤油1吨=1 246升

【典型案例2-2】红星酒厂2020年3月份销售乙类啤酒400吨，每吨出厂价格2 800元，适用的单位税额为220元。

要求：计算该酒厂3月份应纳消费税税额。

解析：应纳税额 = 销售数量 × 单位税额 = $400 \times 220 = 88\,000$（元）

（三）复合计税计算方法

在消费税的征税范围中，只有卷烟、白酒采用复合计税方法。其基本计算公式为：

应纳税额 = 销售额 × 比例税率 + 销售数量 × 单位税额

【典型案例2-3】某白酒生产企业（以下简称甲企业）为增值税一般纳税人，2020年3月发生以下业务：

（1）向某烟酒专卖店销售白酒20吨，开具普通发票，取得含税收入200万元，另收取品牌使用费50万元、包装物租金20万元；

（2）提供10万元的原材料委托乙企业加工散装药酒1 000千克，收回时向乙企业支付不含增值税的加工费1万元，乙企业已代收代缴消费税。

（说明：药酒的消费税税率为10%，白酒的消费税税率为20%，另加0.5元/500克）

要求：（1）计算本月甲企业向专卖店销售白酒应缴纳的消费税；（2）计算乙企业代

收代缴的消费税税额。

解析：(1) 本月甲企业向专卖店销售白酒应缴纳的消费税 = (200 + 50 + 20) ÷ 1.13 × 20% + 20 × 2 000 × 0.5 ÷ 10 000 ≈ 49.79 (万元)

(2) 乙企业应代收代缴的消费税 = (10 + 1) ÷ (1 − 10%) × 10% ≈ 1.22 (万元)

知识拓展

消费税的组成计税价格的计算

(1) 纳税人自产自用的应税消费品，按照纳税人生产的同类消费品的销售价格计算纳税；没有同类消费品销售价格的，按照组成计税价格计算纳税。

组成计税价格 = (成本 + 利润) ÷ (1 − 消费税比例税率)

(2) 委托加工的应税消费品，按照受托方的同类消费品的销售价格计算纳税；没有同类消费品销售价格的，按照组成计税价格计算纳税。

组成计税价格 = (材料成本 + 加工费) ÷ (1 − 消费税比例税率)

(3) 进口的应税消费品，按照组成计税价格计算纳税。进口的应税消费品于报关时缴纳消费税，并由海关代征。

组成计税价格 = (关税完税价格 + 关税) ÷ (1 − 消费税比例税率)

纳税人应税消费品的计税价格明显偏低并无正当理由的，由主管税务机关核定其计税价格。

(四) 应税消费品已纳税额的扣除

为避免重复征税，下列连续生产的应税消费品，在计税时可按当期生产领用数量计算准予扣除外购的应税消费品已纳消费税税款：

(1) 用外购已税烟丝生产的卷烟；

(2) 用外购、进口和委托加工已税高档化妆品生产的高档化妆品；

(3) 用外购已税珠宝玉石生产的贵重首饰及珠宝玉石；

(4) 用外购已税鞭炮焰火生产的鞭炮焰火；

(5) 用外购已税摩托车生产的摩托车；

(6) 以外购已税杆头、杆身和握把为原料生产的高尔夫球杆；

(7) 以外购已税木制一次性筷子为原料生产的木制一次性筷子；

(8) 以外购已税实木地板为原料生产的实木地板；

(9) 以外购已税石脑油为原料生产的应税消费品；

(10) 以外购已税润滑油为原料生产的润滑油。

当期准予扣除的外购应税消费品已纳消费税税款的计算公式为：

$$\text{当期准予扣除的外购应税消费品已纳税款} = \text{当期准予扣除的外购应税消费品买价} \times \text{外购应税消费品适用税率}$$

$$\text{当期准予扣除的外购应税消费品买价} = \text{期初库存外购应税消费品买价} + \text{当期购进应税消费品买价} - \text{期末库存外购应税消费品买价}$$

【典型案例 2-4】美心化妆品公司 2020 年 1 月购进散装粉底 100 千克，价款 50 万元 (不含税价款)，该公司以散装粉底为基础，进一步添加草本精华，加工出精华粉底产品美心1号和美心2号。1月份公司生产产品领用外购粉底情况如下：（1）领用粉底用于生产美心1号，共计领用30千克，美心1号全部在1月销售，销售收入50万元（不含税价款）；（2）领用粉底用于生产美心2号，共计领用50千克，美心2号全部在1月销售，销售收入90万元（不含税价款）。

要求：计算该公司1月份应纳消费税税额。

解析：应纳税额 =（50 + 90）× 15% − 50 × ［（30 + 50）÷100］ × 15% = 15（万元）

三、消费税的会计处理

（一）账户设置

为了反映消费税的应交、已缴及欠缴、多缴消费税的情况，需要缴纳消费税的企业，应在“应交税费”账户下设置“应交消费税”明细账户进行会计核算。该账户采用三栏式账页记账，贷方反映按规定应缴纳的消费税；借方反映企业实际缴纳的消费税和待扣的消费税；期末贷方余额，表示尚未缴纳的消费税，期末借方余额，表示多缴的消费税。

企业销售应税消费品时，应借记“税金及附加”科目，贷记“应交税费——应交消费税”科目。

【做中学2－1】某日化企业销售所生产的化妆品，价款2 000 000元（不含增值税），适用的消费税税率为15%。

要求：计算应交消费税并编制会计分录。

（二）应税消费品视同销售的会计处理

《消费税暂行条例实施细则》规定，纳税人自产自用的应税消费品，用于连续生产应税消费品的，不纳消费税；用于生产非应税消费品、在建工程、管理部门、非生产机构、提供劳务、馈赠、赞助、集资、广告、样品、职工福利、奖励、捐赠、交换、偿债等方面的，视同销售，于移送使用时缴纳消费税。

【做中学2－2】2020年某集团公司旗下几家分公司发生部分销售业务如下：

（1）东风汽车制造厂将一辆自产中轻型商用客车捐赠给儿童福利院。该型号客车的售价为50 000元/辆，成本为35 000元/辆。

（2）佳丽日化公司决定以账面成本为20 000元（同类化妆品最低售价23 000元，最高售价25 000元）的高档化妆品，换入某公司公允价值为25 000元的乙材料（非应税消费品），两公司均未对存货计提跌价准备，增值税税率均为13%，消费税税率为15%。双方交易具有商业实质，且两公司产品的公允价值可靠。

（3）佳美化妆品厂以其生产的高档化妆品抵偿债务。该批化妆品不含税的销售额为50 000元，成本为30 000元。

（4）广元酒厂将自产的白酒10箱，共50千克，用于职工福利，每箱售价500元（不含税），单位成本200元/箱。

（5）新华炼化厂将自产的89#汽油500升用于本厂在建工程。该标号汽油单位售价为4.80元/升，单位成本为3.80元/升。

（6）光明橡胶制品厂（增值税一般纳税人）6月10日用一批汽车轮胎对东风汽车制造厂进行投资，汽车轮胎账面成本为3 000 000元，按同月同类产品售价计算，该批汽车轮胎的销售收入为3 100 000元（不含税）。

要求：完成上述业务消费税的计算及会计处理。

微课
消费税账务处理

（三）委托加工应税消费品的会计处理

按照消费税的有关规定，如果委托加工的物资属于应纳消费税的消费品，应由受托方在向委托方交货时代收代缴税款。委托加工的应税消费品，用于连续生产的，所纳税款按规定准予抵扣；委托加工的应税消费品直接对外销售的，不再征收消费税。

【提示】自2012年9月1日起，委托方将收回的应税消费品，以不高于受托方的计税价格出售的，为直接出售，不再缴纳消费税；委托方以高于受托方的计税价格出售的，不属于直接出售，需按照规定申报缴纳消费税，在计税时准予扣除受托方已代收代缴的消费税。

【典型案例2-5】A企业委托B企业加工一批甲材料（属于应税消费品），发出材料成本100 000元，支付加工费26 000元（不含增值税），消费税税率为10%，甲材料加工完毕收回并验收入库，加工费用等尚未支付。双方适用的增值税税率均为13%。

要求：计算受托方代扣代缴的消费税，并就A企业对上述业务进行会计处理。

解析：（1）发出委托加工材料。

借：委托加工物资　　100 000
　　贷：原材料——甲材料　　100 000

（2）支付加工费用。

消费税的组成计税价格＝（100 000＋26 000）÷（1－10%）＝140 000（元）

受托方代收代缴的消费税＝140 000×10%＝14 000（元）

应交增值税进项税额＝26 000×13%＝3 380（元）

加工费的会计处理分两种情况：

①如果A企业收回加工后的材料用于继续生产应税消费品：

借：委托加工物资　　26 000
　　应交税费——应交增值税（进项税额）　　3 380
　　　　　　——应交消费税　　14 000
　　贷：应付账款——B企业　　43 380

②若A企业收回加工后的材料直接用于销售：

借：委托加工物资（26 000＋14 000）　　40 000
　　应交税费——应交增值税（进项税额）　　3 380
　　贷：应付账款——B企业　　43 380

（3）加工完成后收回委托加工物资，分如下两种情况：

①若A企业收回加工后的材料用于继续生产应税消费品：

借：原材料——甲材料　　126 000
　　贷：委托加工物资　　126 000

②若A企业收回加工后的材料直接用于销售：

借：库存商品　　140 000

贷：委托加工物资　　140 000

（四）进口应税消费品的会计处理

进口应税消费品缴纳的消费税一般不通过“应交税费——应交消费税”账户核算，应将进口环节缴纳的消费税直接计入进口应税消费品成本，贷记“银行存款”账户。

【做中学2-3】某企业进口某种应税货物，关税完税价格为90万元，关税9万元，消费税适用税率为10%。

要求：试完成消费税的计算及会计处理。

（五）金银首饰、钻石首饰零售业务消费税的会计处理

企业销售金银首饰、钻石首饰应交的消费税，借记“税金及附加”科目，贷记“应交税费——应交消费税”科目。

【提示】销售金银首饰、钻石首饰应交的消费税在零售环节征收。

从事生产、批发、零售业务的企业将金银首饰用于馈赠、赞助、集资、广告、样品、职工福利、奖励等方面的，应按企业同类金银首饰的销售价格作为计税依据计算应交的消费税；没有同类金银首饰销售价格的，按组成计税价格计算纳税。

带料加工的金银首饰，应按受托方销售同类金银首饰的销售价格确定计税依据征收消费税；没有同类金银首饰销售价格的，按照组成计税价格计算纳税。

纳税人采用以旧换新（含翻新改制）方式销售的金银首饰，应按实际收取的不含增值税的全部价款确定计税依据征收消费税。

知识拓展

出口退免消费税的会计处理

免征消费税的出口应税消费品应分别不同情况进行会计处理：

（1）生产企业直接出口应税消费品或通过外贸企业出口应税消费品，按规定直接予以免税的，可不计算应交消费税。

（2）通过外贸企业出口应税消费品时，如按规定实行先税后退方法，按下列方法进行会计处理：

①委托外贸企业代理出口应税消费品的生产企业，应在计算消费税时，按应交消费税税额借记“应收账款”科目，贷记“应交税费——应交消费税”科目。实际缴纳消费税时，借记“应交税费——应交消费税”科目，贷记“银行存款”科目。应税消费品出口收到外贸企业退回的税金时，借记“银行存款”科目，贷记“应收账款”科目。发生退关、退货而补缴已退的消费税时，作相反的会计分录。

代理出口应税消费品的外贸企业将应税消费品出口后，收到税务部门退回生产企业缴纳的消费税时，借记“银行存款”科目，贷记“应付账款”科目。将此项税金退还生产企业时，借记“应付账款”科目，贷记“银行存款”科目。发生退关、退货而补缴已退的消费税时，借记“应收账款——应收生产企业消费税”科目，贷记“银行存款”科目。收到生产企业退还的税款时，作相反的会计分录。

②企业将应税消费品销售给外贸企业，由外贸企业自营出口的，企业在销售

时应当按照应缴纳的消费税税额借记“税金及附加”科目，贷记“应交税费——应交消费税”科目。实际缴纳消费税时，借记“应交税费——应交消费税”科目，贷记“银行存款”科目。发生销货退回及退税时，作相反的会计分录。

自营出口应税消费品的外贸企业，应在应税消费品报关出口后申请退税时，借记“应收出口退税款”科目，贷记“主营业务成本”科目。实际收到出口应税消费品退回的税金时，借记“银行存款”科目，贷记“应收出口退税款”科目。发生退关或退货而补缴已退的消费税时，作相反的会计分录。

引例解析

本任务“引例”解析如下：

(1)《消费税暂行条例》第四条规定：纳税人生产的应税消费品，于纳税人销售时纳税；纳税人自产自用的应税消费品，用于连续生产应税消费品的，不纳税；用于其他方面的，于移送使用时纳税；委托加工的应税消费品，除受托方为个人外，由受托方在向委托方交货时代收代缴税款，委托加工的应税消费品，委托方用于连续生产应税消费品的，所纳税款准予按规定抵扣；进口的应税消费品，于报关进口时纳税。销售金银首饰、钻石首饰应交的消费税在零售环节征收。

(2) 该首饰商城应交消费税税额计算及会计处理如下：

业务（1）：

销售成套礼盒应缴纳的消费税 = 28.25 ÷（1 + 13%）× 5% = 1.25（万元）

销售成套礼盒应缴纳的增值税（销项税额）= 28.25 ÷（1 + 13%）× 13% = 3.25（万元）

借：银行存款	282 500	
贷：应交税费——应交增值税（销项税额）		32 500
主营业务收入		250 000
借：税金及附加	12 500	
贷：应交税费——应交消费税		12 500

业务（2）：

“以旧换新”销售金项链应缴纳的消费税 = 2 000 × 0.03 ÷（1 + 13%）× 5%≈2.65（万元）

“以旧换新”销售金项链应缴纳的增值税（销项税额）= 2 000 × 0.03 ÷（1 + 13%）× 13%≈6.90（万元）

不含税营业收入 = 2 000 × 0.25 − 6.90 = 493.10（万元）

借：库存现金	600 000	
库存商品	4 400 000	
贷：应交税费——应交增值税（销项税额）		69 000
主营业务收入		4 931 000
借：税金及附加	26 500	
贷：应交税费——应交消费税		26 500

业务（3）：

定制加工金银首饰的组成计税价格 =（原材料 + 加工费 + 利润）÷（1 − 消费税税率）

=（29.38 + 4.52）÷（1 + 13%）×（1 + 6%）÷（1 − 5%）

≈ 33.47（万元）

应缴纳的消费税 = 33.47 × 5% = 1.67（万元）

应交增值税（销项税额）= 33.47 × 13% = 4.3511（万元）

借：银行存款　　339 000

　贷：主营业务收入　　295 489

　　应交税费——应交增值税（销项税额）　　43 511

借：税金及附加　　16 700

　贷：应交税费——应交消费税　　16 700

业务（4）：

用银基项链抵偿债务视同销售，应缴纳增值税和消费税。

缴纳消费税 = 67.8 ÷（1 + 13%）× 5% = 3（万元）

缴纳增值税 = 67.8 ÷（1 + 13%）× 13% = 7.8（万元）

借：应付账款　　678 000

　贷：主营业务收入　　600 000

　　应交税费——应交增值税（销项税额）　　78 000

同时结转成本：

借：主营业务成本　　390 000

　贷：库存商品　　390 000

借：税金及附加　　30 000

　贷：应交税费——应交消费税　　30 000

工作任务设计2-1

消费税会计业务处理

任务描述：

高夫体育用品有限公司主营体育用品的生产，其中高尔夫球具及相关配套产品是该公司目前的主打产品。该公司为增值税一般纳税人，2020年5月发生业务如下：

（1）本月销售自产高尔夫球包2 100个，不含税单价为2 000元。

（2）本月销售自产高尔夫球，每枚不含税价40元，开具的增值税专用发票上注明的销售数量为360 000枚，同时收取包装费113 000元（开具普通发票）。

（3）用自产高尔夫球500枚抵偿上月所欠某单位的货款22 600元。

（4）受C公司委托加工特制高尔夫球一批，委托方提供材料成本200 000元，收取不含税加工费100 000元，没有同类售价。

（5）委托甲市A公司仿照境外样式加工高尔夫球一批，发出材料成本50 000元，支付加工费40 000元，A公司没有同类售价；取得受托方开具的增值税专用发票，入库收回后，直接销售给某俱乐部，收取含税价款169 500元。

（6）将外购高尔夫球握把用于连续生产高档高尔夫球杆，全部销售给某高尔夫球商业俱乐部，价税合计2 260 000元。

（7）将自产高尔夫球和球具组装成礼品套装销售，取得含税收入113 000元。

（8）月末进口高尔夫球一批，关税完税价格200 000元，关税税率40%，取得海关开具的完税凭证。

（9）接受乙市B公司委托，加工一批特制羽毛球拍，取得不含税收入300 000元。

（10）出于广告营销需要，向某高尔夫运动场赠送高尔夫球5 000枚。

（已知：高尔夫球及球具的消费税税率为10%，高尔夫球及球具的成本利润率为10%，高尔夫球本月价格40元/枚，成本25元/枚）

要求：

（1）请根据上述资料，计算2020年5月应交消费税金额；

（2）逐笔编制上述业务的会计分录。

操作步骤：

第一步：判断该体育用品公司涉及的各项业务中，需要缴纳消费税的业务。

根据《消费税暂行条例》的规定，高尔夫球及球具需缴纳消费税，税率为10%。业务（9）涉及的产品是羽毛球拍，不属于消费税应税业务，业务（8）属于进口消费税，由海关代征。业务（5）属于委托加工消费税，由受托人A公司代扣代缴。业务（4）属于受托加工，需由C公司代扣代缴消费税。业务（1）、（2）、（3）、（6）、（7）、（10）属于该体育用品公司本月生产销售消费税应税商品，需缴纳消费税。

第二步：计算当期应交消费税。

业务（1）：消费税 = 2 100 × 2 000 × 10% = 420 000（元）

业务（2）：消费税 = （40 × 360 000 + 113 000 ÷ 1.13）× 10% = 1 450 000（元）

业务（3）：将应税消费品用于抵偿债务，以当月同类价格计算消费税。

消费税 = （500 × 40）× 10% = 2 000（元）

业务（4）：代扣代缴消费税 = （200 000 + 100 000）÷（1 − 10）× 10% ≈ 33 333（元）

业务（5）：委托加工过程中消费税由受托方代收代缴。由于收回后售价大于受托方计税价格，需要补缴消费税。

受托方代扣代缴消费税 = （50 000 + 40 000）÷（1 − 10%）× 10% = 10 000（元）

销售后应补缴的消费税 = 169 500 ÷ 1.13 × 10% − 10 000 = 5 000（元）

业务（6）：消费税 = 2 260 000 ÷ 1.13 × 10% = 200 000（元）

业务（7）：消费税 = 113 000 ÷ 1.13 × 10% = 10 000（元）

业务（8）：进口商品消费税 = 200 000 ×（1 + 40%）÷（1 − 10%）× 10% ≈ 31 111（元），由海关代征。

业务（9）：不征收消费税。

业务（10）：消费税 = 5 000 × 40 × 10% = 20 000（元）

第三步：汇总本期应交消费税额。

本期应缴纳消费税 = 420 000 + 1 450 000 + 2 000 + 5 000 + 200 000 + 10 000 + 20 000
= 210 7000（元）

第四步：编制会计分录。

业务（1）：

借：银行存款　　4 746 000
　贷：主营业务收入　　4 200 000
　　应交税费——应交增值税（销项税额）　　546 000

业务（2）：

增值税（销项税额）=（40 × 360 000 + 113 000 ÷ 1.13）× 13% = 1 885 000（元）

借：银行存款　　16 385 000
　贷：主营业务收入　　14 500 000
　　应交税费——应交增值税（销项税额）　　1 885 000

业务（3）：

借：应付账款　　22 600
　贷：主营业务收入　　20 000
　　应交税费——应交增值税（销项税额）　　2 600

业务（4）：

借：银行存款　　146 333
　贷：主营业务收入　　100 000
　　应交税费——应交增值税（销项税额）　　13 000
　　　　——应交消费税　　33 333

业务（5）：

增值税（进项税额）=（50 000 + 40 000）÷（1 − 10%）× 13% = 13 000（元）

借：委托加工物资　　100 000
　应交税费——应交增值税（进项税额）　　13 000
　贷：银行存款　　63 000
　　原材料　　50 000

借：银行存款　　169 500
　贷：主营业务收入　　150 000
　　应交税费——应交增值税（销项税额）　　19 500

注：代扣代缴的消费税计入委托加工物资成本。

业务（6）：

借：银行存款　　2 260 000
　贷：主营业务收入　　2 000 000
　　应交税费——应交增值税（销项税额）　　260 000

业务（7）：

借：银行存款 113 000

  贷：主营业务收入 100 000

    应交税费——应交增值税（销项税额） 13 000

业务（8）：

进口商品缴纳的关税和消费税计入商品成本。

进口商品关税 = 关税完税价格 × 关税税率 = 200 000 × 40% = 80 000（元）

进口商品的进项税额 = 200 000 ×（1 + 40%）÷（1 − 10%）× 13% ≈ 40 444（元）

借：库存商品 311 111

  应交税费——应交增值税（进项税额） 40 444

  贷：银行存款 351 555

业务（9）：

借：银行存款 339 000

  贷：主营业务收入 300 000

    应交税费——应交增值税（销项税额） 39 000

业务（10）：

视同销售，缴纳增值税和消费税。

应交增值税 = 5 000 × 40 × 13% = 26 000（元）

借：销售费用 226 000

  贷：主营业务收入 200 000

    应交税费——应交增值税（销项税额） 26 000

月末汇总计提消费税：

借：税金及附加 2 107 000

  贷：应交税费——应交消费税 2 107 000

月末一次汇总结转销售成本（略）。

任务二 消费税纳税申报

引 例

M化妆品公司（增值税一般纳税人）是一家股份有限公司，注册资金为1 000万元，法人代表：梅里。企业地址及电话：金陵市中山西路50号，025-86609067。开户银行及账号：工商银行中山西路分理处，16543400。纳税人识别号：3101000410006890000。

2020年5月发生下列经济业务：

（1）委托A企业加工高档护肤品2 000瓶，该化妆品公司提供的材料成本为100万元，A企业收取不含税加工费30万元，A企业同类高档护肤品的不含税销售价格为0.1万元/瓶；本月加工完毕，该化妆品公司将收回的高档护肤品以0.15万元/瓶的不含税价格全部对外销售。

（2）对外销售自产的成套高档化妆品4 000套，取得不含税销售收入400万元；将一批自产的同类高档化妆品无偿赞助给某演艺公司，该批高档化妆品的生产成本为20万元，同类不含税价为60万元。

高档化妆品的消费税税率为15%。

【思考】

（1）消费税纳税申报有哪些基本规定？

（2）如何填报M化妆品公司2020年5月"消费税纳税申报表"？

知识准备

一、消费税纳税申报的基本规定

（一）纳税申报时间

纳税人以1个月或者1个季度为1个纳税期的，自期满之日起15日内申报纳税；以1日、3日、5日、10日或者15日为1个纳税期的，自期满之日起5日内预缴税款，于次月1日起15日内申报纳税并结清上月应纳税款。

（二）办理渠道和纳税地点

纳税人可以到办税服务厅前台申报，符合条件的纳税人也可以通过电子税务局、移动终端、自助办税终端，按规定进行网上申报和网上抄报税、网上认证，申报成功后，按照规定的期限将纸制纳税申报资料报送办税服务厅。具体渠道由省税务机关确认。

知识拓展

消费税纳税申报注意事项

（1）纳税人对报送材料的真实性和合法性承担责任。

（2）纳税人在资料完整且符合法定受理条件的前提下，最多只需要到税务机关跑一次。

（3）纳税人未按照规定的期限办理纳税申报和报送纳税资料的，将影响纳税信用评价结果。

（4）消费税的纳税期限分别为1日、3日、5日、10日、15日、1个月或者1个季度。纳税人的具体纳税期限，由主管税务机关根据纳税人应纳税额的大小分别核定；不能按照固定期限纳税的，可以按次纳税。

（5）纳税人在纳税期内没有应纳税款的，也应当按照规定办理纳税申报。纳税人享受减税、免税待遇的，在减税、免税期间应当按照规定办理纳税申报。

（6）办税服务厅地址、电子税务局网址，可在省税务机关门户网站或拨打12366纳税服务热线查询。

二、消费税纳税申报流程

（一）纳税申报表种类

消费税纳税申报表分为“烟类应税消费品消费税纳税申报表”“酒类应税消费品消费税纳税申报表”“成品油消费税纳税申报表”“小汽车消费税纳税申报表”“其他应税消费品消费税纳税申报表”五类。申报主表及月报附表于每月办理消费税纳税申报时填报；年报表于每年年度终了后填写，次年一月份办理消费税纳税申报时报送。

（二）纳税申报流程

纳税人可以到办税服务厅前台申报，也可按规定进行网上申报。办税服务厅申报的流程如图2－1所示。

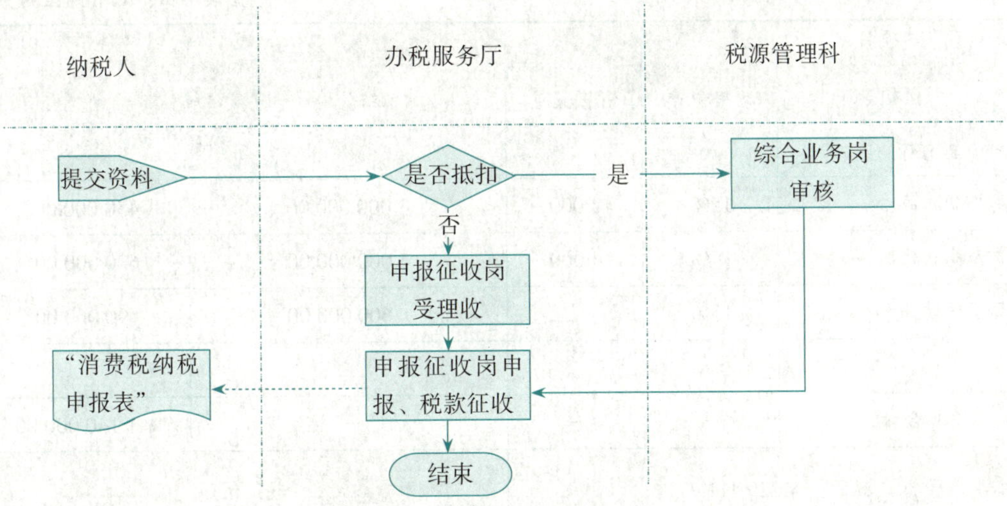

图2－1 消费税纳税申报流程

引例解析

本任务“引例”解析如下：

（1）消费税纳税申报的基本规定：M化妆品公司2020年5月份的应交消费税须于6月15日前完成申报纳税；可以到当地办税服务厅前台申报纳税，也可以通过电子税务局、移动终端、自助办税终端，按规定进行网上申报和网上抄报税、网上认证，申报成功后，按照规定的期限将纸制纳税申报资料报送当地办税服务厅。

（2）填报M化妆品公司2020年5月“消费税纳税申报表”。

①计算本月应交消费税税额。

业务1：

收回委托加工高档护肤品可抵扣的消费税 $=(1\,000\,000+300\,000)\div(1-15\%)\times15\%$

$\approx 229\,411.77$（元）

补缴消费税 $=2\,000\times1\,500\times15\%-229\,411.77=220\,588.23$（元）

业务2：

消费税 = 4 000 000 × 15% + 600 000 × 15% = 690 000（元）

本期应缴纳的消费税合计 = 690 000 + 220 588.23 = 910 588.23（元）

②填制消费税纳税申报表。

化妆品类的消费税申报应选择填写“其他应税消费品消费税纳税申报表”见表2-2。

表2-2 中华人民共和国消费税纳税申报表

其他应税消费品消费税纳税申报表

税款所属期：2020年5月1日至2020年5月31日

纳税人名称（公章）：M化妆品公司

纳税人识别号：| 3 | 1 | 0 | 1 | 0 | 0 | 0 | 4 | 1 | 0 | 0 | 0 | 6 | 8 | 9 | 0 | 0 | 0 | 0 | |

填表日期：2020年06月15日　　金额单位：元（列至角分）

项目 应税 消费品名称	适用税率	销售数量	销售额	应纳税额
高档护肤品	15%	2 000	3 000 000.00	450 000.00
成套高档化妆品	15%	4 000	4 000 000.00	600 000.00
无偿赞助高档化妆品	15%		600 000.00	90 000.00
合计	—	—	—	¥1 140 000.00

<table>
<tr><td>本期准予抵减税额：¥229 411.77</td><td rowspan="3">声明
此纳税申报表是根据国家税收法律的规定填报的，我确定它是真实的、可靠的、完整的。
经办人（签章）：
财务负责人（签章）：
联系电话：025－86609067</td></tr>
<tr><td>本期减（免）税额：0</td></tr>
<tr><td>期初未缴税额：0</td></tr>
<tr><td>本期缴纳前期应纳税额：¥910 588.23</td><td rowspan="4">（如果你已委托代理人申报，请填写）
授权声明
为代理一切税务事宜，现授权（地址）________为本纳税人的代理申报人，任何与本申报表有关的往来文件，都可寄予此人。
授权人签章：</td></tr>
<tr><td>本期预缴税额：0</td></tr>
<tr><td>本期应补（退）税额：0</td></tr>
<tr><td>期末未缴税额：0</td></tr>
</table>

以下由税务机关填写

受理人（签章）：　　受理日期：　年　月　日　　受理税务机关（章）

工作任务设计2-2

消费税的纳税申报

任务描述：

高夫体育用品有限公司（增值税一般纳税人）是一家公司制企业，注册资金为300万元，法人代表：李曼。企业地址及电话：南京市中河西东路180号，025-86709246。开户银行及账号：工商银行河西东路分理处，26543447。纳税人识别号：3201300410006891111。

该公司2020年5月发生有关消费税的业务及应交消费税的计算结果见【工作任务设计2-1】。

要求：根据【工作任务设计2-1】的业务资料及消费税计算结果填写“消费税纳税申报表”，完成高夫体育用品有限公司2020年5月消费税的纳税申报。假设申报日期是6月10日。

操作步骤：在老师的指导下完成。

任务三　消费税涉税风险管控

引 例

某市甲公司是成品油经销企业，同时兼营销售不应税的芳烃类化工产品，某省乙公司是炼油生产企业，生产销售成品油，同时生产芳烃类化工产品。甲公司从乙公司购入汽油2 100吨，购入柴油1 600吨，购入芳烃类化工产品1 900吨，乙公司提出销售给甲公司的汽柴油产品如果开具增值税专用发票时，货物名称开成芳烃类化工产品，汽油每吨比正常汽油价格低330元，柴油每吨比正常柴油价格低210元，甲公司同意购入的汽柴油按芳烃类化工产品开具增值税专用发票，购入价格汽油比正常价格低69.3万元，柴油低33.6万元，合计比正常按汽柴油开具发票低102.9万元。甲公司已将购入的汽柴油全部销售给用油企业，按实际货物汽柴油开具增值税专用发票。

【思考】

（1）甲公司和乙公司的做法正确吗？

（2）如果不正确需要补缴多少税款？

（3）企业如何规避消费税的涉税风险？

知识准备

一、消费税的涉税风险表现

常见消费税涉税风险包括如下5种：

（1）个别应征消费税产品未计提消费税。税务核查机关建议核查“应交税费——应交消费税”等科目，审核“报表系统”中的专项报表，查看是否有应征消费税产品未计提消费税的情况。

（2）石脑油对外销售，未取得“石脑油免税证明单”，应计提未计提消费税。税务核查机构建议核查“应交税费——应交消费税”等科目，审核“石脑油免税证明单”核销情况，对不符合免税政策的外售石脑油应征收消费税。

（3）自产自用应税消费品，用于职工福利、作为燃料耗用或生产非应税消费品等其他方面，没有计算缴纳消费税的，应该补缴消费税。

（4）部分产品改变名称后应计提未计提消费税。对于应税商品，通过改变商品品名，将商品品名从应税商品名称转换成非税商品名称，从而达到不缴纳消费税的目的。税务核查机关建议核查“应交税费——应交消费税”等科目，审核企业提供的未征消费税产品合格证、化验单，并与应税消费品的合格证、化验单进行比较，查询ERP系统发票模块，对比争议产品与应税产品的价格、归集物料组、货物流向等信息，进一步约谈企业生产技术人员和报表管理人员，对产品特征属消费税范畴的产品征收消费税。

（5）消费税成品油子税目和税率适用错误。对于应税商品未选择适用的子税目和税率，导致缴纳的消费税税额错误。建议核查“应交税费——应交消费税”等科目，审核企业提供的产品合格证、化验单，查询ERP系统发票模块，对比产品价格，约谈企业生产技术人员，对应税产品应属种类进行界定，按照适用税率征收消费税。

二、规避消费税涉税风险的主要方法

金税三期系统实施后，不仅规范和简化纳税申报手续，更重要的是为纳税人提供了涉税风险预警，指导和帮助纳税人正确高效率地纳税。企业如何考虑规避消费税的涉税风险呢？

（一）建立风险清单，完善管理体系

企业应以“资金流、实物流、票据流”为中心，开展“全过程、全覆盖”管理链条诊断，定期、全面、系统、持续地收集内部和外部相关信息，结合实际情况，通过风险识别、风险分析、风险评价等步骤，查找企业经营活动及业务流程中的税务风险，对涉税业务存在的风险进行梳理，制定风险清单，明确处理流程及防范措施。

通过建立风险清单，可以防范如下常见涉税风险：

1.发票用量变动异常风险

纳税人在开具发票时没有做到月份之间的均衡，专用发票用量骤增，除正常业务变化外，可能被金税三期系统认为存在虚开现象。虚假业务会导致涉及消费税商品发票异

常，从而导致系统预警。

2.存货大于实际收入风险

期末存货出现大于实际收入的情况就会导致税务风险情况的发生，金税三期系统将其认定为企业经营出现了经营异常情况。

3.不按照纳税时限缴纳税金风险

忽略消费税缴纳时限，没有在税法规定的纳税义务时间内预缴税金，会造成延期纳税风险。

4.代扣代缴义务履行不到位风险

委托加工涉及消费税产品的，受托企业有代扣代缴义务。如果企业不重视，没有规范流程，容易造成代扣代缴义务履行不到位。

（二）加强政策学习，科学税务筹划

企业财务人员应该不断学习税收政策，熟知税收政策，更新思维，才能发现风险、识别风险、规避风险，进而做好税务筹划。

（三）加强沟通协调，融洽税企关系

加强与税务机关沟通与联系，融洽税企关系。不断持续地高度关注税务稽查、税务自查、纳税评估、协调税源、信用评级等方面是否存在涉税风险。对税收政策理解不清的，有困惑的特殊业务，企业应及时与税务机关沟通，取得税务机关在涉税业务上的帮助。

微课

消费税涉税风险管控

引例解析

本任务“引例”解析如下：

（1）甲公司和乙公司的做法都是违法的。

原因：甲公司购进货物开具发票名称为芳烃类化工产品等消费税非应税产品后，再采取变名的方式转换成汽柴油等消费税应税产品对外销售开具发票，变名销售汽油2 100吨，柴油1 600吨，造成国家对应税消费品的汽柴油未征消费税。

《国家税务总局关于消费税有关政策问题的公告》（国家税务总局公告2012年第47号）第三条规定，工业企业以外的单位和个人将外购的消费税非应税产品以消费税应税产品对外销售的，视为应税消费品的生产行为，按规定征收消费税。

（2）甲公司应补缴汽油消费税4 430 496元、柴油消费税2 257 920元，合计补缴消费税6 688 416元。计算如下：

2 100吨汽油应缴纳消费税 = 2 100 × 1 388 × 1.52 = 4 430 496（元）

1 600吨柴油应缴纳消费税 = 1 600 × 1 176 × 1.2 = 2 257 920（元）

共计补缴消费税 = 4 430 496 + 2 257 920 = 6 688 416（元）

（3）企业首先应洞悉税务机关对存在纳税风险的企业是如何检查的。主管税务机关根据国家金税系统推送的信息，逐月采集疑点企业各类货物的期初库存和期末库存信息；分析疑点企业各类货物的进销存情况（按照货物的品名进行分类，对同品名货物进行进销存分析），利用公式“期初库存 + 当期购进 − 当期销售 = 期末库存”的逻辑关系进行分析。通过分析，发现该企业同品名货物的进销存不符合公式的逻辑关系，则视为该品名货物的购销异常，涉嫌“变名销售”。甲、乙两公司的这种逃税行为给企业带来了税收风险，损害了企业的信誉，受到了惩处，得不偿失。企业管理者和财务人员切莫追逐小利偷税、漏税、逃税，给国家、企业造成损失，违法人员也将依法受到惩处。

单元小结

消费税是在对货物普遍征收增值税的基础上，根据国家宏观产业政策和消费政策的要求，有目的、有重点地选择某些特殊消费品再征收税额的一种税。消费税属于价内税，采取从价定率和从量定额以及从价从量复合计征三种征税方法。

对实行从价定率计算方法计算的应税消费品，以其销售额为计税依据，按适用的比例税率计算应纳消费税税额。基本计算公式为：应纳税额 = 销售额 × 比例税率。

对实行从量定额计算方法计算的应税消费品，以其销售数量为计税依据，按适用的单位税额计算应纳消费税税额。其计算公式为：应纳税额 = 销售数量 × 单位税额。

现行消费税的征税范围中，只有卷烟、白酒采用复合计税方法。其基本计算公式为：应纳税额 = 销售额 × 比例税率 + 销售数量 × 单位税额。

相关会计处理：企业销售应税消费品时，应借记“税金及附加”科目，贷记“应交税费——应交消费税”科目。

随堂测试

一、单项选择题

1. 下列各项不属于消费税课税范围的是（　　）。

A. 白酒　　B. 茶叶　　C. 电池　　D. 中轻型商用客车

2. 下列各项不征收消费税的是（　　）。

A. 酒厂赠送给客户的高档套装白酒

B. 卷烟厂用于连续生产，继续加工成卷烟的自产烟丝

C. 化妆品生产企业生产的高档化妆品

D. 涂料生产企业用于本厂办公大楼建造的自产装修涂料

3. 下列消费品中采用复合计税办法计征消费税的是（　　）。

A. 电池　　B. 卷烟　　C. 涂料　　D. 实木地板

4. 下列各项不属于消费税纳税人的是（　　）。

A. 粮食生产企业　　B. 涂料生产企业

C. 电池生产企业　　D. 实木地板生产企业

5. 某焰火生产公司是增值税一般纳税人，本月销售10箱鞭炮焰火给某零售商，收取现金22 600元，则该公司的会计处理正确的是（　　）。

A.借：库存现金　22 600
　　贷：库存商品　22 600
B.借：库存现金　22 600
　　贷：主营业务收入　22 600
C.借：库存现金　22 600
　　贷：主营业务收入　20 000
　　　　应交税费——应交增值税（销项税额）　2 600
D.借：库存现金　22 600
　　贷：主营业务收入　20 000
　　　　应交税费——应交增值税（销项税额）　2 600
借：税金及附加　3 000
　　贷：应交税费——应交消费税　3 000

二、多项选择题

1.下列各项属于从量计征消费税的有（　　）。

A.电池　B.涂料　C.汽油　D.柴油

2.下列各项应税消费品实行从量计征消费税的有（　　）。

A.啤酒　B.卷烟　C.薯类白酒　D.黄酒

3.下列各项费用应当并入白酒的销售额计征消费税的有（　　）。

A.白酒包装物购买价款　B.白酒品牌使用费

C.白酒包装物押金　D.白酒广告费

4.纳税人自产的应税消费品应该按照同类产品的最高销售价格计算缴纳消费税的项目有（　　）。

A.投资入股其他企业

B.抵偿所欠其他公司的货款

C.不同税率的消费品组成成套消费品销售

D.换取原材料

5.下列说法不正确的有（　　）。

A.企业进口商品缴纳的消费税，借记“税金及附加”科目，贷记“应交税费——应交消费税”科目

B.委托加工的消费品直接用于对外销售，由受托方代扣代缴的消费税应记入“应交税费——应交消费税”科目的借方

C.将自产应税消费品用于对外投资，不应缴纳消费税

D.进口应税商品在进口时不需要缴纳消费税

三、判断题

1.酒厂将自产白酒用于奖励员工，不需要缴纳消费税。（　　）

2.纳税人自产应税消费品用于连续生产应税消费品的，应缴纳消费税。（　　）

3.红酒生产企业销售红酒并收取了包装物押金，押金不需要缴纳消费税。（　　）

4. 白酒生产企业收取的品牌使用费，不应该计入白酒的销售额缴纳消费税。（　　）

5.委托加工的应税消费品收回后直接用于生产的，由受托方代扣代缴的消费税，委托方应借记的会计科目是“委托加工物资”。 （ ）

四、业务题

1.某化妆品生产公司（增值税一般纳税人）主要生产、销售高档化妆品（高档化妆品适用的消费税税率为15%）。2020年3月发生下列经济业务：

（1）接受乙工厂委托加工高档粉饼，委托方提供原材料价值750 000元，乙工厂支付加工费100 000元（不含增值税）。该批加工产品已交付给乙工厂（受托方没有相同档次、相同品质的粉饼的价格）。

（2）从国外进口一批散装化妆品，关税完税价格为600 000元，已缴纳关税80 000元。

（3）销售本企业生产的高档口红，取得销售额800 000元（不含增值税）。

（4）工会组织活动，向本企业职工发放化妆品礼盒，该化妆品礼盒为企业自产，化妆品礼盒市场售价为每盒500元（不含增值税），共发放礼盒300盒。

（5）该公司将100箱高档面膜赞助给知名化妆品展销会，用于品牌推广。该面膜为新品，企业共销售了两批，第一批不含增值税单价为每箱3 000元，销售了100箱；第二批不含增值税单价为每箱2 800元，销售了300箱。

要求：计算业务（1）至（5）的消费税税额，并编制相关会计分录。

2.大华卷烟厂2020年6月正常生产经营，发生的主要业务如下：

（1）月初从供货商处购买已税烟丝800万元，取得增值税专用发票，标明货款800万元，进项税额104万元，烟丝全部验收入库。

（2）本月领用已税烟丝400万元，领用的烟丝全部用于生产卷烟。

（3）生产卷烟1 000箱，对外销售后取得含税销售额3 390万元。支付销货运输费用50万元，取得运输单位开具的增值税专用发票。

（4）直接对外销售部分已税烟丝，开具普通发票，价款为33.9万元。

要求：计算该卷烟厂准予抵扣的增值税进项税额、本月增值税销项税额，以及本月应缴纳的消费税税额，并编制相关会计分录。

单元实训

一、实训目的

（1）会计算应缴纳的消费税税额；

（2）会进行消费税相关的会计处理；

（3）了解消费税的纳税申报基本程序；

（4）会填写消费税纳税申报表。

二、实训资料

（一）企业概况

企业名称：光明汽车有限公司

企业性质：有限责任公司

注册资金：300 000万元

法人代表：王光明

企业地址及电话：山城市华北路15号，66507036

开户银行及账号：工商银行华北路分理处，2363657

纳税人识别号：210100000100011327356

（二）模拟业务

光明汽车有限公司主要从事小汽车的生产和销售业务，属于刚落户于山城的企业。2020年8月份从事如下销售业务：

（1）根据客户特殊要求，定制一辆中轻型商用客车，销售价格为220万元（含增值税），另收取手续费6万元；

（2）将本公司自产小汽车一共30辆对外投资，小汽车的生产成本为10万元/辆，该企业同款小汽车不含增值税最高销售价格为20万元/辆，平均销售价格为18万元/辆，最低销售价格为17万元/辆，该款小汽车的排量为1.6升；

（3）生产并销售给4S店A01款小汽车60辆，每辆售价20万元（不含增值税），该款小汽车的排量为2.1升；

（4）赞助20辆SUV汽车参加全国汽车展销会用于推广新车，SUV汽车正常售价为30万元/辆（不含增值税），该款汽车的排量为3.5升；

（5）当月生产中轻型商用客车300辆，其中5辆企业自用，5辆用于捐助，其他客车都销售给了分销商，该款商用客车的售价为80万元/辆（不含增值税）；

（6）将自产新款小汽车1辆用于奖励优秀员工，小汽车售价22.6万元/辆（含增值税），排量1.8升。

本期预缴消费税税额为1 000万元。

三、实训要求

（1）逐笔审核经济业务，确定消费税的计税依据，计算消费税税额，编制会计分录；

（2）计算本月应纳消费税；

（3）填写消费税纳税申报表。

四、实训结果评价

实训结果评价见表2-3。

表2-3　实训结果评价

序号	技能项目	得分
1	逐笔计算消费税税额	35
2	编制会计分录（或填制记账凭证）	40
3	计算本月应纳消费税	5
4	填制消费税纳税申报表	20
	合计	100

第三单元

进出口关税会计

【职业能力目标】

通过本单元学习，会界定入境货物的原产地；能根据业务资料计算关税的完税价格和关税税额；会运用关税的优惠政策；能根据业务资料填制海关进口货物报关单等单据；会进行关税的会计处理；能办理企业的进出口业务。

【典型工作任务】

典型工作任务 进出口关税会计

- 企业进出口货物关税核算
- 企业进出口货物关税纳税申报

任务一　企业进出口货物关税核算

引　例

有进出口经营权的某外贸公司，2020年9月经批准从境外进口小轿车20辆，每辆小轿车货价22.5万元，运抵我国海关前发生的运输费用、保险费用无法确定，经海关查实其他运输公司相同业务的运输费用占货价的比例为2%，保险费可按照“货价加运费”的3‰估算。向海关缴纳了相关税款，并取得了完税凭证。（提示：小轿车关税税率60%、消费税税率9%）

【思考】

（1）该外贸公司2020年9月进口小轿车的关税完税价格如何确定？

（2）试计算该外贸公司进口环节应缴纳的各项税费。

（3）该外贸公司除进口环节缴纳的税费外，在内销环节还应缴纳哪些税费？

（4）该公司应如何进行关税的会计处理？

知识准备

一、企业进口货物关税的基本规定

知识链接

《中华人民共和国进出口关税条例》

关税是由设置在边境、沿海口岸或境内的水、陆、空国际交往通道的海关对进出国境或关境的货物和物品征收的一种税。“境”指关境，又称“海关境域”或“关税领域”，是《中华人民共和国海关法》（以下简称《海关法》）全面实施的领域。现行关税法律规范以2000年7月全国人民代表大会修正颁布的《中华人民共和国海关法》，2003年11月国务院发布的《中华人民共和国进出口关税条例》、《中华人民共和国海关进出口税则》和《中华人民共和国海关总署关于入境旅客行李物品和个人邮递物品征收进口办法》等为法律依据。

知识拓展

关境与国境的区别与联系

国境与关境是两个既有联系，又不完全相同的概念。国境是一个主权国家以边界为界限，全面行使主权的领域范围，包括领土、领海、领空。关境又称税境或海关境域，是一个主权国家行使关税权力的领域范围。

通常情况下，国境与关境是一致的。但如果几个国家结成关税联盟，组成一个共同关境实施统一的关税法令和对外税则，彼此之间货物进出国境不征关税，只对来自和运往非同盟成员国的货物进出共同关境时征收关税，这时关境就大于其成员国的各自国境。如果一个国家在本国领域范围内设有自由港或自由贸易区时，关境就小于国境。自由港或自由贸易区虽在国境之内，但从征收关税的角度来说，它是在该关境之外，进出自由港或自由贸易区的货物可以不征关税。

（一）关税纳税人

关税纳税人为进口货物收货人，出口货物发货人，进出境物品的所有人。

（二）关税的征税对象

关税的征税对象是国家准许进出境的货物和物品。“货物”是指贸易性商品；“物品”是指入境旅客随身携带的行李物品、个人邮递物品、各种运输工具上的服务人员携带进口的自用物品、馈赠物品及其他方式进境的个人物品。

（三）关税税率

1.进口关税税率

进口关税税则设有最惠国税率、协定税率、特惠税率、普通税率、关税配额税率，共5种税率，一定时期内可实行暂定税率。进口关税包括四种计征办法：

（1）从价税：是最常用的关税计税标准。它以应征税额占货物价格或者价值的百分比为税率。

（2）从量税：以进口商品的数量、重量、体积、容量等计量单位为计税依据。

（3）复合税：是对某种进口商品同时使用从价和从量方法计征关税的方法。

（4）滑准税：是一种关税税率随进口商品价格由高到低而由低到高设置计征关税的方法。

2.出口关税税率

出口关税税则为一栏比例税率，即出口税率，主要目的是保护资源。我国真正征收出口关税的商品只有100余种，税率比较低。

3.特别关税

特别关税是指为了应对个别国家对我国出口货物的歧视，海关可以对原产于该国或者地区的进口货物征收特别关税。特别关税包括报复性关税、反倾销税与反补贴税、保障性关税。

4.税率的运用

（1）进出口货物，应当按照纳税义务人申报进口或者出口之日实施的税率征税。

（2）进口货物到达前，经海关核准先行申报的，应当按照装载此货物的运输工具申报进境之日实施的税率征税。

（3）进出口货物的补税和退税，适用该进出口货物原申报进口或者出口之日所实施的税率。

知识拓展

原产地规定

确定进境货物原产国的目的是正确运用进口关税税则的各栏税率，对产自不同国家或地区的进口货物适用不同的关税税率。我国原产地规定基本上采用了“全部产地生产标准”“实质性加工标准”两种国际上通用的原产地标准。

二、关税的计算

（一）关税完税价格的确定

微课

关税的计算

关税完税价格是海关以进出口货物的实际成交价格为基础，经调整确定的计征关税的价格。

1.进口货物的关税完税价格

根据《中华人民共和国海关法》（以下简称《海关法》），进口货物的关税完税价格包括货物的货价、货物运抵我国境内输入地点起卸前的运输及相关费用、保险费。货物的货价以成交价格为基础，进口货物的成交价格是指买方为购买该货物，并按《中华人民共和国海关审定进出口货物完税价格办法》的有关规定调整后的实付或应付价格。

【提示】我国境内输入地为入境海关地，包括内陆河、江口岸，一般为第一口岸。

【典型案例3-1】美信进出口公司从美国进口一批货物，总成交价为50万美元，保险费为1万美元，外汇牌价为1美元＝6.9178元人民币。该批货物的进口关税税率为10%。

要求：计算该批进口货物的关税完税价格。

解析：关税完税价格＝（500 000＋10 000）×6.9178＝3 528 078（元人民币）

知识拓展

进口货物海关估价方法

在进出口货物的成交价格不符合规定条件，或者成交价格不能确定的情况下，海关应采用估价方法确定关税完税价格，包括：

（1）相同或类似货物成交价格方法；

（2）倒扣价格方法；

（3）计算价格方法；

（4）其他合理方法；

使用其他合理方法时，应当根据《中华人民共和国海关审定进出口货物完税价格办法》规定的估价原则，以在境内获得的数据资料为基础估定完税价格。但不得使用以下价格：

①境内生产的货物在境内的销售价格；

②可供选择的价格中较高的价格；

③货物在出口地市场的销售价格；

④以计算价格方法规定的有关各项之外的价值或费用计算的价格；

⑤出口到第三国或地区的货物的销售价格；

⑥最低限价或武断虚构的价格。

2.出口货物的关税完税价格

出口货物的关税完税价格由海关以该货物向境外销售的成交价格为基础审查确定，并应包括货物运至我国境内输出地点装载前的运输及相关费用、保险费，不包括出口关税税额和支付给国外的佣金。

（二）关税税额的计算

1.从价税应纳税额的计算

从价税应纳税额的计算公式如下：

关税税额＝关税完税价格×关税税率

2.从量税应纳税额的计算

从量税应纳税额的计算公式如下：

关税税额＝应税进（出）口货物数量×单位货物税额

3.复合税应纳税额的计算

我国目前实行的复合税都是先计征从量税，再计征从价税。其计算公式如下：

关税税额＝应税进（出）口货物数量×单位货物税额＋关税完税价格×关税税率

4.滑准税应纳税额的计算

滑准税应纳税额的计算公式如下：

滑准税应纳税额＝应税进（出）口货物数量×单位完税价格×滑准税税率

【典型案例3-2】美信进出口公司出口一批商品，商品售价为100万元人民币，保险费为3万元人民币，运费为2万元人民币。支付给国外的佣金为1万美元，出口关税税率为10%。

要求：计算该进出口公司为这批货物缴纳的出口关税税额。

解析：出口关税＝（100＋3＋2）×10%＝10.5（万元人民币）

三、企业进出口货物关税的会计处理

（一）会计科目的设置

为了正确地反映和核算关税有关纳税事项，纳税人应在“应交税费”科目下设置“应交进口关税”和“应交出口关税”明细账户，其贷方登记企业应缴纳的关税税额；借方登记企业已缴纳的关税税额。期末贷方余额表示应缴未缴的关税税额；期末借方余额表示多缴的关税税额。

（二）生产性企业关税的会计处理

1.进口关税的核算

生产性企业通过外贸企业代理或直接从国外进口原材料，应支付的进口关税，不通过“应交税费”科目核算，而是将其与进口原材料的价款、国外运费和保险费和国内费用一并直接计入进口原材料成本，借记“材料采购”等科目，贷记“银行存款”“应付账款”科目等。企业根据同外商签订的加工装配和补偿贸易合同而引进的国外设备，应支付的进口关税按规定以企业专用拨款等支付的，支付时，借记“在建工程——引进设备工程”科目，贷记“银行存款”等科目。

【典型案例3-3】某生产企业为增值税一般纳税人，本月进口A材料，成交价格为＄100 000，当日的外汇牌价为＄1＝RMB7.0。该企业对外付汇进口A材料，应付进口关税40 000元，材料已验收入库。进口货物增值税税率13%。

要求：计算进口环节应交税费并进行会计处理。

解析：购入现汇时：

借：银行存款——美元户 700 000

　　贷：银行存款——人民币户 700 000

对外付汇支付进口关税、增值税时：

A材料采购成本＝700 000＋40 000＝740 000（元人民币）

应支付的增值税＝740 000×13%＝96 200（元人民币）

借：原材料——A材料 740 000

　　应交税费——应交增值税（进项税额） 96 200

　　贷：银行存款——美元户 700 000

　　　　　　　——人民币户 136 200

【做中学3-1】某制造业企业为增值税一般纳税人，本月从中国香港进口原产地为日本的生产设备2台作为固定资产使用，成交价格CFR为南京港HKD150 000，保险费率为0.3%，该设备的关税税率为10%，代征增值税税率为13%，当日的外汇牌价为HKD1＝RMB0.9。

要求：请确定关税完税价格、计算关税税额、增值税，并进行会计处理。

2.出口关税的核算

生产性企业出口产品应缴纳的出口关税，支付时可直接借记“税金及附加”科目，贷记“银行存款”“应付账款”等科目。

知识链接

中华人民共和国海关审定进出口货物完税价格办法

【典型案例3-4】某铁合金厂向日本出口一批铬铁，国内港口FOB价格折合人民币为2 800 000元，铬铁出口关税税率为40%，关税以支票付讫。

要求：计算出口环节应交关税并进行会计处理。

解析：出口关税税额＝2 800 000÷（1＋40%）×40%＝800 000（元人民币）

会计分录如下：

借：应收账款 2 800 000

　　贷：主营业务收入 2 800 000

借：税金及附加 800 000

　　贷：银行存款 800 000

【做中学3-2】文华有限公司出口货物一批，该商品的离岸价格（FOB）为360 000元，出口关税税率为20%。

要求：请完成该公司应纳关税税额的计算及有关会计处理。

（三）商品流通企业关税的会计处理

有进出口经营权的商品流通企业（包括商业、粮食、外贸、物资供销、医药商业、供销合作社等），按其经营方式的不同，其进出口业务可以分为自营和代理两大类。不同经营方式下的进出口业务，有关关税核算的方法和内容也不一样。

1.自营进口

自营进口商品缴纳的关税是商品购进成本的组成部分，把缴纳的进口关税计入商品的采购成本时，借记“材料采购”科目，贷记“应交税费——应交进口关税”科目。实际缴纳时，借记“应交税费——应交进口关税”科目，贷记“银行存款”科目。也可不通过“应交税费——应交进口关税”科目核算，直接借记“材料采购”科目，贷记“银行存款”等科目。

2.自营出口

自营出口商品缴纳的关税属于进出口企业出口销售业务中的费用，应借记“税金及附加”科目，贷记“应交税费——应交出口关税”科目。实际缴纳时，借记“应交税费——应交出口关税”科目，贷记“银行存款”科目。

【做中学3-3】某外贸公司自营出口商品一批，我国口岸FOB价格折合人民币为960 000元，价款未收。出口关税税率为20%，根据海关开出的专用缴款书，以银行转账支票付讫税款。

要求：请完成该外贸公司出口关税的计算及有关会计处理。

3.代理进出口业务关税的核算

代理进出口业务，对受托方来说，一般不垫付货款，大多以收取手续费形式为委托方提供代理服务。因此，由于进出口而计缴的关税均由委托单位负担，受托单位即使向海关缴纳了关税，也只是代垫或代付，日后仍要从委托方收回。

代理进出口业务所计缴的关税，在会计核算上可以通过设置“应交税费——应交进（出）口关税”科目来核算，其对应科目是“应付账款”“应收账款”“银行存款”等；也可以不通过“应交税费——应交进（出）口关税”科目核算，直接通过“应付账款”“应收账款”“银行存款”科目核算。

【典型案例3-5】某进出口公司接受M单位的委托，进口商品一批，进口商品货款5 000 000元已汇入进出口公司存款户。该进口商品我国口岸CIF价格为＄500 000，进口关税税率为20%，当日的外汇牌价为＄1＝RMB7.00，代理手续费按货价的2%收取，现该批商品已运达，向委托单位M办理结算。

要求：计算进口环节应交税费并进行会计处理。

解析：该批商品的进口关税＝500 000×7.00×20%＝700 000（元人民币）

代理手续费＝500 000×7×2%＝70 000（元人民币）

收到委托单位M划来的进口货款时：

借：银行存款	5 000 000	
贷：应付账款——M		5 000 000

对外付汇进口商品时：

借：应收账款——××外商	3 500 000	
贷：银行存款		3 500 000

支付进口关税时：

借：应付账款——M	700 000	
贷：银行存款		700 000

将进口商品交付委托单位M并收取手续费时：

借：应付账款——M	3 570 000	
贷：主营业务收入——手续费		70 000
应收账款——××外商		3 500 000

将委托单位剩余的进口货款退回时：

借：应付账款——M　　730 000
　　贷：银行存款　　730 000

【做中学3-4】某进出口公司代理某工厂N出口一批商品。我国口岸FOB价折合人民币为1 500 000元，出口关税税率为20%，手续费为50 000元人民币。

要求：请完成该进出口公司代理出口产品应交关税的计算及有关会计处理。

引例解析

本任务“引例”解析如下：

（1）该外贸公司2020年9月进口小轿车关税完税价格确定如下：

①进口小轿车的货价＝22.5×20＝450（万元）

②进口小轿车的运输费＝450×2%＝9（万元）

③进口小轿车的保险费＝（450＋9）×3‰＝1.38（万元）

9月进口小轿车的关税完税价格＝450＋9＋1.38＝460.38（万元）

（2）该公司进口环节应缴纳的关税、消费税、增值税计算如下：

①进口环节小轿车应缴纳的关税＝460.38×60%＝276.23（万元）

②进口环节小轿车应缴纳的消费税：

消费税组成计税价格＝（460.38＋276.23）÷（1－9%）＝809.46（万元）

应缴纳消费税＝809.46×9%＝ 72.85（万元）

③进口环节小轿车应缴纳的增值税：

应交增值税（进项税额）＝809.46×13%＝ 105.23（万元）

进口环节应缴纳税金合计＝276.23＋72.85＋105.23＝454.31（万元）

（3）该外贸公司进口小轿车，除进口环节缴纳上述税金外，如果在国内销售还需缴纳销售环节的增值税、消费税、城市维护建设税和教育费附加等各种流转税额。

（4）进口环节的会计处理如下：

进口小轿车的成本＝关税完税价格＋关税＋消费税
　　　　　　　　＝460.38＋276.23＋72.85＝809.46（万元）

借：库存商品　　8 094 600
　　应交税费——应交增值税（进项税额）　　1 052 300
　　贷：银行存款　　9 146 900

【提示】进口环节缴纳的关税、消费税计入库存商品成本。

工作任务设计3-1

企业进出口货物关税业务会计处理

任务描述：

M公司2020年5月发生与进出口相关的业务如下：

（1）进口一批货物，合同中约定成交价格为500万元人民币，支付境内特许销售权费用30万元人民币，卖方佣金15万元人民币。该批货物运抵我国境内输入地点起卸前发生的运费和保险费共计10万元人民币，关税税率20%。

（2）因业务需要，M公司2020年2月将一批半成品运往境外加工成产成品，出境时已向海关报明，2020年5月，在海关规定的期限内复运进境。经海关审定支付给境外公司的加工费和料件费共计折合66万元人民币，产成品复运进境时，运抵我国境内输入地点起卸前发生运费6万元人民币、保险费5万元人民币，支付从海关运往企业所在地的运费2万元人民币，取得增值税专用发票。已知关税税率为20%。

（3）进口小轿车10辆，每辆小轿车的价格为28万元人民币，运抵我国海关前发生的运输费、保险费无法确定，经海关查实其他运输公司相同业务的运输费占货价的比例为2%。关税税率为30%。

要求：计算M公司2020年5月应缴纳的关税金额，并进行相关会计业务处理。

操作步骤：

第一步：计算关税完税价格。

（1）进口货物的关税完税价格包括该货物运抵我国境内输入地点起卸前的运输及相关费用、保险费。支付境内特许销售权费用和卖方佣金要计入关税完税价格中。

该货物关税完税价格 = 500 + 30 + 15 + 10 = 555（万元）

（2）运往境外加工的货物，出境时已向海关报明，并在海关规定期限内复运进境的，应当以境外加工费和料件费，以及该货物复运进境的运输及相关费用、保险费为基础审查确定关税完税价格。

该货物关税完税价格 = 66 + 6 + 5 = 77（万元）

（3）进口货物的运输费、保险费应当按照实际支付的费用计算，如果进口货物的运输费、保险费无法确定或未实际发生，海关应当按照该货物进口同期运输行业公布的运费率（运费额）计算运费；按照“货价加运费”两者总额的3‰计算保险费。

运费 = 28 × 10 × 2% = 5.6（万元）

保险费 =（28 × 10 + 5.6）× 3‰ = 0.8568（万元）

关税完税价格 = 28 × 10 + 5.6 + 0.8568 = 286.4568（万元）

第二步：计算当期应交关税。

（1）应交关税 = 555 × 20% = 111（万元）

（2）应交关税 = 77 × 20% = 15.4（万元）

（3）应交关税 = 286.4568 × 30% = 85.93704（万元）

第三步：编制会计分录。

（1）借：材料采购——进口货物	6 660 000	
贷：应交税费——应交进口关税		1 110 000
应付账款——外商		5 550 000
（2）借：材料采购——进口货物	924 000	
贷：应交税费——应交进口关税		154 000
应付账款——外商		770 000

（3）借：固定资产——进口轿车 3 723 938.40
　　贷：应交税费——应交进口关税 859 370.40
　　　　应付账款——外商 2 864 568

任务二 企业进出口货物关税纳税申报

引 例

大华机械制造有限公司因为业务需要进口一批溢流阀用于生产，2020年5月16日从国外进口溢流阀30套，每套溢流阀的关税完税价格为1 000元，关税税率5%，该企业开户行为招商银行北京分行，账号439225581649461，报关单编号220200990793409 19，运输工具号5200500535，提货单号RQ174603。

【思考】

（1）关税纳税申报有哪些基本规定？

（2）经办人员应该如何进行关税纳税申报？

知识准备

一、进出口货物关税纳税申报的基本规定

进口货物自运输工具申报进境之日起14日内，由收货人或其代理人向海关申报；出口货物在运抵海关监管区后装货的24小时以前，由发货人或其代理人向海关申报。纳税义务人或其代理人，应在海关填发税款缴款书之日起15日内向指定银行缴纳，不能按期缴纳税款的，经海关总署批准，可延期缴纳，但最长不得超过6个月。如纳税人自海关填发税款缴款书之日起3个月仍未缴纳税款，经海关关长批准，海关可以采取强制扣缴、变价抵缴等强制措施。非因纳税人违反海关规定造成少征或漏征关税的，关税补征期为缴纳税款或货物放行之日起1年内。纳税人违反海关规定造成少征或漏征关税的，关税追征期为进出口货物完税之日或货物放行之日起3年内，并加收滞纳金。

二、关税纳税申报流程

（一）关税纳税申报应提供的单据

微课

关税纳税申报流程

根据《海关法》的规定，企业在进出口货物申报时，应当向海关提供有关单证。进出口货物申报单证一般包括进（出）口货物报关单、相关的进出口许可证及有关单证（如发票、提运单、装箱单和出口收回核销单等）。

知识拓展

“进（出）口货物报关单”需填写的项目

“进（出）口货物报关单”需填写的项目包括：进（出）口岸、进（出）口日期、备案号、申报日期、经营单位、收（发）货物单位、运输方式、运输工具名称、提运单号、贸易方式、征免性质、结汇方式、征税比例、许可证号、起运（运抵）国（地区）、装货（指运）港、境内目的（货源）地、批准文号、成交方式、运费、保费、杂费、合同协议号、件数、包装种类、毛重、净重、集装箱号、随附单据名称、用途、生产厂家、标记唛码及备注、商品编号、名称、规格型号、数量及单位、原产国（地区）或最终目的国（地区）、单价、总价、币制、报关员签章、申报单位地址、电话、填制日期等，申报单位还需签章，声明申报无讹并承担法律责任。

（二）关税纳税申报和征收税款的流程

首先，纳税人如实申报进出口货物的商品名称、编号、规格、价格、保费及其他相关费用、原产地、数量等信息，然后由海关审核上述信息，确定进出口货物的商品归类、完税价格、原产地等，核查信息的真实性，核查无误后，在指定地点缴纳税款后放行。具体流程如图3-1所示。

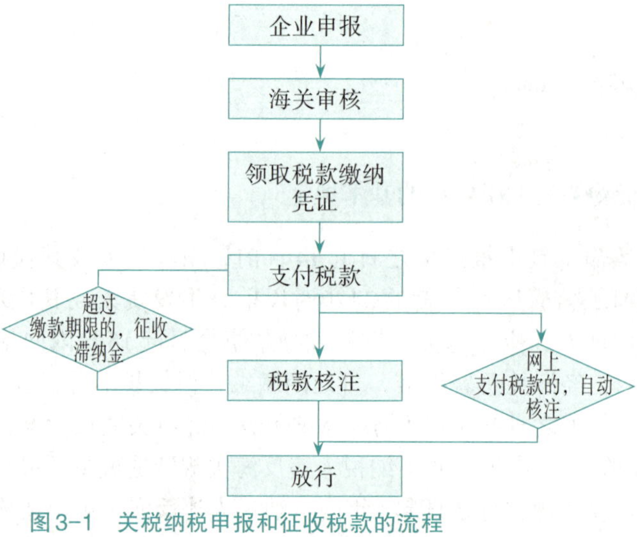

图3-1　关税纳税申报和征收税款的流程

【提示】本流程适合于中华人民共和国准许进出口的货物，不适用于进境行李物品、邮递物品进口税和船舶吨税的征收。

引例解析

本任务“引例”解析如下：

（1）大华机械制造有限公司应按照关税相关法律规定的时间和要求如实填写进口货物报关单，详细列明商品名称、编号、规格、价格、保费及其他相关费用、原产地、数量等信息，等待海关审核。

（2）计算缴纳关税金额。

应交关税 = 1 000 × 30 × 5% = 1 500（元）

（3）海关审核无误通过后，填写海关进口关税专用缴款书，见表3-1，向指定国库银行交税。

知识链接

进（出）口货物报关单、进（出）口关税专用缴款书

表 3-1　　海关进口关税专用缴款书（收据联）

收入系统：海关系统　　填发日期：2020 年 5 月 22 日

No.22020099079340919

<table>
<tr><td rowspan="3">收款单位</td><td>收入机关</td><td colspan="3">中央金库</td><td rowspan="3">缴款单位（人）</td><td>名称</td><td>大华机械制造有限公司</td><td rowspan="10">第一联：（收据）国库收款签章后交缴款单位或缴款人</td></tr>
<tr><td>科目</td><td>进口关税</td><td>预算级次</td><td>中央</td><td>账号</td><td>439225581649461</td></tr>
<tr><td>收缴国库</td><td colspan="3">国家金库北京市分库</td><td>开户银行</td><td>招商银行北京分行</td></tr>
<tr><td colspan="2">税号</td><td>货物名称</td><td>数量</td><td>单位</td><td>完税价格（¥）</td><td>税率（%）</td><td>税款金额（¥）</td></tr>
<tr><td colspan="2">8481400000</td><td>溢流阀</td><td>30</td><td>套</td><td>1 000.00</td><td>5</td><td>1 500.00</td></tr>
<tr><td colspan="7">金额人民币（大写）壹仟伍佰元整</td><td>合计 1 500.00</td></tr>
<tr><td colspan="2">申请单位编号</td><td colspan="2"></td><td>报关单编号</td><td>220200990 79340919</td><td>填制单位</td><td>收缴国库（银行）</td></tr>
<tr><td colspan="2">合同（批文）号</td><td colspan="2">合同（批文）号 079</td><td>运输工具号</td><td>5200500535</td><td rowspan="3">制单人___
复核人___</td><td rowspan="3"></td></tr>
<tr><td colspan="2">缴款日期</td><td colspan="2">2020 年 6 月 1 日</td><td>提/装货单号</td><td>RQ174603</td></tr>
<tr><td colspan="6">备注</td></tr>
</table>

单元小结

关税是由设置在边境、沿海口岸或境内的水、陆、空国际交往通道的海关对进出国境或关境的货物和物品征收的一种税。关税纳税人为进口货物收货人、出口货物发货人、进出境物品的所有人。关税会计涉及进口和出口货物关税完税价格的确定，包括从价税、从量税、复合税和滑准税应纳税额的计算及会计处理；企业进出口货物关税纳税申报方法。

随堂测试

一、单项选择题

1.下列各项不属于特别关税的是（　　）。

A.报复性关税　　B.最惠国关税　　C.保障性关税　　D.反倾销关税

2.下列机构中，有权决定征收特别关税的货物适用国别、税率、期限的是（　　）。

A.商务部　　B.财政部

C.海关总署　　D.国务院关税税则委员会

3.下列各项中，可以计入出口货物完税价格的是（　　）。

A.出口货物运送至我国境内输出地点装载前的运输及保险费

B.出口关税

C.包含在成交价格中的支付给境外的佣金

D.售价中包含的离境口岸至境外口岸之间的运输费用

4.2020年3月，某贸易公司进口一批货物，合同中约定的成交价为人民币500万元，支付境内特许销售权使用费人民币20万元，卖方佣金人民币6万元。该批货物运抵境内输入地起卸前发生的运费、保险费共计人民币7万元，则该批货物的完税价格为人民币（　　）元。

A. 5 070 000　　B.5 260 000　　C.5 200 000　　D.5 330 000

5.下列各项不属于关税纳税义务人的是（　　）。

A.邮递进境货物的发货人　　B.进口货物的收货人

C.出口货物的发货人　　D.邮递出口货物的寄件人

6.下列进口货物中，免征进口关税的是（　　）。

A.关税税额为人民币100元的一票货物

B.外国政府无偿赠送的物资

C.具有一定商业价值的样品

D.因为保管不当造成毁损的进口货物

7.下列进口货物中采用复合方式计征关税的是（　　）。

A.葡萄酒　　B.摩托车　　C.数字照相机　　D.木材

8.下列各项不属于关税征税对象的是（　　）。

A.境内个人之间转让的位于境外的房产

B.寄到境外的个人邮递物品

C.出口海外的商品

D.入境旅客随身携带的准许进境的行李物品

9.在进行税则归类时，对于制成品应首先考虑按照（　　）归类。

A.成分组成　　B.主要材质　　C.用途　　D.材料属性

10.对机器所用零部件，如与主件同时进口且数量合理，其原产地确定的标准是（　　）。

A.按最终制造完成国确定　　B.按进口国确定

C.按各自的原产地确定　　D.按主件的原产地确定

二、多项选择题

1.我国加入世贸组织后，下列税率可以作为关税减征基准的有（　　）。

A.最惠国税率　　B.特惠税率　　C.协定税率　　D.普通税率

2.下列属于关税的强制执行措施的有（　　）。

A.强制扣款　　B.变价拍卖抵税

C.处以应纳税款的2倍罚款　　D.征收滞纳金

3.下列各项中，符合关税特定减免税的有（　　）。

A.加工贸易产品　　B.残疾人专用品

C.无商业价值的广告品　　D.慈善捐赠物资

4.海关可以在境内获得的数据为基础估定完税价格，但以下不得使用的价格有（　　）。

A.可供选择的价格中较高的价格　　B.境内生产的货物在境内销售的价格

C.货物在出口地市场的销售价格　　D.出口到第三国的货物销售价格

5.下列原产地的确定，符合我国关税规定的有（　　）。

A.在南非开采的钻石在中国香港加工，加工后增值部分占钻石总值的比例为20%，其原产地为中国香港

B.中国新疆提供棉纱，在越南加工为成衣，原产地为越南

C.在澳大利亚开采的矿石经过新西兰转运，原产地为澳大利亚

D.从日本船只上卸下的海鱼，其原产地为日本

三、判断题

1.由买方支付的入关后的运输费用应计入进口货物关税完税价格。（　　）

2.反补贴关税属于特别关税。（　　）

3.进口货物收货人不属于关税纳税义务人。（　　）

4.强制扣缴是海关可以采取的强制措施。（　　）

5.海关不得征收关税滞纳金。（　　）

6.关税税额为50元以下的一票货物可以免征关税。（　　）

7.外国客户提供的具有商业价值的样品可以免征关税。（　　）

8.新闻纸适用复合计税办法征收关税。（　　）

9.准许出境的贸易商品属于关税征税对象。（　　）

10.残疾人专用品属于关税法定免税物品。（　　）

四、业务题

南京市某进出口公司进口设备一批，货物实际成交价格折合人民币为200万元（包括单独计价并经海关审查属实的进口后设备安装费20万元），向中介经纪人支付的佣金10万元，另运费及保险费无法确定，海关按同类货物同期同程运输费及保险费30万元计算。假设该货物适用的关税税率为20%，增值税税率为13%，消费税税率为5%。

要求：

（1）计算该进出口公司关税完税价格；

（2）计算该进出口公司应缴纳的关税；

（3）计算该进出口公司应缴纳的消费税；

（4）计算该进出口公司应缴纳的增值税；

（5）编制与该进口业务相关的会计分录。

单元实训

一、实训目的

（1）熟悉关税的纳税申报流程；

（2）能熟练计算进口环节应缴纳的各项税额；

（3）能熟练进行进出口有关业务的会计处理。

二、实训资料

（一）企业概况

企业名称：江陵市环球贸易有限责任公司

企业性质：国有企业

法人代表：王伟

企业办税员：杨梅

企业地址及电话：江陵市滨江开发区26号，86518888

开户银行及账号：中国工商银行江陵支行滨江开发区分理处，4368745842156984682

纳税人识别号：430112546846873

（二）模拟业务

该公司为外贸公司，主要从事进出口贸易业务，包括自营进出口业务和代理进出口业务。

2020年9月份发生如下进出口业务：

（1）9月1日，从澳大利亚进口一批原材料矿石65吨，商品以到岸价格成交，成交价为100万澳元，另支付佣金5万澳元，外汇汇率为1澳元＝RMB4.8，该商品进口关税税率为10%，增值税税率为13%，海关于当天填发了税款缴款书。

（2）9月3日，将一台自用的设备运往美国修理，出境时向海关报明设备价值60万美元，外汇汇率为＄1＝RMB7.00。本月28日复运进境时支付境外修理费2万美元，料件费3万美元，复运进境时的外汇汇率为＄1＝RMB7.00，该设备适用的关税税率为10%（不考虑增值税）。

（3）9月10日，从美国进口商品一批，到岸价格为50万美元，进口关税税率为10%，增值税税率为13%，外汇汇率为＄1＝RMB7.00。

（4）9月19日，对外自营出口商品一批，该商品的FOB价格为300万美元，外汇汇率为＄1 = RMB7.00，出口关税税率为5%（不考虑增值税）。

（5）9月20日，进口一批货物，约定成交价格为人民币300万元，支付特许权使用费人民币10万元，支付卖方佣金人民币3万元，运抵境内的运费和保险费共计15万元，关税税率10%（不考虑增值税）。

（6）9月26日，出口一批锌锭到国外，成交价格200万元（含货物装载前的运费5万元），支付佣金5万元，支付国外的运费和保险费10万元，出口关税税率20%（不考虑增值税）。

假设进出口货物于当天完成报关手续，缴纳了相关税费。

三、实训要求

（1）逐笔审核经济业务，确定进出口货物的完税价格，计算进出口货物的关税税额和进出口货物应缴纳的增值税税额，编制会计分录（或填制记账凭证）；

（2）填写进口货物、出口货物报送单；

（3）仅就业务（1）填写“进（出）口关税专用缴款书”。

四、实训结果评价

实训结果评价见表3-2。

表3-2 实训结果评价

序号	技能项目	得分
1	计算关税完税价格、关税税额、增值税税额	20
2	逐笔编制会计分录	60
3	填写关税税款专用缴款书	20
合计		100

第四单元

土地增值税会计

【职业能力目标】

通过本单元学习，熟悉土地增值税的纳税范围、税目及税率；能熟练计算应缴纳的土地增值税税额；会进行土地增值税相关的会计处理；会填制土地增值税纳税申报表；了解土地增值税涉税风险管控。

【典型工作任务】

- 土地增值税会计典型工作任务
  - 土地增值税核算
  - 土地增值税纳税申报
  - 土地增值税涉税风险管控

任务一　土地增值税核算

引 例

天恒房地产开发公司于2020年5月转让公寓一栋，共获得货币收入8 000万元，获得购买方原准备盖楼的钢材2 000吨，其价格为2 500元/吨。公司为取得土地使用权所支付的金额为1 400万元，开发土地、建房及配套设施等共支出2 100万元，开发费用共计485万元（其中利息支出285万元，未超过扣除标准），转让房地产时共支付有关税费45万元（不包括增值税）。房地产开发费用按规定的最高比例计算。

【思考】

（1）企业缴纳了增值税，为什么还要缴纳土地增值税？

（2）该企业2020年5月应交的土地增值税是多少？

（3）该企业2020年5月如何进行土地增值税的会计处理？

知识准备

微课

土地增值税核算

知识链接

《中华人民共和国土地增值税法》

知识链接

《中华人民共和国土地增值税暂行条例》

一、土地增值税的基本规定

土地增值税是对有偿转让国有土地使用权及地上建筑物及其附着物（以下简称转让房地产）的单位和个人，以其取得的增值收入为征税对象，依照规定税率征收的一种收益税。开征土地增值税，旨在规范土地、房地产市场的交易秩序，合理调节土地增值收益。

《中华人民共和国土地增值税暂行条例》（以下简称《土地增值税暂行条例》）于1993年11月26日在国务院第十二次常务会议上通过，从1994年1月1日起在全国开征土地增值税。此后，财政部又发布了《中华人民共和国土地增值税暂行条例实施细则》，自1995年1月27日起施行。

（一）土地增值税的纳税人

土地增值税的纳税义务人是有偿转让国有土地使用权、地上建筑物及其附着物并取得收入的单位和个人，包括内外资企业、行政事业单位、中外籍个人等。

（二）土地增值税的征税范围

土地增值税的征税范围包括：转让国有土地使用权、地上的建筑物及其附着物连同国有土地使用权一并转让的行为。这里所指的的“国有土地使用权”不包含集体所有的土地使用权，“转让”指的是有偿转让，即转让房地产必须取得收入（特殊情况除外）。其征税范围归纳见表4-1。

表4-1 土地增值税征税范围

基本征税范围	不属于征税范围
（1）转让国有土地使用权，包括出售、交换和赠与 （2）地上建筑物及其附着物连同国有土地使用权一并转让 （3）存量房地产的买卖	（1）国有土地使用权出让行为 （2）未转让土地使用权、房产产权的行为，如房地产的出租

（三）土地增值税税率

土地增值税实行四级超率累进税率，即以纳税对象的增值率为累进依据，采用超率累进方式计算应纳税额。

1.增值率

增值率也称纳税对象数额的相对率，是指土地增值额与扣除项目之比。

2.土地增值税超率累进税率

土地增值税按土地增值额与扣除项目金额的比率（即增值率），由低到高划分为四个级次，每个级次对应不同的税率，见表4-2。

表4-2 土地增值税四级超率累进税率表

级次	土地增值额与扣除项目金额的比率	适用税率（%）	速算扣除系数（%）
1	50%（含）以下	30	0
2	50%～100%（含）	40	5
3	100%～200%（含）	50	15
4	200%以上	60	35

二、土地增值税的确认与计量

（一）应交土地增值税的计算

1.计算方法

土地增值税按照纳税人转让房地产所取得的增值额和规定的税率计算征收。增值额是指纳税人转让房地产所取得的收入减去规定扣除项目金额后的余额。其计算公式如下：

应交土地增值税 = 土地增值额 × 适用税率 − 扣除项目金额 × 速算扣除率

（1）计算增值率。其计算公式如下：

增值率 = 土地增值额 ÷ 扣除项目金额 × 100%

土地增值额 = 转让收入 − 扣除项目金额

（2）确定适用税率。根据增值率的范围，在“土地增值税四级超率累进税率表”中找出对应级次的适用税率。

（3）根据增值额和适用税率，计算应交土地增值税。

2.转让收入的确认

土地增值税的应税收入计算公式如下：

土地增值税应税收入＝含税销售额－增值税销项税额

不含税销售额＝（全部价款和价外费用－当期允许扣除的土地价款）÷（1＋税率或征收率）

增值税销项税额＝不含税销售额×增值税税率或征收率

【提示】纳税人转让房地产所取得的收入，是指转让房地产的全部价款和经济利益，这里的“收入”是指不含增值税的收入，含转让收入和视同销售收入。具体形式包括货币收入、实物收入和其他收入。视同销售是指纳税人将开发产品用于职工福利、奖励、对外投资、分配给股东或投资者、抵偿债务、非货币性资产交换等。

知识拓展

房地产转让收入的特别规定

（1）《土地增值税暂行条例》中所述转让国有土地使用权、地上建筑物及其附着物并取得收入，是指以出售或者其他方式有偿转让房地产的行为，不包括以继承、赠与方式无偿转让房地产的行为。

（2）伴随着土地使用权的转让，地上的建筑物（建于土地上的一切建筑物，包括地上地下的各种附属设施）、附着物（附着于土地上的不能移动，一经移动即遭破坏的物品）也随着一并转让。如对各附属建筑物、附着物单独计价，应将所得并入收入。（建筑物如：厂房、仓库、商店、住宅、地下室、围墙、烟囱、电梯、中央空调、管道等；附着物如：种植物、养殖物及其他物品）

（3）房地产开发企业将开发产品用于职工福利、奖励、对外投资、分配给股东或投资者、抵偿债务、换取其他单位和个人的非货币性资产等，发生所有权转移时应视同销售房地产，其收入按下列方法和顺序确认：

①按本企业在同一地区、同一年度销售的同类房地产的平均价格确定；

②由主管税务机关参照当地当年同类房地产的市场价格或评估价值确定。

（4）若隐瞒、虚报房地产成交价格，应由评估机构参照同类房地产的市场交易价格进行评估，根据评估价格确定转让房地产的收入。

（5）转让房地产的成交价格低于房地产评估价格，又无正当理由的，可参照房地产评估价格确定转让房地产的收入。

（6）对于县级及县级以上人民政府要求房地产开发企业在售房时代收的各项费用，如果代收费用是计入房价中向购买方一并收取的，可作为转让房地产所得的收入计税；如果代收费用未计入房价中，而是在房价之外单独收取的（如：挂入“其他应付款”科目的），可以不作为转让房地产的收入。

（7）房地产开发企业用建造的房地产安置回迁户的，安置用房视同销售处理，同时将此确认为房地产开发项目的拆迁补偿费。

（8）房地产开发企业在销售开发产品时，必须按规定开具相关票据。

3.扣除项目的确认

（1）转让新建房扣除项目金额的确认。对于转让新建房，为方便记忆，将允许扣除的项目归集见表4-3。

表4-3 新建房转让允许扣除项目

允许扣除项目	具体项目	说 明
1.取得土地使用权所支付的金额		包括地价款或出让金，国家规定的相关税费
2.房地产开发成本		2＝（1）＋（2）＋（3）＋（4）＋（5）＋（6）
其中	（1）土地征用及拆迁补偿费	（1）包括土地征用费、耕地占用税、劳动力安置费、地上地下附着物拆迁补偿的净支出、安置动迁用房支出； （6）包括直接组织和管理项目发生的费用，如工资、福利费、折旧费、办公费、周转房摊销等
	（2）前期工程费	
	（3）建筑安装工程费	
	（4）基础设施费	
	（5）公共配套设施费	
	（6）开发间接费	
3.房地产开发费用		3＝（7）＋（8）＋（9）
其中	（7）财务费用	（7）中的利息支出，在最高不超过按商业银行同类同期贷款利率计算金额的前提下，可以据实扣除； （8）、（9）按第1、2项金额之和5%以内计算（具体比例由省级政府规定）； 凡不能按转让房地产项目计算分摊利息支出、不能提供金融机构证明的房地产开发费用，按第1、2项金额之和10%以内计算（具体比例由省级政府规定）
	（8）销售费用	
	（9）管理费用	
4.与房地产转让有关的税费		4＝（10）＋（11）＋（12）
其中	（10）城市维护建设税	转让时如涉及增值税进项税额，允许抵扣的不计入扣除项目，不允许抵扣的计入扣除项目；免征增值税的，确定计税依据时不得扣减增值税
	（11）教育费附加	
	（12）印花税	
5.其他扣除项目（针对房地产开发企业）		按第1、2项金额之和加计20%扣除

【做中学4-1】2020年某房地产开发企业进行普通标准住宅开发，已知支付的土地出让金及相关税费为2 500万元；住宅开发成本为2 300万元；房地产开发费用中的利息支出为500万元（不能提供金融机构证明）；销售过程中缴纳增值税400万元、城市维护建设税和教育费附加40万元，印花税4万元。已知：该企业所在省人民政府规定的房地产开发费用的计算扣除比例为10%，房地产开发加计扣除比例为20%。

要求：请分析上述业务，计算土地增值税允许扣除的项目金额。

（2）转让旧房扣除项目金额的确认。对于旧房及建筑物的转让，可以按转让房地产的评估价格、取得土地使用权支付的金额及转让中支付的相关税费计算允许扣除项目金额额。转让房地产的评估价格的计算公式如下：

转让房地产的评估价格＝重置成本×成新度折扣率

式中：重置成本是指对旧房及建筑物，按转让时的建材价格及人工费用计算，建造同样面积、同样层次、同样结构、同样建设标准的新房及建筑物所需花费的成本费用。重置成本及成新度折扣率应由政府批准设立的房地产评估机构评定。

转让旧房及建筑物的扣除项目金额＝取得土地使用权支付的金额＋评估价格＋转让中缴纳的税费

【典型案例4-1】某市开发区工业企业于2020年5月转让一幢厂房，取得不含税销售收入5 000万元。该厂房2018年建造时取得土地使用权支付的价款为1 000万元。转让时经房地产评估机构评定，按现行市场价的材料、人工费计算，建造同样的厂房需4 000万元，该厂房为七成新。已按规定缴纳了转让环节（包含增值税）的有关税费共计275万元（能提供完税凭证），该企业的评估价格已经当地税务机关认定。城市维护建设税税率为7%，教育费附加征收率为3%。增值税按简易计税方法计算。

要求：计算该企业转让厂房应缴纳的土地增值税税额。

解析：

（1）转让厂房的收入为5 000万元。

（2）准予扣除的项目金额：

①取得土地使用权支付的金额为1 000万元

②房地产的评估价格＝4 000×70%＝2 800（万元）

③与转让房地产有关的税费为：5 000×5%×（7%＋3%）＝25（万元）

扣除项目金额合计：1 000＋2 800＋25＝3 825（万元）

（3）土地增值额＝5 000－3 825＝1 175（万元）

（4）土地增值率＝1 175÷3 825×100%＝30.72%

（5）应交土地增值税＝1 175×30%－0＝352.50（万元）

【做中学4-2】某市甲生产企业（增值税一般纳税人）2017年8月取得一块土地使用权，支付地价款250万元、相关税费9万元，委托建筑公司建造房产，支付工程价款160万元，为开发房地产向银行借款，支付借款利息90万元，该利息支出能够提供银行贷款证明，但不能按转让房地产项目计算分摊。2020年12月该企业将开发的房地产全部销售，取得不含增值税销售收入1 308万元并签订产权转移书据，已知该企业转让房地产适用的增值税税率为9%，不考虑地方教育附加，房地产开发费用的扣除比例为8%，城市维护建设税税率为7%，教育费附加征收率为3%。

要求：分析上述业务，计算甲生产企业应缴纳的土地增值税。

【做中学4-3】乙公司转让一幢位于城区的旧写字楼，原造价1 200万元，取得土地使用权所支付的地价款及相关费用为350万元。经房地产评估机构评定其重置成本为2 000万元，成新度折扣率为八成，转让价格3 500万元，支付有关税费100万元。

要求：分析上述业务，计算乙公司应缴纳的土地增值税。

（二）预交土地增值税的计算

按照《土地增值税暂行条例实施细则》的规定，纳税人在项目全部竣工结算前转让房地产取得的收入，由于涉及成本或其他原因，而无法据以计算土地增值税的，可以预交土地增值税，待该项目全部竣工，办理结算后再进行清算，多退少补。

为了发挥土地增值税在预征阶段的调节作用，各地须对目前的预征率进行调整。除保障性住房外，东部地区省份预征率不得低于2%，中部和东北地区省份不得低于1.5%，西部地区省份不得低于1%。房地产开发企业预售房产和现房销售都应预交土地增值税。

1.预售房产

房地产开发企业预售房产时，增值税不论采用一般计税方法还是简易计税方法，预交增值税一律采用统一的预征率（目前为3%）计算。预交土地增值税的计算公式如下：

预交土地增值税＝预交土地增值税计征依据×预征率

预交土地增值税计征依据＝预收款－应预交增值税

应预交增值税＝［预收款÷（1＋适用税率或征收率）］×3%

2.现房销售

现房销售时，在土地增值税清算前，应预交土地增值税。

（1）适用增值税一般计税方法的纳税人预交土地增值税的计算公式如下：

预交土地增值税＝预交土地增值税计征依据×预征率

预交土地增值税计征依据＝价税合计－销项税额

销项税额＝［（价税合计－允许扣除的土地价款）÷（1＋适用税率）］×适用税率

（2）适用增值税简易计税方法的纳税人预交土地增值税的计算公式如下：

预交土地增值税＝预交土地增值税计征依据×预征率

预交土地增值税计征依据＝价税合计－应交增值税

应交增值税＝［价税合计÷（1＋5%）］×5%

【典型案例4-2】天恒房地产开发公司2020年7月预售普通住宅取得预收款10 000万元，开工许可证在“营改增”后取得，适用增值税一般计税方法，本省规定的土地增值税预征率为2%。

要求：计算预交土地增值税。

解析：预交增值税＝10 000÷（1＋9%）×3%≈275.2294（万元）

预交土地增值税＝（10 000－275.2294）×2%≈194.4954（万元）

（三）土地增值税的清算

土地增值税的清算是指纳税人符合清算条件，按规定计算房地产开发项目应缴纳的土地增值税，并填写“土地增值税清算申报表”，向主管税务机关提供有关资料，办理土地增值税清算手续，结清房地产项目应缴纳的土地增值税税款的行为。

1.土地增值税的清算单位

（1）土地增值税以国家有关部门审批的房地产开发项目为单位进行清算；

（2）对于分期开发的项目，以分期项目为单位进行清算；

（3）对不同类型房地产应当分别计算增值额、增值率，缴纳土地增值税。

2.土地增值税的清算条件

（1）符合下列情形之一的，纳税人应（主动）进行土地增值税的清算：

①房地产开发项目全部竣工，完成销售的；

②整体转让未竣工决算房地产开发项目的；

③直接转让土地使用权的。

对于符合以上清算条件，应进行土地增值税清算的项目，纳税人应当在满足条件之日起90日内到主管税务机关办理清算手续。

（2）符合下列情形之一的，主管税务机关可要求纳税人进行土地增值税清算：

①已竣工验收的房地产开发项目，已转让的房地产建筑面积占整个项目可售建筑面积的比例在85%以上，或该比例虽未超过85%，但剩余的可售建筑面积已经出租或自用的；

②取得销售（预售）许可证满3年仍未销售完毕的；

③纳税人申请注销税务登记证但未办理土地增值税清算手续的；

④省税务机关规定的其他情况。

对于符合上述清算条件，税务机关可要求纳税人进行土地增值税清算的项目，由主管税务机关确定是否进行清算；对于确定需要进行清算的项目，由主管税务机关下达清算通知，纳税人应当在收到清算通知之日起90日内办理清算手续。

知识拓展

土地增值税清算报送资料

（1）房地产开发企业清算土地增值税书面申请、土地增值税纳税申报表。

（2）项目竣工决算报表、取得土地使用权所支付的地价款凭证、国有土地使用权出让合同、银行贷款利息结算通知单、项目工程合同结算单、商品房购销合同统计表等与转让房地产收入、成本和费用有关的证明资料。

（3）主管税务机关要求报送的其他与土地增值税清算有关的证明资料。

【典型案例4–3】天恒房地产开发公司在普通住宅项目竣工前，预售房地产，取得预售收入10 000万元，预交土地增值税194.4954万元；项目竣工后，假设取得的全部收入为30 000万元，经计算，假设应交土地增值税为700万元。

要求：进行土地增值税清算。

解析：清算时土地增值税多退少补的金额 = 700 − 194.4954 = 505.5046（万元）

清算环节，应补缴土地增值税505.5046万元。

三、土地增值税的会计处理

（一）主营房地产企业土地增值税的会计处理

主营房地产企业是指这些企业的房地产经营收入占其全部经营收入的较大比重，对企业的经营业绩起着关键的作用。

1. 现售房地产

现售房地产，是指销售现货房地产，采用一次性收款方式的，应将房地产移交使用、发票结算账单提交买主时作为销售实现；采用分期收款、赊销方式的，应以合同规定的收款时间为销售实现时间，分次结转收入。

确认收入时，借记“银行存款”等科目，贷记“主营业务收入”“应交税费——应交增值税（销项税额）”科目；同时，计算应交土地增值税，借记“税金及附加”科目，贷记“应交税费——应交土地增值税”科目。

【典型案例4-4】天悦房地产开发公司于2020年6月转让公寓一栋，共获得货币收入9 000万元，公司为取得土地使用权所支付的金额为1 500万元，开发土地、建房及配套设施等共支出2 500万元，开发费用共计505万元（其中利息支出295万元，未超过扣除标准），转让房地产时共支付有关税费50万元（不含增值税）。房地产开发费用按规定的最高比例计算。假设不考虑其他相关税金。

要求：（1）计算该企业2020年6月应交土地增值税；

（2）进行土地增值税相关的会计处理。

解析：（1）计算应交土地增值税。

①计算转让收入。

收入额 = 9 000万元

②计算允许扣除项目金额。

取得土地使用权支付金额 = 1 500万元

房地产开发成本 = 2 500万元

房地产开发费用实际支出比例 = （505 − 295）÷（1 500 + 2 500）×100% = 5.25%，超过5%限额，按5%计算：

房地产开发费用 = 295 + （1 500 + 2 500）×5% = 495（万元）

有关税费 = 50万元

其他加计扣除项目 = （1 500 + 2 500）×20% = 800（万元）

扣除项目金额 = 1 500 + 2 500 + 495 + 50 + 800 = 5 345（万元）

③计算应交土地增值税。

增值额 = 9 000 − 5 345 = 3 655（万元）

增值率 = 3 655÷5 345×100% = 68.38%

应交土地增值税 = 3 655×40% − 5 345×5% = 1 194.75（万元）

（2）编制会计分录。

①实现收入。

借：银行存款	90 000 000	
贷：主营业务收入		90 000 000

②计算应交土地增值税。

借：税金及附加	11 947 500	
贷：应交税费——应交土地增值税		11 947 500

2.预售房地产

预售房地产，是指商品房预售。采用一次性收款或分次收款方式的，收到购房款时，借记“银行存款”科目，贷记“预收账款”科目；按规定预交土地增值税时，借记“应交税费——应交土地增值税”科目，贷记“银行存款”等科目；待商品房交付使用后，开出发票结算账单交给买主时，确认收入实现，并进行结算，借记“预收账款”

“银行存款”等科目，贷记“主营业务收入”“应交税费——应交增值税（销项税额）”科目，同时计算应交土地增值税，借记“税金及附加”科目，贷记“应交税费——应交土地增值税”科目；该项目全部竣工、办理决算后进行清算，多退少补，收到退回多交的土地增值税时，借记“银行存款”科目，贷记“应交税费——应交土地增值税”科目，补交时，做相反会计分录。

【典型案例4-5】沿用【典型案例4-2】的资料。假如12月天恒房地产开发公司办理产权转移手续，给购房者开具的增值税专用发票售价为13 625万元（含税），收妥剩余款项，经计算，当月应交土地增值税为227.10万元。竣工决算后办理土地增值税清算工作。

要求：(1) 计算天恒房地产开发公司年末应补（退）土地增值税税额；

(2) 进行预交和补交土地增值税相关的会计处理。

解析：按业务发生的先后顺序进行计算和会计处理如下：

(1) 收到预收款。

借：银行存款　　100 000 000

　　贷：预收账款　　100 000 000

(2) 预交增值税、预交土地增值税。

预交增值税＝10 000÷（1＋9%）×3%＝275.2294（万元）

预交土地增值税＝（10 000－275.2294）×2%＝194.4954（万元）

借：应交税费——预交增值税　　2 752 294

　　贷：银行存款　　2 752 294

借：应交税费——应交土地增值税　　1 944 954

　　贷：银行存款　　1 944 954

(3) 确认收入、结清款项。

不含税收入＝13 625÷（1＋9%）＝12 500（万元）

销项税额＝12 500×9%＝1 125（万元）

借：预收账款　　100 000 000

　　银行存款　　36 250 000

　　贷：主营业务收入　　125 000 000

　　　　应交税费——应交增值税（销项税额）　　11 250 000

(4) 当月应交土地增值税。

借：税金及附加　　2 271 000

　　贷：应交税费——应交土地增值税　　2 271 000

(5) 清算时，补交土地增值税。

补交的土地增值税＝227.10－194.4954＝32.6046（万元）

借：应交税费——应交土地增值税　　326 046

　　贷：银行存款　　326 046

（二）非主营房地产企业土地增值税的会计处理

根据企业对房地产的核算方法不同，企业应交土地增值税的会计处理也有所区别。

1.土地使用权与房地产一并核算

企业转让国有土地使用权连同地上建筑物及其附着物时，该土地使用权连同房地产一并在“固定资产”账户核算的，转让时应交的土地增值税应通过“固定资产清理”等科目核算，借记“固定资产清理”科目，贷记“应交税费——应交土地增值税”科目。

【典型案例4-6】天地公司为一家非主营房地产企业，该企业为增值税一般纳税人，2020年6月，出售一栋自建厂房，该厂房于“营改增”前建成，企业采用简易计税方法计算增值税，征收率为5%，厂房原价1 200万元，已提折旧400万元，未计提减值准备。实际出售价格为2 000万元，款项已存入银行。计算土地增值税时，税务机关认定的重置成本为1 800万元，成新度折扣率为80%。转让厂房时除增值税外不考虑其他相关税费。

要求：（1）计算转让自建厂房应交土地增值税；

（2）进行土地增值税相关的会计处理（不考虑其他附加税费）。

解析：计算过程及会计分录编制如下：

（1）将出售的房地产转入清理。

借：固定资产清理 8 000 000

　　累计折旧 4 000 000

　　贷：固定资产 12 000 000

（2）确认转让收入、计算应交税费。

①应交增值税＝2 000÷（1＋5%）×5%＝95.2381（万元）

②应交土地增值税的计算。

转让收入＝2 000÷（1＋5%）＝1 904.7619（万元）

扣除项目金额＝1 800×80%＝1 440（万元）

增值额＝1 904.7619－1 440＝464.7619（万元）

增值率＝464.7619÷1 440×100%＝32.275%

应交土地增值税＝464.7619×30%－0＝139.4286（万元）

借：银行存款 20 000 000

　　贷：固定资产清理 19 047 619

　　　　应交税费——应交增值税（销项税额） 952 381

借：固定资产清理 1 394 286

　　贷：应交税费——应交土地增值税 1 394 286

注：如厂房为购买取得，应交增值税＝（2 000－1 200）÷（1＋5%）×5%＝38.0952（万元）。

（3）结转转让厂房的净损益。

固定资产清理＝1 904.7619（贷）－800（借）－139.4286（借）

　　　　　　＝965.3333（万元）

借：固定资产清理 9 653 333

　　贷：资产处置损益 9 653 333

2. 土地使用权与房地产分开核算

土地使用权在“无形资产”科目核算的，如为行政划拨方式取得的，转让时应先补交出让金，并将其计入无形资产成本；转让土地使用权时，应借记“银行存款”“累计摊销”“无形资产减值准备”等科目，贷记“无形资产”“应交税费——应交土地增值税”等科目，按其差额，借记或贷记“资产处置损益”科目。

【做中学4-4】天地公司为一家非主营房地产企业，该企业为增值税一般纳税人，公司于“营改增”后转让以行政划拨方式取得的土地使用权，转让土地使用权应补交土地出让金6万元，取得土地使用权转让收入218 000元（含增值税），增值税税率为9%。

要求：计算转让土地使用权应交土地增值税，并作出相关的会计处理。

引例解析

本任务“引例”解析如下：

（1）增值税和土地增值税虽然都是就增值额进行课税的税种，但二者是性质不同的两种税。增值税是对在我国境内销售货物或者加工、修理修配劳务，销售服务、无形资产、不动产以及进口货物的单位和个人，就其销售货物、劳务、服务、无形资产、不动产的增值额和货物进口金额为计税依据而课征的具有普适性的一种流转税，范围涉及国民经济各行各业。土地增值税专门针对房地产经营企业等单位和个人，有偿转让国有土地使用权以及在房屋销售过程中获得的收入，扣除开发成本等支出后的增值部分，按一定比例向国家缴纳的一种税。土地增值税实际上是一种反房地产暴利税，属于调节税。目前我国土地增值税实行四级超率累进税率，对土地增值率高的多征，增值率低的少征，无增值的不征，例如增值率大于20%未超过50%的部分，税率为30%，增值率超过200%的部分，则要按60%的税率进行征税。故转让房地产并取得收入的单位和个人，除了缴纳增值税外还要缴纳土地增值税。

（2）2020年5月企业应交土地增值税计算如下：

①计算转让收入。

收入额 = 8 000 + 2 000×0.25 = 8 500（万元）

②计算允许扣除项目金额。

取得土地使用权支付金额 = 1 400万元

房地产开发成本 = 2 100万元

房地产开发费用 = 285 +（1 400 + 2 100）×5% = 460（万元）

有关税金 = 45万元

其他加计扣除项目 =（1 400 + 2 100）×20% = 700（万元）

扣除项目金额 = 1 400 + 2 100 + 460 + 45 + 700 = 4 705（万元）

③计算应交土地增值税。

增值额 = 8 500 − 4 705 = 3 795（万元）

增值率 = 3 795÷4 705×100% = 80.66%

应交土地增值税 = 3 795×40% − 4 705×5% = 1 282.75（万元）

（3）编制会计分录。

①实现收入，假如不考虑增值税。

借：银行存款	80 000 000	
原材料	5 000 000	
贷：主营业务收入		85 000 000

②计算应交土地增值税。

借：税金及附加	12 827 500	
贷：应交税费——应交土地增值税		12 827 500

工作任务设计4-1

土地增值税会计业务处理

任务描述：

天宏房地产开发企业（增值税一般纳税人）在当地开发建造普通标准住宅，2017年8月取得土地使用权支付金额1 200万元、缴纳相关税费48万元，发生房地产开发成本1 000万元，另发生利息支出100万元（含加罚利息10万元，未超过扣除标准），该利息支出能够按转让房地产项目计算分摊并能提供银行贷款利息证明。2020年12月将开发的房地产全部销售，取得销售收入5 250万元并签订产权转移书据。其他房地产开发费用的扣除比例为4%，该企业转让不动产选择简易计税办法，适用的增值税征收率为5%，城市维护建设税税率为7%，教育费附加征收率为3%。

要求：请计算企业应缴纳的土地增值税，并作出相关会计处理。

操作步骤：在老师的指导下完成。

任务二 土地增值税纳税申报

引 例

大地房地产开发有限责任公司是一家私营企业，法人代表：王亮。企业办税员：李红。公司地址及电话：南京市江宁区竹山路18号，025-84631111。开户银行及账号：工商银行南京分行，6333012305507459。纳税人识别号：3201211752113547。

该公司主营房地产开发及销售，2020年开发一项房地产发生如下经济业务：

（1）5月12日，向银行贷款10 000万元，期限6个月，年利率6%，用于开发商品房。

（2）5月20日，购买土地一块，支付地价款2 000万元，支付土地征用和拆迁补偿费500万元，前期工程费500万元，基础设施费300万元。

（3）8月1日，支付建筑安装工程费4 000万元，公共配套设施费1 000万元。

（4）10月15日，商品房开发完成，共发生期间费用600万元，其中管理费用120万元，销售费用180万元，利息支出300万元，有金融机构证明，销售房地产收入20 000万元。该公司符合抵扣条件的进项税额为486.2385万元。

（5）10月30日，按规定计算了城市维护建设税、教育费附加。（假设不考虑印花税）

【思考】

（1）如何计算应交土地增值税？

（2）如何进行土地增值税纳税申报，填制纳税申报表？

知识准备

一、土地增值税的纳税期限

（一）土地增值税纳税期限的一般规定

土地增值税的纳税人应于转让房地产合同签订后7日内，到房地产所在地主管税务机关办理纳税申报，并向税务机关提交规定的资料，然后在税务机关规定的期限内缴纳土地增值税。

向税务机关提交的资料应当包括：房屋及建筑物产权、土地使用权证书；土地使用权转让、房屋买卖合同；房地产评估报告；其他与转让房地产有关的资料。

（二）土地增值税纳税期限的特殊规定

（1）纳税人因经常发生房地产转让而难以在每次转让后申报的，经税务机关审核同意后，可以按月或按季定期进行纳税申报，具体期限由主管税务机关根据情况确定。

（2）纳税人采取预售方式销售房地产的，对在项目全部竣工结算前转让房地产取得的收入，税务机关可以预征土地增值税。具体办法由各省、自治区、直辖市税务机关根据当地情况制定。

（3）对于纳税人预售房地产所取得的收入，凡当地税务机关规定预征土地增值税的，纳税人应当到主管税务机关办理纳税申报，并按规定比例预交，待办理完纳税清算后，多退少补。

（4）纳税人应按照税务机关核定的税额及期限缴纳土地增值税。纳税人没有依法缴纳土地增值税的，土地管理部门、房产管理部门可以拒办权属变更关系。

二、土地增值税的纳税地点

知识链接　土地增值税纳税申报表

房地产的所在地是指房地产的坐落地。土地增值税的纳税人发生应税行为应向房地产所在地主管税务机关缴纳税款。纳税人转让的房地产坐落在两个或两个以上地区的，应按房地产所在地分别进行申报。

（一）纳税人是法人

纳税人是法人的，当转让的房地产坐落地与其机构所在地或经营所在地一致时，则在办理税务登记的原管辖税务机关申报纳税即可；如果转让的房地产坐落地与其机构所在地或经营所在地不一致时，则应在房地产坐落地所管辖的税务机关申报纳税。

（二）纳税人是自然人

纳税人是自然人的，当转让的房地产坐落地与其居住地一致时，则在居住地税务机关办理申报纳税；当转让的房地产坐落地与其居住地不一致时，则应在房地产坐落地的税务机关申报纳税。

三、土地增值税的纳税申报

纳税人应当正确填写“土地增值税纳税申报表”，按照税务机关的要求进行纳税申报。土地增值税的纳税主体不同，其申报表也不相同。现行申报表有七种，详细资料请参照知识链接。

引例解析

本任务“引例”解析如下：

（1）计算应交土地增值税。

①计算增值税。

销售额＝20 000÷（1＋9%）＝18 348.6239（万元）

增值税销项税额＝18 348.6239×9%＝1 651.3762（万元）

应交增值税＝1 651.3762－486.2385＝1 165.1377（万元）

②计算土地增值税。

土地使用费＝2 000万元

土地开发成本＝500＋500＋300＋4 000＋1 000＝6 300（万元）

管理费用、销售费用比例＝（120＋180）÷（2 000＋6 300）＝0.0361＜0.05，因此可以按建造成本的最高比例5%扣除。

管理费用、销售费用扣除金额＝（2 000＋6 300）×5%＝415（万元）

财务费用＝300万元

城建税及教育费附加＝1 165.1377×（7%＋3%）＝116.5138（万元）

加计扣除金额＝（2 000＋6 300）×20%＝1 660（万元）

允许扣除项目合计＝2 000＋6 300＋300＋415＋1 660＋116.5138
＝10 791.5138（万元）

增值额＝18 348.6239－10 791.5138＝7 557.1101（万元）

增值率＝7 557.1101÷10 791.5138×100%≈70%

应交土地增值税＝7 557.1101×40%－10 791.5138×5%＝2 483.2684（万元）

（2）根据上述结果填列土地增值税纳税申报表（见表4-4）。

表4-4　**土地增值税纳税申报表（二）**

（从事房地产开发的纳税人清算适用）

税款所属时间：2020年10月01日至2020年10月31日　　填表日期：2020年10月31

纳税人识别号 320121175211354 7

金额单位：元至角分　　面积单位：平方米

纳税人名称	大地房地产开发有限责任公司	项目名称	商品房	项目编号		项目地址	南京市江宁区竹山路18号
所属行业	房地产开发企业	登记注册类型	私营企业	纳税人地址	南京市江宁区竹山路18号	邮政编码	
开户银行	工商银行南京分行	银行账号	6333012305507459	主管部门		电　话	025-84631111
总可售面积				自用和出租面积			
已售面积		其中：普通住宅已售面积		其中：非普通住宅已售面积		其中：其他类型房地产已售面积	

项　目		行次	金额：普通住宅	金额：非普通住宅	金额：其他类型房地产	金额：合计
一、转让房地产收入总额　1=2+3+4		1	183 486 239			183 486 239
其中	货币收入	2	183 486 239			183 486 239
	实物收入及其他收入	3				
	视同销售收入	4				
二、扣除项目金额合计　5=6+7+14+17+21+22		5	107 915 138			107 915 138
1.取得土地使用权所支付的金额		6	20 000 000			20 000 000
2.房地产开发成本　7=8+9+10+11+12+13		7	63 000 000			63 000 000
其中	土地征用及拆迁补偿费	8	5 000 000			5 000 000
	前期工程费	9	5 000 000			5 000 000
	建筑安装工程费	10	40 000 000			40 000 000
	基础设施费	11	3 000 000			3 000 000
	公共配套设施费	12	10 000 000			10 000 000
	开发间接费用	13				
3.房地产开发费用　14=15+16		14	7 150 000			7 150 000
其中	利息支出	15	3 000 000			3 000 000
	其他房地产开发费用	16	4 150 000			4 150 000

续表

项目			行次	金额			
				普通住宅	非普通住宅	其他类型房地产	合计
4.与转让房地产有关的税金等 17=18+19+20			17	1 165 138			1 165 138
其中	营业税		18				
	城市维护建设税		19	815 596			815 596
	教育费附加		20	349 542			349 542
5.财政部规定的其他扣除项目			21	16 600 000			16 600 000
6.代收费用			22				
三、增值额 23=1-5			23	75 571 101			75 571 101
四、增值额与扣除项目金额之比（%）24=23÷5			24	70			70
五、适用税率（%）			25	40			40
六、速算扣除系数（%）			26	5			5
七、应缴土地增值税税额 27=23×25-5×26			27	24 832 684			24 832 684
八、减免税额 28=30+32+34			28	0			0
其中	减免税（1）	减免性质代码（1）	29				
		减免税额（1）	30	0			0
	减免税（2）	减免性质代码（2）	31				
		减免税额（2）	32	0			0
	减免税（3）	减免性质代码（3）	33				
		减免税额（3）	34	0			0
九、已缴土地增值税税额			35	0			0
十、应补（退）土地增值税税额 36=27-28-35			36	0			0

以下由纳税人填写：

纳税人声明	此纳税申报表是根据《中华人民共和国土地增值税暂行条例》及其实施细则和国家有关税收规定填报的，是真实的、可靠的、完整的。				
纳税人签章		代理人签章		代理人身份证号	

以下由税务机关填写：

受理人		受理日期	年 月 日	受理税务机关签章	

本表一式两份，一份纳税人留存，一份税务机关留存。

工作任务设计4-2

土地增值税纳税申报

任务描述：

巨星外贸公司是一家民营企业（增值税一般纳税人），法人代表是张巨星，企业办税员是蒋钦。公司地址及电话：南京市江宁区竹山路20号，025-84635211。开户银行及账号：工商银行南京分行，6333012305607433。纳税人识别号：3201211755123548。

该公司主营外贸商品及销售，2020年发生如下一项房屋转让业务：

5月1日签订房屋转让合同，当日出售一栋前期购置的办公楼。该办公楼2017年10月1日购置时开具的购房发票上注明价款为2 000万元。该办公楼未经评估。转让时取得转让收入3 000万元（含税），该公司选择按简易办法计税，已按规定缴纳了转让环节的有关税费（城市维护建设税税率为7%，教育费附加征收率为3%），并已缴纳交易环节有关费用55万元。

要求：

（1）计算该外贸公司本月应缴纳的土地增值税，并进行相关会计处理。

（2）选择并填写适合本公司的“土地增值税纳税申报表”。

操作步骤：在老师的指导下完成。

任务三　土地增值税涉税风险管控

引 例

北京东城房地产开发公司建设东城小区项目，于2017年到东城地方税务局办理了土地增值税项目登记手续。2017年开工建设，2018年取得预售许可证对商品房进行预销售，总面积为20万平方米，其中商品房面积为17万平方米，其余为不可出售的自用办公用房3万平方米，另外还有配套设施面积1.2万平方米。截至2020年10月，可售面积中已出售住宅12万平方米（该住宅按标准认定为普通住宅），取得销售收入90 000万元（货币收入），出售商业用门面房1.5万平方米，取得销售收入25 500万元，出售办公用商品房2.5万平方米，取得销售收入27 500万元，剩余未销售面积1万平方米中，已对外出租0.4万平方米，取得租金20万元。公共配套设施的用途分别为变电站、热力站、物业管理用房、托儿所、派出所、车库、游泳馆。该项目取得土地使用权所支付的总金额为45 320万元，开发成本总计49 360万元，其中包括土地拆迁及补偿费3 970万元、前期工程费11 507.07万元、建筑安装工程费用29 000万元、基础设施费158.60万元，公共配套设施费2 794.27万元，开发间接费1 930.06万元。缴纳的城市维护建设税和教育费附加为715万元，房地产加计扣除金额为15 148.80万元。经过计算，该项目的普通住宅部分，因增值额未超过扣除项目金额的20%，免征土地增值税。该项目的商业及办公用房部分，增值额为26 416.95万元，适用税率为40%，速算扣除率为5%，计算的应交土地增值税为9 237.6275万元。

【思考】

（1）土地增值税涉税风险有哪些方面？

（2）本案涉及的土地增值税应从哪几个方面进行自查和风险管控？

一、土地增值税涉税风险的表现

在生产经营管理中，企业以税后净利润最大化为目标，追求税务成本的最小化，这一客观状况与税收本身的强制性存在矛盾，加上国家税收执法环境不断变化，以及企业管理者、财务工作者对相应政策法规理解程度的局限性，使得纳税人和税务机关对同一涉税业务存在不同的理解，这直接导致了税务风险的产生。

对于土地增值税，企业税务风险主要体现在两个方面。一方面是企业的纳税行为不符合税收法律法规的规定，应纳税而未纳税、少纳税，从而面临补税、罚款、加收滞纳金、刑罚处罚以及声誉损害等风险；另一方面是企业经营行为适用税法不准确，没有用足有关优惠政策，多缴纳了税款，承担了不必要的税收负担。

二、土地增值税涉税风险管控

由于土地增值税涉税风险主要来自客观经济环境、政策和法规环境、执法环境发生变化，以及主观财税人员对政策的理解、认知的偏差。因此，应对税务风险，主要从土地增值税风险诊断自查，构建税务风险预警系统两方面开展。

（一）土地增值税风险诊断自查

为了对税务风险进行管控，作为微观主体的企业应当建立健全企业各项制度基础，完善企业内控制度，健全税务代理制度，在此基础上，做好风险诊断自查工作，尽量做到正确纳税。土地增值税的风险诊断自查工作一般应在项目清算环节进行，保证正确纳税。

1.收入项目自查

在应交土地增值税的计算中，转让收入的计算是一个关键因素，对于收入项目的自查，主要内容归纳见表4-5。

表4-5 收入项目自查表

项目	自查事项	具体内容
收入	房地产销售面积	结合销售发票、销售合同、商品房销售（预售）许可证、房产销售分户明细表等资料，检查房地产销售面积与项目可销售面积的数据关联性是否正确
		合同所载面积与实测面积不一致而发生补、退房款的，检查面积之差计算是否正确

续表

项目	自查事项	具体内容
收入	房地产销售价格	检查销售价格有无明显偏低的情况
		检查销售折扣、折让业务是否真实，相关手续是否符合规定，折扣、折让的计算是否正确
		检查销售给关联方的价格是否公允，有无存在利用关联方交易转移利润的情形
	房地产销售	检查销售收入明细表，复核预售款、收入、成本
		采用“按揭”方式销售的，检查按揭收入是否及时申报纳税
		检查将开发产品用于职工福利、奖励、对外投资、分配给投资者或股东、抵偿债务、非货币性资产交换等视同销售的情况，有无及时申报纳税
		销售过程中收取的价外费用，有无申报纳税
		检查税法规定的其他应当申报纳税的收入

2. 扣除项目自查

在应交土地增值税的计算中，扣除项目的计算也是一个关键因素，对于扣除项目的自查，主要内容归纳见表4-6。

表4-6　　扣除项目自查表

项目	具体项目	自查事项	具体内容
扣除项目	取得土地使用权所支付的金额	地价款或出让金	检查是否已实际支付，有无取得相应的凭证
		国家规定的相关税费	检查是否按规定实际支付
	开发成本	土地征用及拆迁补偿费	检查同一宗土地多个开发项目是否予以分摊，分摊方法是否合规，分摊金额是否计算正确
			检查拆迁补偿费是否实际发生，支付的拆迁补偿款与合同、签收凭证是否一致
		前期工程费	检查前期工程费的各项实际支出与概预算是否存在明显差异
			检查前期工程费是否真实发生、与凭证核对是否一致
		基础设施费	检查各项基础设施费是否取得合法有效凭证
			检查有无预提的基础设施费
			检查基础设施费的分摊和扣除是否符合有关税法规定

续表

项目	具体项目	自查事项	具体内容
扣除项目	开发成本	公共配套设施费	检查各项公共配套设施费是否取得合法有效凭证
			检查公共配套设施费包含的项目是否存在取得有偿收入的项目
			检查公共配套设施费的分摊和扣除是否符合有关税法规定
			检查有多个开发项目的，公共配套设施费是否分项目分别核算
		建筑安装工程费	检查发生的费用是否与决算报告、审计报告、工程结算报告、工程施工合同中记载的一致
			检查建筑安装工程费发票的开具是否符合规定
			检查是否存在利用关联方承包或分包工程，增加或减少成本的情况
			检查费用的发生是否存在异常
		开发间接费用	检查各项开发间接费用是否取得合法有效凭证
			检查是否已剔除利息支出
			有多个项目的，检查是否分项目核算
			检查开发间接费用的发生是否异常
	开发费用	财务费用	检查利息支出是否能够提供金融机构证明，如不能提供，检查利息支出是否按税法的规定比例扣除
			检查利息支出是否超过按商业银行同类同期贷款利率计算的金额
		销售费用 管理费用	检查费用发生是否取得合法有效凭证
			检查费用的发生是否异常
	相关税费	城市维护建设税 教育费附加 印花税	检查适用税（费）率、计税（费）依据、税费的计算是否正确
			检查有无包含增值税
	其他扣除项目	加计扣除项目	检查加计扣除的比例是否正确
			检查加计扣除的计算基数和计算结果是否正确

3.应交土地增值税计算自查

应交土地增值税的自查，主要内容归纳见表4-7。

表4-7　应交土地增值税计算自查表

项目	自查事项
应交土地增值税计算	检查增值额的计算是否正确
	检查增值率的计算是否正确
	检查适用税率是否正确
预交土地增值税计算	检查预交土地增值税的计算依据是否正确
	检查预交土地增值税的计算结果是否正确
	检查是否按照规定的预征率计算
清算	根据应交土地增值税和预交土地增值税的计算结果，确定需要退回的金额或需要补交的金额是否正确

(二) 构建税务风险预警系统

(1) 明确纳税人权利。在实际的税务管理过程中，税收往往只注重纳税人应履行的依法纳税义务，对纳税人的权利不够重视，为了更好地适应社会和经济发展的要求，政府应当对纳税人的权利加以明确。

(2) 正确评价税务风险。评估预测税务风险，并采取相应措施化解风险，是防范税务风险的关键。企业应当积极采用各种专业分析方法对税务风险的可能性、严重性及影响程度进行评价，做好应对。

(3) 适时监控税务风险。企业应当在正确评价税务风险的基础上，合理规划纳税事项、对纳税模式不断分析和调整，适时监控税务风险。

【提示】财政部、国家税务总局于2019年7月16日就《中华人民共和国土地增值税法（征求意见稿）》（以下简称《征求意见稿》）向社会公开征求意见，《征求意见稿》将集体房地产纳入了征税范围，同时拟取消土地增值收益调节金，使立法前后集体房地产负担总体稳定。

引例解析

本任务“引例”解析如下：

(1) 土地增值税涉税风险主要体现在两个方面。一方面是企业的纳税行为不符合税收法律法规的规定，应纳税而未纳税、少纳税，从而面临补税、罚款、加收滞纳金、刑罚处罚以及声誉损害等风险；另一方面是企业经营行为适用税法不准确，没有用足有关优惠政策，多缴纳了税款，承担了不必要的税收负担。

(2) 该案例对于土地增值税的风险管控，应从开发商品房的转让收入（见表4-5）、扣除项目明细（见表4-6），以及土地增值税的计算（见表4-7）等方面进行自查和管控。如案例中，公共配套设施中的游泳池项目是对外营业的，可以取得有偿收入，不应当包含在公共配套设施费用中，这些应当做好自查工作。

单元小结

土地增值税是对有偿转让房地产的单位和个人，按其取得的增值收入为征税对象，依照规定税率征收的一种收益税。土地增值税会计涉及应交土地增值税、预交土地增值税的计算，土地增值税的清算，房地产企业及非主营房地产企业土地增值税及其相关业务的会计处理等；土地增值税纳税申报表的填制方法；土地增值税涉税风险管控的基本方法。

随堂测试

一、单项选择题

1.根据土地增值税的有关规定，下列各项说法正确的是（　　）。

A.建造非普通住宅出售的，增值额未超过扣除项目金额之和20%的，免征土地增值税

B.对企事业单位、社会团体以及其他组织转让旧房作为公租房房源的，免征土地增值税

C.因国家建设需要依法征用、收回的房地产，免征土地增值税

D.因企业扩建需要而被征用的房地产，免征土地增值税

2.土地增值税的纳税人是法人的，如果转让的房地产坐落地与其机构所在地或经营所在地不一致时，则其土地增值税的纳税地点是（　　）。

A.房地产坐落地所管辖的税务机关　　B.机构所在地所管辖的税务机关

C.经营所在地所管辖的税务机关　　D.房地产转让实现地的税务机关

3.房地产开发企业在确定土地增值税的扣除项目时，不允许单独扣除的税费是（　　）。

A.增值税　　B.教育费附加　　C.城市维护建设税　　D.印花税

4.下列各项中，应当征收土地增值税的是（　　）。

A.公司与公司之间互换房产　　B.房地产开发公司为客户代建房产

C.兼并企业从被兼并企业取得房产　　D.双方合作建房后按比例分配自用房产

5.荣顺房地产公司2020年7月受让一处土地使用权，支付价款10 000万元，将70%用于建造写字楼，共发生房地产开发成本15 000万元，其中包括利息支出500万元，能够按项目分摊并能提供金融机构证明，写字楼建成后直接转让。该企业计算缴纳土地增值税时，房地产可以加计扣除的金额为（　　）万元。

A. 26 400　　B.22 000　　C.26 300　　D.21 500

6.大展房地产公司2020年6月受让一处土地使用权，支付价款7 000万元，支付相关税费110万元，并全部用于建造商铺，共发生房地产开发成本9 530万元，全部使用

自有资金，没有利息支出，商铺建成后直接转让，取得收入20 000万元。该企业计算缴纳土地增值税时，可以扣除的开发费用为（　　）万元。（开发费用扣除比例为10%）

A. 1 664　　B.1 653　　C.1 497.6　　D.1 487.7

7.某公司销售一幢已经使用过的办公楼，取得收入500万元，办公楼原价480万元，已提折旧300万元。经房地产评估机构评估，该楼重置成本价为800万元，成新度折扣率为五成，销售时缴纳相关税费30万元。该公司销售该办公楼应缴纳的土地增值税为（　　）万元。

A. 60　　B.30　　C.51　　D.21

8.天恒房地产公司于2020年5月预售商品房一套，售价为2 725万元（含税），当月预收客户房款2 180万元（含税），适用增值税一般计税方法，本省规定的土地增值税预征率为2%，该企业的预交土地增值税为（　　）万元。

A. 21.20　　B.42.40　　C.30　　D.60

9.对房地产开发企业进行土地增值税清算时，下列表述正确的是（　　）。

A.房地产开发企业的预提费用，除另有规定外，不得扣除

B.房地产开发企业提供的开发间接费用资料不实的，不得扣除

C.房地产开发企业提供的前期工程费的凭证不符合清算要求的，不得扣除

D.房地产开发企业提供的建筑安装工程费的凭证不符合清算要求的，不得扣除

10.下列情形中，纳税人应当进行土地增值税清算的是（　　）。

A.取得销售许可证满一年仍未销售完毕的

B.转让未竣工决算房地产开发项目50%股权的

C.直接转让土地使用权的

D.房地产开发项目尚未竣工但销售面积已达到65%的

二、多项选择题

1.下列各项关于土地增值额的说法正确的有（　　）。

A.土地增值税纳税人转让房地产所取得的收入减除规定的扣除项目金额后的余额，为增值额

B.隐瞒、虚报房地产成交价格，应由评估机构参照同类房地产的市场交易价格进行评估

C.房地产评估价格是指由政府批准设立的房地产评估机构根据相同地段、同类房地产进行综合评定的价格

D.提供扣除项目金额不实的，应由评估机构参照同类房地产的市场交易价格进行评估

2.房地产开发企业将开发产品用于对外投资，发生所有权转移时应视同销售房地产，其收入确认的方法和顺序正确的有（　　）。

A.首先按本企业在同一地区、同一年度销售的同类房地产的平均价格确定

B.其次由主管税务机关参照当地当年、同类房地产的市场价格或评估价值确定

C.首先由主管税务机关参照当地当年、同类房地产的市场价格或评估价值确定

D.其次按本企业在同一地区、同一年度销售的同类房地产的平均价格确定

3.计算土地增值税时，下列费用准予从收入总额中扣除的有（　　）。

A.土地闲置费

B.公共配套设施费

C.安置动迁用房的支出

D.不超过商业银行同类同期贷款利率计算金额的利息支出

4.计算土地增值税时，下列说法不正确的有（　　）。

A.房地产开发企业可以扣除取得土地使用权所支付的金额与开发成本之和加扣20%的费用

B.旧房销售按重置成本价扣除费用计算的价格扣除

C.所有与转让房地产有关的税金均可作为税金扣除

D.纳税人转让旧房及建筑物，凡不能取得评估价格，即使能提供购房发票也实行核定征收

5.某传媒公司转让宿舍楼取得收入8 000万元，按规定计算扣除项目金额合计3 500万元，则计算土地增值税的适用税率和速算扣除系数分别为（　　）。

A.50%　　B.40%　　C.15%　　D.5%

6.按照土地增值税的有关规定，下列房地产的各项行为中，应该缴纳土地增值税的有（　　）。

A.工业企业以自建厂房作价投入某生产企业进行联营

B.双方合作建房，建成后转让的

C.被兼并企业将房地产转让到兼并企业中的

D.以房抵债而发生房地产产权转让的

7.土地增值税的纳税人向税务机关提交的资料应当包括（　　）。

A.房屋及建筑物产权、土地使用权证书

B.房地产评估报告

C.土地使用权转让、房屋买卖合同

D.其他与转让房地产有关的资料

8.下列各项关于土地增值税的纳税期限，说法不正确的有（　　）。

A.纳税人应于转让房地产合同签订后7日内，到房地产所在地主管税务机关办理纳税申报

B.纳税人应于转让房地产完成后7日内，到房地产所在地主管税务机关办理纳税申报

C.纳税人应于转让房地产合同签订后30日内，到房地产所在地主管税务机关办理纳税申报

D.纳税人应于转让房地产完成后30日内，到房地产所在地主管税务机关办理纳税申报

9.下列各项说法正确的有（　　）。

A.纳税人因经常发生房地产转让而难以在每次转让后申报的，经税务机关审核同意后，可以按月或按季定期进行纳税申报，具体期限由主管税务机关根据情况确定

B. 纳税人采取预售方式销售房地产的，对在项目全部竣工结算前转让房地产取得的收入，税务机关可以预征土地增值税

C. 纳税人没有依法缴纳土地增值税，土地管理部门、房产管理部门可以拒办权属变更关系

D. 对于纳税人预售房地产所取得的收入，纳税人应当到主管税务机关办理纳税申报，并按规定比例预交，待办理完纳税清算后，多退少补

10. 对于土地增值税的涉税风险管控，企业应当做到（　　）。

A. 建立健全企业各项制度基础　　B. 做好风险诊断自查工作

C. 完善企业内控制度　　D. 明确纳税人权利

三、业务题

1. 甲房地产公司（增值税一般纳税人）从事普通住宅开发，2020年7月出售一栋普通住宅楼，销售收入总额为2 394万元（含税），采用简易计税方法计税，为建造该楼支付土地出让金324万元，房地产开发成本1 200万元，利息支出100万元（未超过标准）。

要求：计算应交土地增值税，并进行相应的会计处理。

2. 乙公司2020年5月转让一幢2015年建造的公寓楼，当时的造价为1 500万元。经房地产评估机构评定，该公寓楼的重置成本价为3 000万元，该楼房为七成新。转让前为取得土地使用权支付的地价款和按规定缴纳的有关费用为1 200万元（可提供支付凭证），转让时取得转让收入6 800万元，已按规定缴纳了转让环节的有关税费（已纳税费均能提供完税凭证）。该公司的评估价格已经税务机关认定，采用简易计税方法计算增值税。城市维护建设税税率为7%，教育费附加征收率为3%。

要求：计算该公司应交土地增值税，并进行相应的会计处理。

3. 丙房地产公司于2020年5月预售商品房一套，售价为681.25万元（含税），当月预收客户房款545万元（含税），适用增值税一般计税方法，本省规定的土地增值税预征率为2%；11月，该房地产公司办理产权转移手续，给购房者开具增值税专用发票，收妥剩余款项，经计算，当月应交土地增值税为113万元；竣工决算后办理土地增值税清算工作。

要求：请计算各环节的土地增值税，并进行相关的会计处理。

4. 丁公司为一家非主营房地产企业，该企业为增值税一般纳税人，2020年9月，出售一栋自建厂房，该厂房于“营改增”前建成，企业采用简易计税方法计算增值税，征收率为5%，厂房原价800万元，已提折旧300万元，未计提减值准备。实际出售价格为1 500万元，款项已存入银行。计算土地增值税时，税务机关认定的重置成本为1 300万元，成新度折扣率为80%。

要求：计算厂房转让的应交土地增值税，并进行相关的会计处理。不考虑其他附加税费。

单元实训

一、实训目的

（1）熟悉土地增值税的基本规定；

（2）能熟练计算应缴纳的土地增值税税额；

（3）掌握土地增值税相关的会计处理；

（4）了解土地增值税纳税申报的相关规定；

（5）会填制土地增值税纳税申报表。

二、实训资料

（一）企业概况

企业名称：新地房地产开发有限责任公司

企业性质：民营企业

法人代表：张鑫

企业办税员：春红

企业地址及电话：南京市江宁区天元路18号，025-87631168

开户银行及账号：工商银行南京分行，6333012305501460

纳税人识别号：3201211752143548

（二）模拟业务

该企业主营房地产开发及销售，2020年发生如下经济业务：

（1）3月12日，向开户行贷款5 000万元，期限一年，年利率6%，用于开发商品房。

（2）3月20日，购买国有土地使用权，支付地价款1 000万元，土地征用和拆迁补偿费300万元，前期工程费250万元，基础设施费200万元。

（3）4月1日，支付建筑安装工程费2 000万元，公共配套设施费500万元。

（4）9月15日，商品房开发完成，发生管理费用100万元，销售费用110万元，利息支出150万元，有金融机构证明，销售房地产收入10 000万元。该公司符合抵扣条件的进项税额为286万元。

（5）9月30日，按规定计算商品房项目应缴纳的城市维护建设税、教育费附加。

（6）10月6日，参与空港新区安置房项目建设，主要建造普通标准住宅和综合楼，支付土地使用权金额1 800万元，其中30%用于建造普通住宅，其余用于建造综合楼，分别计入开发成本和费用。

（7）12月31日工程完工，普通住宅销售收入5 000万元，经核算，普通住宅建造工程增值额占扣除项目金额的18%。

（8）12月31日，综合楼销售收入18 000万元，经核算，开发成本6 000万元，不能提供金融机构贷款证明，本地房地产费用扣除比例为10%。城市维护建设税、教育费附加计提比例为7%、3%。

三、实训要求

（1）分项目审核经济业务，确定每个项目土地增值税的计税依据，计算开发商品房、建造普通标准住宅和综合楼应缴纳的土地增值税税额；

（2）编制相关会计分录（或填制记账凭证）；

（3）填写土地增值税纳税申报表及其附列资料。

四、实训结果评价

实训结果评价见表4-8。

表4-8　实训结果评价

序号	技能项目	得分
1	逐笔计算土地增值税扣除项目金额	30
2	计算开发商品房应缴纳的土地增值税	10
3	计算建造普通标准住宅应缴纳的土地增值税	10
4	计算建造综合楼应缴纳的土地增值税	10
5	编制相关会计分录（或填制记账凭证）	20
6	填制土地增值税纳税申报表	20
合计		100

第五单元

其他税费会计

【职业能力目标】

通过本单元学习，掌握城市维护建设税、教育费附加、房产税、印花税、资源税的纳税（费）范围、税目及税（费）率；能熟练计算应缴纳的城市维护建设税、教育费附加、房产税、印花税、资源税；会进行相关的会计处理及纳税申报。

【典型工作任务】

- 其他税费会计典型工作任务
  - 城市维护建设税核算
  - 教育费附加核算
  - 房产税核算
  - 印花税核算
  - 资源税核算

任务一　城市维护建设税核算

引 例

镇江市汽车商贸中心为一家民营企业，经营汽车配件的批发、零售。2020年12月26日，该市税务稽查分局对该中心进行专项稽查，发现该中心营业地点在城乡接合部，城市维护建设税一直按5%申报缴纳，2020年合计缴纳增值税200 000元，已缴纳城市维护建设税10 000元。为此，税务稽查人员到有关部门调查了解，确认该中心营业所在地点属市区范围。

【思考】

(1) 请问该商贸中心应按什么税率计算缴纳城市维护建设税？

(2) 还应补缴多少城市维护建设税？如何进行会计处理？

知识准备

一、城市维护建设税的基本规定

城市维护建设税是以增值税和消费税为计税依据征收的一种附加税。只要是在我国境内缴纳增值税、消费税的单位和个人，都应当同时计算缴纳城市维护建设税。城市维护建设税的开征有助于组织财政收入、加强城市维护建设、扩大和稳定城市维护建设资金的来源。

微课

其他税费核算

1985年2月8日，国务院发布《中华人民共和国城市维护建设税暂行条例》(国发〔1985〕19号)，自1985年1月1日起施行；2011年1月8日，根据国务院令第588号《国务院关于废止和修改部分行政法规的决定》对条例进行修订；目前，《中华人民共和国城市维护建设税法（征求意见稿）》正在制定中。

知识链接

《中华人民共和国城市维护建设税法》

(一) 城市维护建设税的纳税人

城市维护建设税的纳税人是指在我国境内缴纳增值税、消费税的单位和个人，包括各类企业（含外商投资企业、外国企业）、行政单位、事业单位、军事单位、社会团体及其他单位，以及个体工商户和其他个人（含外籍个人）。只要缴纳了增值税、消费税中的任何一种税，都必须同时缴纳城市维护建设税。

(二) 城市维护建设税的税率与计税依据

1. 城市维护建设税的税率

城市维护建设税的税率实行地区差别比例税率，按照纳税人所在地的不同，税率分别为7%、5%，具体规定见表5-1。

表5-1 城市维护建设税税率表

档　次	纳税人所在地	税　率
1	市区	7%
2	不在市区	5%

【提示】(1) 由受托方代扣代缴、代收代缴增值税、消费税的单位和个人，其代扣代缴、代收代缴的城市维护建设税按受托方所在地适用税率执行；

(2) 流动经营等无固定纳税地点的单位和个人，在经营地缴纳增值税、消费税的，其城市维护建设税的缴纳按经营地适用税率执行。

知识拓展

城市维护建设税改革

国务院决定，自2010年12月1日起，我国将统一内外资企业城市维护建设税和教育费附加制度，对外商投资企业、外国企业及外籍个人征收城市维护建设税和教育费附加。至此，内外资企业税制实现了全面统一，外资企业在税收政策上享受的“超国民待遇”被彻底终结。

2.城市维护建设税的计税依据

城市维护建设税的计税依据是指纳税人实际缴纳的增值税、消费税以及出口货物、劳务或者跨境销售服务、无形资产增值税免抵税额。对于跨境进口不征收城市维护建设税，对于跨境出口征收城市维护建设税，出口退税不退城市维护建设税。

知识拓展

城市维护建设税的税收优惠

(1) 对进口货物或者境外单位和个人向境内销售劳务、服务、无形资产缴纳的增值税、消费税，不征收城市维护建设税。

(2) 对出口货物、劳务和跨境销售服务、无形资产以及因优惠政策退还增值税、消费税的，不退还已缴纳的城市维护建设税。

(3) 对增值税、消费税实行先征后免、先征后退、即征即退办法的，除另有规定外，对增值税、消费税附征的城市维护建设税，一律不予退还。

二、城市维护建设税的会计处理

(一) 应交城市维护建设税的计算

应交城市维护建设税的计算公式如下：

应交城市维护建设税 = 纳税人实际缴纳的增值税、消费税之和(或者出口货物、劳务,跨境销售服务、无形资产增值税免抵税额) × 适用税率

【做中学5-1】宏达汽车厂所在地为地级市市区，当月实际缴纳增值税280万元、消费税300万元。

要求：计算该汽车厂本月应缴纳的城市维护建设税。

【做中学5-2】位于市区的某自营出口生产企业，2019年6月增值税应纳税额为-300万元，出口货物的“免、抵、退”税额为500万元。

要求：计算该企业本月应缴纳的城市维护建设税。

（二）城市维护建设税的会计处理

企业按规定计算应缴纳的城市维护建设税时，借记“税金及附加”科目，贷记“应交税费——应交城市维护建设税”科目；实际缴纳时，借记“应交税费——应交城市维护建设税”科目，贷记“银行存款”科目。

【典型案例5-1】宏达汽车厂所在地为地级市市区，2020年6月底，退税机关已审批该企业“免、抵、退”税额120万元，其中，退税额48万元，免抵税额72万元。

要求：计算该汽车厂本月应缴纳的城市维护建设税，并作出会计处理。

解析：应交城市维护建设税 $= 72 \times 7\% = 5.04$（万元）

借：税金及附加　50 400

　　贷：应交税费——应交城市维护建设税　50 400

实际缴纳时：

借：应交税费——应交城市维护建设税　50 400

　　贷：银行存款　50 400

三、城市维护建设税的纳税申报

（一）纳税义务发生时间

城市维护建设税的纳税义务发生时间为实际缴纳增值税、消费税的当日。城市维护建设税扣缴义务发生时间为扣缴增值税、消费税的当日。

（二）纳税地点

城市维护建设税的纳税地点为实际缴纳增值税、消费税的地点。扣缴义务人应当向其机构所在地或者居住地的主管税务机关申报缴纳其扣缴的税款。

有特殊情况的，按下列原则和办法确定纳税地点：

（1）代扣代缴、代收代缴增值税、消费税的单位和个人，同时也是城市维护建设税的代扣代缴义务人，其纳税地点为代扣代收地。

（2）流动经营等无固定纳税地点的单位和个人，应随同增值税、消费税在经营地纳税。

（三）纳税期限

城市维护建设税按月或按季计征，不能按固定期限计征的，按次计征。

实行按月或者按季计征的，纳税人应当于月度或者季度终了之日起15日内申报并缴纳税款；实行按次计征的，纳税人应当于纳税义务发生之日起15日内申报并缴纳税款。

纳税人应当根据自己所处的地理位置确定税率，正确计算增值税、消费税的税额总数，正确填写“城市维护建设税纳税申报表”，按照税务机关的要求进行纳税申报。

知识链接

城市维护建设税、教育费附加、地方教育附加税（费）申报表

引例解析

本任务"引例"解析如下：

（1）该汽车商贸中心所在地为城市市区，城市维护建设税适用税率为7%。

（2）应交城市维护建设税 = 实际缴纳的增值税×7% = 200 000×7% = 14 000（元）

（3）应补缴的城市维护建设税 = 14 000 − 10 000 = 4 000（元）

会计分录编制如下：

借：税金及附加　　4 000

　　贷：应交税费——应交城市维护建设税　　4 000

借：应交税费——应交城市维护建设税　　4 000

　　贷：银行存款　　4 000

工作任务设计5-1

城市维护建设税的会计处理

任务描述：

某市N企业是一家从事进出口的贸易公司，法人代表：朱鑫诚，纳税人识别号：31010056108961120190。2020年8月份进口货物，向海关缴纳增值税25万元、消费税16万元、关税3万元；向当地税务机关实际缴纳增值税60万元、消费税18万元、企业所得税25万元。已知城市维护建设税税率为7%。

要求：

（1）分析N企业的城市维护建设税的计税基数是多少？

（2）计算N企业应缴纳的城市维护建设税，并进行相关会计处理。

（3）填写城市维护建设税纳税申报表。

操作步骤：

第一步：分析计税基数。

城市维护建设税的计税基数 = 纳税人实际缴纳的增值税、消费税税额 + 出口货物、劳务或者跨境销售服务、无形资产增值税免抵税额

海关对进口货物代征的增值税、消费税，不征收城市维护建设税；关税、企业所得税不是城市维护建设税的计税依据。故该企业计算应交城市维护建设税的基数是78万元（60 + 18）。

第二步：计算城市维护建设税并进行会计处理。

该企业2020年8月应缴纳的城市维护建设税 = （60 + 18）×7% = 5.46（万元）

会计处理如下：

借：税金及附加　　54 600

　　贷：应交税费——应交城市维护建设税　　54 600

借：应交税费——应交城市维护建设税　　　　　　　　　　54 600

　　贷：银行存款　　　　　　　　　　　　　　　　　　　　54 600

第三步：根据上述结果填写申报表，见表5-2。

表5-2　　城市维护建设税、教育费附加、地方教育附加税（费）申报表

税款所属期限：自2020年8月01日至2020年8月31日

填表日期：2020年9月10日　　　　　　　　　　　　　　金额单位：元至角分

纳税人识别号 3 1 0 1 0 0 5 6 1 0 8 9 6 1 1 2 0 1 9 0

纳税人信息	名称	N企业		☑单位　☐个人
	登记注册类型	有限责任公司	所属行业	外贸
	身份证件号码		联系方式	

税（费）种	计税（费）依据					税率（征收率）	本期应纳税（费）额	本期减免税（费）额		本期已缴税（费）额	本期应补（退）税（费）额
	增值税		消费税	营业税	合计			减免性质代码	减免额		
	一般增值税	免抵税额									
	1	2	3	4	5=1+2+3+4	6	7=5×6	8	9	10	11=7-9-10
城市维护建设税	600 000		180 000			7%	54 600		0	54 600	0
教育费附加	600 000		180 000			3%	23 400		0	23 400	0
地方教育附加											
合计	—					—	78 000			78 000	0

以下由纳税人填写：

纳税人声明	此纳税申报表是根据《中华人民共和国城市维护建设税暂行条例》、《国务院征收教育费附加的暂行规定》、《财政部关于统一地方教育附加政策有关问题的通知》和国家有关税收规定填报的，是真实的、可靠的、完整的。				
纳税人签章		代理人签章		代理人身份证号	

以下由税务机关填写：

受理人		受理日期	年　月　日	受理税务机关签章	

本表一式两份，一份纳税人留存，一份税务机关留存。

减免性质代码：减免性质代码按照国家税务总局制定下发的最新《减免性质及分类表》中的最细项减免性质代码填报。

任务二 教育费附加核算

引例

某大型国有商场2020年12月应缴纳增值税300 000元，实际缴纳增值税260 000元；实际缴纳消费税120 000元。

【思考】

（1）如何计算该商场当月应缴纳的教育费附加？

（2）如何对应交教育费附加进行会计处理？

知识准备

一、教育费附加的基本规定

教育费附加是以纳税人实际缴纳的增值税和消费税之和为计算依据征收的一种附加费。只要是在我国境内缴纳增值税、消费税的单位和个人，都应当同时计算缴纳教育费附加。

1986年4月28日，国务院发布《中华人民共和国征收教育费附加的暂行规定》（国务院令〔1986〕448号），2011年1月8日第三次对该规定进行修订一直沿用至今。

（一）教育费附加的纳税人

教育费附加的纳税人是指在我国境内缴纳增值税、消费税的单位和个人，包括各类企业（含外商投资企业、外国企业）、行政单位、事业单位、军事单位、社会团体及其他单位，以及个体工商户和其他个人（含外籍个人）。只要缴纳了增值税、消费税中的任何一种税，都必须同时缴纳教育费附加。

（二）教育费附加的征收率与计算依据

1.教育费附加的征收率

按照1994年2月7日《国务院关于教育费附加征收问题的紧急通知》的规定，现行教育费附加征收率为3%。

2.教育费附加的计算依据

教育费附加的计算依据是指纳税人实际缴纳的增值税、消费税之和以及出口货物、劳务或者跨境销售服务、无形资产增值税免抵税额。

二、教育费附加的会计处理

应交教育费附加的计算公式如下：

应交教育费附加 = 纳税人实际缴纳的增值税、消费税之和以及出口货物、劳务或者跨境销售服务、无形资产增值税免抵税额 × 征收比率

【做中学5-3】宏达汽车厂当月实际缴纳增值税280万元、消费税300万元。

要求：计算该汽车厂本月应缴纳的教育费附加。

知识拓展

教育费附加的减免规定

（1）教育费附加的减免，原则上比照增值税、消费税的减免规定。

（2）海关对进口产品代收的增值税、消费税，不征收教育费附加。

（3）对由于减免增值税、消费税而发生退税的，可同时退还已征收的教育费附加。

（4）对出口产品退还增值税、消费税的，不退还已征收的教育费附加。

企业按规定计算应缴纳的教育费附加时，借记“税金及附加”科目，贷记“应交税费——应交教育费附加”科目；实际缴纳时，借记“应交税费——应交教育费附加”科目，贷记“银行存款”科目。

【典型案例5-2】宏达汽车厂2020年7月实际缴纳增值税200 000元、消费税300 000元。

要求：计算该厂应缴纳的教育费附加并进行相关会计处理。

解析：应交教育费附加 =（200 000 + 300 000）×3% = 15 000（元）

借：税金及附加　　15 000

　　贷：应交税费——应交教育费附加　　15 000

实际缴纳时：

借：应交税费——应交教育费附加　　15 000

　　贷：银行存款　　15 000

三、教育费附加的纳税申报

教育费附加应当与增值税、消费税税款同时缴纳。纳税人应当正确计算增值税、消费税的税额总数，正确填写“教育费附加税（费）申报表”，按照税务机关的要求进行纳税申报。

知识链接

《中华人民共和国征收教育费附加的暂行规定》

引例解析

本任务“引例”解析如下：

（1）该商场当月应缴纳的教育费附加 =（260 000 + 120 000）×3% = 11 400（元）

（2）会计分录编制如下：

借：税金及附加　　11 400

　　贷：应交税费——应交教育费附加　　11 400

借：应交税费——应交教育费附加　　11 400

　　贷：银行存款　　11 400

工作任务设计5-2

教育费附加会计业务处理

任务描述：

沿用【工作任务设计5-1】的业务资料。

要求：

（1）分析N企业教育费附加的计算基数；

（2）计算N企业应缴纳的教育费附加，并进行相关会计处理；

（3）填写教育费附加税（费）申报表。

操作步骤：

第一步：分析计算基数。

教育费附加的计算基数＝纳税人实际缴纳的增值税、消费税税额＋出口货物、劳务或者跨境销售服务、无形资产增值税免抵税额

海关对进口货物代征的增值税、消费税，不征收教育费附加；关税、企业所得税不是教育费附加的计算依据。故该企业计算应交的教育费附加的基数是78万元（60＋18）。

第二步：计算教育费附加并进行会计处理。

该企业2020年8月应缴纳的教育费附加＝（60＋18）×3%＝2.34（万元）

会计处理如下：

借：税金及附加	23 400	
贷：应交税费——教育费附加		23 400
借：应交税费——教育费附加	23 400	
贷：银行存款		23 400

第三步：根据上述结果填写申报表，见表5-2。

任务三　房产税核算

引 例

甲企业拥有A、B两栋房产，A栋自用，B栋出租。A、B两栋房产在2020年1月1日的原值分别为1 200万元和1 000万元，2020年4月底B栋房产租赁到期。自2020年5月1日起，该企业由A栋搬至B栋办公，同时对A栋房产开始进行大修至年底完工。企业出租B栋房产的月租金为10万元，地方政府确定按房产原值减除20%后的余值计税。

【思考】

（1）该企业2020年应缴纳的房产税是多少？

（2）如何对该企业的房产税进行会计处理？

知识链接

《中华人民共和国房产税暂行条例》

知识准备

一、房产税的基本规定

（一）房产税纳税人与征税范围

房产税，是以房产为征税对象，依据房产计税余值或房产租金收入向房产所有人或经营管理人等征收的一种税。房产税的纳税义务人，是指在我国境内拥有房屋产权的单位和个人。产权所有人、经营管理单位、承典人、房产代管人或者使用人，统称为纳税义务人。自2009年1月1日起，外商投资企业、外国企业和组织以及外籍个人，依照《中华人民共和国房产税暂行条例》缴纳房产税。

房产税的征税范围为城市、县城、建制镇和工矿区的房屋（不包括农村），而且仅限于经营性房产。城市、县城、建制镇、工矿区的具体征税范围，由各省、自治区、直辖市人民政府确定。

知识拓展

关于居民住宅是否开征房产税的问题

《中华人民共和国房产税暂行条例》规定，个人所有非营业用的房产，免征房产税。所以截至目前，个人出租房屋、购买商住房，要交房产税，个人住宅免征。鉴于对居民住宅征收房产税在全国推行难度较大，2011年1月28上海、重庆开始试点房产税，探索对居民自住的房产征税，采取自主申报方式，2011—2016年是第一个征税期限。2016年10月前后房地产调控政策密集出台，12月中央经济工作会议提出“长效机制”，2017年10月党的十九大报告提出“坚持房子是用来住的、不是用来炒的”的定位，中国房地产市场制度机制正在发生重大变化。

（二）房产税税率与计税依据

我国现行房产税采用的是比例税率，房产税的计税依据分为从价计征和从租计征两种形式（见表5-3）。

表5-3　房产税计税依据及税率表

计税方法	计税依据	税　率	税额计算公式
从价计征	房产计税余值	1.2%	全年应纳税额 = 应税房产原值×（1 - 扣除比例）×1.2%
从租计征	房屋租金	12%（个人为4%）	全年应纳税额 = 租金收入×12%（个人为4%）

【提示】

（1）房产计税余值 = 应税房产原值×（1 - 扣除比例）。

（2）宗地容积率低于0.5的，按房产建筑面积的2倍计算土地面积并据此确定计入房产原值的地价。容积率指项目用地范围内总建筑面积占总用地面积的比值，即宗地容积率＝项目用地范围内总建筑面积÷总用地面积。

（3）与地上房屋相连的地下建筑，应将地下部分与地上房屋视为一个整体，按照地上房屋建筑的有关规定计算缴纳房产税。

知识拓展

房产税减免税规定

《中华人民共和国房产税暂行条例》规定，下列房产免税：

（1）国家机关、人民团体、军队自用的房产；

（2）高校学生公寓；

（3）由国家财政部门拨付事业经费的单位自用的房产；

（4）宗教寺庙、公园、名胜古迹自用的房产；

（5）个人所有非营业用的房产；

（6）经财政部批准免税的其他房产。

上述单位和个人用于生产经营的房产除外。房地产企业建造的商品房，在售出前免交房产税，但在售出前本企业已使用或出租、出借的商品房，应按规定缴纳房产税。

此外，纳税人纳税确有困难的，可由省、自治区、直辖市人民政府确定，定期减征或者免征房产税。

二、房产税的会计处理

（一）应交房产税的计算

应交房产税的计算分为两类：一类是从价计征，另一类是从租计征。

1.从价计征

从价计征是按房产的原值减去一定比例后的余值计征。根据《房产税暂行条例》的规定，房产税依照房产原值一次扣除10%~30%后的余值计算缴纳；对于自用地下建筑，若为工业用途房产，扣除50%~60%；若为商业和其他用途，扣除70%~80%。各地扣除比例由当地省、自治区、直辖市人民政府确定。从价计征应纳房产税税额的计算公式如下：

应纳房产税＝应税房产原值×（1－扣除比例）×1.2%

【典型案例5-3】某公司2019年年底购进一处房产，该房产原值3 000万元，当地政府规定的减除幅度为30%，该公司2020年应缴纳的房产税为（　　）万元。

A.21.2　　B.27.6　　C.29.7　　D.25.2

解析：D。2020年应缴纳的房产税＝3 000×（1－30%）×1.2%＝25.2（万元）。

【典型案例5-4】甲公司2019年支付4 000万元取得20万平方米土地使用权，新建房屋建筑面积8万平方米，工程造价1 800万元，2020年3月完工并通过验收。当地政府规定的减除幅度为20%。

要求：确定该房产的原值和应缴纳的房产税。

解析：房产原值 =（8×2）×（4 000÷20）+ 1 800 = 5 000（万元）

应交房产税 = 5 000×（1 − 20%）×1.2%×（9/12）= 36（万元）

【提示】宗地容积率 = 8 万平方米÷20 万平方米 = 0.4。宗地容积率低于0.5的，按房产建筑面积的2倍计算土地面积并据此确定计入房产原值的地价。容积率指项目用地范围内总建筑面积占总用地面积的比值，即宗地容积率 = 项目用地范围内总建筑面积÷总用地面积。

2.从租计征

《房产税暂行条例》规定，房产出租的，以房产租金收入为房产税的计税依据。房产的租金收入，是房屋产权所有人出租房产使用权所得的报酬，包括货币收入和实物收入。如果是以劳务或者其他形式为报酬抵付房租收入的，应根据当地同类房产的租金水平，确定一个标准租金额从租计征。从租计征应纳房产税税额的计算公式如下：

应纳房产税税额 = 租金收入×12%（或个人4%）

【提示】房产税税率是年税率，若房产在一年中有不同用途，应交房产税必须分段计算。

【典型案例5-5】某公司办公大楼原值30 000万元，2020年2月28日将其中部分闲置房间出租，租期2年。出租部分房产原值5 000万元，租金每年1 000万元。当地规定房产原值减除比例为20%，2020年该公司应缴纳房产税（　　）万元。

A.288　　B.340　　C.348　　D.360

解析：C。

2020年1—2月从价计征的房产税 = 30 000×（1 − 20%）×1.2%×2÷12 = 48（万元）

2020年3—12月从价计征的房产税 = 25 000×（1 − 20%）×1.2%×10÷12
= 200（万元）

2020年3—12月从租计征的房产税 = 1 000×12%×10÷12 = 100（万元）

合计应纳房产税 = 48 + 200 + 100 = 348（万元）

【典型案例5-6】某公司2019年年底购进一处房产，自2020年5月1日起用于出租，年租金收入160万元。该房产原值3 000万元，当地政府规定的减除幅度为30%，该公司2020年应缴纳的房产税为（　　）万元。

A.21.2　　B.27.6　　C.36　　D.44.4

解析：A。

2020年应缴纳的房产税 = 160×12%×8÷12 + 3 000×（1 − 30%）×1.2%×4÷12
= 21.2（万元）

【做中学5-4】某工业企业2020年拥有用于生产经营的厂房2 000平方米，原值为240万元；另外还拥有用于出租的仓库500平方米，原值为60万元，全年共取得租金10万元。该地区规定的扣除比例为25%。

要求：计算该企业的应交房产税。

（二）应交房产税的会计处理

企业计算应交房产税时，借记“税金及附加”科目，贷记“应交税费——应交房产税”科目。向税务机关缴纳税款时，借记“应交税费——应交房产税”科目，贷记“银行存款”等科目。

【典型案例5-7】天鸿公司2020年1月1日的“固定资产”明细账中，房产原值为2 000万元。3月，公司将400万元的房产租给其他单位使用，每年租金收入为50万元（不含税）。当地政府规定，企业自用房屋按房产原值一次减除30%，按年计算、分季缴纳房产税。

要求：计算房产税，并进行会计处理。

解析：

（1）计算应交房产税。

①从价计征。

1月应交房产税＝2 000×（1－30%）×1.2%÷12＝1.4（万元）

2月应交房产税＝1.4万元

3月应交房产税＝（2 000－400）×（1－30%）×1.2%÷12＝1.12（万元）

②从租计征。

3月应交房产税＝50×12%÷12＝0.5（万元）

③3月合计应交房产税＝1.12＋0.5＝1.62（万元）

④第一季度应交房产税合计数＝1.4＋1.4＋1.62＝4.42（万元）

（2）编制会计分录。

1月应交房产税时：

借：税金及附加	14 000	
贷：应交税费——应交房产税		14 000

2月应交房产税时：

借：税金及附加	14 000	
贷：应交税费——应交房产税		14 000

3月应交房产税、按季缴纳房产税时：

借：税金及附加	16 200	
贷：应交税费——应交房产税		16 200
借：应交税费——应交房产税	44 200	
贷：银行存款		44 200

三、房产税的纳税申报

（一）纳税义务发生时间

购置新建商品房、存量房，出租、出借房产，房地产开发企业自用、出租、出借自建商品房，自交付使用或办理权属转移次月起，计算缴纳房产税；纳税人房产发生变化而依法终止房产税纳税义务的，其应纳税款的计算应截止到房产状态变化的当月末。房产税纳税义务发生时间的具体规定见表5-4。

（二）纳税地点

房产税在房产所在地缴纳。房产不在同一地方的纳税人，应按房产坐落地分别向房产所在地的税务机关申报纳税。

表5-4　　房产税纳税义务发生时间的具体规定

编号	涉税业务	纳税义务发生时间
1	纳税人将原有房产用于生产经营	从生产经营之月起
2	纳税人将自行新建房屋用于生产经营	从建成之次月起
3	纳税人委托施工企业建设的房屋	从办理验收手续之次月起
4	纳税人购置新建商品房	自房屋交付使用之次月起
5	纳税人购置存量房	自办理房屋权属转移、变更登记手续，房地产权属登记机关签发房屋权属证书之次月起
6	纳税人出租、出借房产	自交付出租、出借本企业房产之次月起
7	房地产开发企业自用、出租、出借本企业建造的商品房	自房屋使用或交付之次月起
8	纳税人因房产的实物或权利状态发生变化而依法终止房产税纳税义务的	其应纳税款的计算截止到房产的实物或权利状态发生变化的当月末

（三）纳税期限

知识链接

房产税纳税申报表

房产税实行的是按年征收，分期（月、季、半年）缴纳的征收方法。具体纳税期限由省、自治区、直辖市人民政府确定。

纳税人应当正确填写“房产税纳税申报表”，按照税务机关的要求进行纳税申报。

引例解析

本任务“引例”解析如下：

（1）计算2020年应交房产税。

A栋房产应交房产税 = 1 200×（1 − 20%）×1.2%×4/12 = 3.84（万元）

B栋房产应交房产税 = 10×12%×4 + 1 000×（1 − 20%）×1.2%×8/12

= 4.8 + 6.4 = 11.2（万元）

合计应交房产税 = 3.84 + 11.2 = 15.04（万元）

（2）编制会计分录。

1—4月每月应交房产税 = 38 400÷4 + 100 000×12% = 21 600（元）

借：税金及附加　　21 600

　　贷：应交税费——应交房产税　　21 600

5—12月每月应交房产税 = 10 000 000×（1 − 20%）×1.2%÷12 = 8 000（元）

借：税金及附加　　8 000

　　贷：应交税费——应交房产税　　8 000

工作任务设计5-3

房产税纳税申报

任务描述：

某市N公司是一家从事进出口贸易的商贸公司，法人代表：朱鑫诚；纳税人识别号：31010056108961120190。2020年该公司有关房产税涉税信息如下：

（1）拥有原值3 000万元的房产，2020年7月1日将其中的30%用于对外投资联营，投资期限为10年，承担投资风险。已知当地省政府规定的房产原值扣除比例为20%。

（2）2019年年底购进一处房产，2020年4月1日用于出租，当年取得租金收入80万元。该房产原值1 500万元，当地政府规定的减除幅度为30%。

要求：

（1）分析N公司房产税的计税依据；

（2）计算N公司2020年度应缴纳的房产税，并进行相关会计处理；

（3）填写房产税纳税申报表。

操作步骤：

第一步：分析房产税计税依据。

N公司用于对外投资联营的部分，由于该公司承担投资风险，视同将房屋产权转移到被投资方，由被投资方以房产余值计算缴纳房产税，剩余部分由该公司以房产余值为计税依据计算缴纳房产税。购进的房产在没有出租前以原值减除一定比例后的余值为计税依据，出租后以房产租金收入为房产税的计税依据。

第二步：计算房产税并进行会计处理。

拥有原值3 000万元的房产：

1—6月应交房产税 = 3 000×（1 − 20%）×1.2%×6÷12 = 14.4（万元）

7—12月应交房产税 = 3 000×70%×（1 − 20%）×1.2%×6÷12 = 10.08（万元）

2019年年底购进的一处房产：

1—3月应交房产税 = 1 500×（1 − 30%）×1.2%×3÷12 = 3.15（万元）

4—12月应交房产税 = 80×12% = 9.6（万元）

N公司2020年度应交房产税 = 14.4 + 10.08 + 3.15 + 9.6 = 37.23（万元）

会计处理如下：

借：税金及附加	372 300	
贷：应交税费——应交房产税		372 300
借：应交税费——应交房产税	372 300	
贷：银行存款		372 300

第三步：根据上述结果填写申报表（见表5-5）。

表 5-5

房产税纳税申报表

税款所属期：自 2020 年 7 月 01 日至 2020 年 7 月 31 日　填表日期：2020 年 7 月 31 日　金额单位：元至角分；面积单位：平方米

纳税人识别号 3 1 0 1 0 0 5 6 1 0 8 9 6 1 1 2 0 1 9 0

纳税人信息	名称	N 公司	纳税人分类	单位☑ 个人☐
	登记注册类型	有限责任公司	所属行业	外贸
	身份证件类型	身份证☐ 护照☐ 其他☐________	身份证件号码	
	联系人		联系方式	

一、从价计征房产税

	房产编号	房产原值	其中：出租房产原值	计税比例	税率	所属期起	所属期止	本期应纳税额	本期减免税额	本期已缴税额	本期应补（退）税额
1	*	30 000 000		70%	1.2%	7 月	12 月	100 800	0	100 800	0
2	*	30 000 000		100%	1.2%	1 月	6 月	144 000	0	144 000	0
3	*	15 000 000		100%	1.2%	1 月	3 月	31 500	0	31 500	0
4	*										
5	*										
合计	*	*	*	*	*	*	*	276 300	0	276 300	0

二、从租计征房产税

	本期申报租金收入	税率	本期应纳税额	本期减免税额	本期已缴税额	本期应补（退）税额
1	800 000	12%	96 000	0	96 000	0
2						
合计		*				

以下由纳税人填写：

纳税人声明	此纳税申报表是根据《中华人民共和国房产税暂行条例》和国家有关税收规定填报的，是真实的、可靠的、完整的。				
纳税人签章		代理人签章		代理人身份证号	

以下由税务机关填写：

受理人		受理日期	年 月 日	受理税务机关签章	

本表一式两份，一份纳税人留存，一份税务机关留存。

任务四 印花税核算

引 例

天悦生物制药公司2020年5月开业，领受房产证、营业执照各一件，与其他企业订立转移专有技术使用权书据一件，所载金额为50万元；订立产品购销合同两份，所载金额为100万元；订立借款合同一份，所载金额为80万元；企业的营业账簿中，“实收资本”科目载有资金1 000万元，2020年12月末该企业“实收资本”所载金额增加500万元。

【思考】

（1）如何计算该企业2020年应交印花税？

（2）如何进行印花税会计处理？

知识准备

一、印花税的基本规定

印花税是一种行为税，因其采用在应税凭证上粘贴印花税票的方法作为完税标记，所以称为印花税，印花税实质上就是对经济行为课税。1950年1月，政务院颁布了《全国税政实施要则》，规定印花税为全国统一开征的税种；2018年11月1日，财政部、国家税务总局发布了《中华人民共和国印花税法（征求意见稿）》。

（一）印花税的纳税人

印花税的纳税人是指订立、领受在我国境内具有法律效力的应税凭证，或者在我国境内进行证券交易的单位和个人。根据书立、领受、使用应税凭证的不同，纳税人可以分为立合同人、立账簿人、立据人、领受人和使用人等。

（二）印花税的税目、税率、计税依据

印花税的税目分为五大类，分别是合同、产权转移书据、权利许可证照、营业账簿、证券交易。印花税采用比例税率和定额税率两种税率，其中，权利许可证照采用定额税率，其他四类采用比例税率。印花税税目、税率、计税依据见表5-6。

表5-6 印花税税目、税率、计税依据表

税目		税率	计税依据	纳税人	备注
合同	购销合同	0.3‰	购销金额	立合同人	包括供应、预购、采购、购销、结合及协作、调剂、补偿、易货等合同
	借款合同	0.05‰	借款金额		银行业、金融机构和借款人签订的借款合同（不包括银行同业拆借）
	财产租赁合同	1‰，税额不足1元，按1元贴花	租赁金额		包括租赁房屋、船舶、飞机、机动车辆、机械、器具、设备等合同
	加工承揽合同	0.5‰	加工或承揽收入		包括加工、定作、修缮、修理、印刷广告、测绘、测试等合同
	建设工程勘察设计合同	0.5‰	收取费用		包括勘察、设计合同
	建筑承包工程合同	0.3‰	承包金额		
	运输合同	0.5‰	运输费用		包括民用航空运输、铁路运输、海上运输、内河运输、公路运输和联运合同
	技术合同	0.3‰	支付价款、报酬或使用费		
	保管合同	1‰	保管费		
	仓储合同	1‰	仓储费		
	财产保险合同	1‰	保险费		不包括再保险合同
产权转移书据	土地使用权出让和转让书据；房屋等建筑物及构筑物所有权、股权、商标权、专利权、著作权、专有技术使用权转让书据	0.5‰	支付价款	立据人	股权中，不含上市和挂牌公司股票
权利许可证照	不动产权证书、营业执照、商标注册证、专利证书	每件5元	证照件数	领受人	
营业账簿		0.5‰	记载资金的账簿，按实收资本和资本公积的合计金额	立账簿人	生产、经营用账册
		按件贴花5元	其他账簿	立账簿人	
证券交易		1‰	成交金额	出让人	仅对证券交易出让方征税

知识拓展

印花税的贴花

（1）纳税人在应税凭证书立或领受时即行贴花完税，不得延至凭证生效日期贴花。

（2）印花税票应贴在应税凭证上，并由纳税人在每枚税票的骑缝处盖戳注销或划销，严禁揭下重用。

（3）已贴花的凭证，修改后所载金额增加的部分，应补贴印花。

（4）合同在签订时无法确定计税金额时，采取两次纳税方法。签订合同时，先对每件合同定额贴花5元；结算时再按实际金额和适用税率，补贴印花。

（5）未贴或少贴印花税票时，除补贴印花税票外，还应处以应补印花税票金额3—5倍的罚款。

（6）已粘贴的印花税票，未注销或划销的，处以未注销、未划销印花税票金额1—3倍的罚款。

（7）已贴用的印花税票揭下重用的，处以重用印花税票金额5倍或2 000元以上、10 000元以下的罚款。

（三）印花税的税收优惠

印花税的税收优惠具体规定见表5-7。

表5-7　印花税的法定凭证免税

序号	有关事项	是否征税
1	应税凭证的副本或者抄写本	免征
2	农民、农民专业合作社、农村集体经济组织、村民委员会购买农业生产资料或者销售自产农产品订立的买卖合同和农业保险合同	免征
3	无息、贴息借款合同、国际金融组织向我国提供优惠贷款订立的借款合同、金融机构与小微企业订立的借款合同	免征
4	财产所有权人将财产赠与政府、学校、社会福利机构订立的产权转移书据	免征
5	军队、武警部队订立、领受的应税凭证	免征
6	高校学生签订的高校学生公寓租赁合同	免征

二、印花税的会计处理

（一）印花税的计算

应交印花税的计算公式如下：

应交印花税 = 计税依据×适用税率（适用比例税率的应税凭证）

或：　应交印花税 = 凭证件数×单位税额（5元/件）（适用定额税率的应税凭证）

【典型案例5-8】某高新技术企业2020年1月发生下列业务并订立有关合同、凭证、单据及领受印花税应税凭证：

（1）2020年年初启用部分新的营业账簿，其中记载资金的营业账簿新增实收资本2 000万元、新增资本公积500万元。

（2）5日，本公司与客户签订房屋租赁合同，约定年租金为10万元（不含税），增值税税额为0.9万元。

（3）10日，本公司与货运公司签订合同，载明运输费用8万元。

（4）15日，本公司与某机械进出口公司签订购买价值2 000万元设备的合同，为购买此设备同日与商业银行签订借款2 000万元的借款合同。后因故购销合同作废，改签融资租赁合同，租赁费1 000万元。

（5）20日，本公司与外单位签订一份技术开发合同，合同约定：技术开发金额共计1 000万元，其中研究开发费用与报酬金额之比为3∶1。

要求：逐项分析上述合同、凭证涉及的印花税税目，计算应交印花税。

解析：

（1）营业账簿应交印花税＝（20 000 000＋5 000 000）×0.5‰＝12 500（元）

（2）租赁合同应交印花税＝100 000×1‰＝100（元）

（3）运输合同应交印花税＝80 000×0.5‰＝40（元）

（4）借款合同应交印花税＝20 000 000×0.05‰＝1 000（元）

设备买卖合同应交印花税＝20 000 000×0.3‰＝6 000（元）

融资租赁合同应交印花税＝10 000 000×1‰＝10 000（元）

业务（4）应交印花税＝1 000＋6 000＋10 000＝17 000（元）

（5）技术合同应交印花税＝10 000 000×25%×0.3‰＝750（元）

2020年1月合计应交印花税＝12 500＋100＋40＋17 000＋750＝30 390（元）

【提示】（1）应税合同的计税依据为合同列明的价款或报酬（不含增值税），合同中价款或者报酬与增值税税款未分开列明的，按照合计金额确定。

（2）应税产权转移书据的计税依据为产权转移书据列明的价款（不含增值税），产权转移书据中价款与增值税税款未分开列明的，按照合计金额确定。

（3）同一应税凭证载有两个或两个以上经济事项并分别列明价款或报酬的，按各自适用税目、税率计算应纳税额；未分别列明的，按税率高的计算应纳税额。

（4）同一应税凭证由两方或两方以上当事人订立的，按各自涉及的价款或报酬分别计算应纳税额。

（5）印花税票面额最低为0.10元，按适用税率计算出的应纳税额不足0.10元的凭证，免计印花税；应纳税额在0.10元以上的，按照四舍五入规则，尾数不满0.05元的不计，满0.05元的按0.10元计；财产租赁合同最低纳税起点为1元，超过0.10元不足1元的，按1元计。

【做中学5-5】2020年12月，甲公司与乙公司签订一份承揽合同，合同载明由甲公司提供原材料100万元，支付乙公司加工费50万元；又与丙公司签订了一份财产保险合同，保险金额1 500万元，支付保险费1.5万元。已知承揽合同印花税税率为0.3‰，财产保险合同印花税税率为1‰。

要求：分析上述业务，计算应交印花税。

知识链接

《中华人民共和国印花税暂行条例施行细则》

（二）印花税的会计处理

印花税是一种行为税，与税务机关不存在结算、清算关系，在进行会计处理时，可以不通过“应交税费”账户核算。企业根据具体的业务分别核算支付的印花税，借记“税金及附加”科目，贷记“应交税费——应交印花税”科目（也可直接贷记“银行存款”科目）。

【典型案例5-9】沿用【典型案例5-8】的资料。

要求：根据计算的应交印花税，进行会计处理。

解析：

借：税金及附加　　14 624

　　贷：应交税费——应交印花税　　14 624

借：应交税费——应交印花税　　14 624

　　贷：银行存款　　14 624

三、印花税的纳税申报

（一）纳税义务发生时间

印花税纳税义务发生时间为纳税人订立、领受应税凭证或者完成证券交易的当日。证券交易印花税扣缴义务发生时间为证券交易完成的当日。如果合同是在国外签订，并且不便在国外贴花的，应在将合同带入境时办理贴花纳税手续。

（二）纳税地点

单位纳税人应当向其机构所在地的主管税务机关申报缴纳印花税；个人应向订立地、领受地或者居住地的税务机关申报缴纳印花税。纳税人出让或者转让不动产产权的，应当向不动产所在地的税务机关申报缴纳印花税；证券交易印花税的扣缴义务人应当向其机构所在地的主管税务机关申报扣缴税款。

（三）纳税期限

印花税按季、按年或者按次计征。实行按季、按年计征的，纳税人应当于季度、年度终了之日起15日内申报并缴纳税款。实行按次计征的，纳税人应当于纳税义务发生之日起15日内申报并缴纳税款。

知识拓展

印花税的缴纳方法

（1）自行贴花纳税。印花税应当在书立或领受时贴花。纳税人发生应税行为，应自行计算应纳税额，自行购买印花税票，自行一次贴足印花税票并加以注销或划销，纳税义务才算全部履行完毕。

（2）汇贴或汇缴纳税。当一份凭证应纳税额超过500元时，应向税务机关申请填写缴款书或者完税凭证；如果同一种类应税凭证需要频繁贴花，应向当地税务机关申请按期汇总缴纳印花税。汇总缴纳的期限，由当地税务机关确定，但最长不得超过1个月。

（3）委托代征法。税务机关委托，由发放或者办理应税凭证的单位代为征收印花税税款。

纳税人应当正确填写“印花税纳税申报表”，按照税务机关的要求进行纳税申报。

引例解析

本任务“引例”解析如下：

（1）计算应交印花税。

权利、许可证照应交印花税 = 2×5 = 10（元）

产权转移书据应交印花税 = 500 000×0.5‰ = 250（元）

购销合同应交印花税 = 1 000 000×0.3‰ = 300（元）

借款合同应交印花税 = 800 000×0.05‰ = 40（元）

营业账簿应交印花税 = （10 000 000 + 5 000 000）×0.5‰ = 7 500（元）

合计应交印花税 = 10 + 250 + 300 + 40 + 7 500 = 8 100（元）

（2）编制会计分录。

借：税金及附加　　8 100

　　贷：应交税费——应交印花税　　8 100

借：应交税费——应交印花税　　8 100

　　贷：银行存款　　8 100

知识链接

印花税纳税申报（报告）表

工作任务设计 5-4

印花税会计业务处理

任务描述：

丁公司于2020年10月成立，建立了1本资金账簿，其中实收资本和资本公积合计为600万元；领取营业执照、商标注册证、不动产权证书各一件；当月与乙公司签订买卖合同，商品不含税价款60万元，增值税为7.8万元；与丙运输公司签订运输合同，合同价款3万元，其中运费2.5万元，装卸费0.5万元。已知，购销合同的印花税税率为0.3‰，资金账簿的印花税税率为0.5‰、运输合同的印花税税率为0.5‰，权利、许可证照的定额税率为每件5元。

要求：请计算企业应交印花税，进行相关会计处理，并填写纳税申报表。

操作步骤：

第一步：计算应交印花税。

（1）合同类计税依据：合同列明的价款或者报酬，不包括增值税税款。

应交印花税 = 600 000×0.3‰ + 25 000×0.5‰ = 192.50（元）

（2）营业账簿中记载资金的账簿，以“实收资本”与“资本公积”两项的合计金额为计税依据。

应交印花税 = 6 000 000×0.5‰ = 3 000（元）

（3）营业执照、不动产权证书、商标注册证等权利许可证照，按每件5元贴花。

应交印花税 = 3×5 = 15（元）

丁公司合计应交印花税 = 192.50 + 3 000 + 15 = 3 207.50（元）

第二步：进行会计处理。

借：税金及附加　　3 207.50

　　贷：应交税费——应交印花税　　3 207.50

借：应交税费——应交印花税　　3 207.50

　　贷：银行存款　　3 207.50

第三步：根据上述结果填写申报表（见表5-8）。

表5-8　　印花税纳税申报（报告）表

税款所属期限：自2020年10月01日至2020年10月31日

填表日期：2020年10月31日　　金额单位：元至角

纳税人识别号□□□□□□□□□□□□□□□□□□□□

纳税人信息	名称	丁公司		√单位　□个人
	登记注册类型		所属行业	
	身份证件类型		身份证件号码	
	联系方式			

应税凭证	计税金额或件数	核定征收		适用税率	本期应纳税额	本期已缴税额	本期减免税额		本期应补（退）税额
		核定依据	核定比例				减免性质代码	减免额	
	1	2	3	4	5 = 1×4 + 2×3×4	6	7	8	9 = 5 − 6 − 8
购销合同	600 000			0.3‰	180	180			
加工承揽合同				0.5‰					
建设工程勘察设计合同				0.5‰					
建筑安装工程承包合同				0.3‰					
财产租赁合同				1‰					
货物运输合同	25 000			0.5‰	12.50	12.50			
仓储保管合同				1‰					
借款合同				0.05‰					
财产保险合同				1‰					
技术合同				0.3‰					
产权转移书据				0.5‰					
营业账簿（记载资金的账簿）	6 000 000	—		0.5‰	3 000	3 000			
营业账簿（其他账簿）		—		5					
权利、许可证照	3	—		5	15	15			
合计	—	—		—	3 207.50	3 207.50			

以下由纳税人填写：

纳税人声明	此纳税申报表是根据《中华人民共和国印花税暂行条例》和国家有关税收规定填报的，是真实的、可靠的、完整的。				
纳税人签章		代理人签章		代理人身份证号	

以下由税务机关填写：

受理人		受理日期	年　月　日	受理税务机关签章	

任务五　资源税核算

引　例

远山矿山为独立矿山，2020年8月销售自采原矿1 800吨，价格为60元/吨；又将部分自采的铁矿石原矿入选为精矿石，当月销售铁精矿石2 900吨，价格为210元/吨；假定铁矿石原矿与精矿的换算比为4∶1，省级政府规定的资源税税率为3%。

【思考】

（1）如何计算远山矿山应缴纳的资源税？

（2）如何对资源税进行相应的会计处理？

知识准备

一、资源税的基本规定

资源税是以特定自然资源为征税对象的一种流转税。资源税的开征，主要目的是合理开采和充分利用自然资源，促进企业节能减排、建立节约型社会，我国的资源税于1984年开征。1993年12月25日国务院令第139号发布《中华人民共和国资源税暂行条例》，于1994年1月1日正式施行，2011年9月30日发布《国务院关于修改〈中华人民共和国资源税暂行条例〉的决定》，修订了资源税暂行条例，自2016年7月1日起全面推行资源税改革。2019年8月通过了首部《中华人民共和国资源税法》，该法自2020年9月1日起施行。

微课

其他税费核算——资源税

知识链接

《中华人民共和国资源税法》

（一）资源税的纳税人

资源税的纳税人是在我国境内开采矿产资源和其他特定自然资源的单位和个人。单位包括企业、行政单位、事业单位、军事单位、社会团体及其他单位。个人是指个体工商户和其他个人。

（二）资源税的征税范围

我国现行资源税的征税范围主要是各种矿产资源。具体对象见表5-9。

表5-9　资源税征税范围

序号	征税对象	具体内容
1	金属矿产品原矿	黑色金属矿原矿、有色金属矿原矿
2	原油	天然原油，不包括人造石油

续表

序号	征税对象	具体内容
3	天然气	专门开采或与原油同时开采的天然气
4	煤炭	原煤、洗选煤
5	海盐	固体盐、液体盐
6	其他非金属矿原矿	除1—5和井矿盐以外的非金属矿原矿，包括玉石、宝石、磷矿石、膨润土、石墨、石英砂、萤石、重晶石、石棉等

（三）资源税的税目与税率

我国现行资源税的税目、税率见表5-10。

表5-10　　资源税税目与税率表

税　目		征税对象	税　率
原油		原油	6%~10%
天然气		天然气	6%~10%
煤炭		原煤	2%~10%
海盐		氯化钠初级产品	1%~5%
金属矿	轻稀土	精矿	11.5%（内蒙古）、9.5%（四川）、7.5%（山东）
	中重稀土	精矿	27%
	钨	精矿	6.5%
	钼	精矿	11%
	铁矿	精矿	1%~6%
	金矿	金锭	1%~4%
	铜矿	精矿	2%~8%
	铝土矿	原矿	3%~9%
	铅锌矿	精矿	2%~6%
	镍矿	精矿	2%~6%
	锡矿	精矿	2%~6%
	未列举名称的其他金属矿产品	原矿或精矿	不超过20%

续表

税　目		征税对象	税　率
非金属矿	石墨	精矿	3%~10%
	硅藻土	精矿	1%~6%
	高岭土	原矿	1%~6%
	萤石	精矿	1%~6%
	石灰石	原矿	1%~6%
	硫铁矿	精矿	1%~6%
	磷矿	原矿	3%~8%
	氯化钾	精矿	3%~8%
	硫酸钾	精矿	6%~12%
	井矿盐	氯化钠初级产品	1%~6%
	湖盐	氯化钠初级产品	1%~6%
	提取地下卤水晒制的盐	氯化钠初级产品	3%~15%
	煤层（成）气	原矿	1%~2%
	黏土、砂石	原矿	每吨或每立方米0.1~5元
	未列举名称的其他非金属矿产品	原矿或精矿	从量：≤30元／吨（立方米） 从价：≤20%

（四）资源税的减免

资源税的减免规定见表5-11。

表5-11　　资源税的减免规定

序号	减免项目		减免办法
1	依法在建筑物下、铁路下、水体下通过充填开采方式采出的矿产资源		减征50%
2	从实际开采年限在15年以上的衰竭期矿山中开采出的矿产资源		减征30%
3	从鼓励利用的低品位矿、废石、尾矿、废渣、废水、废气等中提取的矿产品		省级政府根据实际情况确定是否减免
4	开采销售共伴生矿	共伴生矿与主矿产品分开核算	共伴生矿不征税
		共伴生矿与主矿产品未分开核算	共伴生矿按主矿产品税目、税率征税
5	铁矿石		规定税额的40%
6	页岩气（6%的规定税率）		减征30%（2018.4.1—2021.3.31）

【提示】纳税人应在应税产品销售或者自用环节计算缴纳资源税。

二、应交资源税的计算

（一）资源税计税依据的确认

资源税的计税依据为应税产品的计税销售额或计税销售量。计税销售额是指纳税人销售应税产品向购买方收取的全部价款和价外费用，不包括增值税销项税额；计税销售量是指从量计征的应税产品数量。

1.计税销售额与计税销售量的确认

（1）原矿和精矿的销售额、销售量应分别核算；未分别核算的，从高确定计税销售额、销售量。

（2）不同税目应税产品的销售额、销售量应分别核算；未分别核算或不能准确提供不同税目应税产品销售额、销售量的，从高适用税率。

（3）对同一种应税产品，征税对象为精矿的，纳税人销售原矿时，应将原矿销售额换算为精矿销售额缴纳资源税；征税对象为原矿的，纳税人销售自采原矿生产的精矿时，应将精矿销售额换算为原矿销售额缴纳资源税。

（4）纳税人将自采未税产品和外购已税产品混合销售或将其混合加工为应税产品销售的，已税产品单独核算的，准予扣减已税产品的购进金额；未单独核算的，一并计算资源税。已税产品购进金额当期不足扣减的可结转下期扣减。

（5）外购原矿或精矿形态的已税产品与本产品征税对象不同的，应对混合销售额或外购已税产品的购进金额进行换算或折算确定计税销售额。

（6）纳税人与其关联企业之间的业务往来，应当按照独立企业之间的业务往来收取或者支付价款、费用。

2.视同销售

计税销售额和计税销售量应包括应税产品实际销售和视同销售的销售额、销售量，视同销售包括如下情况：

（1）纳税人将自采原矿直接加工为非应税产品；

（2）纳税人以自采原矿洗选（加工）后的精矿连续生产非应税产品；

（3）以应税产品投资、分配、抵债、赠与、非货币性资产交换等。

纳税人有视同销售行为而无销售价格的，或者申报的应税产品销售价格明显偏低且无正当理由的，税务机关应按下列顺序确定其应税产品价格：

（1）按纳税人最近时期同类产品的平均销售价格确定。

（2）按其他纳税人最近时期同类产品的平均销售价格确定。

（3）按组成计税价格计算：组成计税价格 = 成本×（1 + 成本利润率）÷（1 – 税率）。

（4）按后续加工非应税产品的销售价格，减去后续加工环节的成本和利润后的金额确定。

（5）按其他合理方法确定。

3.可扣减运杂费的确认

纳税人在计算应税产品计税销售额时，如发生的运杂费同时满足下列条件，可以扣减：

（1）包含在应税产品销售收入中；

（2）属于销售应税产品环节发生的运杂费；

（3）取得相关运杂费用发票或其他合法有效凭据；

（4）将运杂费与计税销售额分别进行核算。

（二）应交资源税的计算

1.从价计征资源税的计算

从价计征资源税的计算公式如下：

应交资源税＝应税产品销售额×适用税率

应税产品销售额的确定如涉及换算的，包括两种情况。

（1）原矿销售额换算为精矿销售额。以精矿为征税对象，如果销售原矿，应将原矿销售额换算为精矿销售额，可以采用如下两种方法：

①市场法。如果本地区有可参照的精矿销售价格，可采用市场法换算；如果本地区缺乏原矿与精矿等售价比较数据，可实行跨省协作加以解决。其计算公式如下：

精矿销售额＝原矿销售额×换算比

换算比＝精矿单位售价÷(原矿单位售价×选矿比)

选矿比＝加工精矿耗用的原矿数量÷精矿数量

或： 选矿比＝精矿品位÷(加工精矿耗用的原矿品位×选矿回收率)

选矿回收率＝精矿中某有用组分质量÷入选原矿中该有用组分质量×100%

②成本法。如果精矿销售量很少，缺乏可参照的市场售价，可采用成本法换算。其计算公式如下：

$$换算比=\text{精矿平均销售价格}\div(\text{精矿平均销售额}-\text{加工环节的平均成本}-\text{加工环节的平均销售利润})$$

（2）精矿销售额折算为原矿销售额。以原矿为征税对象，如果销售精矿，应将精矿销售额折算为原矿销售额。同样可以采用如下两种方法：

①市场法。如果本地区有可参照的原矿销售价格，可采用市场法折算。其计算公式如下：

原矿销售额＝精矿销售额×折算率

折算率＝(原矿单位售价×选矿比)÷精矿单位售价

②成本法。如果原矿销售量很少，缺乏可参照的市场售价，可采用成本法折算。其计算公式如下：

$$折算率=(\text{精矿平均销售额}-\text{加工环节的平均成本}-\text{加工环节的平均销售利润})\div\text{精矿平均销售额}\times100\%$$

【做中学5-6】某开采镍矿的企业2020年6月销售自产的原矿900吨，每吨单价900元（不含增值税）；销售自采的镍矿连续加工的精矿700吨，每吨单价1 600元。已知该企业镍矿选矿比为1.50，按照市场法计算资源税，镍矿资源税税率为6%。

要求：分析上述业务，计算该企业应缴纳的资源税。

2.从量计征资源税的计算

对于经营分散、多为现金交易且难以管控的黏土、砂石等，按照便利征管的原则，采用从量计征。其计算公式如下：

应交资源税＝应税产品销售量×适用定额税率（单位税额）

【提示】资源税代扣代缴的适用范围：除原油、天然气、煤炭以外的，税源小、零散、不定期开采等难以在采矿地申报缴纳资源税的矿产品。对已纳入开采地正常税务管理或者在销售矿产品时开具增值税发票的纳税人，不采用代扣代缴的征管方式。

【典型案例5-10】某油田在生产原油的同时也生产天然气，2020年6月，对外销售原油，销售额为500 000元，假定适用税率为8%；对外销售天然气，销售额为300 000元，假定适用税率为7%。

要求：计算当月应交资源税。

解析：

（1）销售原油应交资源税＝500 000×8%＝40 000（元）

（2）销售天然气应交资源税＝300 000×7%＝21 000（元）

（3）当月应交资源税＝40 000＋21 000＝61 000（元）

【典型案例5-11】甲企业2020年7月对外销售开采的砂石3 600吨，将开采的砂石1 000吨用于产品生产，税法规定每吨砂石应交资源税5元。

要求：计算当月应交资源税。

解析：

（1）销售砂石应交资源税＝5×3 600＝18 000（元）

（2）将砂石用于产品生产，视同销售。应交资源税＝5×1 000＝5 000（元）

（3）当月应交资源税＝18 000＋5 000＝23 000（元）

【做中学5-7】某煤矿2020年11月用其自采的原煤加工洗选煤400万吨，为职工宿舍供暖使用4万吨，对外销售280万吨。已知该煤矿每吨洗选煤不含增值税售价为780元（不含从坑口到车站、码头等的运输费用），适用的资源税税率为5%，洗选煤折算率为80%。

要求：计算该企业应缴纳的资源税。

三、资源税的会计处理

纳税人对外销售应税产品应缴纳的资源税应记入“税金及附加”科目，借记“税金及附加”科目，贷记“应交税费——应交资源税”科目；自产自用的应税产品应缴纳的资源税，借记“生产成本”“制造费用”等科目，贷记“应交税费——应交资源税”科目；独立矿山、联合企业收购未税矿产品，按代扣代缴的资源税，借记“材料采购”科目，贷记“应交税费——应交资源税”科目；纳税人按规定预缴资源税时，借记“应交税费——应交资源税”科目，贷记“银行存款”科目；纳税人与税务机关结算上月税款，如需补缴，借记“应交税费——应交资源税”科目，贷记“银行存款”科目，如多缴、退回税款时，做相反会计分录。

【典型案例5-12】某油田2020年7月缴纳资源税150万元，税务机关核定该企业纳税期限为10天，按上月税款的1/3预缴，月终结算。8月该企业对外销售原油，销售额为2 000万元，假定适用税率为8%。

要求：计算该企业应交资源税，并进行相应会计处理。

解析：

(1) 计算8月份应交、预缴和补缴资源税。

①应交资源税 = 2 000×8% = 160（万元）

②预缴资源税 = 150×1/3 = 50（万元）

③补缴资源税 = 160 − 50 = 110（万元）

(2) 编制会计分录。

①预缴资源税时：

借：应交税费——应交资源税　　500 000

　　贷：银行存款　　500 000

②计算当月应交资源税时：

借：税金及附加　　1 600 000

　　贷：应交税费——应交资源税　　1 600 000

③下月清缴资源税时：

借：应交税费——应交资源税　　1 100 000

　　贷：银行存款　　1 100 000

【典型案例5-13】丙企业2020年8月对外销售开采的砂石4 000吨，将开采的砂石1 000吨用于产品生产，税法规定每吨砂石应交资源税5元。

要求：计算当月应交资源税，并进行相关的会计处理。

解析：计算过程和会计分录编制如下：

(1) 销售砂石应交资源税 = 4 000×5 = 20 000（元）

借：税金及附加　　20 000

　　贷：应交税费——应交资源税　　20 000

(2) 用于产品生产的砂石应交资源税 = 1 000×5 = 5 000（元）

借：生产成本　　5 000

　　贷：应交税费——应交资源税　　5 000

(3) 缴纳资源税。

借：应交税费——应交资源税　　25 000

　　贷：银行存款　　25 000

四、资源税的纳税申报

(一) 纳税义务发生时间

资源税在应税产品的销售或自用环节计算缴纳。

纳税人以自采原矿加工精矿产品的，在原矿使用时不缴纳资源税，在精矿销售或自用时缴纳资源税。纳税人以自采原矿加工金锭的，在金锭销售或自用时缴纳资源税。纳税人销售自采原矿或者自采原矿加工的金精矿、粗金，在销售时缴纳资源税，在移送使用时不缴纳资源税。

纳税人采取分期收款结算方式的，纳税义务发生时间为销售合同规定的收款日期的当天。纳税人采取预收货款结算方式的，纳税义务发生时间为发出应税产品的当天。纳税人采取其他结算方式的，纳税义务发生时间为收讫销售款或者取得索取销售款凭据的当天。

纳税人自产自用应税产品的纳税义务发生时间为移送使用应税产品的当天。扣缴义务人代扣代缴税款的纳税义务发生时间为支付首笔货款或者开具应支付货款凭据的当天。

（二）纳税地点

凡是缴纳资源税的纳税人，都应当向应税产品的开采地或者盐生产所在地主管税务机关缴纳税款。

纳税人跨省开采应税产品，其下属生产单位与核算单位不在同一省、自治区、直辖市的，对其开采的矿产品一律在开采地纳税。实行从量计征的应税产品，其应纳税款由独立核算的单位，按照每个开采地或者生产地的实际销售量（或者自用量）及适用的单位税额计算划拨；实行从价计征的应税产品，其应纳税款由独立核算的单位按照每个开采地或者生产地的销售量（或者自用量）、单位销售价格及适用税率计算划拨。

扣缴义务人代扣代缴的资源税，应当向收购地主管税务机关缴纳。

（三）纳税期限

资源税的纳税期限为1日、3日、5日、10日、15日或者1个月，由主管税务机关根据实际情况具体核定，不能按固定期限计算纳税的，可以按次计算纳税。

纳税人以1个月为一期纳税的，自期满之日起10日内申报纳税；以1日、3日、5日、10日、15日为一期纳税的，自期满之日起5日内预缴税款，于次月1日起10日内申报纳税并结清上月税款。

纳税人应当正确填写“资源税纳税申报表”，按照税务机关的要求进行纳税申报。

引例解析

本任务“引例”解析如下：

（1）计算远山矿山应交资源税。

①原矿销售额应交资源税 = 1 800×60÷4×3% = 810（元）

②精矿销售额应交资源税 = 2 900×210×3% = 18 270（元）

③远山矿山本月应缴资源税 =（810 + 18 270）×40% = 7 632（元）

【提示】铁矿石按规定税额的40%征收资源税。

（2）编制会计分录。

借：税金及附加　　7 632

　　贷：应交税费——应交资源税　　7 632

工作任务设计5-5

资源税的会计处理

任务描述：

甲煤矿2020年6月发生如下经济业务：

（1）开采原煤1.8万吨，将其中5 000吨原煤直接对外销售给乙公司，乙公司应付不含税金额100万元（不包括到车站、码头等的运输费用），款项已收取。

（2）将其中3 000吨原煤移送给丁公司使用，以抵偿欠丁公司的债务。

（3）将其中部分原煤用于连续加工洗煤，之后对外销售，采取直接收款方式，取得不含增值税销售额100万元（不含运杂费）。

（4）开采砂石20万吨，销售其中的15万吨。

（5）在水体下通过充填开采的方式开采铝土矿，全部对外销售，取得不含增值税销售额100万元（不含运杂费）。

已知：煤炭适用的资源税税率为8%，当地省财税部门确定的洗煤折算率为60%，砂石资源税税率为2元/吨，铝土矿适用的资源税税率为6%。

要求：

（1）根据上述资料，逐项计算该企业应交资源税；

（2）进行资源税的会计处理；

（3）填写资源税纳税申报表。

操作步骤：

第一步：逐项计算应缴纳资源税。

（1）纳税人销售应税产品的，资源税纳税义务发生时间为销售的当天。销售原煤给乙公司应纳资源税 = 100×8% = 8（万元）。

（2）纳税人将其开采的原煤用于除生产洗选煤之外其他用途的，视同销售原煤，应缴纳资源税；发生视同销售应税产品行为而无销售额的，应按纳税人最近时期同类产品的平均销售价格确定销售额。原煤抵偿丁公司的债务应纳资源税 = 100÷5 000×3 000×8% = 4.8（万元）。

（3）纳税人将其开采的原煤加工为洗煤后销售和自用的，均以洗煤销售额乘以折算率作为应税煤炭销售额计算缴纳资源税。对外销售洗煤应纳资源税 = 100×60%×8% = 4.8（万元）。

（4）纳税人开采或者生产应税产品销售的，以“实际销售数量”（而非“生产数量”）为销售数量。销售砂石应缴纳资源税 = 15×2 = 30（万元）

（5）对依法在建筑物下、铁路下、水体下通过充填开采方式采出的矿产资源，资源税减征50%。销售铝土矿应缴纳资源税 = 100×6%×50% = 3（万元）

第二步：汇总甲煤矿2020年6月应缴纳资源税。

6月应缴纳资源税 = 8 + 4.8 + 4.8 + 30 + 3 = 50.6（万元）

第三步：进行会计处理。

借：税金及附加　　506 000

　　贷：应交税费——应交资源税　　506 000

第四步：根据上述计算结果填写资源税纳税申报表（见表5-12）。

表 5-12

资源税纳税申报表

税款所属时间：自 2020 年 6 月 01 日至 2020 年 6 月 30 日　　填表日期：2020 年 6 月 30 日　　金额单位：元至角分

纳税人识别号 □□□□□□□□□□□□□□□□□□□□□□

纳税人名称	甲煤矿（公章）	法定代表人姓名		注册地址		生产经营地址	
开户银行及账号		登记注册类型				电话号码	

税目	子目	折算率或换算比	计量单位	计税销售量	计税销售额	适用税率	本期应纳税额	本期减免税额	本期已缴税额	本期应补（退）税额
1	2	3	4	5	6	7	8① = 6×7；8② = 5×7	9	10	11 = 8 − 9 − 10
煤炭	原煤				1 000 000	8%	80 000		80 000	0
煤炭	原煤		吨	3 000	600 000	8%	48 000		48 000	0
煤炭	洗煤	60%			600 000	8%	48 000		48 000	0
砂石	原矿		吨	150 000		2	300 000		300 000	0
铝土矿	原矿				1 000 000	6%	60 000	30 000	30 000	0
合　计		—	—			—			506 000	0

授权声明	如果你已委托代理人申报，请填写下列资料： 为代理一切税务事宜，现授权（地址） 为本纳税人的代理申报人，任何与本申报表有关的往来文件，都可寄予此人。 授权人签字：	申报人声明	本纳税申报表是根据国家税收法律法规及相关规定填写的，我确定它是真实的、可靠的、完整的。 声明人签字：

主管税务机关：　　接收人：　　接收日期：　年　月　日

单元小结

本单元涉及城市维护建设税、教育费附加、房产税、印花税、资源税的基本规定、纳税申报，以及应交城市维护建设税、教育费附加、房产税、印花税、资源税的计算、相关涉税业务的会计核算。

随堂测试

一、单项选择题

1.销售资源税应税产品应缴纳资源税的会计分录是（ ）。

A.借：生产成本
　　贷：应交税费——应交资源税

B.借：制造费用
　　贷：应交税费——应交资源税

C.借：税金及附加
　　贷：应交税费——应交资源税

D.借：应交税费——应交资源税
　　贷：应付账款

2.资源税是以（ ）为征税对象的流转税。

A.应税产品销售额　　B.应税产品销售量

C.应税产品增值额　　D.特定自然资源

3.2017年11月，财政部和国家税务总局公布《中华人民共和国资源税法（征求意见稿）》，提出资源税一般实行（ ）。

A.从量计征　　B.从价计征　　C.补价计征　　D.量价计征

4.下列各项属于印花税纳税人的是（ ）。

A.合同的双方当事人　　B.合同的担保人

C.合同的证人　　D.合同的鉴定人

5.印花税的比例税率中不包括（ ）。

A.0.05‰　　B.0.3‰　　C.0.5‰　　D.0.1‰

6.印花税的自行贴花纳税主要是指（ ）。

A.纳税人自行计算应纳税额

B.自行购买印花税票

C.自行贴花

D.自行在每枚税票的骑缝处盖戳注销或划销

7.下列凭证中，应缴纳（贴）印花税的是（ ）。

A.卫生许可证　　B.营业执照　　C.外汇许可证　　D.税务登记证

8.流动经营的单位，其教育费附加的缴纳办法是（　　）。

A.在经营地按当地适用税率计算缴纳

B.在机构所在地按当地适用税率计算缴纳

C.在经营地但按机构所在地的适用税率计算缴纳

D.在机构所在地但按经营地的适用税率计算缴纳

9.城市维护建设税税率采用的是（　　）。

A.差别比例税率　　B.定额税率　　C.超额累进税率　　D.固定税率

10.某公司2019年年底购进一处房产，2020年5月1日用于出租，当年取得租金收入160万元。该房产原值3 000万元，当地政府规定的减除幅度为30%，该公司2020年应缴纳的房产税为（　　）万元。

A.21.2　　B.27.6　　C.29.7　　D.44.4

二、多项选择题

1.下列关于资源税的说法正确的有（　　）。

A.资源税是一种流转税

B.资源税的计税方法主要采用的是从价计征

C.铁矿石按规定资源税税额的30%征收

D.资源税在应税产品销售或自用环节计算缴纳

2.原矿销售额与精矿销售额换算或折算采用的方法有（　　）。

A.成本法　　B.估价法　　C.市场法　　D.扣减法

3.某县城一家食品加工企业，为增值税小规模纳税人，8月份购进货物合计56 500元，销售货物开具普通发票销售额合计72 100元，出租设备取得收入10 300元。本月应纳城市维护建设税、教育费附加分别为（　　）。

A.城市维护建设税 126.94元　　B.城市维护建设税 168元

C.教育费附加 72元　　D.教育费附加 50.78元

4.甲企业2020年1月出租给乙企业一栋房屋，原值为400万元，租期5年，年租金100万元，该省规定允许按原值减除30%的余值计税。此项租赁业务的房产税会计处理正确的有（　　）。

A.甲企业应纳房产税为0　　B.甲企业应纳房产税为12万元

C.乙企业应纳房产税为0　　D.乙企业应纳房产税为3.36万元

5.下列应税凭证的计税依据分别为（　　）。

A.购买股权转让书据，为书立当日证券市场成交价格

B.货物运输合同为运输、保险、装卸等各项费用合计

C.融资租赁合同为租赁费

D.建筑业总包、分包合同分别为总包额、分包额

6.下列各项中，关于教育费附加的表述正确的有（　　）。

A.教育费附加征收率按照地区差别设定

B.海关对进口的产品代征的增值税、消费税，但不征收教育费附加

C.出口产品退还增值税、消费税的，同时退还已征收的教育费附加

D.外商投资企业和外国企业也要缴纳教育费附加

7.下列各项中，符合房产税纳税义务人规定的有（　　）。

A.产权属于国家所有的不缴纳房产税

B.房屋产权出典的，由出典人缴纳

C.产权纠纷未解决的，由代管人或使用人缴纳

D.产权所有人、承典人不在房产所在地，由代管人或使用人缴纳

8.位于市区的某自营出口生产企业，2020年11月增值税应纳税额为-280万元，出口货物的"免、抵、退"税额为400万元。下列各项中，符合税法相关规定的有（　）。

A.该企业应缴纳教育费附加3.6万元　B.该企业应退增值税税额280万元

C.该企业应退教育费附加8.4万元　D.该企业应缴纳城市维护建设税8.4万元

9.应交资源税的计算可以分为（　　）两种方法。

A.核定征收　B.从价计征　C.从量计征　D.从租计征

10.下列有关权利、许可证照，属于印花税的税目的有（　　）。

A.不动产权证书　B.专利证书　C.著作权证书　D.商标注册证

三、业务题

1.位于市区的甲企业，2020年8月实际缴纳增值税50万元、消费税80万元，其中出口退税（增值税3万元）；进口货物由海关代征增值税9万元、消费税15万元。

要求：计算应交城市维护建设税和教育费附加，并进行相应的会计处理。

2.乙公司2020年9月与A公司签订了一份购货合同，总价值20万元；与B企业签订了一份设备购置合同，价值15万元；当月转让股票，交易价格为500万元；将购置的车辆投保，保险费金额为3万元。

要求：逐项计算应交印花税，并进行相应的会计处理。

3.丙公司2020年1月1日的"固定资产"明细账中，房产原值为3 000万元。3月公司将500万元的房产租给其他单位使用，每年租金收入为100万元（不含税）。当地政府规定，企业自用房屋按房产原值一次减除30%计算房产税。

要求：计算该公司2020年应交房产税，并进行相应的会计处理。

4.丁公司2020年7月销售自采原矿2 000吨，价格为60元/吨；又将部分自采的铁矿石原矿入选为精矿石，当月销售铁精矿石3 000吨，价格为210元/吨；假定铁矿石原矿与精矿的换算比为3∶1，省级政府规定的资源税税率为3%。

要求：计算该公司应缴纳的资源税，并进行相应的会计处理。

单元实训

实训一　房产税纳税业务

一、实训目的

（1）熟悉房产税的基本规定；

（2）能熟练计算应缴纳的房产税税额；

（3）掌握房产税相关的会计核算及纳税申报。

二、实训资料

（一）企业概况

企业名称：大地机电设备制造有限责任公司

企业性质：私营企业

企业法人代表：刘宏

企业办税员：马娟

企业地址及电话：南京市江宁区竹山路18号，025－84632356

开户银行及账号：工商银行南京分行，6333012305501858

纳税人识别号：3201211752112348

（二）模拟业务

该企业主营机电产品制造及销售，2020年发生如下房产业务：（已知当地政府规定的扣除比例为20%）

（1）企业有一处房产，原值1 000万元，7月1日用于出租，租期为5年。已知该企业当年取得租金收入50万元。

（2）企业利用厂区空地建造了一栋写字楼，造价2 000万元，10月1日竣工。然后将总建筑面积的1/2出租，其余自用，当年取得租金收入15万元。

（3）企业有沿街办公楼一栋，原值300万元。6月30日签订房屋租赁合同一份，将其中价值50万元的办公用房自7月1日起出租给他人使用，租期12个月，月租金2 000元，每月收取租金一次。

（4）企业另有自用厂房3栋，办公楼一幢，“固定资产——房屋”账面原值为18 000万元。

三、实训要求

（1）逐笔审核经济业务，确定房产税的计税依据，计算房产税税额；

（2）编制会计分录（或填制记账凭证）；

（3）登记应交房产税明细账；

（4）填制房产税纳税申报表。

四、实训结果评价

实训结果评价见表5-13。

表5-13　实训结果评价

序号	技能项目	得分
1	逐项计算房产税税额	40
2	编制会计分录（或填制记账凭证）	30
3	登记应交房产税明细账	10
4	填制房产税纳税申报表	20
合 计		100

实训二 资源税纳税业务

一、实训目的

（1）熟悉资源税的基本规定；

（2）能熟练计算应缴纳的资源税税额；

（3）掌握资源税相关的会计核算及纳税申报。

二、实训资料

（一）企业概况

企业名称：恒益矿业有限公司

企业性质：私营企业

企业法人代表：柳学道

企业办税员：刘红

（二）模拟业务

该企业主营矿产品生产及销售，2020年发生如下涉税经济业务：

（1）5月外销铜矿石原矿100吨，核定资源税为1.5元/吨。

（2）6月收购未税铜矿石原矿5万吨，收购价为800元/吨，核定资源税为1.5元/吨；当月销售自产铜矿石4万吨，适用税额1.7元/吨。

（3）公司7月自产地下铁矿石原矿（二等）50万吨，当月收购未税精铁矿石（四等）5万吨，每吨收购价为30元，核定资源税为15元/吨。

三、实训要求

（1）逐笔审核经济业务，确定资源税的计税依据，计算资源税税额；

（2）编制会计分录（或填制记账凭证）；

（3）登记应交资源税明细账；

（4）填制资源税纳税申报表。

四、实训结果评价

实训结果评价见表5-14。

表5-14 实训结果评价

序号	技能项目	得分
1	逐项计算资源税税额	40
2	编制会计分录（或填制记账凭证）	30
3	登记应交资源税明细账	10
4	填制资源税纳税申报表	20
合 计		100

第六单元

企业所得税会计

【职业能力目标】

通过本单元学习，熟悉企业所得税征税制度；掌握企业所得税的计算方法；会进行企业所得税的会计处理；能利用所得税会计准则完成所得税会计核算，正确填写企业所得税纳税申报表。

【典型工作任务】

典型工作任务

企业所得税会计

- 企业所得税核算
- 企业所得税纳税申报
- 企业所得税涉税风险管控

任务一 企业所得税核算

引 例

圣达股份公司2008年2月注册成立，系增值税一般纳税人，执行新企业会计准则。适用的企业所得税税率为25%。2020年年初“利润分配——未分配利润”借方余额40万元（为可结转以后年度弥补的亏损额），“递延所得税资产”借方余额10万元，“递延所得税负债”无余额。2020年度有关纳税资料如下：

（1）销售产品取得不含税销售收入7 800万元，销售成本3 900万元，缴纳增值税530万元、城市维护建设税和教育费附加53万元。

（2）对外投资收益：现金股利收入100万元，公允价值变动收益20万元，其他综合收益80万元。

（3）取得债券利息收入180万元，其中国债利息收入50万元。

（4）发生销售费用1 500万元，其中广告费和业务宣传费1 200万元。

（5）发生管理费用1 000万元（不含折旧费），其中新技术、新产品、新工艺发生的研究开发费用160万元（符合税法加计扣除的条件），业务招待费用100万元。

（6）发生财务费用377万元，其中支付向其他企业借款2 000万元一年的利息180万元，同期银行贷款利率为6%。

（7）发生营业外收入200万元，发生营业外支出150万元，其中公益救济性捐赠支出110万元（公益救济性捐赠符合捐赠的税法条件），赞助支出37万元，税收滞纳金1万元，罚款支出2万元。

（8）2020年年末固定资产账面余额4 000万元（见表6-1），本期折旧465万元，其中电子设备账面余额1 200万元，本年度会计折旧240万元，税收折旧400万元，其他固定资产的会计折旧与税收折旧不存在差异，假定2020年以前不存在资产折旧、摊销纳税调整项目。

表6-1　2020年年末固定资产账面余额及折旧额　单位：万元

项目	账面余额	本期会计折旧
房屋建筑物	2 000	100
办公家具	500	50
汽车	300	75
电子设备	1 200	240
合计	4 000	465

（9）2020年企业从业人数（全年平均人数）300人，资产总额（全年平均数）24 000万元。

（10）2020年度已预缴企业所得税20万元。

【思考】

（1）2020年度本公司的利润总额是多少？

（2）2020年度的企业所得税税额如何计算？

（3）该公司是否产生递延所得税？

（4）应如何进行所得税会计处理？

知识准备

知识链接

《中华人民共和国企业所得税法》

一、企业所得税法的基本规定

企业所得税是对我国境内的企业和其他取得收入的组织的生产经营所得和其他所得征收的一个税种。现行《中华人民共和国企业所得税法》（以下简称《企业所得税法》）自2008年1月1日起施行，适用于包括外商投资企业在内的所有内外资企业。

知识链接

《中华人民共和国企业所得税法实施条例》

（一）企业所得税纳税人

企业所得税纳税人，是指在中华人民共和国境内的企业和其他取得收入的组织（以下统称企业），但不包括个人独资企业、合伙企业。按照纳税义务的不同，企业所得税纳税人分为居民企业和非居民企业。

（二）企业所得税征税范围

居民企业应当就其来源于中国境内、境外的所得缴纳企业所得税，包括销售货物所得、提供劳务所得、转让财产所得、股息红利等权益性投资所得、利息所得、租金所得、特许权使用费所得、接受捐赠所得和其他所得。

知识链接

居民企业和非居民企业的界定

非居民企业在中国境内设立机构、场所的，应当就其所设机构、场所取得的来源于中国境内的所得，以及发生在中国境外但与其所设机构、场所有实际联系的所得，缴纳企业所得税。非居民企业在中国境内未设立机构、场所的，或者虽设立机构、场所但取得的所得与其所设机构、场所没有实际联系的，应当就其来源于中国境内的所得缴纳企业所得税。

知识库

境内、境外所得来源的确定

（1）销售货物所得，按照交易活动发生地确定；

（2）提供劳务所得，按照劳务发生地确定；

（3）转让财产所得，不动产转让所得按照不动产所在地确定，动产转让所得按照转让动产的企业或者机构、场所所在地确定，权益性投资资产转让所得按照被投资企业所在地确定；

（4）股息、红利等权益性投资所得，按照分配所得的企业所在地确定；

（5）利息所得、租金所得、特许权使用费所得，按照负担、支付所得的企业或者机构、场所所在地确定，或者按照负担、支付所得的个人的住所地确定；

（6）其他所得，由国务院财政、税务主管部门确定。

（三）企业所得税税率

1. 企业所得税的基本税率

企业所得税的基本税率为25%。适用于居民企业和在中国境内设有机构、场所且所得与机构、场所有实际联系的非居民企业。

2. 企业所得税的优惠税率

符合条件的小型微利企业（注：2019年1月1日至2021年12月31日，年应纳税所得额不超过100万元的部分，减按25%计入应纳税所得额，对年应纳税所得额超过100万元但不超过300万元的部分，减按50%计入应纳税所得额）适用税率为20%；在中国境内未设立机构场所的、或虽设立机构场所但取得的所得与其机构场所没有实际联系的非居民企业适用税率为20%，但实际征收时适用10%的税率；国家需要重点扶持的高新技术企业适用税率为15%。

知识链接

企业所得税减免与抵免的相关规定

（四）企业所得税的计税基础

应纳税所得额是企业所得税的计税基础。除另有规定者外，企业每一纳税年度的应纳税所得额，应以权责发生制为原则，按下列公式计算：

$$\text{应纳税所得额}=\text{收入总额}-\text{不征税收入}-\text{免税收入}-\text{各项扣除}-\text{允许弥补的以前年度亏损}$$

1. 收入总额

企业的收入总额包括以货币形式和非货币形式从各种来源取得的收入，包括销售货物收入、提供劳务收入、转让财产收入、股息红利等权益性投资收益、利息收入、租金收入、特许权使用费收入、接受捐赠收入和其他收入。

2. 不征税收入

（1）财政拨款；

（2）依法收取并纳入财政管理的行政事业性收费、政府性基金；

（3）国务院规定的其他不征税收入。

3. 免税收入

（1）企业的国债利息收入；

（2）符合条件的居民企业之间的股息、红利等权益性投资收益；

（3）在中国境内设立机构、场所的非居民企业从居民企业取得的与该机构、场所有实际联系的股息、红利等权益性投资收益；

（4）符合条件的非营利组织的收入。

4. 税前扣除项目

企业实际发生的与取得收入有关的、合理的支出，包括成本、费用、税金、损失和其他支出，准予在计算应纳税所得额时扣除。

（1）企业发生的合理的工资薪金支出，准予扣除。

（2）企业发生的职工福利费支出，不超过工资薪金总额14%的部分，准予扣除。

（3）企业拨缴的工会经费，不超过工资薪金总额2%的部分，准予扣除。

（4）一般企业实际发生的职工教育经费支出，自2018年起调整为不超过工资薪金总额8%的部分，准予扣除；超过部分，准予在以后纳税年度结转扣除。

（5）企业依照规定的范围和标准为职工缴纳的基本养老保险费、基本医疗保险费、失业保险费、工伤保险费、生育保险费等基本社会保险费和住房公积金，准予扣除。企业为投资者或者职工支付的补充社会保险费和商业保险费按国务院财政、税务主管部门的规定执行。

（6）企业在生产经营活动中发生的合理的不需要资本化的借款费用，准予扣除。

（7）企业发生的与生产经营活动有关的业务招待费支出，按照发生额的60%扣除，但最高不得超过当年销售（营业）收入的5‰。

（8）企业发生的符合条件的广告费和业务宣传费支出，除国务院财政、税务主管部门另有规定外，不超过当年销售（营业）收入15%的部分，准予扣除；超过部分，准予在以后纳税年度结转扣除。

（9）企业参加财产保险，按照规定缴纳的保险费，准予扣除。

（10）企业发生的合理的劳动保护支出，准予扣除。

（11）企业依照法律、行政法规有关规定提取的用于环境保护、生态恢复等方面的专项资金，准予扣除。

（12）非金融企业向金融企业借款的利息支出、金融企业的各项存款利息支出和同业拆借利息支出、企业经批准发行债券的利息支出，准予扣除；非金融企业向非金融企业借款的利息支出，不超过按照金融企业同期同类贷款利率计算的数额的部分，准予扣除。

（13）企业发生的公益性捐赠支出，在年度利润总额12%以内的部分，准予在计算应纳税所得额时扣除。

（14）企业按照规定计算的固定资产折旧，按照规定计算的无形资产摊销费用，按照规定摊销的长期待摊费用，准予扣除。

（15）企业使用或者销售存货，按照规定计算的存货成本，准予在计算应纳税所得额时扣除。

（16）企业转让资产，该项资产的净值，准予在计算应纳税所得额时扣除。

（17）非居民企业在中国境内设立机构、场所，就其中国境外总机构发生的与该机构、场所生产经营有关的费用，能够提供总机构出具的费用汇集范围、定额、分配依据和方法等证明文件，并合理分摊的，准予扣除。

（18）企业在生产经营活动中发生的固定资产和存货的盘亏、毁损、报废损失，转让财产损失，呆账损失，坏账损失，自然灾害等不可抗力因素造成的损失以及其他损失，减除责任人赔偿和保险赔款后的余额，依照国务院财政、税务主管部门的规定扣除。企业已经作为损失处理的资产，在以后纳税年度又全部收回或者部分收回时，应当计入当期收入。

（19）符合法律法规规定和有关税费规定准予扣除的其他项目，如会员费、与其经营活动有关的合理的差旅费、会议费、董事会费、违约金、诉讼费等。

知识拓展

不得扣除的项目

（1）向投资者支付的股息、红利等权益性投资收益款项。

（2）企业所得税税款。

（3）税收滞纳金。

（4）因违反法律、法规而交付的罚金、罚款，以及被没收财物的损失。

（5）超过规定标准的捐赠支出。

（6）赞助支出。企业发生的与生产经营活动无关的各种非广告性质的支出。

（7）未经核定的准备金支出。不符合国务院财政、税务主管部门规定的各项资产减值准备、风险准备等准备金支出。

（8）企业对外投资期间，投资资产的成本在计算应纳税所得额时不得扣除。

（9）企业之间支付的管理费、企业内营业机构之间支付的租金和特许权使用费，以及非银行企业内营业机构之间支付的利息，不得扣除。

（10）与取得收入无关的其他支出。

5.准予税前弥补的亏损

亏损是指企业按照《企业所得税法》及其实施条例的规定，将每一纳税年度的收入总额减去不征税收入、免税收入和各项扣除后小于零的数额。企业发生的年度亏损，可以用下一纳税年度的所得弥补；下一纳税年度的所得不足弥补的，可以逐年延续弥补，但是延续弥补期最长不得超过5年。企业在汇总计算缴纳企业所得税时，其境外营业机构的亏损不得抵减境内营业机构的盈利。

二、应交企业所得税的计算

企业所得税税额的计算方法直接取决于所得税征收方式，包括查账征收与核定征收两种方式，由主管税务机关根据企业的会计核算是否规范而确定。

（一）居民企业应交所得税的计算

1.查账征收法

查账征收是由纳税人依据账簿记载，先自行计算缴纳，事后经税务机关查账核实，如有不符，可多退少补。这种征收方式主要由已建立会计账册，会计记录完整的企业采用。

知识拓展

查账征收方法

查账征收企业所得税税额的计算公式如下：

企业应交所得税税额 = 应纳税所得额 × 适用税率 − 减免税额 − 抵免税额

式中：减免税额和抵免税额，是指按照《企业所得税法》和税收优惠规定减征、免征和抵免的应纳税额。

应纳税所得额的计算一般有直接计算法和间接计算法。

（1）直接计算法。其计算公式如下：

应纳税所得额 = 收入总额 − 不征税收入 − 免税收入 − 各项扣除 − 允许弥补的以前年度亏损

（2）间接计算法。其计算公式如下：

应纳税所得额 = 会计利润 + 纳税调整增加额 − 纳税调整减少额

式中：纳税调整增加额包括：①按会计准则的规定核算时不作为收益，但在计算应纳税所得额时作为收益需要缴纳所得税；②按会计准则的规定核算时确认为费用或损失计入会计利润，但在计算应纳税所得额时不允许扣减。

纳税调整减少额包括：①按会计准则的规定核算时作为收益计入会计利润，但在计算应纳税所得额时不确认为收益；②按会计准则的规定核算时不确认为费用或损失，但在计算应纳税所得额时允许扣减。

【典型案例6-1】

贝尔公司系增值税一般纳税人，适用的企业所得税税率为25%。2020年度有关纳税资料如下：

（1）销售收入2 600万元，销售成本1 300万元，缴纳增值税175万元、城市维护建设税和教育费附加17.5万元。

（2）以公允价值计量的金融资产产生公允价值变动损益10万元，其他综合收益30万元。

（3）国债利息收入35万元。

（4）发生广告费和业务宣传费400万元。

（5）发生新技术、新产品、新工艺的研究开发费用60万元（符合税法加计扣除的条件），发生业务招待费45万元。

（6）支付向其他企业借款1 000万元一年的利息80万元，同期银行贷款利率为6%。

（7）发生营业外收入100万元，发生公益救济性捐赠支出50万元（公益救济性捐赠符合捐赠的税法条件），罚款支出5万元。

（8）2020年年底电子设备账面余额1 200万元，本年度会计折旧400万元，税收折旧260万元。

要求：（1）计算贝尔公司2020年度的利润总额；

（2）计算贝尔公司2020年度应缴纳的企业所得税。

解析：

方法一：采用直接计算法。

（1）2020年度利润总额 = 2 600 − 1 300 − 17.5 + 10 + 35 + 100 − 400 − 60 − 45 − 80 − 50 − 5 − 400 = 387.5（万元）

（2）2020年度的企业所得税税额计算。

①收入 = 2 600 + 10 + 30 + 35 + 100 = 2 775（万元）

②不征税收入为0。

③免税收入 = 10 + 30 + 35 = 75（万元）

公允价值变动损益10万元、其他综合收益30万元不作为当期收入，国债利息收入35万元属于免税收入。

④各项扣除 = 1 300 + 17.5 + 390 + 105 + 13 + 60 + 46.5 + 260 = 2 192（万元）

其中：销售成本1 300万元，城市维护建设税和教育费附加17.5万元，业务宣传费390万元（2 600×15%），研究开发费用105万元（60 + 60×75%），业务招待费13万元（2 600×5‰），财务费用60万元（1 000×6%），公益救济性捐赠支出46.5万元（387.5×12%），税收折旧260万元。

⑤应纳税所得额 = 2 775 − 0 − 75 − 2 192 = 508（万元）

⑥2020年度应纳企业所得税税额 = 508×25% = 127（万元）

方法二：采用间接计算法。

（1）2020年度利润总额 = 2 600 − 1 300 − 17.5 + 10 + 35 + 100 − 400 − 60 − 45 − 80 − 50 − 5 − 400 = 387.5（万元）

（2）当期应纳所得额计算。

①业务宣传费超支10万元（400 − 2 600×15%），业务招待费超支32万元（45 − 2 600×5‰），财务费用超支20万元（80 − 1 000×6%），公益救济性捐赠超支3.5万元（50 − 387.5×12%），罚款支出5万元等，都不符合税前扣除条件，故需调增应纳税所得额。

②电子设备折旧税法与会计产生差异140万元（400 − 260），需调增应纳税所得额。

③公允价值变动损益10万元，国债利息收入35万元，属于本期不计税或免税收入，故调减当期应纳税所得额。

④符合税法规定的新技术、新产品、新工艺发生的研究开发费用可以加计扣除75%，计45万元（60×75%）。

应纳税所得额 = 387.5 + 10 + 32 + 20 + 3.5 + 5 + 140 − 10 − 35 − 45 = 508（万元）

应交所得税 = 508×25% = 127（万元）

减免税额为0。

2020年度应纳企业所得税税额为127万元。

2.核定征收法

核定征收是指由于纳税人的会计账簿不健全，资料残缺难以查账，或者其他原因难以准确确定纳税人应纳税额时，由税务机关采取合理的方法依法核定纳税人应纳税额的一种征收方式。税务机关应根据纳税人的具体情况，对核定征收企业所得税的纳税人，核定应税所得率或者核定应纳所得税额。

知识拓展

核定征收法

采用应税所得率方式核定征收企业所得税的，应纳所得税税额的计算公式如下：

应纳所得税税额＝应纳税所得额×适用税率

应纳税所得额＝应税收入额×应税所得率

或：应纳税所得额＝成本（费用）支出额÷（1－应税所得率）×应税所得率

应税收入额＝收入总额－不征税收入－免税收入

实行应税所得率方式核定征收企业所得税的纳税人，经营多业的，无论其经营项目是否单独核算，均由税务机关根据其主营项目确定适用的应税所得率。应税所得率见表6-2。

表6-2 应税所得率表

行　业	应税所得率（%）
农、林、牧、渔业	3~10
制造业	5~15
批发和零售贸易业	4~15
交通运输业	7~15
建筑业	8~20
饮食业	8~25
娱乐业	15~30
其他行业	10~30

【典型案例6-2】某私营企业有从业人员20人，2020年2月10日向其主管税务机关申报：2020年度取得收入总额146万元，发生直接成本120万元、其他费用33万元，全年应纳税所得额－7万元。后经税务机关审核，其成本、费用无误，但收入总额不能准确核算。假定应税所得率为15%。

要求：按照核定征收企业所得税的办法，计算该企业2020年度应缴纳的企业所得税税额。

解析：该企业按成本费用推算的应纳税所得额＝（120＋33）÷（1－15%）×15%
＝27（万元）

该企业应纳所得税税额＝27×25%＝6.75（万元）

（二）非居民企业应交所得税的计算

非居民企业在中国境内未设立机构、场所的，或者虽设立机构、场所但取得的所得与其所设机构、场所没有实际联系的，应当就其来源于中国境内的所得缴纳企业所得税。其应纳税所得额按照下列方法计算：

（1）股息、红利等权益性投资收益和利息、租金、特许权使用费所得，以收入全额为应纳税所得额；

（2）转让财产所得，以收入全额减除财产净值后的余额为应纳税所得额；

（3）其他所得，参照前两项规定的方法计算应纳税所得额。

非居民企业应纳所得税额＝应纳税所得额×适用税率－抵免税额

【做中学6-1】境外某公司在中国境内未设立机构、场所，2020年取得境内甲公司支付的贷款利息收入100万元，取得中国境内乙公司支付的股息80万元。

要求：计算2020年度该境外公司在我国应缴纳的企业所得税。

【提示】在中国境内未设立机构、场所的非居民企业从居民企业取得的股息不免税。

（三）境外所得已纳税额的抵免

境外已纳税额的抵免，是避免国际对同一所得重复征税的一项重要措施，我国税法规定对境外已纳税款实行限额扣除，抵免限额采用分国不分项的计算原则。

知识拓展

直接抵免法和间接抵免法

境外已纳税额的抵免，分为直接抵免法和间接抵免法。

（1）直接抵免法是指居住国政府对其居民纳税人在非居住国直接缴纳的所得税款，允许冲抵其应缴本国政府的所得税款。该方法适用于同一经济实体的跨国纳税人，如总公司与分公司之间汇总利润的税收抵免。直接抵免法的计算公式如下：

抵免限额＝境内、境外所得按税法计算的应纳税总额×来源于某国（地区）的应纳税所得额÷境内、境外应纳税所得总额

该公式可以简化为：抵免限额＝来源于某国的（税前）应纳税所得额×我国税率

（2）间接抵免法是指居住国政府对其母公司来自外国子公司股息的相应利润所缴纳的外国政府所得税，允许母公司在应缴本国政府所得税内进行抵免。该方法适用于跨国母、子公司之间的税收抵免。

居民企业从其直接或者间接控制的外国企业分得的来源于中国境外的股息、红利等权益性投资收益，外国企业在境外实际缴纳的所得税税额中属于该项所得负担的部分，可以作为该居民企业的可抵免境外所得税税额，在规定的抵免限额内抵免。

【典型案例6-3】某中国居民企业2020年度取得境内生产、经营应纳税所得额500万元；设在A国的分公司取得所得200万元，已在A国缴纳所得税80万元。

要求：计算该企业境外缴纳税款的扣除限额及在我国汇总缴纳的所得税税额。

解析：

（1）境外所得税税款抵免限额＝［（500＋200）×25%］×200÷（500＋200）

＝50（万元）

由于50万元＜80万元，所以当年可抵免50万元。

留待以后5年内继续抵免的境外税款余额＝80－50＝30（万元）

（2）汇总计算应纳所得税额＝（500＋200）×25%－50＝125（万元）

【做中学6-2】中国母公司A在W国设立子公司B，并拥有其60%的股份。在某一纳税年度，A公司在中国境内的应税所得为200万元，B公司在W国的应税所得为100万元。B公司在W国缴纳企业所得税后，按股权比例向母公司分配股息42万元，并在W国缴纳了预提税。W国公司所得税税率为30%，预提税税率为5%。

要求：计算A公司在境外缴纳的所得税的实际抵免额以及应在中国境内缴纳的所得税税额。

三、企业所得税的会计处理

按照《企业会计准则第18号——所得税》的规定，我国所得税会计采用资产负债表债务法，要求企业从资产负债表出发，通过比较资产负债表上列示的资产、负债按照会计准则的规定确定的账面价值与按照税法的规定确定的计税基础，对于两者之间的差异分别应纳税暂时性差异与可抵扣暂时性差异，确认相应的递延所得税负债与递延所得税资产，并在此基础上确定每一会计期间利润表中的所得税费用。企业所得税核算的一般程序如图6-1所示。

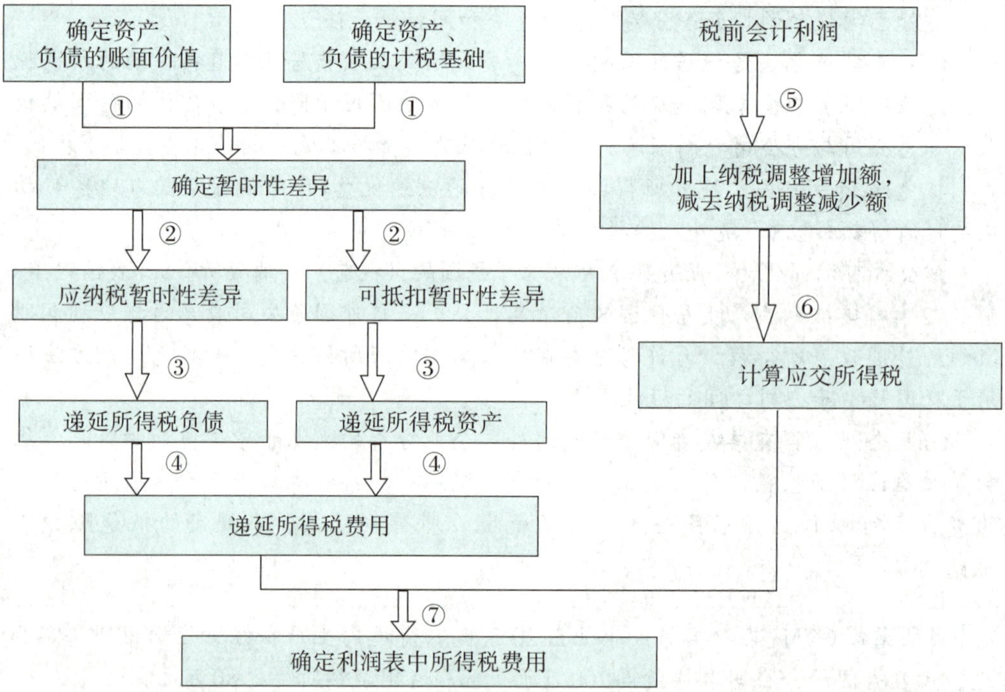

图6-1 企业所得税核算的一般程序

知识拓展

所得税会计如何计算会计报表的3个核心指标？

所得税会计的最终目标是确定年度会计报表的3个指标：

（1）资产负债表中的递延所得税负债、递延所得税资产的期末余额；

（2）递延所得税；

（3）利润表中的所得税费用。

企业一般应于每个年度的资产负债表日进行所得税的核算。递延所得税负债和递延所得税资产的年末余额取决于年末资产和负债的账面价值和计税基础二者产生的暂时性差异，须区分应纳税暂时性差异和可抵扣暂时性差异。因此，首先必须计算资产和负债的计税基础，然后区分应纳税暂时性差异和可抵扣暂时性差异，在此基础上确认递延所得税负债和递延所得税资产的期末余额。利润表中的所得税费用包括当期所得税（即当期应交所得税）和递延所得税两个组成部分，企业在计算确定了当期所得税和递延所得税后，两者之和（或之差），就是利润表中的所得税费用。

（一）确定资产的计税基础

微课

企业所得税核算的一般方法

资产的计税基础，是指企业在收回资产账面价值的过程中，计算应纳税所得额时按照税法的规定可以自应税经济利益中抵扣的金额，即某一项资产在未来期间计税时按照税法的规定可以税前扣除的金额。

资产在初始确认时，其计税基础一般为取得成本，即企业为取得某项资产支付的成本在未来期间准予税前扣除；在资产持续持有的过程中，其计税基础是指资产的取得成本减去以前期间按照税法的规定已经税前扣除的金额后的余额。用公式表示如下：

资产的计税基础＝初始成本－税前扣除的累计折旧额或累计摊销额

注：税前扣除的累计折旧额或累计摊销额是指按税法规定的方法和年限累计计提的折旧额和摊销额，与计税基础对应的指标是资产的账面价值，用公式表示：

资产的账面价值＝初始成本－会计累计计提的折旧额或累计摊销额－资产减值准备

- 资产账面价值>计税基础，产生应纳税暂时性差异
- 资产账面价值<计税基础，产生可抵扣暂时性差异

【典型案例6-4】A企业于2018年年末以750万元购入一项生产用固定资产，按照该项固定资产的预计使用情况，企业在会计核算时估计其使用寿命为5年。计税时，按照企业所得税法的规定，其最低折旧年限为10年。假定会计与税法规定均按年限平均法计提折旧，净残值均为零。每年该项固定资产按照12个月计提折旧。2020年年末该项固定资产发生减值30万元。

要求：试计算该项固定资产在2020年12月31日的账面价值和计税基础。

解析：该项固定资产在2020年12月31日的账面价值＝750 －750÷5×2－30

＝420（万元）

该项固定资产在2020年12月31日的计税基础＝750 －750÷10×2＝600（万元）

该项固定资产的账面价值420万元与其计税基础600万元之间产生的180万元差额，在未来期间会减少企业的应纳税所得额。

【提示】固定资产在持有期间进行后续计量时，由于会计与税法规定的折旧方法、折旧年限以及固定资产减值准备的提取等处理的不同，所以固定资产的账面价值与计税

基础产生了差异。

【典型案例6-5】A企业当期为开发新技术发生研究开发支出2 000万元，其中研究阶段支出400万元，开发阶段符合资本化条件前发生的支出为400万元，符合资本化条件后至达到预定用途前发生的支出为1 200万元。假定开发形成的无形资产在当期期末已达到预定用途（尚未开始摊销）。

要求：计算当期期末该无形资产的账面价值和计税基础。

解析：A企业当期发生的研究开发支出中，按照会计准则的规定应予费用化的金额为800万元，形成无形资产的成本为1 200万元，即期末所形成无形资产的账面价值为1 200万元。

A企业当期发生的2 000万元研究开发支出，按照税法的规定可在当期税前扣除的金额为1 400万元（800＋800×75%）。所形成无形资产在未来期间可予税前扣除的金额为2 100万元（1 200×175%），其计税基础为2 100万元，形成暂时性差异900万元。

【提示】税法规定，企业为开发新技术、新产品、新工艺发生的研究开发费用，自2018年1月1日至2020年12月31日，未形成无形资产计入当期损益的，在按照规定据实扣除的基础上，按照研究开发费用的75%加计扣除；形成无形资产的，按照无形资产成本的175%摊销。

【做中学6-3】乙企业于2020年1月1日取得某项无形资产，取得成本为1 500万元，取得该项无形资产后，根据各方面情况判断，乙企业无法合理预计其使用期限，将其作为使用寿命不确定的无形资产进行计量。2020年12月31日，对该项无形资产进行减值测试表明其未发生减值。企业在计税时，对该项无形资产按照10年的期限采用直线法摊销，摊销金额允许税前扣除。

要求：计算该项无形资产在2020年12月31日的账面价值和计税基础。

【提示】无形资产初始确认时，会计与税法的差异主要产生于内部研究开发形成的无形资产以及使用寿命不确定的无形资产。无形资产在后续计量时，会计与税法的差异主要产生于是否需要摊销及无形资产减值准备的提取。

【典型案例6-6】2020年10月20日，甲公司自公开市场取得一项权益性投资，支付价款2 000万元，作为以公允价值计量且其变动计入当期损益的金融资产核算。2020年12月31日，该金融资产的公允价值为2 200万元。

要求：计算该项金融资产的账面价值与计税基础。

解析：该项金融资产的期末公允价值为2 200万元，按照会计准则核算，2020年资产负债表日，其账面价值为2 200万元。

按照税法的规定，以公允价值计量的金融资产在持有期间公允价值的变动不计入应纳税所得额，待实际处置时一并计入未来期间的应纳税所得额。因此其在2020年资产负债表日的计税基础应维持原取得成本2 000万元不变。

该项金融资产的账面价值2 200万元与其计税基础2 000万元之间产生了200万元的暂时性差异，该暂时性差异在未来期间转回时会增加未来期间的应纳税所得额。

【提示】税法规定，企业以公允价值计量的金融资产、金融负债以及投资性房地产等，持有期间公允价值的变动不计入应纳税所得额，在实际处置或结算时，处置取得的价款扣除其历史成本后的差额应计入处置或结算期间的应纳税所得额，有关金融资产在某一会计期末的计税基础为其取得成本。

知识拓展

其他资产的计税基础

（1）投资性房地产。投资性房地产的后续计量，会计准则规定可以采用两种模式：一种是成本模式，采用该种模式计量的投资性房地产，其账面价值与计税基础的确定与固定资产、无形资产相同；另一种是公允价值模式，采用该种模式对投资性房地产进行后续计量，其计税基础的确定类似于以公允价值计量的金融资产计税基础的确定方法。

（2）其他计提了资产减值准备的各项资产。税法规定资产在发生实质性损失之前，不允许税前扣除。

【做中学6-4】A公司2020年有关资产业务如下：

（1）2020年1月1日，将其自用房屋用于对外出租，该房屋的成本为750万元，预计使用年限为20年。转为投资性房地产之前，已使用4年，企业按照年限平均法计提折旧，预计净残值为零。A公司采用公允价值对该投资性房地产进行后续计量。假定税法规定的折旧方法、折旧年限及净残值与会计规定相同。该项投资性房地产在2020年12月31日的公允价值为900万元。

（2）2020年12月31日，应收账款余额为6 000万元，该公司期末对应收账款计提了600万元的坏账准备。假定该公司应收账款及坏账准备的期初余额均为零。

要求：试分析上述业务，计算各项资产的账面价值和计税基础，确定由此产生的暂时性差异。

【提示】有关资产计提的坏账准备不允许税前扣除。

（二）确定负债的计税基础

负债的计税基础是指负债的账面价值减去未来期间计算应纳税所得额时按照税法的规定可予抵扣的金额。用公式表示为：

负债的计税基础 = 账面价值 − 未来期间按照税法的规定可予税前扣除的金额

负债的确认与偿还一般不会影响企业的损益，也不会影响其应纳税所得额，未来期间计算应纳税所得额时按照税法的规定可予抵扣的金额为零，计税基础即为账面价值。但是某些预计负债的确认可能影响企业的损益，进而影响不同期间的应纳税所得额，使得其计税基础与账面价值之间产生差额。例如，因销售商品提供售后服务等原因确认的预计负债等。

【典型案例6-7】M企业2020年因销售产品承诺提供3年的保修服务，在当年度利润表中确认了500万元的销售费用，同时确认为预计负债，当年度未发生任何保修支出。

要求：试确定2020年年末该笔预计负债的计税基础及产生的暂时性差异。

解析：该项预计负债在M企业2020年12月31日资产负债表中的账面价值为500万元。

该项预计负债的计税基础 = 账面价值 − 未来期间计算应纳税所得额时按照税法的规定可予抵扣的金额 = 500 − 500 = 0，产生暂时性差异500万元，该暂时性差异在未来期间会减少应纳税所得额500万元。

【提示】按照或有事项会计准则的规定，企业对于预计提供售后服务将发生的支出在满足有关确认条件时，销售当期即应确认为费用，同时确认预计负债。税法规定，该项支出应于实际发生时税前扣除，所以预计负债在期末的计税基础为零。

【做中学6-5】A公司2020年有关负债的相关涉税资料如下：

（1）12月15日自客户处收到一笔合同预付款，金额为1 500万元，作为预收账款核算。

（2）12月份计入成本费用的职工工资总额为4 000万元，至本年12月31日尚未支付。按照税法的规定，可予税前扣除的合理部分为3 000万元。

（3）12月因违反当地有关环保法规的规定，接到环保部门的处罚通知，要求其支付罚款200万元。税法规定，企业因违反国家有关法律法规支付的罚款和滞纳金，计算应纳税所得额时不允许税前扣除。至12月31日，该项罚款尚未支付。

要求：试分析上述业务，计算其账面价值和计税基础，确定产生的暂时性差异。

（三）暂时性差异的分类

暂时性差异是指资产、负债的账面价值与其计税基础不同产生的差额。根据暂时性差异对未来期间应纳税所得额的影响，分为应纳税暂时性差异和可抵扣暂时性差异。

除因资产、负债的账面价值与其计税基础不同产生的暂时性差异以外，按照税法的规定可以结转以后年度的未弥补亏损和税款抵减，也视同可抵扣暂时性差异处理。

1.应纳税暂时性差异

应纳税暂时性差异，是指在确定未来收回资产或清偿负债期间的应纳税所得额时，将导致产生应税金额的暂时性差异。该差异在未来期间转回时会增加转回期间的应纳税所得额，增加未来期间的应交所得税。应纳税暂时性差异通常产生于以下情况：

（1）资产的账面价值大于其计税基础。资产的账面价值大于其计税基础，该项资产未来期间产生的经济利益不能全部税前抵扣，两者之间的差额需要交税，产生应纳税暂时性差异。

（2）负债的账面价值小于其计税基础。负债的账面价值小于其计税基础，则意味着就该项负债在未来期间可以税前抵扣的金额为负数，即应在未来期间应纳税所得额的基础上调增应纳税所得额和应交所得税金额，产生应纳税暂时性差异。

2.可抵扣暂时性差异

可抵扣暂时性差异是指在确定未来收回资产或清偿负债期间的应纳税所得额时，将导致产生可抵扣金额的暂时性差异。该差异在未来期间转回时会减少转回期间的应纳税所得额，减少未来期间的应交所得税。可抵扣暂时性差异一般产生于以下情况：

（1）资产的账面价值小于其计税基础。资产的账面价值小于其计税基础意味着资产在未来期间产生的经济利益少，按照税法的规定允许税前扣除的金额多，则企业未来期间应纳税所得额会减少，应交所得税也会减少，形成可抵扣暂时性差异。

（2）负债的账面价值大于其计税基础。负债的账面价值大于其计税基础，意味着未来期间按照税法的规定与负债相关的全部或部分支出可以自未来应税经济利益中扣除，减少未来期间的应纳税所得额和应交所得税，形成可抵扣暂时性差异。

知识拓展

特殊项目产生的暂时性差异

（1）某些交易或事项发生以后，因为不符合资产、负债确认条件而未体现为资产负债表中的资产或负债，但按照税法的规定能够确定其计税基础的，其账面价值零与计税基础之间的差异也构成暂时性差异。如企业发生的符合条件的广告费和业务宣传费支出，除另有规定外，不超过当年销售收入15%的部分准予扣除；超过部分准予在以后纳税年度结转扣除。该类费用在发生时按照会计准则的规定即计入当期损益，不形成资产负债表中的资产，而税法规定可以确定其计税基础，两者之间的差异也形成暂时性差异。

（2）可抵扣亏损及税款抵减产生的暂时性差异。按照税法的规定可以结转以后年度的未弥补亏损及税款抵减，虽不是因资产、负债的账面价值与其计税基础不同产生的，但与可抵扣暂时性差异具有同样的作用，均能够减少未来期间的应纳税所得额，进而减少未来期间的应交所得税，会计处理上视同可抵扣暂时性差异，在符合条件的情况下，应确认与其相关的递延所得税资产。

【典型案例6-8】A公司2020年发生如下经济业务：

（1）支出广告费2 500万元，已作为销售费用计入当期损益。假定A公司2020年实现销售收入10 000万元。

（2）A公司因政策性原因发生经营亏损3 000万元，按照税法的规定，该亏损可用于抵减以后5个年度的应纳税所得额。该公司预计其于未来5年期间能够产生足够的应纳税所得额弥补该亏损。

要求：分析上述项目产生的暂时性差异。

解析：

（1）广告费支出因按照企业会计准则的规定在发生时已计入当期损益，不体现为期末资产负债表中的资产，如果将其视为资产，其账面价值为0。税法规定，当期可予税前扣除1 500万元（10 000×15%），当期未予税前扣除的1 000万元可以向以后年度结转，其计税基础为1 000万元，产生1 000万元的暂时性差异。

（2）该经营亏损不是资产、负债的账面价值与其计税基础不同产生的，但从性质上可以减少未来期间企业的应纳税所得额和应交所得税，因此3 000万元属于可抵扣暂时性差异。

（四）确认和计量递延所得税负债

1.账户设置

企业应设置“递延所得税负债”账户，用以核算根据应纳税暂时性差异计算的未来期间应付所得税的金额。企业在确认相关资产、负债时，根据所得税会计准则应予确认的递延所得税负债，借记“所得税费用”“其他综合收益”等科目，贷记本科目。资产负债表日，企业根据所得税会计准则应予确认的递延所得税负债如果大于本科目余额，应就其差额借记“所得税费用”“其他综合收益”等科目，贷记本科目；如果应予确认的递延所得税负债小于本科目余额，做相反的会计分录。一般地，本科目期末贷方余额，反映企业已确认列示于资产负债表中“递延所得税负债”项目的期末数。

2. 确认原则

企业一般应于资产负债表日，分析比较资产、负债的账面价值与其计税基础，将两者之间的应纳税暂时性差异与适用税率的乘积，确认为递延所得税负债；企业合并等特殊交易或事项中取得的资产和负债，应于购买日确认相关的递延所得税负债。除所得税会计准则明确规定可不确认递延所得税负债的情况以外，企业对于所有的应纳税暂时性差异均应确认相关的递延所得税负债。

【提示】递延所得税负债应以相关应纳税暂时性差异转回期间适用的税法规定的所得税税率计量。无论应纳税暂时性差异的转回期间如何，相关的递延所得税负债都不要求折现。

【典型案例6-9】甲公司于2014年12月底购入一套生产线设备，成本为5 250 000元，预计使用年限为6年，预计净残值为零。会计上按直线法计提折旧，因该设备符合税法规定的税收优惠条件，计税时可采用年数总和法计提折旧，假定税法规定的使用年限及净残值均与会计相同。假定该公司各会计期间均未对固定资产计提减值准备，除该项固定资产产生的会计与税法之间的差异外，不存在其他会计与税法的差异。

该公司每年因固定资产账面价值与计税基础不同应予确认的递延所得税负债情况见表6-3。

表6-3 递延所得税负债确认

金额单位：元

项目	2015年	2016年	2017年	2018年	2019年	2020年
初始成本	5 250 000	5 250 000	5 250 000	5 250 000	5 250 000	5 250 000
会计累计折旧	875 000	1 750 000	2 625 000	3 500 000	4 375 000	5 250 000
账面价值	4 375 000	3 500 000	2 625 000	1 750 000	875 000	0
税法累计折旧	1 500 000	2 750 000	3 750 000	4 500 000	5 000 000	5 250 000
计税基础	3 750 000	2 500 000	1 500 000	750 000	250 000	0
暂时性差异	625 000	1 000 000	1 125 000	1 000 000	625 000	0
适用税率	25%	25%	25%	25%	25%	25%
递延所得税负债余额	156 250	250 000	281 250	250 000	156 250	0

要求：计算该项固定资产各年度账面价值与计税基础，并进行账务处理。

解析：该项固定资产各年度账面价值与计税基础确定如下：

（1）2015年资产负债表日：

账面价值 = 实际成本 − 会计折旧 = 5 250 000 − 875 000 = 4 375 000（元）

计税基础 = 实际成本 − 税前扣除的折旧额 = 5 250 000 − 1 500 000 = 3 750 000（元）

因资产的账面价值4 375 000元大于其计税基础3 750 000元，两者之间产生的

625 000元差异会增加未来期间的应纳税所得额和应交所得税，属于应纳税暂时性差异，应确认与其相关的递延所得税负债156 250元（625 000×25%），其账务处理如下：

借：所得税费用　　156 250

　贷：递延所得税负债　　156 250

（2）2016年资产负债表日：

账面价值＝5 250 000－875 000－875 000 ＝3 500 000（元）

计税基础＝实际成本－累计已税前扣除的折旧额

＝5 250 000－ 2 750 000＝2 500 000（元）

因资产的账面价值3 500 000元大于其计税基础2 500 000元，两者之间的差异1 000 000元为应纳税暂时性差异，应确认与其相关的递延所得税负债250 000元，但递延所得税负债的期初余额为156 250元，当期应进一步确认递延所得税负债93 750元，其账务处理如下：

借：所得税费用　　93 750

　贷：递延所得税负债　　93 750

（3）2017年资产负债表日：

账面价值＝5 250 000－2 625 000＝2 625 000（元）

计税基础＝5 250 000－3 750 000＝1 500 000（元）

因资产的账面价值262 5000元大于其计税基础150 0000元，两者之间的差异为应纳税暂时性差异，应确认与其相关的递延所得税负债281 250元，但递延所得税负债的期初余额为250 000元，当期应进一步确认递延所得税负债31 250元，其账务处理如下：

借：所得税费用　　31 250

　贷：递延所得税负债　　31 250

（4）2018年资产负债表日：

账面价值＝5 250 000－3 500 000 ＝1 750 000（元）

计税基础＝5 250 000－4 500 000＝750 000（元）

因其账面价值1 750 000元大于计税基础750 000元，两者之间的差异为应纳税暂时性差异，应确认与其相关的递延所得税负债250 000元，但递延所得税负债的期初余额为281 250元，当期应转回原已确认的递延所得税负债31 250元，其账务处理如下：

借：递延所得税负债　　31 250

　贷：所得税费用　　31 250

（5）2019年资产负债表日：

账面价值＝5 250 000 －4 375 000＝875 000（元）

计税基础＝5 250 000 －5 000 000 ＝250 000（元）

因其账面价值875 000元大于计税基础250 000元，两者之间的差异为应纳税暂时性差异，应确认与其相关的递延所得税负债156 250元，但递延所得税负债的期初余额为250 000元，当期应转回递延所得税负债93 750元，其账务处理如下：

借：递延所得税负债　　93 750

　贷：所得税费用　　93 750

（6）2020年资产负债表日：

该项固定资产的账面价值及计税基础均为零，两者之间不存在暂时性差异，原已确认的与该项资产相关的递延所得税负债应予全额转回，其账务处理如下：

借：递延所得税负债　　156 250

　　贷：所得税费用　　156 250

（五）确认和计量递延所得税资产

1.账户设置

企业应设置“递延所得税资产”科目，用以核算企业根据所得税会计准则确认的可抵扣暂时性差异产生的预计未来可以用来抵税的资产。税法规定可用未来年度税前利润弥补的亏损产生的所得税资产，也在本科目核算。

企业在确认相关资产、负债时，根据所得税会计准则应予确认的递延所得税资产，借记本科目，贷记“所得税费用”“其他综合收益”等科目。

资产负债表日，企业根据所得税会计准则应予确认的递延所得税资产如果大于本科目余额，应就其差额借记本科目，贷记“所得税费用”“其他综合收益”等科目；如果应予确认的递延所得税资产小于本科目余额，做相反的会计分录。

资产负债表日，预计未来期间很可能无法获得足够的应纳税所得额用以抵扣可抵扣暂时性差异的，按应减记的金额，借记“所得税费用”“其他综合收益”科目，贷记本科目。

一般地，本科目期末借方余额，反映企业已确认列示于资产负债表中“递延所得税资产”项目的期末数。

2.确认原则

企业一般应于资产负债表日，分析比较资产、负债（包括筹建费用、未弥补亏损和税款抵减等在内）的账面价值与其计税基础，将两者之间的可抵扣暂时性差异与适用税率的乘积，确认为递延所得税资产；企业合并等特殊交易或事项中取得的资产和负债，应于购买日确认相关的递延所得税资产。

【提示】确认因可抵扣暂时性差异产生的递延所得税资产应以未来期间可能取得的应纳税所得额为限。在可抵扣暂时性差异转回的未来期间内，企业无法产生足够的应纳税所得额用于可抵扣暂时性差异的抵减，使得与可抵扣暂时性差异相关的经济利益无法实现的，不应确认递延所得税资产；企业有明确的证据表明其于可抵扣暂时性差异转回的未来期间能够产生足够的应纳税所得额，进而可以利用可抵扣暂时性差异的，则应以可能取得的应纳税所得额为限，确认相关的递延所得税资产。无论相关的可抵扣暂时性差异转回期间如何，递延所得税资产均不要求折现。

【典型案例6-10】沿用【典型案例6-8】的资料。

要求：试分析产生的暂时性差异的性质，计算递延所得税并进行相应的会计处理。

解析：

（1）2020年广告费支出当期未予税前扣除的1 000万元可以向以后年度结转，产生1 000万元的可抵扣暂时性差异，应确认递延所得税资产250万元。

（2）经营亏损3 000万元，预计其于未来5年期间能够产生足够的应纳税所得额弥补该亏损，属于可抵扣暂时性差异，应确认递延所得税资产750万元。

其账务处理如下：

借：递延所得税资产　　10 000 000

　　贷：所得税费用　　10 000 000

（六）确认和计量所得税费用

所得税会计的主要目的之一是确定当期应交所得税以及利润表中的所得税费用。在按照资产负债表债务法核算所得税的情况下，利润表中的所得税费用包括当期所得税和递延所得税两个部分。

1.计算当期所得税

当期所得税费用，是指企业按照税法的规定确定的当期应纳税所得额与适用的所得税税率计算确定的应交所得税形成的费用，即：当期所得税费用 = 当期应交所得税。根据计算出的当期所得税，借记“所得税费用”科目，贷记“应交税费——应交企业所得税”科目。

一般情况下，当期应纳税所得额可在会计利润的基础上，考虑会计与税收法规之间的差异，按照以下公式调整计算确定：

应纳税所得额 = 会计利润 + 纳税调整增加额 − 纳税调整减少额（详见“直接征收法”）

2.计算递延所得税收益（支出）

递延所得税收益（支出）是指按照所得税会计准则的规定当期应予确认的递延所得税资产和递延所得税负债金额，即递延所得税资产及递延所得税负债当期发生额的综合结果，但不包括计入所有者权益的交易或事项的所得税影响。用公式表示如下：

递延所得税 =（递延所得税负债的期末余额 − 递延所得税负债的期初余额）−（递延所得税资产的期末余额 − 递延所得税资产的期初余额）（注意正负号：负号表示收益，正号表示支出）

3.确认所得税费用

计算确定了当期所得税及递延所得税以后，利润表中应予确认的所得税费用为两者之和，即：

所得税费用 = 当期所得税 + 递延所得税

引例解析

本任务“引例”解析如下：

（1）2020年度利润总额计算。

当期营业收入 = 7 800万元

利润总额 = 7 800 − 3 900 − 53 + 100 + 20 + 180 − 1 500 − 1 000 − 377 + 200 − 150 − 465 = 855（万元）

（2）当期应纳所得额计算。

应纳税所得额 = 855 +（1 200 − 7 800×15%）+（100 − 7 800×5‰）+（180 − 2 000×6%）+（110 − 855×12%）+ 37 + 1 + 2 − 100 − 20 − 50 − 160×75% −（400 − 240）− 40 = 563.4（万元）

其中：①业务宣传费超支30万元（1 200－7 800×15%），业务招待费用超支61万元（100－7 800×5‰），财务费用超支60万元（180－2 000×6%），公益救济性捐赠超支7.4万元（110－855×12%），赞助支出37万元，税收滞纳金1万元，罚款支出2万元等，都不符合税前扣除条件，故需调增应纳税所得额。

②固定资产折旧税法与会计产生差异－160万元（240－400），需调减应纳税所得额。

③现金股利收入100万元，公允价值变动收益20万元，国债利息收入50万元，属于不计税或免税收入，故调减当期应纳税所得额。

④符合税法规定的新技术、新产品、新工艺发生的研究开发费用可以加计扣除75%，计120万元；以前年度未弥补的亏损额40万元可以税前扣除。

应交所得税税额＝563.4×25%＝140.85（万元）

减免税额为0，已预缴所得税20万元。

2020年度应补缴所得税税额＝140.85－20＝120.85（万元）

（3）递延所得税计算。

①业务宣传费超过当年营业收入15%的部分30万元（1 200－7 800×15%）准予结转以后纳税年度税前扣除，产生可抵扣暂时性差异；

②公允价值变动收益20万元，其他综合收益80万元，按税法的规定以后产生实质性收入时纳税，故产生应纳税暂时性差异；

③固定资产折旧税法与会计产生差异－160万元（240－400），由于冲减了当期应纳税所得额，应递延到以后年度纳税，故产生应纳税暂时性差异160万元。

本年度产生递延所得税资产＝30×25%＝7.5（万元）

递延所得税资产期末余额＝10＋7.5＝17.5（万元）

本年度产生递延所得税负债＝（20＋80＋160）×25%＝65（万元）

递延所得税负债期末余额＝0＋65＝65（万元）

所得税费用＝140.85＋（65－80×25%）－7.5＝178.35（万元）

（4）会计处理如下：

借：所得税费用	1 783 500	
其他综合收益	200 000	
递延所得税资产	75 000	
贷：应交税费——应交所得税		1 408 500
递延所得税负债		650 000

【提示】其他综合收益产生的递延所得税负债不影响当期损益，直接冲减“其他综合收益”。

实际清算补缴税额时，进行如下会计处理：

借：应交税费——应交所得税	1 208 500	
贷：银行存款		1 208 500

工作任务设计6-1

企业所得税会计处理

任务描述：

A公司2020年度利润表中利润总额为3 000万元，该公司适用的所得税税率为25%。递延所得税资产期初余额49.5万元（借方），递延所得税负债不存在期初余额。

2020年发生的有关交易和事项中，会计处理与税收处理存在差别的有：

（1）2018年1月开始计提折旧的一项固定资产，成本为1 500万元，使用年限为10年，净残值为0，会计按双倍余额递减法计提折旧，税收按直线法计提折旧。假定税法规定的使用年限及净残值与会计规定相同。

2020年年末此项固定资产计提减值准备50万元。

（2）向关联企业捐赠现金500万元。假定按照税法的规定，企业向关联方的捐赠不允许税前扣除。

（3）当期取得作为交易性金融资产核算的股票投资成本为800万元，2020年12月31日的公允价值为1 200万元。税法规定，以公允价值计量的金融资产持有期间公允价值变动损益不计入应纳税所得额，待实际处置时一并计入未来期间的应纳税所得额。

（4）违反环保法规定应支付罚款250万元。

（5）期末对持有的存货4 200万元计提了200万元的存货跌价准备。税法规定预计的资产减值损失允许在资产发生实质性损失的当期税前扣除。

（6）期末为本期销售将来需提供售后服务的商品预提产品“三包费用”250万元计入了销售费用，同时确认预计负债250万元。税法规定预提的三包费用可以在产品发生实质性费用时在当期应纳税所得额中扣除。

要求：根据上述资料，分析计算2020年度应纳税所得额、应交企业所得税、递延所得税、所得税费用，并进行相关的会计处理。

操作步骤：

第一步：分析计算应纳税所得额。

以利润总额为基础，分析上述会计处理与税收处理存在的差别对利润的影响，计算纳税调整增加额和纳税调整减少额，据此确定应纳税所得额。

（1）2020年会计采用双倍余额递减法计提的折旧额 = （1 500 − 300 − 240）×2÷10 = 192（万元），税法按直线法计提的折旧额 = 1 500÷10 = 150（万元），二者之差42万元应调增应纳税所得额；2020年年末计提的固定资产减值准备50万元，税法不允许税前扣除，应调增应纳税所得额。

（2）企业向关联方捐赠500万元不允许税前扣除，应调增应纳税所得额。

（3）以公允价值计量的金融资产公允价值上升400万元不计入应纳税所得额，应调减应纳税所得额。

（4）违反环保法规定罚款250万元，不允许税前扣除，应调增应纳税所得额。

（5）期末计提200万元的存货跌价准备，没有发生实质性损失不允许税前扣除，应调增应纳税所得额。

（6）期末预提的产品“三包费用”250万元，没有发生实质性费用，不允许税前扣除，应调增应纳税所得额。

应纳税所得额 = 3 000 + 42 + 50 + 500 − 400 + 250 + 200 + 250 = 3 892（万元）

第二步：计算当期应交所得税。

应交企业所得税 = 3 892×25% = 973（万元）

第三步：计算应纳税暂时性差异和可抵扣暂时性差异。

（2）、（4）不形成资产和负债，且按税法的规定不属于税前扣除项目，属于永久性差异；（1）、（3）、（5）、（6）资产和负债的账面价值和计税基础不同，产生的暂时性差异计算见表6–4。

表6–4 暂时性差异计算表 单位：万元

项　目	账面价值	计税基础	差　异	
			应纳税暂时性差异	可抵扣暂时性差异
固定资产：				
固定资产原价	1 500	1 500		
减：累计折旧	540	300		
减：固定资产减值准备	50	0		
固定资产账面价值	910	1 200		290
交易性金融资产	1 200	800	400	
存货	4 000	4 200		200
预计负债	250	0		250
总　计			400	740

第四步：确认列示在2020年年末资产负债表中的递延所得税资产期末余额和递延所得税负债期末余额。

递延所得税资产期末余额 = 740×25% = 185（万元）

递延所得税资产本期发生额 = 185 − 49.5 = 135.5（万元）

递延所得税负债期末余额 = 400×25% = 100（万元）

递延所得税负债本期发生额 = 100 − 0 = 100（万元）

递延所得税 =（100 − 0）−（185 − 49.5）= − 35.5（万元）

第五步：确认列示在利润表中的所得税费用。

利润表中的所得税费用 = 当期所得税 + 递延所得税 = 973 − 35.5 = 937.5（万元）

会计处理如下：

借：所得税费用 9 375 000
　　递延所得税资产 1 355 000
　　贷：应交税费——应交所得税 9 730 000
　　　　递延所得税负债 1 000 000

任务二 企业所得税纳税申报

引 例

圣达股份公司是一家股份有限公司，注册资金：5 000万元；法人代表：李力；企业地址及电话：金陵市中山西路50号，86609068；开户银行及账号：工商银行中山西路分理处，6543456；纳税人识别号：210100001000611。

该公司发生的经济业务参见任务一【引例】的资料。

【思考】

（1）企业所得税纳税申报应报送哪些资料？

（2）如何填报圣达股份公司2020年度企业所得税纳税申报表？

知识准备

一、企业所得税纳税申报的基本规定

（一）纳税申报时间

企业所得税纳税申报分月（季）度申报和年度申报。按月（季）度纳税申报的应于每月（季）终了后15日内办理纳税申报。年度纳税申报应在年度终了后4个月内办理，申报期限的最后一日如遇法定节假日可以顺延。

（二）纳税年度

企业所得税按纳税年度计算，纳税年度自公历1月1日起至12月31日止。企业在一个纳税年度中间开业，或者终止经营活动，使该纳税年度的实际经营期不足12个月的，应当以其实际经营期为1个纳税年度。企业依法清算时，应当以清算期间作为1个纳税年度。企业应当在办理注销登记前，就其清算所得向税务机关申报并依法缴纳企业所得税。

（三）纳税地点

居民企业以企业登记注册地为纳税地点，非居民企业在中国境内设立两个或者两个以上机构、场所的，经税务机关审核批准，可以选择由其主要机构、场所汇总缴纳企业所得税。

（四）纳税申报应报送的资料

1.月（季）度申报应报送的资料

（1）企业所得税月（季）度预缴纳税申报表；

（2）会计报表。

2.年度申报应报送的资料

纳税人年度内无论盈利、亏损或处于减免税期间，均应按规定办理年度企业所得税申报。

（1）“企业所得税年度纳税申报表”及附表；

（2）年度会计报表及说明（包括会计报表附注）；

（3）外出经营活动税收管理证明和异地完税证明；

（4）经终审税务机关批准的年度涉税事项的批复文件；

（5）税务机关要求报送的其他证件或资料。

知识拓展

企业所得税纳税申报表填报的依据

企业所得税年度纳税申报表是建立在会计核算基础之上的，主表“利润总额计算”的数字都取自企业会计账簿和会计报表资料，在此基础上再进行纳税调整。

（1）企业所得税年度纳税申报表（A类），适用于实行查账征收方式征收企业所得税的居民纳税人填报。该表应根据《中华人民共和国企业所得税法》及其实施条例的规定计算填报，并依据企业会计制度、企业会计准则、利润表以及纳税申报表相关附表的数据填报。

（2）企业所得税月（季）度预缴纳税申报表（A类），适用于实行查账征收方式申报企业所得税的居民纳税人以及在中国境内设立机构、场所的非居民纳税人按月（季）度预缴企业所得税时使用。

（3）核定征收预缴企业所得税的纳税人，应选择企业所得税月（季）度预缴纳税申报表（B类），它是按照核定征收管理办法（包括核定应税所得率和核定税额征收方式）缴纳企业所得税的纳税人按月（季）度申报缴纳企业所得税时使用的，包括依法被税务机关指定的扣缴义务人。

二、纳税申报流程

企业所得税纳税申报可选择网上申报和到办税大厅上门申报，流程如图6-2所示。

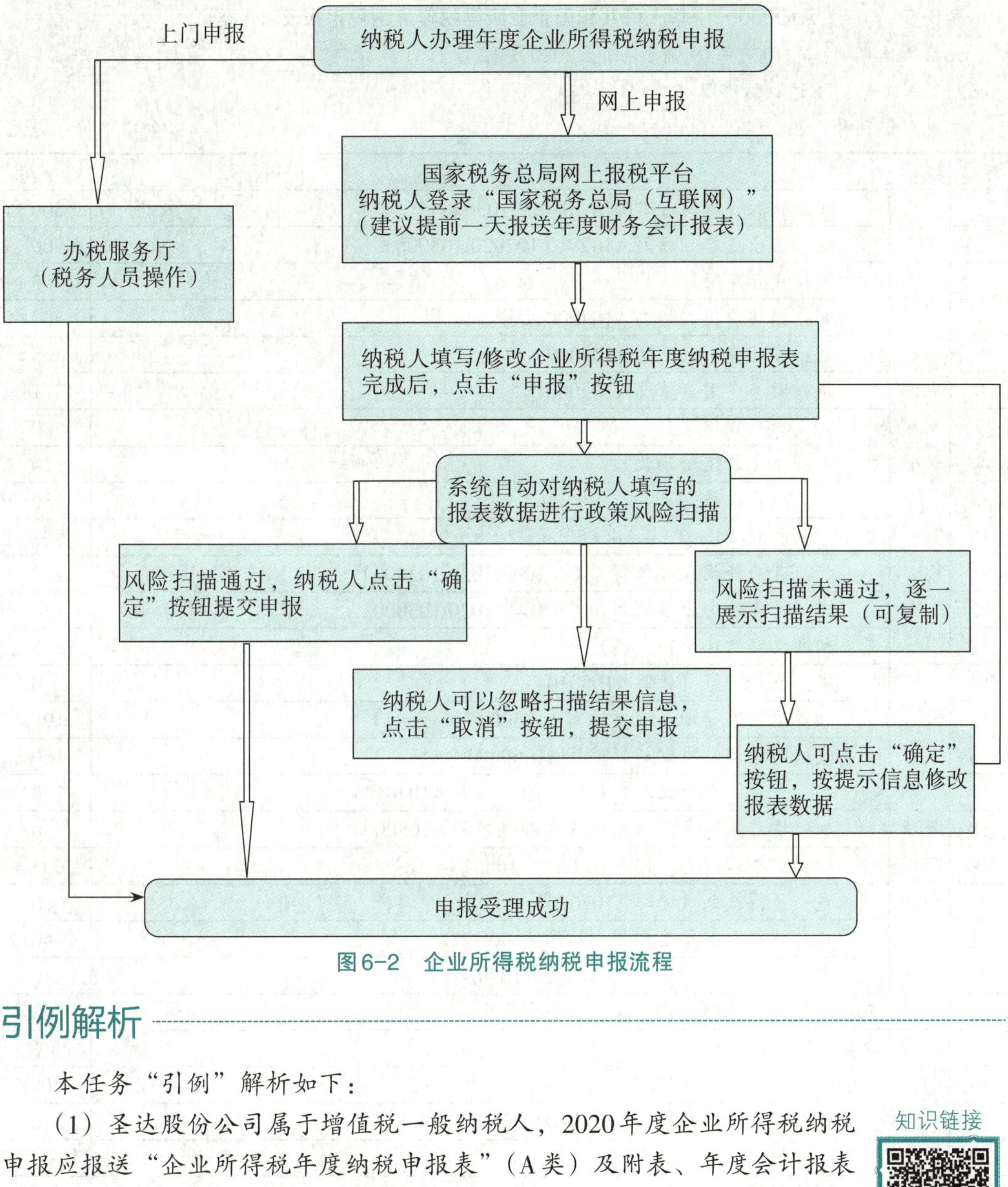

图6-2 企业所得税纳税申报流程

引例解析

本任务“引例”解析如下：

（1）圣达股份公司属于增值税一般纳税人，2020年度企业所得税纳税申报应报送“企业所得税年度纳税申报表”（A类）及附表、年度会计报表及说明（包括会计报表附注）等资料。

（2）根据任务一【引例解析】的计算及会计处理的结果，填写圣达股份公司2020年度企业所得税纳税申报表（主表），附表略。申报结果见表6-5。

知识链接

企业所得税纳税申报表及其附列资料填报说明

表6-5　　A100000 中华人民共和国企业所得税年度纳税申报表（A类）

税款所属期间：　2020年01月01日至2020年12月31日

纳税人名称：圣达股份有限公司

纳税人识别号：210100001000611　　　　金额单位：万元

行次	类别	项　　目	金　额
1	利润总额计算	一、营业收入（填写A101010\101020\103000）	7 800
2		减：营业成本（填写A102010\102020\103000）	3 900
3		减：税金及附加	53
4		减：销售费用（填写A104000）	1 500
5		减：管理费用（填写A104000）	1 465
6		减：财务费用（填写A104000）	377
7		减：资产减值损失	0
8		加：公允价值变动收益	20
9		加：投资收益	280
10		二、营业利润（1－2－3－4－5－6－7＋8＋9）	805
11		加：营业外收入（填写A101010\101020\103000）	200
12		减：营业外支出（填写A102010\102020\103000）	150
13		三、利润总额（10＋11－12）	855
14	应纳税所得额计算	减：境外所得（填写A108010）	0
15		加：纳税调整增加额（填写A105000）	198.4
16		减：纳税调整减少额（填写A105000）	160
17		减：免税、减计收入及加计扣除（填写A107010）	290
18		加：境外应税所得抵减境内亏损（填写A108000）	0
19		四、纳税调整后所得（13－14＋15－16－17＋18）	603.4
20		减：所得减免（填写A107020）	0
21		减：弥补以前年度亏损（填写A106000）	40
22		减：抵扣应纳税所得额（填写A107030）	0
23		五、应纳税所得额（19－20－21－22）	563.4
24	应纳税额计算	税率（25%）	25%
25		六、应纳所得税额（23×24）	140.85
26		减：减免所得税额（填写A107040）	0
27		减：抵免所得税额（填写A107050）	0
28		七、应纳税额（25－26－27）	140.85
29		加：境外所得应纳所得税额（填写A108000）	0
30		减：境外所得抵免所得税额（填写A108000）	0
31		八、实际应纳所得税额（28＋29－30）	140.85
32		减：本年累计实际已缴纳的所得税额	20
33		九、本年应补（退）所得税额（31－32）	120.85
34		其中：总机构分摊本年应补（退）所得税额（填写A109000）	0
35		财政集中分配本年应补（退）所得税额（填写A109000）	0
36		总机构主体生产经营部门分摊本年应补（退）所得税额（填写A109000）	0

工作任务设计6-2

企业所得税纳税申报

任务描述：

盛泰股份有限公司是一家内资企业，股本2 000万元，法人代表：盛泰尼；企业地址及电话：南京市昌盛路35号，025-87909034；开户银行及账号：工商银行昌盛路分理处，4343456789；纳税人识别号：310100002345168。

2020年损益类账户有关数据资料如下：

主营业务收入500万元，主营业务成本400万元，其他业务收入20万元，其业务成本6万元，税金及附加1.2万元，销售费用17万元（其中：广告费、业务宣传费15万元），上年未抵扣完的广告费、业务宣传费25万元。管理费用30万元（其中：业务招待费2万元，新产品研究开发费用10万元）。财务费用2.2万元（其中：利息收入3万元，银行借款100万元支付利息5万元，手续费0.2万元），营业外收入5万元，营业外支出10万元（其中：提供通过市民政局向地震灾区捐赠现金5万元的相关凭证）。投资收益——国债利息收入5万元。公允价值变动损益10万元。

准予扣除的成本费用中包括全年的工资费用200万元（合理），企业全年从业人数30人；实际发生职工福利费支出30万元，职工教育经费支出5.5万元；工会经费4万元（已取得工会组织开具的拨缴款专用收据）；折旧费50万元（会计上采用加速折旧法，税法规定采用年限平均法计提折旧，折旧费为30万元）。

要求：(1) 计算盛泰股份有限公司2020年度应缴纳的企业所得税，并进行会计处理；

(2) 填写盛泰股份有限公司2020年度企业所得税纳税申报表（主表）。

操作步骤：在老师的指导下完成。

任务三　企业所得税涉税风险管控

引例

会计：听说“金税三期”在全国推广，近期税务机关要来检查了，公司的部分经营活动从未开具发票，我们只是拿开具的发票计收入，我有点担心啊！

经理：不要担心！听说税务机关都是“以票控税”，根据发票做收入有什么问题啊？都知道经济形势不好，亏损太正常啦！况且，你做账深得我真传，成本、费用与收入完全配比，税务局根本查不出来。

结果，税务机关通过如下手段发现了企业账外经营：

(1)“金税三期”系统内三方信息来源，可以还原企业历史经营活动，从而发现本企业申报的收入存在虚假性。

（2）区域同行业经营情况对比，对比同行一家企业记录的真实经营活动，使企业的账外经营现出原形。

（3）税务机关涉税信息共享，企业其他申报数据与企业所得税纳税申报数据的逻辑关联性经不起推敲，发现问题。

（4）其他诸如企业想不到的但大数据可以实现的办法。

【思考】

（1）这个故事给该企业经理和会计人员怎样的教训？

（2）“金税三期”推广后税务局对所得税如何征管？

（3）企业如何规避所得税的涉税风险？

知识准备

一、企业所得税涉税风险的表现

伴随着税收征管模式的大力改革与创新，企业所得税征管已从传统模式转向“互联网＋”智能模式。2016年10月，随着第六批试点单位成功上线，金税三期工程已全面覆盖全国所有省（区、市）税务机关，这项国家电子政务工程融合了税收征管变革和技术创新，统一税收征管信息系统，实现了全国税收数据大集中，成为规范税收执法、优化纳税服务、管控税收风险、加强信息共享的大平台、信息池和安全阀。

金税三期大数据库会从如下几个维度进行检验，判断出企业所得税纳税申报的异常并提出预警：

（一）企业的收入

如果企业少记了销售收入或是隐匿了一部分销售收入，那么金税三期可通过企业成本和费用比对会计利润是否为负数，或是比对企业开具的发票、收到的货款、售出的商品，或者进一步通过大数据，查询与你交易的下游企业的相关会计数据，比对发现异常。

（二）企业的成本费用

如果企业长期购进原材料或商品时暂估入库，企业购进原材料或商品不索要发票，企业计提费用但迟迟没有费用发票，那么金税三期会比对企业的每一笔支出数额，相应的商品或服务以及对应的发票，三者应该是一一对应的，若少了任何一项，都会被判定为异常。

（三）企业的利润

如果企业的利润表中的利润总额与企业所得税纳税申报表中的利润总额不一致，将利润少报一部分，金税三期大数据库是可以得到一家企业所有的收入信息和成本信息的，而利润就是收入减去成本，所以无论是利润不一致还是少报，都会被轻易查出来。

（四）企业的库存

一般来说，企业都会有库存，包括原材料库存和成品或半成品库存。而且库存量一般都在一个相对稳定的值附近呈周期性波动。金税三期大数据库会先判断库存是否一直处于递减状态，再进一步形成电子底账比对你的库存，最后判断是否存在异常。

（五）企业的银行账户

如果企业销售了一批货物，货款也已进入银行账户，收到的货款却迟迟没记账；如果企业取得了一些虚开的发票，而账户里面的资金却没有减少或减少额不匹配；如果企业当期新增应收账款大于收入的80%，应收账款长期为负数；如果企业当期新增应付账款大于收入的80%；如果企业预收账款减少但未记入收入、预收账款占销售收入的20%以上；如果企业当期新增其他应收款大于销售收入的80%。那么，对于这些情况，以前只要账本调整得好，是很难被识别出来的，可现在对于上述情形，金税三期系统都会进行分析并识别出异常。

（六）企业的应纳税额

如果企业增值税税额与企业毛利不匹配；如果企业期末存货与留抵税金不匹配；如果企业缴纳了附加税费，但与增值税比对不一致；如果企业实收资本增加了，而印花税却为0；如果企业增值税税额偏低，企业所得税贡献率长期偏低，企业应纳税额变动太大等。金税三期都能识别出异常。

金税三期以上述数据为基础计算出应纳税额，通过比对企业的收入、成本、利润、库存、资本、往期税收数据等来判定企业应纳税额的异常。

知识拓展

金税三期的前世今生

“金税三期”就是在“以票控税”的指导思想下，建设的“究极形态”征管工具，包括“一个平台、两级处理、三个覆盖、四个系统”。对全国所有发票信息统一到“金三”系统中，通过大数据分析发票的轨迹，监控所有企业的业务往来，防止不法分子利用虚开发票等手段进行偷逃国家税款的违法犯罪活动。金税三期历经了三个阶段：

第一阶段：1994年，国家税务总局推行金税一期，包括增值税交叉稽核和增值税防伪税控两个子系统，在全国50个试点上线，通过人工采集纳税人的发票信息，再由计算机对比发现问题。但由于手工采集数据错误率太高，金税一期惨遭停用。

第二阶段：2001年，吸取金税一期教训，金税二期实现了发票数据的自动采集，于此同时增加税种，把海关增值税完税凭证纳入管理，并将上述功能推广至全国使用。

第三阶段：在经历了金税一期、二期（地税未完全覆盖）后，2013年，“金三”终于来了，经过在广东、山东、河南、山西、内蒙古、重庆6个省（市）级税务局试点后，终于在2016年完成全部推广工作后开始实施，实现了税务局和其他部门的联网。

二、企业所得税涉税风险管控

金税三期推广后，国家税务总局电子纳税申报系统自动升级，只要动态数据比对，发现税负率偏低，系统就会自动预警，税务总局评估科的人员会马上打电话让企业拿三年的账交过去进行查账。自金税三期上线以来，已经有很多小企业被查到倒闭，其原因都是财务人员对政策的疏忽。在金税三期大数据监测下如何控制和减少企业风险是企业亟待解决的课题。

（一）主动适应大数据系统的便捷服务

金税三期上线后，企业的违规被查风险确实增大了。企业的任何事项均会留下记录，企业掩耳盗铃式的反舞弊手段失灵，一批靠偷漏税生存的企业走向死亡。

其实，企业只要行得端坐得正，真实地、准确地、合法地经营，出货开具发票，购货取得发票，根据发票做账并按时按规进行纳税申报，即使是被金税三期查出所谓的异常也是不用担心的，毕竟它查出异常只是第一步，还会由专门的人员具体来核实，不会那么草率就判定企业申报的数据有假。但是在税务人员检查期间，会计人员一定要善于与检查人员进行政策沟通，化解被罚的风险。

（二）进行所得税汇算清缴前的自查及调整

随着“金税三期”税收大数据的集中采集和运用，税务稽查在稽查选案、稽查方法、稽查手段，以及税务机关日常纳税评估检查等方面都发生了重大变化，纳税人在新税务稽查模式下未雨绸缪，有效防范和化解税务风险非常重要。企业所得税在汇算清缴前一般需重点从如下几个方面进行自查：

1.企业收入方面的涉税数据自查

（1）确实无法支付的款项，未计入收入总额；

（2）违约金收入未计入收入总额；

（3）不符合不征税收入的补贴收入长期挂往来款；

（4）用于交际应酬的礼品赠送未按规定视同销售确认收入；

（5）外购水电气用于职工福利未按规定视同销售确认收入；

（6）租金收入未按收入与费用配比原则确认收入。

2.企业所得税税前扣除项目检查及调整

（1）应视同工资薪金的各种劳动报酬支出，未作纳税调整；

（2）补充养老保险、年金等未作纳税调整；

（3）支付的与取得收入无关或应由个人承担的支出，未作纳税调整；

（4）列支以前年度费用，未作纳税调整；

（5）职工福利费超过税法的规定扣除标准，未作纳税调整；

（6）工会经费税前扣除凭据不合规，未作纳税调整；

（7）业务招待费用支出超过税法的规定扣除标准，未作纳税调整；

（8）为职工支付的商业保险费税前扣除，未作纳税调整；

（9）赞助性支出，未作纳税调整；

（10）税收滞纳金和行政罚款支出，未作纳税调整；

（11）建造、购置固定资产发生的应予资本化的利息支出，未作纳税调整；
（12）应予资本化的固定资产大修理支出，一次性列支，未作纳税调整；
（13）不符合规定的劳动保护支出，未作纳税调整。

3.资产类项目检查及调整

（1）资产处置所得，未计入应纳税所得额；
（2）资产损失未按规定备案直接在税前申报扣除，未作纳税调整；
（3）无形资产摊销年限不符合税法的规定，未作纳税调整；
（4）固定资产未按照规定处理，未作纳税调整；
（5）项目损耗额超过合理损耗部分，未调整应纳税所得额。

引例解析

本任务“引例”解析如下：

（1）这个故事使该企业经理和会计人员都受到了很大的教育，特别是企业负责人，更应深入学习税法，熟悉大数据库下的财务管理，更新观念，主动应用“金税三期”系统平台为企业服务，做懂法、用法的践行者，而不是逃避法律的违规者。

（2）“金税三期”推广后，将统一税务核心征管应用系统，全面支持网上申报、网络发票开具、涉税事项网上预约、征纳双方网上互动及远端纳税服务等功能，实现业务操作和执法标准统一规范。纳税人将真正实现所有涉税事项的网上办理，使涉税事项网络化受理呈现新常态；国家税务总局电子纳税申报系统自动升级，实现全国数据大集中，通过大数据分析发票的轨迹，监控所有企业的业务往来；只要动态数据比对，发现税负率偏低，系统就会自动预警，税务评估人员及时利用全面准确的数据信息，为纳税人提供高效、准确的监控服务。

（3）企业应重点从如下几个方面规避所得税的涉税风险：

①主动适应大数据系统的便捷服务，合法经营，出货开具发票，购货取得发票，根据发票做账并按时按规进行纳税申报。

②规避企业所得税汇算清缴税前扣除涉税风险。a.理解税法政策和会计准则规定，防止对政策理解出现偏差。b.区分容易混淆的项目，在汇算清缴中，要特别关注工资、薪金、职工福利费、借款利息、广告和业务宣传费、研究开发费等项目的扣除范围。c.避免入账发票出错，防止不合规票据列支成本、费用，违反真实性原则。

单元小结

企业所得税是对我国境内的居民企业和非居民企业就其来源于中国境内、境外的所得缴纳的一种税。企业所得税会计涉及应纳税所得额、当期应交税额、资产和负债的计税基础、暂时性差异、递延所得税资产、递延所得税负债、所得税费用等指标的计算，并进行所得税相关的会计处理；企业所得税纳税申报表的填写方法；企业所得税涉税风险的表现及风险管控的一般方法。

随堂测试

一、单项选择题

1. 下列企业或单位中，不属于企业所得税纳税人的是（　　）。

A. 个人独资企业　　B. 联营企业

C. 集体企业　　D. 股份制企业

2. 某企业全年营业收入5 000万元，按规定可在税前费用中列支的业务招待费为（　　）万元。

A.20　　B.18　　C.19　　D.25

3. 某项机器设备原始成本为200万元，2020年12月31日，其账面价值为100万元，计税的累计折旧为120万元。则该设备2020年12月31日的计税基础是（　　）万元。

A.80　　B.100　　C.90　　D.50

4. 某企业因某项事件预先确认了50万元的预计负债，计入当期损益，但是税法规定，需在该项费用实际发生后才准予税前扣除。则该项负债的计税基础为（　　）万元。

A.100　　B.0　　C.50　　D.25

5. 企业应纳税暂时性差异对所得税的影响额，在计入当期损益的同时，应计入（　　）。

A. 递延所得税资产　　B. 管理费用

C. 递延所得税负债　　D. 销售费用

二、多项选择题

1. 企业的下列收入中免征企业所得税的有（　　）。

A. 国债利息收入

B. 依法收取并纳入财政管理的行政事业性收费、政府性基金

C. 接受捐赠收入

D. 销售货物收入

2. 在计算应纳税所得额时，（　　）支出不得扣除。

A. 向投资者支付的股息、红利等权益性投资收益款项

B. 未经核定的准备金支出

C. 税收滞纳金

D. 罚金、罚款和被没收财物的损失

3. 下列情况会形成应纳税暂时性差异的有（　　）。

A. 资产的账面价值大于其计税基础　　B. 资产的账面价值小于其计税基础

C. 负债的账面价值大于其计税基础　　D. 负债的账面价值小于其计税基础

4. 下列情况会形成可抵扣暂时性差异的有（　　）。

A. 一项资产的账面价值为200万元，计税基础为150万元

B. 一项资产的账面价值为200万元，计税基础为250万元

C. 一项负债的账面价值为200万元，计税基础为150万元

D. 一项负债的账面价值为200万元，计税基础为250万元

5. 假定某企业持有一项以公允价值计量且其变动计入当期损益的金融资产，成本为1 000万元，期末公允价值为1 500万元，所得税税率为25%，递延所得税资产和递延所得税负债均无期初余额。下列说法正确的有（　　）

A. 产生应纳税暂时性差异500万元　　B. 确认递延所得税负债125万元

C. 产生可抵扣暂时性差异500万元　　D. 确认递延所得税资产125万元

三、判断题

1. 企业所得税的计税依据是企业的会计利润。（　　）

2. 在计算应纳税所得额时，纳税人因自然灾害或意外事故损失而由保险公司给予的赔偿不得扣除。（　　）

3. 只要资产或负债的账面价值与其计税基础之间存在差异，就一定会产生暂时性差异。（　　）

4. 可抵扣暂时性差异是指在确定未来收回资产或清偿负债期间的应纳税所得额时，将导致产生应税金额的暂时性差异。（　　）

5. 只有依照中国法律在中国境内成立的企业才是居民企业。（　　）

四、业务题

甲有限责任公司所得税采用资产负债表债务法核算，适用的所得税税率为25%。2020年度实现利润总额2 000万元，当年会计与税收之间的差异包括以下事项：

（1）取得一项无形资产，成本为200万元，由于使用寿命无法合理估计，会计上未摊销其成本。税法规定应按不短于10年的期限摊销。

（2）取得国债利息收入20万元。

（3）持有一项以公允价值计量且其变动计入当期损益的金融资产，取得成本为150万元。会计期末公允价值为140万元。

（4）公司持有一批存货，成本为1 000万元，期末清查该存货，估计其可变现净值为800万元，当期计提存货跌价准备200万元。

要求：

（1）分析计算应纳税暂时性差异和可抵扣暂时性差异。

（2）分别计算甲有限责任公司2020年度的应交所得税、递延所得税资产或递延所得税负债、所得税费用的金额，并编制有关所得税的会计分录。

五、简答题

1. 简析可抵扣暂时性差异与应纳税暂时性差异的区别。

2. 应纳税所得额与会计利润之间的差异是如何形成的？应从哪几个方面进行调整计算应纳税所得额？

3. 如何确定资产负债表中的递延所得税资产和递延所得税负债项目的期末数？

4. 在金税三期大数据监测下如何控制和减少企业所得税涉税风险？

单元实训

一、实训目的

（1）熟悉企业所得税的纳税申报程序；

（2）熟练计算当期应交所得税和递延所得税；

（3）会进行企业所得税相关的会计处理；

（4）会填制企业所得税纳税申报表及其附表。

二、实训资料

（一）企业概况

企业名称：友邦股份有限公司

企业性质：内资企业

股本：3 000万元

法人代表：华泰

企业地址及电话：南京市长乐路35号，025－88909015

开户银行及账号：工商银行长乐路分理处，4343456

纳税人识别号：210100000005121

（二）模拟业务

友邦股份有限公司为生产服装的内资企业，在职人员500人，年应税销售额在200万元以上，会计核算健全，生产经营状况良好，该企业执行最新企业会计准则和2008年颁布的《企业所得税法》，被主管税务机关认定为增值税一般纳税人。企业所得税税率为25%，采用按季度预缴所得税方式纳税，截止到第四季度共预缴企业所得税154万元，年终进行汇算清缴。采用资产负债表债务法核算所得税。

2020年度与所得税相关的主要业务汇总如下：

（1）年初，以85万元购进一项服装商标权并投入使用，法律规定使用年限8年，按直线法摊销成本（与税法一致）。6月份让渡商标使用权取得不含税收入200万元。

（2）年初，以银行存款从股票二级市场购入甲公司（适用的企业所得税税率为25%）股票20万股作为投资，每股公允价值3.5元，支付3 000元相关税费，将该股票作为以公允价值计量且其变动计入当期损益的金融资产管理，支付的手续费取得增值税专用发票，税率6%。6月20日，取得甲公司派发的现金股利12万元，6月末该股票的公允价值上升到7元/股。10月20日以每股7.9元的价格将上述股票全部卖出，另支付7 000元的相关税费。

（3）本年度共销售服装实现不含税销售额8 000万元，取得送货的运输费收入58（含税）万元；购进布匹，取得增值税专用发票，注明价款5 800万元，增值税税额754万元；支付购货的运输费40万元、保险费和装卸费20万元，取得运输公司及其他单位开具的增值税专用发票；劳动节前，将自产的西服套装作为福利发给每位员工，市场销售价每套1 638元；全年允许扣除的产品销售成本为6 650万元。

（4）全年取得国债利息收入36万元，国家重点建设债券利息收入14万元，以摊余成本计量的金融债券投资利息收入30万元。

（5）全年发生财务费用200万元，其中包含支付银行贷款利息60万元，支付向关联企业借款2 000万元的年利息120万元，因逾期归还贷款支付银行罚息20万元（同期银行贷款年利率为5%）。

（6）全年发生管理费用400万元，其中包括业务招待费45万元、技术开发费260万元（税法规定业务招待费支出，按照实际发生额的60%扣除，但最高不得超过当年销售（营业）收入的5‰）。

（7）发生销售费用800万元，其中包括广告费740万元，业务宣传费60万元（税法规定广告费和业务宣传费支出按不超过当年销售（营业）收入的15%扣除）。

（8）全年发生计入生产成本、费用中的合理工资总额720万元，实际发生了职工福利费100.8万元，已按实际工资总额提取了职工教育经费和工会经费32.4万元（税法规定“三费”税前扣除金额依次按不超过工资薪金总额的14%、8%、2%计算）。

（9）本年度按照工资薪金12%的比例缴存住房公积金（公司和职工各承担6%）（与实际列支一致）。

（10）按照规定比例在社保机构核定的月缴费工资中计提基本社保基金，其中核定的月缴费工资为380 000元，基本养老保险基金比例为单位22%，个人8%；基本医疗保险比例为单位12%，个人2%；失业保险比例为单位2%，个人1%；工伤和生育保险均为单位1%（实际每月提取并列支228 000元）。

（11）7月本公司对市服装展销会赞助支出25万元，直接向市青少年宫捐款10万元（税法规定企业发生的公益性捐赠支出按不超过年度利润总额的12%扣除）。

（12）年末从境外分支机构分回税后利润57.6万元，在境外已缴纳28%的企业所得税。

（13）本年会计按双倍余额递减法计提折旧156元，税法规定按年限平均法计提固定资产折旧，金额为112万元。

（14）年末对存货计提了跌价准备共计15万元。

（15）经税务机关核准结转到本年度的待弥补亏损额为25.3万元。

三、实训要求

（1）根据以上业务编制会计分录；

（2）计算企业全年应缴纳的增值税税额；

（3）计算企业全年应缴纳的城市维护建设税和教育费附加；

（4）分析计算企业全年允许从所得税前扣除项目的金额；

（5）计算全年应纳税所得额、当期应交所得税、递延所得税和所得税费用（假如期初递延所得税资产和负债均无余额）；

（6）年终汇算清缴，填制年度所得税纳税申报表及附表。

四、实训结果评价

实训结果评价见表6-6。

表6-6 实训结果评价

序号	技能项目	得分
1	会计分录	40
2	计算全年应缴纳的增值税税额	5
3	计算城市维护建设税和教育费附加	5
4	计算全年允许税前扣除的项目金额	5
5	计算全年应纳税所得额、当期应交所得税、递延所得税和所得税费用	15
6	填写年度所得税纳税申报表及附表	30
合 计		100

第七单元

个人所得税会计

【职业能力目标】

通过本单元学习，能正确判断居民纳税人与非居民纳税人，掌握个人所得税税收政策，正确计算不同类型人员的应纳税所得额和应交个人所得税；会计算单位代扣代缴职工个人所得税税额，并进行会计处理；会填制个人汇算清缴“个人所得税纳税申报表”和单位全员全额扣缴的“个人所得税扣缴申报表”；能利用税务网络平台独立办理个人所得税纳税申报。

【典型工作任务】

个人所得税会计典型工作任务
- 个人所得税核算
- 个人所得税纳税申报
- 个人所得税涉税风险管控

任务一 个人所得税核算

引 例

中国公民李某为某高校教授，纳税人识别号：420601194702270034。2020年度的个人收入情况如下：

（1）每月工资情况：应付职工薪酬14 927元，代扣社会统筹保险金1 154元、住房公积金2 676元、职业年金449元。专项附加扣除赡养老人的费用每月约定分摊1 000元。

（2）2月份，学校发放上年度的课时费5 778元，年终奖励性绩效工资26 000元。

（3）3月份修订教材，取得稿酬5 800元；9月份出版社增加印数，又取得追加稿酬3 600元。

（4）当年向两家单位提供专利权使用，一次取得收入为3 000元，另一次取得收入为4 500元。

（5）8月受聘于上级主管部门，参加全省某项目评审，获得专家评审费12 000元。

（6）2020年度作为校外某高校兼职教师，12月份发放课时费32 000元。

【思考】

（1）李某是居民个人纳税人还是非居民个人纳税人？

（2）李某上述所得是分类征税还是按综合所得计征个人所得税？

（3）李某如果办理综合所得汇算清缴，请计算全年应缴纳的个人所得税税额。

（4）如果上述所得扣缴义务人已按税法的规定预扣预缴，试计算各项所得预扣预缴金额分别是多少？个人进行综合所得汇算清缴时应补（或退）多少税额？

（5）扣缴义务人如何进行预扣预缴个人所得税的账务处理？

知识准备

一、个人所得税法的基本规定

（一）个人所得税的纳税义务人

个人所得税是国家对中国公民、居住在中国境内的个人的所得和境外个人来源于中国的所得征收的一种所得税。个人所得税的纳税义务人包括中国公民，个体工商户，个人独资企业，合伙企业投资者，外籍个人，香港、澳门、台湾同胞等。依据住所和居住时间两个标准，纳税义务人分为居民纳税人和非居民纳税人。居民纳税人负有完全纳税的义务，必须就其来源于中国境内、境外的全部所得缴纳个人所得税；而非居民纳税人承担有限纳税义务，仅就其来源于中国境内的所得，缴纳个人所得税。

知识链接

《中华人民共和国个人所得税法》

（二）个人所得税的扣缴义务人

根据《中华人民共和国个人所得税法》的规定：个人所得税，以所得人为纳税义务人，以支付所得的单位或者个人为扣缴义务人。扣缴义务人向居民个人支付工资、薪金所得，劳务报酬所得，稿酬所得，特许权使用费所得时，必须代主管税务机关预扣预缴个人所得税。

扣缴义务人应当按照国家规定办理全员全额扣缴申报，并向纳税人提供其个人所得和已扣缴税款等信息。

知识链接

居民纳税人和非居民纳税人的划分标准

（三）个人所得税的征税范围

个人所得税的征税对象是个人取得的应税所得，下列各项个人所得，应当缴纳个人所得税：

（1）工资、薪金所得；

（2）劳务报酬所得；

（3）稿酬所得；

（4）特许权使用费所得；

（5）经营所得；

（6）利息、股息、红利所得；

（7）财产租赁所得；

（8）财产转让所得；

（9）偶然所得。

知识链接

个人所得项目的具体内容

【提示】上述第（1）项至第（4）项所得称作综合所得，居民个人按纳税年度合并计算个人所得税，非居民个人取得上述第（1）项至第（4）项所得，按月或者按次计算个人所得税。纳税人取得上述第（5）项至第（9）项所得，按次分项计算个人所得税。

（四）个人所得税税率

（1）综合所得，适用百分之三至百分之四十五的超额累进税率，个人所得税税率表见表7-1。

（2）经营所得，适用百分之五至百分之三十五的超额累进税率，个人所得税税率表见表7-2。

（3）利息、股息、红利所得，财产租赁所得，财产转让所得和偶然所得，适用比例税率，税率为百分之二十。

二、应纳税所得额的确定

（一）每次收入的确定

个人所得税法所称每次收入，分别按照下列方法确定：

（1）劳务报酬所得、稿酬所得、特许权使用费所得，属于一次性收入的，以取得该项收入为一次；属于同一项目连续性收入的，以一个月内取得的收入为一次。其中稿酬

表7-1 个人所得税税率

（综合所得适用）

级数	全年应纳税所得额	税率（%）
1	不超过36 000元的	3
2	超过36 000元至144 000元的部分	10
3	超过144 000元至300 000元的部分	20
4	超过300 000元至420 000元的部分	25
5	超过420 000元至660 000元的部分	30
6	超过660 000元至960 000元的部分	35
7	超过960 000元的部分	45

注：（1）本表所称全年应纳税所得额是指依照《中华人民共和国个人所得税法》第六条的规定，居民个人取得综合所得以每一纳税年度收入额减除费用六万元以及专项扣除、专项附加扣除和依法确定的其他扣除后的余额。（2）非居民个人取得工资、薪金所得，劳务报酬所得，稿酬所得和特许权使用费所得，依照本表按月换算后计算应纳税额。

表7-2 个人所得税税率

（经营所得适用）

级数	全年应纳税所得额	税率（%）
1	不超过30 000元的	5
2	超过30 000元至90 000元的部分	10
3	超过90 000元至300 000元的部分	20
4	超过300 000元至500 000元的部分	30
5	超过500 000元的部分	35

注：本表所称全年应纳税所得额是指依照《中华人民共和国个人所得税法》第六条的规定，以每一纳税年度的收入总额减除成本、费用以及损失后的余额。

所得，以每次出版、发表取得的收入为一次，同一作品出版、发表后，因添加印数而追加稿酬的，应与以前出版、发表时取得的稿酬合并计算为一次。

（2）财产租赁所得，以一个月内取得的收入为一次。

（3）利息、股息、红利所得，以支付利息、股息、红利时取得的收入为一次。

（4）偶然所得，以每次取得该项收入为一次。

（二）居民个人的综合所得

以每一纳税年度的收入额减除费用六万元以及专项扣除、专项附加扣除和依法确定的其他扣除后的余额，为全年应纳税所得额。

（1）专项扣除，包括居民个人按照国家规定的范围和标准缴纳的基本养老保险、基本医疗保险、失业保险等社会保险费和住房公积金等。

（2）专项附加扣除，包括子女教育、继续教育、大病医疗、住房贷款利息或者住房租金、赡养老人等6项。

（3）依法确定的其他扣除，包括个人缴付的符合国家规定的企业年金、职业年金、商业保险等。

$$\text{居民个人的综合所得}=\text{全年收入}-60\,000-\text{社保、住房公积金等}-\text{享受的专项附加扣除}-\text{享受的其他扣除}$$

【提示】居民个人取得的劳务报酬所得、稿酬所得、特许权使用费所得以每次收入减除费用后的余额为收入额。其计算公式如下：

每次收入大于等于4 000元时：

劳务报酬、特许权使用费应纳税所得额＝每次收入×（1－20%）

稿酬应纳税所得额＝每次收入×（1－20%）×70%

每次收入小于4 000元时：

劳务报酬、特许权使用费应纳税所得额＝每次收入－800

稿酬应纳税所得额＝（每次收入－800）×70%

知识链接

个人所得税专项附加扣除暂行办法

（三）非居民个人的应纳税所得

非居民个人在中国境内取得的工资、薪金所得以每月收入额减除费用五千元后的余额为应纳税所得额，没有专项扣除、专项附加扣除等；劳务报酬所得、稿酬所得、特许权使用费所得，收入额为每次收入减除百分之二十的费用后的余额，稿酬所得以收入减除百分之二十的费用后再减按百分之七十计算。

【提示】非居民个人取得的劳务报酬、稿酬、特许权使用费收入，费用扣除标准与居民企业不同，每次收入无论是4 000元以上还是4 000元以下都按20%扣除。

（四）经营所得

以每一纳税年度的收入总额减除成本、费用以及损失后的余额，为应纳税所得额。成本、费用是指个体工商户、个人独资企业、合伙企业，在生产、经营活动中发生的各项直接支出、间接费用，以及销售费用、管理费用、财务费用等；损失是指生产、经营活动中发生的固定资产和存货的盘亏、毁损、报废损失，财产转让损失，坏账损失，自然灾害损失等。

【提示】个体工商户业主、个人独资企业和合伙企业是自然人投资者本人的费用扣除标准统一确定为60 000元/年（5 000元/月）。

（五）财产租赁所得

每次收入不超过四千元的，减除费用八百元；四千元以上的，减除百分之二十的费用，其余额为应纳税所得额。

（六）财产转让所得

以转让财产的收入额减除财产原值和合理费用后的余额，为应纳税所得额。

（七）利息、股息、红利所得和偶然所得

以每次收入额为应纳税所得额。

【典型案例7-1】某高校赵教授，2020年度的个人收入情况如下：

（1）每月工资情况：基本工资15 000元，代扣社会统筹保险金1 054元、住房公积金2 000元、职业年金500元。

（2）受聘为某上市公司进行新会计准则培训三次，每次收入8 000元，共24 000元。

（3）储蓄存款利息收入2 500元，取得某上市公司债券利息收入10 000元，取得某公司股票分红所得26 000元。

（4）自有住房按市场价格出租，按年收取租金收入66 000元，期间因修缮房屋发生费用3 200元，取得正式发票。

（5）赵教授专项附加扣除赡养老人的费用每月约定分摊1 000元。

要求：计算赵教授2020年应缴纳个人所得税的综合所得。

解析：全年应纳税所得额计算如下：

（1）工资薪金所得 =（15 000 − 1 054 − 2 000 − 500）×12 − 5 000×12

= 137 352 − 60 000 = 77 352（元）

（2）劳务报酬所得（培训收入）按次计算，费用扣除率20%。

劳务报酬所得 = 8 000×（1 − 20%）×3 = 19 200（元）

赵教授的综合所得 =（77 352 + 19 200）− 1 000×12 = 84 552（元）

（3）储蓄利息所得免税。

公司债券利息和股票红利所得 = 10 000 + 26 000 = 36 000（元）

（4）房屋租赁所得 =（66 000 − 3 200）×（1 − 20%）= 50 240（元）

知识拓展

个人所得税费用减除标准的几项特殊规定

（1）个人将其所得通过中国境内的社会团体、国家机关向教育和其他社会公益事业以及遭受严重自然灾害地区、贫困地区捐赠，捐赠额未超过纳税人申报的应纳税所得额30%的部分，可从其应纳税所得额中扣除。

（2）个人通过非营利的社会团体和国家机关向农村义务教育的捐赠，准予在缴纳个人所得税前的所得额中全额扣除。

（3）个人取得的应纳税所得，包括现金、实物、有价证券和其他形式的经济利益。

（4）居民个人从境外取得所得，可以从其应纳税额中抵扣已在境外缴纳的个人所得税税额，但抵免额不得超过该纳税人境外所得依照本法规定计算的应纳税额。

三、个人所得税应纳税额的计算

（一）居民个人综合所得应纳税额的计算

由于居民个人的全年综合所得在计算应纳个人所得税时，适用的是超额累进税率，为简化计算过程，一般采用速算扣除数计算法。速算扣除数是指在采用超额累进税率征税时，先根据超额累进税率表中应纳税所得额级距对应的税率全额计算出税额，再减去用超额累进方法计算的应纳税额后的差额。居民个人综合所得应纳税额的计算公式如下：

综合所得应纳税额 = 全年应纳税所得额×适用税率 − 速算扣除数

经过整理，得出的包含速算扣除数的居民个人全年综合所得个人所得税税率见表7-3。

表7-3　综合所得个人所得税税率（含速算扣除数）

级数	全年应纳税所得额	税率（%）	速算扣除数（元）
1	不超过36 000元的	3	0
2	超过36 000元至144 000元的部分	10	2 520
3	超过144 000元至300 000元的部分	20	16 920
4	超过300 000元至420 000元的部分	25	31 920
5	超过420 000元至660 000元的部分	30	52 920
6	超过660 000元至960 000元的部分	35	85 920
7	超过960 000元的部分	45	181 920

【典型案例7-2】沿用【典型案例7-1】的计算结果：

要求：

（1）计算赵教授全年综合所得应纳税额；

（2）计算赵教授其他所得应纳税额。

解析：赵教授全年综合所得适用“表7-3”七级超额累进税率，其他所得按次缴纳，使用比例税率20%，房屋租金所得减按10%征收。

（1）赵教授全年汇算的综合所得 =（77 352 + 19 200）－1 000×12 = 84 552（元）

综合所得应纳税额 = 84 552×10% － 2 520 = 5 935.2（元）

（2）公司债券利息和股票红利所得应纳税额 = 36 000×20% = 7 200（元）

（3）房屋租赁所得应纳税额 =（66 000 － 3 200）×（1 － 20%）×10% = 5 024（元）

（二）非居民个人应纳税额的计算

微课

居民个人综合所得及其应纳税额的计算

与居民个人不同的是，非居民个人取得工资、薪金所得，劳务报酬所得，稿酬所得和特许权使用费所得，依照“表7-3”七级超额累进税率表按月换算后计算应纳税所得额，按月或分次计算个人所得税，换算为月应纳税所得额的适用非居民个人的所得税税率表（见表7-4）。非居民个人取得其他所得如利息、股息、红利所得等，适用20%的比例税率，按次计算征收个人所得税。

表7-4　非居民个人工资、薪金所得，劳务报酬所得，稿酬所得，特许权使用费所得适用税率（含速算扣除数）

级数	月应纳税所得额	税率（%）	速算扣除数（元）
1	不超过3 000元的	3	0
2	超过3 000元至12 000元的部分	10	210
3	超过12 000元至25 000元的部分	20	1 410
4	超过25 000元至35 000元的部分	25	2 660
5	超过35 000元至55 000元的部分	30	4 410
6	超过55 000元至80 000元的部分	35	7 160
7	超过80 000元的部分	45	15 160

非居民个人取得的各项收入的扣除费用标准与居民纳税人相同。其中工资、薪金所得以每月收入额减除费用五千元后的余额为应纳税所得额；劳务报酬所得、稿酬所得、特许权使用费所得以收入减除百分之二十的费用后的余额为收入额。稿酬所得的收入额减按百分之七十计算。

【典型案例7-3】在外商投资企业中工作的某德国专家（假设为非居民纳税人），2020年5月取得由该企业发放的含税工资收入16 000元人民币，此外还从别处取得劳务报酬10 000元人民币，从该公司分得股息收入50 000元。

要求：计算德国专家本月应纳个人所得税税额。

解析：德国专家属于非居民纳税人，工资、薪金收入每月扣除5 000元，无其他专项扣除和附加扣除项目，劳务报酬扣除20%费用，这两项所得同居民纳税人的综合所得一样，适用七级超额累进税率；股息收入无扣除金额，适用20%的比例税率。非居民纳税人的个人所得税都由中国境内支付单位代扣代缴。

当月工资、薪金所得应纳税额＝（16 000－5 000）×10%－210＝890（元）

劳务报酬所得应纳税额＝10 000×（1－20%）×10%－210＝590（元）

股息所得应纳税额＝50 000×20%＝10 000（元）

该德国专家本月一共应缴纳的个人所得税税额＝890＋590＋10 000＝11 480（元）

（三）经营所得应纳税额的计算

1.经营所得适用税率换算

同居民个人综合所得个人所得税税率表换算一样，将表7-2换算为包含速算扣除数的经营所得个人所得税税率见表7-5。

表7-5　经营所得个人所得税税率（含速算扣除数）

级数	全年应纳税所得额	税率（%）	速算扣除数（元）
1	不超过30 000元的	5	0
2	超过30 000元至90 000元的部分	10	1 500
3	超过90 000元至300 000元的部分	20	10 500
4	超过300 000元至500 000元的部分	30	40 500
5	超过500 000元的部分	35	65 500

2.个体工商户应纳税额的计算

个体工商户应纳税额的计算公式如下：

全年应纳税所得额＝（全年收入总额－成本、费用以及损失）－60 000－社保及住房公积金等－专项附加扣除

全年应纳个人所得税税额＝全年应纳税所得额×适用税率－速算扣除数

【提示】个体工商户支付给从业人员的合理工资、薪金作为成本、费用准予扣除，但支付给业主本人的工资支出不得税前扣除。

【典型案例7-4】某小型运输公司系个体工商户，账证健全，2020年12月取得经营

收入380 000元，准许扣除的当月成本（不含业主工资）及相关税金共计300 600元。1—11月累计应纳税所得额88 000元（未扣除业主专项扣除），累计已预缴个人所得税10 200元。该公司除经营所得外无其他收入。另外2020年度全年均享受赡养老人一项专项附加扣除2 000元/月，假如不考虑专项扣除和税法规定的其他扣除。

知识链接

个人所得税的优惠政策

要求：计算该个体工商户2020年度汇算清缴应补（退）的个人所得税税额

解析：先按税法的规定计算全年应纳税所得额，再计算全年应缴纳的个人所得税税额，与预缴个人所得税额的差额，即为应补（退）税额。

全年应纳税所得额 = 380 000 − 300 600 + 88 000 − 5 000×12 − 2 000×12
= 83 400（元）

全年应缴纳的个人所得税税额 = 83 400×10% − 1 500 = 6 840（元）

汇算清缴时应退个人所得税税额 = 10 200 − 6 840 = 3 360（元）

【做中学7-1】居住在市区的中国居民李某，为一中外合资企业的职员，2020年1—12月份，与4个朋友合伙经营一家酒吧，年底酒吧将30万元（已扣除个人固定费用）生产经营所得在合伙人中进行平均分配。

要求：计算李某2020年度应缴纳的个人所得税税额。

3.个人独资企业和合伙企业应纳税额的计算

与个体工商户不同，个人独资企业和合伙企业应纳税额的计算有以下两种方法：

（1）查账征税。

①自2019年1月1日起，个人独资企业和合伙企业投资者本人的费用扣除标准统一确定为5 000元/月。投资者的工资不得在税前扣除。

②投资者及其家庭发生的生活费用不允许在税前扣除。投资者及其家庭发生的生活费用与企业生产经营费用混合在一起，难以划分的，全部视为投资者个人及其家庭发生的生活费用，不允许税前扣除。

③企业向其从业人员实际支付的合理的工资、薪金支出，允许在税前扣除。

④企业拨缴的工会经费、发生的职工福利费、职工教育经费支出分别在工资薪金总额2%、14%、8%的标准内可据实扣除。

⑤企业每一纳税年度发生的广告费和业务宣传费用不超过当年销售（营业）收入15%的部分，可据实扣除；超过部分，准予在以后纳税年度结转扣除。

⑥企业每一纳税年度发生的与其生产经营业务直接相关的业务招待费支出，按照发生额的60%扣除，但最高不得超过当年销售（营业）收入的5‰。

⑦企业计提的各种准备金不得扣除。

个人独资企业和合伙企业应纳税额的计算公式如下：

应纳税所得额 = 年度收入总额 − 成本、费用及损失 − 当年投资者本人的费用扣除额

当年投资者本人的费用扣除额 = 月减除费用（5 000元/月）×12（或实际经营月份数）

应纳税额 = 应纳税所得额×税率 − 速算扣除数（税率表见表7-5）

知识拓展

投资者兴办两个或两个以上企业应纳税款的计算

投资者兴办两个或两个以上企业，并且企业性质全部是独资的，年度终了后，汇算清缴时，应纳税款的计算按以下方法进行：

（1）应纳税所得额 = $\sum$各个企业的经营所得

（2）应纳税额 = 应纳税所得额×税率 − 速算扣除数

（3）本企业应纳税额 = 应纳税额×本企业的经营所得÷$\sum$各个企业的经营所得

（4）本企业应补缴的税额 = 本企业应纳税额 − 本企业预缴税额

（2）核定征税。

核定征税主要针对未按规定设置账簿，或虽然设置账簿，但账目混乱、残缺不全的企业。核定征收方式包括定额征收、核定应税所得率征收及其他方式。核定应税所得率征收方式的计算公式如下：

应纳税额 = 应纳税所得额×适用税率 − 速算扣除数

应纳税所得额 = 收入总额×应税所得率

= 成本费用支出额÷（1 − 应税所得率）×应税所得率

实行核定征税的投资者，不能享受个人所得税的优惠政策。纳税年度收入总额包括承包人个人工资，但不包括上缴的承包费，应税所得率应按规定的标准执行（见表7-6）。

表7-6　个人所得税核定征收应税所得率

行业	应税所得率（%）
工业、交通运输业、商业	5 ~ 20
建筑业、房地产开发业	7 ~ 20
饮食服务业	7 ~ 25
娱乐业	20 ~ 40
其他行业	10 ~ 30

（四）财产租赁所得应纳税额的计算

财产租赁所得一般以个人每次取得的收入，定额或定率减除规定费用后的余额为应纳税所得额。每次收入不超过4 000元的，定额减除费用800元；每次收入在4 000元以上的，定率减除20%的费用。财产租赁所得以1个月取得的收入为一次，财产租赁所得适用20%的比例税率，居民个人出租住房取得的所得暂减按10%的税率征收个人所得税。有关计算公式如下：

每次（月）收入不超过4 000元的：

应纳税所得额 = 每次（月）收入额 − 准予扣除项目 − 修缮费用（以800元为限）− 800

每次（月）收入超过4 000元的：

$$\text{应纳税所得额} = \left[\text{每次(月)收入额} - \text{准予扣除项目} - \text{修缮费用(以800元为限)}\right] \times (1-20\%)$$

$$\text{应纳税额} = \text{应纳税所得额} \times 20\%\text{(或}10\%\text{)}$$

【提示】只有居民个人出租住房所得按10%的税率计缴个人所得税。

【典型案例7-5】居住在市区的中国居民李某，为某中外合资企业的职员，2020年4月1日—6月30日，前往B国参加培训，出国期间将其国内自己的小汽车出租给他人使用，每月取得租金5 000元。

要求：计算李某小汽车租金收入应缴纳的个人所得税。

解析：出租小汽车适用20%的比例税率，每个月取得租金收入为一次，每月定率减除20%的费用，共三次。

李某租金收入应缴纳的个人所得税＝5 000×（1－20%）×20%×3＝2 400（元）

（五）财产转让所得应纳税额的计算

一般情况下，财产转让所得应纳税额的计算公式如下：

$$\text{应纳税额} = \text{应纳税所得额} \times 20\%$$

$$\text{应纳税所得额} = \text{收入总额} - \text{财产原值} - \text{合理税费}$$

【提示】个人转让住房计算、缴纳个人所得税时，可凭原购房合同、发票等有效凭证，经税务机关审核后，允许从其转让收入中减除房屋原值、转让过程中缴纳的税金及有关合理费用。合理费用是指住房装修费用、住房贷款利息、手续费、公证费等费用。

【典型案例7-6】我国公民张先生为国内某企业高级技术人员，2020年3月转让购买的三居室精装修房屋一套，售价630万元，转让过程中支付的相关税费为26.8万元。该套房屋的原始购价为210万元，购房过程中支付的相关税费为6万元。所有税费支出均取得合法凭证。

要求：计算转让房屋所得应缴纳的个人所得税。

解析：转让房屋所得应缴纳的个人所得税＝（630－210－26.8－6）×20%

＝77.44（万元）

【做中学7-2】居住在市区的中国居民李某，11月份以每份218元的价格转让2018年的企业债券500份，发生相关税费870元，债券申购价每份200元，申购时支付相关税费350元；转让A股股票取得所得24 000元。

要求：计算李某转让有价证券所得应纳的个人所得税。

四、扣缴义务人预扣预缴个人所得税的计算方法

税法规定，扣缴义务人向个人支付应税款项时，应当依照个人所得税法的规定预扣或者代扣税款，按时缴库，并专项记载备查。扣缴义务人依法履行代扣代缴义务时，纳税人不得拒绝。

（一）向居民个人支付所得的预扣预缴方法

扣缴义务人向居民个人支付工资、薪金所得，劳务报酬所得，稿酬所得，特许权使用费所得时，按以下方法预扣预缴个人所得税。年度预扣预缴税额与年度应纳税额不一致的，由居民个人于次年3月1日至6月30日向主管税务机关办理综合所得年度汇算清

缴，税款多退少补。

（1）扣缴义务人向居民个人支付工资、薪金所得时，应当按照累计预扣法按月计算预扣税款，计算公式如下：

$$\text{本期应预扣预缴税额}=\left(\text{累计预扣预缴应纳税所得额}\times\text{预扣率}-\text{速算扣除数}\right)-\text{累计减免税额}-\text{累计已预扣预缴税额}$$

$$\text{累计预扣预缴应纳税所得额}=\text{累计收入}-\text{累计免税收入}-\text{累计减除费用}-\text{累计专项扣除}-\text{累计专项附加扣除}-\text{累计依法确定的其他扣除}$$

其中：累计减除费用，按照5 000元/月乘以纳税人当年截至本月在本单位的任职受雇月份数计算。即纳税人如果5月份入职，则扣缴义务人发放5月份工资扣缴税款时，减除费用按5 000元计算；6月份发工资扣缴税款时，减除费用按10 000元计算，以此类推。

上述公式中，计算居民个人工资、薪金所得预扣预缴税额的预扣率、速算扣除数，按个人所得税预扣率表（见表7–7）执行。

表7–7 个人所得税预扣率

（居民个人工资、薪金所得预扣预缴适用）

级数	累计预扣预缴应纳税所得额	预扣率（%）	速算扣除数（元）
1	不超过36 000元的	3	0
2	超过36 000元至144 000元的部分	10	2 520
3	超过144 000元至300 000元的部分	20	16 920
4	超过300 000元至420 000元的部分	25	31 920
5	超过420 000元至660 000元的部分	30	52 920
6	超过660 000元至960 000元的部分	35	85 920
7	超过960 000元的部分	45	181 920

【典型案例7–7】某居民个人2020年度每月工资情况：应付职工薪酬16 927元，代扣社会统筹保险金1 450元、住房公积金3 677元、职业年金600元。该居民个人全年均享受住房贷款利息专项附加扣除1 000元/月。2月份，就职单位发放上年度的年终奖励性绩效工资36 000元。

要求：计算该居民1月份、2月份的工资薪金扣缴义务人应预扣预缴的税额。

解析：

（1）1月份预扣预缴应纳税所得额=16 927−5 000−1 450−3 677−600−1 000=5 200（元）

1月份应预扣预缴税额＝5 200×3%－0＝156（元）

（2）2月份累计预扣预缴应纳税所得额＝（16 927－5 000－1 450－3 677－600－1 000）×2＋36 000＝46 400（元）

2月份应预扣预缴税额＝46 400×10%－2 520－156＝1 964（元）

（2）扣缴义务人向居民个人支付劳务报酬所得、稿酬所得和特许权使用费所得的，按以下方法按次或者按月预扣预缴个人所得税：

劳务报酬所得、稿酬所得、特许权使用费所得以每次收入减除费用后的余额为收入额；其中，稿酬所得的收入额减按百分之七十计算。

预扣预缴税款时，劳务报酬所得、稿酬所得、特许权使用费所得每次收入不超过四千元的，减除费用按八百元计算；每次收入四千元以上的，减除费用按收入的百分之二十计算。

劳务报酬所得、稿酬所得、特许权使用费所得，以每次收入额为预扣预缴应纳税所得额，计算应预扣预缴税额。劳务报酬所得适用的个人所得税预扣率见表7-8，稿酬所得、特许权使用费所得适用百分之二十的比例预扣率。其计算公式如下：

劳务报酬所得应预扣预缴税额＝预扣预缴应纳税所得额×预扣率－速算扣除数

稿酬所得、特许权使用费所得应预扣预缴税额＝预扣预缴应纳税所得额×20%

表7-8　个人所得税预扣率

（居民个人劳务报酬所得预扣预缴适用）

级数	预扣预缴应纳税所得额	预扣率（%）	速算扣除数（元）
1	不超过20 000元的	20	0
2	超过20 000元至50 000元的部分	30	2 000
3	超过50 000元的部分	40	7 000

【典型案例7-8】某作家为居民个人，2020年2—10月发表小说，出版社共支付稿酬30 000元（含税）。

要求：计算出版社支付稿酬时应预扣预缴的个人所得税。

解析：同一作品连续取得的稿酬作为一次应税所得。

稿酬所得预扣预缴的应纳税所得额＝30 000×（1－20%）×70%＝16 800（元）

稿酬所得应预扣预缴税额＝16 800×20%＝3 360（元）

【做中学7-3】高级工程师赵某为泰华公司进行一项工程设计，按照合同的规定，公司应支付赵先生的劳务报酬为48 000元，与其报酬相关的个人所得税由公司代扣代缴。

要求：在不考虑其他税收的情况下，试计算泰华公司对赵某的劳务报酬所得应预扣预缴的个人所得税税额。

（二）向非居民个人支付所得的预扣预缴方法

税法规定：非居民个人取得工资、薪金所得，劳务报酬所得，稿酬所得和特许权使用费所得，有扣缴义务人的，由扣缴义务人按月或者按次代扣代缴税款，不办理汇算清缴。扣缴义务人应当按以下方法按月或者按次代扣代缴个人所得税：

非居民个人的工资、薪金所得，以每月收入额减除费用5 000元后的余额为应纳税所得额；劳务报酬所得、稿酬所得、特许权使用费所得，以每次收入额为应纳税所得额，其中劳务报酬所得、稿酬所得、特许权使用费所得以收入减除百分之二十的费用后的余额为收入额。稿酬所得的收入额减按百分之七十计算。上述四项所得都适用表7-4计算应纳税额。其计算公式如下：

$$\frac{\text{非居民个人工资、薪金所得，劳务报酬所得，}}{\text{稿酬所得，特许权使用费所得应纳税额}} = \frac{\text{应纳税}}{\text{所得额}} \times \text{税率} - \frac{\text{速算}}{\text{扣除数}}$$

【提示】由于非居民个人的各项所得一般都是由扣缴义务人代扣代缴个人所得税，所以计算方法和适用税率与前述的非居民个人应纳税额的计算完全一致。

【做中学7-4】FRK是个外国旅游者，9月1日在参加中南商场的有奖销售中，中奖所得20 000元人民币。FRK领奖时告知商场，可以从中奖收入中拿出4 000元通过教育部门向某希望小学捐赠。偶然所得适用20%的比例税率。

要求：请按照税法的规定计算商场代扣代缴FRK个人所得税。

五、个人所得税的会计处理

（一）工资、薪金预扣预缴所得税的会计处理

工资、薪金所得应纳的个人所得税，由支付工资、薪金所得的单位代扣代缴。扣缴义务人代扣代缴个人所得税，在“应交税费”科目下设置“应交个人所得税”明细科目核算。代扣个人所得税时，借记“应付职工薪酬”科目，贷记“应交税费——应交个人所得税”科目；实际缴纳个人所得税时，借记“应交税费——应交个人所得税”科目，贷记“银行存款”科目。

【典型案例7-9】某公司2020年6月应付职工薪酬总额为150 000元，按规定从工资中代扣社会统筹保险金15 500元、住房公积金16 760元、职业年金6 780元；按税法的规定计算的代扣代缴个人所得税为20 500元。

要求：进行工资发放，代扣代缴社保费、住房公积金和个人所得税的会计处理。

解析：

（1）支付工资并预扣各种款项时：

借：应付职工薪酬	150 000	
贷：银行存款		90 460
其他应付款——社会统筹保险金		15 500
——住房公积金		16 760
——职业年金		6 780
应交税费——应交个人所得税		20 500

（2）预缴个人所得税及其他代扣代缴款时：

借：应交税费——应交个人所得税	20 500	
其他应付款——社会统筹保险金	15 500	
——住房公积金	16 760	
——职业年金	6 780	
贷：银行存款		59 540

（二）个体工商户、个人独资企业、合伙企业经营所得应缴纳的个人所得税的会计处理

个体工商户、个人独资企业、合伙企业应缴纳的个人所得税，通过“所得税费用”科目和“应交税费——应交个人所得税”科目核算。企业按月预缴个人所得税时，借记“应交税费——应交个人所得税”科目，贷记“银行存款”科目；年度终了汇算清缴，计算出全年实际应缴纳的个人所得税时，借记“所得税费用”科目，贷记“应交税费——应交个人所得税”科目；补缴个人所得税时，借记“应交税费——应交个人所

得税”科目，贷记“银行存款”科目；收到退回多缴的个人所得税时，借记“银行存款”科目，贷记“应交税费——应交个人所得税”科目；多缴的所得税不退回，作为下一年度的预缴个人所得税金额。

【提示】个体工商户、个人独资企业、合伙企业经营所得应缴纳的个人所得税的会计处理同企业所得税会计。个人独资企业的投资人和合伙企业的合伙人，应缴纳的个人所得税不在企业业务中核算。企业作为会计主体，只核算自身业务盈亏，对投资人或合伙人应缴纳的个人所得税进行代扣代缴，其会计核算同个人所得税中其他代扣代缴情况下的核算方法。

【做中学7-5】某个体经营户，2020年度实现销售收入140万元，耗用原材料80万元，支付5名雇工工资计8万元（符合当地税务机关规定标准），缴纳房租、水电费等5万元，发生业务招待费2万元，通过国家机关捐赠给希望工程款项12万元。假设该个体经营户，经主管税务机关核定，本年各月预缴个人所得税1万元。而且该个体经营户有住房贷款、子女教育两项专项附加扣除，各1 000元/月，个体经营户个人的费用扣除标准确定为60 000元/年。

要求：（1）计算该个体经营户2020年度应缴纳的个人所得税；

（2）计算应补（退）的税额；

（3）编制与上述所得税业务有关的会计分录。

（三）其他各项所得代扣代缴个人所得税的会计处理

企业支付给个人的劳务报酬费，稿费，特许权使用费，财产租赁费，财产转让费，利息、股息、红利时，由支付单位在向纳税人支付时代扣代缴个人所得税，并计入该企业的相关费用科目。企业支付上述费用时，借记“管理费用”“财务费用”“销售费用”“营业外支出”“应付股利”等科目，形成资产的可以借记“固定资产”等科目，贷记“应交税费——应交个人所得税”“银行存款”等科目。

【典型案例7-10】某企业邀请周教授为企业财会人员进行后续教育培训，支付讲课费10 000元。

微课

单位预扣预缴居民个人所得税的会计处理

要求：计算周教授应纳个人所得税，并编制该企业预扣预缴税额的会计分录。

解析：讲课费属于劳务报酬所得，应缴纳的个人所得税适用表7-8的预扣率。

预扣预缴税额＝10 000×（1－20%）×20%－0＝1 600（元）

（1）企业支付讲课费时：

借：管理费用　　10 000

　　贷：应交税费——应交个人所得税　　1 600

　　　　银行存款　　8 400

（2）企业缴纳税款时：

借：应交税费——应交个人所得税　　1 600

　　贷：银行存款　　1 600

引例解析

本任务“引例”解析如下：

（1）中国公民李某为居民纳税人，符合居民纳税人条件。

（2）李某2020年度的个人收入的各项所得属于综合所得，需按年计征个人所得税。

（3）李某全年应纳税所得额计算如下：

①工资、薪金所得＝应付职工薪酬总额＋课时费＋绩效工资

＝14 927×12＋5 778＋26 000＝210 902（元）

②稿酬所得＝（5 800＋3 600）×（1－20%）×70%＝5 264（元）

③特许权使用费所得＝（3 000＋4 500）×（1－20%）＝6 000（元）

④劳务报酬所得＝（12 000＋32 000）×（1－20%）＝35 200（元）

李某全年的综合所得＝工资薪金所得＋稿酬所得＋特许权使用费所得＋劳务报酬所得－60 000－社会统筹保险金－住房公积金－专项附加扣除－职业年金＝210 902＋5 264＋6 000＋35 200－5 000×12－1 154×12－2 676×12－1 000×12－449×12＝134 018（元）

⑤李某全年应纳个人所得税税额＝134 018×10%－2 520＝10 881.80（元）

（4）计算各项所得预扣预缴税额如下：

本案例涉及扣缴义务人向居民个人支付工资、薪金所得，劳务报酬所得，稿酬所得，特许权使用费所得等4项所得的预扣预缴个人所得税的计算。

①计算工资、薪金所得预扣预缴税额。

1月份应预扣预缴税额＝（14 927－5 000－1 154－2 676－449－1 000）×3%－0＝139.44（元）

2月份应预扣预缴税额＝［（14 927－5 000－1 154－2 676－449－1 000）×2＋（5 778＋26 000）］×10%－2 520－139.44＝1 447.96（元）

3月份应预扣预缴税额＝［（14 927－5 000－1 154－2 676－449－1 000）×3＋（5 778＋26 000）］×10%－2 520－139.44－1 447.96＝464.80（元）

4月份应预扣预缴税额＝［（14 927－5 000－1 154－2 676－449－1 000）×4＋（5 778＋26 000）］×10%－2 520－139.44－1 447.96－464.80＝464.80（元）

5—12月份每月预扣预缴税额均为464.80元。

李某2020年度工资、薪金所得预扣预缴税额＝139.44＋1447.96＋464.80×10

＝6 235.40（元）

②计算稿酬所得的预扣预缴税额。

预扣预缴应纳税所得额＝（5 800＋3 600）×（1－20%）×70%＝5 264（元）

稿酬所得应预扣预缴税额＝5 264×20%＝1 052.80（元）

③计算特许权使用费所得的预扣预缴税额。

特许权使用费所得应预扣预缴税额＝预扣预缴应纳税所得额×20%＝（3 000＋4 500）×（1－20%）×20%＝1 200（元）

④计算劳务报酬所得的预扣预缴税额。

劳务报酬所得应预扣预缴税额＝预扣预缴应纳税所得额×预扣率－速算扣除数

8月份专家评审费预扣预缴税额＝12 000×（1－20%）×20%－0＝1 920（元）

12月份校外兼职发放课时费预扣预缴税额＝32 000×（1－20%）×30%－2 000
＝5 680（元）

（5）李某综合所得年度汇算清缴，计算应补（退）税额。

应补（退）税额＝综合所得年度汇算清缴的应纳税额－各项所得扣缴义务人预扣预缴税额合计＝10 881.80－（6 235.40＋1 052.80＋1 200＋1 920＋5 680）＝－5 206.40（元）

可见，李某综合所得年度汇算清缴税务局应退还其5 206.40元个人所得税。

（6）单位预扣预缴税额的会计分录。

①工资结算预扣时（为简化以1年为核算期）：

借：应付职工薪酬——工资　　210 902
　贷：应交税费——应交个人所得税　　6 235.40
　　其他应交款——社会统筹保险金　　13 848
　　　　——住房公积金　　32 112
　　　　——职业年金　　5 388
　　银行存款　　153 318.60

②申报预缴个人所得税时：

借：应交税费——应交个人所得税　　6 235.40
　贷：银行存款　　6 235.40

③预扣预缴稿酬个人所得税时：

借：管理费用　　9 400
　贷：银行存款　　8 347.20
　　应交税费——应交个人所得税　　1 052.80

④预扣预缴特许权使用费个人所得税时：

借：管理费用　　7 500
　贷：银行存款　　6 300
　　应交税费——应交个人所得税　　1 200

⑤预扣预缴劳务报酬个人所得税时：

8月份专家费：

借：管理费用　　12 000
　贷：银行存款　　10 080
　　应交税费——应交个人所得税　　1 920

12月份兼职：

借：管理费用　　32 000
　贷：银行存款　　26 320
　　应交税费——应交个人所得税　　5 680

工作任务设计7-1

个人所得税会计处理

任务描述：

国内某高校张教授为独生子，其2020年收入如下：

（1）每月扣除三险一金后的工资收入为13 500元。

（2）5月份出版了一本书，获得稿酬15 000元，后因出版社添加印数，获得追加稿酬5 000元。

（3）9月份教师节期间获得教学名师奖，获得教育部颁发的奖金50 000元。

（4）10月份获得国债利息收入8 700元，获得某上市公司发行的公司债券利息收入3 000元。

（5）12月份因持有某公司股票获得分红20 000元。

假设张教授全年可以扣除的专项附加项目只有赡养费一项，无其他项目。

要求：

（1）分项计算张教授的每项所得单位应代扣代缴（预扣预缴）税额，并进行相关的会计处理；

（2）计算张教授的全年综合所得应缴纳的个人所得税税额和应补（退）税额。

操作步骤：在老师的指导下完成。

任务二　个人所得税纳税申报

引 例

参见任务一【引例】高校教师李某2020年度的个人所得资料。

【思考】

（1）李某什么时候去税务局办理个人所得税纳税申报的年终汇算清缴？应报送哪些资料？

（2）如何填报2020年度个人所得税纳税申报表？

知识准备

一、自行纳税申报

个人所得税的纳税申报实行自行申报纳税和全员全额扣缴申报纳税两种方法。自行纳税申报是由纳税人在税法规定的期限内，向税务机关申报取得的应税所得项目和金额，如实填写个人所得税纳税申报表，计算应纳税额，据此缴纳个人所得税的一种方法。

（一）自行纳税申报的范围

有下列情形之一的，纳税人应当依法办理纳税申报：

（1）取得综合所得需要办理汇算清缴；

（2）取得应税所得没有扣缴义务人；

（3）取得应税所得，扣缴义务人未扣缴税款；

（4）取得境外所得；

（5）因移居境外注销中国户籍；

（6）非居民个人在中国境内从两处以上取得工资、薪金所得；

（7）国务院规定的其他情形。

知识链接

国家税务总局关于个人所得税自行纳税申报有关问题的公告

（二）取得综合所得需要办理汇算清缴的纳税申报

1.办理汇算清缴的纳税申报的情形

取得综合所得且符合下列情形之一的，纳税人应当办理汇算清缴：

（1）纳税人从两处以上取得综合所得，且综合所得年收入额减除专项扣除后的余额超过6万元的；

（2）纳税人取得劳务报酬所得、稿酬所得、特许权使用费所得中的一项或多项所得，且综合所得的年收入减除百分之二十的费用，再减除年度专项扣除后的余额超过6万元的；

（3）纳税年度内预扣预缴税额，低于依法计算的年度综合所得应纳税额的；

（4）纳税人申请退税的。

2.汇算清缴申报的时间和地点

纳税人应当于取得综合所得的次年3月1日至6月30日内，向任职、受雇单位所在地主管税务机关办理汇算清缴，并报送“个人所得税年度自行纳税申报表”。有两处以上任职、受雇单位的，选择向其中一处任职、受雇单位所在地主管税务机关办理纳税申报；纳税人没有任职、受雇单位的，向户籍所在地或经常居住地主管税务机关办理纳税申报。

（三）经营所得的纳税申报

1.办理经营所得自行纳税申报的情形

（1）个体工商户从事生产、经营活动取得的所得，个人独资企业投资人、合伙企业的个人合伙人来源于境内注册的个人独资企业、合伙企业生产、经营的所得；

（2）个人依法从事办学、医疗、咨询以及其他有偿服务活动取得的所得；

（3）个人对企业、事业单位承包经营、承租经营以及转包、转租取得的所得；

（4）个人从事其他生产、经营活动取得的所得。

2.经营所得纳税申报的时间及申报表选择

纳税人取得经营所得的，按年计算个人所得税，由纳税人在月度或季度终了后15日内，向经营管理所在地主管税务机关办理预缴纳税申报，并填报“个人所得税经营所得纳税申报表（A表）”，在取得所得的次年3月31日前，向经营管理所在地主管税务机关办理汇算清缴，并填报“个人所得税经营所得纳税申报表（B表）”。从两处以上取得经营所得的，选择向其中一处经营管理所在地主管税务机关办理年度汇总申报，并填报“个人所得税经营所得纳税申报表（C表）”。

（四）取得应税所得，扣缴义务人未扣缴税款的纳税申报

居民个人取得综合所得，非居民个人取得工资、薪金所得，劳务报酬所得，稿酬所得，特许权使用费所得，居民个人和非居民个人取得利息、股息、红利所得，财产租赁所得，财产转让所得，偶然所得等，扣缴义务人未扣缴税款的，纳税人应当在取得所得的次年6月30日前，向扣缴义务人所在地主管税务机关办理纳税申报，并报送“个人所得税自行纳税申报表（A表）”。非居民个人在中国境内有两个以上扣缴义务人，未扣缴税款的，纳税人应当选择向其中一处扣缴义务人所在地主管税务机关办理纳税申报。

（五）取得境外所得的纳税申报

居民个人从中国境外取得所得的，应当在取得所得的次年3月1日至6月30日内，向中国境内任职、受雇单位主管税务机关办理纳税申报，并报送“个人所得税年度自行纳税申报表”；在中国境内没有任职、受雇单位的，向户籍所在地或中国境内经常居住地主管税务机关办理纳税申报；户籍所在地与中国境内经常居住地不一致的，选择向其中一地主管税务机关办理纳税申报；在中国境内没有户籍的，向中国境内经常居住地主管税务机关办理纳税申报。

（六）非居民个人在中国境内从两处以上取得工资、薪金所得的纳税申报

非居民个人在中国境内从两处以上取得工资、薪金所得的，应当在取得所得的次月15日内，向其中一处任职、受雇单位所在地主管税务机关办理纳税申报，并报送“个人所得税自行纳税申报表（A表）”。

二、全员全额扣缴申报纳税

全员全额预缴申报是指扣缴义务人在代扣税款的次月15日内，向主管税务机关报送其支付所得的所有个人有关信息、支付所得数额、扣除事项和数额、扣缴税款的具体数额和总额以及其他有关涉税信息资料。预扣的税款应当在次月15日内缴入国库。

（一）全员全额预扣预缴申报的范围

实行个人所得税全员全额扣缴申报的应税所得包括：工资、薪金所得，劳务报酬所得，稿酬所得，特许权使用费所得，利息、股息、红利所得，财产租赁所得，财产转让所得和偶然所得。

（二）各项所得扣缴申报方法

（1）扣缴义务人向居民个人支付工资、薪金所得，采用累计预扣法计算预扣税额（计算方法前已述及，此处不再赘述），应于次月15日内向税务机关报送“个人所得税扣缴申报表”。

（2）扣缴义务人向居民个人支付劳务报酬所得、稿酬所得和特许权使用费所得，按次或按月预扣预缴税款（预扣预缴税额计算方法前已述及），应于次月15日内向税务机关报送“个人所得税扣缴申报表”。居民个人办理年度汇算清缴时，再并入年度综合所得计算应纳税额，税款多退少补。

（3）扣缴义务人向非居民个人支付工资、薪金所得，劳务报酬所得，稿酬所得和特许权使用费所得，应按月或者按次代扣代缴税款（代扣代缴税额计算方法前已述及），应于次月15日内向税务机关报送“个人所得税扣缴申报表”。不办理汇算清缴。

知识链接

“个人所得税扣缴申报表”及填报说明

（4）扣缴义务人向纳税人（居民个人和非居民个人）支付利息、股息、红利所得，财产租赁所得，财产转让所得和偶然所得，应按次代扣代缴税款，并于次月15日内向税务机关报送“个人所得税扣缴申报表”。

三、纳税申报及信息报送方式

纳税人可以采用远程办税端、邮寄等方式申报，也可以直接到主管税务机关申报。自行纳税申报或年终汇算清缴的纳税人，初次向税务机关办理相关纳税事宜时应填写“个人所得税基础信息表（B表）”，享受专项附加扣除的，应将电子或者纸质的“扣除信息表”报送给汇缴地主管税务机关。实行全员全额扣缴申报的纳税人，可以通过远程办税端、电子或者纸质报表等方式，向扣缴义务人报送“个人所得税基础信息表（A表）”及“扣除信息表”。

引例解析

本任务“引例”解析如下：

（1）李某应当于2020年3月1日至6月30日内，向任职学校所在地主管税务机关办理汇算清缴，需报送“个人所得税基础信息表（A表）”、“扣除信息表”和“个人所得税年度自行纳税申报表”。

（2）根据任务一【引例解析】的计算结果，逐项填写“个人所得税年度自行纳税申报表”，“个人所得税基础信息表”“扣除信息表”略。

申报结果：“个人所得税年度自行纳税申报表”结果见表7–9。

表7-9　　　　个人所得税年度自行纳税申报表

税款所属期：2020年01月01日至2020年12月31日

纳税人姓名：李某

纳税人识别号：420601194702270034　　　　金额单位：人民币元（列至角分）

项目	行次	金额
一、收入合计（1＝2＋3＋4＋5）	1	257 366.00
（一）工资、薪金所得	2	210 902.00
（二）劳务报酬所得	3	35 200.00
（三）稿酬所得	4	5 264.00
（四）特许权使用费所得	5	6 000.00
二、费用合计	6	
三、免税收入合计	7	0.00
四、减除费用	8	60 000.00
五、专项扣除合计（9＝10＋11＋12＋13）	9	45 960.00
（一）基本养老保险费	10	13 848.00
（二）基本医疗保险费	11	
（三）失业保险费	12	
（四）住房公积金	13	32 112.00
六、专项附加扣除合计（14＝15＋16＋17＋18＋19＋20）	14	12 000.00
（一）子女教育	15	
（二）继续教育	16	
（三）大病医疗	17	
（四）住房贷款利息	18	
（五）住房租金	19	
（六）赡养老人	20	12 000.00
七、其他扣除合计（21＝22＋23＋24＋25＋26）	21	5 388.00
（一）年金	22	5 388.00
（二）商业健康保险	23	
（三）税延养老保险	24	
（四）允许扣除的税费	25	

续表

项目	行次	金额
（五）其他	26	
八、准予扣除的捐赠额	27	
九、应纳税所得额（28＝1－6－7－8－9－14－21－27）	28	134 018.00
十、税率（%）	29	10%
十一、速算扣除数	30	2 520.00
十二、应纳税额（31＝28×29－30）	31	10 881.80
十三、减免税额	32	
十四、已缴税额	33	16 088.20
十五、应补/退税额（34＝31－32－33）	34	−5 206.40

无住所个人附报信息

在华停留天数		已在华停留年数	

谨声明：本表是根据国家税收法律法规及相关规定填报的，是真实的、可靠的、完整的。

纳税人签字：李某　　2020年3月31日

经办人签字： 经办人身份证件号码： 代理机构签章： 代理机构统一社会信用代码：	受理人： 受理税务机关（章）： 受理日期：　　年　月　日

工作任务设计7-2

填写“个人所得税扣缴申报表”

任务描述：

易志乐公司是一家有限责任公司，注册资金500万元，法人代表：易志乐。企业地址及电话：南京市江宁天元西路55号，86890088。开户银行及账号：工商银行天元西路分理处，95588043543478。纳税人识别号：4210101968000611。易志乐公司实行全员全额扣缴申报个人所得税的办法。

知识链接

“个人所得税年度自行纳税申报表”及填表说明

2020年6月有关业务如下：

（1）易志乐公司6月份工资结算单汇总见表7-10（注：假如每月应付工资相等）。

表 7-10

职工工资薪酬结算单

单位：易志乐有限责任公司　　2020年6月30日　　金额单位：元

姓名	部门	身份证号	应付工资	专项扣除项目					专项附加扣除项目			预扣预缴个人所得税	实发工资
				养老保险（8%）	医疗保险（2%）	失业保险（1%）	住房公积金（10%）	小计	子女教育费	住房贷款利息	赡养老人		
陈可素	生产线	430601198010270068	6 200	496	124	62	620	1 302	1 000	1 000		0	4 898
王培	生产线	420601198310270162	6 000	480	120	60	600	1 260	1 000			0	4 740
李丽	销售	440601198008270068	5 600	448	112	56	560	1 176	1 000			0	4 424
朱新安	管理	430601197910270234	10 000	800	200	100	1 000	2 100	1 000		1 000	27	7 873
易志乐	管理	230601197901027014	15 000	1 200	300	150	1 500	3 150	1 000		2 000	115.5	11 734.5
奕世勤	财务	430601198010290123	6 400	512	128	64	640	1 344	1 000	1 000		0	5 056
合计			49 200	3 936	984	492	4 920	10 332				142.5	38 725.5

总经理：易志乐　　财务主管：奕世勤　　制表：朱新安

（2）6月1日，公司聘请外单位李雨荷（身份证号：320601198004270035）为公司提供技术服务，一次性支付含税报酬5 000元。

（3）6月30日，外单位张腾飞（身份证号：320601199004272345）将个人发明的一项专利技术转让给易志乐公司，支付转让费300 000元（含税）。

要求：

（1）分项计算各项代扣代缴税额，并进行相关会计处理；

（2）填写“个人所得税扣缴申报表”，代易志乐公司扣缴申报个人所得税。

操作步骤：

第一步：分项计算各项代扣代缴税额。

（1）工资、薪金所得扣缴个人所得税税额142.5元。

借：应付职工薪酬——工资 142.5

　贷：应交税费——应交个人所得税 142.5

（2）李雨荷提供劳务扣缴个人所得税税额＝5 000×（1－20%）×20%－0＝800（元）

借：管理费用 5 000

　贷：应交税费——应交个人所得税 800

　　银行存款 4 200

（3）张腾飞专利权转让费扣缴个人所得税税额＝300 000×（1－20%）×20%

＝48 000（元）

借：无形资产 300 000

　贷：应交税费——应交个人所得税 48 000

　　银行存款 252 000

第二步：根据上述计算结果，逐项填写“个人所得税扣缴申报表”，向税务机关全员全额扣缴申报个人所得税。

申报结果见表7-11。

表 7-11

个人所得税扣缴申报表

税款所属期：2020年6月01日至2020年6月30日

扣缴义务人名称：易志乐有限责任公司

扣缴义务人纳税人识别号（统一社会信用代码）：4210101968000611

金额单位：人民币元（列至角分）

序号	姓名	身份证件类型	身份证件号码	是否为非居民个人	所得项目	本月（次）情况														累计情况（工资、薪金）									减按计税比例	准予扣除的捐赠额	税款计算							备注
						收入额计算			减除费用	专项扣除				其他扣除						累计收入额	累计减除费用	累计专项扣除	累计专项附加扣除					累计其他扣除			应纳税所得额	税率/预扣率	速算扣除数	应纳税额	减免税额	已扣缴税额	应补（退）税额	
						收入	费用	免税收入		基本养老保险费	基本医疗保险费	失业保险费	住房公积金	年金	商业健康保险	税延养老保险	财产原值	允许扣除的税费	其他				子女教育	赡养老人	住房贷款利息	住房租金	继续教育											
1	2	3	4	6	7	8	9	10	11	12	13	14	15	16	17	18	19	20	21	22	23	24	25	26	27	28	29	30	31	32	33	34	35	36	37	38	39	40
1	陈可素	身份证	430601198010270068	居民	工资薪金	6 200				496	124	62	620							37 200	30 000	7 812	6 000		6000						-12 612						0	
2	王培	身份证	420601198310270162	居民	工资薪金	6 000				480	120	60	600							36 000	30 000	7 560	6 000								-7 560						0	
3	李丽	身份证	440601198008270068	居民	工资薪金	5 600				448	112	56	560							33 600	30 000	7 056	6 000								-9 456						0	
4	朱新安	身份证	430601197910270234	居民	工资薪金	10 000				800	200	100	1 000							60 000	30 000	12 600	6 000	6 000							5 400	3%	0	162		135	27	
5	易志乐	身份证	230601197901027014	居民	工资薪金	15 000				1 200	300	150	1 500							90 000	30 000	18 900	6 000	12 000							23 100	3%	0	693		577.5	115.5	
6	奕世勤	身份证	430601198010290123	居民	工资薪金	6 400				512	128	64	640							38 400	30 000	8 064	6 000		6 000						-11 664						0	
7	李雨荷	身份证	320601198004270035	居民	劳务	5 000			1 000																						4 000	20%	0	800		0	800	
8	张腾飞	身份证	320601199004272345	居民	专利技术费	300 000			60 000																						240 000	20%		48 000		0	48 000	

任务三　个人所得税涉税风险管控

引例

深圳市税务局第二稽查局在对辖区内某企业检查时，该公司一张从当地人力资源公司取得巨额劳务费用的发票引起了关注，且附有合同、发票及转账记录，但是财务及人力部门均不能很好地解释该项目的具体情况。为谨慎起见，稽查人员前往开具发票的人力资源公司进行外调取证，发现人力资源公司除为该公司提供真实的劳务之外，还将该公司汇来的部分款项直接汇给5个私人银行账户，经过比对税务系统中该公司的个人所得税纳税申报表，发现5人均属于该公司的在职员工，但无劳务收入的纳税记录。

税务机关最终对该公司的涉税违法行为作出了补缴个税1 600多万元、罚款800多万元的税务处理处罚决定。

【思考】

（1）该公司涉税违法行为有哪些？

（2）应该如何处理才是正确的？

知识准备

进入财税大数据时代后，个人所得税涉税信息越来越全面地被纳入监管范畴。纳税信用体系的建立，失信惩戒力度的不断升级，迫切需要个人所得税扣缴义务人从全局性、战略性的高度，在人力资源管理、激励制度设计中有效利用税收政策，做好企业税务管理及规划，防范个人所得税稽查风险。

一、个人所得税涉税风险表现

金税三期大数据系统上线之后，税务部门可以建立同行业个税税负率模型，如果低于设定的预警值，就可能存在偷税的嫌疑。税务部门会展开大数据分析，风险系数呈现递增趋势。

（一）税务局观测个税的几个风险点

（1）市场监督管理部门登记员工人数与实际个人所得税扣缴申报人数不匹配；

（2）节日福利未并入工资缴纳个税；

（3）股东借款长期未还未补缴个税；

（4）应付股利成为稽查高净值人员的偷漏个税的把柄；

（5）股权发生变更未申报缴纳个税；

（6）个税工资、薪金所得与社保缴费基数不匹配；

（7）全员零申报，暴露弥天大谎；

（8）两处取得工资扣除费用标准监控。

（二）企业代扣代缴个人所得税的常见风险

（1）员工多处取得工资、薪金，多处扣除费用标准，少代扣代缴个人所得税。

（2）发放的过节费、免税旅游、高温补贴等人人有份的福利，未代扣代缴个人所得税。

（3）公司以现金发放或报销的形式，向员工支付的超标准的车辆补贴、通信补贴，未代扣代缴个人所得税。

（4）公司为员工报销的MBA、EMBA等社会学历教育或非学历教育费用，未代扣代缴个人所得税。

（5）企业在产品促销活动中，以社会公众为对象，随意发放的促销礼品，未代扣代缴个人所得税。

（6）企业在年会、展销会、开业庆典等活动期间，向员工家属赠送的礼品，未代扣代缴个人所得税。

（7）个人股东在公司借款逾期，既未用于公司生产经营，也未归还，未代扣代缴个人所得税。

根据个人所得税法的相关规定，企业个人股东向企业借款，在纳税年度终了后既未归还，又未用于企业生产经营，应按照“利息、股息、红利所得”的20%税率计征个人所得税。

二、个人所得税涉税风险自查

金税三期个税扣缴申报系统不断升级，将自然人身份信息通过报送和公安部人员数据库身份信息比对反馈，纠正错误信息，建立完整可靠数据库，势必揪出更多的前期没有监管到的收入数据，开展自查降低风险是扣缴义务人和纳税人的必修课。自查的主要内容归纳如下：

（一）工资、薪金方面

（1）有无未按照居民纳税人和非居民纳税人确认标准的规定确认应代扣代缴税款的行为，少扣缴个人所得税。

（2）有无扣缴义务人对工资、薪金、奖金、实物、有价证券等发放已达到应纳税标准的，未按规定代扣代缴个人所得税。

（3）有无扣缴义务人未如实填写“个人所得税扣缴申报表”，未按时申报或未按时解缴所代扣的税款的。

（4）有无将居民个人的工资、薪金所得与劳务报酬所得相混淆，少扣缴个人所得税的行为。

（5）有无从“盈余公积”“利润分配”科目中提取奖金，直接支付给对生产、经营有突出贡献的员工，不通过“应付职工薪酬”科目核算，从而少扣缴个人所得税。

（6）有无不按会计制度核算，将管理部门和销售人员的某些奖金直接通过“管理费用”“销售费用”科目以现金形式发放，而不通过“应付职工薪酬”科目核算，从而少扣缴个人所得税的行为。

（7）有无通过“应付福利费”科目发放实物和现金，而不通过“应付职工薪酬”科目核算，从而少扣缴个人所得税的行为。

（8）有无将其他业务收入（如租金）或营业外收入记入“其他应付款”科目等往来科目贷方，然后再通过该科目给企业职工发放实物或现金，而不通过“应付职工薪酬”科目核算，从而少扣缴个人所得税的行为。

（9）有无企业的供销人员取得推销产品提成收入，未按规定扣缴个人所得税的行为。

（10）有无企业代职工买保险，保险公司一次性返还保金，未按规定扣缴个人所得税的行为。

（二）承包（租）经营所得方面

（1）没有营业执照挂靠建筑单位施工的，有无发包的建筑单位未代扣代缴个人所得税的行为。

（2）对企业项目经理内部承包施工取得的个人所得，有无发包单位未代扣代缴个人所得税的行为。

（三）利息、股息、红利所得方面

（1）企业向职工或其他个人集资，有无对支付的利息未按规定代扣代缴个人所得税的行为；有无企业将应支付未支付的利息直接增加借款本金，而未按规定代扣代缴个人所得税的行为。

（2）有无企业向参股的职工或者其他个人支付股息、红利，未全额扣缴个人所得税的行为。

（3）有无对单位为个人负担的个人所得税，计算应纳税额时，未将支付额换算成含税收入后计算扣缴个人所得税的行为。

引例解析

本任务“引例”解析如下：

（1）该公司的涉税违法行为主要为：利用私人账户发放奖金、补助，少扣缴巨额个人所得税等。

（2）企业正确的处理方法是：支付的劳务费用可以计入公司费用，付出银行存款。如果提供劳务的人员是公司派到人力资源公司服务的，那么该5名人员的劳务费属于工资、薪金所得，应该由本单位发放，不应该由提供劳务的人力资源公司直接发放，而且应纳入工资、薪金所得缴纳个人所得税。

单元小结

个人所得税是国家对中国公民、居住在中国境内的个人的所得和境外个人来源于中国的所得征收的一种所得税。个人所得税会计涉及居民个人的综合所得的应纳税额的计算，非居民个人的工资、薪金所得，劳务报酬所得，稿酬所得，特许权使用费所得的应纳税额的计算，个体工商户、独资企业、合伙企业的生产经营所得的应纳税额的计算，以及纳税人的利息、股息、红利所得，财产租赁所得、财产转让所得和偶然所得的应纳税额的计算；扣缴义务人进行个人所得税的预扣预缴或代扣代缴的会计处理；纳税人和扣缴义务人进行相关的纳税申报；个人所得税常见涉税风险及自查方法。

随堂测试

一、单项选择题

1.下列各项所得，应按“综合所得”缴纳个人所得税的是（　　）。

A.劳动分红

B.个人从外单位取得的营销业绩奖励

C.出租汽车经营单位将出租车所有权转移给驾驶员的，出租车驾驶员从事客货运营取得的收入

D.出租汽车经营单位对出租车驾驶员采取单车承包或承租方式运营的，出租车驾驶员从事客货运营取得的收入

2.从中国境外取得所得的纳税人，向中国境内主管税务机关办理纳税申报的时间是在纳税年度终了后（　　）日内。

A.7　　B.15　　C.30　　D.3月1日至6月30日

3.某中国公民，2020年在A国取得劳务报酬26 000元，在A国已纳税款为2 000元；同时在B国取得特许权使用费收入15 000元，在B国已纳税款为1 000元，假如在中国境内无其他所得，也无“五险一金”等专项扣除，则这两项所得在我国应补缴的税款为（　　）元。

A.1 400　　B.1 200　　C.2 840　　D.0

4.某外籍专家2020年10月11日来华某公司进行技术指导，中方支付月薪折合人民币30 000元。在中国工作期间境外的母公司每月支付薪金1万美元（1美元＝6.25元人民币）。该专家一直工作到2020年11月30日离境，按中国个人所得税法的规定，其11月份应纳个人所得税税额为（　　）元。

A.5 742　　B.2 4215　　C.6 230　　D.3 590

5.2020年12月份张某取得全年一次性奖金50 000元，张某每月工资、薪金为8 000元，按月扣除的社会统筹保险金及住房公积金等为890元，无专项附加扣除，单位每月从工资中预扣预缴个税63元。则12月份张某单位就其工资、薪金所得应预扣预缴的所得税税额为（　　）元。

A.417.67　　B.4 319　　C.4 910　　D.11 223

6.中国公民张先生自2020年10月开始任职于某单位，个人保险尚未纳入国家统筹保障系统。当月由本单位派往国内一家外商投资企业工作，派遣单位和雇用单位每月分

别支付给张先生工资4 000元和8 000元。按照协议，张先生每月向派遣单位缴纳1 000元管理费，能够提供相关证明。假如张先生选择派遣单位代扣代缴个人所得税，无专项扣除项目。则10月份派遣单位应预扣预缴张先生的个人所得税为（　）元。

A.180　　B.540　　C.450　　D.295

7.陈某参加商场的有奖销售活动，中奖20 000元。陈某通过公益部门向当地的教育事业捐款5 000元。陈某该项中奖所得应缴纳的个人所得税为（　）元。

A.2 800　　B.4 000　　C.3 000　　D.3 200

8.张某自2020年6月开始在某单位任职。月工资5 000元，独生子女补贴100元，房租补助500元，交通补助200元。第四季度获得满勤奖1 000元，年终绩效工资10 000元。假如张某在外租房居住，按规定租房扣除标准为每月1 500元。张某2020年度个人所得税汇算清缴，应纳所得税额为（　）元。

A.0　　B.36　　C.42　　D.78

9.下列各项中对稿酬所得"次"的表述不正确的是（　）。

A.同一作品再版所得，视为另一次稿酬所得征税

B.同一作品先在报刊上连载后再出版，视为两次稿酬所得征税

C.同一作品在报刊上连载取得的收入，以连载完所有收入合并为一次征税

D.预付或分次支付稿酬，应分次计算征税

10.根据个人所得税法的规定，下列各项属于工资、薪金所得的是（　）。

A.年终加薪　　B.托儿补助费　　C.差旅费津贴　　D.独生子女补贴

二、多项选择题

1.下列关于个人所得税相关内容的表述中，说法不正确的有（　）。

A.企业组织营销业绩突出的雇员免费旅游，由企业负担开支的，不征收个人所得税

B.对个人投资者从上市公司取得的股息、红利、红利所得，直接作为应纳税所得额

C.个人独资企业的个人投资者以企业资金为本人购买的住房，作为"个体工商户生产、经营所得"扣除项目

D.居民个人兼职取得的收入应按"劳务报酬所得"项目代扣代缴个人所得税

2.纳税人取得下列所得的，应自行申报缴纳个人所得税的有（　）。

A.从两处或两处以上取得工资、薪金所得的

B.取得应纳税所得而没有扣缴义务人的

C.从中国境外取得所得的

D.取得综合所得需要办理汇算清缴的

3.赵某属于定居于中国的自由职业者，2020年度从A国取得股息所得（税前）折合人民币80 000元，已在A国缴纳个人所得税4 000元；从B国取得翻译所得（税前）人民币60 000元，已在B国缴纳个人所得税18 000元。假如该居民在中国境内无其他收入，也无附加扣除项目。下列说法正确的有（　）。

A.对A国所得补缴个人所得税12 000元

B.对A国所得不补缴个人所得税

C.对B国所得补缴个人所得税2 280元

D.对B国所得不补缴个人所得税

4.个人取得下列所得，可以免征个人所得税的有（　　）。

A.外籍个人以实报实销方式取得的洗衣费

B.军人的转业安置费

C.企业向个人支付的住房补贴

D.个人缴纳的企业年金

5.个人取得的下列各项收入中，应缴纳个人所得税的有（　　）。

A.个人取得教育储蓄存款利息

B.个人转让股票期权所得

C.工伤职工及其近亲属取得工伤保险赔款

D.职工个人以股份形式取得的企业量化资产参与企业分配获得的利息

6.在中国境内无住所，但在一个纳税年度中在中国境内居住累计超过90天不超过183天的外籍个人，其来源于中国境内、境外工资薪酬所得，下列说法正确的有（　　）。

A.境内所得境内企业支付的部分纳税

B.境内所得境外企业支付的部分不纳税

C.境内所得境外企业支付的部分也纳税

D.境外所得境内企业支付的部分纳税

7.下列各项中，居民个人自行申报计算年应纳税所得额时允许扣除的项目有（　　）。

A.赡养老人费用

B.对企事业单位的承包经营、承租经营所得

C.国际组织颁发的环境保护奖金

D.职工的安家费

8.下列各项所得在计算应纳税所得额时不允许扣减任何费用的有（　　）。

A.偶然所得　　　　B.特许权使用费所得

C.利息、股息、红利所得　　　　D.财产租赁所得

9.下列各项所得中适用20%个人所得税比例税率的有（　　）。

A.偶然所得

B.对企事业单位的承包经营、承租经营所得

C.特许权使用费所得

D.财产转让所得

10.下列有关个人所得税法中的居民纳税人的说法正确的有（　　）。

A.在中国境内无住所，但一个纳税年度中在中国境内居住满365天的个人

B.在中国境内无住所且不居住的个人

C.在中国境内无住所，而在境内居住累计超过183天不满1年的个人

D.在中国境内无住所，而在境内居住累计超过90天不满183天的个人

三、判断题

1.我国个人所得税法规定的居民纳税人是指在中国境内有住所并且居住时间满183天的个人。（　　）

2.根据个人所得税法的有关规定，居民纳税人应对来源于中国境内和境外的全部所得征税。（　　）

3.个人独资企业和合伙企业的生产经营所得，应缴纳企业所得税。（　　）

4.居民个人获得的特许权使用费所得适用20%的比例税率。（　　）

5.个人通过中国境内非营利的社会团体、国家机构向教育、公益事业和遭受严重自然灾害地区、贫困地区的捐赠，可以从其应纳税所得额中全额扣除。（　　）

四、业务题

中国公民王某为某文艺团体演员，2020年度收入情况如下：

（1）每月取得工资、薪金收入6 000元，1—4季度的奖金分别为4 000元、3 500元、4 200元、5 500元，年终绩效工资为35 000元。

（2）自编剧本取得某文工团给予的剧本使用费20 000元。

（3）每月参加赴郊县乡村文艺演出一次，每一次收入30 000元，每次均通过当地教育局向农村义务教育捐款5 000元。

（4）录制个人专辑取得劳务报酬45 000元。

（5）为他人提供贷款担保获得报酬5 000元。

（6）在乙国出版自传作品一部，取得稿酬160 000元，已按乙国税法的规定在该国缴纳了个人所得税16 000元。

要求：

（1）计算王某全年的工资、薪金所得；

（2）计算王某全年的劳务所得；

（3）计算王某的特许权使用费所得；

（4）计算王某的稿酬所得；

（5）计算王某的综合所得应缴纳的个人所得税税额；

（6）计算偶然所得应缴纳的个人所得税。

单元实训

一、实训目的

（1）熟悉扣缴义务人全员全额扣缴个人所得税的纳税申报程序；

（2）能熟练计算扣缴义务人支付工资、新金所得，劳务报酬所得，稿酬所得，特许权使用费所得，财产租赁所得，财产转让所得，利息、股息、红利所得，偶然所得等的代扣代缴个人所得税税额；

（3）会填写扣缴义务人填报的“个人所得税扣缴申报表”，熟练进行个人所得税纳税申报。

二、实训资料

（一）企业概况

企业名称：宏利公司

企业性质：股份有限责任公司

注册资金：500万元

法人代表：李力

企业地址及电话：金陵市中山西路50号，86609068

开户银行及账号：工商银行中山西路分理处，6543456

纳税人识别号：210100001000611

（二）模拟业务

宏利公司实行全员全额扣缴申报个人所得税的办法。2020年12月有关业务如下：

（1）宏利公司12月份工资薪酬结算单汇总见表7-12。（注：假如每月应付工资相等）

表7-12　　职工工资薪酬结算单

单位：宏利股份有限责任公司　　2020年12月31日　　金额单位：元

姓名	部门	身份证号	应付工资	专项扣除项目				专项扣除项目			预扣预缴个人所得税	实发工资
				养老保险（8%）	医疗保险（2%）	失业保险（1%）	住房公积金（10%）	子女教育费	住房贷款利息	赡养老人		
陈苏萍	生产线	630601198010270068	7 200									
王哲	生产线	620601198310270162	7 000									
劳浦	生产线	640601198008270068	6 600									
褚幼琳	销售	630601197910270234	8 000									
周子安	管理	530601199010270468	6 800									
李力	管理	430601197901027014	15 000									
汤世勤	财务	630601198010290123	6 005									
合计												

总经理：李力　　财务主管：汤世勤　　制表：周子安

（2）12月1日，宏利公司聘请外单位工程师李某在业余时间为公司提供技术服务，一次性支付含税报酬10 000元。

（3）12月4日，经过有关部门批准，宏利公司向员工集资1 000万元，按约定，年末向员工支付集资款的利息120万元。

（4）12月25日，本公司劳某个人将以银行按揭购买的房屋一栋转让给本公司，经协商转让价格为780 000元，该房屋的原值为470 000元，贷款利息为30 000元，居住期间发生修缮费用12 000元。

（5）12月份，李某与公司签订承包合同，经营该单位的餐饮部，承包期为3年，每年上缴承包费60 000元。当年餐饮部实现利润112 000元（由单位代扣代缴个人所得税）。

（6）12月31日，赵某将个人发明的一项专利技术转让给宏利公司，取得转让收入280 000元。

三、实训要求

（1）根据模拟业务资料进行分析，判断每项业务适用的税目、税率。

（2）计算工资、薪金所得应预扣预缴税额，填写“职工工资薪酬结算单”各个指标，编制工资结算的会计分录。

（3）逐项计算宏利公司除工资、薪金以外的其他各项目应代扣代缴的个人所得税，并编制相关会计分录。

（4）开设并登记“应交税费——应交个人所得税”明细账。

（5）替扣缴义务人填报“个人所得税扣缴申报表”。

四、实训结果评价

实训结果评价见表7-13。

表7-13　实训结果评价

序号	技能项目	得分
1	计算工资、薪金所得应预扣预缴税额	20
2	计算除工资、薪金以外的其他各项目应代扣代缴的个人所得税	20
3	逐笔编制会计分录	20
4	开设并登记“应交税费——应交个人所得税”明细账	10
5	填写“个人所得税扣缴申报表”	30
合计		100

第八单元

"五险一金"涉税会计

【职业能力目标】 熟悉"五险一金"国家基本政策规定，掌握社保基金会计核算、涉税处理，能做好社保基金申报缴纳相关工作。

【典型工作任务】

"五险一金"涉税会计典型工作任务
- 社会保险基金涉税会计核算
- 住房公积金涉税会计核算

任务一 社会保险基金涉税会计核算

引 例

某电子公司按照要求以公司职工工资总额0.9%的比例按月向当地社会保险机构缴纳生育保险费。该公司女职工较多，公司即自行规定每个女职工负担一部分保险费，按女职工月工资0.3%的比例向女职工征收生育保险费。这笔费用该公司并未缴给社会保险机构，而是冲抵了公司缴纳的生育保险费。后有人向当地劳动保障部门举报该公司违规，劳动保障部门到该公司了解情况后，责令该公司改正，退还已经向女职工征收的生育保险费。

【思考】

（1）该公司违反了什么规定？

（2）女职工的生育保险费应该由谁负担？法律依据是什么？

知识准备

一、社会保险基金的基本规定

社会保险基金是国家为丧失劳动能力、暂时失去劳动岗位或因健康原因造成损失的我国人口提供收入或补偿而建立的基金，保障公民在年老、疾病、工伤、失业、生育等情况下依法从国家和社会获得物质帮助的权利。社会保险基金包括基本养老保险基金、基本医疗保险基金、工伤保险基金、失业保险基金和生育保险基金。目前，基本养老保险基金实行全国统筹，其他社会保险基金逐步实行省级统筹。其中，基本养老保险、基本医疗保险和失业保险由单位和个人共同缴费，生育保险和工伤保险由用人单位缴费。

知识链接

《中华人民共和国社会保险法》

为了完善我国社会保险制度，规范社会保险管理工作，切实保障社会保险参保人的合法权益，我国政府联合社保等相关部门制定了《中华人民共和国社会保险法》，并于2011年7月1日起正式实行，对我国各省、自治区、直辖市的社保管理起着指引与规范作用。

（一）基本养老保险

基本养老保险是劳动者在年老退出劳动岗位以后，由政府提供物质帮助，保障其基本生活需要的一项社会福利制度。

1.缴费制度

基本养老保险实行社会统筹与个人账户相结合的制度。政府建立养老保险基金，并以税收优惠的形式负担部分费用，职工和用人单位按工资收入的不同比例，按月向社会保险经办机构缴费。职工缴费的全部加上用人单位缴费的一部分实行个人账户储存，基本养老保险基金由用人单位和个人缴费以及政府补贴等组成。劳动者在达到法定的退休年龄和缴费年限时，可按月领取政府的养老金和享受其他的养老待遇。

2.缴纳标准

用人单位应当按照国家规定的本单位职工工资总额20%的比例缴纳基本养老保险费，记入基本养老保险统筹基金，自2019年5月1日起各地可将城镇职工基本养老保险单位缴费比例从原规定的20%降至16%；职工应当按照国家规定的本人工资8%的比例缴纳基本养老保险费，记入个人账户；个体劳动者包括个体工商户和自由职业者按缴费基数18%的比例缴费，全部由自己负担。

（二）基本医疗保险

基本医疗保险是指由国家立法，通过强制性社会保险原则和方法筹集建立医疗保险基金，当参加医疗保险的人员因疾病需要获得必需的医疗服务时，由经办医疗保险的社会保险机构按规定提供医疗费用补偿的一种社会保险制度。医疗保险与养老、失业、工伤、生育等其他保险一起，共同对劳动者的生、老、病、死、残起着保障作用。

1.缴费制度

企业、单位的职工基本医疗保险由用人单位和职工按照国家规定共同缴纳基本医疗保险费。无雇工的个体工商户、未在用人单位参加职工基本医疗保险的非全日制从业人员以及其他灵活就业人员由个人按照国家规定缴纳基本医疗保险费。城镇居民基本医疗保险实行个人缴费和政府补贴相结合的制度。享受最低生活保障的人、丧失劳动能力的残疾人、低收入家庭六十周岁以上的老年人和未成年人等所需个人缴费部分，由政府给予补贴。农村由国家建立和完善新型农村合作医疗制度，管理办法由国务院规定。

2.缴纳标准

用人单位应当按照国家规定的本单位职工工资总额的9%左右不超过10%的比例缴纳基本医疗保险费，记入基本医疗保险统筹基金，职工应当按照国家规定的本人工资2%的比例缴纳基本医疗保险费，记入个人账户。用人单位缴纳的基本医疗保险费分为两部分：一部分用于建立统筹基金；一部分划入个人账户。划入个人账户的比例一般为用人单位缴费的30%，具体比例由统筹地区根据个人账户的支付范围和职工年龄等因素确定。随着经济发展，用人单位和职工基本医疗保险缴费率可作相应调整。

（三）生育保险

生育保险是指妇女劳动者因怀孕、分娩导致不能工作，收入暂时中断，国家和社会给予必要物质帮助的社会保险制度。建立生育保险的目的，是保证生育状态的劳动妇女的身体健康，减轻其因繁衍后代而产生的经济困难，同时也是保证劳动力再生产的延续。生育保险不仅是指对女职工生育子女所花费的生育手术费、住院费等费用的补偿，还应当包括通过建立社会生育基金的方式，对女职工在规定的生育假期内因未从事劳动而不能获得工资收入的补偿。

目前，生育保险费由用人单位每月按照国家规定的职工工资总额的1%缴纳，职工个人不需缴纳。用人单位提取生育保险费的比例由当地人民政府根据计划内生育人数和生育津贴、生育医疗费等项费用确定，并可根据费用支出情况适时调整，但最高不得超过工资总额的1%。

（四）工伤保险

工伤保险是社会保险的一个组成部分。它通过社会统筹，建立工伤保险基金，对保险范围内的劳动者因在生产经营活动中所发生的或在规定的某些情况下，遭受意外伤害、职业病以及因这两种情况造成死亡，在劳动者暂时或永久丧失劳动能力时，劳动者或其遗属能够从国家、社会得到的必要物质补偿，以保证劳动者或其遗属的基本生活，以及为受工伤劳动者提供必要的医疗救治和康复服务。

职工应当参加工伤保险，由用人单位缴纳工伤保险费，职工不缴纳工伤保险费。用人单位缴纳工伤保险费率根据单位被划分的行业范围来确定，一般在0.5%~2%。国家根据不同行业的工伤风险程度确定行业的差别费率，并根据使用工伤保险基金、工伤发生率等情况在每个行业内确定费率档次。

（五）失业保险

失业保险是指国家通过立法强制实行的，由社会集中建立基金，对因失业而暂时中断生活来源的劳动者提供物质帮助的制度。该制度具有普遍性、强制性和互济性三个特征。

职工应当参加失业保险，由用人单位和职工按照国家规定共同缴纳失业保险费。2018年国务院颁布的新的《中华人民共和国失业保险条例》规定：城镇企业事业单位按照本单位工资总额的2%缴纳失业保险费，职工按照本人工资的1%缴纳失业保险费。城镇企业事业单位招用的农民合同制工人本人不缴纳失业保险费。

二、社会保险基金的会计处理

《中华人民共和国社会保险法》规定，社会保险基金专款专用，任何组织和个人不得侵占或者挪用。各项社会保险基金按照社会保险险种分别建账，分账核算，执行国家统一的会计制度。

（一）社保基金的会计处理

根据《企业会计准则第9号——职工薪酬》（2016）第七条的规定，企业为职工缴纳的基本养老保险费、基本医疗保险费、工伤保险费、生育保险费等社会保险费和住房公积金，应当在职工为其提供服务的会计期间，根据规定的计提基数和计提比例计算确定的金额，直接记入“应付职工薪酬”科目，同时计入当期损益或相关资产成本。社会保险基金的详细核算，可以在“应付职工薪酬”科目下设置的“社会保险费”明细科目进行。

【典型案例8-1】东方机械厂，有职工300名，其中：一线生产人员200名，一线辅管人员20名，总部管理人员50名，销售人员30名。该公司与劳动者订立了全员劳动合同，未发生人员变动。2020年6月，假定该公司按当地人均薪金基数1 100元计算缴纳职工基本养老保险、基本医疗保险、工伤保险、失业保险和生育保险，按现行相关政策的规定，各项社会保险应缴比例如下：

养老保险：单位20%（17%划入统筹基金账户，3%划入个人账户），个人8%（全部划入个人账户）；

医疗保险：单位9%，个人2%；

失业保险：单位2%，个人1%；

工伤保险：单位0.5%，个人无须缴纳；

生育保险：单位1%，个人无须缴纳（假如单位为60名女职工缴纳此种保险费）。

要求：为单位职工计提缴纳和代扣代缴6月份各种社会保险费，并进行会计处理。

解析：

（1）基本养老保险。

①月度缴费基数：1 100×300＝330 000（元）

②月度应缴金额：330 000×28%＝92 400（元）

其中：单位缴费共计：330 000×20%＝66 000（元）

个人缴费共计：330 000×8%＝26 400（元）

在由单位承担的月度缴费总额66 000元中，划入个人账户的共计：330 000×3%＝9 900（元）；划入统筹基金账户的共计：330 000×17%＝56 100（元）。

（2）基本医疗保险。

①月度缴费基数：1 100×300＝330 000（元）

②月度应缴金额：330 000×11%＝36 300（元）

其中：单位缴费共计：330 000×9%＝29 700（元）

个人缴费共计：330 000×2%＝6 600（元）

（3）失业保险。

①月度缴费基数：1 100×300＝330 000（元）

②月度应缴金额：330 000×3%＝9 900（元）

其中：单位缴费共计：330 000×2%＝6 600（元）

个人缴费共计：330 000×1%＝3 300（元）

（4）工伤保险。

月度单位应缴金额：330 000×0.5%＝1 650（元）

个人无须缴纳。

（5）生育保险。

月度单位应缴金额：330 000×1%＝3 300（元）

个人无须缴纳。

（6）会计处理。

①按规定企业应缴纳职工社会保险费时。

借：生产成本——基本生产成本	71 500	
制造费用——社会保险费	7 150	
管理费用——社会保险费	17 875	
销售费用——社会保险费	10 725	
贷：应付职工薪酬——社会保险费（养老保险）		66 000
——社会保险费（医疗保险）		29 700
——社会保险费（失业保险）		6 600

　　贷：应付职工薪酬——社会保险费（工伤保险）　　　　1 650
　　　　　　　　　——社会保险费（生育保险）　　　　3 300

②代扣职工个人社会保险费时。

借：应付职工薪酬——工资　　　　36 300
　　贷：其他应付款——社会保险费（养老保险）　　　　26 400
　　　　　　　　——社会保险费（医疗保险）　　　　6 600
　　　　　　　　——社会保险费（失业保险）　　　　3 300

③按期缴纳职工社会保险费时。

借：应付职工薪酬——社会保险费（养老保险）　　66 000
　　　　　　　　——社会保险费（医疗保险）　　29 700
　　　　　　　　——社会保险费（失业保险）　　6 600
　　　　　　　　——社会保险费（工伤保险）　　1 650
　　　　　　　　——社会保险费（生育保险）　　3 300
　　其他应付款——社会保险费（养老保险）　　26 400
　　　　　　　——社会保险费（医疗保险）　　6 600
　　　　　　　——社会保险费（失业保险）　　3 300
　　贷：银行存款　　　　143 550

【做中学8-1】东方机械厂财务部员工王芳，2020年10月核定的应发工资总额为6 000元。

要求：

（1）企业计提王芳的各种社保费，代扣个人承担的社保费、代扣代缴个人所得税；

（2）进行上述会计业务的账务处理。

（二）社保基金的税务处理

1.个人所得税税前列支

企事业单位按照国家或省（自治区、直辖市）人民政府规定的缴费比例或办法实际缴付的基本养老保险费、基本医疗保险费和失业保险费，免征个人所得税；个人按照国家或省（自治区、直辖市）人民政府规定的缴费比例或办法实际缴付的基本养老保险费、基本医疗保险费和失业保险费，允许在个人应纳税所得额中扣除。

企事业单位和个人超过规定的比例和标准缴付的基本养老保险费、基本医疗保险费和失业保险费，应将超过部分并入个人当期的工资、薪金收入，计征个人所得税。

个人实际领（支）取原提存的基本养老保险金、基本医疗保险金、失业保险金和住房公积金时，免征个人所得税。

2.企业所得税税前列支

《企业所得税法实施条例》第三十五条规定：企业依照国务院有关主管部门或者省级人民政府规定的范围和标准为职工缴纳的基本养老保险费、基本医疗保险费、失业保险费、工伤保险费、生育保险费等基本社会保险费和住房公积金，准予扣除；企业为投资者或者职工支付的补充养老保险费、补充医疗保险费，在国务院财政、税务主管部门规定的范围和标准内，准予扣除。

《关于补充养老保险费、补充医疗保险费有关企业所得税政策问题的通知》（财税〔2009〕27号）规定，“自2008年1月1日起，企业根据国家有关政策规定，为在本企业任职或者受雇的全体员工支付的补充养老保险费、补充医疗保险费，分别在不超过职工工资总额5%标准内的部分，在计算应纳税所得额时准予扣除；超过的部分，不予扣除。”

3.社保基金在企业应纳税所得额中的调整

由于企业在计提社保基金时作为费用成本列支，抵减了利润，所以，按所得税法的规定，合理部分可以税前扣抵，不合理部分需要进行应纳税所得额的调整，具体方法如下：

（1）“五险一金”实际缴纳的金额超出规定范围和标准的部分，不得在税前扣除，应调增应纳税所得额。

（2）会计上已经计提计入成本费用而未实际缴纳的部分不得在税前扣除，应调增应纳税所得额。

（3）本期实际缴纳数超过了会计提取数的部分，只要符合规定，允许调减应纳税所得额。

（4）实际缴纳的补充养老保险费和补充医疗保险费，超过比例的部分不得税前扣除，应调增应纳税所得额；如果单位缴纳补充养老保险费和补充医疗保险费的不是全体员工，而仅仅是部分人员，则全部缴纳的补充养老保险费和补充医疗保险费不能税前扣除，应调增应纳税所得额。

（5）财税〔2016〕70号规定，符合条件的企业为“在职直接从事研发活动人员”缴纳的“五险一金”可以享受加计扣除的优惠政策，可以调减应纳税所得额。

知识拓展

商业保险的会计处理与纳税调整

（1）商业保险的会计处理。根据企业会计准则的规定，以购买商业保险形式提供给职工的商业保险待遇，属于职工薪酬范围，应计入相关资产或成本费用。

（2）商业保险的税务处理。《企业所得税法实施条例》第三十六条规定，“除企业依照国家有关规定为特殊工种职工支付的人身安全保险费和国务院财政、税务主管部门规定可以扣除的其他商业保险费外，企业为投资者或者职工支付的商业保险费，不得税前扣除。”

三、社保基金的缴纳申报

职工应缴纳的社会保险费由用人单位代为申报，社会保险费按月征缴。缴费人应当于每月3日前向社会保险经办机构办理缴费申报，申报事项包括：

（1）用人单位名称、组织机构代码、地址及联系方式；

（2）用人单位开户银行、户名及账号；

（3）用人单位的缴费险种、缴费基数、费率、缴费数额；

（4）职工名册及职工缴费情况；

（5）社会保险经办机构规定的其他事项。

社会保险经办机构应当即时审核，因特殊情况不能即时审核的，应当于收到申报材料2日内审核完毕。

缴费单位必须于每月10日前持社会保险经办机构核准的社会保险费申报表到主管税务机关网上税务局办理社会保险费申报和缴费手续，并以货币形式全额缴纳社会保险费，由主管税务机关开具社会保险费征收凭证，申报期限最后1天，如遇公休节假日可以顺延。

引例解析

本任务“引例”解析如下：

（1）该公司违反了《企业职工生育保险试行办法》第4条和《中华人民共和国社会保险法》第五十三条关于“职工参加生育保险，由用人单位按照国家规定缴纳生育保险费，职工不缴纳生育保险费。”的相关规定。

（2）女工的生育保险费应由企业承担。其法律依据如下：一是原劳动部1994年颁布的《企业职工生育保险试行办法》第4条规定：“生育保险根据‘以支定收，收支基本平衡’的原则筹集资金，由企业按照其工资总额的一定比例向社会保险经办机构缴纳生育保险费，建立生育保险基金。生育保险费的提取比例由当地人民政府根据计划内生育人数和生育津贴、生育医疗费等项费用确定，并可根据费用支出情况适时调整，但最高不得超过工资总额的1%。企业缴纳的生育保险费作为期间费用处理，列入企业管理费用。职工个人不缴纳生育保险费。”二是《中华人民共和国社会保险法》第五十三条规定：“职工应当参加生育保险，由用人单位按照国家规定缴纳生育保险费，职工不缴纳生育保险费。”生育保险是公司提供给在职员工的一种福利，也就是说，个人是不能自己缴纳生育保险的。

工作任务设计8-1

填写“社会保险费缴费申报表”

任务描述：

东方机械厂法人代表：局向东。社会保险费管理码：33010544104589。纳税人识别号：320703788364780。

要求：请根据【典型案例8-1】的解析结果填报东方机械厂2020年6月的“社会保险费缴费申报表”。

操作步骤：直接填写“社会保险费缴费申报表”，见表8-1。

表 8-1

社会保险费缴费申报表

（适用单位缴费人）

*用人单位名称：东方机械厂

*社会保险费管理码：33010544104589

*纳税人识别号：320703788364780

*序号	*单位社会保险费管理码	*费种	*品目	*子目	*费款所属期起	*费款所属期止	缴费人数	缴费基数	*费率	*应缴费额	本期减免费额	*实缴费额	应补（退）费额
1	2	3	4	5	6	7	8	9	10	11	12	13	14 = 11 - 12 - 13
		养老保险	单位	基本养老	20200601	20200630	300	330 000	20%	66 000		66 000	
			个人	基本养老	20200601	20200630	300	330 000	8%	26 400		26 400	
		失业保险	单位	失业	20200601	20200630	300	330 000	2%	6 600		6 600	
			个人	失业	20200601	20200630	300	330 000	1%	3 300		3 300	
		医疗保险	单位	基本医疗	20200601	20200630	300	330 000	9%	29 700		29 700	
			个人	基本医疗	20200601	20200630	300	330 000	2%	6 600		6 600	
		大额保险	单位										
			个人										
		工伤保险	单位	工伤	20200601	20200630	300	330 000	0.5%	1 650		1 650	
		生育保险	单位	生育	20200601	20200630	300	330 000	1%	3 300		3 300	
*合计												143 550	

销售（营业）收入		在职职工	300	职工总人数		上年安排残疾人就业人数	
		工资总额	330 000				

*缴费人申明	*授权人申明	*代理人申明
东方机械厂所申报的社会保险费真实、准确并完整，与事实相符。 法定代表人（负责人）签名： 局向东 2020年7月3日	我单位授权 为本单位代理申报人，任何与申报有关的往来文件，都可寄予此代理机构。 委托代理合同号： 授权人： 年 月 日	本申报表是按照社会保险费有关规定填报的，我确认其真实、完整并合法。 代理人（签章）： 经办人： 年 月 日

东方机械厂 财务专用章

*税务机关受理人： *受理日期： 年 月 日 备注：

任务二　住房公积金涉税会计核算

引 例

小邵中职毕业后入职一家物流公司从事送货员工作。2019年年底，小邵打算购房，并办理住房公积金贷款，遂向公司提出补交并协助办理手续。公司以住房公积金不属于社会保险范围，且《中华人民共和国劳动法》并未有用人单位为劳动者交纳住房公积金的要求为由拒绝。

【思考】

（1）交不交住房公积金单位有自主权吗？依据是什么？

（2）小邵如何主张自己的权利？

知识准备

一、住房公积金的基本规定

（一）住房公积金属性

知识链接

住房公积金管理条例

住房公积金是指国家机关、国有企业、城镇集体企业、外商投资企业、城镇私营企业及其他城镇企业、事业单位、民办非企业单位、社会团体（以下统称单位）及其在职职工缴存的长期住房储备金。住房公积金制度是我国住房保障制度的重要组成部分，它具有如下特征：

1.积累性

住房公积金虽然是职工工资的组成部分，但不以现金形式发放，并且必须存入住房公积金管理中心在受委托银行开设的专户内，实行专户管理。

2.专用性

住房公积金应当用于职工购买、建造、翻建、大修自住住房，任何单位和个人不得挪作他用。

根据全国统一的《住房公积金管理条例》的规定，职工有下列情形之一的，可以提取职工住房公积金账户内的存储余额：

（1）购买、建造、翻建、大修自住住房的；

（2）离休、退休的；

（3）完全丧失劳动能力，并与单位终止劳动关系的；

（4）出境定居的；

（5）偿还购房贷款本息的；

（6）房租超出家庭工资收入的规定比例的。

3.归属性

根据2019年3月修订的《住房公积金管理条例》的规定：职工个人缴存的住房公积金和职工所在单位为职工缴存的住房公积金，均属于职工个人所有。单位按职工工资的一定比例，为职工缴存的部分，实质上是以住房公积金的形式给职工增加了一部分住房工资，是国家和单位付给职工的劳动报酬，是职工工资的组成部分，与其他合法所得一样，也归职工个人所有。

（二）住房公积金缴存

1.缴存单位、个人范围

凡国家机关、国有企业、城镇集体企业、外商投资企业、城镇私营企业及其他城镇企业、事业单位、民办非企业单位、社会团体（以下统称单位）及其在职职工，均必须遵照《住房公积金管理条例》（国务院令350号）（以下简称《条例》）的要求，依法足额、按时缴存住房公积金。单位应当向住房公积金管理中心办理住房公积金缴存登记，并为本单位职工办理住房公积金账户设立手续，每个职工只能有一个住房公积金账户。

单位录用职工的，应当自录用之日起30日内向住房公积金管理中心办理缴存登记，并办理职工住房公积金账户的设立或者转移手续。单位与职工终止劳动关系的，单位应当自劳动关系终止之日起30日内向住房公积金管理中心办理变更登记，并办理职工住房公积金账户转移或者封存手续。

住房公积金管理中心应当建立职工住房公积金明细账，记载职工个人住房公积金的缴存、提取等情况。

2.缴存基数及比例

职工住房公积金计提基数为职工本人上一年度月平均工资。职工月平均工资＝职工年工资总额÷发放工资的月数。工资总额是指直接支付给职工的全部劳动报酬，不论是在成本中列支的还是在其他项目中列支的，均应计入。

住房公积金由单位交纳和职工交纳两部分组成，其缴存比例不得低于职工上一年度月平均工资的5%（即单位和职工各缴5%），有条件的单位可适当提高缴存比例，目前最高的缴存比例是个人和单位各12%，缴存比例确定后，在一个住房公积金缴存年度内不得变更。

$$\text{职工住房公积金个人月缴存额}=\text{职工本人上一年度月平均工资}\times\text{职工住房公积金缴存比例}$$

$$\text{单位为职工缴存的住房公积金的月缴存额}=\text{职工本人上一年度月平均工资}\times\text{单位住房公积金缴存比例}$$

$$\text{住房公积金月缴存总额}=\left(\text{月缴存基数}\times\text{单位缴存比例}\right)+\left(\text{月缴存基数}\times\text{个人缴存比例}\right)$$

新参加工作的职工从参加工作的第二个月开始缴存住房公积金，单位新调入的职工从调入单位发放工资之日起缴存住房公积金。其计算公式如下：

职工月缴存额＝职工本人当月工资×职工住房公积金缴存比例

单位月缴存额=职工本人当月工资×单位住房公积金缴存比例

职工个人缴存的住房公积金，由所在单位每月从其工资中代扣代缴。单位应当于每月发放职工工资之日起5日内将单位缴存的和为职工代缴的住房公积金汇缴到住房公积金专户内，由受委托银行记入职工住房公积金账户。

知识拓展

住房公积金的计息

住房公积金自存入职工住房公积金账户之日起按照国家规定的利率计息。当年缴存的住房公积金，按照活期存款利率计息；上年结转的部分按三个月定期存款利率计息。每年6月30日为结息日，并自结息日起自动转存。

（三）住房公积金的使用

1.申请住房公积金贷款

缴存住房公积金的职工，在购买、建造、翻建、大修自住住房时，可以向住房公积金管理中心申请住房公积金贷款，住房公积金贷款的利率低于同期商业性贷款利率。住房公积金管理中心应当自受理申请之日起15日内作出准予贷款或者不准贷款的决定，并通知申请人；准予贷款的，由受委托银行办理贷款手续。住房公积金贷款的风险由住房公积金管理中心承担。

2.使用住房公积金账户存储余额

职工有下列情形之一的，职工应当持单位开具的提取证明向住房公积金管理中心申请提取住房公积金存储余额：

（1）购买、建造、翻建、大修自住住房的；

（2）离休、退休的；

（3）完全丧失劳动能力，并与单位终止劳动关系的；

（4）出境定居的；

（5）偿还购房贷款本息的；

（6）房租超出家庭工资收入的规定比例的。

知识拓展

住房公积金税收优惠政策

《住房公积金管理条例》（国务院令350号）规定：

（1）单位为职工缴存的住房公积金，机关在预算中列支，事业单位由财政部门核定收支后在预算或者费用中列支，企业在成本中列支，即在税前列支，不缴纳企业所得税。

（2）职工按规定缴存的住房公积金不计入个人所得税的纳税基数，免征个人所得税；职工所在单位为职工缴存的住房公积金，均属于“应付职工薪酬”范畴，归职工个人所有，不作为个人所得税的纳税所得，免征个人所得税。

二、住房公积金的会计处理

（一）账户设置

企业应设置“应付职工薪酬——住房公积金”账户，专门核算企业为职工缴存的住房公积金，借方登记支付数额，贷方登记发生数额，余额在贷方，表示应付未付金额。

（二）会计处理

企业应当到住房公积金管理部门办理缴存登记手续，持住房公积金管理部门的审核文件到银行为本企业职工办理住房公积金账户设立手续。同时由财务人员设置职工住房公积金专户总账款及明细账款。具体分如下环节进行会计处理：

（1）每月企业按住房公积金管理部门审批金额正常汇缴时，根据“住房公积金缴款书”汇缴凭证和银行付款通知书编制如下会计分录：

借：其他应付款——住房公积金（职工负担部分）
　　应付职工薪酬——住房公积金（企业计提部分）
　　贷：银行存款——基本存款户

（2）根据住房公积金汇缴清册，登记住房公积金专户总账款及个人分户明细账款时，编制如下会计分录：

借：银行存款——住房公积金专户
　　贷：其他应付款——住房公积金个人分户

（3）月末按照职工所在岗位计提全员职工住房公积金时，会计分录为：

借：生产成本
　　制造费用
　　在建工程
　　无形资产
　　管理费用等
　　贷：应付职工薪酬——住房公积金

（4）每月结算工资时，从应付工资中代扣住房公积金个人承担部分，会计分录为：

借：应付职工薪酬——工资
　　贷：其他应付款——住房公积金（职工负担部分）

年度内职工若无变动，每月缴存金额相同，账务处理相同。

（5）职工由外单位调入，转入其住房公积金时，单位应到住房公积金管理部门及银行为职工办理住房公积金开户手续，依据住房公积金汇缴变更清册及住房公积金转移收款凭证，借记“银行存款——住房公积金专户”科目，贷记“其他应付款——住房公积金个人分户”明细科目。

（6）职工调离、离退休等需转出支取住房公积金时，单位应到住房公积金管理中心办理销户手续，依据住房公积金汇缴变更清册及住房公积金转移支付付款凭证，借记“其他应付款——住房公积金个人分户”明细科目，贷记“银行存款——住房公积金专户”科目。

（7）职工个人购、建房及使用住房公积金时，单位依据住房公积金转移支付付款凭证，借记“其他应付款——住房公积金个人分户”明细科目，贷记“银行存款——住房公积金专户”科目。

（8）每年6月30日住房公积金结息日，住房公积金自存入职工住房公积金账款户之日起由银行按照中国人民银行规定的利率计息，计入职工住房公积金个人账款户。每年结算利息时，依据银行提供的利息结算单，借记“银行存款——住房公积金专户”科目，贷记“其他应付款——住房公积金个人分户”明细科目。期末“银行存款——住房公积金专户”科目和“其他应付款——住房公积金个人分户”科目总量余额应该相等。

【典型案例8-2】东方机械厂2020年6月份发生如下有关住房公积金的业务：

（1）职工张某2020年6月份的应发工资为15 800元，代扣住房公积金2 000元，以现金支付实发工资13 800元。

（2）6月单位为张某贴补住房公积金2 000元，连同从工资中代扣住房公积金2 000元，开出转账支票向住房公积金管理中心缴存，取得支票存根及银行结算单据。

（3）专门办理住房公积金的银行将归集的住房公积金划归至职工个人账户时，取得银行盖章的“住房公积金汇缴书”回单等单据。

（4）6月单位计提张某（厂部管理人员）的住房公积金2 000元。

（5）职工李某由外单位应聘至本单位，转移住房公积金金额为100 000元，取得银行的“住房公积金转移通知书”回单等结算单据。

（6）职工王某由本单位调走，办理转移住房公积金金额为80 000元，取得银行的“住房公积金转移通知书”回单等结算单据。

（7）职工赵某购买住房一套，动用了住房公积金23 000元，取得“住房公积金支取书”回单等单据。

（8）归集职工张某住房公积金的银行于每年的6月30日结算住房公积金存款的利息至个人账户540元，取得银行的利息单及有关单据。

（9）职工钱某退休，一次性领取住房公积金296 000元，在银行办理住房公积金支取时，银行先结算利息，假如为26 380元，然后办理住房公积金支取手续。

要求：根据上述业务，逐笔编制会计分录。

解析：

（1）从工资中代扣住房公积金时：

借：应付职工薪酬——工资	15 800	
贷：其他应付款——住房公积金（职工负担部分）		2 000
库存现金		13 800

（2）向住房公积金管理中心缴存时：

借：其他应付款——住房公积金（职工负担部分）	2 000	
应付职工薪酬——住房公积金	2 000	
贷：银行存款——基本存款户		4 000

（3）将住房公积金划归至职工个人账户时：

借：银行存款——住房公积金专户	4 000	
贷：其他应付款——住房公积金（张某职工个人账户）		4 000

（4）计提住房公积金时：

借：管理费用 2 000

　　贷：应付职工薪酬——住房公积金 2 000

（5）办理住房公积金转入手续时：

借：银行存款——住房公积金专户 100 000

　　贷：其他应付款——住房公积金（李某职工个人账户） 100 000

（6）办理住房公积金转出手续时：

借：其他应付款——住房公积金（王某职工个人账户） 80 000

　　贷：银行存款——住房公积金专户 80 000

（7）赵某支取使用住房公积金时：

借：其他应付款——住房公积金（赵某职工个人账户） 23 000

　　贷：银行存款——住房公积金专户 23 000

（8）结算张某住房公积金存款的利息时：

借：银行存款——住房公积金专户 540

　　贷：其他应付款——住房公积金（张某职工个人账户） 540

（9）结算钱某住房公积金存款的利息时：

借：银行存款——住房公积金专户 26 380

　　贷：其他应付款——住房公积金（钱某职工个人账户） 26 380

钱某支取住房公积金时：

借：其他应付款——住房公积金（钱某职工个人账户） 296 000

　　贷：银行存款——住房公积金专户 296 000

【提示】单位每月月末要和专门办理归集住房公积金的银行进行对账，保证账户余额一致，并且每月月末单位的“银行存款——住房公积金专户”的余额和所有“其他应付款——住房公积金个人账户”的余额合计数也必须是相等的。

三、住房公积金涉税风险

（一）住房公积金超标情形

根据住房公积金相关法规的规定，单位缴存住房公积金可能存在三种超标情形：

（1）缴存比例超标。如某地规定2017年度职工本人和单位住房公积金缴存比例为各12%，假设企业和个人按15%的比例缴纳，则缴存比例超标。

（2）缴存工资基数超标。如职工的上一年度月平均工资高于职工工作所在市上一年度职工月平均工资的3倍，企业按职工的上一年度月平均工资缴存，但税法一般按职工工作所在地上一年度职工月平均工资的3倍计算税前扣除，则存在缴存基数超标。

（3）上述两种情形同时存在。

存在上述情况的，会引起少缴纳个人所得税和企业所得税的纳税风险，税务机关轻则会要求企业补税，重则进行罚款处理。

（二）住房公积金涉税风险的调整

1. 个人所得税的调整

如果单位和个人的住房公积金缴存比例超过12%，企业缴存的住房公积金超标部分应并入职工工资总额计算个人所得税，个人缴存住房公积金超标部分在计算个人所得税时不得从职工工资总额中扣除。如果工资额超过职工工作所在市上一年度职工月平均工资3倍上限，超过上限部分缴存的住房公积金也同样要调整并入职工工资总额计算个人所得税。

2. 企业所得税的调整

企业所得税认可的税前扣除住房公积金最高缴存比例按国务院部委规定的12%计算扣除，企业为职工个人缴纳的住房公积金超过比例部分将不得在所得税前扣除，企业应按规定做纳税调增处理。

如果职工的上一年度月平均工资高于职工工作地所在市上一年度职工月平均工资的3倍的按3倍计算扣除，单位缴纳超出部分对应的成本费用，不得在企业所得税税前扣除，也需要做纳税调增处理。

引例解析

本任务“引例”解析如下：

（1）住房公积金制度对用人单位来说是国家法规强制实行的义务，交不交住房公积金用人单位自己不能自作主张。《住房公积金管理条例》规定：“新参加工作的职工从参加工作的第二个月开始缴存住房公积金”“单位新调入的职工从调入单位发放工资之日起缴存住房公积金”“单位逾期不缴或者少缴住房公积金的，由住房公积金管理中心责令限期缴存；逾期仍不缴存的，可以申请人民法院强制执行。”

（2）小邵可从入职后的第二个月起算，要求公司为其缴存住房公积金。如果单位拒绝，小邵可以向当地住房公积金管理中心反映，请求住房公积金管理中心向法院申请强制执行。

工作任务设计8-2

住房公积金的缴存和使用的会计处理

任务描述：

梅花食品厂2020年6月份发生如下住房公积金业务：

（1）研发部门王红2020年6月份的应发工资为25 800元，代扣住房公积金4 000元，以现金支付实发工资21 800元。

（2）王红本月工资中代扣住房公积金4 000元，单位也同时缴纳相等金额的住房公积金，开出转账支票将资金划归至专门存储住房公积金的银行账户。

（3）财务部门根据银行盖章的“住房公积金汇缴书”回单等单据，做缴纳处理。

（4）财务部张军由外单位应聘至本单位，转移住房公积金金额为200 000元，依据银行的“住房公积金转移通知书”回单等结算单据，财务部门做核算处理。

（5）办公室刘晓从本单位离职，办理转移住房公积金金额180 000元，根据银行的“住房公积金转移通知书”回单等结算单据，财务部门做核算处理。

（6）销售部赵东购买住房一套，动用了住房公积金230 000元，根据“住房公积金支取书”回单等单据，财务部门做核算处理。

（7）6月30日，结算研发部门王红住房公积金存款的利息至个人账户2 800元，根据银行的利息单及有关单据，财务部门做核算处理。

（8）厂部钱进退休，一次性领取住房公积金396 000元，在银行办理住房公积金支取时，银行先结算利息，假如为46 380元，然后办理住房公积金支取手续。

要求：根据上述住房公积金相关业务，完成企业对住房公积金的计提、申报、缴纳、结转等具体会计核算工作。

操作步骤：在老师的指导下完成。

单元小结

社会保险基金是国家为丧失劳动能力、暂时失去劳动岗位或因健康原因造成损失的我国人口提供收入或补偿而建立的基金，包括基本养老保险基金、基本医疗保险基金、工伤保险基金、失业保险基金和生育保险基金。住房公积金是指单位及其在职职工缴存的用于购买、建造、翻建、大修自住住房的长期储备金。“五险一金”涉税会计的内容包括：各项社保基金和住房公积金的计提、缴存、使用的相关政策及会计处理，以及住房公积金涉税风险及其调整。

随堂测试

一、单项选择题

1.个人基本医疗保险缴费率，在非特殊情况下，一般为工资收入的（　　）。

A.2%　　B.3%　　C.4%　　D.1%

2.根据《企业职工工伤保险试行办法》的规定，工伤保险费由企业按照职工工资总额的一定比例缴纳，职工个人是否缴纳，下列说法正确的是（　　）。

A.缴纳　　B.不缴纳　　C.按规定比例承担　　D.以上都不对

3.新实施的《企业财务通则》第四十三条规定企业应当依法为职工支付基本医疗、基本养老、失业、工伤等社会保险费，所需费用直接作为（　　）列支。

A.管理费用　　B.应付福利费　　C.应付职工薪酬　　D.成本（费用）

4.企业以购买商业保险形式提供给职工的各种保险待遇属于企业提供的职工薪酬，应当作为（　　）进行确认、计量和披露。

A.成本（费用） B.收入 C.职工薪酬 D.营业外支出

5.个人实际领取原提存的基本养老保险金、基本医疗保险金、失业保险金和住房公积金时，个人所得税（ ）。

A.免征 B.减征 C.超出部分征收 D.全额计征

6.住房公积金由单位交纳和职工交纳两部分组成，其缴存比例不得低于职工上一年度月平均工资的5%（即单位和职工各缴5%），目前最高缴存比例为个人和单位各（ ）。

A.15% B.12% C.10% D.14%

二、多项选择题

1.社会保险基金筹集对象包括政府、集体和个人，基金来源包括（ ）。

A.企业和投保人依法缴纳的社会保险费和社会滞纳金

B.社会保险基金的增值性收入

C.政府投入资金

D.各种捐赠收入等。

2.我国养老保险包括（ ）三个部分（或层次）。

A.基本养老保险 B.补充养老保险

C.个人储蓄性养老保险 D.商业保险

3.2018年国务院新颁布的《失业保险条例》关于缴纳我国城镇企事业单位职工的失业保险费的相关规定正确的有（ ）。

A.按照本单位工资总额的2%缴纳失业保险费

B.职工按照本人工资的1%缴纳失业保险费

C.按照本单位工资总额的4%缴纳失业保险费

D.企事业单位招用的农民合同制工人本人不缴纳失业保险费

4.下列超过规定的比例和标准缴付的部分，企事业单位和个人应将超过部分并入个人当期的工资、薪金收入计算和缴纳个人所得税的有（ ）。

A.住房公积金 B.基本养老保险费

C.基本医疗保险费 D.失业保险费

5.《企业所得税法实施条例》规定，下列企业依照国务院有关主管部门或者省级人民政府规定的范围和标准为职工缴纳的准予从企业所得税税前扣除的有（ ）。

A.住房公积金 B.基本养老保险费

C.基本医疗保险费 D.失业保险费

6.住房公积金的特点包括（ ）。

A.积累性 B.专用性 C.统筹性 D.福利性

7.职工有下列情形之一的，可以提取职工住房公积金账户内的存储余额（ ）。

A.购买、建造、翻建、大修自住住房的

B.离休、退休的

C.完全丧失劳动能力，并与单位终止劳动关系的

D.偿还购房贷款本息的

8.缴费单位有下列情况之一的，由社会保险经办机构依照国家规定核定其应当缴纳的社会保险费数额（　　）。

A.未依法申报社会保险费数额的

B.账簿账目混乱、原始凭证残缺不全，难以计算的

C.拒不提供财务、劳动分配资料或者销毁账簿、凭证的

D.申报的社会保险费数据与实际相比明显偏低，又无正当理由的

三、判断题

1.根据《住房公积金管理条例》，建设部、财政部、中国人民银行《关于住房公积金管理若干具体问题的指导意见》（建金管〔2005〕5号）等规定的精神，单位和个人分别在不超过职工本人上一年度月平均工资10%的幅度内，其实际缴存的住房公积金，允许在个人应纳税所得额中扣除。（　　）

2.职工向商业保险公司购买财产保险、人身保险等商业保险，属于个人投资行为，其所需资金一律由企业报销。（　　）

3.县级以上税务机关负责本行政区域内社会保险费的征收工作。（　　）

4.单位和个人超过主管部门规定比例和标准缴付的住房公积金，应将全额并入个人当期的工资、薪金收入，计征个人所得税。（　　）

四. 简答题

1.社会保险费用税前列支有哪些规定？

2.社保机构在哪些情况下应核定企业应当缴纳的社会保险费数额？

3.住房公积金如何进行会计处理？

单元实训

一、实训目的

（1）熟悉我国“五险一金”缴纳的基本政策规定；

（2）掌握各项社保基金的计提、缴存、使用及会计处理；

（3）能根据会计核算资料填写有关申报材料，完成社保费申报工作。

二、实训资料

（一）企业概况

企业名称：宏利机械公司

企业性质：有限责任公司

注册资金：1 500万元

法人代表：李力

企业地址及电话：金陵市中山西路50号，86609068

开户银行及账号：工商银行中山西路分理处，6543456

纳税人识别号：210100001000611

（二）模拟业务

2020年6月发生经济业务如下：

（1）工资薪酬情况为：基本生产车间生产甲产品发生工资薪酬费用100万元，车间管理人员职工薪酬费用35万元，为试制专利产品发生职工薪酬费用60万元，行政管理部门人员职工薪酬费用48万元。宏利机械公司按照工资薪酬12%的比例缴存住房公积金（公司和职工各承担6%）。

（2）按照规定比例在社保机构核定的月缴费工资中计提基本社保基金，其中核定的月缴费工资为214.58万元，基本养老保险基金的缴存比例为单位22%，个人8%；基本医疗保险基金的缴存比例为单位12%，个人2%；失业保险基金的缴存比例为单位2%，个人1%；工伤和生育保险基金的缴存比例均为1%。

三、实训要求

（1）完成企业计提住房公积金、缴存住房公积金和从职工工资中扣缴住房公积金的会计处理。

（2）完成企业计提、代扣和缴纳国家统筹的社会保险费的会计处理。

（3）填写有关申报材料并完成社保费申报工作。

四、实训结果评价

实训结果评价见表8-2。

表8-2 实训结果评价

序号	技能项目	得分
1	编制会计分录	60
2	填写社会保险费申报表	40
合 计		100

参考文献

[1]《中华人民共和国增值税暂行条例》(2017年11月19日国务院第二次修订)

[2]《出口退(免)税企业分类管理办法》(国家税务总局公告2016年第46号)

[3]《中华人民共和国发票管理办法》(国务院2010年12月8日修订)

[4]《中华人民共和国发票管理办法实施细则》(国家税务总局2014年12月19日修订)

[5]《国家税务总局关于调整增值税纳税申报有关事项的公告》(国家税务总局公告2019年第15号)

[6]《增值税纳税申报比对管理操作规程(试行)》(税总发〔2017〕124号)

[7]《中华人民共和国消费税暂行条例》(国务院令539号2008年11月5日修订)

[8]《中华人民共和国消费税暂行条例实施细则》财政部 国家税务总局第51号令

[9]《中华人民共和国进出口关税条例》国务院令第392号

[10]《中华人民共和国海关审定进出口货物完税价格办法》(海关总署2013年12月9日审议通过)

[11]《中华人民共和国土地增值税法》(征求意见稿)

[12]《中华人民共和国土地增值税暂行条例实施细则》(财法字〔1995〕6号)

[13] 中华人民共和国城市维护建设税法(征求意见稿)

[14]《中华人民共和国房产税暂行条例》国发〔1986〕90号

[15]《中华人民共和国印花税暂行条例施行细则》(财税字〔1988〕255号)

[16]《中华人民共和国资源税法》(2019年8月26日第十三届全国人民代表大会常务委员会第十二次会议通过)

[17]《中华人民共和国企业所得税法实施条例》(全国人大2017年2月24日第一次修正)

[18]《中华人民共和国企业所得税法》(全国人大2017年2月24日第一次修正)

[19]《中华人民共和国个人所得税法》(全国人大2018年8月31日修订)

[20]《中华人民共和国个人所得税法实施条例》,(2018中华人民共和国国务院令第707号)

[21]《国家税务总局关于个人所得税自行纳税申报有关问题的公告》(国家税务总局公告2018年第62号)

[22]《中华人民共和国社会保险法》(全国人大2018年12月29日修订)

[23] 住房公积金管理条例(2002年国务院第350号令)